作者近照

**魏礼群**，曾任国家计划委员会政策研究室主任、体制改革和法规司司长，国家计委党组成员兼秘书长；中央财经领导小组办公室副主任；国务院研究室主任、党组书记；国家行政学院党委书记；第十一届全国政协委员、文史和学习委员会副主任。中国共产党第十六届、十七届中央委员会委员。

参加或主持过党中央、国务院大量重要文稿的起草工作，包括：参加中国共产党十三大、十四大、十五大、十六大、十七大、十八大政治报告和许多次中共中央全会重大决定的起草；20世纪80、90年代多次参加、1999年至2008年连续十年负责国务院总理在全国人民代表大会上《政府工作报告》的起草；参加中华人民共和国国民经济和社会发展第六个至第十二个五年计划（规划）以及10多个年度计划重要文件的起草。负责或参加起草各种重要文稿近3000件。

主持或参加过50多个重大课题研究，包括：邓小平经济理论研究、科学发展观研究、"四个全面"战略布局研究、行政体制改革研究、社会治理现代化研究等，取得一大批有重要价值的科学研究、决策咨询成果；个人撰写著作15部；主持编写著作100余部。

2009年被评为影响新中国60年经济建设的100位经济学家之一；2013年被评为20世纪中国知名科学家；2017年被评为2016中国智库年度10大人物。

历史的足音——改革开放 40 年研究文库

# 改革开放耕耘录

魏礼群◎著

中国言实出版社

**图书在版编目（CIP）数据**

改革开放耕耘录 / 魏礼群著. -- 北京：中国言实出版社，
2017. 9

ISBN 978-7-5171-2552-5

Ⅰ.①改⋯　Ⅱ.①魏⋯　Ⅲ.①改革开放—研究—中国
Ⅳ.① D61-53

中国版本图书馆 CIP 数据核字（2017）第 215150 号

出 版 人：王昕朋
总 监 制：朱艳华
责任编辑：肖　彭
文字编辑：张　强
出版统筹：冯素丽
责任印制：佟贵兆
封面设计：杰瑞设计

**出版发行**　中国言实出版社
　　　　　　地　址：北京市朝阳区北苑路 180 号加利大厦 5 号楼 105 室
　　　　　　邮　编：100101
　　　　　　编辑部：北京市海淀区北太平庄路甲 1 号
　　　　　　邮　编：100088
　　　　　　电　话：64924853（总编室）　64924716（发行部）
　　　　　　网　址：www.zgyscbs.cn
　　　　　　E-mail：zgyscbs@263.net
**经　　销**　新华书店
**印　　刷**　北京京华虎彩印刷有限公司
**版　　次**　2018 年 1 月第 1 版　　2018 年 1 月第 1 次印刷
**规　　格**　710 毫米 ×1000 毫米　1/16　46.5 印张
**字　　数**　663 千字
**定　　价**　268.00 元　　ISBN 978-7-5171-2552-5

# 自　序

　　40 年来改革开放波澜壮阔的伟大进程，是当代中国社会进行历史性深刻变革，党和人民事业大踏步赶上时代前进步伐的壮丽画卷，在中华民族复兴史册上谱写了成就辉煌的篇章。所有经历这场巨大变革的人们，都会留下自己的足音。改革开放以来，由于工作岗位和职责所系，我有幸亲身经历和见证了许多重大决策、事件以及理论创新和政策制定的过程。在忠实履职之际，寄语翰墨，笔耕不辍，撰写了一批理论研究和政策研究的文章。这些文字从一个侧面记述了我国改革开放从拉开帷幕到不断拓展的深化进程。这里选出部分文章，汇辑成《改革开放耕耘录》，以此书向伟大的改革开放 40 年献礼！

　　鉴于这次结集的文章涉及多个方面，加之形成时间较长，为了比较清晰反映自己的经历，全书在编排上作了大体归类，分为五个部分：（一）总论篇；（二）发展篇；（三）改革篇；（四）开放篇；（五）智库篇。每一部分编排又以文稿形成的时间为序。

　　此次汇集出版，除了对个别文章作某些文字校正外，都保持了原貌。这样，既是尊重客观历史，也是如实反映自己认知的过程。

魏礼群

2017 年 9 月

# 目　录

## 一、总论篇

## 二、发展篇

## 三、改革篇

# 四、开放篇

# 五、智库篇

# 一、总论篇

# 全面掌握邓小平经济理论 <sup>*</sup>

（1998 年 12 月 4 日）

本文拟就学习邓小平经济理论的意义、邓小平经济理论的重大创新内容和若干基本关系，作一简要论述。

## 一、充分认识学习邓小平经济理论的重要意义

邓小平理论是建设有中国特色社会主义的伟大旗帜。这一理论内容十分丰富，是完备的科学体系。它贯通马克思主义哲学、政治经济学和科学社会主义等领域，涵盖经济、政治、科技、教育、文化、民族、军事、外交、统一战线、党的建设等各个方面。其中，邓小平经济理论则是极为重要的组成部分。我们要高举邓小平理论伟大旗帜，就必须深入学习和真正掌握邓小平经济理论。

（一）邓小平著作中格外重视发展中国经济的问题，这方面的论述也最多。马克思主义认为，不论任何社会里，经济关系在整个社会关系中都是最重要、最基本的关系，一切经济关系以外的其他社会关系，归根到底都是由经济关系决定的。根据马克思主义这一基本原理，社会主义经济基础的状况，直接决定着整个社会生活、政治生活和精神生活的变化，决定着社会主义制度的前途和国家命运。中华人民共和国的成立和社会主义基本制度的建立，是我国几千年来最深刻、最伟大的社会变革，开辟了中国历史的新纪元。但是，我国是在社会生

---

　　* 本文系 1998 年 11 月为纪念党的十一届三中全会 20 周年理论研讨会撰写的论文，全文发表在 1998 年 12 月 4 日《光明日报》。

产力不发达的情况下进入社会主义社会的，如果社会生产力不发展或发展得太慢，经济落后的面貌总是得不到改变，人民生活不能得到应有提高，就谈不上发挥社会主义制度的优越性。新中国成立以后，在三年经济恢复的基础上，进行了全面的大规模的社会主义经济建设，取得了很大的成绩。然而，由于一段时间内党的工作在指导方针上出现过严重失误，使国民经济没有取得本来应该得到的更大成就。

邓小平是马克思主义的历史唯物主义者，始终坚持生产力决定生产关系、经济基础决定上层建筑的马克思主义基本原理。他在"文化大革命"结束重新出来工作后，毅然决然地领导我们党和国家将工作重点由"阶级斗争为纲"转到经济建设上来。这是我们党在指导思想上的最大拨乱反正，开辟了我国改革开放和集中精力进行经济建设的新的历史时期。党和国家中心任务的转移，以及改革开放和现代化建设的伟大实践，决定了邓小平在开辟社会主义现代化建设新道路和创立有中国特色社会主义理论的过程中，特别重视和以极大精力研究解决社会主义经济建设所遇到的基本理论和基本实践问题。事实上，邓小平经济理论都是紧紧围绕如何从中国实际出发，进一步解放和发展生产力，尽快把经济建设搞上去，使国家强盛起来，使人民富裕起来。1996年，我们在组织编写《邓小平经济理论（摘编）》和《邓小平经济理论学习纲要》这两本辅助读物时，经过比较细心的查阅，发现在邓小平的全部著作中，论述有关经济问题的部分最多。同时，邓小平作为伟大的无产阶级政治家，不是就经济问题论述经济问题，而总是从政治角度和战略高度观察、分析和解决问题，从坚持和发展社会主义，从中华民族的根本利益和历史命运的高度来论述经济问题。邓小平在70年代末拨乱反正时尖锐地指出："经济工作是当前最大的政治，经济问题是压倒一切的政治问题。不只是当前，恐怕今后长期的工作重点都要放在经济工作上面。"[①]"能否实现四个现代化，决定着我们国家的命运、民族的命运。在中国的现实条件下，搞好社会主义的四个现代化，就是坚持马克思主义，就是高举毛泽东思想伟大旗帜。你不

---

① 《邓小平文选》第二卷，人民出版社1994年10月第2版，第194页。

抓住四个现代化，不从这个实际出发，就是脱离马克思主义，就是空谈马克思主义。"① 这些论述，说明邓小平把搞好经济工作和经济建设，实现中国社会主义现代化作为根本性的政治任务，这是完全符合马克思主义基本原理的，是极为深刻和正确的。

（二）邓小平经济理论深刻地揭示了中国社会主义经济建设和发展的规律，是当代中国的马克思主义政治经济学。邓小平理论在马克思列宁主义、毛泽东思想的多方面发展中，对社会主义经济理论的创新和发展尤为丰富与集中，成为马克思主义在当代中国新的历史条件下发展到新阶段的最为鲜明的重要标志。邓小平在新的历史时期，坚持解放思想，实事求是，科学地总结国内外社会主义发展成功和失误的历史经验，深刻分析当今时代特点和洞察世界经济、科技发展大趋势，始终着眼于解放和发展社会生产力，实现中国社会主义现代化这个根本任务，进行深入思考和艰辛探索。邓小平以马克思主义者的巨大政治胆略和巨大理论勇气，既继承前人又突破陈规，创造性地、科学地解决了中国社会主义建设中最重要、最基本的理论问题和实践问题。他围绕"什么是社会主义、怎样建设社会主义"这个根本问题，正确分析国情，作出我国还处于社会主义初级阶段的科学论断，为建设和发展有中国特色社会主义事业奠定了最宝贵的理论基石；深刻地揭示社会主义的本质，把对社会主义的认识提高到新的科学水平；反复阐述社会主义可以搞市场经济，在马克思主义发展史上第一次把社会主义同市场经济联系起来；强调指出改革开放是发展社会主义的强大动力和必由之路，为坚持在改革开放中实现我国社会主义现代化提供了科学理论依据，等等。这些都是划时代的经济思想，是在新的历史时期对马克思列宁主义、毛泽东思想的重大发展。党的十一届三中全会以来的历史新时期，是以党和国家工作中心转到经济建设上来为起点的，一系列基本理论的重大创新和发展，都是围绕以经济建设为中心，围绕解放和发展生产力的根本要求的。全党全国工作中心的转移，历史发展的伟大转折，社会主义改革开放和现代化建设的崭新实

---

① 《邓小平文选》第二卷，人民出版社 1994 年 10 月第 2 版，第 162 页、163 页。

践，是形成邓小平经济理论的历史背景、深厚基础和强大推动力。邓小平在经济领域提出的一系列重大论断、基本观点、战略思想，用崭新的思想和观点极大地丰富了马克思主义政治经济学，把社会主义经济理论发展到了崭新的阶段。

（三）邓小平经济理论具有强大的生命力，是建设有中国特色社会主义经济的伟大指针。20 年来，在邓小平理论包括邓小平经济理论指导下，我们党在经济工作中作出了一系列重大决策，相应制定了一整套方针政策，推动我国经济领域发生着重大的历史性变革。主要是：经济体制由计划经济向社会主义市场经济转变，对外经济关系由封闭、半封闭型经济向面对世界的开放型经济转变；经济发展方式由粗放型经济向集约型经济转变。这些根本性的重大转变，使我国经济建设走上持续、快速、健康发展的新路子，整个社会经济焕发出生机勃勃的旺盛活力，社会生产力获得前所未有的巨大发展；综合国力大为增强，人民生活显著改善，社会主义制度的优越性越来越得到充分发挥。同时，正因为我国改革开放和经济建设取得举世瞩目的巨大成就，才使我们国家在当今世界风云急剧变幻的情况下经受住严峻考验，国际地位和威望越来越高，发挥的作用越来越大。回顾 20 年来我国改革开放和现代化建设的历程和取得的辉煌成就，我们深深感到，邓小平经济理论是具有强大生命力的理论，是建设和发展有中国特色社会主义经济唯一正确的理论，对于改革开放和社会主义现代化建设具有全局性、长远性的指导意义。

邓小平经济理论反映了我国亿万人民摆脱贫穷落后状态，实现经济振兴和国家现代化的迫切愿望和要求，也指明了像我国这样经济文化比较落后的社会主义大国建设和发展社会主义、实现现代化的正确道路。我国改革开放和经济建设虽然已取得伟大成就，但要实现现代化的宏伟目标，仍然任重道远。在我们前进的道路上既充满无限希望，也面临严峻挑战。现在，改革进入攻关阶段，发展处于关键时期。社会经济生活中存在许多矛盾和问题亟待解决，随着改革开放和现代化建设向广度和深度推进，必然还会出现大量新事物，还会遇到这样或那样的新情况和新问题。只有认真学习和掌握邓小平经济理论，才能在困难和矛盾面前保持清醒头脑，排除各种错误思想的干扰，增强信心和力量；也才能自觉按照客观经济规律办事，勇于创新，开拓进取，不断研究新情况，创造新办法，解决新问题，从而把改革开放和现代化建设的伟大事业更好地推向前进。

## 二、在学懂弄通重大创新理论方面下功夫

邓小平经济理论博大精深，贯穿着解放思想、实事求是的思想路线，以建设有中国特色社会主义经济和实现中国现代化为根本出发点和总目标，形成了一系列相互联系的基本观点，构成了完整的科学理论体系。我们应当从总体上、科学体系上学习、领会和把握这一理论的基本内容和基本精神，尤其要下大功夫学懂弄通邓小平经济理论中那些重大独创性理论，这样才能把邓小平经济理论真正学到手，正确地理解和运用邓小平经济理论。这里，着重论述邓小平经济理论中几个最重大的创新性理论。

（一）关于从社会主义初级阶段基本国情出发进行经济建设的理论。正确认识国情，无论是革命还是建设都是首要的问题，是制定和执行正确路线、方针和政策的基本依据。邓小平在 1979 年 3 月指出："过去搞民主革命，要适合中国情况，走毛泽东同志开辟的农村包围城市的道路。现在搞建设，也要适合中国情况，走出一条中国式的现代化道路。"[①] 从中国实际出发进行社会主义经济建设，是我们党的解放思想、实事求是思想路线的根本要求，也是邓小平经济理论的思想基础。

像中国这样一个脱胎于半殖民地半封建社会，在生产力相当落后的基础上建立起来的社会主义国家，对它的基本国情应该怎样认识，经济建设的路子怎样走？从 1956 年生产资料所有制的社会主义改造基本完成到 1978 年党的十一届三中全会之前这段历史时期，我们党在理论上和实践上都进行过有益的探索。但总的说来，一直处在不完全清

---

[①] 《邓小平文选》第二卷，人民出版社 1994 年 10 月第 2 版，第 163 页。

醒的状态。党的十一届三中全会以后，邓小平和我们党在全面分析我国社会经济的现状及其客观要求的基础上，多次强调和阐述我国还处在社会主义初级阶段。他指出：我国底子薄，人口多、耕地少，特别是农民多，这种情况不是很容易改变的，要从中国的特点出发搞经济建设。1980年，他在谈到我国社会主义建设的经验时指出："不要离开现实和超越阶段采取一些'左'的办法，这样是搞不成社会主义的。我们过去就是吃'左'的亏。"①1987年8月党的十三大前夕，他进一步指出："我们党的十三大要阐述中国社会主义是处在一个什么阶段，就是处在初级阶段，是初级阶段的社会主义。社会主义本身是共产主义的初级阶段，而我们中国又处在社会主义的初级阶段，就是不发达的阶段。一切都要从这个实际出发，根据这个实际来制订规划。"②我们讲一切从实际出发，最大的实际就是中国现在处于并将长期处于社会主义初级阶段。社会主义初级阶段，是指我国在生产力落后、商品经济和市场经济不发达条件下建设社会主义必然要经历的特定阶段，即从我国进入社会主义社会到基本实现现代化的整个历史阶段。这个历史阶段，至少需要上百年时间。邓小平关于我国还处在社会主义初级阶段的科学论断，是对我们基本国情再认识的重大新成果。

社会主义初级阶段理论的提出，具有全局性和根本性重大指导意义。这一光辉理论，使我们对我国现阶段社会经济形态的主要特征、历史任务、运行规律和必须实行的路线、方针、政策，有了更加明确和深刻的认识。这一光辉理论，使我们对社会主义现代化建设的长期性、紧迫性、复杂性和艰巨性，有了更加清醒的认识和思想准备。正如邓小平1992年初视察南方谈话中指出："我们搞社会主义才几十年，还处在初级阶段。巩固和发展社会主义制度，还需要一个很长的历史阶段，需要我们几代人、十几代人，甚至几十代人坚持不懈地努力奋斗，决不能掉以轻心。"③因此，我们必须坚定长期奋斗的决心。党的十五大，再一次全面、系统、科学地阐述了我国社会主义初级阶段的

---

① 《邓小平文选》第二卷，人民出版社1994年10月第2版，第312页。
② 《邓小平文选》第三卷，人民出版社1993年10月第1版，第252页。
③ 《邓小平文选》第三卷，人民出版社1993年10月第1版，第379页、380页。

含义、特征和发展进程，并完整地提出了社会主义初级阶段的基本纲领，包括明确什么是社会主义初级阶段有中国特色社会主义的经济、有中国特色社会主义的政治、有中国特色社会主义的文化，以及怎样建设这样的经济、政治和文化，从而把建设有中国特色社会主义的理论和实践的认识提高到新的水平。深入学习和领会社会主义初级阶段的理论，可以使我们始终保持清醒的头脑，全面正确和坚定不移地贯彻以经济建设为中心、坚持四项基本原则、坚持改革开放的党的基本路线，坚决执行党的十一届三中全会以来形成的一整套符合我国国情的方针政策，毫不动摇地推进有中国特色的社会主义事业，避免犯"左"的或者"右"的错误。

（二）关于社会主义及其本质的理论。过去我们搞了多年的社会主义，但是对于什么是社会主义、怎样建设社会主义，并不是十分清楚的。我国在改革开放以前遭受过的挫折，改革开放以来在前进中出现的一些犹疑与困惑，归根到底都是与没有完全搞清楚这个根本问题有关。邓小平根据马克思主义的基本原理，深刻总结几十年来国内外社会主义实践正反两方面的经验，对这个根本问题进行了不懈探索和反复思考。1980 年，邓小平就指出："社会主义是一个很好的名词，但是如果搞不好，不能正确理解，不能采取正确的政策，那就体现不出社会主义的本质。"[1]"经济长期处于停滞状态总不能叫社会主义。人民生活长期停止在很低的水平总不能叫社会主义。"[2]1985 年，他又指出："在改革中，我们始终坚持两条根本原则，一是以社会主义公有制经济为主体，一是共同富裕。"[3]随着实践进一步发展和认识的深化，邓小平在 1992 年初南方谈话中更加明确地指出："社会主义的本质，是解放生产力，发展生产力，消灭剥削，消除两极分化，最终达到共同富裕。"[4]这是邓小平同志对社会主义本质作出的精辟、科学和创造性的概括，使人们对社会主义经济和整个社会主义的认识提高到了新的境界。

---

① 《邓小平文选》第二卷，人民出版社 1994 年 10 月第 2 版，第 313 页。
② 《邓小平文选》第二卷，人民出版社 1994 年 10 月第 2 版，第 312 页。
③ 《邓小平文选》第三卷，人民出版社 1993 年 10 月第 1 版，第 142 页。
④ 《邓小平文选》第三卷，人民出版社 1993 年 10 月第 1 版，第 373 页。

邓小平关于社会主义的本质的理论概括，是探索有中国特色社会主义道路的最重大理论成果之一，是对马克思主义的创造性发展。这一理论概括，有着极为鲜明的特点和十分重大的意义。一是突出地强调"解放生产力，发展生产力"。这就纠正了过去忽视生产力发展的错误倾向，反映了中国社会主义尤其是社会主义初级阶段特别需要注重生产力发展的迫切要求。把"解放生产力，发展生产力"作为社会主义本质的首要标志和要求，为我们把发展生产力作为首要的和根本的任务，毫不动摇地、一心一意地坚持以经济建设为中心，提供了强大的思想理论武器。二是明确地指出社会主义经济的基本属性和目标，是"消灭剥削，消除两极分化，最终达到共同富裕"。这就指出了我们社会主义国家发展生产力与剥削阶级统治的社会发展生产力的目的根本不同，反映了社会主义坚持公有制经济为主体和共同富裕的两个根本原则的要求。从而为我们始终坚持我国经济发展的社会主义道路，以及完善和发展所有制结构指出了明确的方向。三是科学地从生产力和生产关系两个方面结合起来认识社会主义和建设社会主义，体现了社会主义社会生产力和生产关系的统一、社会主义根本任务和根本目的的统一、社会主义物质基础和社会关系的统一、社会主义发展过程和最终目标的统一。这就纠正了单独强调一个方面而忽视另一方面的片面认识和形而上学的错误。同时，邓小平关于社会主义本质的理论，也为确定衡量一切工作的根本是非标准奠定了坚实的理论基础。邓小平在深刻揭示社会主义本质的同时，又进一步明确提出了著名的以发展社会生产力为基础的"三个有利于"的标准，即判断改革和各方面工作的是非得失，归根到底，要以是否有利于发展社会主义社会的生产力，是否有利于增强社会主义国家的综合国力，是否有利于提高人民的生活水平为标准。按照这个根本标准来衡量，我们既不能把那些合乎"三个有利于"、本来姓"社"的，错误地判定为姓"资"而加以排斥；也不能把那些合乎"三个有利于"、既可以为"资"所用又可以为"社"所用的，错误地加以排斥。

总之，邓小平关于社会主义本质的概括和揭示，坚持了马克思主义的基本原理，反映了人民的根本利益和时代的要求，廓清了不合乎时代进步和社会发展规律的模糊观念，摆脱了长期以来拘泥于具体模式而忽略社会主义本质的错误倾向，使社会主义在中国的发展任务、方向和道路更加明确。这一概括和揭示，对于我们进一步解放思想，实事求是，全面正确和一以贯之地贯彻党的基本路线，坚持走有中国特色社会主义的道路，推进社会主义改革开放和现代化建设，具有极为重大的政治意义、理论意义和实践意义。

（三）关于我国实行社会主义市场经济的理论。长期以来，传统的观念认为，市场经济是资本主义特有的东西，计划经济是社会主义经济的基本特征；建设和发展社会主义经济，只能实行计划经济，而不能实行市场经济。邓小平深刻地总结国内外社会主义建设的经验教训，科学地概括我国改革开放实践中创造的新鲜经验和理论探索成果，以非凡的求实精神和政治胆略，突破传统观念的束缚，指出计划和市场没有姓"社"、姓"资"的问题，它们两者都是经济手段与方法，主张把社会主义同市场经济统一起来，创立了社会主义市场经济理论。早在 1979 年，他就明确指出："说市场经济只存在于资本主义社会，只有资本主义的市场经济，这肯定是不正确的。社会主义为什么不可以搞市场经济，这个不能说是资本主义。……社会主义也可以搞市场经济。"[1] 尽管当时还是讲计划经济为主，但由于肯定了市场经济在社会主义制度下存在的必要性和重要性，因而对理论探索和改革进程起了极为重要的推动作用。1985 年，邓小平又鲜明地指出："社会主义和市场经济之间不存在根本矛盾。"[2] 1991 年初，他进一步指出："不要以为，一说计划经济就是社会主义，一说市场经济就是资本主义，不是那么回事，两者都是手段，市场也可以为社会主义服务。"[3] 1992 年初，邓小平在南方谈话中更加明确地指出："计划多一点还是市场多一点，不是社会主义与资本主义的本质区别。计划经济不等于社会主义，资本主义也有计划；市场经济不等于资本主义，社会主义也有市场。"[4]

---

[1] 《邓小平文选》第二卷，人民出版社 1994 年 10 月第 2 版，第 236 页。

[2] 《邓小平文选》第三卷，人民出版社 1993 年 10 月第 1 版，第 148 页。

[3] 《邓小平文选》第三卷，人民出版社 1993 年 10 月第 1 版，第 367 页。

[4] 《邓小平文选》第三卷，人民出版社 1993 年 10 月第 1 版，第 373 页。

这就对社会主义可不可以实行市场经济这个长期争论不休、阻碍我们前进的问题，作了一个清楚、透彻、精辟的总回答。

邓小平关于实行社会主义市场经济的理论，内涵十分丰富。（1）它深刻地指明计划经济和市场经济不是区分社会主义和资本主义的标志，计划和市场资本主义可以用，社会主义也可以用。（2）社会主义实行市场经济是为了更好地发展社会生产力。多年的实践证明，在某种意义上说，只搞计划经济会束缚生产力的发展。（3）计划和市场都得要。"社会主义同资本主义比较，它的优越性就在于能做到全国一盘棋，集中力量，保证重点。"[①] 同时，要运用市场经济的长处更好地发展社会主义经济。（4）社会主义市场经济和资本主义市场经济在运行方法上基本相似，它们的根本区别在于所有制基础不同，社会主义市场经济以公有制为主体，资本主义市场经济以私有制为基础。我国实行的社会主义市场经济既不同于传统的社会主义计划经济，也不同于资本主义市场经济。它既要遵循市场经济的一般规律，又要体现社会主义基本制度的要求。实行社会主义市场经济的理论，具有划时代的极为重要的创新意义，丰富和发展了马克思主义基本原理，科学地解决了关系我国现代化建设事业的一个带有全局意义的重大问题。这一理论的提出，解放了人们的思想，扫除了改革过程中的理论障碍，为建立社会主义市场经济体制，建设有中国特色社会主义的经济，提供了宝贵的理论基石。实践已经并将进一步证明，我国实行社会主义市场经济是完全正确的，是实现我国经济振兴和社会进步的根本大计。

（四）关于社会主义经济改革开放的理论。这实质上是社会主义经济发展动力和根本途径的问题。过去，由于对社会主义基本矛盾的具体表现形式和基本国情的判断出现失误等原因，曾经一味追求提高生产资料公有化的程度和期图"以阶级斗争为纲"来推动生产力发展，结果遭受到严重挫折，蒙受了巨大损失。邓小平根据马克思主义的基本原理，提出了关于在社会主义条件下推进改革的一整套理论、观点和主张。他反复强调，为了更快更好地发展生产力，必须对我国经济

---

[①] 《邓小平文选》第三卷，人民出版社 1993 年 10 月第 1 版，第 16—17 页。

体制进行根本性改革，不改革就没有出路；强调改革是中国的第二次革命。邓小平在1992年初视察南方谈话中概括地指出："革命是解放生产力，改革也是解放生产力。推翻帝国主义、封建主义、官僚资本主义的反动统治，使中国人民的生产力获得解放，这是革命，所以革命是解放生产力。社会主义基本制度确立以后，还要从根本上改变束缚生产力发展的经济体制，建立起充满生机和活力的社会主义经济体制，促进生产力的发展，这是改革，所以改革也是解放生产力。过去，只讲在社会主义条件下发展生产力，没有讲还要通过改革解放生产力，不完全。应该把解放生产力和发展生产力两个讲全了。"[①]这里，邓小平深刻揭示了社会主义经济体制改革的必然性和性质，把扫除发展生产力障碍的改革作为一场新的革命，同时又是社会主义制度的自我完善，从而极大地丰富和发展了马克思主义的基本原理。邓小平不仅为改革提出了一整套科学的思想理论依据，热情地支持和鼓励群众的创造，同时在他的指导下，我们党制定了一系列推进改革的战略、策略和方针、政策。对这场前无古人、情况复杂的崭新事业，他强调改革要在中央统一领导下有步骤、有秩序地进行；强调改革必须坚持解放思想、实事求是，胆子要大，步子要稳。他要求进行全面地、系统地改革，包括首先进行农村改革，采取多种形式搞好国有企业改革，深入推进价格体系改革和计划、财政、金融、分配、流通体制改革，培育和完善市场体系，理顺中央与地方的关系，改善和加强国家宏观调控，也包括改革科技、教育、文化体制等，并都作出了重要论述和决策。在邓小平改革理论指导下，我们党逐步明确地把建立社会主义市场经济体制作为改革的总目标，从而使改革取得了重大的进展。我国进入新的历史时期后，经济建设和社会发展中所取得的一切成就，都是同坚决地、系统地推进经济体制改革分不开的。只有坚决实行改革，才能为社会主义经济注入旺盛的活力，才能进一步解放和发展生产力。实践充分证明，邓小平提出的经济改革理论和依据这一理论制定的改革目标和方针政策是完全正确的，必须坚定不移地全面贯彻下去。

---

① 《邓小平文选》第三卷，人民出版社1993年10月第1版，第370页。

邓小平把对外开放同对内改革一样，都作为是决定中国社会主义命运和国家前途的根本大计。他反复强调，现在的世界是开放的世界，中国的发展离不开世界，必须在坚持独立自主的基础上实行对外开放。邓小平指出："对外开放具有重要意义，任何一个国家要发展，孤立起来，闭关自守是不可能的，不加强国际交往，不引进发达国家的先进经验、先进科学技术和资金，是不可能的。"[1] 只有实行对外开放，才能充分利用国际国内两个市场、两种资源，优化资源配置，推动科技进步，提高经济效益，加快我国经济发展；才能发挥我国经济的比较优势，积极参与国际经济合作与竞争，不断提高市场竞争能力。邓小平主张全面开放，对所有国家开放，主张全方位开放，积极发展对外贸易，吸收外国资金、先进技术和管理经验，扩大对外经济合作；并且强调指出，我国的对外开放是一项长期持久的政策。他还作出设立经济特区，开放十几个沿海城市，进而开辟沿海对外经济开放地带和开发开放上海浦东等一系列重大决策。这些都是世界社会主义发展史上的伟大创举。现在，我国全方位、多层次、多渠道和各具特点的对外开放格局已经基本形成，取得了举世瞩目的成效。实行对外开放，不仅有效地促进了我国社会生产力的迅速发展，增强了综合国力和国际竞争力，而且有力地推动了我国建立社会主义市场经济体制的改革进程。对外开放是加速实现我国社会主义现代化的一项基本国策，必须坚定不移、长期坚持。

（五）关于我国社会主义经济发展战略的理论。以发展社会生产力为根本任务和以经济建设为中心，至关重要的是制定一个科学的可行的经济发展战略。邓小平高瞻远瞩，把我国实现现代化的远大目标与社会主义初级阶段的实际相结合，提出了分三步走基本实现现代化的发展战略：第一步，从 1981 年到 1990 年国民生产总值翻一番，解决人民的温饱问题；第二步，从 1991 年到本世纪末，使国民生产总值再翻一番，人民生活达到小康水平；第三步，到下个世纪中叶，人均国民生产总值达到中等发达国家水平，人民生活比较富裕，基本实现

---

① 《邓小平文选》第三卷，人民出版社 1993 年 10 月第 1 版，第 117 页。

现代化。这三步走的发展战略，既不是一个过急的目标，又表明中国人民决心用一百年左右时间艰苦奋斗，走完发达国家几百年走过的路程，体现了中国人民的雄心壮志。

为了更好地实现"三步走"的发展战略，邓小平还提出了一系列科学的发展战略思想和战略决策。概括地说，主要有以下几个方面：一是突出重点，带动整个经济全面、协调发展。80年代初，邓小平就明确提出把农业、能源和交通、科学和教育作为经济发展的战略重点。强调农业是国民经济的基础和根本，要十分重视发展农业、加强农业；强调要加强能源、交通等基础工业和基础设施建设，使经济发展能够持续、有后劲；强调科学技术是第一生产力，四个现代化的关键是科学技术现代化；强调教育是一个民族最根本的事业，要使教育事业有一个大的发展、大的提高；强调经济发展必须依靠科技和教育，要尊重知识，尊重人才。在邓小平经济理论指引下，我们党确立了"科教兴国"战略，这是适应世界经济科技发展大趋势，加快现代化建设的重大决策。抓住抓好影响经济全局的战略重点，就可以带动整个经济持续、健康发展。二是承认和利用经济发展的平衡与不平衡的规律，实行允许和鼓励一部分人、一部分地区先富起来，先富带动后富，逐步达到共同富裕的大政策。他强调沿海地区要充分利用有利条件先发展起来，这是一个事关大局的问题，内地要顾全大局；反过来，沿海发展到一定程度，要拿出更多的力量帮助内地发展，这也是个大局，那时沿海地区也要服从这个大局。事实已经并将继续证明，这个着眼大局、激发各方面人们生产积极性的政策，是一个能够影响和推动整个国民经济发展的大政策，是加速发展社会主义经济的新办法。三是抓住有利时机，加快经济发展，隔几年上一个台阶。邓小平认为，各国经济的发展不是直线上升的，而是波浪式前进的，隔几年上一个台阶，这是一种合乎规律性的现象。"在今后的现代化建设长过程中，出现若干个发展速度比较快、效益比较好的阶段，是必要的，也是能够办到的。我们就是要有这个雄心壮志！"① 四是注重质量，讲求效益，实现速度和效益相统

---

① 《邓小平文选》第三卷，人民出版社1993年10月第1版，第377页。

一。一定要争取能够达到的发展速度，使经济得到较快发展；然而这个"快"是有条件的，就是要讲效益、讲质量，"快"必须是没有水分的、扎扎实实的速度。一定要坚持以提高经济效益为中心，把质量放在第一位。要更新发展思路，坚决走既有较高速度又有较好效益的国民经济发展路子。这是经济发展战略的核心问题。五是处理好经济建设与人口、资源、环境的关系。严格控制人口增长，合理开发利用资源，保护自然环境。六是在发展经济的基础上，不断改善人民生活。邓小平设计的现代化建设"三步走"战略，每一步都把发展经济同改善人民生活紧密地联系在一起，使人民得到看得见的实际利益。同时，要教育人民树立长期艰苦奋斗的思想。这一战略思想是邓小平经济理论的一个重要特点。我们学习和掌握邓小平关于社会主义经济发展战略的理论，既要深刻领会分"三步走"、基本实现现代化的总体战略部署，又要全面把握一系列重要的发展战略思想、战略原则和战略方针。这样，才能提高贯彻执行邓小平经济发展战略理论的系统性、原则性和自觉性。

以上可见，如果把邓小平经济理论体系比作一座大厦，那么关于从社会主义初级阶段基本国情出发进行经济建设的理论、社会主义及其本质的理论、实行社会主义市场经济的理论、社会主义经济改革开放的理论和社会主义经济发展战略的理论，就是这座大厦五根最主要的支柱。这些也是马克思主义关于社会主义经济理论发展到历史新阶段的最为鲜明的重要标志。我们学习、掌握和运用邓小平经济理论，必须真正学懂弄通这些极具创新性和根本性的基本理论。当然，邓小平经济理论体系的其他一些方面，也都是在新的历史条件下对马克思列宁主义、毛泽东思想的丰富和发展。同时，各方面理论都不是孤立的，而是有着内在联系的。我们在学习中，既要抓住重点，又要注意从总体上、相互联系上和精神实质上去全面地、正确地加以理解和把握。

## 三、准确把握邓小平经济理论中贯穿着的几个基本关系

我国是一个发展中的社会主义大国。在改革开放和社会主义现代化建设过程中，存在着许多复杂的经济社会关系和矛盾需要妥善处理。

旧的矛盾解决了，又会出现新的矛盾。必须以马克思主义基本原理为指导，辩证地认识、全面地把握、正确地处理影响全局的基本关系。邓小平经济理论的重大意义和重大贡献在于，它从历史的、战略的、全局的高度，紧紧抓住这些基本关系，并加以科学地阐述，提出了正确的理论原则和指导方针。这对于我们始终保持清醒的头脑，牢牢把握大局，坚持正确方向，卓有成效地推进改革开放和社会主义现代化建设的伟大事业，是十分重要的。这里，扼要阐述以下三个基本关系。

（一）关于生产力与生产关系的关系。生产力决定生产关系，生产关系又反作用于生产力，二者是辩证统一的。这是马克思主义的基本原理。邓小平紧密结合我国生产力与生产关系的实际，创造性地运用和发展了这一原理。我国是在生产力比较落后的情况下建立起社会主义制度的，面对这一基本实际，我国现阶段在生产力与生产关系这一基本矛盾中，矛盾的主要方面是什么？是生产力。邓小平深刻地指出："社会主义时期的主要任务是发展生产力，使社会物质财富不断增长，人民生活一天天好起来，为进入共产主义创造物质条件。"[1] 他反复强调：发展生产力是社会主义的"首要任务""第一个任务""中心任务"。坚持社会主义方向，就要坚持把发展社会生产力放在首位。只有发展生产力，国家才能富强，人民才能富裕。邓小平还从两个方面阐述了大力发展生产力的思想。一方面，他要求集中力量发展生产力，明确认识和牢固树立发展才是硬道理的思想，要紧紧扭住经济建设这个中心不放，"其他一切任务都要服从这个中心，围绕这个中心，决不能干扰它，冲击它"[2]。另一方面，他提出要从根本上改变束缚生产力发展的经济体制，调整和完善生产关系，使之适合现阶段生产力水平和发展的要求。强调把发展生产力放在首位，通过改革来解放和发展生产力，是邓小平关于社会主义生产关系和生产力相互关系理论的基点。这是邓小平在新的历史条件下对马克思主义的重大贡献。

邓小平是马克思主义的生产力论者，也是马克思主义的生产关系反作用于生产力论者。社会主义社会生产力的发展，不能离开社会主

---

① 《邓小平文选》第三卷，人民出版社 1993 年 10 月第 1 版，第 171 页。

② 《邓小平文选》第二卷，人民出版社 1994 年 10 月第 2 版，第 250 页。

义社会生产关系和社会主义基本制度。社会主义生产关系的合理调整、完善和社会主义制度的不断巩固与发展，是社会主义社会生产力发展的根本保证，这是邓小平关于生产力与生产关系相互关系理论的另一个重要方面。邓小平在突出强调注重发展社会生产力的同时，反复强调必须坚持以公有制为主体，走共同富裕道路。邓小平在 1985 年明确指出："现在我们搞四个现代化，是搞社会主义的四个现代化，不是搞别的现代化。我们采取的所有开放、搞活、改革等方面的政策，目的都是为了发展社会主义经济。我们允许个体经济发展，还允许中外合资经营和外资独营的企业发展，但是始终以社会主义公有制为主体。社会主义的目的就是要全国人民共同富裕，不是两极分化。如果我们的政策导致两极分化，我们就失败了；如果产生了什么新的资产阶级，那我们就真是走了邪路了。"[①] 只有不断壮大和发展公有制经济，确保其在国民经济中的主体地位，才能有效地逐步实现共同富裕，防止两极分化；也才能保证劳动人民当家作主，不断巩固和发展人民政权。当然，鉴于我国目前整体生产力水平比较低，生产社会化程度不高，公有制占主体的所有制结构和公有制的实现形式，应该根据生产力解放和发展的实际要求，根据逐步实现共同富裕的实际进程来确定。在坚持公有制为主体的前提下，必须允许和鼓励个体、私营、外资经济等非公有制经济发展。这对于更好地发展社会生产力、扩大就业、满足人们多样化的需求，都有着重要作用。与之相应地，要坚持按劳分配为主体、多种分配方式并存的制度，把按劳分配和按生产要素分配结合起来。同时，必须通过深化改革，继续探索社会主义按劳分配的有效实现形式，以利于更好地发展社会主义市场经济和实现社会主义本质的要求。

（二）关于经济基础与上层建筑的关系。邓小平经济理论在阐明社会主义社会生产力与生产关系之间辩证关系的同时，也科学地阐明了社会主义社会上层建筑与经济基础的关系，强调物质文明建设是社会主义现代化建设的基础，社会主义精神文明建设和上层建筑又对巩

---

① 《邓小平文选》第三卷，人民出版社 1993 年 10 月第 1 版，第 110 页、111 页。

固和发展社会主义物质基础起巨大的反作用，强调社会主义物质文明建设和精神文明建设必须同时并进。

不是人们的意识决定人们的社会存在，而是人们的社会存在决定人们的意识。一切社会变迁和政治变迁的终极原因，不应从人们的头脑中去寻找，而应从生产方式和交换方式的变更中去寻找。这是一个著名的马克思主义历史唯物主义原理。邓小平经济理论充分地体现了这一原理。邓小平说："在无产阶级专政的条件下，不搞现代化，科学技术水平不提高，社会生产力不发达，国家的实力得不到加强，人民的物质文化生活得不到改善，那末，我们的社会主义政治制度和经济制度就不能充分巩固，我们国家的安全就没有可靠的保障。"[1] 他把社会主义物质基础的建设摆到了切实必需的应有的高度。不这样做，其他一切建设和主张只能流于空谈。

与此同时，邓小平从我国进入改革开放和现代化建设新的历史时期之日起，就不断强调只有坚持社会主义的上层建筑与经济基础的统一，坚持社会主义的基本政治制度和意识形态，才能保证社会主义经济建设的健康发展。他反复告诫我们：必须坚持社会主义道路，坚持无产阶级专政，坚持共产党的领导，坚持马列主义、毛泽东思想，这"四个坚持"是我们不可动摇的立国之本，是改革开放和现代化建设健康发展的根本保证。邓小平指出：离开四项基本原则，就没有根，没有方向。"如果动摇了这四项基本原则中的任何一项，那就动摇了整个社会主义事业，整个现代化建设事业。"[2] 坚持四项基本原则同坚持改革开放一样，都是为了更好地解放和发展生产力。随着改革开放和社会主义市场经济的发展，赋予了四项基本原则许多新的内容，同时也对在新的形势下坚持四项基本原则提出了更高的要求。我们必须把坚持改革开放同坚持四项基本原则辩证地、很好地统一于整个建设有中国特色社会主义的伟大事业之中。

邓小平十分重视加强社会主义精神文明建设。他明确指出：我们建设的社会主义国家，不仅要有高度的物质文明，而且要有高度的精

---

① 《邓小平文选》第二卷，人民出版社 1994 年 10 月第 2 版，第 86 页。

② 《邓小平文选》第二卷，人民出版社 1994 年 10 月第 2 版，第 173 页。

神文明，两个文明都搞好，才是有中国特色的社会主义。他反复强调要两手抓，一手抓物质文明，一手抓精神文明。不加强精神文明建设，物质文明的建设也要受破坏，走弯路。光靠物质条件，我们的革命和建设都不可能胜利。社会主义社会是全面发展、全面进步的社会。没有不断发展的社会主义精神文明，不提高全民族的政治思想水平、科学文化水平，物质文明建设就没有持续发展的动力和智力来源，就不能得到健康持续的发展。发展社会主义市场经济和实行对外开放，对精神文明建设提出了新的任务和要求。越是集中精力发展经济、加快改革开放，越是需要加强精神文明建设，绝不能以削弱甚至牺牲精神文明为代价，换取经济的一时发展。我们要在牢牢把握经济建设这个中心，把物质文明建设搞得更好的同时，切实把社会主义精神文明建设放到更加突出的地位，不断开创两个文明协调发展的新局面。

（三）关于改革、发展、稳定的关系。改革、发展、稳定，是我国社会主义现代化建设总体格局中三个关键环节。必须正确认识和处理这三者的关系，使它们相互协调、相互促进。邓小平反复强调：经济建设是一切工作的中心，发展是改革的目的，改革是发展的动力，而稳定是发展和改革的前提。中国解决所有问题的关键是要靠自己的发展。我们必须始终把发展作为根本着眼点和首要任务，抓住机遇，加快发展。而要实现国民经济长期持续快速健康发展，就必须坚决改革经济体制和其他方面体制。

改革和发展都要求有稳定的政治和社会环境。邓小平十分重视保持政治和社会的稳定。他深刻地指出：没有安定团结的政治局面，不可能搞建设，更不可能实行改革开放政策，这些都搞不成。他特别强调：中国的问题，压倒一切的是需要稳定。没有稳定的环境，什么都搞不成，已经取得的成果也会丧失掉。治理国家这是一个大道理，要管许多小道理。这些论述，涵义很深，分量很重。我们必须深刻领会，牢牢记住。在当今中国，不仅发展经济、深化改革、扩大开放需要稳定，而且完善和发展社会主义民主与法制、加强社会主义精神文明建设也需要稳定。中国不允许乱，这是我们付出了沉重代价才取得的共识。我们要始终保持清醒的头脑，提高政治鉴别力和政治敏锐性，见微知著，防微杜渐，坚决排除一切可能影响稳定的因素。当然，从根本上说，社会稳定离不开发展和改革，发展和改革是稳定的物质基础和必要条件，根据邓小平的一贯思想和科学理论，以江泽民同志为核心的党中央在全面分析国际国内形势和我们党肩负的重大历史使命的基础上，把"抓住机遇，深化改革，扩大开放，促进发展，保持稳定"作为全党全国工作的大局，作为必须长期执行的基本方针，这是非常正确的。它充分体现了党的基本理论和基本路线的要求。认真贯彻这条基本方针，我们就能在当前世界范围的历史性大变动中，紧紧抓住有利时机，加快发展壮大自己；就能在国内改革开放和现代化建设的伟大变革中，既抓住机遇积极进取，又妥善处理改革、发展、稳定之间的关系，使整个工作始终处于主动地位。为此，必须把改革的力度、发展的速度和社会可以承受的程度统一起来，做到在保持政治和社会稳定中推进改革和发展，在改革和发展中实现政治和社会的长期稳定。

# 树立和落实科学发展观 *

## （2004 年 4 月）

　　明确提出科学发展观，是我们党对经济社会发展规律认识的重要升华，是对我国社会主义现代化建设指导思想的新发展，具有十分重大的现实意义和深远的历史意义。我们要深刻认识提出科学发展观的背景和意义，全面把握科学发展观的内涵和精神实质，明确贯彻科学发展观的途径和要求，牢固树立和认真落实科学发展观，更好地把全面建设小康社会和整个现代化事业推向前进。

## 一、为什么提出树立和落实科学发展观

　　发展观是关于经济社会发展的世界观和方法论，包括对发展的目的、内涵、途径的根本观点，实质是对为什么发展和怎样发展的理论、道路和模式的总概括。一个国家在一定时期选择什么样的发展观，就会有什么样的发展道路、发展模式和发展战略，就会对发展的实践产生根本性、全局性的重大影响。

　　我们党提出的科学发展观，有一个明确、完整的表述，就是"坚持以人为本、全面协调可持续的发展观，促进经济社会和人的全面发展"，要求"统筹城乡发展、统筹区域发展、统筹经济社会发展、统筹人与自然和谐发展、统筹国内发展和对外开放"。这一科学发展观，精辟地指出了我国在新世纪新阶段要发展、为什么发展和怎样发展的重

　　* 本文系 2004 年 4 月 12 日在空军系统师以上干部培训班上作的报告，全文载于作者所著《科学发展观和现代化建设》一书，人民出版社 2005 年 5 月第 1 版。

大问题，进一步指明了中国社会主义现代化建设的发展道路、发展模式和发展战略，是从国家事业发展全局出发提出的重大战略思想。

为什么明确地提出树立和落实科学发展观，它的主要依据是什么？

第一，这是贯彻落实"三个代表"重要思想的具体体现，是对我国社会主义现代化建设规律认识的进一步深化。"三个代表"重要思想在邓小平理论的基础上，进一步回答了什么是社会主义、怎样建设社会主义的问题，创造性地回答了建设什么样的党、怎样建设党的问题；同时，也开创性地回答了为什么我们党执政兴国的第一要务是发展，在社会主义初级阶段我们党应当如何认识和怎样领导发展的问题。

按照"三个代表"重要思想的要求，要把建设党的先进性和发挥社会主义制度的优越性落实到发展先进生产力、发展先进文化、实现最广大人民的根本利益上来，促进社会主义物质文明、政治文明和精神文明协调发展。科学发展观强调以人为本，强调经济社会全面、协调、可持续发展，体现了"三个代表"重要思想关于发展的要求，体现了我们党立党为公、执政为民的宗旨。树立和落实科学发展观，就是要把"三个代表"重要思想落实到现代化建设的各个领域，更好地推进发展这个党执政兴国第一要务的伟大实践。

我们党对社会主义现代化建设规律的认识，是随着实践的发展而不断深化的。早在新中国成立初期，党就提出要探索社会主义建设规律问题。1956年，毛泽东发表了著名的《论十大关系》，提出一系列关于社会主义建设的重要理论观点，初步探索了符合我国国情的发展道路。党的第八次全国代表大会在全面分析国内外形势的基础上，指出我国社会的主要矛盾是人民对于经济文化迅速发展的需要同当前经济文化不能满足人民需要的状况之间的矛盾，强调要集中力量发展社会生产力，实现国家工业化。这些重大判断和指导思想是正确的，对实践的发展起到了积极作用。但是，后来由于种种复杂的原因，我国的发展走了弯路。1978年，党的十一届三中全会深刻总结了过去20多年的经验教训，果断地把党和国家的工作重点由"以阶级斗争为纲"转移到社会主义现代化建设上来，作出了实行改革开放的重大决策。

邓小平和我们党提出建设中国特色社会主义，提出并实施现代化建设"三步走"发展战略，强调社会主义的根本任务是发展生产力，"发展才是硬道理"，并制定社会主义初级阶段"一个中心、两个基本点"的基本路线和一系列重大方针政策。这是对我国现代化建设规律认识的一次飞跃，有力地推动了我国改革开放和现代化建设事业的迅速发展。以江泽民同志为核心的党的第三代中央领导集体提出"三个代表"重要思想，强调发展是党执政兴国的第一要务，坚持用发展的办法解决前进中的问题，明确提出正确处理现代化建设中的一系列重大关系，提出科教兴国战略、可持续发展战略、西部大开发战略等重大战略，进一步丰富了社会主义现代化建设的理论和实践。以胡锦涛同志为总书记的党中央在邓小平理论和"三个代表"重要思想指导下，根据新的形势和任务，特别是抗击非典型肺炎斗争的重要启示，明确提出了科学发展观，把坚持以人为本和经济社会全面、协调、可持续发展统一起来，并强调按照"五个统筹"的要求推进改革和发展。这标志着我们党对社会主义现代化建设规律的认识更加深入。科学发展观同毛泽东、邓小平、江泽民同志关于发展的重要思想是一脉相承的，是与时俱进的马克思主义发展观。

第二，这是我国进入新的发展阶段客观进程和顺利实现宏伟目标的必然要求。当人类社会进入 21 世纪的时候，我国进入全面建设小康社会、加快推进社会主义现代化的新的发展阶段。改革开放以来，我国成功地实现了由贫困到温饱、又到总体小康的两个历史性跨越，实现了现代化建设的前两步战略目标。但我们现在达到的小康还是低水平的、不全面的、发展很不平衡的小康。新世纪头 20 年是我们必须紧紧抓住的重要战略机遇期，是我国迈向第三步战略目标的关键时期。在这个时期，我们要全面建设惠及十几亿人口的更高水平的小康社会，使经济更加发展、民主更加健全、科教更加进步、文化更加繁荣、社会更加和谐、人民生活更加殷实。这是一个经济、政治、社会、文化、生态和人全面发展的系统集成的目标体系。我们的发展目标更加全面，发展任务更加艰巨。到 2020 年实现国内生产总值比 2000 年翻两番，需要在经济总量已经很大的基础上，继续保持快速协调健康发展。随着经济社会持续发展，居民收入水平不断提高，社会需求更趋多样化、消费结构加快升级，人们将更加追求生活内容的丰富、生活质量的提高、生活环境的改善。我国正处于经济结构加快转换的时期。服务业比重增加，制造业重组加快，农业发展水平提高；农村富余劳动力将大规模转移，城镇化水平上升，城乡联系更为密切；人口、资金在地区之间的流动加快；收入分配结构将发生新的变化。这些都要求我们必须更加重视以人为本，重视统筹协调和全面发展。目前，改革已经进入完善社会主义市场经济体制的新阶段。这既是通过改革促进发展的关键时期，也是深化改革的攻坚时期。需要更大程度地发挥市场在资源配置中的基础性作用，更好地协调各种利益关系，妥善处理各方面改革之间的关系，妥善处理改革发展稳定的关系。我国加入世贸组织标志着对外开放进入新的阶段，与世界经济的联系日益紧密，给我国经济发展既带来了机遇，又带来了新的挑战。这也要求正确处理好国内发展与对外开放的关系。

2003 年我国人均国内生产总值已超过 1000 美元。按照既定的目标，国内生产总值到 2020 年翻两番，人均国内生产总值将达到 3000 美元。从国际上看，人均国内生产总值从 1000 美元到 3000 美元之间，是现代化进程中一个非常关键的阶段，也是经济社会结构发生深刻变化、各种社会矛盾凸显的重要阶段。许多国家的发展进程表明，在这一阶段有可能出现两种发展结果：一种是搞得好，经济社会继续向前发展，顺利实现工业化、现代化；另一种是搞得不好，往往出现贫富悬殊、失业增加、城乡和地区差距拉大、社会矛盾加剧、生态环境恶化等问题，导致经济社会发展长期徘徊不前，甚至出现社会动荡和倒退。正反两方面的经验告诉我们，在这个重要关键阶段，一定要在高平台上处理好经济社会发展各方面的重大关系，促进经济社会全面、协调和可持续发展。

第三，这是对我国以往经济社会发展经验和教训的深刻总结。新中国成立以来特别是改革开放二十多年来，我国发展取得了历史上无与伦比、国际上为之称道的巨大成就，深刻改变了中国的社会经济面貌。在前进道路上，我们积累了许多成功经验，同时也有过值得总结的教训。我国进一步发展面临着许多矛盾和问题：经济高速增长而社会发展相对滞后；城乡差距、地区差距、居民收入差距持续扩大；就业和社会保障压力增加；资源消耗高和生态破坏严重；等等。这些矛盾和问题，有些是在中国发展现阶段难以完全避免的，有些则是由于发展观的偏差所导致或者加剧的。强调树立和落实科学发展观，就是认真总结和汲取以往经济建设经验和教训得出的重要结论。今后，必须重视促进经济社会协调发展，重视处理好城乡之间、地区之间、社会不同利益群体之间的关系，重视解决好各方面的矛盾和问题。这样，才能顺利实现全面建设小康社会和现代化的奋斗目标。

第四，这是基于我国国情的必然选择和解决现实突出矛盾的迫切需要。我国正处于并将长期处于社会主义初级阶段。人口多，底子薄，社会生产力水平低，发展不平衡，资源相对不足，生态环境承载能力弱，这些是我国的基本国情。我国人均耕地仅有 1.43 亩，不到世界人均水平的 40%。我国资源总量约占世界的 12%，居世界第 3 位，但人均资源量仅为世界平均水平的 58%，居世界第 53 位；其中石油、天然气、铜和铝等重要矿产资源的人均占有量仅分别相当于世界人均水平的 8.3%、4.1%、25.5% 和 9.7%；人均水资源拥有量仅为世界平均水平的 1/4。随着经济增长和人口不断增加，能源、水、土地、矿产等资源不足的矛盾越来越尖锐，生态环境的形势十分严峻。我国经济建设存在的突出问题是结构不合理，经营方式粗放，经济增长主要靠增加投入、扩大投资规模。资本形成占国内生产总值的比重 2003 年高达 42.7%，大大高于美国、德国、法国、印度等一般 20% 左右的水平。资源环境的代价太大。我国能源利用效率约为 31.2%，与先进国家相差约 10 个百分点，主要工业产品单位能耗比先进国家高出 30%以上。工业万元产值用水量为 100 立方米，是国外先进水平的 10 倍。2003 年，我国消费钢材 2.6 亿吨、煤炭 15 亿吨、水泥 8.2 亿吨，分别相当于世界总产量的 36%、30% 和 55%；消费原油约 2.6 亿吨，超过日本，仅次于美国，居世界第二。消费棉花占世界棉花产量的 1/3。我国消费了这样巨大的资源，而创造的国内生产总值只约占世界的 4%。我国单位资源的产出水平仅相当于美国的 1/10，日本的 1/20。每吨标准煤的产出效率，我国只有 785 美元，相当于美国的 28.6%、欧盟的 16.8%、日本的 10.3%。这样消耗资源终究难以为继，环境也无法承受。我国废弃物排放水平大大高于发达国家，单位产值的废水排放量比发达国家高 4 倍，固体废弃物排放量高 10 多倍。据测算，到 2020 年，如果我国主要资源的人均消费量达到美国现在的水平，届时我国年消费的能源将达到 175 亿吨标准煤、石油 47 亿吨、钢 6.2 亿吨、铜 1650 万吨、铝 3000 万吨。这样，全球能源和石油储量也仅够我国消费 66 年和 30 年。这是不可想象的！按照现在的路子走下去绝对是行不通的！当然，我们不能像美国那样奢侈地消费地球上的资源，也不能因为面临资源问题而影响我国实现现代化的目标。根本的出路在于转变经济增长方式，走全面、协调和可持续发展之路。

同时，随着经济社会发展，社会矛盾也在增多。贫富差距呈现不断扩大的趋势，社会公平问题显现。国际上通常使用基尼系数来衡量贫富差距的大小，基尼系数在 0.3—0.4 之间时，为中等不平等程度，是较为合理的收入差距警戒线。据测算，近 10 多年来我国的基尼系数持续上升，1988 年为 0.341，2000 年为 0.417，2003 年达到 0.45 左右，超过了国际公认的收入差距警戒线。就业压力大，现在城市下岗失业人员有 1400 多万，每年新增劳动力还有 1000 多万，农村还有 2 亿多个富余劳动力。如何在发展中解决这些矛盾和问题，是对我们党领导水平和执政能力的重大考验。科学发展观提供了解决我国经济社会生活中诸多矛盾和问题的强大思想武器。

第五，这是系统研究和借鉴国际上现代化发展理论的科学成果。发展是一个历史范畴。人类的发展观念也经历了漫长的历史演进。从工业革命开始到上个世纪前半期，人们对发展的认识，是走向工业化社会的过程，主要是经济增长的过程。20 世纪后半期，发展观的进步是人类文明的重要成果。随着工业化推进，人们越来越将发展看作是经济增长和社会全面进步、生态环境建设相统一的过程。在 1972 年联合国斯德哥尔摩会议通过《人类环境宣言》以后，人们将发展看作是人类追求和社会要素和谐平衡的过程，注重人与自然环境相协调发展。20 世纪 80 年代以来，人们将发展看作是人的基本需求逐步得到满足、人的能力发展的过程。1992 年联合国环发大会通过《环境与发展宣言》，可持续发展的观念在全球取得共识。随着实践的推进和认识的提高，发展观不断加以丰富，最重要的结论是，经济增长不等于发展，经济发展不等于社会进步，发展不能以牺牲生态环境为代价。中国发展是世界发展的一部分，而且是富有特色的重要一部分。我国作为世界人口最多、经济落后的发展中国家，在探索经济和社会发展道路方面，应当顺应世界发展潮流，并不断有所创新。过去我们已经这样做，今后也能够做得更好。

总之，科学发展观是在坚持毛泽东、邓小平和江泽民同志关于发展的重要思想，充分肯定我国取得世界瞩目的发展成就的基础上，适应我国现代化建设发展趋势和汲取人类关于发展理论的有益成果，着眼于丰富发展内涵、创新发展观念、开拓发展思路、破解发展难题提出来的。牢固树立和认真落实科学发展观，是全面贯彻"三个代表"重要思想和党的十六大提出的奋斗目标的要求，是妥善应对我国现代化建设进入新阶段可能遇到的各种风险和挑战的正确选择，是提高党的执政能力和执政水平的迫切需要，关系党和国家工作的大局，关系全面建设小康社会和整个现代化事业的长远发展。我们必须站在这样的高度，充分认识树立和落实科学发展观的重大现实意义和深远历史意义。

党中央提出树立和落实科学发展观以后，受到国内广大干部群众的热烈拥护，国外也给予高度评价。同时，也有些人提出一些疑虑或存在某种误解。

有一种认识，担心现在提出科学发展观，会否定过去的成绩。这种担心是不必要的。改革开放以来的 25 年，我们党的基本理论、基本路线、基本方针已被实践证明是完全正确的，经济社会发展的成绩巨大，这是不可否认、也否认不了的。在这个过程中，我们党经济建设的指导思想和方针政策也随着实践的发展而不断丰富和完善。包括早在 20 世纪 80 年代初就提出重视社会事业发展，制定和实施经济发展和社会发展相结合的计划；在 90 年代中期就明确提出推进经济增长方式和经济体制两个根本性转变。这些计划改革和重大方针在实践中发挥了重要作用，也取得了明显成效。问题是，由于多种原因，包括经济体制和运行机制的缺陷，有些方面、有些地方落实得不好。同时，有些问题的解决也需要相应的条件和过程。实践是认识的基础，认识来源于实践，又指导实践，也接受实践的检验。现在提出科学发展观，是多年来实践经验的总结，是认识的深化，同时我们国家物质基础和体制环境也有了很大变化，不仅需要提出而且有条件实施科学发展观。用现有的思想认识和理论观点去否定以前的工作成绩，是违反马克思主义的历史唯物论的，是错误的。

还有一种认识，担心贯彻落实科学发展观，会放慢经济发展速度。这也是不正确的。科学发展观不是不要发展，也不是要放慢发展速度。恰恰相反，科学发展观的第一要义是发展，而且是为了实现更好的发展。发展是硬道理，这是我们党长期坚持的一个重要战略思想。中国解决一切问题的关键在发展，我们党执政兴国的第一要务是发展。同时，发展必须有新思路，必须把握和运用现代化建设的客观规律。我们能否真正抓住本世纪头 20 年的重要战略机遇期加快发展，关键看我们是否有一个科学的发展观。只有以科学发展观为指导，实现全面、协调和可持续的发展，才能更好地发展，少走或不走弯路。历史经验反复表明，如果无视和违背客观规律和科学规律，盲目和片面追求经济增长速度，往往事与愿违，欲速则不达。重视经济社会全面、协调和可持续发展，可能看上去经济增长速度不会多么高，但这样的增长符合发展规律、有实效、有后劲、能持久。因此，我们要站在能否抓住和用好战略机遇，实现既快又好发展的高度，来深刻认识和理解科学发展观的精神实质。

## 二、全面把握科学发展观的主要内涵

科学发展观的内涵极为丰富，涉及经济、政治、文化、社会发展各个领域，既有生产力和经济基础问题，又有生产关系和上层建筑问题；既管当前，又管长远；既是重大的理论问题，又是重大的实践问题。我们要全面理解和正确把握科学发展观的主要内涵和基本要求。

总起来说可以概括为三句话：一是，以人为本是科学发展观的本质和核心。二是，全面、协调、可持续发展是科学发展观的基本内容。全面发展，就是要以经济建设为中心，全面推进经济、政治、文化建设，实现经济发展和社会全面进步。协调发展，就是要统筹城乡发展、统筹区域发展、统筹经济社会发展、统筹人与自然和谐发展、统筹国内发展和对外开放，推进经济、政治、文化建设的各个环节、各个方面相协调。可持续发展，就是要促进人与自然的和谐，坚持走生产发展、生活富裕、生态良好的文明发展道路。三是，统筹兼顾是科学发展观的根本要求。这里结合经济社会发展的实际情况，主要从以下五个方面谈一些看法。

（一）坚持以人为本，不断满足人的多方面需求和实现全面发展。

这是我们党第一次明确提出的思想观点，是发展理论上的创新发展。这一论断的提出有个过程。江泽民同志在2001年"七一"讲话中，鲜明地论述了人的全面发展问题。2002年党的十六大报告把人的全面发展列入全面建设小康社会的目标之中。2003年10月党的十六届三中全会通过的《中共中央关于完善社会主义市场经济体制若干问题的决定》中，更加明确地提出了"坚持以人为本"。以人为本，就是要把人民的利益作为一切工作的出发点和落脚点，不断满足人们的多方面需求和促进人的全面发展。具体地说，就是在经济发展的基础上，不断提高人民群众物质文化生活水平和健康水平；就是要尊重和保障人权，依法维护公民的经济、政治、文化权益；就是要不断提高人们的思想道德素质、科学文化素质和健康素质；就是要创造人们平等发展、充分发挥聪明才智的社会环境。

提出以人为本，坚持了马克思主义的基本观点，体现了我们党的一贯宗旨。马克思说过，未来的新社会是"以每个人的全面而自由的发展为基本原则的社会形式"。马克思主义十分强调人的全面而自由的发展。社会主义建设的目的，就是要实现人的全面而自由的发展。我们从事的是建设中国特色社会主义的伟大事业，理所当然地必须坚持以人为本，一切为了人民，一切依靠人民。我们党八十多年的一切奋斗，归根到底都是为了实现好、维护好、发展好最广大人民的根本利益。坚持以人为本是贯彻"三个代表"重要思想，坚持立党为公、执政为民的本质要求，也是实现党的基本纲领和最高纲领的必然要求。鲜明地提出以人为本的思想，是总结社会主义发展经验得出的一个重要启示，是社会主义现代化建设中一个重大课题。

坚持以人为本，就要把人民群众的利益放在至高无上的地位，关心人、尊重人、理解人，事事处处为人民的利益和需要着想，重视人的价值和尊严。恩格斯把人的需要依次分为生存需要、发展需要和享受需要。我们建设中国特色社会主义，首先要解决人们的温饱问题，满足人们的基本生存需要。在这个基础上，解决人的发展问题，包括提高人们的生活水平和生活质量，提高人们的整体素质，使人们在各方面获得更广泛的发展。进一步还要让人们更好地享受生活，实现人们在经济、政治、文化、社会等方面广泛参与的权利等等。从大的方面来说，国家建设、经济增长、社会发展，归根到底都要使人们生活得更好、发展得更好。从小的方面来说，政府的各方面社会管理、公共服务，乃至一切设施建设、任何事情的处理，都把着眼点放在为人们提供周到而满意的服务上，时时处处体现出人文关怀。

坚持以人为本，既是经济社会发展的长远指导方针，也是实际工作中必须坚持的重要原则。从全社会范围来看，要比较充分地满足人们多方面需求和实现人的全面发展，必须有相应的物质基础和社会条件，这只能是一个不断发展和进步的过程，不能要求过急。现在我国还处于社会主义初级阶段，无论是生产力发展和物质财富的积累，还是生产关系和上层建筑的完善，满足人们的多方面需求和实现人的全面发展还不能完全做到。要从我们现有的条件和能力出发，通过各方面的发展努力去实现。同时也要看到，以人为本是我们的执政理念和要求，应当从现在的具体事情做起，贯穿到经济社会发展的各个方面，贯穿到我们的各项工作中去。要注意处理好人民群众根本利益和具体利益、长远利益和眼前利益的关系。

坚持以人为本，就要着力解决关系人民群众切身利益的突出问题。当前人民群众特别关心、反映比较强烈的问题涉及几个方面：一要进一步做好增加就业、加强社会保障工作，积极帮助城乡特殊困难群众解决生产生活问题。二要坚决纠正土地征用中侵害农民利益的问题，纠正城镇房屋拆迁中侵害居民利益的问题。三要坚决纠正企业重组改制和破产中侵害职工合法权益的问题，纠正拖欠和克扣农民工工资的问题。四要坚决纠正教育领域乱收费和卫生领域药品购销、医疗服务中的不正之风。要采取切实有力的措施，解决好人民群众关心的问题，对城乡特殊困难群众给予更多的关爱。

（二）坚持以经济建设为中心，保持经济平稳较快发展。

生产力的发展是一切社会发展的基础，没有生产力的发展，其他一切都无从谈起。我国社会主义初级阶段就是不发达的阶段，生产力水平低是基本的国情。社会的主要矛盾始终是人民日益增长的物质文化需要同落后的社会生产之间的矛盾，根本任务是发展社会生产力。我们党执政兴国的第一要务是发展，首先是发展经济。因此，必须集中精力把生产力搞上去，紧紧抓住经济建设这个中心不动摇，任何时候和任何情况下都不放松。

坚持以经济建设为中心，必须保持较快的经济增长速度。我们讲的经济较快发展，是建立在优化结构、提高质量和效益的基础上的发展，努力实现速度、结构、质量、效益相统一。经济发展需要一定的速度，特别是作为一个发展中的大国更需要长期保持较快的发展速度，经济增长速度低了，会带来一系列问题，包括人民生活难以改善，就业岗位难以增加，国防实力也难以增强。但是，不能片面追求经济发展速度。要坚持以提高经济效益为中心，坚持改变传统的粗放型经济增长方式，坚持走新型工业化道路，走一条科技含量高、经济效益好、资源消耗低、环境污染少、人力资源优势得到充分发挥的新型工业化路子。

总结历史经验，保持经济平稳较快发展是个至关重要的问题。如果经济大起大落，不仅会打乱正常的社会经济秩序，而且会造成社会资源的严重浪费和损失。最近，中央领导同志多次指出，我国当前经济发展正处于重要关口，要防止经济大起大落，这是有很强的现实针对性的。2003 年，我国经济保持了良好的发展态势，同时经济运行中也出现了一些新的矛盾和问题。突出的是投资规模过大，部分行业和地区盲目投资、低水平重复建设的现象严重。全社会固定资产投资比上年增长 26.7%，资本形成率达 42.7%，接近 1993 年的最高水平。2004 年一季度，投资需求进一步膨胀。全社会固定资产投资同比增长 43%，增幅比上年同期提高 12.4 个百分点。特别是钢铁、水泥、电解铝、汽车、化工、纺织、房地产、城市建设等投资过分扩张。2003 年钢铁、电解铝、水泥投资分别增长 96.6%、92.9%、121.9%；2004 年一季度钢铁、水泥又分别增长了 106.4% 和 117.5%。房地产开发投资在连续多年快速增长的基础上又增长 41.1%。新开工项目过多，一季度全国新开工项目 19122 个，比上年同期多 4521 个，计划总投资增长 67.4%。投资规模过大，导致煤、电、油、运和部分原材料供求矛盾尖锐。尽管煤炭、电力生产超常增长，一季度分别增长 14.4% 和 15.7%，但煤炭库存持续下降，直供电厂存煤可用天数由年初的 10 天左右下降到 3 月末的不足 8 天，远低于正常库存水平。全国有 17 个省区市出现不同程度的拉闸限电现象。铁路货运只能满足 1/3 左右的需求。通货膨胀压力加大，生产资料价格总水平在上年上涨 8.1% 的基础上，一季度又上涨 14.8%，从而加大了居民消费价格总水平上涨的压力。2003 年钢材价格上涨了 21.1%，2004 年以来还在上涨，超过了 1994年的历史高位。这些问题如果任其发展下去，就会使资源、环境问题更加突出，经济发展难以为继，就会由局部性问题演变成为全局性的问题。正是从这个意义上讲，我国经济发展处在一个重要关口。工作搞得好，就能够把来之不易的好形势巩固和发展下去；如果搞得不好，经济发展也可能出现波折。这对我们党和政府是一次新的重大考验。

2004 年经济工作的基本着眼点，是把各方面加快发展的积极性保护好、引导好、发挥好，实现经济平稳较快发展，防止大起大落。因此，必须更加注重搞好宏观调控。今年宏观调控的重点：一是坚持科学发展观，按照"五个统筹"的要求，促进经济社会全面、协调、可持续发展。二是坚决控制投资过快增长，调整和优化产业结构，坚决遏制部分行业和地区盲目投资、低水平重复建设。同时，支持有市场有效益的产业和企业发展。三是加强经济运行调节，努力缓解煤、电、油、运和部分重要原材料的供求矛盾。四是重视防止通货膨胀，抑制物价总水平过快上涨。在宏观调控中，要适应市场经济发展规律的要求，从当前实际情况出发，注重用新思路、新机制、新办法，主要运用经济、法律手段和必要的行政手段、组织纪律等综合措施，做到调控有力有效，并注意把握时机和力度，做到适时适度，区别不同情况，松紧得当，不急刹车，不一刀切。

（三）坚持统筹兼顾，促进城乡、区域、经济社会协调发展。

统筹城乡发展，逐步改变城乡二元经济结构，是我们党从全面建设小康社会全局出发做出的重大决策。全面建设小康社会，重点在农村，难点也在农村。我们党历来重视"三农"问题，但是由于种种原因，城乡差距仍呈不断扩大的趋势。1978 年，城镇居民人均可支配收入相当于农民人均纯收入的 2.56 倍，到 1985 年这一差距缩小为 1.86 倍；之后又逐渐扩大。1992 年扩大到 2.58 倍，超过 1978 年的水平，2003 年进一步扩大到 3.23 倍。我们经常说，我国以不到世界 7% 的耕地养活了占世界 22% 的人口，但同时也不要忘记，我们也是以占世界 50% 左右的农民养活了占世界 22% 的人口。农村人口多、发展滞后，农民收入增长缓慢，农业基础薄弱，已成为我国经济社会发展中亟待解决的突出问题。我们必须统筹城乡发展，站在经济社会发展全局的高度研究和解决"三农"问题，实行以城带乡、以工促农、城乡互动、协调发展。

统筹城乡发展，必须更加注重加快农村发展。主要是抓好四个方面。一是合理调整国民收入分配结构和政策，更多地向农业、农村和农民倾斜。农业是基础产业，又是弱势产业，要承担自然风险和市场风险。加快农业农村发展，增加农民收入，光靠市场调节不行，国家必须加强扶持和保护。这是世界各国普遍的做法。国民收入分配要向农业倾斜，通过税收政策、财政转移支付等，加大对农业、农村的支持力度。进一步落实对农业"多予、少取、放活"的方针。二是推动农村劳动力向非农产业和城镇转移，加快农村工业化、城镇化进程。我国城市化滞后于工业化，城市化水平低。2003 年我国城市化水平达到 40.5%，比世界平均城市化水平 50% 低大约 10 个百分点，只相当于英国 1850 年、美国 1910 年和日本 1950 年的水平。因此，必须加快城镇化发展步伐，坚持大中小城市和小城镇协调发展，走中国特色的城镇化道路。三是进一步深化农村改革。当前主要是继续推进农村税费改革和深化粮食流通体制改革。农村税费改革主要是取消对农民的各种不合理收费，把必须保留的收费合并为税，大大减轻农民负担，同时配套进行农村乡镇机构、农村教育和县乡财政体制等项改革。中央决定，除烟草外，取消农业特产税，每年可使农民减轻负担48亿元。从2004年起，逐步降低农业税税率，平均每年降低1个百分点以上，五年内取消农业税。现在根据形势发展，需要加快这项改革。2004年先在黑龙江、吉林两省进行免征农业税改革试点；河北、内蒙古、辽宁、江苏、安徽、江西、山东、河南、湖北、湖南、四川11个粮食主产省区的农业税税率降低3个百分点，其他地区降低1个百分点。由此减少的税收，主要由中央财政通过转移支付加以解决。深化粮食流通体制改革，主要是全面放开粮食流通市场，加强粮食市场管理和调控，对种粮农民实行直接补贴。今年国家从粮食风险基金中拿出100亿元，直接补贴种粮农民。四是统筹推进城乡改革，消除体制性障碍。逐步建立城乡统一的劳动就业制度、户籍管理制度、义务教育制度和税收制度等，逐步形成有利于城乡相互促进、共同发展的体制和机制。

统筹区域发展，就是要继续发挥各个地区的优势和积极性，逐步扭转地区差距扩大的趋势，实现共同发展。我国幅员辽阔，地区发展很不平衡。改革开放以来，各地区都有很大发展，但地区发展的差距也在不断扩大。逐步扭转地区差距扩大的趋势，促进地区协调发展，不仅是重大的经济问题，也是重大的政治问题，不仅关系现代化建设的全局，也关系社会稳定和国家的长治久安。

党中央明确提出了促进地区协调发展的战略布局：坚持推进西部大开发，振兴东北地区等老工业基地，促进中部地区崛起，鼓励东部地区加快发展，形成东中西互动、优势互补、相互促进、共同发展的新格局。这是一个把握规律、统揽全局的重大决策。今后一个时期，要按照这个战略布局，努力促进地区协调发展。国家要从财力和政策上加大支持欠发达地区的力度，以推动这些地区加快发展。要继续实施西部大开发战略，积极有序地推进西部地区的开发。继续加强生态环境建设和基础设施建设，重点抓好关系全局的重大项目，不断增强经济发展后劲。要认真实施东北地区等老工业基地振兴战略，突出体制创新和机制创新，扩大对外开放，着力抓好重点行业、重点企业的调整改造，加快经济结构调整和技术进步。中部地区要充分发挥区域优势和经济优势，加快改革开放和发展步伐，加强现代农业和重要商品粮基地建设，提高工业化和城镇化水平。东部地区要继续发挥优势更好地发展，在全国发挥带动和示范作用，更多地支持中西部地区发展，有条件的地区要率先基本实现现代化。东、中、西部地区要积极发展多种形式的经济交流与合作，在区域协调发展中逐步实现共同富裕。

统筹经济社会发展，就是要在保持经济平稳较快发展的同时，促进社会全面进步，使经济发展与社会发展相互协调、互相促进。没有社会的发展和进步，经济不可能实现持续快速发展。改革开放以来，我国各项社会事业取得明显进步，但总体上看，经济发展和社会发展存在着"一条腿长、一条腿短"的问题。2003年"非典"疫情的蔓延，集中暴露出这方面的问题。我国85%的医疗卫生资源和经费投在城市，农村缺医少药状况严重，艾滋病、血吸虫病等传染病问题突出。世界卫生组织对191个国家和地区医疗卫生状况排名，中国被排在第188位。我国这几年大学连续扩招，普通高校在校大学生达到903万人，毛入学率达到13%，但仍低于世界平均17%的水平。我们必须更加注重加快社会发展。

社会发展包括广泛的内容，既包括科技、教育、文化、卫生、体育等社会事业的发展，也包括社会就业、社会保障、社会公正、社会秩序、社会管理、社会和谐等，还包括社会结构、社会领域体制和机制完善等。要切实把教育放在优先发展的地位，用更大的精力、更多的财力加快教育事业发展，重点是加强义务教育特别是农村教育。2004年要启动西部地区"两基"攻坚计划，力争到2007年使西部地区基本普及九年义务教育，基本扫除青壮年文盲，中央财政将为此投入100亿元。完善农村义务教育"以县为主"的管理体制，中央财政和省、市财政要增加对贫困县义务教育的转移支付。建设现代国民教育体系，优化教育结构和教育资源配置。推进科学技术事业发展，特别是加强基础研究和发展高新技术。大力发展卫生事业，加快公共卫生体系建设，尽快建成覆盖城乡、功能完善的疾病预防控制和医疗救治体系。切实把医疗卫生工作的重点放在农村，加强农村医疗卫生设施和卫生队伍建设，积极稳妥地推进新型农村合作医疗制度试点。积极发展文化事业，加强精神文明建设。积极做好就业和社会保障工作，逐步理顺收入分配关系，维护社会秩序，保持社会稳定。加快社会发展，还要发展社会主义民主，健全社会主义法制，建设社会主义法治国家，促进物质文明、政治文明、精神文明协调发展。同时，要坚持国防建设与经济建设协调发展的方针，在经济发展的基础上推进国防和军队现代化。加快社会发展，必须增加投入，深化改革，完善政策，从投入、体制和机制上保证社会全面发展。

（四）坚持走可持续发展之路，实现人与自然和谐发展。

在全面建设小康社会和整个现代化进程中，必须更加重视处理好经济建设、人口增长与资源利用、生态环境保护的关系，使经济发展与人口、资源、环境相协调。资源短缺，将是长期困扰我国发展的突出问题。例如，2003年我国原油产量1.7亿吨，进口原油9112万吨、成品油2824万吨，进口量占到消费量的40%左右。随着我国经济快速发展，对石油的需求量还将大幅增加，预测到2020年对石油的进口需求将占到我国消费总量的60%以上，也就是说大部分石油将依赖进口，这对我国的发展战略和经济安全将产生重要影响。现在已经有400多座城市缺水，其中108座城市严重缺水，2003年全国七大水系监测，劣质水占30%，丧失使用价值。全国75%的湖泊出现了不同程度的富营养化。我国城市50%以上的饮用水来自湖泊水库，水污染使饮用水安全受到威胁。全国有3.6亿农村人口喝不上符合标准的饮用水。高度重视资源和生态环境问题，增强可持续发展的能力，已经成为关系中华民族生存与长远发展的根本大计。

统筹人与自然的和谐发展，必须坚持计划生育、保护环境和保护资源的基本国策。一是坚持经济社会发展与环境保护、生态建设相统一，既要讲求经济效益，也要重视社会效益和生态效益；二是坚持资源开发与节约并举，把节约放在首位；三是坚持依法严格保护环境与生态，有步骤地进行环境治理和建设；四是坚持深化改革，创新机制，实行政府调控与市场机制相结合，从体制和机制上促进可持续发展；五是大力发展循环经济，在经济建设中充分利用资源，提高资源利用效率，减少环境污染；六是在全社会进一步树立节约资源、保护环境的意识，形成有利于节约资源、减少污染的生产模式和消费方式，建设资源节约型和生态保护型社会。

（五）坚持正确处理国内发展与对外开放的关系。

随着我国经济发展和对外开放的不断扩大，国内与国外的联系越来越密切。2003 年，我国进出口总额达到 8512 亿美元，比上年增长 37.1%，跃居世界第四位，其中进口跃居世界第三位；我国经济的外贸依存度达到 60% 以上，其中出口额占 GDP 的比重达到 32%。这远远高于世界上许多国家，例如美国的外贸依存度是 18.2%，日本是 18.3%，印度是 20%。2003 年我国利用外资 535 亿美元，继续超过美国居世界第一位。我国经济增长占全球经济增量的 17.5%，对世界贸易增长的贡献率达 29%，仅次于美国。国外有人评价，中国经济与美国经济一起，成为拉动全球经济增长的两个车轮。中国经济的快速增长，正在改变着世界经济版图。同时，我们也要看到，我国经济发展中对国外贸易的依赖越来越大，特别是一些重要的战略性资源对国际市场依存度很高。如 2003 年我国需要原油的 40%、铁矿石的 30%、铜资源的 60%、氧化铝的 50% 都需要进口解决。国际市场价格由于我国的大量采购而大幅攀升。这些重要资源对进口依赖度这么高，一旦国际上有什么风吹草动，将直接影响到我国的经济安全。我国加入世贸组织以后，经济发展既有更多机遇，也有新的压力和挑战。所有这些，都要求我们必须统筹好国内发展与对外开放。

统筹国内发展与对外开放，是落实科学发展观的重要内容。在新的发展阶段，必须适应经济全球化深入发展的新形势，在更大范围、更广领域和更高层次上参与国际经济技术合作和竞争，提高对外开放水平。要坚持"引进来"和"走出去"相结合，充分利用国际国内两个市场、两种资源，更好地促进我国现代化建设。"引进来"要扩大规模，提高技术水平；"走出去"要开拓市场，增强竞争力。要把利用外部有利条件和发挥自身优势结合起来，充分发挥我国市场广阔、劳动力资源丰富的优势。我国作为发展中大国，必须始终把扩大内需作为经济发展的基本立足点和长期战略方针。要处理好内需与外需、利用外资与利用内资的关系。要注重引进先进技术、管理经验和高素质人才，提高自主创新能力。要扬长避短，趋利避害，既要敢于扩大开放，又要善于保护自己，在扩大开放中注意维护我国企业利益和国家经济安全。

这里还要特别讲一下科学发展观与 GDP 的关系问题。这也是目前人们讨论较多的一个问题。讲科学发展观，如何看待 GDP 指标？如何看待我们现有的经济指标体系？有没有能够与贯彻落实科学发展观相适应的衡量标准和监测指标？这就涉及如何正确看待和评价 GDP 的问题。根据 GDP 建立起来的国民经济核算体系，被称为 "20 世纪最伟大的发明之一"。毫无疑问，GDP 反映着一个国家和地区的经济增长和经济发展水平，是国家制定宏观调控政策的最重要依据。我们高度重视 GDP 的作用和价值。但与此同时，我们又必须看到，GDP 本身又有明显的缺陷，主要是它不能反映经济增长中的物质消耗、社会成本、资源和环境代价，不能反映财富的分配结构和社会公平，不能反映经济增长的效率、效益和质量。GDP 本身还包含一些消极的因素，如交通事故、传染病的发生、自然灾害的出现等，都会带来 GDP 的增加，但这种增加却是负面的效果。单纯地用 GDP 来评价一个国家和地区的经济发展，容易导致不计代价地片面追求经济增长速度，忽视经济增长的结构、质量和效益，忽视生态建设和环境保护，会带来 "有增长、无发展" 的后果。

现在，国际上提出了一个 "绿色 GDP" 的概念，正在形成绿色GDP 核算体系。绿色 GDP 的理论基础就是可持续的发展观，其基本思路就是在传统 GDP 的基础上，加减一些资源消耗、环境影响、人文发展等因素，以更好地反映经济增长中的 "发展状况"。我国有关部门正在研究，探索提出适合我国国情的绿色 GDP 核算体系。这是贯彻落实科学发展观的一个重要措施。

## 三、怎样贯彻落实好科学发展观

提出科学发展观，是我们党关于现代化建设指导思想的新发展。贯彻落实科学发展观，必须提高各级党委、政府和领导干部的领导水平和能力。这就要求，必须切实把思想统一到科学发展观上来，在领导和管理经济社会工作中，做到把握全局，搞好统筹兼顾。统筹兼顾，协调好各方面利益关系，调动一切积极因素，是科学发展观的根本要求，也是我们党的一个重要历史经验，是我们党在新的历史条件下要长期坚持的战略方针。贯彻和落实好科学发展观，必须更新发展观念、改变发展方式、创新体制机制、转变政府职能、完善政策措施。这里着重强调切实推进"五大转变"。

（一）切实转变发展观念。树立和落实科学发展观，必须改变传统的发展观念。现在，一些发展观念与科学发展观还有较大差距。有的把"发展是硬道理"等同于"增长是硬道理"，把"以经济建设为中心"当作"以速度为中心"；有的不惜以牺牲资源环境为代价片面追求产值产量，甚至为此弄虚作假。这说明，转变发展观念仍然十分重要。必须辩证地认识物质财富的增长和人的全面发展的关系，转变重物轻人的发展观念；全面地认识经济增长和经济发展的关系，转变把增长简单地等同于发展的观念；深刻地认识人与自然的关系，转变单纯利用和征服自然的观念。要全面系统地把握科学发展观的精神实质、主要内涵和基本要求，正确处理好涉及全局的重大关系，包括当前与长远的关系，局部和全局的关系，物质文明、政治文明和精神文明的关系等，扎扎实实地做好推进经济社会全面、协调和可持续发展的各项工作。

贯彻落实科学发展观，既要有紧迫感和责任感，又要看到解决发展不平衡问题的艰巨性、复杂性和长期性。实现经济社会全面、协调、可持续发展，是一个长期的历史进程，既要努力奋斗，又不能急于求成。必须把积极进取精神同科学求实态度很好结合起来，从我国现阶段国情和各地的实际情况出发，分类指导，因地制宜，提出分阶段的目标和任务，积极而又扎扎实实地推进。

（二）切实转变经济增长方式。大力推进经济增长方式由粗放型向集约型转变，走新型工业化道路。一要推进经济结构战略性调整，加快产业结构优化升级步伐；二要加快推进科技进步，加强现代管理，实施人才强国战略，提高生产技术和科学管理水平；三要高度重视节约资源和保护环境，发展循环经济，建设节约型社会；四要合理引导消费，倡导健康文明和可持续的消费方式。

（三）切实转变经济体制。"五个统筹"和科学发展观，是在党的十六届三中全会《关于完善社会主义市场经济体制若干问题的决定》中完整提出来的，是深化经济体制改革的指导思想和重要原则。按照"五个统筹"推进改革开放，才能为贯彻落实科学发展观提供体制和机制保障，才能促进社会资源的优化配置，才能为发展提供强大动力。我国改革仍处在攻坚阶段。必须坚持社会主义市场经济的改革方向，注重制度建设和体制创新；坚持尊重群众的首创精神，充分发挥中央和地方两个积极性；坚持正确处理改革、发展、稳定的关系，有重点、有步骤地推进改革。要实现经济社会全面、协调和可持续发展，必须建立起相应的体制和机制。要统筹推进各方面的改革，努力实现宏观经济改革与微观经济改革相协调、经济领域改革和社会领域改革相协调、城市改革和农村改革相协调、经济体制改革和政治体制改革相协调，使各方面改革相互促进。

（四）切实转变政府职能。正确处理政府与市场的关系，我国政府机构改革取得了重要进展，但还不适应市场经济发展的要求，政府管理特别是地方政府管理中不同程度地存在着"越位"和"缺位"的问题，仍然管了许多不该管、管不了、也管不好的事情。在社会主义市场经济条件下，政府的主要职能是四个方面：经济调节、市场监管、社会管理和公共服务。我们在经济调节方面积累了不少经验，市场监管也在逐步加强，但社会管理和公共服务滞后。要进一步加强和改进经济调节和市场监管，减少政府对市场和企业经营活动的直接干预，为经济发展创造良好的市场环境。同时，更加注重履行政府的社会管理和公共服务职能，把更多的力量放在发展社会事业和为人民群众提供更多更好的服务上来。

要加强和改善宏观调控。政府的宏观调控有四个主要目标：促进经济增长、增加就业、稳定物价、保持国际收支平衡。要在保持经济持续稳定较快增长的同时，高度重视解决就业问题，实施积极的就业政策，努力把失业率控制在社会可承受的限度内；要保持物价基本稳定，既要防止通货膨胀，又要防止通货紧缩，当前主要是防止通货膨胀；要坚持国际收支基本平衡、略有结余的方针，保持人民币汇率在合理、均衡水平上的基本稳定，同时完善以市场供求为基础的人民币汇率形成机制。

（五）切实转变政绩观。树立和落实科学发展观，必须树立和坚持正确的政绩观。现在，一些地方和领导干部为了追求所谓的"政绩"，热衷于做表面文章，盲目招商引资上项目，只管当前，不计长远，甚至不惜牺牲群众切身利益，搞一些劳民伤财的"形象工程"和"政绩工程"。必须坚决改变这种图虚名、招实祸的"政绩观"，真正树立与科学发展观相适应的政绩观。用全面的、实践的、群众的观点看待政绩。所谓用全面的观点看政绩，就是既要看经济指标，又要看社会指标、人文指标和环境指标；既要看城市变化，又要看农村发展；既要看当前的发展，又要看发展的可持续性；既要看经济总量增长，又要看人民群众得到的实惠；既要看主观努力，也要看客观条件。所谓用实践的观点看政绩，就是重实干、办实事、求实效，各项政绩应该经得起实践检验和历史检验。所谓用群众的观点看政绩，就是倾听群众呼声，努力解决关系老百姓切身利益的突出问题，把实现人民群众的利益作为追求政绩的根本目的。

树立科学发展观和正确政绩观，必须大兴求真务实之风。我们想问题、办事情、作决策，都要符合中国现阶段国情。必须坚持一切从实际出发，既要积极进取，又要量力而行，不追求脱离实际的高指标，不急功近利，不虚报浮夸，致力于促进经济社会全面、协调和可持续发展。要抓紧建立和完善政绩评价标准、考核制度和奖惩制度，形成正确的政绩导向。

  贯彻落实科学发展观，还必须合理调整和完善相关政策措施，包括从财政、税收、信贷、投资、分配、进出口等方面，采取有利于促进经济社会全面、协调、可持续发展的政策措施。同时，要加强同落实科学发展观相适应的法律法规和具体制度、机制建设。还要加强宣传舆论引导，在全国形成树立和落实科学发展观的良好氛围与环境。

# 科学发展观的形成和发展 *

（2012 年 8 月）

科学发展观，是党的十六大以来以胡锦涛同志为总书记的党中央在推进中国特色社会主义伟大事业中产生的马克思主义中国化的最新成果，是中国特色社会主义理论体系中的重要组成部分。它的提出、形成和完善，经历了实践、认识、再实践、再认识，不断丰富和升华的发展过程。

## 一、科学发展观的提出和形成

发展观是关于发展的本质、目的、内涵和要求的总体看法和根本观点，也是关于经济社会发展的世界观和方法论。一个国家一定时期的发展观总是特定时期人们对发展问题认识的产物，总是反映着特定时代的特点。科学发展观的提出，也不是偶然的，它是立足我国社会主义初级阶段基本国情，总结我国发展实践，借鉴国外发展经验，适应新的发展要求提出来的。

进入新世纪新阶段，我国发展呈现一系列新的特征。面对我国全面参与经济全球化的新机遇新挑战，面对工业化、信息化、城镇化、市场化、国际化深入发展的新形势新任务，面对经济社会发展中日益凸显的新矛盾新问题，必须给予科学的回答和正确的解决。

2002 年 10 月，党的十六大提出全面建设小康社会的奋斗目标时就明确提出："为完成党在新世纪新阶段的这个奋斗目标，发展要有新

* 本文发表在《紫光阁》2012 年第 8 期。

思路，改革要有新突破，开放要有新局面，各项工作要有新举措"，这就提出了创新发展理念、走发展新路子的要求。

2003 年初，我国爆发大规模"非典"疫情，更加突出地反映了我国经济发展和社会发展"一条腿长、一条腿短"，发展不全面、不协调的问题。以胡锦涛为总书记的党中央领导全国人民开展了一场艰苦卓绝的抗击非典斗争。这场惊心动魄的斗争，直接推动了发展新思路的探索进程。4 月 15 日，胡锦涛总书记亲赴疫情严重的广东地区考察工作。他在听取广东省委省政府的工作汇报后指出，"新世纪新阶段，包括广东在内的东部地区正处在一个新的发展起点上，面临着新机遇、新挑战、新任务"，强调要坚持"全面的发展观"。这是"发展观"首次出现在党的最高领导人的讲话中。7 月 28 日，胡锦涛总书记在全国防治非典工作会议的讲话中，针对经济社会发展中存在的突出问题，提出了树立"全面发展、协调发展、可持续发展的发展观"的思想。他指出："我们讲发展是党执政兴国的第一要务，这里的发展绝不只是指经济增长，而是要坚持以经济建设为中心，在经济发展的基础上实现社会全面发展。我们要更好地坚持全面发展、协调发展、可持续发展观。"在实际工作中，一些地方往往只重视经济发展而忽视社会发展，把经济发展等同于经济增长，在推动经济增长时又往往片面追求数量、速度而忽视质量、效益。"全面发展、协调发展、可持续的发展观"体现了新的发展思路，这些新的发展思路昭示着新的发展观呼之欲出。

2003 年 8 月 28 日至 9 月 1 日，胡锦涛总书记在江西考察工作时，进一步提出要牢固树立全面发展、协调发展、可持续发展的科学发展观，在这里，探索中的发展新思路被明确表述为"科学发展观"。

2003 年 10 月 14 日，党的十六届三中全会通过的《中共中央关于完善社会主义市场经济体制若干问题的决定》，对新世纪新阶段我国经济体制改革作出全面规划和部署，明确提出要"坚持统筹兼顾，协调好改革进程中的各种利益关系。坚持以人为本，树立全面、协调、可持续的发展观，促进经济社会和人的全面发展"，强调按照统筹城乡发展、统筹区域发展、统筹经济社会发展、统筹人与自然和谐发展、统筹国内发展和对外开放的要求，推进改革和发展。这在科学发展观理论发展史上实现了三大突破：一是在党的正式决议中第一次提出了"科学发展观"思想，标志着科学发展观成为全党的意志。二是把"以人为本"与"全面、协调、可持续的发展"统一起来，"以人为本"体现了马克思主义的基本立场和观点，使科学发展观有了深刻内涵和深层的价值底蕴。三是明确提出了"五个统筹"，作为我国推动科学发展的原则要求。胡锦涛总书记在这次全会的第二次全体会议上的讲话中，阐述了科学发展观的重大意义，要求全党"不断探索促进全面发展、协调发展和可持续发展的新思路新途径"。至此，科学发展观作为一个重大战略思想初步形成，并载入我们党的光辉史册中。

## 二、科学发展观不断丰富和发展

真正的科学理论体系从来不是封闭的、一成不变的，而是向社会、实践和人类活动开放的系统，是一个随着社会实践发展而不断丰富和完善的发展过程。这个过程也是理论从客观实践中抽象出来又在客观实践中得到检验并指导实践的过程。

党中央为了提高全党认识，统一思想、牢固树立和认真落实科学发展观，于2004年2月举办了一期省部级主要领导干部"树立和落实科学发展观"的专题研究班。在这期研究班上，大家从理论和实践结合上系统、深入地探讨了科学发展观问题，中央领导同志对科学发展观的理论基础、精神实质和主要内涵作了深入阐述，对贯彻落实科学发展观提出了更加明确的要求。2004年3月，胡锦涛总书记在中央人口资源环境工作座谈会上发表了题为《树立和落实科学发展观》的重要讲话，对科学发展观提出的目的、作用、要求等一系列问题作了理论阐述。这次重要讲话极大地丰富了科学发展观。一是明确阐述了"坚持以人为本，全面、协调、可持续的发展观，是从新世纪新阶段党和国家事业发展全局出发提出的重大战略思想"，是总结改革开放和现代化建设成功经验，对发展问题形成的新认识。二是明确提出了科学发展观是以邓小平理论和"三个代表"重要思想为指导，指明了科学发展观与党的指导思想既一脉相承又与时俱进的关系。三是明确提出了科学发展观的主题是发展，"科学发展，是用来指导发展的，不能离开这个主题"。四是明确提出树立和落实科学发展观，必须在经济发展的基础上，推动社会全面进步和人的全面发展，促进社会主义物质文明、政治文明、精神文明协调发展。五是对"以人为本""全面发展""协调发展"和"可持续发展"等范畴，分别作了科学界定和理论阐发，使科学发展观具有了更加完备的理论形态。

一种新的理论认识产生后，自觉地把它付诸实践经受检验，在实践中使之丰富发展，不仅符合认识发展的规律，也反映了我们党对科学发展观的高度重视和在理论创新中的严谨科学态度。在我国，保持经济平稳较快发展始终是个至关重要的问题。2004 年初，我国经济出现过热现象，特别是投资规模过大、低水平重复建设严重、煤电油运供求矛盾紧张、物价总水平上涨过快。针对这种情况，中央及时作出了加强和改善宏观调控的重大决策，强调坚持科学发展观，按照"五个统筹"要求，促进经济社会全面、协调、可持续发展。这一年 9 月 19 日，在党的十六届四中全会上，胡锦涛总书记强调指出，要"全面落实科学发展观"，"加强和改善宏观调控，是当前贯彻落实科学发展观的重大举措，其实质就是要优化经济结构，加快转变经济增长方式，逐步消除可能导致经济大起大落的体制性、机制性障碍。"这次加强和改善宏观调控，在一定意义上是把科学发展观运用于指导经济社会发展实践、在实践中接受检验并不断丰富发展的过程。2004 年 12 月 3 日，胡锦涛总书记在中央经济工作会议上指出："这次加强和改善宏观调控不仅保持了经济平稳较快发展，更重要的是使全党同志深化了对科学发展观的认识"，"加强和改善宏观调控的过程，实质是加深理解和全面落实科学发展观的过程。"

在贯彻落实科学发展观的实践中，我们党坚持推动全面发展、协调发展、可持续发展，在新农村建设、科技创新、社会建设、文化建设、区域发展等方面，进行了一系列战略部署和重大的理论创新，不断丰富和发展科学发展观。主要有：

（一）推进我国经济社会发展转入以人为本、全面协调可持续发展轨道。2005 年 10 月，党的十六届五中全会深入研究和把握了我国经济社会发展的阶段性特征，在《中共中央关于制定国民经济和社会发展第十一个五年规划的建议》中，决定"坚持以科学发展观统领经济社会发展全局"，并以科学发展观为指导，提出了"十一五"时期经济社会发展的基本原则、主要目标、重大任务和政策举措。胡锦涛总书记在这次全会第二次全体会议上的讲话中明确指出："科学发展观是指导发展的世界观和方法论的集中体现。"这表明，我们党对科学发展观的理论定位和指导作用的认识又有了新的深化：作为指导发展问题的基本观点和根本方法，科学发展观所揭示的客观规律更具有普遍性和长期性。

（二）明确提出构建社会主义和谐社会的重大战略思想。在我国经济社会发展中，由于社会发展与经济发展不协调，社会建设一直是我国发展道路上的短腿。党的十六届四中全会首次将社会建设纳入我国现代化建设的总体布局，由"三位一体"发展成为经济、政治、文化、社会建设"四位一体"，进而提出建设社会主义和谐社会的战略任务。党的十六届六中全会又进一步作出了《中共中央关于构建社会主义和谐社会若干重大问题的决定》，全面系统地阐明了构建社会主义和谐社会的指导思想、目标任务、基本原则和重大部署，是科学发展观指导构建社会主义和谐社会的纲领性文件。

（三）推动以科学发展观为核心的全面理论创新和实践创新。这一时期，以胡锦涛为总书记的党中央明确提出了建设社会主义新农村思想，要求统筹城乡发展；明确提出了建设创新型国家思想，要求提高我国科技创新能力，加快科技进步；明确提出了以社会主义荣辱观为基础，建设社会主义核心价值观思想；明确提出了推动建设持久和平、共同繁荣的和谐世界思想。这些理论创新成果紧密联系，相互贯通，从不同方面丰富和发展了科学发展的理论体系，科学发展观日益成为涵盖经济、社会、科技、道德、外交等各个领域、全方位指导我国改革开放和社会主义现代化建设的重大战略指导思想。

# 三、科学发展观不断完善和成熟

2007年10月召开的党的十七大，是我国在改革发展关键阶段召开的一次具有里程碑意义的大会。十七大报告用重要篇幅，全面阐述了科学发展观的产生背景、深刻内涵、精神实质、历史地位等，对深入贯彻落实科学发展观提出了新的要求。这标志着科学发展观理论体系不断完善和走向成熟。

党的十七大明确指出："科学发展观，是对党的三代中央领导集体关于发展的重要思想的继承和发展，是马克思主义关于发展的世界观和方法论的集中体现，是同马克思列宁主义、毛泽东思想、邓小平理论和'三个代表'重要思想既一脉相承又与时俱进的科学理论，是我国经济社会发展的重要指导方针，是发展中国特色社会主义必须坚持和贯彻的重大战略思想。"这是我们党对科学发展观的历史地位和指导意义的高度概括，深刻揭示了科学发展观与党的基本理论、指导思想的继承发展关系及其重要的方法论意义。十七大报告精辟概括了科学发展观的科学内涵和精神实质，指出："科学发展观，第一要义是发展，核心是以人为本，基本要求是全面协调可持续，根本方法是统筹兼顾。"这四句话中每一点都包含着非常丰富的思想内涵，构成了科学发展观最核心、最根本的内容，是对科学发展观思想精髓和内在逻辑的集中表述和高度概括。十七大报告提出了中国特色社会主义理论体系的科学概念，把科学发展观与邓小平理论、"三个代表"重要思想一道作为中国特色社会主义理论体系的重要组成部分，并把贯彻落实科学发展观正式写入党章。这表明，我们党从党的指导思想与时俱进的高度，从坚持和发展中国特色社会主义伟大事业的高度，概括和阐述了科学发展观的重大政治意义和理论意义。十七大报告还提出了贯彻落实科学发展观的根本保证。包括要始终坚持"一个中心、两个基本点"的基本路线，这是实现科学发展的政治保证；积极构建社会主义和谐社会，科学发展和社会和谐是内在统一的；继续深化改革开放，构建有利于科学发展的体制机制；切实加强和改进党的建设，为科学发展提供可靠的政治和组织保障。这四个方面进一步拓展了科学发展观的理论内涵，既是科学发展观的应有之义，又是贯彻落实科学发展观的根本要求，同时，也是科学发展观在社会主义建设各个领域、各个方面的具体体现。

科学发展观理论基础深厚、思想内涵丰富、内在逻辑严密、理论框架清晰，至此已经形成了一个完整、成熟的理论体系，形成了马克思主义关于中国特色社会主义发展的系统理论，是我们党对"三大规律"认识深化的基本标志。在新的历史起点上，科学发展观为我们解决复杂的国际国内矛盾、应对各种风险和挑战提供了强大的理论武器，不仅是我国当前统领经济社会发展全局的科学理论，也是实现全面建设小康社会和建设社会主义现代化国家必须长期坚持的科学理论。

为全面贯彻落实党的十七大精神，中央作出了一系列安排和部署，胡锦涛总书记等中央领导同志在一系列重要会议上的讲话，从思想观念、体制机制、党的建设等方面不断地深化科学发展观。2008 年，胡锦涛总书记在全党深入学习实践科学发展观活动动员大会暨省部级主要领导干部专题研讨班开班式上的讲话中指出：我们要着力推动广大党员、干部深刻理解和全面把握科学发展观的科学内涵、精神实质、根本要求，增强贯彻落实科学发展观的自觉性和坚定性，坚定不移地把科学发展观贯彻落实到经济社会发展的各个方面，要"在发展理念、发展思路、发展方式、发展体制上都来一个深刻转变"，"确立起符合科学发展观要求的思想观念、方式方法、体制机制"。

从 2008 年 9 月到 2010 年 2 月，在全党深入开展了学习实践科学发展观活动。这次历时一年半的集中学习实践活动，使得科学发展观进一步转化为全党的自觉行动。

2008 年以来，国际国内经济政治环境以及自然界的严重困难和挑战接连不断，在复杂经济环境下进行的发展中国特色社会主义伟大实践推动了科学发展观这一战略思想不断完善和深化。2010 年 2 月中央举办了省部级主要领导干部深入贯彻落实科学发展观、加快经济发展方式转变专题研讨班，2010 年 10 月举行的党的十七届五中全会围绕制定"十二五"发展规划，进一步完善推动科学发展、加快经济发展方式转变的思路和举措。2011 年 2 月召开的省部级主要领导干部社会管理及其创新专题研讨班，明确提出了当前和今后一个时期加强和创新社会管理的指导思想、根本目的、基本任务、重点工作，标志着我们党对共产党执政规律、社会主义建设规律、人类社会发展规律认识的深化，对科学发展观认识的深化。这年 7 月，胡锦涛总书记在庆祝中国共产党成立 90 周年大会上指出：作为中国特色社会主义理论体系重要内容的科学发展观，系统回答了在中国这样一个十几亿人口的发展中大国，进行现代化建设要实现什么样的发展、怎样发展这样的重大问题。

# 牢牢把握社会主义初级阶段这个最大国情 *

（2013 年 10 月 1 日）

在任何情况下都要牢牢把握社会主义初级阶段这个最大国情，推进任何方面的改革与发展都要立足这个最大实际。这既是我们党总结长期历史经验得出的基本结论，也是在新的历史条件下开创中国特色社会主义新局面的根本遵循。

## 一、把握社会主义初级阶段这个最大国情的重大意义

正确认识国情是建设中国特色社会主义的首要问题，这既是党的思想路线的根本要求，也是制定和执行正确路线、方针和政策的基本依据。当今中国最大的国情是什么？那就是仍处于并将长期处于社会主义初级阶段。

社会主义初级阶段，这是我们党 20 世纪 80 年代从社会性质和发展阶段上对中国国情所做的全局性、总体性判断，这一判断涵盖的时间范围根据社会生产力发展而变化，仍然是当前把握我国发展历史方位的出发点。社会主义初级阶段的基本内涵有两个方面：第一，我国已是社会主义国家，我们必须坚持而不能离开社会主义；第二，我国的社会主义还处在初级阶段，我们必须从这个实际出发，而不能超越这个阶段。社会主义初级阶段是社会主义的初级阶段与初级阶段的社会主义的辩证统一，是从社会的制度性质及其发展程度两个方面，对我国社会所处历史方位、时代坐标的准确界定，构成当代中国的最大

---

＊ 本文发表在《求是》2013 年第 19 期。

国情即最大实际，是建设中国特色社会主义的总依据。

深刻认识和正确把握社会主义初级阶段这个最大国情至关重要。这是在新的历史条件下正确制定和贯彻党的路线、方针、政策的前提和基础，是科学谋划和推进改革发展各项事业的关键和根本。回顾历史，党的十一届三中全会之前，我国社会主义建设出现严重失误的根本原因之一，就是因为提出的一些目标、任务和方针政策脱离、超越了社会主义初级阶段。由于没有很好地把握社会主义初级阶段这个最大国情，结果在社会主义建设中吃了苦头，遭受损失甚至严重挫折。改革开放以来，我国社会主义各项事业蓬勃发展，取得了巨大成功，根本原因之一是纠正了那些超越发展阶段的思想观念、方针政策，对那些不符合社会主义初级阶段要求的体制、制度逐步进行根本性的改革；同时，坚决抵制了抛弃社会主义基本制度的错误主张，坚持和发展了中国特色社会主义。

坚持和发展中国特色社会主义是一项长期而艰巨的历史任务。在具有许多新的历史特点的伟大征程中，始终牢牢把握社会主义初级阶段这个最大国情和最大实际，是我们有效应对复杂多变的发展环境并保持正确发展方向的根本保证。只有把握住了这一最大国情，我们才能不断丰富中国特色社会主义的道路特色、理论特色、制度特色、实践特色和时代特色，如期全面建成小康社会和顺利推进中国社会主义现代化伟大事业。

## 二、正确认识社会主义初级阶段的基本特征和矛盾

我国社会主义初级阶段，是指我国生产力落后、市场经济不发达条件下建设社会主义必然要经历的特定阶段。社会主义初级阶段是一个长期动态的发展过程。这个阶段，既不同于社会主义经济基础尚未奠定的阶段，又不同于实现社会主义现代化的阶段。从 20 世纪中叶社会主义改造基本完成到 21 世纪中叶基本实现现代化，至少需要上百年时间，都属于社会主义初级阶段。

在社会主义初级阶段，我国经济、政治、文化和社会生活各方面

存在着种种矛盾，但社会的主要矛盾是人民日益增长的物质文化需要同落后的社会生产之间的矛盾，这个主要矛盾贯穿我国社会主义初级阶段的整个过程和社会生活的各个方面。因此，现阶段我国面临的中心任务是，必须大力发展社会生产力，逐步实现现代化；同时，必须不断改革生产关系和上层建筑中不适应生产力发展的部分。总体来看，我国社会主义初级阶段，是逐步摆脱贫穷、摆脱落后的历史阶段；是由农业人口占多数的手工劳动为基础的农业国逐步转变为现代化工业国的阶段；是由自然经济半自然经济占很大比重转变为市场经济发达的历史阶段；是通过探索和改革，建立、发展和完善中国特色社会主义市场经济体制、政治体制、文化体制、社会体制和其他各方面体制的历史阶段；是全民奋起，艰苦奋斗，在社会主义基础上实现中华民族伟大复兴的历史阶段。我们必须全面、准确地认识和把握社会主义初级阶段的基本特点、主要矛盾和历史任务。

社会主义初级阶段需要经历若干具体的发展时期，不同时期会出现不同的阶段性特征。改革开放以来，我国经济持续快速增长，生产力有了突飞猛进的发展，国家面貌发生了历史性的变化，取得了举世瞩目的成就。然而总的说来，我国还没有从根本上摆脱不发达的状态，仍然带有社会主义初级阶段的明显特征。从生产力发展方面看：一是工业化的历史任务没有完成，总体上仍处于工业化的中期阶段，产业结构层次低，发展方式粗放。二是城乡之间、区域之间发展很不平衡，差距较大。三是城乡二元结构的状况没有根本改变，城市化水平较低，城镇化质量不高。四是人均国内生产总值仍居世界后列，属于中等收入国家。五是自主创新能力不强，总体科学技术水平、国民教育水平和文化素质还不高。生产力还比较落后的状况，从根本上反映了社会主义制度还很不完善，生产力发展还面临着诸多体制性障碍，生产关系还不能适应生产力发展的变化。我们虽然建立了社会主义市场经济体制，但计划经济体制的弊端尚未根本革除，市场经济体制机制的许多方面还没有完全建立起来，深化经济体制改革的任务还很繁重。上层建筑中还存在一些不适应、不符合经济基础变化的地方，社会主义民主政治还不健全，建设高度的社会主义民主政治所必需的一系列经济文化条件还不充分，封建主义残余、资本主义腐朽思想和小生产习惯势力在社会上还有一定影响，并且经常侵袭党的干部和国家公务员队伍。以上这些说明，要改变我国生产力发展落后的状况，巩固和发展社会主义，实现社会主义现代化，还需要很长的时间。

改革开放以来，随着我国经济社会持续快速发展，人民物质文化生活得到显著改善，但人民群众日益增长的物质文化需要同社会生产不能满足这种需要之间的矛盾仍然是主要矛盾，并不断表现出新的问题和矛盾形式。当前主要表现在：我国发展过程中的和历史积累的各种矛盾日益突出，发展中不平衡不协调不可持续问题依然存在，工业化、农业现代化和城镇化进程中社会矛盾和问题不断出现，经济发展面临一系列重大结构性问题，经济转型压力增大；人民群众的利益矛盾凸显，群体性事件易发多发；城乡居民利益诉求明显增强，人民群众的物质文化需求日渐升级，社会需求向全面化、高级化、个性化和多样化方向发展，对政治、文化、环境的需求不断增强。正如习近平同志最近指出："现在，我们遇到的问题中，有些是老问题，或者是我们长期努力解决但还没有解决好的问题，或者是有新的表现形式的老问题，但大量是新出现的问题。"社会经济转型的错综复杂性，是中国现阶段社会矛盾的重要特征。

马克思主义的历史辩证法告诉我们，矛盾是客观的，人类社会总是在矛盾的产生和解决中不断进步的。而且，经济发展越快，社会变化越剧烈，矛盾越是凸显，这是客观事实，也是一个规律。要看到，当前发展中的社会矛盾和问题大量出现，是客观的，也是难以回避的。尤其是当前，我国正处于社会利益深刻调整期、经济社会急剧转型期、改革攻坚期和社会矛盾凸显期，这个时期人口、资源、环境、效率和公平等社会矛盾和问题往往最为突出，既要在新型工业化、信息化、城镇化和农业现代化的半道上"爬坡过坎"，又要跨越中等收入"陷阱"。这些矛盾的存在，究其主要原因，既有发展不足和发展不够好的问题，也有改革不到位和改革不够配套的问题。我们必须牢牢扭住社会主义初级阶段这个最大国情，注重标本兼治、统筹施策，坚持用发展和改革的办法，不断解决前进中的种种矛盾与问题。

## 三、推动经济社会持续健康发展需要把握好的几个方面

在整个社会主义现代化建设伟大进程中，我们必须紧紧扭住社会主义初级阶段这个最大国情，坚持从实际出发，推动经济社会长期持续健康发展。

第一，坚定不移集中力量发展生产力。社会主义的根本任务是发展社会生产力。在社会主义初级阶段，尤其要把集中力量发展社会生产力摆在首要地位。这是由社会主义初级阶段的主要矛盾决定的。只有大力发展生产力，才能为实现社会主义现代化，提高全体人民生活水平提供雄厚物质基础。因此，要始终坚持以经济建设为中心，以科学发展为主题，以加快转变经济发展方式为主线，全面推进经济建设、政治建设、文化建设、社会建设、生态文明建设，实现以人为本、全面协调可持续的科学发展。要坚持走中国特色社会主义新型工业化、信息化、城镇化、农业现代化道路，推动信息化和工业化深度融合、工业化和城镇化良性互动、城镇化和农业现代化相互协调，促进工业化、信息化、城镇化、农业现代化同步发展。在推进各项现代化事业建设中，既要防止无所作为的消极情绪，又要防止急于求成的盲目冒进。只有牢牢抓住社会主义初级阶段的主要矛盾和全党工作的中心，并坚定不移走科学发展之路，才能清醒地观察和把握社会矛盾的全局，有效促进各种社会矛盾的解决。

第二，坚定不移推进改革开放。改革开放是当代中国发展进步的强大动力，是坚持和发展中国特色社会主义的必由之路。全面深化改革，包括推进经济体制、政治体制、文化体制、社会体制、生态体制的改革，是加快我国社会主义制度自我完善和发展的根本出路。当前，我国改革已进入攻坚期和深水区，需要解决的问题很多。要坚持社会主义市场经济的改革方向，坚持对外开放的基本国策，以更大的政治勇气和智慧，不失时机深化重要领域改革，攻克体制机制上的顽症痼疾，突破利益固化的藩篱，构建系统完备、科学规范、运行有效的制度体系，使各方面制度更加成熟更加定型。要坚持从实际情况出发，提高全面深化改革开放决策的科学性。着力提升开放型经济水平，

完善互利共赢、多元平衡、安全高效的开放型经济体系，以更高标准、更高水平、更高质量参与国际经济合作与竞争。

第三，坚定不移发展社会主义民主政治。按照马克思主义关于经济基础决定上层建筑、上层建筑反作用于经济基础的基本原理，在社会主义初级阶段，通过调整政治关系、结构和活动，推动政治观念更新、政治制度完善、政治行为进步，实现政治文明和现代化，不仅是生产力发展的必然要求，也是发展中国特色社会主义事业的重要组成部分。因此，必须按照社会主义社会生产力发展和实现现代化对民主政治建设的要求，扩大社会主义民主，加快建设社会主义法治国家，发展社会主义政治文明。要坚持人民主体地位，支持和保证人民通过人民代表大会行使国家权力，健全社会主义民主协商制度，完善基层民主制度，全面推进依法治国、依法行政、依法治理社会，健全权力运行的制约和监督体系，推进体制机制改革创新，加强惩治和预防腐败体系建设，全面提高党的建设科学化水平，使中国社会主义民主政治展现出更加旺盛的生命力。

第四，坚定不移促进社会主义文化大发展大繁荣。文化建设是中国特色社会主义事业五位一体总体布局的重要组成部分，也是完善社会主义上层建筑的重要内容。要坚持社会主义先进文化发展方向，扎实推进社会主义文化强国建设。要贯彻物质文明建设和精神文明建设两手抓、两手都要硬的方针，坚持以马克思主义为指导，大力加强社会主义核心价值体系建设，全面提高公民道德素质，不断丰富人民精神文化生活，增强我国文化整体实力和竞争力。要加快完善文化管理体制和文化生产经营机制，建立现代文化市场体系，健全国有文化资产管理体制，形成有利于创新创造的文化发展环境，促进文化大发展大繁荣，发挥文化引领风尚、教育人民、服务社会、推动发展的积极作用，为实现中华民族伟大复兴的中国梦提供强大动力和有力支撑。

第五，坚定不移在改善民生和创新管理中加强社会建设。保障和改善民生，提高人民生活水平和质量，是有效化解社会矛盾的治本之策，维护公平正义是中国特色社会主义的内在要求。必须把保障和改善民生放在更加突出的位置，千方百计增加居民收入，加快健全基本公共服务体系，解决好人民群众最关心最直接最现实的利益问题，在学有所教、劳有所得、病有所医、老有所养、住有所居上持续取得新进展，尤其是要在努力办好人民满意的教育、推动实现更高质量的就业、统筹推进城乡社会保障体系建设、提高人民健康水平等方面有新的进步，努力让人民过上更好生活。要坚持走共同富裕道路，着力解决收入差距较大的问题，使发展成果更多更公平地惠及全体人民，朝着共同富裕方向稳步前进。要加紧健全对保障社会公平正义具有重大作用的制度，逐步建立以权利公平、机会公平、规则公平为主要内容的社会公平保障体系，努力营造公平的社会环境，保证人民平等参与、平等发展的权利。要加快社会主义和谐社会建设，加强和创新社会管理，正确处理改革发展稳定的关系，团结一切可以团结的力量，最大限度增加和谐因素，确保社会安定有序，国家长治久安。

社会主义初级阶段是建设和发展中国特色社会主义的必经历史阶段，是一个不断发展和进步的动态历史过程，是由量变积累引起部分质变，在新的基础上再由新的量变积累引起新的部分质变的过程。这个过程就是一个社会生产力由不发达走向发达、生产关系由不完善走向完善、上层建筑由不成熟走向成熟的过程。党的十八大报告关于社会主义初级阶段的科学论述，丰富了我们党对社会主义社会发展阶段的认识，在这一基础上对中国特色社会主义事业作出的全面部署，必将把中国改革开放和社会主义现代化事业推向新的阶段，不断谱写实现中华民族伟大复兴中国梦的光辉篇章。

# 毛泽东对中国社会主义建设道路的探索及其现实意义 *

（2013 年 12 月）

今年是中国人民的伟大领袖毛泽东诞辰 120 周年。毛泽东是中国共产党和中华人民共和国的主要缔造者和领导人，是毛泽东思想的主要创立者和中国社会主义建设道路的开拓者，他的光辉一生是探索中国民主革命和社会主义道路的一生。新中国成立后，以毛泽东为代表的中央领导集体对中国社会主义建设道路作出了孜孜不倦的思考和探索，虽然经历严重曲折，但取得了独创性理论成果和巨大成就，为改革开放以来新的历史时期我们党能够全面开创中国特色社会主义事业提供了重要的理论准备、宝贵经验和物质基础。回顾毛泽东对中国社会主义建设道路的探索成果，对于在新的历史起点上高举中国特色社会主义伟大旗帜，坚持和发展中国特色社会主义，实现中华民族伟大复兴的中国梦，具有重要的现实意义。

## 一、毛泽东探索中国社会主义建设道路的重要理论成果

新中国成立后，以毛泽东为代表的中国共产党人带领全国人民实现了从新民主主义到社会主义的伟大历史转变，确立了社会主义基本制度。这是我国历史上最深刻最伟大的社会变革，是我国社会一切发展和进步的基础。

---

* 本文系为纪念毛泽东同志诞辰 120 周年撰写的论文，全文发表于《党的文献》2013 年增刊（总第 157 期）。

1956 年，我国在基本完成对生产资料私有制的社会主义改造以后，开始转入全面的大规模的社会主义建设。在我们这样一个人口众多、经济文化十分落后、各地发展极不平衡的东方大国建设社会主义，是我们党面临的全新的重大课题。解决这个问题的关键，就是要坚持把马克思主义同中国实际相结合，吸取外国经验教训，走自己的建设道路。为此，毛泽东开始对适合中国国情的社会主义建设道路进行了一系列艰苦探索。新中国成立初期，鉴于当时复杂的国内外环境，我们在经济建设方面主要学习苏联模式，初步建立起社会主义国家的国民经济体系，并取得了巨大成效。但随着形势进一步发展，苏联模式不断暴露出存在的弊端和问题。借鉴苏联经验，正如毛泽东所言："这在当时是完全必要的，同时又是一个缺点，缺乏创造性，缺乏独立自主的能力。这当然不应当是长久之计。"[①]1955 年底，毛泽东最早提出"以苏为鉴"的问题。毛泽东对探索中国社会主义建设道路的重要理论贡献，可以概括为以下几个方面。

（一）系统阐发了社会主义社会基本矛盾和社会发展动力的学说。1957 年，毛泽东发表《关于正确处理人民内部矛盾的问题》的讲话。在讲话中，针对斯大林关于社会主义生产关系和生产力完全适合、不承认社会主义还有矛盾的观点，毛泽东明确指出："在社会主义社会中，基本的矛盾仍然是生产关系和生产力之间的矛盾，上层建筑和经济基础之间的矛盾。"他站在对立统一规律的哲学立场上指出，社会主义社会充满着矛盾，社会主义的生产关系、上层建筑基本上是适合生产力和经济基础的需要的，但又很不完善，还存在某些环节的缺陷，同生产力的发展和经济基础的需要相矛盾，应当及时地调整，但这些矛盾同旧制度的矛盾又"具有根本不同的性质和情况"，也就是说，这种矛盾不是对抗性的，可以经过社会主义制度本身不断地得到解决。[②]毛泽东还对两类不同性质的矛盾进行详细分析，揭示了社会主义社会矛盾的根源，指明了解决社会主义社会的基本矛盾是社会主义社会发展的基本动力。毛泽东对社会主义基本矛盾和社会发展动力的科学认

---

① 《毛泽东文集》第八卷，人民出版社 1999 年版，第 305 页。
② 参见《毛泽东文集》第七卷，人民出版社 1999 年版，第 214 页。

识，为我们不断探索中国社会主义建设道路提供了思想武器，也为推动社会主义社会制度不断进行自我完善和自我革新提供了理论基础。

（二）明确提出了社会主义的根本任务是解放和发展生产力的重要思想。在 1956 年最高国务会议第六次会议上的讲话中，毛泽东明确指出："社会主义革命的目的是为了解放生产力。"他说，"农业和手工业由个体的所有制变为社会主义的集体所有制，私营工商业由资本主义所有制变为社会主义所有制"，生产关系的调整"必然使生产力大大地获得解放"，这也"为大大地发展工业和农业的生产创造了社会条件"。① 同年，党的八大全面分析了我国的阶级关系和社会主要矛盾出现的新情况，指出党和全国人民当前的主要任务，就是集中力量发展社会生产力，把我国尽快从落后的农业国变为先进的工业国，以满足人民日益增长的物质和文化需要。这就将发展生产力这个中心任务在党的路线方针中确立起来。1957 年，在《关于正确处理人民内部矛盾的问题》中，毛泽东进一步指出："我们的根本任务已经由解放生产力变为在新的生产关系下面保护和发展生产力。""所谓社会主义生产关系比较旧时代生产关系更能够适合生产力发展的性质，就是指能够容许生产力以旧社会所没有的速度迅速发展。"②

对于如何发展生产力，毛泽东也有着深入的思考。他提出："我国人民应该有一个远大的规划，要在几十年内，努力改变我国在经济上和科学文化上的落后状况，迅速达到世界上的先进水平。"为了实现这个伟大的目标，"决定一切的是要有干部，要有数量足够的、优秀的科学技术专家；同时，要继续巩固和扩大人民民主统一战线，团结一切可能团结的力量"。③ 在毛泽东的许多重要讲话中，还多次提到科学技术和技术革命的重要性。1958 年 1 月，他在《工作方法六十条》中提出，要"把党的工作的着重点放到技术革命上去"④。1960 年 3 月，他在对《全国总工会党组关于当前技术革新、技术革命情况的报告》和

---

① 《毛泽东文集》第七卷，人民出版社 1999 年版，第 1 页。
② 《毛泽东文集》第七卷，人民出版社 1999 年版，第 218、214 页。
③ 《毛泽东文集》第七卷，人民出版社 1999 年版，第 2 页。
④ 《毛泽东文集》第七卷，人民出版社 1999 年版，第 351 页。

《技术革命运动获得大面积丰收》两份材料的批示中又指出："技术革新和技术革命运动现在已经成为一个伟大的运动，急需总结经验，加强领导。"①1963 年，在听取有关同志汇报十年科学技术规划时，毛泽东强调："科学技术这一仗，一定要打，而且必须打好。"他告诫全党："搞上层建筑、搞生产关系的目的就是解放生产力。""不搞科学技术，生产力无法提高。"②毛泽东关于社会主义根本任务是解放和发展生产力以及重视科学技术的重要思想，具有极大的理论意义和实践价值。

（三）初步提出了社会主义发展的阶段论和中国实现现代化的战略设想。为了使各级领导干部更多地了解马克思主义基本经济理论，毛泽东要求全党领导干部认真阅读苏联《政治经济学教科书》。1959 年底至 1960 年初，在边读边议这本书时，毛泽东明确指出："社会主义这个阶段，又可能分为两个阶段，第一个阶段是不发达的社会主义，第二个阶段是比较发达的社会主义。后一阶段可能比前一阶段需要更长的时间。""在我们这样的国家，完成社会主义建设是一个艰巨任务，建成社会主义不要讲得过早了。"③毛泽东关于社会主义分阶段发展的论断，是对马克思主义的重要发展和重要贡献。

在这个历史时期，毛泽东还着重思考了中国工业化和现代化问题。他立足于中国实际，以苏联、东欧经验为借鉴，提出要"走自己的道路"。他明确指出，要正确处理农业、轻工业、重工业的发展关系，把农业放在优先发展的突出位置，提出要以农业、轻工业、重工业为序来安排国民经济计划的方针。关于实现中国现代化的问题，毛泽东也作过深入的思考。他率先提出并初步规划了我国社会主义现代化的发展战略，明确要"将我国建设成为一个具有现代工业、现代农业和现代科学文化的社会主义国家"④。他还提出了国防现代化的问题。在边读边议苏联《政治经济学教科书》时，毛泽东明确指出："建设社会主义，原来要求是工业现代化，农业现代化，科学文化现代化，现

---

① 《毛泽东文集》第八卷，人民出版社 1999 年版，第 152 页。
② 《毛泽东文集》第八卷，人民出版社 1999 年版，第 351 页。
③ 《毛泽东文集》第八卷，人民出版社 1999 年版，第 116 页。
④ 《毛泽东文集》第七卷，人民出版社 1999 年版，第 207 页。

在要加上国防现代化。"①1964 年 12 月，毛泽东对周恩来在全国人大三届一次会议所作的《政府工作报告》修改时，提出"在一个不太长的历史时期内"②建成现代化强国。到了 1975 年 1 月，根据毛泽东的指示，周恩来在四届全国人大一次会议作《政府工作报告》时又明确指出："在本世纪内，全面实现农业、工业、国防和科学技术的现代化。"③这样，毛泽东亲自规划了现代化建设的宏伟目标是实现"四个现代化"。这为我们党后来不断思考和制定中国现代化建设战略提供了重要思想基础。

（四）创造性地提出了发展社会主义商品生产和重视价值规律的理论观点。在社会主义建设道路探索初期，毛泽东就突破了斯大林关于社会主义制度下商品生产只限于生活资料的观点，明确提出了"社会主义商品生产"的概念。他多次强调，不能把商品生产同资本主义混为一谈，商品生产在社会主义条件下还是一个不可缺少的有利工具。在纠正 1958 年"共产风"的错误中，他比较系统地提出了发展商品生产、利用价值规律的思想，认为"两种所有制存在，是商品生产的主要前提"，只要存在两种所有制，商品生产和商品交换就极其必要，极其有用。"即使是过渡到了单一的社会主义全民所有制，如果产品还不很丰富，某些范围内的商品生产和商品交换仍然有可能存在。"④他还说，在今后一个必要的历史时期内，商品生产和商品交换必须有一个很大的发展。他的这些论述实际上已经把商品生产看成是资本主义和社会主义都可以使用的经济形式。毛泽东还认为，只要存在商品生产，价值规律就要起作用。他在 1959 年 2 月底 3 月初的中央政治局扩大会议上指出，价值规律是客观存在的经济法则。在同年 3 月的一个批示中还写道：价值法则是一个伟大的学校，只有利用它，才有可能教会我们的几千万干部和几万万人民，才有可能建设我们的社会主义和共

---

① 《毛泽东文集》第八卷，人民出版社 1999 年版，第 116 页。
② 《建国以来毛泽东文稿》第十一册，中央文献出版社 1996 年版，第 271 页。
③ 《周恩来选集》下卷，人民出版社 1984 年版，第 479 页。
④ 《毛泽东著作专题摘编》（上），中央文献出版社 2003 年版，第 977 页。

产主义，否则一切都不可能。①1959 年，毛泽东批示："工农商并举，提得很好，一定要这样做。贬低商业，商不挂帅，工农两业是不会发展的。"②他在当时整顿人民公社中明确提出，要"三级核算，各计盈亏"、"物资劳动，等价交换"、"按劳分配，承认差别"③。这些重要思想都是对传统的社会主义经济理论的创新性发展，也为在社会主义制度下发展商品经济提供了思想理论基础。

（五）鲜明地作出了正确处理国民经济和社会发展中重大关系的论述。1956 年 4 月，毛泽东在中央政治局扩大会议上发表了著名的《论十大关系》的讲话，这也是他探索中国社会主义建设道路的代表作，其内容涉及十个方面的重大关系问题，提出了一系列社会主义建设的方针和政策。其中，特别论述了如何处理重工业和轻工业、农业，沿海工业和内地工业的关系。在讲话中，毛泽东强调不要机械搬用外国经验，要充分重视发展农业和轻工业，走出一条适合我国国情的中国工业化道路。他提出："我们现在发展重工业可以有两种办法，一种是少发展一些农业、轻工业，一种是多发展一些农业、轻工业。从长远观点来看，前一种办法会使重工业发展得少些和慢些，至少基础不那么稳固，几十年后算总账是划不来的。后一种办法会使重工业发展得多些和快些，而且由于保障了人民生活的需要，会使它发展的基础更加稳固。"④这就阐明了发展重工业、轻工业和农业的辩证关系。后来他还提出，要从中国国情出发，把发展农业放在重要位置。到了 60 年代，毛泽东更明确提出"以农业为基础，以工业为主导"的思想，并把它确立为发展国民经济的总方针。在分析沿海工业和内地工业关系时，他在《论十大关系》中提出："为了平衡工业发展的布局，内地工业必须大力发展。""好好地利用和发展沿海的工业老底子，可以使我们更有力量来发展和支持内地工业。"⑤1959 年底到 1960 年初，在边

---

① 参见《毛泽东文集》第八卷，人民出版社 1999 年版，第 34 页。

② 《毛泽东文集》第八卷，人民出版社 1999 年版，第 69 页。

③ 《毛泽东文集》第八卷，人民出版社 1999 年版，第 14 页。

④ 《毛泽东文集》第七卷，人民出版社 1999 年版，第 25 页。

⑤ 《毛泽东文集》第七卷，人民出版社 1999 年版，第 25—26 页。

读边议苏联《政治经济学教科书》时，毛泽东又分析了工业化进程中的城乡关系。他指出："随着农业机械化的发展，农业人口会减少。如果让减少下来的农业人口，都拥到城市里来，使城市人口过分膨胀，那就不好。""要防止这一点，就要使农村的生活水平和城市的生活水平大致一样，或者还好一些。"①

在这次边读边议苏联《政治经济学教科书》的过程中，毛泽东还提出了国民经济综合平衡、协调发展的理论观点。他说："社会主义国家的经济能够有计划按比例地发展，使不平衡得到调节，但是不平衡并不消失。""不以规律为计划的依据，就不能使有计划按比例发展的规律的作用发挥出来。"他还指出："生产资料优先增长的规律，是一切社会扩大再生产的共同规律。""斯大林的缺点是过分强调了重工业的优先增长，结果在计划中把农业忽略了。"所以"我们把这个规律具体化为：在优先发展重工业的条件下，工农业同时并举"。"只要我们能够使农业、轻工业、重工业都同时高速度地向前发展，我们就可以保证在迅速发展重工业的同时，适当改善人民的生活。"②这一系列阐述，都体现了毛泽东对中国工业化道路和国民经济协调发展的深入思考，是对马克思主义中国化的重大贡献。

（六）开始提出了经济体制和管理体制改革的科学论断。在《论十大关系》中，毛泽东集中分析了国家、生产单位、生产者个人的关系和中央与地方的关系。毛泽东强调，要通过改革经济体制和管理体制以充分调动各个方面的积极性。他提出："国家和工厂、合作社的关系，工厂、合作社和生产者个人的关系，这两种关系都要处理好。必须兼顾国家、集体和个人三个方面。"他说："工人的劳动生产率提高了，他们的劳动条件和集体福利就需要逐步有所改进。随着整个国民经济的发展，工资也需要适当调整。""合作社同农民的关系也要处理好。在合作社的收入中，国家拿多少，合作社拿多少，农民拿多少，以及怎样拿法，都要规定得适当。"这实际上提出了正确处理积累和消费的关系问题。他还提出了给企业下放权力的问题，"把什么东西统统

---

① 《毛泽东文集》第八卷，人民出版社1999年版，第128页。
② 《毛泽东文集》第八卷，人民出版社1999年版，第119、121页。

都集中在中央或省市，不给工厂一点权力，一点机动的余地，一点利益，恐怕不妥"。从原则上说，"要有统一性，也要有独立性"。在处理中央和地方关系上，他提出，要发挥中央和地方两个积极性，"目前要注意的是，应当在巩固中央统一领导的前提下，扩大一点地方的权力，给地方更多的独立性，让地方办更多的事情"。"我们的国家这样大，人口这样多，情况这样复杂，有中央和地方两个积极性，比只有一个积极性好得多。我们不能像苏联那样，把什么都集中到中央，把地方卡得死死的，一点机动权也没有。""省市也要注意发挥地、县、区、乡的积极性，都不能够框得太死。""省市与省市之间的关系，也是一种地方和地方的关系"，"提倡顾全大局，互助互让"。① 这些思想表明，毛泽东力图突破苏联高度集中统一的计划经济模式。这是毛泽东探索中国工业化道路整体思考中的重要组成部分。

（七）强调提出了有分析有批判地向国外学习的思想。在探索社会主义建设道路过程中，毛泽东十分强调学习的作用，一是向书本学习，二是向群众学习，三是向国外学习。新中国成立初期面临的国际环境非常严峻，毛泽东强调独立自主、自力更生，但他并不搞闭关锁国，也反对故步自封。开始时，他主要强调向苏联学习，后来也强调向资本主义国家学习。1956 年 4 月，在《论十大关系》一文中，毛泽东指出："我们的方针是，一切民族、一切国家的长处都要学，政治、经济、科学、技术、文学、艺术的一切真正好的东西都要学。"如何学呢？他提出，"必须有分析有批判地学，不能盲目地学，不能一切照抄，机械搬用"。他说，外国资产阶级的一切腐败制度和思想作风，我们要坚决抵制和批判，但这不妨碍我们去学习资本主义国家先进的科学技术和企业管理方法中合乎科学的方面。他还强调，即使"将来我们国家富强了"，"还要谦虚谨慎，还要向人家学习，不要把尾巴翘起来"。② 这些论述，为我们正确处理引进、吸收、创新的关系以及所应当持有的开放态度提供了思想源泉。

（八）围绕走中国自己的社会主义建设道路，提出了社会主义政

① 《毛泽东文集》第七卷，人民出版社 1999 年版，第 28—33 页。
② 《毛泽东文集》第七卷，人民出版社 1999 年版，第 41、44 页。

治建设、文化建设、党的建设等一系列重要理论。中国社会主义建设不仅包括经济建设，也包括政治建设、文化建设、党的建设等。对此，毛泽东也有一系列可贵的探索。在政治建设上，他提出，要把社会主义民主政治建设作为社会主义建设的一个重要目标。毛泽东在党内率先提出废除党和国家领导干部终身制，并提出要"能上能下、能官能民"。1957年7月，他在《一九五七年夏季的形势》中提出，"我们的目标，是想造成一个又有集中又有民主，又有纪律又有自由，又有统一意志、又有个人心情舒畅、生动活泼，那样一种政治局面"①。1956年，在八届二中全会上，毛泽东强调："我们一定要警惕，不要滋长官僚主义作风，不要形成一个脱离人民的贵族阶层。"②"艰苦奋斗是我们的政治本色。"③他非常重视同各民主党派的合作，确定了中国共产党领导的多党合作和政治协商制度，提出中国共产党和民主党派要"长期共存、互相监督"，建设社会主义国家。在科学文化建设上，毛泽东提倡"百花齐放、百家争鸣"，重视知识分子队伍建设，提出知识分子要坚持走"又红又专"的道路。在党的建设上，他提出，"中国共产党是全中国人民的领导核心。没有这样一个核心，社会主义事业就不能胜利"④。根据毛泽东的思想，党的八大着重提出了执政党的建设问题，强调要坚持民主集中制和集体领导制度，反对个人崇拜，发展党内民主和人民民主，加强党和群众的联系。这些思想，为我们不断加强和改善党的建设提供了理论基础。

## 二、毛泽东探索中国社会主义建设道路的
## 实践成果和经验教训

毛泽东在新中国成立后对中国社会主义建设道路进行的大量思考和探索，是中国共产党的宝贵精神财富，其在实践中也取得了丰硕的

---

① 《建国以来毛泽东文稿》第六册，中央文献出版社1992年版，第543页。
② 《毛泽东著作专题摘编》（下），中央文献出版社2003年版，第2155页。
③ 《毛泽东文集》第七卷，人民出版社1999年版，第162页。
④ 《毛泽东文集》第七卷，人民出版社1999年版，第303页。

成果。正如 1981 年 6 月党的十一届六中全会通过的《关于建国以来党的若干历史问题的决议》中指出的：开始全面建设社会主义的十年，"我们虽然遭到过严重挫折，仍然取得了很大的成就"。一定意义上说，"我们现在赖以进行现代化建设的物质技术基础，很大一部分是这个期间建设起来的；全国经济文化建设等方面的骨干力量和他们的工作经验，大部分也是在这个期间培养和积累起来的"。[①] 这些成果至少体现在三个方面：

一是建立和发展了社会主义经济制度，为中国社会主义发展奠定了基本制度基础。毛泽东对农村合作化道路进行了探索，形成了一整套方案，在完成农业社会主义改造的同时，确立了在农村走集体经济发展道路，实行三级所有，队为基础。农民群众激发出前所未有的积极性，经过农民集体力量的艰苦奋斗，很快创造了农业生产上的一系列奇迹。这个时期的开荒造田、兴修水利及大量的农田基本建设，都是靠集体的力量完成的，为我国的工业化发展奠定了重要基础。对城市工商业进行社会主义改造，使工人阶级成为国家的主人，形成了社会主义集体所有制和全民所有制的经济制度，进一步解放和发展了生产力。

二是建设和形成了比较完整的工业体系和国民经济体系，为中国社会主义现代化建设提供了重要物质基础。在完成了国民经济恢复和社会主义改造任务后，新中国开始转入全面的大规模的社会主义建设，顺利实施了第一个五年计划，直到"文化大革命"前夕，在曲折探索的道路上取得了很大成就。以 1966 年同 1956 年相比，全国工业固定资产按原价计算，增长 3 倍。棉纱、原煤、发电量、原油、钢和机械设备等主要工业产品的产量，都有巨大的增长。从 1965 年起实现了石油全部自给。电子工业、石油化工等一批新兴工业部门建立起来。工业布局有了改善。农业基本建设和技术改造开始大规模地展开，并逐渐收到成效。全国农用拖拉机和化肥施用量都增长 6 倍以上，农村用电量增长 70 倍。高等学校的毕业生为新中国成立后前 7 年的 4.9 倍。经过整

---

① 《三中全会以来重要文献选编》（下），人民出版社 1982 年版，第 803、804 页。

顿，教育质量得到显著提高。科学技术工作也有比较突出的成果。[①]

再进一步看新中国成立后的 30 年，经济建设成就也十分显著。农业生产条件发生明显改变，全国农田灌溉面积由 1952 年的 3 亿亩扩大到 6.7 亿多亩，农用拖拉机、排灌机械和化肥施用量都大大增加，用电量等于 20 世纪 50 年代初全国发电量的 7.5 倍。1980 年同 1952 年相比，全国粮食增长近 1 倍，棉花增长 1 倍多，我们依靠自己的力量基本上保证了人民吃饭穿衣的需要。建立了独立的比较完整的工业体系和国民经济体系。1980 年同完成经济恢复的 1952 年相比，全国工业固定资产按原价计算，增长 26 倍多，棉纱产量增长 3.5 倍，原煤产量增长 8.4 倍，发电量增长 40 倍，原油产量达到 1.05 亿多吨，钢产量达到 3700 多万吨，机械工业产值增长 53 倍。在辽阔的内地和少数民族地区，兴建了一批新的工业基地。国防工业从无到有地逐步建设起来。资源勘探工作成绩很大。铁路、公路、水运、空运和邮电事业，都有很大的发展。随着工业、农业和商业的发展，人民生活比解放前有了很大的改善。1980 年全国城乡平均每人的消费水平扣除物价因素，比 1952 年提高近一倍。[②]另外，在科学技术方面，我国第一次核实验成功，第一枚导弹发射成功，第一颗氢弹爆炸成功，第一次地下核试验成功，第一颗人造地球卫星发射成功，第一艘核潜艇研制成功，第一台集成电路计算机研制成功，第一次回收发射的人造地球卫星成功，以及籼型杂交水稻试验培育成功等等。这些巨大成就都是有目共睹的。

三是探索和初步实行了经济体制和行政管理体制改革，对改革开放有着重要的影响。根据毛泽东关于生产关系和上层建筑必须与生产力发展和经济基础变化相适应的思想，我们党进行了着眼于改变高度集中的管理体制的探索实践。党的八大决定，根据统一领导、分级管理、因地制宜、因事制宜的原则，改进国家的行政管理体制，适当扩大地方和企业在计划、生产、财务、干部等方面的自主权力。1957 年，中央先后制定了关于改进工业、商业、财务管理体制的文件，把部分管理权限下放给地方和企业，并研究制定了行政体制改革的方案。在

---

① 参见《三中全会以来重要文献选编》（下），第 803 页。

② 参见《三中全会以来重要文献选编》（下），第 795—796 页。

20世纪60年代初经济调整时期和"文化大革命"中也推进了权力下放的改革。虽然这些改革几经放权、收权的过程，总体是不成功的，但是对以后全面开展的体制改革有着重要借鉴作用。

探索中国社会主义建设道路是前无古人的伟大事业，毛泽东呕心沥血，对适合中国国情的社会主义建设道路进行了不懈探索，但囿于历史的、认识的、理论的和体制的局限性，在探索过程中出现了重大失误和严重挫折。正如《关于建国以来党的若干历史问题的决议》所指出的，"社会主义运动的历史不长，社会主义国家的历史更短，社会主义社会的发展规律有些已经比较清楚，更多的还有待于继续探索。我们党过去长期处于战争和激烈阶级斗争的环境中，对于迅速到来的新生的社会主义社会和全国规模的社会主义建设事业，缺乏充分的思想准备和科学研究。马克思、恩格斯、列宁、斯大林的科学著作是我们行动的指针，但是不可能给我国社会主义事业中的各种问题提供现成答案"。还"由于我们党领导社会主义事业的经验不多，党的领导对形势的分析和对国情的认识有主观主义的偏差，'文化大革命'前就有过把阶级斗争扩大化和在经济建设上急躁冒进的错误。后来，又发生了'文化大革命'这样全局性的、长时间的严重错误。这就使得我们没有取得本来应该取得的更大成就"。[①]

这些经验教训主要表现在：在当时的历史条件下，毛泽东对国际国内阶级斗争形势估计得过于严重，产生了一系列"左"的思想倾向，并导致阶级斗争扩大化和"左"的错误严重泛滥；用指导革命战争和搞群众运动的方法指导和组织经济建设，违背了经济建设客观规律，对社会主义建设的长期性、艰巨性和复杂性认识不足，以至后来搞大干快上和盲目冒进，造成严重损失。毛泽东对建设道路探索中的许多好的设想，没能一以贯之地坚持，后来还背离了他对社会基本矛盾的正确分析和实事求是的思想路线，酿成了"文革"十年的动乱。

尽管如此，我们不能将毛泽东在探索中所犯的失误、错误与整个探索时期等同起来，不能因为探索中的错误而将整个探索实践否定。

---

① 《三中全会以来重要文献选编》（下），第817、797页。

正如邓小平所指出的:"从许多方面来说,现在我们还是把毛泽东同志已经提出、但是没有做的事情做起来,把他反对错了的改正过来,把他没有做好的事情做好。今后相当长的时期,还是做这件事。当然,我们也有发展,而且还要继续发展。"①

## 三、毛泽东探索中国社会主义建设道路的现实意义

毛泽东探索中国社会主义建设道路的过程是异常艰辛的。他在探索中提出的许多富有创造性的思想和理论,也包括在探索中出现的严重错误和教训,都为改革开放后我们党深入探索中国特色社会主义发展道路,形成中国特色社会主义理论体系,完善中国特色社会主义制度提供了思想源泉和理论准备,对我们在新的历史条件下继续夺取中国特色社会主义事业的新胜利具有重要的现实意义。

第一,始终把握社会主义社会的基本矛盾,不断解放和发展生产力。解放、保护和发展生产力是社会主义的根本任务。社会主义生产关系的变革和完善必须适合于生产力的状况,有利于生产力的发展。而努力使生产关系与生产力相适应、上层建筑与经济基础相协调,就是抓住了社会发展的基本矛盾。要始终不渝地坚持以经济建设为中心,以科学发展为主题,全面推进经济建设、政治建设、文化建设、社会建设、生态文明建设。同时,要始终把改革创新精神贯彻到经济社会发展全过程和各个环节,坚决革除一切束缚生产力发展的体制障碍和制度弊端。当然,社会主义生产关系的发展并不存在一套固定的模式,要根据我国生产力发展的要求,在每一个阶段上创造出与之相适应和便于继续前进的生产关系的具体形式,从而实现社会主义制度的不断自我完善、自我革新、自我发展。

第二,始终立足于中国国情搞建设,不可逾越社会发展阶段制定发展方针和目标。认清中国基本国情,既是尊重客观规律的需要,也是坚持实事求是思想路线的要求。社会主义经济建设必须坚持从我国

① 《邓小平文选》第三卷,人民出版社1994年版,第300页。

国情出发，量力而行，积极奋斗，有步骤分阶段地实现现代化的目标。任何急于求成、超越社会发展阶段的战略和政策，必然欲速则不达。毛泽东发动的"大跃进"和人民公社化运动的历史教训是深刻的。我们党过去在经济工作中长期存在的"左"的错误的主要表现，就是离开了我国国情，超越了实际可能性，忽视了生产建设、经营管理的经济效果和各项经济计划、经济政策、经济措施的科学论证，从而造成大量浪费和损失。我国现在仍处于并将长期处于社会主义初级阶段，在任何情况下都要牢牢把握社会主义初级阶段这个最大国情，推进任何方面的改革发展都要牢牢立足于社会主义初级阶段的最大实际，既反对消极情绪，也反对急于求成。这样，我们才能始终抓住和用好重要战略机遇期，沉着应对各种挑战和风险，推动经济社会持续健康发展。

第三，始终贯彻统筹兼顾和综合平衡原则，妥善处理各方面重大关系。统筹兼顾和综合平衡，是毛泽东探索中国社会主义建设道路中的重要思想方法、认识方法、领导方法和工作方法。这个思想对于夺取中国特色社会主义事业的新胜利、全面建成小康社会仍有现实意义。在我们这样幅员辽阔、拥有13亿多人口的大国搞现代化建设，搞好统筹兼顾和综合平衡尤为重要。要正确认识和妥善处理中国特色社会主义事业中发展的一系列重大关系，包括统筹城乡发展、区域发展、经济社会发展、人与自然和谐发展、国内发展和对外开放，也包括统筹中央和地方关系，还包括统筹个人利益和集体利益、局部利益和整体利益、当前利益和长远利益，充分调动各方面积极性，促进各方面协调发展。在经济工作中注重搞好国民经济综合平衡，包括社会总需求与总供给之间的平衡、积累与消费之间的平衡等。统筹兼顾和综合平衡，是动态的、开放的，这就需要我们站在新的高度运用好统筹兼顾和综合平衡的方法和原则。

第四，始终坚持既要独立自主，又要对外开放，善于汲取人类发展的一切文明成果。毛泽东一贯强调，我们的方针要放在自己力量的基点上，主要依靠自己的力量发展革命和建设事业，要充分信任和依靠本国人民的智慧和力量，走出适合我国情况的前进道路。新中国成立之前和之后，在党和毛泽东领导下，无论遇到什么样的困难，我们都没有动摇过独立自主、自力更生的决心，没有在任何外来的压力面前屈服，对待世界上任何大国、强国和富国，都始终坚持自己的民族自尊心和自信心，没有任何奴颜婢膝、卑躬屈节的表现，体现了中国共产党和全国各族人民大无畏的英雄气概。但我国的革命和建设不是也不可能孤立于世界之外，我们在任何时候都需要学习借鉴国外一切对我们有益的先进事物和文明成果。在全球化、信息化、市场化、国际化、现代化快速发展的今天，我们需要在更宽领域、更大范围、更高水平上扩展对外开放，善于在继承和创新中汲取人类发展的一切文明成果；同时，必须坚持走自己的路，决不迷信外国模式，更不能盲目照抄照搬。

第五，始终坚持实事求是的科学态度，及时总结经验教训，做到有错就改。任何一个政党在成长发展的过程中，都不可能不犯错误，特别是在探索新道路的过程中出现这样或那样的错误是难免的，关键在于如何对待错误。坚持真理，修正错误，勇于开展批评和自我批评，这是我们党的优良传统和优良作风。无视错误、不承认错误，甚至文过饰非、掩盖错误，这本身就是错误，而且会招致更大的错误。在探索社会主义建设道路的进程中，由于对社会主义建设经验不足，对中国基本国情和经济发展规律认识不足，也由于毛泽东等领导人在胜利面前滋长了骄傲自满情绪，夸大了主观意志和主观努力的作用，在指导方针上犯了严重错误，给党和国家造成巨大危害和损失。从1958年底到1959年7月庐山会议前期，毛泽东曾经努力领导全党纠正已经觉察到的错误。1960年冬，毛泽东开始纠正农村工作中的"左"倾错误，党中央决定对国民经济实行"调整、巩固、充实、提高"的方针，制定和执行了一系列正确的政策和果断的措施。1962年1月，中央召开的七千人大会，初步总结了"大跃进"中的经验教训，毛泽东等中央领导人带头开展了批评和自我批评，又为反右倾运动中被错误批判的大多数同志进行了甄别平反。由于这些经济和政治的措施，使得从1962年到1966年国民经济得到了比较顺利的恢复和发展，社会主义各项事业得到持续发展和明显进步。由此看出，只要我们敢于正视和纠正自己的错误，不讳疾忌医，不混淆是非，重视总结经验，认真吸取教训，就可以把党和国家事业不断推向前进。正如毛泽东所说："在社会主义建设上，我们还有很大的盲目性。社会主义经济，对于我们来说，还有许多未被认识的必然王国。""社会主义建设，从我们全党来说，知识都非常不够。我们应当在今后一段时间内，积累经验，努力学习，在实践中间逐步地加深对它的认识，弄清楚它的规律。"[①] 在新的历史条件下，毛泽东和党中央这种求真务实、善于总结经验教训、勇于开展批评和自我批评的科学态度，仍然值得大力提倡和弘扬。这是使中国特色社会主义事业永远沿着正确道路发展的重要保证。

前事不忘，后事之师。正确对待历史、正确对待领袖人物，才能正确地总结经验教训，开创更加光辉灿烂的未来，我们的党、我们的国家、我们的人民才更有希望。

习近平总书记在新进中央委员会委员、候补委员学习贯彻党的十八大精神研讨班上的讲话中明确指出，改革开放前的社会主义探索为改革开放后的社会主义探索积累了条件，改革开放后的社会主义实践探索是对前一个时期探索的坚持、改革、发展。他强调，既不能用改革开放后的历史时期否定改革开放前的历史时期，也不能用改革开放前的历史时期否定改革开放后的历史时期。在纪念毛泽东诞辰120周年之际，回顾改革开放前毛泽东带领党和人民先行探索建设社会主义的实践，缅怀毛泽东等老一辈无产阶级革命家开拓中国社会主义建设道路的丰功伟绩，正是为了更好地前进，为早日实现中华民族伟大复兴的中国梦汲取不竭动力。

---

① 《毛泽东文集》第八卷，人民出版社1999年版，第302、303页。

# 坚定不移走共同富裕道路 *

（2014 年 8 月 1 日）

习近平总书记前不久在访问欧洲的演讲中指出：让 13 亿多人都过上好日子，还需要付出长期的艰苦努力。这是基于对中国现阶段基本国情清醒认识的科学论断，也是坚持走中国特色社会主义道路、朝着共同富裕方向稳步前进的正确指引。

## 一、共同富裕体现了社会主义的本质

让 13 亿多人都过上好日子，就是实现共同富裕。所谓共同富裕，是指在生产力发展的基础上，逐步实现全体社会成员的普遍富裕，使人人共享发展成果。实现共同富裕，是社会主义的本质要求，也是中国共产党始终不渝的奋斗目标。邓小平指出，社会主义最大的优越性就是共同富裕，这是体现社会主义本质的一个东西。他还将社会主义本质，表述为解放生产力，发展生产力，消灭剥削，消除两极分化，最终达到共同富裕。实践证明，走共同富裕道路，是社会主义同资本主义的根本区别。我们党一贯把实现共同富裕作为自己追求的奋斗目标。党的十八大把"必须坚持走共同富裕道路"作为在新的历史条件下夺取中国特色社会主义新胜利的一个基本要求，特别强调共同富裕是中国特色社会主义的根本原则。习近平总书记在新一届中共中央政治局常委同中外记者见面时的讲话中就郑重承诺：人民对美好生活的向往就是我们的奋斗目标，我们的责任就是要团结带领全党全国各族

---

　* 本文发表在《求是》2014 年第 15 期。

人民，继续解放思想，坚持改革开放，不断解放和发展社会生产力，努力解决群众的生产生活困难，坚定不移走共同富裕的道路。这反映了全党全国各族人民的共同愿望，是实现社会主义现代化和民族振兴中国梦的根本要求。

新中国的成立、社会主义制度的建立，为实现共同富裕创造了基本前提与制度保证。党的十一届三中全会实行改革开放伟大决策之后，我们党反复强调，实现我国社会主义现代化，必须坚持走共同富裕道路。36年来，通过改革开放不断解放和发展生产力，社会主义现代化建设各项事业取得举世瞩目的成就，社会生产力、综合国力不断迈上新台阶。在生产力发展的基础上，通过改革经济体制和调整收入分配格局，正确处理先富、后富和共富的关系，全国人民生活水平得到了大幅提高，实现了从温饱不足到总体小康并向全面小康迈进的历史性跨越。城乡居民拥有财富不断增加，生活质量显著改善。覆盖城乡的社会保障体系基本建成，保障标准逐步提高。我们党高度重视扶贫工作，制定和实施反贫困发展战略，我国已成为第一个实现联合国千年发展目标使贫困人口比例减半的国家，为全球减贫事业作出了重大贡献。在中国共产党的领导下，占世界超过1/5人口的命运得到根本改变。这生动地说明，新中国成立以后特别是改革开放以来，我国向逐步实现共同富裕的目标迈出了重大步伐。这是古今中外无与伦比的巨大发展成就和社会进步。事实雄辩地证明，中国特色社会主义制度具有无可比拟的优越性。

## 二、实现共同富裕还需要付出长期艰苦的努力

作为有着13亿多人口的国家，中国用几十年的时间走完了发达国家几百年走过的发展历程，无疑是值得骄傲和自豪的。但我们必须清醒地认识到，要让13亿多人都过上富裕、美好的生活还任重道远，仍需要作长期艰苦的努力奋斗。这是由我国现阶段基本国情决定的，有着科学的理论依据和充足的现实依据。

从党的基本理论看，中国现在仍处于并将长期处于社会主义初级

阶段。社会主义初级阶段，是指我国生产力落后、市场经济不发达条件下建设社会主义必须经历的特定阶段。社会主义初级阶段是一个长期动态的发展过程，从 20 世纪中叶生产资料社会主义改造基本完成到 21 世纪中叶基本实现现代化，至少需要上百年时间，都属于社会主义初级阶段。

从我国现实状况看，社会经济总体上还处于不发达状态。主要表现为三个方面。

一是社会生产力总体水平不高。人口众多，不发达，是中国最大国情。尽管经过 36 年改革开放，我国经济发展成就显著，已成为经济大国，但还不是经济强国，没有从根本上摆脱不发达状态。我国经济总量虽然位居世界第二，许多工农业产品产量指标也稳居世界最高水平，但我国有 13 亿多人口，人均国内生产总值和主要产品产量指标在世界排名仍然靠后。据国际货币基金组织统计，2012 年我国人均国内生产总值为 6094 美元，列世界第 84 位，远低于美国人均 51749 美元、法国人均 42625 美元。世界上衡量富裕程度，不仅看一个国家或地区的经济总量和某些生产指标总水平，而且看人均占有量的多少。我国经济总量不算小，但不仅人均占有量偏低，而且经济发展质量不高，结构不合理，经济增长主要靠工业带动，科学技术含量低。农业基础薄弱，基本上还是"靠天吃饭"，农业科技进步贡献率比发达国家低了约 20 个百分点。服务业水平是现代化程度的重要标志，我国目前服务业增加值占国内生产总值的比重仅为 46.1%，与世界发达国家 74% 的平均水平相距甚远，与世界中等收入国家 53% 的平均水平也有差距。经济增长过于依赖物质资源和土地、劳动力等要素的投入，单位国内生产总值能耗是世界平均水平的 2.78 倍。劳动者报酬占国内生产总值的比重不到 40%，比世界平均水平低 10—15 个百分点。科技创新能力不强，缺乏核心技术和知名品牌，产品的附加值低。据统计，中国出口商品中 90% 是贴牌生产，每部手机售价的 20%、每台计算机售价的 30%、每台数控机床售价的 20%—40%，都要支付给国外专利持有者。总之，与发达国家相比，我国经济质量和积累的社会财富差距都相当大。

二是城乡、区域发展不平衡。城乡发展不平衡，城镇化水平总体不高。目前，我国常住人口城镇化率为53.7%，户籍人口城镇化率只有36%左右，不仅远低于发达国家80%的平均水平，也低于人均收入与我国相近的发展中国家60%的平均水平。城镇化发展不平衡，中西部地区相对滞后。目前东部地区常住人口城镇化率达到62.2%，而中部、西部地区分别只有48.5%、44.8%。2012年，全国农村居民年人均纯收入只有7917元，不到城镇居民人均可支配收入的1/3。农村基础设施和公共服务相当薄弱，不少农村行路难、饮水难、用电难尚未解决。区域发展也不平衡。我国东部部分发达省市的经济总量和人均国内生产总值已经接近或超过世界上中等发达国家的水平。2012年，天津、北京、上海三市的人均国内生产总值分别为15069美元、13967美元和13565美元，这个数值已接近或超过一些中等发达国家的水平；但排名靠后的云南、甘肃、贵州人均国内生产总值分别只有3542美元、3506美元、3120美元，最低的地方人均只有1000多美元。不仅是区域经济失衡，就是从区域内部来看，也存在发展严重不平衡的问题。例如，广东的珠三角地区与粤北地区、江苏的苏南和苏北地区之间，存在很大的差距。城乡差距、区域差距是由多种因素并且是历史长期形成的，缩小这些差距势必要经过长期艰苦的努力。

三是贫困人口和低收入人口还有相当数量。目前，我国城乡低保人口有7400多万人，靠领取最低生活保障金过日子。每年城镇新增劳动力有1000多万人，几亿农村劳动力需要转移就业和落户城镇，进城务工人员中有2亿多人还没有平均享受城市居民的公共服务；全国还有8500多万残疾人。根据世界银行的标准，我国尚有2亿多人口生活在贫困线以下，这差不多相当于法国、德国和英国人口的总和。现有贫困地区大多数是一些自然环境恶劣、生产生活条件相当差的地方，使这些地方人口脱贫致富需要付出极大的努力。即使在北京、天津、上海等较为发达的地方，也存在着一些生活困难的群众，住房拥挤，棚户区亟待改造。上学难、看病难、就业难等关系老百姓切身利益的问题仍比较突出。每年春节前后都是人口大流动时期。今年春节前后的40天里，航空、铁路、公路承载了大约36亿人次的流动，相当于每天都有9000万人在流动之中。这说明，目前相当部分人口生活质量不够高。

因此，在我国这个人口众多、不发达、发展又不平衡的特殊国度里，实现共同富裕必然是一个长期的历史过程，让13亿多人都过上富裕幸福的好日子还有很长的路要走。

## 三、逐步向全体人民共同富裕的目标迈进

实现共同富裕是一场攻坚战与持久战，必须立足现实，着眼长远，深化改革，统筹谋划，综合施策。

坚持把解放和发展社会生产力作为根本任务。共同富裕，只有在生产力高度发达的基础上才能充分实现。我国人口多、底子薄、发展不平衡，只有紧紧抓住经济建设这个中心不动摇，不断解放和发展生产力，才能不断满足人民日益增长的物质文化需要，不断改善人民生活，逐步实现共同富裕。按照马克思主义的基本原理，生产是整个经济活动的起点并居于支配地位，它决定消费。因此，首先要做大社会财富的"蛋糕"。没有发达的生产力作为基础，社会财富的"蛋糕"做不大，全体人民的共同富裕就无从谈起。走共同富裕道路，让13亿多人都能过上更好的日子，必须立足社会主义初级阶段这个实际，在改革开放中大力解放和发展生产力，特别要坚持走科学发展之路，切实转变发展方式、提高经济增长质量，在生产发展和经济效益提高的基础上逐步提高人民群众生活水平，筑牢共同富裕的物质基础。脱离现实客观条件，提出超越发展阶段的目标和水平，结果只会适得其反。在这方面，我们过去是吃过苦头的，历史的教训必须牢记。

坚持完善社会主义基本经济制度和分配制度。人类社会发展史表明，在生产资料私有制的条件下，必然产生贫富悬殊、两极分化的问题。走共同富裕道路，就要坚持和完善公有制为主体、多种所有制经济共同发展的社会主义基本经济制度，只有坚持公有制经济的主体地位，才能从根本上防止两极分化，让广大人民共享发展成果。因此，我们要毫不动摇地巩固和发展公有制经济，充分发挥公有制经济对国民经济的主导作用；同时，要毫不动摇地鼓励、支持和引导非公有制经济发展，充分发挥多种所有制经济参与市场竞争、激发社会创

造活力的重要作用。走共同富裕道路，就要坚持和完善按劳分配为主体、多种分配方式并存的分配制度，深化收入分配制度改革，调整国民收入分配格局。既要做大"蛋糕"，也要分好"蛋糕"。党的十八大提出，初次分配和再分配都要兼顾效率和公平，再分配更加注重公平，加大再分配调节力度，着力解决收入分配差距较大问题。这些论述为在新的历史条件下深化收入分配制度改革、正确处理效率与公平的关系，提供了明确遵循。走共同富裕道路，既要注重效率，体现收入差距，充分调动经济活动参与者的积极性，促进经济持续增长，更要注重公平，让发展成果惠及全体人民。当然，共同富裕绝不等于也不可能是完全平均，不可能是所有社会成员在同一时间以同等水平富裕起来。如果把共同富裕理解为完全平均和同步富裕，不但难以做到，更重要的是会抑制人们的创造与创业精神，抑制社会发展活力。

坚持实施缩小城乡区域差距的重要方针。城乡差距、区域差距是我国社会主义现代化建设中的突出矛盾，也是实现共同富裕必须破解的最大难题。逐步缩小这两个差距，必须加大统筹城乡发展力度，在积极稳步提高城镇化水平的同时，坚持工业反哺农业、城市支持农村和少取多予放活方针，加快推进社会主义新农村建设，加大强农惠农富农政策力度，大力推进农业现代化，建立健全促进农民收入持续较快增长的有效机制，加快农村公共服务体系建设，推动城乡发展一体化，促进城乡协调发展、共同繁荣，让广大农民平等参与现代化进程、共同分享现代化成果。要更好实施区域发展总体战略，特别要优先推进西部大开发，全面振兴东北地区等老工业基地，大力促进中部地区崛起，支持东部地区率先发展，促进区域协调发展。积极推进扶贫开发，进一步创新制度和增加投入，加大对扶贫对象和贫困地区的扶持力度。特别要加快促进基本公共服务均等化，逐步提高社会保障水平。

坚持树立长期艰苦奋斗的精神。艰苦奋斗，勤俭节约，是中华民族的优良传统和美德，也是由我国人均资源相对不足的基本国情所决定的。要使全国人民都懂得，我国真正富强起来需要经过长期的艰苦奋斗，其中包括长期执行厉行节约、反对浪费这样一个勤俭建国的方针。在我国社会主义初级阶段的基本路线中，把"艰苦创业"作为重要内容，就是要求全党全国人民始终发扬艰苦奋斗精神，坚持勤俭建国、勤俭办一切事情。今后一个相当长时期，我们都将处于社会主义现代化的创业时期；人民生活的改善只能建立在生产发展的基础上，不能要求过急过高。同时，在我国这样一个大国中推进现代化，处理好积累与消费、建设与生活的关系，解决前进中的矛盾和困难，十分重要的，就是要千方百计节约一切可以节约的财力、物力和各种资源。只有发扬艰苦奋斗精神，才能做到兢兢业业、实干苦干，才能切实厉行节约、反对浪费。一个时期以来，社会上追求奢侈、挥霍浪费的现象严重，任其发展下去，势必危害社会主义现代化事业。党的十八大之后，以习近平同志为总书记的党中央树立执政新风，大力反对享乐主义和奢靡之风，受到广大人民群众的真心拥护与支持。最近，习近平总书记尖锐指出：要坚持勤俭办一切事情，坚决反对讲排场比阔气，坚决抵制享乐主义和奢靡之风。这一重要指示，既切中时弊，又意义深远，必须认真贯彻落实。我们一定要在全社会大力弘扬厉行节约、艰苦奋斗的精神，这是实现国家现代化和伟大中国梦的内在要求，也是全体人民走向共同富裕的必然选择。

# 邓小平社会主义市场经济理论的丰富内涵及重大贡献*

（2014 年 8 月）

邓小平作为伟大的马克思主义者、中国社会主义改革开放和现代化建设的总设计师，以巨大的政治智慧和理论勇气，创立了中国特色社会主义理论，在这一科学理论体系的宝库中，社会主义市场经济理论是极具创新意义、极具重大作用的重要部分。在纪念邓小平诞辰110 周年之际，重温他创立的社会主义市场经济理论的丰富内涵，回顾我国实行社会主义市场经济改革取得的巨大成就，对于在新的历史条件下更好推进全面深化改革、发展中国特色社会主义事业，有着极为重要的现实意义和深远意义。

## 一、邓小平社会主义市场经济理论的丰富内涵

邓小平关于社会主义市场经济的理论，是对马克思主义基本原理的丰富和发展，为马克思主义理论宝库增添了崭新内容。这一重大理论围绕着市场作用、计划与市场、社会主义与市场经济的关系等社会主义现代化建设中一系列重要问题，形成了诸多相互联系的重大思想和观点，构成了系统完备、内涵丰富的理论体系，其基本内容包括以下方面：

（一）社会主义可以实行市场经济。长期以来，传统观念认为，市场经济是资本主义特有的经济形式，计划经济是社会主义的基本特

---

* 全文系为纪念邓小平同志诞辰 110 周年撰写的论文，全文收入《全国纪念邓小平同志诞辰 110 周年学术研讨会论文集》，中央文献出版社 2014 年 8 月版。

征。邓小平突破传统的观念和模式，早在 1979 年 11 月 26 日，他在会见美国大不列颠百科全书出版公司编委会副主席吉布尼和加拿大麦吉尔大学东亚研究所主任林达光等人时说："说市场经济只存在于资本主义社会，只有资本主义的市场经济，这肯定是不正确的。社会主义为什么不可以搞市场经济，这个不能说是资本主义。"① 这是邓小平对社会主义也可以搞市场经济的最早论述。尽管当时还是讲计划经济为主，但毕竟把市场经济同社会主义联系了起来，肯定了市场经济在社会主义制度下存在的必要性，这对于理论探索和改革进程起到了极为重要的推动作用。

1992 年初，邓小平在南方谈话时，明确而系统地表达了他长期以来形成的对计划经济和市场经济的看法，指出："计划多一点还是市场多一点，不是社会主义与资本主义的本质区别。计划经济不等于社会主义，资本全义也有计划；市场经济不等于资本主义，社会主义也有市场。计划和市场都是经济手段。""不要以为，一说计划经济就是社会主义，一说市场经济就是资本主义。"② 这个精辟论断，从根本上解除了把计划经济和市场经济看作属于社会基本制度范畴的思想束缚，从而为我们党决定实行社会主义市场经济，奠定了思想和理论基础。

（二）计划和市场都得要，并做到有机结合。1982 年，邓小平指出："社会主义同资本主义比较，它的优越性就在于能做到全国一盘棋，集中力量，保证重点。缺点在于市场运用得不好，经济搞得不活。计划和市场的关系问题如何解决？解决得好，对经济的发展就很有利，解决不好，就会糟。"③ 他后来又说："实际工作中，在调整时期，我们可以加强或者多一点计划性，而在另一个时候多一点市场调节，搞得更灵活一些。"④ 在实行社会主义市场经济中，计划与市场两种手段相结合的范围、程度和形式，在不同时期、不同领域和不同地区可以有所不同。1985 年 10 月，邓小平在会见美国高级企业家代表团、回答

---

① 《邓小平文选》第二卷，人民出版社 1994 年版，第 236 页。
② 《邓小平文选》第三卷，人民出版社 1993 年版，第 373 页。
③ 《邓小平思想年谱》，中央文献出版社 1998 年版，第 223 页。
④ 《邓小平文选》第三卷，人民出版社 1993 年版，第 306 页。

美国时代公司总编辑格隆瓦尔德的提问时指出："多年的实践证明，在某种意义上，只搞计划经济会束缚生产力的发展。把计划经济和市场经济结合起来，就更能解放生产力，加速经济发展。"① 在邓小平看来，计划和市场对经济活动的调节各具优势，又各有不足。两种手段的有机结合，可以做到优势互补，扬长避短。1990 年 12 月，邓小平在一次谈话中又强调："社会主义也有市场经济，资本主义也有计划控制。……不要以为搞点市场经济就是资本主义道路，没有那么回事。计划和市场都得要。"② 社会主义市场经济，既可以发挥市场配置资源有效的重要作用，又可以发挥计划宏观调控导向的重要作用，应当把计划和市场有机地结合起来。

（三）实行社会主义市场经济体制。传统的社会主义经济体制是以高度集中的计划经济为特征的，党的十二届三中全会通过的《中共中央关于经济体制改革的决定》，突破了把社会主义和商品经济对立起来的传统观念，第一次肯定了社会主义经济是商品经济。这个决定受到了邓小平的高度评价，认为是写出了一部马克思主义基本原理和中国社会主义实践相结合的政治经济学。1992 年初，邓小平在南方谈话中进一步阐述社会主义也可以实行市场经济的思想。党的十四大召开前夕，在研究确立一个什么样的经济体制改革目标时，邓小平明确表示赞成使用"社会主义市场经济体制"这个提法。③ 根据这一意见，党的十四大明确提出，我国经济体制改革的目标是建立社会主义市场经济体制。十四届三中全会又通过了《中共中央关于建立社会主义市场经济体制若干问题的决定》，这个《决定》成为我国实行社会主义市场经济体制改革的重要行动纲领。

（四）正确处理市场作用和宏观调控的关系。实行社会主义市场经济，要发挥市场作用的长处，也要防止市场作用的弱点和消极方面，同时要发挥宏观调控的作用。邓小平认为，"不搞市场，连世界上的信息都不知道，是自甘落后"。要使我国经济富有活力和效率，必须充分

---

① 《邓小平文选》第三卷，人民出版社 1993 年版，第 148—149 页。

② 《邓小平文选》第三卷，人民出版社 1993 年版，第 364 页。

③ 《邓小平年谱》（1975—1997 年）（下），中央文献出版社 2004 年版，第 1347 页。

发挥市场机制的作用。邓小平强调，实行社会主义市场经济也要有计划控制，加强宏观管理。"中央要有权威"。"宏观管理要体现在中央说话能够算数。"不能搞"你有政策我有对策"，"中央定了措施，各地方、各部门就要坚决执行，不但要迅速，而且要很有力"。邓小平还多次指出，要适应新的形势，采用新的办法加强宏观管理。他说："我们讲中央权威，宏观控制，深化综合改革，都是在这样的新的条件下提出来的。过去我们是穷管，现在不同了，是走向小康社会的宏观管理。不能再搬用过去困难时期那些办法了。现在中央说话，中央行使权力，是在大的问题上，在方向问题上。"① 这些都清楚表明，邓小平把充分发挥市场机制作用和加强宏观调控都作为社会主义市场经济的基本要求，二者缺一不可，决不能把它们割裂开来，甚至对立起来。

以上看出，邓小平关于社会主义市场经济的理论是一个完整的科学体系，这些深刻论述为建立和完善社会主义市场经济体制、建设和发展中国特色社会主义事业奠定了重大理论基础。近 20 年来，随着改革开放和现代化事业的不断发展，邓小平社会主义市场经济理论也在伟大的实践中不断得到丰富和发展。

## 二、邓小平社会主义市场经济理论的主要依据

邓小平关于社会主义市场经济的理论，是马克思列宁主义、毛泽东思想的继承和发展，是着眼于建设中国特色社会主义、立足于当代中国实际、总结国内外经验教训的重大成果。

（一）邓小平社会主义市场经济理论是深刻认识中国基本国情的重大成果。邓小平早在 1979 年就指出：要使中国实现现代化，至少有两个重要特点是必须看到的：一个是底子薄，一个是人口多，耕地少。1980 年 4 月，他又强调：中国是一个大国，又太穷，"不要离开现实和超越阶段采取一些'左'的办法"②。我国正处在社会主义初级阶段，人口多，底子薄，人均资源少，社会生产力水平低，进行社会主义现

---

① 《邓小平文选》第二卷，人民出版社 1994 年版，第 278 页。

② 参见《邓小平文选》第二卷，人民出版社 1994 年版，第 312 页。

代化建设，"一切要从这个基本国情出发"。中国要在这样特殊的国情中去实现工业化和经济的社会化、市场化、现代化，必须充分利用市场这个手段和市场经济这种形式来大力发展经济。这是中国历史发展进程的一个必然选择。

（二）邓小平社会主义市场经济理论是科学认识社会主义本质和根本任务的重大成果。长期以来，传统观点脱离开生产力抽象地谈社会主义。邓小平反对对科学社会主义作教条式的理解，他明确提出："社会主义和市场经济之间不存在根本矛盾。问题是用什么方法才能更有力地发展社会生产力。"①"社会主义的本质，是解放生产力，发展生产力，消灭剥削，消除两极分化，最终达到共同富裕。"②关于社会主义的任务，邓小平认为，"社会主义的任务很多，但根本一条就是发展生产力"③，社会主义阶段的最根本任务就是发展生产力。只要按照"三个有利于"标准，即有利于发展社会主义社会的生产力，有利于增强社会主义国家的综合国力，有利于提高人民群众的生活水平，各种方法和手段都可以利用。计划和市场两者"都是方法""都是手段"，当然都可以用来发展社会主义经济。

（三）邓小平社会主义市场经济理论是全面总结中国社会主义建设正反经验教训的重大成果。新中国成立以后的一个较长时期，我国在完成社会主义改造、建立社会主义制度、开展经济建设等方面取得很大成就，但是，社会主义制度优越性没有得到应有的发挥，一个重要原因就是形成了一种同社会生产力发展要求不相适应的计划经济体制，严重束缚和影响了广大企业和人民群众的积极性、主动性和创造性。邓小平说："不改革就没有出路，旧的那一套经过几十年的实践证明是不成功的。"实行改革开放以后，市场作用范围逐步扩大，市场作用发挥比较充分的地方，经济活力就比较强，发展态势也比较好。正是多年经济体制改革的进展和成效，为中国实行社会主义市场经济提供了实践基础。

---

① 《邓小平文选》第三卷，人民出版社 1993 年 10 月第 1 版，第 148 页。

② 《邓小平文选》第三卷，人民出版社 1993 年 10 月第 1 版，第 373 页。

③ 《邓小平文选》第三卷，人民出版社 1993 年 10 月第 1 版，第 373 页。

（四）邓小平社会主义市场经济理论是充分吸收和借鉴国际上有益做法的重大成果。世界上发展市场经济已有几百年历史，一些发达国家实行市场经济实现了现代化，创造和积累了大量物质财富。实践证明，市场经济是进行资源配置的有效方式。邓小平提出："必须大胆吸收和借鉴人类社会创造的一切文明成果，吸收和借鉴当今世界各国包括资本主义发达国家的一切反映现代社会化生产规律的先进经营方式和管理方法。"[①] 这其中就是大胆吸收和借鉴利用市场经济加快我国发展。

## 三、实行社会主义市场经济取得历史性的巨大成功

邓小平社会主义市场经济理论有力地指导着我国改革开放和社会主义现代化建设的历史进程，作出了特殊的重大贡献。30 多年来，我们始终坚持实行社会主义市场经济的理论和实践，坚定不移地推进改革开放伟大事业，充分地调动了亿万人民的积极性、创造性，使我国成功地实现了从高度集中的计划经济体制到充满生机活力的社会主义市场经济体制、从封闭半封闭到全方位开放的伟大历史转折，极大地解放和发展了社会生产力，一个面向现代化、面向世界、面向未来的社会主义中国巍然屹立在世界东方。

（一）社会主义市场经济体制基本确立。主要表现在：一是社会主义初级阶段基本经济制度已经确立。所有制结构从全民所有制和集体所有制经济占绝对优势，到逐步形成以公有制为主体、多种所有制经济共同发展的格局。毫不动摇地巩固和发展了公有制经济，积极推行公有制多种实现形式，通过深化改革增强了国有经济的活力、控制力、影响力；毫不动摇地鼓励、支持和引导个体、私营等非公有制经济发展，非公有制经济的比重大为提高。2013 年，非公有制经济对国民生产总值的贡献率已超过 60%。在收入分配领域，打破了平均主义"大锅饭"，建立起以按劳分配为主体、多种分配方式并存，实行劳动、资本、技术、管理等生产要素按贡献参与分配的制度。二是企业微观

---

① 《邓小平文选》第三卷，人民出版社 1993 年版，第 373 页。

经济主体活力显著增强。大多数国有企业实行了股份制改造，现代企业制度逐步建立，转换经营机制，成为自主经营、自负盈亏、自担风险的市场竞争主体。扩大市场准入，创造公平竞争的市场环境，使非公有制企业快速发展。三是现代市场体系逐步建立。市场在资源配置中作用越来越大。持续推进价格体系改革，基本建立起以市场决定价格为主的机制。全国统一的消费品和生产资料市场已经建立，劳动力、土地、资本、技术等生产要素市场得到迅速发展。四是全方位对外开放格局已经形成。坚持实施互利共赢的开放战略，打开国门搞建设，充分发挥两种资源、两个市场的作用，积极扩大进出口贸易，不断吸收外商投资，努力发展对外投资，形成了全方位、宽领域、多层次的对外开放格局，开放型经济水平不断提升，中国市场成为世界市场的重要组成部分。五是宏观调控体系不断完善。通过持续深化计划、财政、金融、投资等方面的改革，实现了宏观调控由直接调控向间接调控为主的转变，主要运用经济、法律手段并辅之以必要的行政手段，促进经济总量平衡和结构调整，推动经济与社会协调发展，基本形成了市场经济和开放条件下较为健全的宏观调控体系。随着社会主义市场经济体制的逐步建立，也有力地推动了政治体制、文化体制、社会体制、生态文明建设体制等各方面体制改革，中国特色社会主义制度不断完善和发展。

（二）社会主义现代化建设成就斐然。建立和完善社会主义市场经济体制，极大激发了经济社会发展蕴藏的巨大潜力，我国在经济、政治、文化、社会、生态文明建设各个领域、各个方面都取得了巨大进步，综合国力大幅跃升，人民生活大为改善，国际地位和影响力显著提高。改革开放 36 年来，国民经济保持了高速增长，经济总量跃居到世界第二位，创造了世界经济史上无与伦比的奇迹。2013 年，全国国民生产总值达 56.9 万亿元，人均国民生产总值超过 6000 美元，进入中等收入国家。我国已成为全球第一大贸易国、第二大吸引外资国和重要的资本输出国，外汇储备世界第一，进出口总额突破 4 万亿美元。财政收入从 1978 年的 1100 亿元增加到 2013 年的 12.9 万亿元，国家经济调控能力显著增强。交通能源电信水利等基础设施长足发展，门类齐全的现代工业体系基本建立，钢铁、煤炭、水泥、棉布等200多种重要工业品产量稳居世界第一位。高科技产业蓬勃兴起，创新型国家建设方兴未艾，取得一大批具有自主知识产权的科技成果。服务业比重明显提高，国民经济和社会信息化水平不断提升。城乡面貌大为改观，城镇化率接近52%。人民生活大幅度改善，用占世界7%的耕地解决了世界1/5人口的吃饭问题，使近5亿人口摆脱了贫困。全国人均寿命由1978年的68岁提高到2013年的76岁。实行社会主义市场经济体制也大大推动了其他领域发展，民主法治、文化教育、社会建设、生态文明等各项事业蓬勃发展。这些成就，充分展现了实行社会主义市场经济的强大力量，也充分证明建立社会主义市场经济体制的改革是完全正确的。

## 四、继续推进社会主义市场经济方向的改革

伟大的实践产生伟大的理论，实践发展永无止境，理论创新永无止境，改革开放永无止境。面对新形势新任务，以习近平同志为总书记的党中央继承发展邓小平社会主义市场经济理论，在党的十八届三中全会上作出了全面深化改革的决定，特别强调坚持社会主义市场经济改革方向，按照"使市场在资源配置中起决定性作用和更好发挥政府作用"的要求，全面深化改革特别是经济体制的改革。我们要全面、准确、完整地学习领会和贯彻落实邓小平社会主义市场经济理论，全面、准确、完整地学习领会和贯彻落实党的十八大和十八届三中全会决定精神，坚定不移地推进各方面改革，特别是要全面深化经济体制改革和行政体制改革。

（一）正确发挥市场作用和政府作用。正确认识和处理市场和政府关系，一直是贯穿我国改革开放进程的重大课题。党的十八届三中全会提出："经济体制改革是全面深化改革的重点，核心问题是处理好政府和市场的关系，使市场在资源配置中起决定性作用和更好发挥政府作用。"这既是对我国过去改革发展历史经验的高度概括，也是对邓小平社会主义市场经济理论的继承和发展，为今后进一步处理好市场

和政府关系、深化以经济体制改革为重点的全面改革确定了方向。

坚持社会主义市场经济的改革，需要正确认识市场与政府二者的功能与长处，以及二者的缺陷与不足。事实证明，市场是配置资源最有效率的机制，是发展社会生产力和实现现代化的必然途径。市场决定资源配置是市场经济的一般规律，市场经济本质上就是市场决定资源配置的经济。"使市场在资源配置中起决定性作用"，其实质就是让价值规律、竞争规律和供求规律等市场经济规律在资源配置中起决定性作用，这有利于推动我国经济发展更有活力、更有效率和更有效益。同时也要看到，市场调节有着某些自发性、盲目性、局限性和事后性等特点，不能把所有资源配置统统交给市场，不能使全部社会经济活动市场化。

政府作为公共权力的行使者、社会经济活动的管理者，最重要的职能是从宏观上引导方向，促进整个经济社会持续健康发展。它的主要长处是，政府能够从社会整体利益和长远利益来引导市场和社会经济发展的方向，从宏观层次和全局发展上配置重要资源，促进经济总量平衡，协调重大结构关系和生产力布局，提供非竞争性公共产品和公共服务，促进社会公平正义，逐步实现共同富裕，以及弥补市场的缺陷和失灵的方面。但政府也有信息掌握和认知能力的局限性，也会有主观偏颇、迟滞甚至决策失误的毛病，不利于增进社会经济的活力、效率和效益。

理论和实践都告诉我们，在处理市场和政府关系中，需要注意三个方面：一是明确市场和政府各自的功能与长处，使它们在不同社会经济层次、不同领域发挥应有作用，都不越位、错位和不到位。二是充分行使两者的功能作用，市场是一只"看不见的手"，政府是一只"看得见的手"，"两只手"都要用好，并有效配合。三是市场和政府应当有机结合、相互统一而不是板块连接，政府应尊重市场经济规律，自觉按经济规律办事，市场要在政府引导、监管和制度规范下运行。只有这样，才能实现市场与政府各自长处充分发挥和二者作用的相互补充、相互协调、相互促进，推动经济社会持续健康发展。

（二）继续推进市场化改革，加快完善现代市场体系。这是使市场在资源配置中起决定性作用的必然要求。要从广度和深度上推进市场化改革，推动资源配置依据市场规则、市场竞争实现效益最大化和效率最优化。加快形成企业自主经营、公平竞争，消费者自由选择、自由消费和要素自由流动、平等交换的现代市场体系，提高资源配置效率和公平性。一是建立公平开放透明的市场规则。要实行统一的市场准入制度，探索实行负面清单准入管理方式，健全优胜劣汰的市场化退出机制。二是完善主要由市场决定价格的机制。坚持把主要由市场决定价格作为价格形成的常态机制，凡是能够通过市场形成价格的、包括生产要素价格都要放手由市场形成价格；必须由政府定价的产品和服务，也要改革政府定价机制，改进政府定价方法，规范政府定价行为，提高政府定价的科学性、公正性和透明度。三是改革市场监管体系，废除妨碍全国统一市场和公平竞争的各种规定和做法，反对地方保护，反对垄断和不正当竞争。同时，要建立城乡统一的建设用地市场，完善金融市场体系，加快推进科技体制改革。这些是推进市场化改革的重要方面。

（三）坚持和完善基本经济制度，着力深化企业改革。公有制为主体、多种所有制经济共同发展，是中国特色社会主义制度的重要支柱，也是社会主义市场经济的根基。我们搞的是社会主义市场经济，必须始终坚持"两个毫不动摇"，即毫不动摇巩固和发展公有制经济，发挥国有经济主导作用，不断增强国有经济活力、控制力、影响力；毫不动摇鼓励、支持、引导非公有制经济发展，激发非公有制经济活力和创造力。坚持推进和深化企业改革，其中关键是要完善产权保护制度，保证各种所有制经济依法平等使用生产要素、公开公平公正参与市场竞争、同等受到法律保护。必须推动国有企业完善现代企业制度，提高企业效率，增强企业活力。废除对非公有制经济各种形式的不合理规定，消除各种隐性壁垒。鼓励非公有制企业参与国有企业改革，积极发展混合所有制经济。

（四）深化行政体制改革，健全宏观调控体系。科学的宏观调控，有效的政府治理，是社会主义市场经济运行的重要特征，也是发挥社会主义市场经济体制优势的内在要求。一要切实转变政府职能。创新行政管理方式，增强政府公信力和执行力，建设法治政府和服务型政府。深化行政审批制度改革，进一步简政放权，切实减少审批事项，向企业放权，向市场放权，向社会放权，特别是要深化投资体制改革，确立企业投资主体地位。最大限度地激发市场和各类社会主体的创造活力，增强社会经济发展的内生动力。二要健全宏观调控体系。宏观调控的主要任务是保持经济总量平衡，促进重大经济结构协调和生产力布局优化，减缓经济周期波动影响，防范区域性、系统性风险，稳定市场预期，保障经济安全。要合理界定中央和地方政府的职能，充分发挥"两个积极性"。中央政府要进一步改善和加强宏观管理，强化发展规划制订、经济发展趋势研判、制度机制设计、全局性事项统筹管理、体制改革统筹协调等方面职能，促进全国范围内的法制统一、政令畅通和经济社会的平稳健康发展。三要加强地方政府在公共服务、市场监管、社会管理、环境保护等方面的职责，以更好地服务于广大人民群众。按照公开、公平、公正原则，将适合市场化方式提供的公共服务事项，交由具备条件、信誉良好的社会组织、机构和企业等承担，推动公共服务提供主体的多元化，建设现代化服务型政府。

坚持社会主义市场经济的改革，不仅是经济体制改革的方向，也必然涉及其他方面体制机制，各方面改革也要与之相适应、相协调。要把坚持社会主义市场经济改革方向贯穿到政治体制、文化体制、社会体制、生态文明体制以及各方面体制机制改革之中，推动各方面改革围绕完善社会主义市场经济体制的目标来展开、来推进。因此，必须统筹设计、整体谋划经济、政治、文化、社会、生态文明等各个领域、各个方面的调整和改革。这样才能产生综合效应，才能更好推动生产关系与生产力、上层建筑与经济基础相适应。

实行社会主义市场经济，把社会主义与市场经济体制结合起来，是人类社会的空前壮举，也是需要不懈探索的重大课题。这方面，我们已经进行了30多年的理论探索和实践创新，也积累了不少经验，但是仍有许多未被认识的"必然王国"，还有一系列棘手的矛盾和问题需要深入研究解决。我们一定要坚持从国情出发，解放思想、实事求是、与时俱进，勇于改革创新，敢于攻坚克难，更好地把握改革规律，以顺利推动社会主义市场经济的改革进程并取得更大的成功！

# 正确认识与处理政府和市场关系 *

## （2014 年 8 月）

　　党的十八届三中全会提出："经济体制改革是全面深化改革的重点，核心问题是处理好政府和市场的关系，使市场在资源配置中起决定性作用和更好发挥政府作用。"这既是对我国过去几十年改革发展历史经验的高度概括，也为今后深化经济体制改革和行政体制改革、进一步处理好政府和市场的关系确定了方向。

　　回顾改革开放以来我们党关于政府和市场关系的论述和决策过程，正确认识政府和市场二者各自的功能与长处，研究在全面深化改革中进一步处理好政府和市场的关系，具有重要的现实意义和深远的历史意义。

## 一、改革开放以来我们党关于政府和市场关系论述的深化过程

　　改革开放 36 年来，我们党在推进社会主义改革开放的伟大事业中，不断加深对政府和市场关系的认识，相应作出了许多历史性的重大决策。

　　1978 年 12 月，作为我国新时期起点的党的十一届三中全会提出："应该坚决实行按经济规律办事，重视价值规律的作用。"并指出，"现在我国经济管理体制的一个严重缺点是权力过于集中，应该有领导地大胆下放，让地方和工农企业在国家统一计划的指导下有更多的经营

　　* 本文发表在《全球化》2014 年第 4 期，《新华文摘》2014 年第 17 期全文转载。

管理自主权"。接着，我国改革开放总设计师邓小平在 1979 年 11 月会见美国不列颠百科全书出版公司编委会副主席吉布尼和加拿大麦吉尔大学东亚研究所主任林达光等谈话时明确提出："社会主义也可以搞市场经济"，"把这当作方法，不会影响整个社会主义。"这里，邓小平同志第一次把市场经济同社会主义直接联系起来，把市场经济当作发展生产力的方法，从而开启了我国波澜壮阔的改革开放伟大征程。

1982 年 9 月，党的十二大明确提出了有系统地进行经济体制改革的任务，指出："正确贯彻计划经济为主、市场调节为辅的原则，是经济体制改革中的一个根本性问题。我们要正确划分指令性计划、指导性计划和市场调节各自的范围和界限，在保持物价基本稳定的前提下有步骤地改革价格体系和价格管理办法，改革劳动制度和工资制度，建立起符合我国情况的经济管理体制，以保证国民经济的健康发展。"这里，明确地提出了计划经济与市场调节的主辅关系，即政府与市场的关系。1984 年 10 月，党的十二届三中全会通过的关于经济体制改革的决定，深入地剖析了原有经济体制中存在的"政企职责不分，条块分割，国家对企业统得过多过死，忽视商品生产、价值规律和市场的作用"等弊端，明确提出："社会主义计划经济必须自觉依据和运用价值规律，是在公有制基础上的有计划的商品经济。""实行计划经济同运用价值规律、发展商品经济，不是互相排斥的，而是统一的，把它们对立起来是错误的。"这是我们党作出的全面推进经济体制改革第一个纲领性文献中的重大论断。

1987 年 9 月，党的十三大进一步提出："社会主义有计划商品经济的体制，应该是计划与市场内在统一的体制。"并指出"新的经济运行机制，总体上来说应当是'国家调节市场，市场引导企业'的机制"模式。为实现这一目标模式，十三大报告还提出必须把计划工作建立在商品交换和价值规律基础上，逐步缩小指令性计划范围，扩大指导性计划范围，最终实现以间接控制为主、计划与市场内在统一的模式。这里，强调计划和市场的作用都是覆盖全社会的，不再提计划经济为主。

1992 年初，邓小平在南方谈话中更加深刻地指出："计划经济不等于社会主义，资本主义也有计划；市场经济不等于资本主义，社会主义也有市场"，把计划和市场都作为发展生产力的手段。在此基础上，1992 年 10 月，党的十四大明确提出建立社会主义市场经济体制，"就是要使市场在社会主义国家宏观调控下对资源配置起基础性作用"，这为长期纠结于"计划"和"市场"的改革开启了一个新的里程碑。至此，我们党对社会主义市场经济的认识、对政府和市场关系的认识达到了一个新高度：市场经济不仅仅是市场竞争机制、供求机制和价格机制，更是一种资源配置机制。1993 年 11 月，党的十四届三中全会通过的《决定》，进一步构筑了社会主义市场经济体制的基本框架。

1997 年 9 月，党的十五大明确提出了形成比较完善的社会主义市场经济体制的目标，提出"坚持和完善社会主义市场经济体制，使市场在国家宏观调控下对资源配置起基础性作用"，并要求"充分发挥市场机制作用，健全宏观调控体系"。这里，要求"充分发挥"市场作用、"健全"政府宏观调控体系，深化了对政府与市场关系的认识。

2002 年 11 月，在新世纪新阶段召开的党的十六大进一步提出："健全现代市场体系，加强和完善宏观调控。在更大程度上发挥市场在资源配置中的基础性作用，健全统一、开放、竞争、有序的现代市场体系。"并明确要求："完善政府的经济调节、市场监管、社会管理和公共服务的职能，减少和规范行政审批。"2003 年 10 月，党的十六届三中全会通过的《关于完善社会主义市场经济体制若干问题的决定》中提出：要按照"五个统筹"的要求，更大程度地发挥市场在资源配置中的基础性作用，并提出要转变政府经济管理职能，"切实把政府经济管理职能转到为市场主体服务和创造良好发展环境上来"。这里，强化了市场的作用，同时明确了政府的功能作用。

2007 年 10 月，党的十七大提出："要深化对社会主义市场经济规律的认识，从制度上更好发挥市场在资源配置中的基础性作用，形成有利于科学发展的宏观调控体系。"并要求"加快推进政企分开、政资分开、政事分开、政府与市场中介组织分开，规范行政行为，加强行政执法部门建设，减少和规范行政审批，减少政府对微观经济运行的干预"。这里，强调从制度上更好发挥市场的基础性作用，也是对市场作用的重视和强化。

2012 年 11 月，党的十八大指出"经济体制改革的核心问题是处理好政府和市场的关系，必须更加尊重市场规律，更好发挥政府作用"；并明确要求"完善宏观调控体系，更大程度更广范围发挥市场在资源配置中的基础性作用，完善开放型经济体系，推动经济更有效率、更加公平、更可持续发展"。这里，更加突出了市场作用，也强调了更好发挥政府作用。

2013 年 11 月，党的十八届三中全会进一步提出："经济体制改革是全面深化改革的重点，核心问题是处理好政府和市场的关系，使市场在资源配置中起决定性作用和更好发挥政府作用。"这是我们党关于发展社会主义市场经济思想的新发展，对政府和市场关系的认识达到了新境界。

以上可以看出，正确认识与处理政府和市场的关系，一直是贯穿我国改革开放进程的重大课题，是我们党对实行社会主义市场经济的实践发展在认识上不断丰富、不断深化的过程，由把市场经济作为经济管理方法到经济调节手段再到一种经济制度，由市场在资源配置中起"基础性"作用、到在资源配置中起"决定性"作用，这都反映了党的思想理论随着实践的不断发展而不断创新，完全符合马克思主义关于历史唯物主义和辩证唯物主义的科学认识论和世界观，每一后个时期的论断和决策，都是对前一个时期论断的继承、创新和发展。

## 二、正确认识政府和市场各自的功能与长处

建立和完善社会主义市场经济体制，需要正确认识政府与市场二者的功能、长处及它们的缺陷、弊端。

先说市场。市场有多种涵义，一种是商品交易的场所，一种是指以商品等价交换为准则的市场机制对资源的配置方式，还有一种是人们之间的生产关系和交换关系。使市场在资源配置中起决定性作用，主要是指市场机制决定的资源配置方式。所有经济活动最根本的问题，就是如何最有效地配置资源。市场之所以能够使资源配置以最低成本

取得最大效益，是因为在市场经济体制下，有关资源配置和生产的决策是以价格为基础的，而由价值决定的价格，是生产者、消费者、劳动者和生产要素所有者在市场自愿交换中发现和形成的。市场机制作用的发挥是价值规律的表现形式。由市场决定资源配置的长处在于：作为市场经济基本规律的价值规律，能够通过市场价格自动调节生产（供给）和需求，在全社会形成分工和协作的机制；能够通过市场主体之间的竞争，形成激励先进、鞭策落后和优胜劣汰的机制；能够引导资源配置以最小投入（费用）取得最大产出（效益）。因此，使市场在资源配置中起决定性作用，其实质就是让价值规律、竞争规律和供求规律等市场经济规律在资源配置中起决定性作用。这有利于使经济更有活力、更有效率和更有效益地发展。但同时也要注意到，市场调节有某些自发性、盲目性、局限性和事后性等特点，市场作用不是万能的，不能把资源配置统统交给市场，不能使全部社会经济活动市场化。比如，社会供求总量的平衡、公共产品和公共服务的提供、城乡区域差距的缩小、稀缺资源的配置，单纯由市场调节是做不好的。只靠市场调节经济运行，难以经常保持经济总量平衡和重大结构协调，难以实现基本公共服务均等化，难以避免社会收入的两极分化，也难以及时、有力有效应对宏观经济的周期波动和国际金融危机的冲击。也就是说，市场配置资源的"决定性作用"不是适用于所有社会经济领域和活动。

政府作为公共权力的行使者、社会经济活动的管理者，最重要的职能是从宏观上引导方向，保持整个经济社会持续健康稳步发展。在我们国家，有共产党的领导、有社会主义制度的优势，政府可以自觉地依据对客观事物的认识，能动地观察和反映国内外的发展变化，按照包括市场经济规律在内的客观经济规律，对重大社会经济活动作出战略规划、宏观决策与预先安排，进行有目的、有计划的引导和调节。发挥政府作用的主要长处在于，有可能从社会整体利益和长远利益来引导市场和社会经济发展的方向，从宏观层次和全局发展上配置重要资源，促进经济总量平衡，协调重大结构关系和生产力布局，提供非竞争性的公共产品和公共服务，保障公共安全，加强社会建设和环境保护，维护市场和社会秩序，促进社会公平正义，逐步实现共同富裕，弥补市场缺陷和失灵的方面。但政府也有信息掌握和认知能力的局限性，也会有偏颇、僵滞甚至决策失误的毛病，以至于束缚经济社会的活力，不利于微观上优化资源配置和提高效率。

以上可以看出，政府（计划）与市场是现代市场经济体系中两个重要手段，各有长处但功能不同。政府是一只"看得见"的手，市场是一只"看不见"的手，它们都能对资源配置产生作用，但资源配置和利益调节的机理、手段、方式不同。市场方式主要通过供求、价格、竞争等机制功能配置资源，调节利益关系，由市场主体自主决策，自主经营和自担风险。政府则主要根据全局和公益性需求，依靠行政权力和体制，进行重要资源配置，调节重要利益关系。市场决定资源配置是市场经济的一般规律，市场经济本质上就是市场决定资源配置的经济。我们必须高度重视、充分发挥市场在微观配置资源、调节经济利益关系中的积极有效作用。

理论和实践告诉我们，在处理政府和市场关系中，需要注意三个方面：一是明确认识两者各自的功能和长处，使它们在不同经济层次、不同领域发挥应有的作用，都不能越位、错位和不到位。二是充分发挥两者功能作用，并有效配合，两只手配合得好，可以起到 1+1 > 2 的效果。反之，市场作用的正效能就会下降，副作用就会扩大；同样，政府的正效能也会下降，政府的形象和公信力也会受到伤害，甚至造成重大经济损失。因此，两者不可偏废。三是政府和市场应当有机结合而不是板块连接，政府应尊重市场经济规律，自觉按经济规律办事；市场要在政府引导、监管和制度规范下运行。只有这样，才能实现政府与市场各自长处的充分发挥以及两者之间的良性互动。

## 三、进一步处理好政府和市场关系必须全面深化改革

经过 36 年的改革开放，我国社会主义市场经济体制已基本建立，政府和市场关系经过不断调整也发生了重大变化。总的看来，国民经济市场化程度显著提高，市场作用大为增强，但市场和政府都有错位、

不到位和越位的方面。当前，我国社会主义改革开放和现代化建设进入了新阶段，新形势、新任务对经济发展和经济运行机制提出了新要求，其中一个很重要的方面，就是要进一步处理好政府和市场的关系。为此，必须遵循党的十八届三中全会的精神，按照"使市场在资源配置中起决定性作用和更好发挥政府作用"的要求，全面深化改革特别是经济体制、行政体制改革。至关重要的，是抓好以下几个方面的改革。

（一）推进市场化改革，加快完善现代市场体系。这是使市场在资源配置中起决定性作用的基础。要积极稳妥地从广度和深度上推进市场化改革，推动资源配置依据市场规则、市场竞争实现效益最大化和效率最优化。加快形成企业自主经营、公平竞争，消费者自由选择、自由消费和要素自由流动、平等交换的现代市场体系，提高资源配置效率和公平性。一是建立公平、开放、透明的市场规则。我国市场体系还不完善，市场的开放性、竞争的公平性和运行的透明度都有待提高，尤其是部分基础产业和服务业价格关系尚未理顺，要素市场发展相对滞后，必须加快市场化改革。党的十八届三中全会通过的《中共中央关于全面深化改革若干重大问题的决定》提出了一系列重大改革举措，包括实行统一的市场准入制度，探索实行负面清单准入管理方式，改革市场监管体系，实行统一的市场监管，健全优胜劣汰的市场化退出机制。这是使市场在资源配置中发挥决定性作用的基础。二是完善主要由市场决定价格的机制。坚持把主要由市场决定价格作为价格形成的常态机制，凡是能够通过市场形成价格的，包括生产要素价格都要放开价格管制，主要由市场形成价格；对那些暂不具备放开条件的，要积极探索建立符合市场导向的价格动态调整机制，并创造条件加快形成主要由市场决定价格的机制。改革政府定价机制，要把政府定价严格限定在必要范围内，主要限定在重要公用事业、公益性服务、网络型自然垄断环节。进一步减少政府定价的范围和具体品种。要按照简政放权要求，进一步下放给地方政府定价权。改进政府定价方法，规范政府定价行为，提高政府定价的科学性、公正性和透明度。三是改革市场监管体系，清理和废除妨碍全国统一市场和公平竞争的各种规定和做法，反对地方保护，反对垄断和不正当竞争。同时，要建立城乡统一的建设用地市场，完善金融市场体系，加快推进科技体制改革。这是完善现代市场体系的必然要求和重要方面。

（二）坚持和完善基本经济制度，着力深化企业改革。公有制为主体、多种所有制经济共同发展的基本经济制度，是中国特色社会主义制度的重要支柱，也是社会主义市场经济体制的根基。我们搞的是社会主义市场经济，必须始终坚持"两个毫不动摇"：必须毫不动摇巩固和发展公有制经济，发挥国有经济主导作用，不断增强国有经济活力、控制力、影响力；必须毫不动摇鼓励、支持、引导非公有制经济发展，激发非公有制经济活力和创造力。这两者都不可偏废，否则，就不成为社会主义市场经济。关键是要完善产权保护制度，保证各种所有制经济依法平等使用生产要素、公开公平公正参与市场竞争、同等受到法律保护。企业是市场活动的主体，也是社会主义市场经济体制的微观基础。必须深化国有企业改革，推动国有企业完善现代企业制度，健全协调运转、有效制衡的公司法人治理结构，规范经营决策，实现资产保值增值，公平参与竞争，提高企业效率，增强企业活力。要准确界定不同国有企业功能。废除对非公有制经济各种形式的不合理规定，消除各种隐性壁垒。鼓励非公有制企业参与国有企业改革。特别要积极发展混合所有制经济，国有资本、集体资本、非公有资本等交叉持股、相互融合的混合所有制经济，有利于国有资本放大功能、保值增值、提高竞争力，有利于各种所有制资本取长补短、相互促进、共同发展。要鼓励非公有制企业参与国有企业改革，鼓励发展非公有资本控股的混合所有制企业，鼓励有条件的私营企业建立现代企业制度。

（三）加快政府自身改革，全面准确履行政府职能。科学的宏观调控，有效的政府治理，是发挥社会主义市场经济体制优势的内在要求。要切实转变政府职能，深化行政体制改革，创新行政管理方式，增强政府公信力和执行力，建设法治政府和服务型政府。要按照党的十八大报告确定的"推动政府职能向创造良好发展环境、提供优质公共服务、维护社会公平正义转变"的基本要求，深化行政审批制度改革，进一步简政放权，切实减少审批事项，向企业放权，向市场放权，向社会放权，特别是要深化投资体制改革，确立企业投资主体地位。要最大限度地避免用行政手段配置各类资源，用政府权力的减法换取市场和社会活力的加法，激发市场和社会主体的创造活力，增强经济发展的内生动力。要健全宏观调控体系，宏观调控的主要任务是保持经济总量平衡，促进重大经济结构协调和生产力布局优化，减缓经济周期波动影响，防范区域性、系统性风险，稳定市场预期，保障经济安全，实现经济持续健康发展。要合理界定中央和地方政府的职能，充分发挥中央和地方两个积极性。中央政府要进一步改善和加强宏观管理，强化发展规划制订、经济发展趋势研判、制度机制设计、全局性事项统筹管理、体制改革统筹协调等方面职能，促进全国范围内的法规统一、政令畅通和经济社会的平稳健康发展。要发挥地方政府贴近基层、就近管理的优势，进一步加强地方政府在公共服务、市场监管、社会管理、环境保护等方面的职责，以更好地服务于广大人民群众和各类企业。要大力推广政府购买服务，创新政府服务方式。按照公开、公平、公正原则，将适合市场化方式提供的公共服务事项，交由具备条件、信誉良好的社会组织、机构和企业等承担，推动公共服务提供主体的多元化，以此推动政府职能转变，建设现代化服务型政府。

## 四、正确处理政府和市场关系需要把握好的几个方面

政府和市场的关系，是人类社会任何国家发展现代市场经济都绕不开的根本性问题，也是各国长期以来都在致力有效破解的世界性难题。特别是在中国这样一个有着13亿多人口的大国，又是在社会主义基本制度下实行市场经济的历史条件，处理好政府和市场的关系意义更重大，难度也更大，更需要研究解决一系列特殊的复杂问题，更需要推进理论创新和实践创新，更需要努力把握和运用改革规律，以更好推动国家和人民事业的发展。

（一）坚持从国情出发，解放思想，实事求是，与时俱进。古往今来，关于政府与市场的关系有多种理论学说和多种实践模式，我们

要注意学习研究人类社会和当今世界各国在处理政府与市场关系方面一切有益的思想理论和实践做法。但是，不能照抄照搬别国经验、别国模式。世界上没有一种经验模式可以照抄照搬。我们必须全面、真切地认识中国现阶段基本国情及其内在要求，坚持和运用马克思主义的历史唯物主义，准确把握党和国家发展大势，做到解放思想、实事求是、与时俱进、求真务实，积极探索符合当今时代中国国情的政府和市场关系的科学理论、具体做法和实践模式，既决不简单搞拿来主义，也决不搞故步自封，要不断有新的发现、有新的创造、有新的发展。

（二）坚持正确改革方向，积极稳妥、扎实推进、注重实效。实行社会主义市场经济体制，是我们党吸收人类社会文明进步成果作出的正确历史抉择，也是中国社会发展客观进程的必然要求，必须坚定社会主义市场经济的改革方向和如期实现完善社会主义市场经济体制的目标。把社会主义和市场经济体制结合起来，是人类社会空前的壮举，也是需要不懈探索的重大课题。这方面，我们已经进行了30多年的理论探索和实践创新，也积累了不少经验，但是还有许多未被认识的"必然王国"。其中，在处理政府和市场关系方面还有一系列棘手的矛盾和问题有待研究解决。这需要以积极进取的精神大胆探索，勇于改革创新，敢于攻坚克难，但对涉及全局的重大改革事项，决心要大，步子要稳，包括对下放权力的改革方向要坚持，行动要坚决，但下放权力的范围、步骤、方法，应与政府宏观调控、监管能力和法治水平相适应、相协调，特别要健全法制，使市场经济有法可依、有法必依、执法必严、违法必究，以避免重蹈历史上多次出现的"一放就乱，一乱就收"的不良循环。

（三）坚持"两只手"都要硬，把更加重视市场作用和更好发挥政府作用结合起来。在发展社会主义市场经济中，政府和市场这"两只手"，都不可或缺，也决不可分割。因此，"使市场在资源配置中起决定性作用"和"更好发挥政府作用"，不是互相排斥的，而是统一的，把它们对立起来的认识和做法是不对的、有害的。一方面，要从广度和深度上推进市场化改革，以更好发挥市场作用的功能和长处，增进经济活力和效率，激发各方面的积极性和创新精神；另一方面，也必须全面正确履行政府职能，实施科学的宏观调控、有效的政府治理，以更好发挥政府的功能和长处。这样，才能实现经济更有效率、更加公平、更可持续健康发展，促进社会公平正义和共同富裕。关键在于，政府和市场"两只手"要有效配合，优势互补，相互促进、相得益彰。

（四）坚持准确界定两者功能，区分层次和领域范围，合理发挥政府和市场各自的作用。在经济、政治、文化、社会、生态各个不同领域，在宏观、微观不同层面，政府和市场发挥作用的范围、程度、方式、形态应有不同，需要深入研究和准确界定，防止二者功能错位、越位、不到位，避免发生错误和损失。在经济活动微观领域中，发挥市场配置资源的决定性作用是必要的、可行的，在其他领域则要正确、合理把握政府和市场各自作用的范围、程度和表现形式。这也是保证社会主义市场经济持续健康发展、中国特色社会主义道路沿着正确方向前进的大问题。

（五）坚持全面深化改革，增强改革的关联性、系统性、协同性。政府和市场关系既是经济体制改革的核心问题，也是涉及全面改革的关键问题。这两者关系的理顺和调整，关联到生产关系和经济基础的变化，也势必关联到上层建筑领域的某些环节和方面。坚持社会主义市场经济的改革方向，是经济体制改革的方向，也必然会涉及其他各方面的改革，各方面的改革也要与之相协调、相适应。必须把坚持社会主义市场经济改革方向贯穿到政治体制、文化体制、社会体制、生态文明体制以及各方面体制机制改革之中，推动各方面改革围绕完善社会主义市场经济体制的目标来展开、来推进。因此，必须统筹设计，整体谋划经济、政治、文化、社会、生态文明等各个领域、各个方面的调整和改革。这样，才能产生综合效应，才能更好推动生产关系与生产力、上层建筑与经济基础相适应，也才能顺利推动整个改革进程并取得更大的成功！

# 协调推进"四个全面"战略布局 *

（2015 年 4 月）

2014 年 12 月，习近平总书记在江苏调研时强调，要"协调推进全面建成小康社会、全面深化改革、全面推进依法治国、全面从严治党，推动改革开放和社会主义现代化建设迈上新台阶"，首次提出了"四个全面"这一新的重大战略思想。2015 年 2 月，在省部级主要领导干部学习贯彻十八届四中全会精神全面推进依法治国专题研讨班上，习近平总书记提出了"四个全面"的战略布局，深刻阐述了"四个全面"的相互关系，并强调要协调推进"四个全面"的战略布局。"四个全面"是以习近平为总书记的党中央全面总结我们党领导社会主义现代化建设实践经验教训、深刻把握中国特色社会主义事业发展规律和党的执政规律形成的新时期治国理政的重大战略布局，是把马克思主义与当前中国实际相结合的最新理论成果。我们要认真深刻领会其科学内涵和重大意义，统筹协调推进"四个全面"战略布局的实施。

## 一、深刻领会"四个全面"战略布局的科学内涵

"四个全面"战略布局，无论是其中的每一个"全面"，还是战略布局总体，都有其丰富、深刻的科学内涵。

（一）全面建成小康社会的科学内涵。改革开放之初，在谋划和构思我国社会主义现代化蓝图时，邓小平首先提出了"小康社会"目标。在这一战略构想基础上，党的十二大和十三大形成了我国社会主

---

　＊ 本文发表在《毛泽东邓小平理论研究》2015 年第 4 期。

义现代化的"三步走"战略部署，实现"小康社会"作为"第二步"目标，成为我国社会主义现代化进程中的一个重要里程碑。2002 年，党的十六大提出，要在本世纪头 20 年，全面建设惠及十几亿人口的更高水平的小康社会，把全面建设小康社会的内涵发展为"中国特色社会主义经济、政治、文化全面发展"。2007 年，党的十七大进一步丰富了"小康社会"的内涵，把中国特色社会主义社会建设纳入全面建设小康社会的范畴，明确提出要确保到 2020 年实现全面建成小康社会的奋斗目标。党的十八大进一步丰富了小康社会的内涵，形成了经济建设、政治建设、文化建设、社会建设、生态文明建设"五位一体"的全面建成小康社会总布局。经过 30 多年的理论和实践发展，"全面建成小康社会"战略目标的内涵越来越丰富，也越来越明晰。主要有以下三个方面：

一是所涵盖的领域更加全面。相比于提出小康社会之初主要指经济发展和人民生活水平，党的十八大对全面建成小康社会宏伟目标做了清晰的勾画，包括经济、政治、文化、社会、生态文明等五个方面，就是：经济持续健康发展，人民民主不断扩大，文化软实力显著增强，人民生活水平全面提高，资源节约型、环境友好型社会建设取得重大进展。要实现社会主义物质文明、精神文明、政治文明全面协调发展。

二是所覆盖的人群更加全面。就是要在 2000 年全国总体达到小康的基础上，使所有人群都实现小康。无论是城市居民，还是农村居民；无论是经济较发达地区，还是欠发达地区；无论是中等收入人群，还是低收入人群；无论是人口较多的民族，还是人口较少的民族，都要共同实现小康。习近平总书记 2012 年 12 月到河北阜平看望慰问困难群众时讲话指出："没有农村的小康，特别是没有贫困地区的小康，就没有全面建成小康社会。"2015 年 1 月在昆明会见贡山独龙族怒族自治县干部群众代表的座谈会上强调，全面实现小康，一个民族都不能少。这一系列论断，充分体现了全面建成惠及十几亿人的小康社会的美好愿景和坚定决心。

三是所要达到的水平更高。全面建成小康社会，不仅要覆盖全部领域和人群，而且要使所有人群在所有领域达到更高水平。在经济发展方面，要实现国内生产总值和城乡居民人均收入比 2010 年翻一番，同时，要转变经济发展方式，增强发展的平衡性、协调性、可持续性，提高发展质量和效益。在扩大人民民主方面，要使民主制度更加完善，民主形式更加丰富；要全面落实依法治国基本方略，基本建成法治政府，不断提高司法公信力，使人民积极性、主动性、创造性进一步发挥，人权得到切实尊重和保障。在文化建设方面，要使文化软实力显著增强，社会主义核心价值体系深入人心，公民文明素质和社会文明程度明显提高；文化产品更加丰富，公共文化服务体系基本建成，文化产业成为国民经济支柱性产业，中华文化走出去迈出更大步伐，社会主义文化强国建设基础更加坚实。在人民生活水平方面，要总体实现基本公共服务均等化，使全民受教育程度和创新人才培养水平明显提高，基本实现教育现代化；就业更加充分；收入分配差距缩小，社会保障实现全民覆盖，人人享有基本医疗卫生服务，住房保障体系基本形成，社会更加和谐稳定。在生态文明建设方面，要基本形成主体功能区布局，初步建立资源循环利用体系，单位国内生产总值能源消耗和二氧化碳排放大幅下降，主要污染物排放总量显著减少；森林覆盖率提高，生态系统稳定性增强，人居环境明显改善。

（二）全面深化改革的科学内涵。党的十一届三中全会开启了我国改革开放的伟大征程。此后 30 多年里，我国改革从农村向城市，从经济、政治、文化、社会、生态文明体制到党的建设制度，范围不断扩展，层次不断深化。

1987 年，党的十三大提出了政治体制改革的任务。党的十四大明确提出要围绕建立社会主义市场经济体制，加快经济体制改革的步伐，要积极推进政治体制改革，下决心进行行政管理体制和机构改革。党的十六大强调必须坚定不移地推进各方面改革，不仅对多方面经济体制改革和政治体制改革作出部署，而且提出要深化文化体制改革。党的十七大强调，要把改革创新精神贯彻到治国理政各个环节，并提出要推进社会体制改革，使"改革"的内容进一步丰富。2012 年，党的十八大进一步提出"全面深化改革开放"的目标。党的十八届三中全会作出的《关于全面深化改革若干重大问题的决定》，提出了全面深化改革的指导思想、目标任务和重大原则，描绘了全面深化改革的新蓝图、新愿景、新目标，进一步丰富了全面深化改革的内涵。习近平总书记关于全面深化改革的系列论述，使全面深化改革的内涵更加丰富、科学。在"四个全面"战略布局中，全面深化改革的科学内涵主要有以下四个方面：

一是明确了全面深化改革的总目标。在党的十八届三中全会之前，我们党提出过一些领域的改革目标，如党的十四大把我国经济体制改革的目标确定为建立社会主义市场经济体制，但是没有就各方面改革提出总的目标。十八届三中全会作出的《关于全面深化改革若干重大问题的决定》明确提出："全面深化改革的总目标是完善和发展中国特色社会主义制度，推进国家治理体系和治理能力现代化。"从而为全面深化改革和各领域各方面的改革确定了目标取向。

二是改革范围更加全面。随着中国特色社会主义理论和实践的发展，我国改革从经济领域向政治、文化、社会、生态文明等领域逐步扩展。党的十八届三中全会提出的全面深化改革包括经济体制、政治体制、文化体制、社会体制、生态文明体制等五大领域改革以及国防和军队改革、党的建设制度改革，在每一个领域又涉及各方面改革，形成党和国家事业发展各领域各方面全覆盖的改革总体部署。

三是改革层次向纵深推进。30多年来，我国改革总体上采取了渐进策略，由浅入深、由表及里、由易到难，循序推进。进入新时期，越来越多的深层次矛盾表现出来，一些领域带有根本性的体制障碍制约着改革发展，而且这些矛盾和障碍相互交织、彼此相连，我国改革进入了攻坚期和深水区。全面深化改革，就是要把各领域改革持续向纵深推进，敢于啃硬骨头，敢于涉险滩，解决这些深层次矛盾，突破体制性障碍和阻力，推动中国特色社会主义制度自我完善和发展。

四是统筹推进改革。2014年2月，习近平总书记在省部级主要领导干部学习贯彻十八届三中全会精神全面深化改革专题研讨班的讲话中指出："全面深化改革，全面者，就是要统筹推进各领域改革。"深水区的改革，各领域各方面相互联系、相互掣肘，单兵突进或各行其是，不仅难以取得成效，而且影响整体改革布局和推进。全面深化改革，就是要更加注重改革的系统性、整体性、协同性，统筹部署、协调推进各领域各方面改革。

（三）全面依法治国的科学内涵。新中国成立后，我们党着手加强社会主义法制建设。改革开放之后，鉴于"文化大革命"中对法制的践踏破坏给党和国家造成巨大损失的沉痛教训，我们党多次强调要加强社会主义法制。1997 年，党的十五大不仅把依法治国提到治国方略的高度，还明确提出了建设社会主义法治国家的目标。党的十七大强调要坚持和落实依法治国基本方略，建设社会主义法治国家，实现国家各项工作法治化。2012 年，党的十八大明确提出"全面推进依法治国"的要求，强调"法治是治国理政的基本方式。要推进科学立法、严格执法、公正司法、全民守法"。党的十八届三中全会要求推进法治中国建设，强调坚持依法治国、依法执政、依法行政共同推进，坚持法治国家、法治政府、法治社会一体建设。2014 年 10 月，党的十八届四中全会，在党的历史上第一次把法治建设作为中央全会的专门议题，作出了《关于全面推进依法治国若干重大问题的决定》，提出了全面推进依法治国的总目标，对全面推进依法治国作出系统部署。2015 年 2 月，习近平总书记把全面依法治国作为三大战略举措之一，纳入"四个全面"战略布局之中。

全面依法治国的科学内涵主要有以下三个方面：

一是明确了全面依法治国的总目标。党的十八大报告围绕"全面建成小康社会"，确立了中国法治建设的总目标，那就是：到 2020 年，"依法治国基本方略全面落实，法治政府基本建成，司法公信力不断提高，人权得到切实尊重和保障"。这是一个以 2020 年为时间点的法治建设目标。党的十八届四中全会作出的《关于全面推进依法治国若干重大问题的决定》指出："全面推进依法治国，总目标是建设中国特色社会主义法治体系，建设社会主义法治国家。"这既为我们明确了全面依法治国的目标方向和性质，又指出了全面推进依法治国的制度抓手。

二是体现了中国特色社会主义法治道路、法治理论和法治体系的统一。全面依法治国包含着坚持走中国特色社会主义法治道路、发展和贯彻中国特色社会主义法治理论、建设中国特色社会主义法治体系。

中国特色社会主义法治道路，是中国特色社会主义道路在法治领域的具体体现；中国特色社会主义法治理论，是中国特色社会主义理论体系的重要组成部分；中国特色社会主义法治体系，包括完备的法律规范体系、高效的法治实施体系、严密的法治监督体系、有力的法治保障体系、完善的党内法规体系，是中国特色社会主义制度的重要内容。三者相辅相成，统一于建设社会主义法治国家这一总目标，为实现这一目标提供道路指引、理论支撑和制度保障。

三是做出了推进法治建设的工作布局。党的十八届四中全会作出的《关于全面推进依法治国若干重大问题的决定》强调，要坚持依法治国、依法执政、依法行政共同推进，坚持法治国家、法治政府、法治社会一体建设，实现科学立法、严格执法、公正司法、全民守法。全面依法治国，就是要按照这一工作布局，全面落实依法治国这一宪法确定的治国基本方略，使我们的党依法治国理政，使各级政府全面推进依法行政，依法严格规范立法、执法、司法行为，在建设法治国家、法治政府的同时，加强法治社会建设，实现全民守法。现阶段，特别是要抓住领导干部这个"关键少数"，着力提高他们的法治思维和依法办事能力。

（四）全面从严治党的科学内涵。加强党的建设、从严治党是我们党的优良传统，是我们党历经各种严峻考验而不断发展壮大并始终保持先进性、纯洁性的重要法宝。在革命、建设、改革等各个时期，毛泽东、邓小平等党的领导人高度重视党的建设和从严治党，作出过许多精辟论述，领导了建党治党的卓越实践。特别是党的十一届三中全会以来，党要管党、从严治党，成为加强党的建设的基本方针和具体实践。党的十三大正式提出把从严治党作为新时期加强党的建设的基本方针。党的十四大首次把坚持从严治党载入党章的总纲，进一步肯定了从严治党方针在党的建设中的重要地位和作用。党的十五大强调："各级党委要坚持'党要管党'的原则，把从严治党的方针贯彻到党的建设的各项工作中去。"[①] 党的十六大强调："一定要坚持党要管党、

---

① 《十五大以来重要文献选编》（上），人民出版社 2000 年版，第 50 页。

从严治党的方针，进一步解决提高党的领导水平和执政水平、提高拒腐防变和抵御风险能力这两大历史性课题。"①党的十八大要求，以改革创新精神，全面推进党的建设新的伟大工程，再次强调"坚持党要管党、从严治党，全面加强党的思想建设、组织建设、作风建设、反腐倡廉建设、制度建设，增强自我净化、自我完善、自我革新、自我提高能力"。2014年10月，在党的群众路线教育实践活动总结大会上，习近平总书记对从严治党进一步提出要求，强调要落实从严治党责任，坚持思想建党和制度治党紧密结合，严肃党内政治生活，坚持从严管理干部，持续深入改进作风，严明党的纪律，发挥人民监督作用，深入把握从严治党规律，对全面、科学推进从严治党做出系统论述和重大部署。

在"四个全面"战略布局中，全面从严治党的科学内涵包括以下四个方面：

一是内容的全面性。就是要从党的建设的各个方面，包括思想建设、组织建设、作风建设、反腐倡廉建设、制度建设，加强从严治党，增强党的自我净化、自我完善、自我革新、自我提高能力。特别是要按照习近平总书记提出的要求，把思想建党和制度建党紧密结合起来，在加强对广大党员干部教育的同时，进一步完善各方面制度，切实严格执行制度，推进管党治党的制度化规范化。

二是对象的全体性。全面从严治党，就是要对全体党员和各级党组织严格加强管理，从每一名普通党员到每一位党的高级领导干部，从基层党组织到党的领导机关，没有例外，都要按照从严治党的要求，加强教育，严格管理，严格监督，做到管到位上、严到份上。特别是对于党员领导干部，要以更严格的标准和更高的要求，加强教育和管理。

三是措施的长期性。全面从严治党的"全面"还体现为长期性，就是从严治党的各项措施不是雨过地皮湿、活动一阵风，而是要常抓不懈，成为一种新常态。习近平总书记在党的群众路线教育实践活动

---

① 《十六大以来重要文献选编》（上），中央文献出版社2005年版，第38页。

总结大会上的讲话强调，必须以锲而不舍、驰而不息的决心和毅力，把作风建设不断引向深入，把目前作风转变的好势头保持下去，使作风建设要求真正落地生根。不仅是作风建设，党的思想建设、组织建设、作风建设、反腐倡廉建设、制度建设也要不松劲、不懈怠，长期坚持下去。

四是推进的综合性。就是要按照习近平总书记在党的群众路线教育实践活动总结大会上强调的，从落实从严治党责任、坚持思想建党和制度治党紧密结合、严肃党内政治生活、坚持从严管理干部、持续深入改进作风、严明党的纪律、发挥人民监督作用、深入把握从严治党规律等八个方面，全方位地推进从严治党，增强从严治党的系统性、预见性、创造性、实效性，提高党的领导能力和执政能力，保持和发展党的先进性和纯洁性，确保我们党始终成为领导中国特色社会主义事业的核心力量。

从改革开放之初把建设小康社会作为实现社会主义现代化进程的阶段性目标，到党的十七大把"全面建设小康社会"发展为"全面建成小康社会"，确立"一个全面"的战略目标，到党的十八大提出全面建成小康社会和全面深化改革开放，到十八届三中全会对全面深化改革作出部署，再到十八届四中全会对全面依法治国作出部署，直至2014年12月习近平总书记提出协调推进"四个全面"，在2015年将"四个全面"整合定位为新时期治国理政的战略布局，"四个全面"的内涵不断丰富发展，并成为重大的战略思想。

## 二、充分认识"四个全面"战略布局的重大意义

"四个全面"抓住了党和国家事业发展的关键问题，顺应了时代要求和人民愿望，为夺取中国特色社会主义事业新胜利提供了基本遵循和行动指南，具有重大的现实意义和深远的历史意义。

（一）"四个全面"是马克思主义与中国现阶段实际相结合的重大理论成果。"四个全面"是以促进社会公平正义、增进人民福祉为目的，体现了马克思主义的基本价值立场，体现了对马克思主义世界观

和方法论的自觉运用。"四个全面"是立足于我国仍处于社会主义初级阶段的基本国情，立足于我国社会的主要矛盾提出的，体现了唯物主义的世界观和实事求是的思想路线，体现了尊重客观规律与发挥主观能动性的统一。"四个全面"是针对决定或影响我国发展大局的改革、法治、党建等领域内存在的矛盾和问题提出来的，抓住了矛盾也就抓住了事物发展的关键，抓住了辩证法的精髓。"四个全面"以经济社会发展为目标，同时重视改革、法治建设和党的建设，体现了对生产力与生产关系、经济基础与上层建筑辩证关系等唯物史观基本原理的自觉运用。"四个全面"注重发挥人民群众在改革和依法治国中的主体地位，注重密切党同人民群众的血肉联系，巩固党执政的群众基础，这是马克思主义群众史观和执政党建设理论的生动体现。

"四个全面"是中国特色社会主义伟大实践的经验结晶。当今中国，改革是社会进步的动力和历史潮流，法治是国家治理体系和治理能力现代化的重要依托，从严治党是执政党加强自身建设的一般规律。"四个全面"战略布局表明，我们的发展、我们的改革、我们的依法治国都是在中国共产党引领的中国特色社会主义道路上进行的，走中国特色社会主义道路的伟大实践必然能够孕育形成"四个全面"这样的创新理论，必然能够进一步丰富和发展中国特色社会主义理论体系的新内涵。主要表现为：一是深化了对社会主义本质的认识。全面建成小康社会，让发展改革成果真正全面惠及十几亿人口，真正体现社会主义本质。二是将"全面建成小康社会"定位为实现中华民族伟大复兴中国梦的关键一步，深化了对社会主义现代化建设目标的认识。三是深化了对社会主义发展战略的认识。发展和建设既要全面，也不能胡子眉毛一把抓，而是必须走全面发展和重点发展相结合的路子，"全面深化改革"与"全面依法治国"就是重大战略举措。四是"全面从严治党"将党的领导作为中国特色社会主义的最本质特征，深化了执政党建设理论。正因为有了创新的理论，才能够进一步推动中国特色社会主义实践水平；也正是在理论与实践的不断相互推动中，才能最终形成理论创新和实践创新的良性互动。

（二）"四个全面"是推进国家治理体系和治理能力现代化的必然

要求。国家治理体系和治理能力是一个国家的制度和制度执行能力的集中体现。国家治理体系和治理能力现代化要有完善的、成熟的制度。"四个全面"能够推进中国特色社会主义制度更加成熟。党的十八届三中全会关于全面深化改革的决定提出，全面深化改革的总目标就是要完善和发展中国特色社会主义制度，推进国家治理体系和治理能力现代化；"全面依法治国"的总目标是建设中国特色社会主义法治体系，建设社会主义法治国家；"全面从严治党"要求党员要守纪律、讲规矩，要求加强反腐倡廉和各方面制度建设。总之，"四个全面"的贯彻落实必然促进形成一套保证国家长治久安的更完备、更稳定、更管用的制度体系，从而能够进一步完善国家治理体系，更好地发挥中国特色社会主义制度的独特优势，进一步增强人们对中国特色社会主义的制度自信。

"四个全面"战略布局的实施，将进一步提升国家治理能力现代化水平。"四个全面"属于宏观性的顶层设计，更加注重战略目标和战略举措的系统性、整体性和协同性，体现了全面的联动、系统的集成：改革要在法治轨道上推进，立法也需适应改革需要；改革提升发展的活力和效率，法治守护发展的公平和正义；社会主义法治必须坚持党的领导，党的领导必须依靠社会主义法治；党要总揽全局、协调各方，党员干部要做尊法、学法、守法、用法的模范。总之，作为治国理政的新战略布局，"四个全面"将加快发展、改革创新、完善法治、管党治党几个方面有机整合为一个统一的整体，开辟了我们党治国理政的新境界，可有效提升国家治理现代化水平。

（三）"四个全面"是实现"两个一百年"奋斗目标和中华民族伟大复兴中国梦的必由之路。"四个全面"是新一届中央领导集体在历史地、辩证地把握社会发展规律，战略性地把握社会发展基本趋势基础之上提出来的，其中的每一个方面都是面向未来的。全面建成小康社会是我们实现社会主义现代化的阶段性目标，也是实现中华民族伟大复兴中国梦的关键一步。只有在全面建成小康社会这个基础上，才能建成富强民主文明和谐的社会主义现代化国家，才能为实现中国梦奠定坚实的基础。

从人类社会发展的一般规律来看，一个国家的发展必须注重生产力与生产关系、经济基础与上层建筑的协调统一。全面深化改革、全面依法治国、全面从严治党三大战略举措涉及对我国生产力与生产关系、经济基础与上层建筑关系中不适应因素的全方位调整，这些调整都是面向未来的，其重要价值不仅在于为"全面建成小康社会"提供保证，而且也为本世纪中叶实现现代化和实现中华民族伟大复兴中国梦提供了重要支撑。适应我国发展新要求和人民新期待，进一步解放和发展生产力，就必须全面深化改革，以此为实现中国梦增添新动力。从世界范围来看，一个国家的法治建设程度是衡量其文明程度的重要标志，也是其社会正常运行的重要保障。进一步提高我国社会的文明程度，规范我国经济社会生活的良好秩序，就必须全面依法治国，建设社会主义法治国家，以此为实现中国梦的新征程保驾护航。一个政党要长期执政，就必须加强自身建设，这也是执政党建设的一般规律。作为执政党，中国共产党是实现中国梦的领导核心，只有全面从严治党，才能够契合全面建成小康社会、全面深化改革、全面依法治国对加强和改进党的领导和建设的迫切要求，才能够为实现"两个一百年"奋斗目标和中国梦提供坚强有力的领导核心。

（四）"四个全面"是推进中国特色社会主义伟大事业的行动指南。当前，我国经济社会发展进入新阶段，改革发展面临许多新的矛盾和问题。在发展方面，我国正处于经济增速换挡期、结构调整阵痛期、前期刺激政策消化期"三期叠加"阶段，经济发展方式粗放、质量和效益不高，收入差距较大、公正程度与人民群众期待有距离，资源环境压力较大、创新能力不足等等。在改革方面，我国正处于改革攻坚期和深水区，陈旧的思想观念、深层次的体制机制障碍、固化的利益藩篱需要破除。在法治方面，无法可依、有法不依、执法不严、违法不究现象比较严重，执法体制不合理、执法行为不规范、司法不公等问题比较突出。在党的建设方面，我们党面临着长期执政考验、改革开放考验、市场经济考验、外部环境考验等"四大考验"，精神懈怠危险、能力不足危险、脱离群众危险、消极腐败危险等"四种危险"。这些问题和挑战如不能很好解决，将阻碍我国社会主义现代化进程和中国特色社会主义事业发展。"四个全面"为解决这些问题、应对这些挑战作出战略部署，成为新形势下推进我国社会主义现代化建设和中国特色社会主义伟大事业的行动指南。

## 三、正确把握"四个全面"的逻辑关系

"四个全面"既各有不同内涵和重点，又彼此联系、不可分割。我们要运用马克思主义辩证法明晰"四个全面"的内在逻辑，推进这一重大战略布局顺利实施。

（一）"四个全面"的相互关系。2015年2月，习近平总书记明确指出："全面建成小康社会是我们的战略目标，全面深化改革、全面依法治国、全面从严治党是三大战略举措。"我们必须深刻领会和把握习近平总书记对"四个全面"关系的科学定位，提高按照"四个全面"战略布局推进工作的能力。

全面建成小康社会是中心。全面建成小康社会是我们党长期以来描绘的国家发展愿景，是我们党在新时期的重大使命。作为战略目标，全面建成小康社会是整个战略布局的中心，是其他三个"全面"的引领，内含着对三大战略举措的必然要求。全面深化改革、全面依法治国、全面从严治党，都必须紧紧围绕这一战略目标、服从和服务于这一战略目标。这些战略举措的谋划和实施，必须以是否有利于全面建成小康社会战略目标的实现为出发点；这些战略举措成效的衡量，必须以在多大程度上推动了全面建成小康社会这一战略目标的实现为标准。如果偏离全面建成小康社会战略目标，三大战略举措就会失去方向和意义，也会失去广大人民群众的支持，因而难以推进下去；三大战略举措如果实施不力，战略目标就难以实现。

全面深化改革是动力。党的十八届三中全会指出，全面建成小康社会，进而建成富强民主文明和谐的社会主义现代化国家、实现中华民族伟大复兴的中国梦，必须在新的历史起点上全面深化改革。习近平总书记强调，不全面深化改革，发展就缺少动力，社会就没有活力。三十多年来，我国经济社会发展取得巨大成就，得益于不断深化改革。

在新的历史条件下，继续推进社会主义现代化进程、实现全面建成小康社会目标，必须依靠全面深化改革带来的动力。只有通过全面深化改革，克服制约经济社会发展的各种体制机制障碍和各方面阻力，才能推动全面建成小康社会目标的实现。只有通过全面深化改革，突破思想观念和体制制度障碍，才能完善法治，建设中国特色社会主义法治体系，建设社会主义法治国家，真正实现全面依法治国。也只有通过全面深化改革，深化党的建设制度改革，才能为全面从严治党提供制度保障。

全面依法治国是保障。党的十八届四中全会指出，依法治国，是坚持和发展中国特色社会主义的本质要求和重要保障，是实现国家治理体系和治理能力现代化的必然要求。全面建成小康社会、实现中华民族伟大复兴的中国梦，全面深化改革、完善和发展中国特色社会主义制度，提高党的执政能力和执政水平，必须全面推进依法治国。习近平总书记强调："不全面依法治国，国家生活和社会生活就不能有序运行，就难以实现社会稳定。"历史经验告诉我们，依法治国事关我们党执政兴国，事关人民幸福安康，事关党和国家长治久安。只有全面依法治国，才能为经济社会发展创造公平有序、安定和谐的环境，从而为全面实现小康社会提供可靠的保障。只有全面依法治国，才能为全面深化改革保驾护航，使改革在法治轨道上有序推进，使改革成果得到巩固。只有全面依法治国，推进法治国家、法治政府、法治社会一体建设，我们党才能真正做到依法执政，才能治得好国、理得好政，全面从严治党才有意义。

全面从严治党是根本保证。解决中国的事情，关键在党。党章总纲规定：必须紧密围绕党的基本路线，加强党的执政能力建设、先进性和纯洁性建设，坚持党要管党，从严治党，发扬党的优良传统和作风，提高党的战斗力，使我们党始终走在时代前列，成为领导全国人民沿着中国特色社会主义道路不断前进的坚强核心。习近平总书记强调，不全面从严治党，党就做不到"打铁还需自身硬"，也就难以发挥好领导核心作用。我们党要保持长期执政，领导全国人民推进中国特色社会主义现代化进程，实现"两个一百年"奋斗目标，实现中华民族伟大复兴的中国梦，必须全面从严治党。只有全面从严治党，才能保持党的先进性、纯洁性，增强党的创造力凝聚力战斗力，提高执政能力和水平，领导人民共同奋斗，实现全面建成小康社会的战略目标。只有全面从严治党，才能有足够的勇气、坚定的决心、强大的能力来领导和推进全面深化改革、全面依法治国。

总之，"四个全面"相互联系、相辅相成，共同构成一个逻辑严密的重大战略布局。

（二）"四个全面"战略布局的内在统一性。尽管"四个全面"有目标有举措，三大战略举措着力的方面和重点也不同，但"四个全面"战略布局在整体上具有内在统一性。主要体现在以下四个方面：

一是目标与举措的统一。全面建成小康社会，作为"四个全面"战略布局中的战略目标，是我国社会主义现代化"三步走"战略的第二步，是实现中华民族伟大复兴中国梦的关键一步。全面深化改革、全面依法治国，既是服务于全面建成小康社会的战略举措，也是完善和发展中国特色社会主义制度、推进国家治理现代化的重要举措。全面从严治党旨在保持我们党的先进性、纯洁性，提高党的创造力凝聚力战斗力，使我们的党始终成为中国特色社会主义事业的坚强领导核心。全面建成小康社会这一战略目标与全面深化改革、全面依法治国、全面从严治党三大战略举措，统一于推进我国社会主义现代化、实现中华民族伟大复兴中国梦的进程之中，统一于建设中国特色社会主义事业之中。"四个全面"就像是"一体三足之鼎"，在"三足鼎立"基础之上支撑起中国未来发展的美好蓝图。

二是突破与规范的统一。全面深化改革，一方面要解放思想，打破旧的思想观念束缚，突破各方面体制机制制度障碍，另一方面要创立新的体制机制制度，使各方面制度更加成熟更加定型。全面依法治国，一方面要转变人治观念和传统，克服以言代法、以权压法、有法不依等现象，改革不合时宜的立法、执法、司法体制机制，修订或废止过时的法律法规，另一方面要建立社会主义法治体系，用法律引导、推动、规范、保障各主体的权益和行为。全面从严治党，一方面要坚决制止党员干部违背党的宗旨、违背党的纪律和规矩的不良思想、作风和行为，修订或废止不合时宜的制度规定，另一方面要提出新的要求，建立新的制度，严格规范党员干部行为。三大战略举措都是突破与规范的统一，不同战略举措的侧重点也有突破有规范，它们统一于完善和发展中国特色社会主义制度之中。

三是治党与治国的统一。改革开放以来，我们逐步形成了中国特色社会主义事业经济建设、政治建设、文化建设、社会建设、生态文明建设"五位一体"总布局；同时，在党的建设方面也形成了思想建设、组织建设、作风建设、反腐倡廉建设、制度建设五个方面紧密结合的"五位一体"。这两个"五位一体"之间的内在紧密关系在"四个全面"中得到充分体现。全面深化改革包括经济体制、政治体制、文化体制、社会体制、生态文明体制改革以及国防和军队改革，也包括党的建设制度改革；全面依法治国，要求坚持依法治国、依法执政、依法行政共同推进，坚持法治国家、法治政府、法治社会一体建设，要求党必须在宪法法律范围内活动，要依宪执政、依法执政；全面从严治党，目的是提高党的执政能力，从而更好地治国理政；要实现全面建成小康社会目标，也必然要求全面从严治党。在"四个全面"战略布局中，治党与治国高度统一，统一于党领导人民建设中国特色社会主义事业之中。

四是理论与实践的统一。理论来源于实践、应用于实践并在实践中得到丰富和发展。"四个全面"是在我们党领导人民推进改革发展和社会主义现代化建设实践经验基础之上形成的重大理论创新，是马克思主义中国化的最新理论成果，蕴含着马克思主义理论观点和思想方法。其中的每一个"全面"都是马克思主义与中国现实相结合的产物。同时，"四个全面"不仅是一种理论创新，更是指导和统领新时期中国社会主义现代化建设实践的行动纲领，是我们党在新形势下治国理政实践的战略部署。总之，"四个全面"战略布局是高屋建瓴的指导思想与现实可行的实践战略的统一，体现了以习近平为总书记的党中央高超的政治智慧、深厚的理论修养和强烈的实践精神。

# 四、协调推进"四个全面"的基本原则

"四个全面"战略布局是一个相互联系、相互贯通、相互依存、不可分割的统一整体。实施这一重大战略布局，既不能不分轻重缓急、不论主次先后，齐头并进；也不能相互脱节，各行其是。必须科学统筹，协调推进"四个全面"，为此需要把握以下基本原则。

（一）坚持党的领导。党的领导是中国特色社会主义最本质的特征，是党和国家的根本所在、命脉所在，是全国各族人民的利益所系、幸福所系，也是"四个全面"战略布局的灵魂。无论是全面深化改革、全面依法治国、全面从严治党，还是全面建成小康社会，都必须把坚持党的领导作为首要原则。只有坚持党的领导，全面深化改革才能保持正确的政治方向，才能沿着正确的轨道，突破各种艰难险阻持续推进下去，才能确保改革的成果符合最广大人民群众的利益。只有在党的领导下依法治国、厉行法治，人民当家作主才能充分实现，国家和社会生活法治化才能有序推进，中国特色社会主义法治体系才能建成。全面建成小康社会是中国共产党提出的国家现代化进程的阶段性目标，是实现中华民族伟大复兴中国梦的关键一步。只有中国共产党才能领导全国人民朝着这一目标一以贯之地奋斗，只有中国共产党才有决心、有能力带领人民实现这一目标。全面从严治党，目的就是要提高党的先进性和纯洁性，增强党的创造力凝聚力战斗力，不断加强和改善党的领导，使党始终成为领导中国特色社会主义事业的核心力量。总之，只有坚持党的领导，才能真正做到科学统筹"四个全面"战略布局中的各个方面，协调推进这一重大战略布局按照正确方向和既定目标顺利实施。

（二）坚持从中国实际出发。我们党领导人民进行革命、建设和改革的长期实践经验表明，我们从事的一切事业、开展的一切工作，只有坚持从中国实际出发才能成功。马克思主义辩证唯物论告诉我们，客观存在决定主观意识，因此，在实际工作中必须坚持一切从实际出发。当代中国最大的客观实际，就是我国仍处于并将长期处于社会主义初级阶段。无论是全面深化改革、全面依法治国、全面从严治党，还是全面建成小康社会，都不能脱离这个客观实际。只有始终坚持从中国实际出发，推进"四个全面"的部署和举措才能符合我国基本国情、符合现实发展要求、符合广大人民的意愿，才能完善和发展中国特色社会主义制度、建设中国特色社会主义法治体系、使党始终成为中国特色社会主义事业的领导核心，惠及全体中国人民的全面建成小康社会目标才能如期实现。

（三）坚持整体推进与重点突破相结合。"四个全面"战略布局的内涵十分丰富，涉及众多领域和方面。协调推进不是要求各方面齐头并进，这既不科学也不现实。一方面，要从"四个全面"及每一个"全面"包含的内容相互联系的角度出发，对全局统筹部署、全方位整体推进。另一方面，要区分主次先后，选择那些牵一发而动全身的重点领域和关键环节，优先着力推进。如在全面深化改革中，以经济体制改革为重点，以处理好政府和市场的关系为核心，发挥经济体制改革的牵引作用；在全面依法治国和全面从严治党中，要抓住领导干部这个"关键少数"；在全面建成小康社会中，要始终坚持以经济建设为中心。只有把整体推进与重点突破结合起来，才能使"四个全面"有序、高效推进，使整个战略布局积极稳步实施。

（四）坚持近期目标与长远目标相衔接。"四个全面"是根据现阶段国内外形势和要求，着眼于我国社会主义现代化整个过程和中国特色社会主义事业长远发展做出的战略布局，其中既有近期目标任务，也有长远愿景规划。全面深化改革不仅包括党的十八届三中全会决定中部署的重点改革任务，更是着眼于完善和发展中国特色社会主义制度、推进国家治理体系和治理能力现代化总目标。全面依法治国不仅包括十八届四中全会决定中明确的主要任务，更是着眼于建设中国特色社会主义法治体系、建设社会主义法治国家总目标。习近平总书记在党的群众路线教育实践活动总结大会上的讲话中对新形势下坚持从严治党所强调的八个要点，也与全面从严治党的长远目标高度统一，就是要增强党自我净化、自我完善、自我革新、自我提高的能力，提高党的领导能力和执政能力，保持和发展党的先进性和纯洁性。全面建成小康社会是我们党确定的到2020年的奋斗目标，但我们党是把它作为推进社会主义现代化进程中的阶段性目标，是实现中华民族伟大复兴中国梦的关键一步。推进"四个全面"战略布局的实施，必须着眼于中国特色社会主义事业的长远愿景，使各方面的近期目标与远期目标很好地衔接起来。

（五）坚持改革与法治相协调。改革和法治相辅相成、相伴而生。在"四个全面"战略布局中，全面深化改革、全面依法治国如车之两轮、鸟之双翼，必须相互协调、密切配合，才能使整个战略布局顺利实施。要坚持改革决策和立法决策相统一、相衔接，做到改革和法治同步推进。立法要主动适应改革需要，积极发挥引导、推动、规范、保障改革的作用，使重大改革于法有据。对实践证明已经比较成熟的改革经验和行之有效的改革举措，要尽快上升为法律；对实践条件还不成熟、需要先行先试的，要按照法定程序作出授权，选择合适的地方或部门进行试点。既不能随意突破法律红线，也不能以现行法律没有依据为由迟滞改革。对不适应改革要求的现行法律法规，要及时修改或废止。只有坚持在法治下推进改革，在改革中完善法治，才能使改革与法治相互协调、相互促进。

总之，必须把每一个"全面"以及每个"全面"的具体内容都放在"四个全面"的总体布局中来把握，才能正确认识这一重大战略布局的内在逻辑关系，统筹部署实施路径，协调推进各个方面，才能做到"四个全面"相辅相成、相互促进、相得益彰。

# 改革开放使中国发展道路越走越宽 *

（2015 年 10 月）

刚刚闭幕的党的十八届五中全会，站在新的历史起点上，作出了夺取全面建成小康社会决胜阶段伟大胜利的战略决策和战略部署。这就必须通过继续全面深化改革激发发展的强大动力。历史和现实充分证明，立足中国国情、顺应时代潮流的中国发展道路是一条成功之路，是中国实现现代化的必由之路；正是改革开放使我们走上了这条成功之路，也是改革开放使这条道路越走越宽广。

## 一、改革开放是中国发展道路最鲜明的特点

道路问题是个根本问题。道路关乎国家前途、民族命运、人民幸福。正是我们党坚持从基本国情出发，选择了一条正确的发展道路，才创造了人类经济社会发展史上的"奇迹"。我国经济总量连续跃上几个大台阶，综合国力大幅提升，全国人民总体上过上小康生活，城乡面貌焕然一新。同时，我国政治建设、文化建设、社会建设取得举世瞩目的成就，中国国际地位越来越高、影响力越来越大。实践充分证明，只有社会主义才能救中国，只有中国特色社会主义才能发展中国。

中国发展道路，就是中国特色社会主义道路。党的十八大对这条发展道路作出了科学概括。这条道路的基本内涵，就是坚定不移全面贯彻党在社会主义初级阶段的基本路线，既坚持以经济建设为中心，又全面推进经济建设、政治建设、文化建设、社会建设、生态文明建

---

＊ 本文发表在《求是》2015 年第 21 期。

121

设以及其他各方面建设；既坚持四项基本原则，又坚持改革开放；既不断解放和发展生产力，又逐步实现全体人民共同富裕，促进人的全面发展。这条道路是实现我国社会主义现代化的康庄大道，是创造人民美好生活的必由之路。

这条发展道路，承载着几代中国共产党人的理想和探索，凝聚着全国各族人民的奋斗和实践，是近代以来中国社会发展的必然选择。新中国成立之后，以毛泽东同志为核心的党的第一代中央领导集体，带领全国各族人民艰苦奋斗、艰辛探索，取得了新民主主义革命的胜利，建立了社会主义基本制度，为当代中国一切发展进步奠定了根本政治前提和制度基础，也为新的时期开创中国特色社会主义提供了宝贵经验、理论准备和物质基础。改革开放以来，我们党历届中央领导集体一以贯之地接力探索，在新的历史条件下坚持改革开放，奋力开创、始终坚持和不断发展中国特色社会主义，从根本上改变了中国人民和中华民族的前途命运。

从根本上说，改革开放是中国特色社会主义道路最鲜明的特点。1978年底，我们党召开了具有重大历史意义的十一届三中全会，开启了改革开放的新时期。改革开放是党在新的时代条件下带领人民进行的新的伟大革命，目的就是要解放和发展生产力，实现国家现代化，让中国人民富裕起来；就是要推动我国社会主义制度自我完善和发展，赋予社会主义新的生机活力。回顾改革开放的历史进程，我们锐意推进改革，从农村到城市、从经济领域到其他各个领域，成功实现了从高度集中的计划经济体制到充满活力的社会主义市场经济体制的伟大历史性转变；我们不断扩大对外开放，从建立经济特区到开放沿海、沿江、沿边、内陆地区，再到加入世界贸易组织，从大规模"引进来"到大踏步"走出去"，成功实现了从封闭半封闭到全方位开放的伟大历史性转变；我们在深化经济体制改革的同时，不断深化政治体制、文化体制、社会体制、生态文明体制改革，在推进国家治理体系和治理能力现代化方面迈出了新的步伐。

改革开放极大地调动了亿万人民群众的积极性、创造性，极大地解放和发展了社会生产力。中国特色社会主义道路之所以成功，之所以能够不断为经济社会发展提供强大动力，使之始终具有蓬勃生机和活力，就在于实行和坚持了改革开放。没有改革开放，就没有中国的今天。改革开放是当代中国发展进步的动力之源，是党和人民事业大步赶上时代前进步伐的重要法宝，是实现国家现代化和中华民族伟大复兴的关键抉择。我们必须坚定不移地坚持改革开放，为中国发展道路开拓更为广阔的前景。

## 二、"十二五"特别是十八大以来改革开放的<br>新进展新经验

"十二五"时期是我国发展很不平凡的五年。特别是党的十八大以来，以习近平同志为总书记的党中央毫不动摇坚持和发展中国特色社会主义，勇于实践、善于创新，深化对共产党执政规律、社会主义建设规律、人类社会发展规律的认识，形成一系列治国理政新理念新思想新战略，为在新的历史条件下深化改革开放、加快推进社会主义现代化提供了科学理论指导和行动指南。面对错综复杂的国际环境和艰巨繁重的国内改革发展稳定任务，党中央保持战略定力，紧紧抓住发展这个党执政兴国的第一要务，全面深化改革开放，深入推动科学发展，协同推进经济建设、政治建设、文化建设、社会建设、生态文明建设和党的建设，开创了中国特色社会主义事业的新境界、新局面。经济总量显著增加，发展质量稳步提升，人民生活明显改善，社会各项事业全面进步，从严治党成效显著，整个现代化事业蓬勃发展。这些成绩来之不易，积累的经验弥足珍贵。

更加注重改革开放顶层设计、整体谋划。深化改革开放是一项极为复杂的系统工程，既涉及生产力和生产关系，又涉及经济基础和上层建筑，特别是在攻坚克难阶段，任务复杂艰巨。这就需要搞好顶层设计、整体谋划和统筹协调，加强各项改革的关联性、系统性和协调性。为了搞好改革开放的总体设计和整体谋划，党的十八届三中全会通过了《中共中央关于全面深化改革若干重大问题的决定》，提出了全面深化改革开放的战略目标、重大原则、主要任务、重要举措以及路

线图、时间表。为了更好发挥党总揽全局的领导核心作用，保证改革顺利推进和各项改革任务落实，中央成立了以习近平总书记为组长的全面深化改革领导小组，这在我国改革史上尚属首次。领导小组统一部署全国性重大改革，统筹推进各领域改革，协调各方力量形成推进合力，加强督促检查，从而确保我们党更加有力地领导和推进全面深化改革的伟大事业。

更加注重改革开放的全面性、协调性。全面深化改革的工程极为宏大，是各领域、各层次、各环节改革的系统推进，不仅要注重思想方法、设计方法、操作方法，还要注重推进方法。在这两年的改革中，一方面在领导方法和思想方法上，注重处理好解放思想与实事求是的关系、整体推进与重点突破的关系、顶层设计与摸着石头过河的关系、胆子大与步子稳的关系、改革发展稳定的关系；另一方面在推进方法上，注重把握好整体政策安排与某一具体政策的关系、系统政策链条与某一政策的关系、政策顶层设计与政策分层对接的关系、政策统一性与政策差异性的关系、长期性政策与阶段性政策的关系。正确处理这些关系，体现了全面深化改革的方向指引、力度掌控、顺序理清、重点把握、能动性发挥有机统一，从而确保全面深化改革有力、有序、有效地推进，并促进社会主义现代化建设全面、协调、扎实向前发展。

更加注重问题导向、攻坚克难。改革是由问题倒逼而产生，又在不断解决问题中深化。全面深化改革的显著特点是，坚持问题导向，正视问题、找准问题进而解决问题，尤其是注重解决我国发展面临的突出矛盾和问题。正如习近平总书记要求的：改革面临的矛盾越多、难度越大，越要坚定与时俱进、攻坚克难的信心，越要有"明知山有虎，偏向虎山行"的勇气，敢于啃硬骨头、敢于涉险滩。行政体制改革是整个改革的关键环节，也是难啃的硬骨头。两年多来，在党的统一领导下，各级政府围绕转变政府职能、简政放权，以壮士断腕的决心和勇气来推进改革，国务院部门分 8 批共取消和下放了 586 项行政审批事项，提前两年完成本届政府预定的目标，表明了敢于改革攻坚的坚强决心。这方面改革不断向纵深推进，对激发人民群众的创业创新热情、释放企业改革发展活力、促进经济转型升级，发挥着重要作用。

更加注重以开放促改革、促发展。随着经济全球化深入发展，中国经济与世界经济的联系越来越紧密，相互依存日益加深。这就要求我国在广度和深度上提高对外开放水平，并以全方位、高水平的对外开放促进国内改革和发展。近两年，全面深化改革的一个重要战略方针，是通过加大开放力度来推动体制机制改革，提升国家治理现代化水平，促进稳增长、转方式、调结构、增效益。这方面极具创新意义的是，通过建立自由贸易试验区，推动政府职能转变，推进外资管理体制改革，实行负面清单制度，扩大服务业领域对外开放，促进国内外生产要素自由流动、市场深度融合、资源高效配置。特别是提出"一带一路"倡议，设立亚洲基础设施投资银行等举措，既是在新的历史条件下推进全方位开放，又是全面深化改革，从而推动我国经济转型升级的战略部署，已经并将继续产生积极成效。与此同时，我国更加积极有为、主动参与全球经济分工体系，参与国际组织的治理机制改革，参与WTO多边化进程，有效扩大了在区域经济合作中的影响力。

## 三、在新形势下坚定不移地全面推进改革开放

"十三五"时期，在我国发展史上具有特殊重要的意义。这是我国实现第一个百年奋斗目标，即全面建成小康社会的决胜阶段，也是为实现第二个百年奋斗目标，即建成富强民主文明和谐的社会主义现代化国家奠定基础的关键时期。我们必须按照习近平总书记关于"四个全面"战略布局的要求，在已经取得历史性成就的基础上，坚定不移地推进改革开放的伟大事业，为中国发展道路开辟更为广阔的前景。

紧紧围绕全面建成小康社会目标，革除发展中的体制机制障碍。党的十八大提出，到2020年实现全面建成小康社会的奋斗目标，并提出了相应的新要求，包括经济持续健康发展、人民民主不断扩大、文化软实力显著增强、人民生活水平全面提高、资源节约型环境友好型社会建设取得重大进展。这是我们党对全国人民作出的庄严承诺和肩负的重大使命。实现既定的目标，时间紧迫，任务艰巨。要紧紧抓住

全面深化改革这个关键，坚决革除阻碍科学发展的体制机制弊端。以改革开放为动力，着力创新体制机制，积极适应和引领经济发展新常态，促进经济中高速增长，迈向中高端水平。更加注重加快转变经济发展方式，推动结构优化升级，实现创新驱动发展和持续健康发展，全面推动新型工业化、信息化、城镇化、农业现代化，着力补发展短板，加强薄弱环节，使各方面互联互动、协调推进，确保如期完成全面建成小康社会的目标任务。

紧紧围绕推进国家治理现代化，突出重点改革任务。要按照完善和发展中国特色社会主义制度、推进国家治理体系和治理能力现代化的总目标，坚定方向、抓住重点、全面推进，不失时机地在重要领域和关键环节取得决定性成果。在经济体制改革方面，要紧紧围绕使市场在资源配置中起决定性作用和更好发挥政府作用来推进，坚持和完善公有制为主体、多种所有制经济共同发展的基本经济制度，加快完善现代市场体系、宏观调控体系、开放型经济体系，加快转变经济发展方式，加快建设创新型国家，推动经济更有效率、更加公平、更可持续发展。在政治体制改革方面，要紧紧围绕坚持党的领导、人民当家作主、依法治国有机统一来推进，加快推进社会主义民主政治制度化、规范化、程序化，建设社会主义法治国家，发展更加广泛、更加充分、更加健全的人民民主。在文化体制改革方面，要紧紧围绕建设社会主义核心价值体系、社会主义文化强国来推进，加快完善文化管理体制和文化生产经营机制，建立健全公共文化体系、现代文化市场体系，推动社会主义文化大发展、大繁荣。在社会体制改革方面，要紧紧围绕更好保障和改善民生、促进社会公平正义来推进，改革收入分配制度，推进社会领域制度创新，推进基本公共服务均等化，加快形成科学有效的社会治理体制。在生态文明体制改革方面，要紧紧围绕建设美丽中国来推进，加快建立生态文明制度，健全国土空间开发、资源节约利用、生态环境保护的体制机制，推动形成人与自然和谐发展的现代化建设新格局。在党的建设制度改革方面，要紧紧围绕提高科学执政、民主执政、依法执政水平来推进，加强民主集中制建设，完善党的领导体制和执政方式，保持党的先进性和纯洁性，为改革开放和社会主义现代化建设提供坚强的政治保证。

紧紧围绕构建开放型经济新体制，进一步提高对外开放水平。中共中央、国务院《关于构建开放型经济新体制的若干意见》提出了新时期扩大对外开放的新要求。当前，要适应经济全球化新形势，加快培育国际合作和竞争新优势，更加积极地促进内需和外需平衡、进口和出口平衡、引进外资和对外投资平衡，逐步实现国际收支基本平衡，形成全方位开放新格局，实现开放型经济治理体系和治理能力现代化，在扩大开放中树立正确义利观，切实维护国家利益，保障国家安全，推动我国与世界各国共同发展，构建互利共赢、多元平衡、安全高效的开放型经济新体制，努力为我国开拓更为广阔的发展空间。统筹好国内国际两个大局，进一步扩大开放的范围和深度，实现"引进来"和"走出去"双向互动，放宽投资准入，推进金融、教育、文化、医疗、旅游等服务业领域有序开放。扩大企业和个人对外投资，着力推动标准、技术、服务走出去。加快实施自贸区战略，构建以周边为基础、面向全球的高标准自由贸易区网络。扩大内陆沿边开放，认真实施"一带一路"倡议，积极参与全球经济规则和贸易投资治理机制改革。同时，要高度重视提高抵御国际经济风险能力，维护国家经济安全。

紧紧围绕构建完备成熟的制度体系和法治体系，坚持深化改革开放。推进改革开放，既要解决具体实际问题，更要注重制度化建设和法治化建设。这是因为，制度问题更带有根本性、全局性、稳定性和长期性，法治体系是国家治理体系和治理能力现代化的重要依托和重要标志。当前摆在我们面前的一项重大历史任务，就是完善和发展中国特色社会主义制度，建设社会主义法治国家，为党和国家事业发展、为人民幸福安康、为社会和谐稳定、为国家长治久安提供一整套系统完备、科学规范、运行有效的制度体系，使中国特色社会主义各方面制度更加成熟、更加定型。"十三五"时期，我们要紧紧围绕这一历史任务，着力健全中国特色社会主义法治体系，强化在法治的轨道上推进改革、发展、稳定，发挥法治在中国特色社会主义事业中的引领和保障作用。只有在构建更加完备、更加稳定、更加管用的制度体系和法治体系上下大功夫、用大力气，才能使中国特色社会主义制度越来越完善，也才能使中国特色社会主义道路越走越宽广，为顺利实现"两个一百年"奋斗目标和中华民族伟大复兴的中国梦提供强有力的制度保障和法治保障。

# 党的十八大以来中国社会治理的新进展 *

(2017 年 7 月 2 日)

在党的十九大召开前夕，我们在这里举办"第七届中国社会治理论坛"，研讨我国社会治理的新进展，很有意义。党的十八大以来，以习近平同志为核心的党中央围绕坚持和发展中国特色社会主义、实现两个百年宏伟目标和中华民族伟大复兴的中国梦，举旗定向，谋篇布局，强基固本，攻坚克难，砥砺奋进，党和国家各项事业开新局、谱新篇，取得了举世瞩目的新成就、新进步。这里，我主要就党的十八大以来中国社会治理的新思想、新实践、新境界，讲一些个人看法，与大家分享交流。

## 一、五年来社会治理的新思想

党的十八大以来这五年，面对国内外政治、经济、社会发展的新形势、新任务、新要求，习近平同志以马克思主义的巨大理论勇气和政治远见卓识，提出了一系列相互联系、相互贯通的治国理政新理念新思想新战略，形成了系统完整、逻辑严密的科学理论体系，这是中国特色社会主义理论体系宝库中的新成果，是马克思主义中国化的新发展。其中，习近平同志提出的一系列加强和创新社会治理的新思想、新观点、新论断，是近五年来中国社会治理领域最为重要的创新性进展与创新性成果。我们初步学习和研究认为，习近平同志社会治理思

---

＊ 本文系 2017 年 7 月 2 日在第七届中国社会治理论坛上的主旨演讲，全文发表在《社会治理》2017 年第 5 期。

想集中体现在以下十个方面：

（一）人民中心论。坚持以人民为中心，是习近平同志社会治理思想的根本政治立场。他深刻指出：社会治理，说到底，就是对人的服务和治理。社会治理要以人为本，把人民放在心中最高位置，坚持全心全意为人民服务。"一切治理活动都要尊重人民主体地位，尊重人民首创精神，拜人民为师。"习近平同志强调：检验我们工作的成效，就是要看人民是否真正得到了实惠，人民生活是否真正得到了改善，人民权益是否真正得到了保障。加强和创新社会治理要随时随刻倾听人民呼声、回应人民期待。习近平同志的"人民中心论"，其核心是一切为了人民、一切依靠人民、为了人民的一切、一切接受人民检验。这样的"人民观"是在新的历史条件下创新社会治理的核心价值观，也是引领中国特色社会主义事业不断前进的新型治理观，是对马克思主义和毛泽东思想中关于"人民是历史的主人"这一重大科学论断的继承和发展。

（二）民生为本论。以民生为本，是习近平同志社会治理思想的本质体现。他指出，民生是人民幸福之基、社会和谐之本。保障和改善民生对创新社会治理具有根本性作用和意义。习近平同志强调："民生连着民心，民心关系国运。"要积极推动解决人民群众的基本民生问题，不断打牢和巩固社会和谐稳定的物质基础，从源头上预防和减少社会矛盾的产生。保一方平安、维护公共安全是民生工作的基本要求，也是社会治理的基本要求。习近平同志强调："平安是老百姓解决温饱后的第一需求，是极重要的民生，也是最基本的发展环境。"他还强调："良好生态环境是最公平的公共产品，是最普惠的民生福祉。"习近平同志指出："要处理好维稳和维权的关系，要把群众合理合法的利益诉求解决好，完善对维护群众切身利益具有重大作用的制度，强化法律在化解矛盾中的权威地位，使群众由衷感到权益受到了公平对待，利益得到了有效维护。"维权是维稳的基础，维稳的实质是维权。人心安定，社会才能稳定。单纯维稳，不解决利益问题，那是本末倒置，最后也难以稳定下来。这些是充满唯物辩证法的创新社会治理的重要思想观点。

（三）公平正义论。促进公平正义，是习近平同志社会治理思想的核心要义。他高度重视公平正义在社会治理中的核心作用和地位。一是强调健全社会公平保障制度。要实现规则公平，规则面前一视同仁；实现机会公平，机会面前人人相同；实现权利公平，公民基本权利一律平等。二是强调走共同富裕道路。要在经济社会不断发展的基础上，朝着共同富裕方向稳步前进。要处理好效率和公平的关系，既要把"蛋糕"做大，也要把"蛋糕"分好。要深化收入分配制度改革，避免两极分化，绝不能出现"富者累巨万，而贫者食糟糠"的现象。要更加注重对特定人群特殊困难的精准帮扶，让所有人民群众都过上好日子。三是强调建立共建共享社会。共享社会是全体人民共享发展成果、全面共享发展成果、共建共享发展成果，要使得人人共同享有人生出彩的机会，共同享有梦想成真的机会，共同享有同祖国和时代一起成长与进步的机会。四是强调问题导向。习近平同志指出："要把促进社会公平正义、增进人民福祉作为一面镜子，审视我们各方面体制机制和政策规定，哪里有不符合促进社会公平正义的问题，哪里就需要改革。"要通过建立共建共享社会，让全体人民共有"获得感""安全感"和"幸福感"，真正让全体人民群众感受到实实在在的社会公平正义。

（四）法德共治论。法治和德治并举，是习近平同志社会治理思想的重要支柱。他强调："必须坚持依法治国和以德治国相结合，使法治和德治在国家治理中相互补充、相互促进、相得益彰。"坚持一手抓法治、一手抓德治。法治是治国理政的基本方式，要发挥法治对社会治理的保障、服务和促进作用。牢固树立法治社会理念，坚持法治国家、法治政府与法治社会一体建设，善于用法治精神思考社会治理、用法治思维谋划社会治理、用法治方式破解社会治理难题，把社会治理的思想和行为全部纳入法治化轨道。习近平同志指出："培育和弘扬核心价值观，有效整合社会意识，是社会系统得以正常运转、社会秩序得以有效维护的重要途径。"人类社会发展的历史表明，对一个民族、一个国家来说，最深厚、最持久的力量是全社会一致认同的核心价值体系和核心价值观。坚持法德共治是习近平治国理政思想在社会治理领域的生动体现。

（五）体制创新论。创新体制机制，是习近平同志社会治理思想的显著标志。他深刻指出，加强和创新社会治理，关键在体制创新。一是创新社会治理体制。社会治理体制创新是社会治理模式的根本创新。要建立健全党委领导、政府主导、社会协同、公众参与、法治保障的社会治理体制，确保社会既充满活力又和谐有序。二是创新社会治理方式。习近平同志指出，社会治理是一门科学，从社会管理到社会治理是治理方式的重大转变。"治理和管理一字之差，体现的是系统治理、依法治理、源头治理、综合施策。"随着互联网特别是移动互联网发展，社会治理模式正在从单向管理转向双向互动，从线下转向线上线下融合，从单纯的政府监管向更加注重社会协同治理转变。我们要深刻认识互联网在国家管理和社会管理中的作用。三是创新社会治理机制。要建立健全党委领导和政府主导的维护群众权益机制、社会利益协调机制、预防和化解社会矛盾机制、社会风险评估机制、突发事件监测预警机制，保证社会治理的常态化、长效化、社会化、智能化。

（六）不忘本来论。传承发展中华传统美德和优秀文化，是习近平同志社会治理思想的鲜明特色。他深刻指出："不忘本来才能开辟未来，善于继承才能更好创新。"中华文化是我们民族的根基和魂魄，我们必须从延续民族文化血脉中开拓前进。培育和弘扬社会主义核心价值观必须立足中华优秀传统文化，"抛弃传统、丢掉根本，就等于割断了自己的精神命脉"。优秀传统文化是创新社会治理最深厚的根基和源泉。在新的历史条件下对中华优秀传统文化进行创造性转化和创新性发展，将为推进社会治理现代化积聚最为深厚雄浑的力量。习近平同志特别注重家庭建设，他指出："不论时代发生多大变化，不论生活格局发生多大变化，我们都要重视家庭建设、注重家庭、注重家教、注重家风，使千千万万个家庭成为国家发展、民族进步、社会和谐的重要基点。"培育和弘扬社会主义核心价值观，如果抛弃了优秀传统文化，就是放弃了根本，那无异于缘木求鱼。习近平同志对优秀传统文化的重视，实质上是强调了传统文化和核心价值观对中国特色社会治理的精神滋养和定向导航作用。

（七）群众工作论。加强和改进群众工作，是习近平同志社会治理思想的基本要义。他指出：社会管理主要是对人的服务和管理，说到底是做群众的工作。一切社会管理部门都是为群众服务的部门，一切社会管理工作都是为群众谋利益的工作，一切社会管理过程都是做群众工作的过程。从这个意义上说，群众工作是社会管理的基础性、经常性、根本性工作。由此可见，社会治理本质上就是做群众工作。党的群团工作是党治国理政的一项经常性、基础性工作。要有效增强"政治性、先进性、群众性"，以更好地反映和服务人民群众的需要。思想政治工作是群众工作的重要形式，也是创新社会治理的重要方式。习近平同志关于在社会治理中加强群众工作的重要论述，是在新的历史条件下创新发展了党的群众路线的基本思想。

（八）基层重心论。注重基层建设，是习近平同志社会治理思想的突出风格。"基础不牢，地动山摇。"基层就是社会的细胞，是构建和谐社会的基础。社会治理的重心必须落到城乡社区，社区服务和管理能力强了，社会治理的基础就实了。他还指出："深化拓展网格化管理，尽可能把资源、服务、管理放到基层，使基层有职有权有物，更好为群众提供精准有效的服务和管理。"对基层社会治理的高度重视，表明习近平同志具有强烈的问题意识、丰富的实践经验和深厚的为民情怀。

（九）总体安全论。树立总体安全观，是习近平同志社会治理思想的重大创新。他深刻指出："当前我国国家安全内涵和外延比历史上任何时候都要丰富，时空领域比历史上任何时候都要宽广，内外因素比历史上任何时候都要复杂，必须坚持总体国家安全观，以人民安全为宗旨，以政治安全为根本，以经济安全为基础，以军事、文化、社会安全为保障，以促进国际安全为依托，走出一条中国特色国家安全道路。"传统的国家安全观主要讲外部安全或对外安全，总体安全观则强调既要重视外部安全，又要重视内部安全；既要重视传统安全，又要重视非传统安全，构建完整的国家安全体系，特别是要注意防范和应对社会安全、科技安全、信息网络安全等新型安全形态；既要重视"国土安全"，又要重视"国民安全"；既要重视"国家发展"，又要重视"国家安全"；既要重视自身安全，又要重视共同安全，打造人类命运共同体，推动各方朝着互利互惠、共同安全的目标相向而行。

（十）党的领导论。全面加强党的领导，是习近平同志社会治理思想的灵魂。一是社会治理要充分发挥党总揽全局协调各方的领导核心作用。党的领导核心作用主要体现在：突出"加强"和"改善"，牢牢把握党领导社会治理的主动权；突出"牵头"和"抓总"，牢牢把握党领导社会治理的关键环节；突出"制度"和"规范"，牢牢把握党对社会治理的领导权。二是以党风政风好转带动社会风气的好转。坚持党要管党、从严治党、从严治吏，大力开展党风廉政建设，净化党风政风，带动和促进社会风气向上健康发展。三是提高党领导社会治理的能力。推进社会治理现代化，关键在于提升党的执政水平。党在社会治理中的领导核心作用需要通过党的基层组织来实现。党的基层组织扎根基层、服务基层，具有参与社会治理的天然优势。这就需要以党的执政能力建设和先进性建设推动社会领域改革发展。可以说，坚持党的领导是中国特色社会治理的最重要特征，也是中国社会治理文明屹立世界民族文明之林的根本保证。

通过以上梳理和阐述可以看出，习近平同志社会治理思想是一个层次分明、有机统一的系统理论，具有丰富的内涵和严谨的逻辑。习近平同志社会治理思想具有鲜明的人民立场以及充满历史唯物主义和辩证唯物主义的理论品质，不仅是对我们党过去成功经验的坚持和继承，而且是对当今社会实践的凝练和升华，也是对未来发展的引领和创新。习近平同志社会治理思想是推动社会领域改革发展、推进社会治理现代化的强大思想武器和行动指南。

# 二、五年来社会治理的新实践

党的十八大以来这五年，在中国特色社会主义理论体系特别是习近平同志治国理政思想指引下，我国社会治理实践创新取得重大进展。按照全面建成小康社会、完善中国特色社会主义社会治理体系的目标要求，从宏观社会治理到微观社会治理，从各领域系统治理到城乡社区治理，都大力度全方位地深入推进，取得了新突破、新进展、新成效。这里仅举其荦荦大端，作个简要阐述。

（一）筑牢改善和保障民生工程。建设和谐社会、平安社会，形成全民共建共治共享的社会治理新格局，最重要的是保障和改善民生。以习近平同志为核心的党中央把保障和改善民生放在更加突出的位置，根据特定历史时期的需要，实行居民收入增长和经济增长同步、劳动报酬提高和劳动生产率提高同步的方针，普遍地持续增加城乡居民收入。同时，实行坚守底线、突出重点、完善制度、引导预期、注重机会公平的原则，构筑民生保障和改善工程。

一是实施脱贫攻坚战。党中央把贫困人口脱贫作为全面建成小康社会的底线任务和标志性指标，在全国范围全面打响了脱贫攻坚战。脱贫攻坚力度之大、规模之广、影响之深，前所未有。2015年11月，党中央召开扶贫开发工作会议，发布《中共中央 国务院关于打赢脱贫攻坚战的决定》，对脱贫攻坚作出全面部署。国务院印发《"十三五"脱贫攻坚规划》，细化落实中央决策部署。中办、国办出台11个配套文件。中央和国家机关有关部门出台118个政策文件或实施方案。实施"六个精准"和"五个一批"计划。通过建立一套行之有效的脱贫攻坚责任体系、政策体系、投入体系等，中央各项决策部署得到落实。2013—2016年，农村贫困人口每年都减少超过1000万人，使5564万人摆脱贫困，贫困地区面貌明显改善，也促进了社会和谐安定。

二是促进就业创业。就业是民生之本。坚持就业优先战略，实行更加积极的就业政策，创造更多就业岗位，鼓励以创业带动就业，着力解决结构性就业矛盾。这5年，在经济发展进入新常态、增长速度放缓的情况下，通过实施扶持就业政策，推行"大众创业，万众创新"，持续推进"放管服"改革，有力地激发了社会创造力，就业创业人员稳定增加，近4年来每年新增就业超过1300万人，为改善民生和维护社会稳定发挥了重要作用。

三是深化分配制度改革。为了促进发展成果由全体人民共享，实行一系列有利于缩小收入差距的政策，各地方普遍提高最低工资标准。同时，改革收入分配制度，完善初次分配机制，健全再分配调节机制，建立促进居民收入较快增长的长效机制，推动形成公开透明、公正合理的收入分配秩序，明显增加低收入劳动者收入，扩大中等收入者比重，多渠道增加居民财产性收入，并努力构建体现技能、知识价值的收入分配机制。

四是完善社会保障制度。近5年，我国社会保障制度在实现广覆盖、保基本、可持续的框架基础上，进一步打破城乡分割、单位双轨的坚冰，更多地体现了公平公正的原则。一是建立了全国统一的城乡居民基本养老保险制度。合并新型农村社会养老保险和城镇居民社会养老保险。目前，全国所有省级地区都制定了新的城乡居民社保实施意见，基本实现了制度名称、政策标准、经办服务、信息系统"四统一"。持续调高养老保险基础养老金标准。二是实施养老金并轨改革。实行了20多年的养老金双轨制正式废除，机关事业单位与企业都实行社会统筹与个人账户相结合的基本养老保险制度，养老金待遇与缴费而非职级挂钩。三是统筹推进社会救助。国务院颁布《社会救助暂行办法》，首次将救急难、疾病应急救助、临时救助等方针政策纳入法制安排，是我国统筹构建社会救助制度体系的标志。同时，支持慈善事业发展，广泛动员社会力量开展社会救济和社会互助、志愿服务活动。特别是《慈善法》的颁布与实施，是我国整个社会保障体系建设中具有里程碑意义的重大事件，将开启中国现代慈善事业的新时代。

五是改善住房保障。采取一系列政策措施，引导房地产业持续健康发展，控制房价过快上涨。加快推进棚户区和城乡危房改造工程。构建了包括公共租赁住房、棚户区改造、农村危旧房改造、住房公积金等在内的住房保障体系。实施公共租赁住房制度。明确提出从2014年起各地公共租赁住房和廉租住房并轨运行，并轨后统称为公共租赁住房，并把公租房扩大到城市非户籍人口。推进城镇住房法治化，规范城镇住房保障工作。

（二）推进社会治理基础性制度改革创新。教育、卫生、人口、户籍管理等制度是社会治理的重要基础性制度，与人民群众利益密切相关，是社会治理体系和社会文明进步的重要方面。为了促进社会公平正义，更好满足人民需求，国家采取了一系列重大决策部署和制度安排。

——在教育领域，大力促进教育公平制度建设。推动义务教育均衡发展，逐步推进中等职业教育免除学杂费，健全家庭经济困难学生资助体系，构建利用信息化手段扩大优质资源覆盖面的有效机制，逐步缩小区域、城乡、校际差距。健全政府补贴、政府购买服务、助学贷款、基金奖励、捐资激励等制度，鼓励社会力量兴办教育。推进考试招生制度改革。到 2020 年基本建立中国特色现代教育考试招生制度，形成分类考试、综合评价、多元录取的考试招生模式，健全促进公平、科学选才、监督有力的体制机制。从根本上解决教育领域的痼疾，满足人民对受到更好教育的需求。

——在医疗卫生领域，突出建立以提高人民健康水平为核心的现代医疗卫生事业制度。一是基本医疗保障制度覆盖全民。目前，我国基本医保覆盖 95% 以上人口，编织起全球最大的基本医疗保障网，世界卫生组织称赞"中国的医改成就举世瞩目"。二是完善大病保险和医疗救助制度。全面开展重特大疾病医疗救助，基本医保、大病保险、医疗救助、疾病应急救助、商业健康保险和慈善救助有效衔接。三是深化医药卫生体制改革，实行医疗、医保、医药联动，推进医药分开，实行分级治疗。破除公立医院以药养医机制。全面推进公立医院改革，优化医疗卫生机构布局。四是全面推进"健康中国"建设。2016 年 10 月，党中央召开全国卫生与健康大会，中共中央、国务院印发《"健康中国 2030"规划纲要》，提出把健康摆在优先发展的战略地位，加快转变健康领域发展方式，全方位、全周期维护和保障人民健康，大幅提高健康水平，显著改善健康公平。这些是具有重大历史意义的决策和制度安排。

——在人口发展方面，实施人口发展战略，促进人口均衡发展。全面实施一对夫妇可生育两个孩子的政策。"二孩"政策的颁布，是对我国 1983 年以来所实行的计划生育"一孩"政策的重大调整，关系到中华民族子孙后代的繁衍和持续性发展。同时，积极开展应对人口老龄化行动，构建以生育政策、就业制度、养老服务、社保体系、健康保障、人才培养、环境支持、社会参与等为支撑的人口老龄化应对体系，积极研究制定渐进式延迟退休年龄政策，加快健全养老服务体系和老年服务产业发展，开展全国养老院服务质量建设专项行动，实施老年教育发展规划等。人口政策的创新，是近 5 年社会治理实践创新的重大标志。

——在户籍管理方面，建立全国城乡统一的户口登记制度。2014年7月，国务院印发《关于进一步推进户籍制度改革的意见》，取消了农业户口与非农业户口性质区分，统一登记为居民户口，稳步推进城镇基本公共服务常住人口实现市民化。2016年1月，《居住证暂行条例》施行，"居住证"取代"暂住证"，并据此享受所在城市各类基本公共服务和各项便利。2016年9月，国务院印发《推动1亿非户籍人口在城市落户方案》，国务院各有关部门出台了一系列配套政策措施，着力解决广大农业转移人口最为关心的教育、就业、医疗、养老、住房保障以及农村"三权"等方面的实际问题。户籍制度改革是我国社会治理基础性制度的重大创新。

（三）构建国家安全体制。这是近5年加强和创新社会治理极具标志性的重大举措。国家安全是安国定邦的基础，也是社会稳定和社会进步的前提。为了应对日益复杂多样的国内外安全形势，落实总体国家安全观，党中央决定建立集中统一、高效权威的国家安全体制，采取了一系列重大举措。一是设立国家安全委员会。2013年11月召开的十八届三中全会明确提出，要建立国家安全委员会，完善国家安全体制和国家安全战略，确保国家安全。2014年1月，中共中央政治局会议决定正式成立国家安全委员会。国家安全委员会的主要职责是，加强对国家安全工作的集中统一领导，制定和实施国家安全战略，推进国家安全法治建设，制定国家安全工作方针政策，研究解决国家安全工作中的重大问题；同时，发挥应对重大突发事件的协调指挥作用。国家安全包含军事、安全、公安、司法、外交、金融等多方面的大安全体系，涵盖传统安全和非传统安全领域。成立国家安全委员会，是应对安全形势趋于严峻复杂的时代挑战作出的重要制度安排。二是制定《国家安全战略纲要》和《关于加强国家安全工作的意见》。规划了在新的形势下维护国家安全的指导思想、重大原则和重点任务，强调要做好各领域国家安全工作。三是修订并通过新的《国家安全法》。该法着眼于我国经济社会发展和保障国家安全的实际需要，明确了维护国家安全的职责与任务，国家安全制度，国家安全保障，公民、组织的义务与权力等方面的具体制度。国家安全委员会的成立、《国家安全战略纲要》和《国家安全法》的制定，对维护国家安全和社会安全已经并将起到十分重要的作用。

（四）健全公共安全体系。建设平安中国是加强和创新社会治理的首要目标，是决胜全面建成小康社会和全面建设社会主义现代化强国的基础性工程，更是全国人民的期盼。国泰才能民安。党的十八大以来，"平安建设"被提到了一个新的历史高度。围绕深入推进平安建设，健全公共安全体系，推出食品药品安全、安全生产、防灾减灾、社会治安防控和网络安全等方面的体制机制改革举措。成立了统一权威的食品安全监管机构，建立了严格的覆盖全过程的监管制度，出台了一系列食品药品安全、质量安全的政策措施。持续深化安全生产管理体制改革，建立隐患排查治理体系和安全预防控制体系，努力遏制重大安全生产事故。健全防灾减灾救灾体制。应急管理体系不断健全，应对危机与风险的能力明显提高。加强社会治安综合治理，创新立体化社会治安防控体系，制定和实施健全落实社会治安综合治理领导责任制，健全社会治安防控网，提高社会治安防控体系建设科技水平，依法严密防范和惩治各类违法犯罪活动，提高社会治安防控活动能力。社会治安综合治理迈出新步伐，社会矛盾化解工作实现新突破，加强和创新群众工作，健全重大决策社会稳定风险评估机制。完善网络和信息化管理领导体制，制定和实施网络安全战略，加强网络市场监管。适应互联网时代的要求，引导社会成员确立共同防控风险的理念；推进公共安全工作精细化，实现公共安全事务共同治理。面对当前我国公共安全事件易发多发的总体态势，编织全方位、立体化的公共安全网，并更加注重运用法律规范、道德教化、心理疏导等方式手段，提升了维护公共安全实效，平安中国建设取得重要新进展。

（五）加快社会诚信制度建设。推进诚信制度建设，既是建设和谐社会的重要任务，也是推进社会治理现代化的必然要求。党的十八大以来，党和国家对社会诚信建设作出了一系列重要部署。国务院颁发《社会信用体系建设规划纲要（2014—2020年）》《关于推进诚信建设制度化的意见》，强调着力推进诚信制度建设。团中央、发改委、人民银行联合制定《青年信用体系建设规划（2016—2020）》。50 个部门和一大批企业共同实施优秀青年志愿者守信联合激励行动计划。今年 4 月，中共中央、国务院颁发的《中长期青年发展规划（2016—2025）》中，将推进青年信用体系建设、倡导和培育青年诚信品格纳入青年发展事业总体布局。注重加强社会信息基础设施、基础制度、基础能力建设，加快推动统一社会信用代码制度，建立以公民身份号码为唯一代码、统一共享的国家人口基础信息库，健全相关方面的配套制度。建立公民统一社会信用代码制度、法人和其他组织统一社会信用代码制度。加强社会信用管理，建设全国统一的信用信息共享交换平台，建设并已上线运行"信用中国"网站，为社会公众查询、了解社会信用信息、社会信用体系建设工作动态提供渠道。积极探索完善守信联合激励和失信联合惩戒制度。

（六）加强城乡社区治理。城乡社区是社会治理的基本单元，也是社会治理体系中的基础部分。近 5 年来，党和政府更加重视城乡社区在社会治理中的重要作用，实施了一系列改革创新举措，使全国城乡社区治理水平明显提高。注重完善城乡社区治理体系，充分发挥基层党组织领导作用，有效发挥基层政府主导作用，努力发挥基层群众性自治组织基础作用，统筹发挥社会力量协同作用。注重提升城乡社区治理水平，提高社区服务供给能力，提升社区矛盾预防化解能力，增强社区信息化应用能力。各地普遍推行民主化、网络化、网格化、精细化管理，创新城乡居民全面服务管理新模式。畅通民主渠道，开展基层协商，推进城乡社区协商制度化、规范化和程序化。坚持因地制宜，突出特色，推动各地立足自身资源、条件、人文特色等实际，完善社区治理模式。完善市民公约、乡规民约等行为准则。许多城乡重视传播优秀传统文化，有些地方成立乡贤理事会，弘扬新乡贤文化，提高农村社会组织化水平，增强"自治组织"能力。大力开展乡风、村风、家风建设，通过加强古村落保护，编写族谱、家训等，传承向上向善的正能量。中央有关部门制定和实施一系列历史文化名城名镇名村和传统村落保护措施，有力地推动了中华优秀传统美德与文化的保护和创新发展，也促进了平安社会、和谐社会建设。

（七）促进社会组织健康发展。社会组织是社会治理不可或缺的重要力量，是公众和社会力量参与社会治理的重要载体，也是我国社会治理中的短板和难点。针对我国社会组织发展中的问题，党的十八届三中全会决定提出："正确处理政府和社会关系，加快实施政社分开，推进社会组织明确权责、依法自治、发挥作用。""适合由社会组织提供的公共服务和解决的事项，交由社会组织承担。支持和发展志愿服务组织。"几年来，中央有关部门制定和实施一系列清理、规范和支持社会组织发展的办法。推动行业协会商会与行政机关真正脱钩，致力于建立新型行业协会商会管理体制和运行机制，促进和引导行业协会商会自主运行、有序竞争、优化发展。这方面改革取得重要进展。2016年底，作为第一批脱钩试点的132家全国性行业协会商会实现与行政机关脱钩，完成脱钩试点的改革目标。2016年6月，第二批全国性行业协会商会脱钩试点名单（144家）公布，第二批试点正在有序推进。2016年12月，《行业协会商会综合监管办法（试行）》印发，至此总体方案规定的10个配套文件已全部出台，并形成了一个完整的政策体系框架。制定文件提出到2020年建立健全统一登记、各司其职、协调配合、分级负责、依法监管的社会组织管理体制，营造法制健全、政策完善、待遇公平的社会组织发展环境，构建结构合理、功能完善、诚信自律、有序竞争的社会组织发展格局，形成政社分开、权责明确、依法自治的现代社会组织体制。近些年来，从中央到地方各级政府都积极探索实行购买服务机制，重视发挥社会组织在引导社会成员参与风险评估、矛盾调解、社区矫正、青少年教育管理等方面的作用，取得了积极效果。

（八）创新社会治理方式。按照推进社会治理现代化的要求，积极探索社会治理方式创新，是近五年中国社会治理新实践的重要特征。一是以信息化建设为基础，不断提升社会治理的网络化与智能化。当今世界，以数字化、网络化、智能化为特征的信息化浪潮蓬勃兴起，没有信息化就没有国家和社会治理现代化。这几年，国家全面推进社会治理信息化建设。2014年2月，中央网络安全和信息化领导小组成立，推动了国家网络安全和信息化建设。随后，印发《国家信息化发展战略纲要》，规范和指导未来 10 年国家信息化发展。制定《"十三五"国家信息化规划》，明确统筹实施网络强国战略、大数据战略、"互联网＋"行动，整合集中资源力量，为推进国家与社会治理体系和治理能力现代化提供数字动力引擎。北京、上海和深圳等特大城市积极探索符合超大城市特点和规律的社会治理新路子，强化网络化、智能化管理，提高城市管理标准，贵阳等在城市社会治理中更多运用互联网、大数据等信息技术手段，大力推行基层治理信息化，打造"智慧社区"，不断提高城市社会治理科学化、精细化、智能化、现代化水平。二是以推行"全面依法治国"为契机，不断推进社会治理的法治化与制度化。党的十八大以来，我国开创了全面依法治国、建设法治社会的新局面。近 5 年来，共制定、修改法律 48 部、行政法规 42 部、地方性法规 2926 部、规章 3162 部，同时通过"一揽子"方式先后修订法律 57 部、行政法规 130 部，启动了民法典编纂、颁布了民法总则，中国特色社会主义法律体系日益完备；高效的法治实施体系、严密的法治监督体系、有力的法治保障体系建设取得显著成效，对全面依法治国、依法治理社会发挥了重大推动作用。国务院制定了 2020 年基本建成法治政府的奋斗目标和行动纲领；先后取消、下放行政审批事项 618 项，彻底终结了非行政许可审批，激发了市场和社会活力。行政执法体制改革深入推进，公正文明执法水平明显提升。新一轮司法体制改革主体框架基本确立。司法责任制改革全面推开，以审判为中心的刑事诉讼制度改革深入推进，省以下地方法院、检察院人财物统一管理逐步推行。制定实施干预司法记录、通报和责任追究制度，设立知识产权法院、最高人民法院巡回法庭、跨行政区划法院检察院，实行立案登记制，废止劳教制度，一批重大冤假错案得到坚决纠正，司法职权配置不断优化，执法司法规范化建设进一步加强。司法质量、效率和公信力大幅提升，人民群众对公平正义的获得感明显增强。全民守法和法治社会建设迈出新步伐。设立国家宪法日，宪法宣誓制度普遍实施；更加重视社会矛盾纠纷的调解化解，多元化纠纷解决体系日益健全。领导干部带头尊法学法守法用法，运用法治思维和法治方式的能力与水平明显提高。

（九）加大环境保护与治理力度。治理环境污染，提高环境质量，事关人民生命安全和社会安定，是加强创新社会治理的重大任务。党中央、国务院更加重视环境保护与治理，着力推进解决影响人民群众身心健康和社会稳定的环境问题，建设美丽城市、美丽乡村，改善生活环境质量，消除社会风险隐患。党的十八届三中全会《决定》作出明确规定："必须建立系统完整的生态文明制度体系，实行最严格的源头保护制度、损害赔偿制度、责任追究制度，完善环境治理和生态修复制度，用制度保护生态环境。"国家"十三五"规划中对着力改善生态环境、形成政府、企业、公众共治的环境治理体系作出全面规划和部署。这几年，大力度地改革生态环境保护管理体制、改革环境治理基础制度，强化环境保护法治，开展环保督察巡视，推进污染物综合防治和环境治理，推行改水改厕、垃圾处理，建立严格监管所有污染物排放的环境保护组织制度体系；以打好大气、水、土壤污染防治三大战役为抓手，逐步构建与改善环境质量的工作体系。全面启动控制污染物排放等方面的强力监管和严格问责制。创新环保督察体制，决定建立环保督察机制。2016年7月，第一批中央环境保护督察工作全面启动，组建8个中央环境保护督察组，分别负责对8个省（自治区）开展环境保护督察工作。2017年起，用两年时间对全国31个省市区进行全部环保督察。通过中央环保督察不仅提升了地方党委政府的环保责任，而且推动解决了一大批环境问题，推动地方建立环保长效机制。各地普遍清理"散、乱、污企业"。国家旅游部门发起的"厕所革命"，在全国旅游系统大张旗鼓地推进，不仅有力地改变了当地旅游环境，也带动了全社会的"厕所革命"。江苏邳州市等许多地方还开展了创新公共空间治理行动，城乡人居环境明显改善，社会秩序和社会风气为之改观。

（十）全面加强党对社会治理的领导。全面加强党的领导，全面从严治党，是党的十八大以来治国理政的最鲜明特点，也是社会治理领域实践创新的最突出标志。党风决定政风、社风、民风。治国必先治党，治党务必从严，这是中国社会治理体系和治理能力现代化的重要制度与组织保障。实践表明，从严治党、惩治腐败是最大的社会治理，是理顺民心、实现党长期执政、确保社会长治久安的根本之举。5年来，从严治党的重大举措环环相扣，老虎、苍蝇、蚊虫一起打，惩治了一大批腐败分子，对端正党风发挥了重大作用，伸张了正气，刹住了歪风，赢得了党心民心，极大地带动了政风、社风、民风好转，也推动了社会治理创新发展。针对群团组织存在的突出问题，大刀阔斧地改革群团组织。中共中央召开党的群团工作会议，党中央制定并实施工会、共青团、妇联和文联等群团组织的改革方案，提出一系列改革部署和举措，有力地推动了群团组织改革的顺利进行，使群团组织更好践行群众路线、服务群众，更有效发挥党和政府联系人民群众的桥梁和纽带作用。这几年，还大力加强基层服务型党组织建设，使党的建设覆盖到各类企事业单位、各种社会组织、各个城乡基层，强化党组织的领导核心作用。这些措施，对全面加强党对社会治理的领导起到了重要作用。

## 三、五年来社会治理的新境界

党的十八大以来这五年，我国社会治理思想创新与实践创新发展，具有重大的现实意义和深远历史意义。这不仅有效助力如期实现全面建成小康社会的奋斗目标，而且开拓了中国特色社会主义社会治理的新境界。

（一）开拓了科学社会主义社会治理思想的新境界。以习近平同志为核心的党中央加强和创新社会治理的思想与实践，坚持以马克思列宁主义、毛泽东思想和中国特色社会主义理论为指导，深入观察和分析当今中国社会发展和社会变革中的新情况、新问题，提出了一系列社会治理新理念新思想新决策，在新的历史条件下把坚持、继承同发展、创新辩证地统一起来，继承和发展马克思主义和中国共产党历代领导集体的治国理政思想，使科学社会主义社会治理思想进入了新境界，达到了新高度。例如，以人民为中心的社会治理思想，不仅回答了社会治理为了谁、依靠谁的问题，还回答了社会治理的评判标准和行动准绳问题，提出了检验社会治理成效，最终都要看人民群众是否真正得到了实惠，人民群众生活是否真正得到了改善，人民群众合法权益是否得到了切实保障。这就将全心全意为人民服务的宗旨、一切为了人民的思想，内化为既有明确指向又贯穿于党的决策部署和方针政策并体现在实际行动中。又如，以民生为本的社会治理思想，从根本上纠正了以往那种重经济建设轻社会建设、重管控轻服务的倾向，并推动实施一大批普惠性、基础性、兜底性民生工程，着力形成改革发展与社会治理的最大公约数，有利于从根本上实现良政善治，促进社会和谐稳定和全面进步。这一系列创新性的社会治理思想和实践，大大丰富和发展了科学社会主义社会治理理论。

（二）开拓了传统社会管理向现代社会治理转变的新境界。"社会管理"转变为"社会治理"，由"管理"到"治理"虽然只有一字之差，但思想更深刻、内涵更丰富。"社会治理"更加突出了党委领导和政府主导下的多元社会主体共同参与、良性互动，有利于构建共建共治共享的社会治理新格局；更加突出以人为本和以人民为中心的社会治理创新思想，强化人民群众在社会治理中的主体地位、权益保障制度和首创精神；更加突出民主政治和法治思维、法治方式，社会治理要着眼于扩大人民民主，建设法治社会，提高社会治理民主化、法治化水平；更加突出系统治理、源头治理、综合治理，运用经济、法治、教育、行政等多种手段完善社会治理方式方法，标本兼治；更加突出全面加强党对社会治理的领导，以党的执政能力建设和先进性建设引领社会治理，以党风的根本好转推动政风、社会风气净化，以各级党组织自身建设为实现社会治理科学化、精细化、现代化提供坚强的领导核心与组织保证。所有这些，是我国由传统的社会管理向适应时代发展要求的现代社会治理转变的重要标志。

（三）开拓了中华优秀文化与现代社会文明相融合的新境界。我国有独特的历史、独特的文化、独特的国情，这就决定了社会治理创新发展的独特道路。习近平同志坚持立足中国国情，从中华文明中汲取智慧，博采古今中外一切优秀文明成果，坚守但不僵化、借鉴但不照搬，善于古为今用，洋为中用。这几年社会治理思想创新与实践创新，是在总结中国悠久的治理传统和历代中国共产党人治国理政经验教训，以及借鉴吸收人类社会现代文明优秀成果的基础上形成的，将中国传统社会治理模式进行创造性继承和创新性发展，将世界现代文明先进理念、有益做法进行分析鉴别和选择性吸收。更加重视法治与德治有机结合，法治德治并举，他律自律结合；更加重视发挥优秀传统道德文化的教化功能，发挥当代中国特色社会治理的最佳效果；更加重视家庭在社会治理中的基础地位，更多地发挥家庭的生育、婚姻、养老、教化等社会功能，并与现代社会文明进步质素融和发展。这些对优秀传统文化的高度重视，是对社会治理的文化价值维度的重大发展，开拓了现代社会治理文明与中华优秀传统文化融合的新境界，进一步凸显了中华优秀传统文化对中国特色社会治理的精神支撑与凝心聚力的作用。

（四）开拓了以打造人类命运共同体为导向的国际社会治理关系的新境界。近5年来的中国社会治理思想与社会实践创新，具有全球视野性、国际前瞻性、人类关怀性。倡导"和而不同"的价值理念，坚持正确义利观，构建人类命运共同体的思想和实践，开拓了国际社会治理的新境界。当今世界正在发生深刻复杂变化，和平与发展仍是时代主题，但是当前世界经济增长需要新动力，发展需要更加普惠平衡，贫富差距鸿沟需要弥合；热点地区持续动荡，恐怖主义蔓延肆虐；和平赤字、发展赤字、治理赤字，是摆在全人类面前的严峻挑战。习近平同志面对国际局势的深刻变化和世界各国同舟共济的客观要求，统筹国内国际两个大局、统筹发展安全两件大事，提出构建人类命运共同体思想，坚持对话协商、共建共享、合作共赢、交流互鉴、绿色低碳，以建设一个持久和平、普遍安全、共同繁荣、开放包容、清洁美丽的世界为目标，符合各国求和平、谋发展、促合作、要进步的真诚愿望和共同追求，坚定不移维护世界和平、促进共同发展，推动构建以合作共赢为核心的新型国际关系。构建人类命运共同体的思想，是对我国社会建设和社会治理的国际国内环境与时代特征进行科学分析与实践探索的伟大成果，为促进人类社会共同发展打开了新的视角和新的思路。

# 二、发展篇

# 论从我国国情出发进行现代化建设 *

## ——学习党的十二大文件的一点体会

### （1982 年 10 月 25 日）

邓小平同志在党的十二大开幕词中指出："我们的现代化建设，必须从中国的实际出发。""把马克思主义的普遍真理同我国的具体实际结合起来，走自己的道路，建设有中国特色的社会主义，这就是我们总结长期历史经验得出的基本结论。"这是一个闪耀着马克思列宁主义、毛泽东思想光辉的科学结论，也是我国社会主义现代化建设必须遵循的根本原则。深刻领会和坚决贯彻这一论述的精神，对于成功地全面开创社会主义现代化建设的新局面，胜利地实现党在新的历史时期的总任务，具有重要的意义。

## 现代化建设必须从我国国情出发

国情，是一个国家在一定历史时期客观存在着的实际情况。所谓现代化建设要从国情出发，就是要承认和尊重本国客观存在着的实际情况，并据此来探索和掌握符合国情的现代化建设的规律，从而确立正确的发展现代化事业的方针、道路、模式和方法、步骤，以便顺利地实现既定的建设目标。

我们从事中国的现代化建设，不但要研究一般国家现代化建设的规律，还要研究在社会主义国家里进行现代化建设的规律，而且更必

* 本文发表在《北京师范大学学报》1982 年第 6 期。

须研究在中国特殊的国情下进行社会主义现代化建设的规律。如果照搬别国的一套做法，即使是其他社会主义国家的做法，就如同削足适履，就会走弯路，最终也难以把现代化建设引向胜利。

进行现代化建设为什么必须从我国国情出发？首先，因为现代化建设是受我国的客观环境和客观规律所制约的。社会经济的发展是一个自然历史过程，它的发展变化及其规律不依人的意识而存在，不依人的意志而转移。我们要想取得现代化建设的预想的结果，一定要使我们的思想、理论、计划、方针、政策、办法符合于客观的规律性，否则就会在实践中失败。马克思说："人们每次都不是在他们关于人的理想所决定和所容许的范围之内，而是在现有的生产力所决定和所容许的范围之内取得自由的。"（《马克思恩格斯全集》第三卷第 507 页）无论是社会需要的测定，还是发展任务的提出，都只是体现着客观经济规律和自然规律在一定时期和一定条件下的具体要求，这绝不是任何人主观愿望的反映。正如马克思指出的："人类始终只提出自己能够解决的任务，因为只要仔细考察就可以发现，任务本身，只有在解决它的物质条件已经存在或者至少是在形成过程中的时候，才会产生。"（《马克思恩格斯选集》第二卷第 83 页）从国情出发进行现代化建设，就是适应客观环境的要求，遵循经济规律和自然规律，能动地改造客观世界，推动经济和社会前进，而不是无视客观环境和客观规律去随心所欲地思考和行动。否则，我们就会受到客观规律的无情惩罚。例如，发展生产力要遵循生产力发展的客观要求，而社会生产力发展具有连续性、继承性和渐进性的特点，制定经济和社会发展的方针、政策，必须从现有生产力水平出发，如果脱离生产力发展的水平去进行社会经济变革，或者照搬生产力水平高的国家的一套做法，必然事与愿违，甚至会使已有的生产力遭到破坏。又如，经济建设规模的大小要受到国家财力物力的制约，一个国家在一定时期内财力物力有一定限度，建设规模的扩大必须和财力物力相适应。如果只从良好愿望出发，或者仿效经济水平高的国家，去盲目提高积累在国民收入中的比重，使建设规模超过国家财力物力的可能，势必招致整个经济生活的混乱，带来一系列的消极后果。再如，社会主义经济规律在所有社会主义国家经济发展中都是起作用的，但是我国的生产力水平、具体经济情况和一些社会、自然条件都不同于其他社会主义国家，所以社会主义经济规律起作用的范围和要求也一定是有别于其他社会主义国家的。如果不加区别地套用别人经验，不从实际出发研究和运用社会主义经济规律，也一定会给现代化建设造成严重困难。所以从根本上说，这是由于现代化事业的发展是受到客观条件的制约和被事物发展的客观规律所规定着的。

现代化建设必须从国情出发，这是我们党实事求是的思想路线的根本要求。从国情出发，就是从客观实际出发。实事求是是党在长期革命实践中总结出来的，完全合乎科学的思想路线。所谓实事求是，就是要使思想与客观实际相符合，主观与客观相符合。盲目蛮干的行为，不合科学的态度和方法，都是与中国共产党人从事的事业不相容的。正如邓小平同志在十二大开幕词中所揭示的："无论是革命还是建设，都要注意学习和借鉴外国经验。但是，照抄照搬别国经验、别国模式，从来不能得到成功。"这是至理名言，闪烁着实事求是思想路线的光辉。坚持实事求是的思想路线，才能"不唯书""不唯上""不唯洋（外国）"，"只唯实"。贯彻把马克思主义的科学真理同我国的具体实践相结合的原则，才能走出具有中国特色的社会主义现代化建设的道路。

现代化建设必须从国情出发，也是新中国成立以来30多年实践得出的一条最重要、最基本的经验。从新中国成立起到现在的实践表明，凡是经济建设的方针、计划、政策、措施符合国情的时候，经济发展就顺利，就取得显著成效；凡是背离国情的时候，经济的发展就受到挫折，就造成重大损失。在党的七届二中全会上，党中央和毛泽东同志准确地分析了当时中国的社会经济情况后指出：中国现代性的工业占国民经济中的比重只有10%左右，农业和手工业占90%左右，这是革命时期和革命胜利以后一个相当长的时期内一切问题的基本出发点。从这点出发，强调取得政权后恢复和发展生产的重要性，提出了党所必须采取的经济政策和中国实现社会主义改造的正确途径。按照七届二中全会的精神和部署，在新中国成立后的七八年时间里，党领导全国人民取得了一系列历史性的胜利。我们迅速医治了战争创伤，恢复了遭到严重破坏的国民经济，创造性地开辟了一条适合我国特点的社会主义改造的道路，实现了对农业、手工业和资本主义工商业的社会主义改造。同时，成功地开展了有计划的经济建设，工农业生产迅速发展，各条战线蒸蒸日上，人民生活显著提高。新生的社会主义制度显示了优越性。

但是，在往后的一段很长时间里，从实际出发进行社会主义建设的思想，并没有始终一贯地得到坚持。1958年到1960年的"大跃进"，偏离了党制定的经济发展的正确方针，提出了一些脱离实际的口号，采取了一些不符合、甚至违背国情的方针政策，以高指标、瞎指挥、浮夸风和"共产风"为主要标志的"左"倾错误严重泛滥，经济发展受到极大的挫折。严重的经济困难教育了我们，60年代初在国民经济各领域里采取了调整政策，从当时实际情况出发制定的计划、方针和措施，使违背经济建设规律的"左"倾错误在实际工作中得到基本纠正，社会主义经济重新出现欣欣向荣的景象。然而60年代初的调整期间，虽然在实际工作中纠正了急于求成的错误，但对经济工作指导思想上的"左"倾错误没有也不可能得到认真的清理，以致在形势好转以后，那些行之有效、符合国情的正确方针政策又被否定了。特别是在十年内乱中，由于林彪江青反革命集团的破坏，"左"倾指导思想又占据主导地位。据粗略估计，十年内乱期间大约损失国民收入5000亿元。粉碎江青反革命集团后的两年里，出现了安定团结的局面，工农业生产得到比较快的恢复，但是在"两个凡是"错误方针影响下，提出和推行了不符合国情的过高的目标和计划，加重了十年内乱期间形成的财政经济困难。

1978年底召开党的十一届三中全会，确定了解放思想、实事求是的方针，恢复了党的辩证唯物主义思想路线，作出了把工作重点转到社会主义现代化建设上来的战略决策。党的十一届六中全会决议在检讨我们过去经济工作中长期存在的"左"倾错误时指出：它的主要表现，"就是离开了我国国情，超越了实际的可能性，忽视了生产建设、经营管理的经济效果和各项经济计划、经济政策、经济措施的科学论证，从而造成大量的浪费和损失"。近几年来，党中央反复强调，经济建设必须适合我国国情，符合经济规律和自然规律，要走出一条中国式的现代化道路。在调整、改革、整顿、提高八字方针的指引下，我国生产建设在调整中继续前进，人民生活得到明显的改善。现在我国经济已经渡过了最困难的时期，走上稳步发展的健康轨道。

由此可见，是否从国情出发进行现代化建设，是一个重大的原则问题，直接关系到我们党的领导能否正确有效，关系到我国社会主义现代化事业的盛衰成败。

当然，要坚持从国情出发进行现代化建设，并不是轻而易举就能做到的。因为从整体上和本质上把握我国国情，认识我国现代化建设的规律，是需要花很大气力才能奏效的。我们所以在一个长时期里没有能够解决好这个问题，一方面是由于过去的实践还不够，国民经济的现实发展还没有把各种矛盾以及它们之间的联系明显地呈现在人们的眼前；另一方面也是因为我们没有下很大功夫去研究国情和经济建设的规律。现在，随着实践的发展，特别是对建党六十多年来革命和建设经验教训的总结，我们的认识有了提高。但是也应当看到，对于进行现代化建设，我们的经验还是不够的。我们面前还有一个相当大的未被认识的必然王国。必须运用马列主义、毛泽东思想的立场、观点和方法，大大加强对我国国情的调查和研究，用心探索现代化建设的规律，努力使我们的认识日益全面、深刻，符合客观实际。而且还要看到，事物都处于运动、变化、发展之中，它们的存在都是一个过程，客观事物是不断变化的，国家的情况也不可能一成不变，随着现代化建设的进展，还会出现许多新情况和新问题，要使现代化建设始终符合国情和客观规律，就必须认识和把握国情的基本特点及其处于现代化建设特定阶段上的具体特点，把它作为我们一切行动的出发点，只有这样才能卓有成效地把我国社会主义现代化的伟大事业不断推向前进。

## 我国国情的主要特点

要使现代化建设合乎国情，必须对国情有真切的认识，这是基本的前提。我国是什么情况，有哪些特点？一般说来，国情具有多方面内容，包括社会制度、历史沿革、地理位置、自然环境、资源条件、经济状况、文化源流、民族传统以及国际交往等等。用一句话来概括就是：现在的中国是处于亚洲东部，拥有十亿人口、八亿多农民，从半殖民地半封建社会脱胎出来不久，经济文化落后状况没有得到根本改变的社会主义大国。分别说来，我国国情有如下五个主要特点：

第一，建立了社会主义制度，但还很不完善。我国是社会主义国家，在政治上建立了人民民主专政的制度。这种制度，一方面保证占人口绝大多数的劳动人民当家作主，另一方面保证对极少数破坏社会主义的敌对分子实行专政。这种人民有权管理国家、管理社会事务、管理经济文化的新型制度，是逐步实现工业农业国防科学技术现代化，把我国建设成为高度文明高度民主的社会主义国家的根本保证。在经济上，消灭了阶级剥削制度，改造了小生产者的私有制度，建立了以生产资料公有制为基础的社会主义经济制度。国营经济和劳动人民集体所有制经济已经成为我国的基本经济形式，它们在国民经济中占据了绝对优势。在生产资料公有制的基础上，在国民经济的整体上实行了计划经济，实行了按劳分配的原则。这些既是社会主义制度的主要特征，也是我们今天国情的基本特征。社会主义政治、经济制度的建立，为推进我国现代化事业创造了极其重要和优越的条件。由于剥削制度和剥削阶级被消灭，生产资料不再是少数剥削者榨取劳动群众血汗的手段；成了生产资料主人的广大人民群众的劳动，目的是为了包括个人在内的全体劳动者享受日益增长的物质和精神财富，人民群众具有共同的革命理想信念道德和纪律，极大地激发了他们自己的生产积极性主动性和首创精神。由于生产资料公有制的确立，并在此基础上实行了计划经济，克服了资本主义生产的无政府状态，有可能正确地建立和自觉地调整国民经济各部门之间、社会再生产各环节之间的比例关系；有可能从社会全局的、长远的利益出发，合理利用各种劳动手段和自然资源；有可能在全国范围内调度和集中必要的财力物力和人力，去兴办那些必须优先发展的事业。这些就为社会生产力的发展开辟了广阔的天地。

新中国成立30多年来，我国社会主义制度初步显示出了巨大的优越性，在种种严峻考验中显示出顽强的生命力和远大的发展前途。但也应看到，在过去一个相当长的时间里，体现社会主义基本制度的组织形式和具体制度有些还不完善，有的还存在着严重的弊病。例如：在生产资料所有制方面，没有在坚持公有制经济占优势的情况下，确立起比较稳定的适合生产力发展水平的多层次所有制结构和多种多样的经营方式；在个人消费品分配方面，工资、奖励等具体制度有明显的缺陷，以致相当普遍和严重地存在吃大锅饭等平均主义现象；在经济管理体制方面，权力集中过多，统得过死，忽视在坚持计划经济的条件下发挥市场调节的辅助作用，忽视在运用行政手段管理经济的同时运用经济办法和经济杠杆；在政治制度方面，社会主义民主还没有制度化、法律化、系统化，法制也还很不完备；等等。上述不完善的方面，如果不予以正确合理地解决，就会妨碍社会主义制度优越性的充分发挥，妨碍社会生产力的迅速发展。我们还必须作出坚持不懈的努力，对生产关系和上层建筑进行一系列的改革和完善，以期把社会主义制度的优越性充分有效地发挥出来。

第二，人口多，劳动力资源充足，但社会经济负担重。我国是世界上人口最多的国家，人口已近 10 亿（未包括台湾省），约占世界总人口的 22%。人口年龄构成轻，30 岁以下的占 65% 左右。这种人口基数大、年龄构成轻的状况，决定了我国未来一个相当长时期里人口增长的势头仍然比较猛。从现在起到本世纪末的 20 年中，即使在控制人口增长方面采取有力的措施，全国也要净增 2 亿多人口，平均每年增加 1000 多万人，相当于一个匈牙利或澳大利亚的人口，也相当于美、苏、日、英、法、西德等国家每年净增人口之和的两倍。可见，人口众多是我们国家最突出的特点。

人是生产者，是社会生产力的首要因素。从这个意义上讲，人口众多，是我国一个明显的优势和长处。人口多，劳动力资源丰富，可以做到合理、有效、充分地利用一切能够利用的自然资源和物质生产条件，举办许多机器所不能代替的生产事业和服务事业。人口多，国内市场大，经济发展就不会受到市场的限制。人口多，兵员潜力充足，我们拥有抵御外敌侵略、保卫祖国的强大力量。看不到这一切，单纯把人口多当作沉重包袱是不正确的。但是，也应看到，人又是消费者。人口多，消费大，国家的负担重。我国目前生产水平比较低，每年新增加的国民收入很有限。人口增加过多，使新增国民收入过多地耗费在维持新生人口的需要方面，不仅限制了积累基金的合理增加，也影响人民消费水平的提高。据计算，1953—1978 年的 26 年间，全国新出生 6 亿多人，共约花费了 13300 亿元，占同期累计生产国民收入总额的 30% 多。假如这些年出生人口减少一半，国家和集体就可以腾出 2000 多亿元用于增加消费基金和积累基金。又据计算，由于人口增加过多，这 26 年间，平均每年新增的消费额中有 58% 用于新生人口的需要，只有 42% 用于提高原有人口的消费水平。结果这期间全国消费基金总额虽增长 2.9 倍，而按人口平均的消费额却只增长 1.3 倍。新中国成立以来经济发展速度是比较快的，但是人民的生活水平没有能得到相应提高，积累和消费比例长时期没有处理好，除了经济工作的失误之外，一个重要原因在于人口增长过快。今后一个相当时期中尽管人口增长不会像过去那样快，但每年仍会增加 1000 多万人，需要相应增加 30 多亿元消费基金，约占目前每年新增加国民收入的 20% 左右，因而必将继续给合理处理积累和消费关系带来很大困难。这也说明，我国建设资金不足的状况在今后一个时期内难以有大的改变。同时，人口过多，还会给教育、文化、保健事业的发展和劳动力的就业以及住宅、交通和城市公用设施的建设等方面造成沉重的压力。拥有 10 亿多人口，是我们与世界上任何国家不同的特殊国情。这个基本事实对现代化建设所造成的多方面的重大影响，我们必须做出清晰的、足够的估计。任何时候决不能忘记这一点，否则就要犯错误，受挫折。

第三，国土大，物产丰富，但可利用的土地少，各地区自然条件和经济发展极不平衡。我国国土面积仅次于苏联、加拿大，居世界第三位。领土面积为 960 万平方公里（折合 144 亿亩），占整个亚洲面积的 1/5，同拥有 32 个国家的欧洲面积差不多相等。在我国辽阔的领土上，有一望无际的平川沃野，绵延千里的丘陵地带，为发展粮食和经济作物提供了广阔场所；有宽广无垠的林地和草原，纵横交错的长江大河和星罗棋布的湖泊池塘，2000 多万亩的海涂和 100 多万平方浬的海域,这些是发展林牧副渔业的宝贵资源阵地。在我国辽阔的领土下,蕴藏着丰富的矿产资源。现今世界上已知的150多种有用矿藏,我国几乎能全部找到,已探得储量的达130种。其中有品种齐全、探明储量占世界第三位的煤矿、铁矿;有储量居于世界首位或前列的钨、锡、锑、钼、锰等有色金属、稀有金属矿和非金属矿。我国水力资源也是相当丰富的。

辽阔的国土,富饶的物产,展示着我们的现代化建设具有广阔的发展前景。我们有很强的自力更生能力,能够建立起独立的完整的工业体系和国民经济体系,能够举办不少国家没有条件举办的许多事业。我国拥有较大的回旋余地,即使发生局部的自然灾害或其他不测事件,我们还能够以丰补歉、截长补短,把全国的经济建设不断推向前进。

从总体上来说,我国自然资源品种繁多,蕴量丰富,是名副其实的地大物博的国家。这是世界上许多国家无可比拟的。但是也应看到,我国人口多,按人口平均来说,我们的许多资源并不丰富。同时不少资源目前还没有勘探清楚,尚不能开采和利用;有些资源如铁矿等虽然探明的储量不算少,但质量次、品位低;有的资源,如水力虽然丰足,但全国73%的蕴藏量处在交通不便、远离现在经济中心的地区,开发和利用的条件差、难度大。这种情况说明,在今后经济建设中必须高度珍惜和大力节省资源;要瞻前顾后,全面考虑当前需要和长远利益,合理开发和利用各种资源,避免过度利用和不合理的开采。特别需要看到的是,我国可利用的土地少,相对于人口来说土地资源是严重不足的。我国人均占有土地不到世界平均水平的1/3、美国的1/4。我国土地资源不仅数量严重不足,而且质量也较差。例如,在现有耕地中,沙、粘、盐、碱、酸性等不良土壤约占1/3。作为农业基本生产资料的土地资源如此情况,不能不增加发展农业的艰巨性。对于这一点,必须给予足够的估计,不然农业生产甚至整个经济就会陷入极大的被动。

各地区自然条件和经济文化发展极不平衡,是必须正确认识和对待的又一个重大问题。大体说,我国东部沿海地区,人口密集,土地平坦,农业生产条件好,工业企业集中,交通运输方便,科学技术和经营管理水平比较高，经济文化比较发达。西部地区则气候干燥，雨水不足，人烟稀少，交通运输不便，经济文化水平比较低。拿耕地的分布来看，全国92%以上集中在不到国土一半的东南部，而占国土一半以上的西北地区却只有7.7%。每人平均占有的工农业总产值，最高的上海地区比最低的贵州地区高出二十多倍；东北辽、吉、黑三省比西南川、黔、滇、藏四省、自治区高出近两倍。地区间各种条件的不平衡，使得各地区具有各自的优点和弱点，它决定了各个地区在同一时期里经济发展的规模、速度和达到的目标不可能一样，实现现代化的途径、步骤、方式、方法也不可能完全相同，必须因地制宜，不能一刀切。同时，它还决定了我们应当实行全国一盘棋的原则，从有利于推进我国现代化事业的全局出发，扬长避短，发挥优势，合理地运筹和使用有限的财力物力。只有这样，才能卓有成效地把各地区的建设不断推向前进。

第四，奠定了一定的物质技术基础，但经济文化底子还很薄。新中国成立30多年来，逐步建立了独立的比较完整的工业体系和国民经济体系，各方面经济技术水平有了较大的提高。农业生产条件有了显著改善，水利设施、化肥农药、农村用电、农业机械等大大增加了。工业建立起门类比较齐全、布局趋向合理的生产体系。目前全国已有大中小型工业交通企业近40万个，全国工业固定资产（按原价计算）达4100多亿元，比完成经济恢复的1952年增长了26倍。全国国营企业拥有流动资金达到3300多亿元。交通运输业，不仅在铁路、公路、水运、空运等通车、通航里程方面有很大增长，而且在布局上已经向内地和边疆地区展开。科学、教育、文化事业取得明显的成就，30多年来高等学校和中等学校培养出近900万专门人材，全国科技人员已经达到5700多万人。这些都为我国的现代化事业奠定了较好的物质技术基础，开拓了继续前进的可靠阵地。

然而必须看到，我们是在旧中国遗留下来的百孔千疮、极端落后的基础上起步建设的，时间不长，其间又几经重大挫折。因此，我国现在经济文化的基础仍然比较薄弱，生产技术仍然比较落后。主要表现在：第一，农业生产水平比较低，特别是农业商品率很低。目前我国每个农业劳动者一年生产粮食 1100 公斤左右，这个水平不仅同经济发达国家相差悬殊，而且比一般发展中国家也低得多，还不到罗马尼亚、南斯拉夫水平的 1/3。按现在的生产水平，农村每年只能提供 450 多亿公斤商品粮。这些粮食供应一亿六七千万非农业人口和提高原有农村人口生活需要之后，所剩无几。棉花、糖料、油料和畜产品的商品率虽然多一些，但整个来说，每个农业人口提供的剩余产品是不多的。第二，已建立的经济技术基础存在不少缺陷。在产业结构方面，农业、轻工业和重工业之间，以及采掘业、制造业、交通运输业和商业之间的比例关系不协调。在产品结构方面，能源和原材料消耗大、质量性能低的产品多，而发挥我国自然资源和劳动力资源优势的产品少。在技术结构方面，许多行业和企业设备陈旧，生产技术和工艺流程落后，各种不同水平的适用技术还没有得到广泛应用。在企业组织结构方面，不少企业"大而全""小而全"，专业化分工协作水平低，相当数量的企业消耗大、质量差、长期亏损。这些情况，严重妨碍了现有基础作用的发挥，妨碍了社会经济效益的提高。第三，现代科学文化事业不发达，组织经营社会化大生产的水平低。我国现有的科学技术水平不高，一些主要科技领域比世界先进水平大约落后一二十年。全民族的科学文化水平相当落后。目前全国人口中具有大学水平的只占总人口 0.5%，具有中学文化水平的只占 22%。一些发达国家的技术人员，一般都占到职工总数的 30% 以上，而我国的工程技术人员只占职工总数的 3% 左右。现代科学文化事业不发达，人才缺乏，是我国现代化建设中一个很大的困难。

第五，中华民族具有许多优良传统，但也存在着一些弱点。我国是世界文明发达最早的国家之一，有连续四千多年文字记载的历史，素以东方文明古国著称。几千年来中华民族缔造了祖国的灿烂文化，对世界文明作出了重大贡献。历史事实有力地证明，中华民族并非从来就是落伍者，而是在人类文明发展史上曾经很早和很长时期走在世界民族的前列。只是到了近代，由于封建制度的腐朽没落和帝国主义列强的侵略掠夺，才使我国社会经济停滞不前，社稷危亡，民生凋敝。在历史发展过程中，中华民族培养和形成了自己的许多优秀品质和珍贵传统。中华民族是富有刻苦耐劳、勤俭朴素、发愤图强精神的，几千年来依靠自己的力量在艰苦的条件下逐步发展了经济和文化，用自己的聪明才智丰富了人类科学文化的宝库。中华民族是具有强烈的革命性、民族自尊心和爱国主义精神的，在两千多年的封建社会中，大小几百次农民起义和农民战争，无论规模和次数都为世界史上所仅见。特别是鸦片战争以后，我国各族人民在反对帝国主义侵略及其走狗的斗争中，英勇顽强，谱写出彪炳千古的革命英雄主义和爱国主义的篇章。中华民族是具有崇尚团结、维护统一、反对分裂的高尚精神的，我国辽阔疆域内生活着大小几十个兄弟民族，历经数千年历史的风浪和兴衰变化，除了短暂时期外，各兄弟民族一直稳固地凝聚在一起，没有像欧洲国家之间出现过那样彻底和长久的分裂。他们赞成平等的联合，而不赞成互相压迫。中华民族的许多优良传统和高尚情操，在中国共产党的倡导和培育下，赋予并增添了新的内容。例如，驰誉中外的革命战争年代的延安精神、五十年代的艰苦创业精神、六十年代的战胜困难精神和广为传播的雷锋精神等等，都是中华民族宝贵的精神文明在新的历史条件下的发扬光大。我们民族的这些优秀传统，是推进现代化建设的精神力量，是建设高度的社会主义精神文明的良好基础。同时，也有利于我们抵制资本主义社会种种弊病的侵蚀，有利于建立符合社会主义准则的生活方式和消费模式。

我国经历过二千多年的封建社会，封建主义的政治思想遗毒没有也不可能在短时期内扫除干净，还会发生潜移默化的影响。例如，社会生活中某些官僚主义、家长制、平均主义现象，社会关系中残存的宗法观念、等级观念，经济领域中的某些"官工""官商""官农"式的作风和管理方法等，都是不利于社会主义现代化建设的。我国还经历过一百多年的半封建半殖民地社会，遗留下来的资本主义思想、殖民地奴化思想在一部分人中并未完全肃清，崇拜资本主义、丧失民族自尊心的现象时有所见，也是不利于现代化建设的。所有这些问题，都必须认真地逐步予以克服和改变。

概括起来说，我国国情的主要特点就是：建立了社会主义制度，但还很不完善；人口多，劳动力资源充足，但社会经济负担重；国土广大，物产丰富，但可利用土地少，各地区自然条件和经济文化发展很不平衡；奠定了一定物质技术基础，但经济文化底子薄；我们民族有许多优良传统，但也存在一些弱点。这些主要特点，也就是我国社会主义现代化建设的特殊环境、特殊条件和特殊矛盾，以及与之相应的特殊要求，并由此规定了和规定着我国现代化建设的基本理论、路线、方针、政策的原则。

如何看待和把握上述国情特点对现代化建设的影响作用呢？对于我国的国情及其特点，应当从事实的全部总和，从它们的联系和运动中，加以全面地考察和正确地对待。既要看到我国的社会经济和自然条件有许多优势和长处，它们是我国现代化事业能够顺利发展的重要条件；还要看到我国的国情也有一些劣势和短处，这又是影响现代化事业发展的不利因素。只有坚持两点论，全面认识国情，才能避免片面性和盲目性。我国国情的一些特点，会随着客观条件的改变而发生变化，因此在研究国情的时候，不但应当着眼其现在的状况，而且还应当着眼于发展变化的趋势。只有从本质上、总体上和发展上经常深刻地认识到国情特点，才能得出科学的结论，推动社会主义现代化事业沿着正确轨道前进。

## 从我国国情出发进行现代化建设

怎样根据我国国情进行现代化建设？近几年来党中央已经作出了一系列的深刻论述，并逐步确立了一条适合我国情况的正确道路。统观我国国情，我们认为，要真正搞好具有中国特色的社会主义现代化建设，必须切实解决好下列十个方面的问题：

（一）速度模式。必须从有利、可行、最佳三个方面确定长期稳步增长的速度。我国经济文化落后，底子薄，人民生活水平低，又受到外部敌对势力的严重威胁，有大量的问题亟待解决。只有积极奋斗，争取经济发展有一个较快的增长速度，才能有利于经济实力和国防实力的不断增强，有利于科学技术文化的日益发展，有利于人民生活的逐步提高。而我国有优越的社会主义制度，有比较丰富的自然资源和众多的劳动力，人民勤劳勇敢，有相当规模的物质技术基础，各方面都有巨大的潜力，这又使我们有可能做到这一点。我们必须树立雄心壮志，鼓足革命干劲，加快经济发展步伐。这是一个方面。另一方面，我国人口多，消费量大，而且80%多人口生活在农村，劳动生产率低，资金积累受到很大限制，全民族科学文化水平低，缺乏经营管理和组织社会化经济所必需的知识和经验。这种情况，又决定了我国现代化建设存在着其他许多国家所没有的复杂性和艰巨性。所以，指望速胜，想在短时期内就出现什么奇迹，是脱离实际的。必须量力而行，循序渐进，有步骤分阶段地实现现代化的目标。由于我国土地和其他农业资源相对于人口来说都不多，能源紧张，资金不足，要顺利推进现代化事业并且实现既定的宏伟目标，最根本的出路就在于大力提高经济效益，用有限的资金和物资去兴办较多的事业，创造更多的社会财富。也就是说，必须从提高社会生产的经济效益上求得较快的速度。因此，必须坚决摒弃过去相当长时期里那种忽视经济效益、片面追求增长速度的错误做法，应当把提高经济效益作为考虑一切经济工作的根本出发点，在提高社会经济效益的前提下努力实现可能达到的增长速度，做到速度和效益的最佳统一。同时，还要促使生产效益和生态效益得到最佳的结合，保护环境，促进生态系统的良性循环。党的十二大确定把今后20年作为一个大的战略阶段，明确提出20年内"在不断提高经济效益的前提下，力争使全国工农业的年总产值翻两番"的战略目标；并且规定了分两步走的战略部署，即前十年主要是打好基础，积蓄力量，创造条件，后十年要进入一个新的经济振兴时期。这是党中央全面分析了我国国情和经济发展趋势之后作出的伟大决策。这个决策充分体现了我国现代化建设的客观规律，完全符合全国人民的根本利益。既不是急于求成，也不是无所作为；既切合实际，又富有远见；既重视发展速度，又强调提高经济效益。这又一次生动地说明我们党的经济建设基本指导思想已经转到符合我国国情的轨道上来。

（二）消费模式。必须建立体现社会主义准则、我国资源特点和民族优良传统的消费模式。在生产资料公有制为基础的社会主义条件下，全部生产活动的唯一目的是为了劳动人民的幸福，为了最大限度地满足人民日益增长的物质和文化需要，基于社会主义基本经济规律提出的这种客观要求，我们应当把生产的发展和人民生活的改善密切地结合起来，使城乡人民的消费水平在发展生产的基础上逐步有所提高，人民生活消费的内容不断由低级向高级发展，日益丰富多彩，劳动者的体力和智力得到全面发展。同时，使全社会劳动者走略有差别、共同富裕的道路。在发达的资本主义国家里，随着全社会消费水平的提高，资产阶级的腐朽生活方式造成了社会性的巨大浪费。"高消费"和"高浪费"如影随形，难解难分。同时，贫富悬殊日益扩大，我们绝不能仿效发达资本主义国家那种过度耗费资源和社会财富的消费方式，应该珍惜和节省一切资源，防止和避免任何浪费资源和社会财富的现象，永远坚持和发扬中华民族勤俭朴素、艰苦奋斗的优良传统，使全体人民普遍地逐步过上经济、实惠、多彩多姿丰富而又美满的幸福生活。党中央在确定到本世纪末全国工农业年总产值比1980年翻两番的同时，又明确提出城乡人民的收入将成倍增长，人民的物质文化生活可以达到小康水平，就是充分考虑到建立我国自己消费模式的要求。

（三）两种文明一起抓。必须在建设高度物质文明的同时，努力建设高度的社会主义精神文明，以坚持我国现代化建设的社会主义方向。胡耀邦同志在十二大报告中指出："社会主义精神文明是社会主义的重要特征，是社会主义制度优越性的重要表现。"既抓物质文明的建设，又抓社会主义精神文明的建设，正是我国现代化事业的一个鲜明特点。在资本主义制度下，社会生产力的高度发展，并没有带来社会精神生活的高度文明，相反地造成了人们精神颓废、犯罪猖獗、社会风气败坏等各种光怪陆离的腐败现象。与资本主义制度截然不同，社会主义制度是人类历史上最进步最美好的社会制度，我们不仅要使人民享有富足的物质生活，而且还要享有健康的、丰富的精神生活，有高尚的情操，有理想、讲道德、有文化、守纪律。没有以共产主义思想为核心的社会主义精神文明，就不可能建设社会主义现代化事业。今后我们要坚决克服和避免过去曾经出现过的只重视经济建设、忽视科学、教育、文化建设的片面性，在加快经济建设的同时，切实加强科学、教育、文化建设，使二者相互协调、互相促进。同时，要突出抓好决定着精神文明的社会主义性质的思想建设。要坚持以马克思列宁主义、毛泽东思想为指针，通过确有实效的宣传教育工作、思想政治工作和其他许多方面的工作，使我们社会的成员愈来愈广泛地树立共产主义理想、信念和道德风尚，建立高尚的思想情操、生活方式和审美观念，养成自觉的守法精神、高度的组织纪律性和共产主义劳动态度，发扬崇高的集体主义、爱国主义和国际主义精神，经过长期的努力，要使我国不仅作为一个具有高度物质文明的强国屹立于现代化民族之林，而且还要以具有民族优秀传统的、闪烁着共产主义精神的伟大国家屹立于世界的东方。

（四）产业结构。必须建立一个以满足人民消费需要为中心的、农轻重协调发展的产业结构。这既是实现社会主义生产目的的需要，又是保证国民经济按比例发展的要求。我国拥有十亿人口，人民生活水平低，要逐步满足人民生活的需要，应当把增加消费品的生产放在重要地位。农业是我国国民经济的基础，农业经济的发展水平，不仅在很大程度上决定着整个现代化建设的进程，而且直接关系到全国人民生活的安定。在农业没有过关以前，我们必须始终坚定不移地把它放在首位，加快它的发展步伐。轻纺工业对于改善人民生活、繁荣市场关系极大，对于增加财政收入、回笼货币、节约能源、增加出口和安排劳动力就业也有十分重要的意义。因此，要从指导思想上彻底扭转那种以钢为纲、片面发展重工业的观念和做法，努力抓好轻纺工业的生产。把农业、轻纺工业放在重要地位，绝不意味着放松重工业生产。生产资料优先增长、第一部类和第二部类协调发展，是马克思主义再生产理论的重要组成部分。要加速农业、轻纺工业的发展，离不开重工业来提供先进的技术装备、充足的能源和原材料。保持生产资料和生活资料两大部类的协调发展，是我们应当长期坚持的方针。问题是，过去一个长时期中存在着片面强调发展重工业，一些重工业部门过多地为新建项目服务的偏向。今后，要进一步扩大重工业的服务领域，更好地为农业、轻纺工业服务，为国民经济的技术改造服务，为出口服务，为国防现代化建设服务；要加强能源、交通等基础设施的建设，使农业、轻纺工业、能源工业、原材料工业、机械制造工业、电子工业、建筑业、交通运输业、商业服务业能够协调地发展。党的十二大确定了今后 20 年内把农业、能源和交通、教育和科学作为经济发展的战略重点，是从我国实际情况出发的重要决策。在综合平衡的基础上，牢牢抓住这几个根本环节，就可以促进消费品生产的较快增长，带动整个工业和其他各项生产建设事业的发展，保障人民生活的改善。

（五）国民收入分配结构。必须坚持"一要吃饭，二要建设"的方针，兼顾积累和消费，兼顾生产建设和人民生活。积累是扩大再生产的主要源泉，是"社会的最重要的进步职能"（《马克思恩格斯选集》第三卷第 350 页），不增加积累，就不利于社会生产的扩大，不利于科学教育文化事业的发展，特别是现代化建设需要巨额资金，我们现在还正处于创业阶段，更应当在可能的限度内，尽量争取多增加一些积累，以利促进现代化的进程。这就要求，在正常情况下国民收入中积累部分必须保持一定的增长速度和比重。但如果积累比重过高，增长速度太快，就会影响人民消费水平应有的提高，也不能达到加快经济发展的目的。当然，根据我国国情，在今后相当长时期内积累和消费之间的平衡必然是比较紧张的平衡。建设也宽裕，民生也宽裕，是难以做到的。这就需要恰当地确立国民收入的分配结构。根据过去的经验和现阶段的实际情况，在经济调整时期逐步把积累率降到 25% 左右可能是比较合适的，以后应当在生产发展和劳动生产率提高的基础上，在不影响人民生活逐步有所提高的前提下，适当地稳步地提高积累率，以利加快现代化建设的步伐。同时，要从有利于生产性建设和非生产性建设以及农业、轻工业、重工业、运输业、建筑业和商业等国民经济各部门协调发展的原则出发，恰当地安排积累基金的使用方向和结构。要从有利于全体人民逐步过上共同富裕的生活和有效地贯彻按劳分配的原则出发，来恰当地安排消费基金内部的使用方向和结构。

（六）人口政策。必须把实行计划生育作为一项基本国策，努力提高人口素质，同时要合理安排进入劳动年龄人口的就业。我们要遵循马克思主义关于人类本身的再生产和物质再生产相适应的原理，严格控制人口的增长。这项工作搞得好不好，直接关系到我国现代化建设的进程。我们应当根据当前控制人口增长出现的新情况和新问题，从宣传教育、生育立法、物质技术、科学研究，以及建立奖惩制度和社会保险等方面，切实加强计划生育工作，为实现本世纪末把我国人口控制在 12 亿以内的目标作出坚持不懈的努力。对于进入劳动年龄，有劳动能力的人口，要坚持使他们广泛就业的方针。这既是社会主义制度必须保证全体人民获得劳动权利和必要劳动条件的要求，又是充分利用我国丰富的劳动力资源为社会创造更多财富的需要。当然，我们说的"广泛就业"，不是像过去那样全部由国家包下来，端"铁饭碗"、吃"大锅饭"，而是要逐步改进劳动管理制度，广开生产门路，采取多种途径解决就业问题。同时，要大力抓好劳动者的就业前训练和在职培训，提高他们的政治觉悟、科学文化水平和技术业务本领。也就是说，要在提高劳动者质量上下很大的功夫。这些工作做好了，既能充分发挥我国劳动力众多的优势，推动生产建设的发展，又能保持安定团结的社会局面。

（七）技术结构。必须从我国人口多、自然资源相对量有限、建设资金不足的情况出发，多发展劳动密集型，能节约能源和原材料、提供就业机会多的行业和产品；要实行自动化和半自动化、机械化和半机械化、机器操作和手工操作同时并举。我们应当把这作为一条长期的方针。搞现代化建设，一定要建立一些新兴工业部门，建设一批用先进技术装备起来的现代化大企业，采用先进技术，以不断提高劳动生产率。这是没有疑义的。但是，不能不顾国情，不能不分轻重缓急，什么都追求世界先进技术水平。我们在选择发展行业和采用技术的时候，重点应当放在节约物化劳动、节省自然资源方面，而不应一味追求节约活劳动。党和政府确定，今后扩大再生产必须主要靠充分发挥现有企业的作用。这是十分正确的战略决策。这样做，比新建企业投资少，见效快，经济效益高。由于过去一个长时期中盲目追求扩大基本建设，严重地忽视了现有企业的技术改造，造成现有许多企业设备老化，工艺陈旧，技术和产品落后。必须有计划，有步骤、普遍地开展现有企业的设备更新和技术改造。当然，在进行技术改造时，也必须按照上述应当采取的技术结构的方针。同时，要坚决地、全面地搞好企业的整顿和必要的改组，按照经济合理和专业化协作的原则，把现有企业合理地组织起来。经过调整、改组，在我国逐步建立起以大型企业为骨干的，大、中、小型企业相互协调、相互配合、相互促进的企业结构。

（八）经济体制。必须逐步建立起能够在中央集中统一领导下充分调动各方面积极性的、有利于提高工作效率和经济效益的经济体制。如前所述，我国经济体制长期以来存在着权力过分集中，统得过多过死，吃大锅饭和平均主义等弊端，各方面的权力、责任和利益结合得不好，以致影响到各方面积极性的发挥。近几年对经济体制进行了一些改革，扩大了地方和企业的一部分权力，已经对活跃经济起了明显作用。当然，这些改革还只是初步的。我们还要继续努力完成改革经济体制的重大历史任务。鉴于我们是一个社会主义大国，目前生产力发展水平比较低而且很不平衡等实际情况，我国将要建立的经济体制模式应当是：在坚持国营经济占主导地位的前提下，发展集体所有制的合作经济和劳动者的个体经济，使各种经济形式合理配置，相互促进；在国营企业和集体企业中，认真实行经营管理上的责任制，扩大职工管理企业的民主权利，更好地贯彻执行马克思主义的物质利益原则，同时要把物质利益原则同政治思想教育很好地结合起来；坚持对经济活动的管理采取指令性计划、指导性计划和市场调节三种形式，既要运用行政办法，也要注意发挥经济杠杆、经济法规、经济组织的作用；在商品流通方面，改变封闭的、少渠道、多环节的商品流通体系，建立多渠道、少环节、开放的商品流通市场。实行这种经济体制模式，就能把各方面的积极性主动性同全国经济活动的统一性计划性完满地结合起来，推动国民经济沿着社会主义道路生机勃勃地、按比例地发展，取得最好的经济效益。

（九）地区布局。必须在国家统一计划指导下，发挥优势，扬长避短，并按照生产力发展的客观规律，逐步实现地区的合理布局和均衡发展。按照整个社会和全体劳动人民的利益，在全国范围内合理布局生产力，使各个地区经济得到均衡的发展，是社会主义制度优越性的一个重要表现。但是，地区的生产力布局不是可以随意决定的，它要受到历史条件、经济技术水平、地理位置和自然环境、人口状况等多种因素的制约。基于我国各地区之间自然条件和经济文化水平极不平衡的复杂状况，要改变生产力的布局，实现各地区经济布局的合理化和均衡发展，必须经过一个相当长时间的努力。在地区发展布局方面，我们应当采取"承认不平衡，利用不平衡，经过一个相当长的过程，逐步消除不平衡"的基本方针。就沿海与内地来说，在近期应该是积极充分地利用和发展沿海地区经济，逐步合理开发和建设内地经济。在消除地区间存在的不平衡方面，求成过急的思想和做法是错误的；慢慢腾腾，不积极采取措施，也是不对的。要提倡在国家方针政策和计划指导下，各地区都应当努力创造适合本地特点的具体形式、步骤和方法，推进现代化建设；应当根据发挥优势、扬长避短的原则，搞好地区之间的分工协作，互通有无。合理规划城市的分布和发展，是我国现代化建设中应当而且必须妥善解决的一个大问题。我们要适应生产力发展的客观要求，坚持实行控制大城市发展，合理发展中等城市，积极发展小城市，有计划地、稳步地发展农村集镇的城市建设方针，避免农村人口大量涌向城市。

（十）对外经济关系。必须在坚持独立自主、自力更生方针的基础上，实行对外开放政策，按照平等互利的原则扩大对外经济技术交流。邓小平同志指出："中国的事情要按照中国的情况来办，要依靠中国人自己的力量来办。独立自主，自力更生，无论过去、现在和将来，都是我们的立足点。"在我们这样一个大国进行现代化建设，只有坚持独立自主、自力更生的方针，才能建立起独立的完整的国民经济体系，而这方面又是保卫国家安全和保持经济稳定，经受得住国际上任何狂风巨浪所绝对必需的。过去我们主要依靠自己的力量，逐步建立起来独立的比较完整的工业体系和国民经济体系，取得了社会主义建设的伟大成就。在今后的现代化建设中，不论遇到何种严峻的困难，我们都要一如既往地坚信自己的伟大力量，绝不能有任何单纯依赖外力、迷信外国的思想和行为。但是，坚持自力更生，决不是要闭关锁国。基于我国是经济技术落后、底子薄、资金短缺的国家，为了争取时间，增强我国自力更生的能力，必须尽可能地利用世界上已有的适合我国情况的科学技术成果，积极创造条件，有效地借用国外资金，努力发展各种形式的国际经济技术合作。为此，我们应该彻底抛弃自给自足的自然经济观点，反对一切闭关自守、墨守成规的思想和行为，更好地扩展对外经济技术交流，促进我国经济的发展。在坚持实行对外开放政策的过程中，我们一定要坚决警惕和抵制资本主义思想的侵蚀，反对任何崇洋媚外的思想和行为。

党的十二大从我国国情出发确定了全面开创社会主义现代化建设新局面的伟大纲领，我们一定要深刻领会这个光辉纲领的精神实质，在实践中全面地贯彻执行。在党的十二大路线指引下，我们一定能够走出符合我国国情的社会主义现代化建设的正确道路，并且使这条道路越走越宽广，不断走向新的胜利！

# 坚持长期稳定发展经济的方针 *

（1987 年 5 月）

## 一、保持国民经济长期稳定发展的极端重要性

我国经济发展战略正在进行着历史性的重大转变。把保持经济长期稳定发展作为重要指导方针，是新的经济发展战略的重要组成部分。我们认为，经济长期稳定发展包含着多方面的内容：一是指经济要以适当的速度增长，没有一定的速度就谈不上发展；二是经济要持续稳步增长，不能大起大落，忽上忽下；三是经济发展要有后劲，不是某个短时期繁荣，而是长时期都以适当的速度发展；四是经济发展不仅包括量的增加，也包括质的提高，不仅包括生产的增长，也包括人民生活的改善和其他社会事业的进步。这个重大指导方针的基本点，就是坚持实事求是，按照客观规律和实际情况办事，量力而行，积极奋斗，长期作战，脚踏实地前进。我们要把社会主义经济建设真正健康地、顺利地不断推向前进，必须毫不动摇地坚持长期稳定发展经济的正确方针。

经济建设能否顺利发展并取得应有成效，关键取决于两个基本条件。一个是国家的安定团结，这是经济稳定持续发展的政治环境。一个是经济工作指导方针的正确有效，这是经济稳定持续发展的重要保证。党的十一届三中全会以来，由于党中央确立并实行了从我国实际情况出发，坚持四项基本原则、实行改革开放、集中力量发展生产力这样一条建设有中国特色社会主义的马克思主义路线，所以在全国范

* 本文发表在《学习》1987 年 5 期。

围内取得了安定团结、生动活泼的政治局面。这种政治局面不断巩固和发展是大势所趋，人心所向，不可逆转。在经济建设的指导方针方面，前些年，通过经济领域的拨乱反正，纠正了过去长期存在的脱离实际、急于求成的"左"的指导思想。近几年由于坚持了实事求是，稳步前进的指导思想和原则，避免了经济的大起大落。因此，坚持长期稳定发展经济的方针，这体现了从党的十一届三中全会以来确立的经济建设的正确指导思想和原则，也是总结新中国成立以来30多年特别是近8年经济建设的实践经验，对党中央确立的正确建设指导思想的进一步丰富和发展。

从新中国成立到党的十一届三中全会召开以前，我国经济经历了几次大起大落。这些正反两方面的历史经验，为坚持长期稳定发展经济的方针提供了可资检验的实际依据。特别是近8年我国经济进入稳定发展时期，更加证明了提出这一方针所具有的强烈针对性。近8年来，我们国家生机勃勃，整个形势一年比一年好，这是全国形势的本质和主流。但在看到大好形势的同时，我们也要如实地看到前进中仍然存在着不少的困难和问题。就经济领域来说：社会总需求超过总供给的矛盾虽然有所缓解，但问题尚未根本解决，仍然存在着某些不稳定因素。1986年国家财政出现70亿元赤字，1987年预算又打了80亿元赤字。信贷、外汇收支也不平衡。部分商品价格上涨较多。农业生产后劲不足，粮食、棉花生产波动较大。工业生产建设经济效益不高，产品结构还很不适应社会需求的变化。这些问题都需要我们引起高度重视，并采取切实措施解决；否则，任其发展下去，就会严重影响到国民经济的持续稳定发展，甚至可能会再次出现大的曲折。

我们必须充分认识解决目前经济生活中存在问题，保持经济持续稳定发展的极端重要性。

（一）这直接关系到党的十一届三中全会以来全国各族人民经过艰苦奋斗所赢来的经济、政治大好形势，能不能得到继续巩固和发展。而只有进一步发展目前的良好形势，才能保持这些年社会主义现代化建设和经济改革、开放取得的胜利成果。否则，经济一旦出现大的波动，就会使我们已经取得的胜利成果得而复失。

（二）这极大地关系到经济体制改革和对外开放政策的进一步贯彻并取得应有成效，从而决定着建设具有中国特色的社会主义这个重大历史任务的进程和前途。而只有保持经济的持续稳定发展，才能进一步为改革、开放创造良好的经济环境和社会环境。如果经济发展出现曲折，经济生活和社会生活不正常、不稳定，改革、开放政策的贯彻执行也就必然受到严重影响乃至挫折。

（三）这直接关系到党中央提出的并已深入人心的到本世纪末战略目标的顺利实现。前几年，我们虽然向这个宏伟目标迈出了重大步子，取得了始料不及的巨大成就，但全面实现这个伟大目标还需要花很大气力。只有保持经济的持续稳定发展，才能顺利推进现代化建设并达到预期的目标。

（四）面对世界各国经济日益趋向国际化和世界新技术革命的蓬勃兴起，我们能不能利用这个机会，迎接这个挑战，在经济、技术上逐步缩短同世界发达国家之间的差距，今后一个时期的经济工作至关重要。保持经济持续稳定发展，我们就可以有条件有能力在这方面做出切实的努力和进展。否则，在经济出现曲折的情况下，就很难去实现这个关系我们民族前途和命运的重大任务。

（五）更加重要的是，也只有保持已经取得的胜利成果，促进经济持续、稳定、健康地发展，才能进一步巩固和发展安定团结的政治局面，推进政治体制改革，使国家长治久安。这是我国社会主义现代化建设事业从胜利走向胜利的根本基础和条件。

从根本上说，实行长期稳定发展经济的方针是由我国国情所决定的。我们国家大，有资源，有优越的社会主义制度，人民勤劳勇敢，这是实现社会主义现代化的有利条件。在党的正确领导下，充分运用各种有利条件和全国人民的积极性，就可以达到我们的目的。对我国四个现代化的事业采取悲观的看法是没有根据的。但是，我国人口多，家底薄，生产力水平低，商品经济不发达，各地区的自然条件差异很大，经济文化发展很不平衡。尽管30多年特别是近8年经济建设取得了很大成就，社会总财富有了较多增加，但至今仍然是一个没有摆脱落后状态的发展中国家。目前全国人均国民收入只有七八百元，在正常情况下，一年新增加的国民收入不过六七百亿元，平均每人仅有六七十元。特别是农业劳动生产率还很低，农业生产的商品率不高，每个农业人口一年为社会提供的农副产品总值才有 200 元左右。这种情况表明，我们现在的国力很有限，加上借用一些外资，数量也不会很多。不论生产建设还是改善生活，都只能在这样的国力限度内做文章，充分发挥主观能动性。超过了这个限度，那就是搞无米之炊，其结果必然与主观愿望相反，受到客观规律惩罚。同时，还必须看到，基本生产条件的显著改变和科学技术的重大进步需要长时间的积累，不可能一蹴而就。所以，我们的这种国情决定着，我们要真正实现国家繁荣发达，人民普遍富裕，彻底改变我国的落后面貌，就必须经过长期持久的积极奋斗，而决不能急于求成，急功近利，企望在短期内一下子出现"奇迹"；就必须牢固确立长期持续发展经济的指导原则，脚踏实地前进，而决不能追求一时的高速度和短期繁荣。就一个单位、一个局部地区来说，有可能在一些特殊条件下在短期内改变面貌，但整个国家不行。邓小平同志最近在会见外宾时说："八年来的成功，主要是因为我们政策的制定立足于中国的实际情况，立足于我们自身的努力。"又说："新中国成立以来，我们犯的几次错误，都是由于要求过急，目标过高，脱离了中国的实际，结果发展反倒慢了。"这也是对新中国成立以来正反方面历史经验的科学总结。

所以，把马克思主义的基本原理同我国的具体实际结合起来，坚持实事求是的原则，按照中国的国情办事，是我们必须采取长期稳定发展经济这一正确建设方针的基本出发点。在今后社会主义现代化建设的历史进程中，我们都必须坚定不移地贯彻执行这条重要的指导方针，以保证整个国民经济和现代化事业长期健康地向前发展。

## 二、坚决压缩过热的空气，努力保持社会总需求<br>和总供给基本平衡

理论和实践告诉我们，要保证经济的稳定发展，最根本的是必须保持社会总需求和总供给的基本平衡。因为社会再生产是复杂的社会

经济运动，它的正常运转要求各个环节（生产、分配、交换、消费）之间保持紧密衔接和相互平衡，而社会总需求和总供给的平衡正是这种衔接和平衡的综合反映。

当前，我国经济生活的一个突出问题，是社会总需求过多地超过社会总供给。这主要表现在有支付能力的固定资产投资需求和消费需求的并发膨胀上。据统计，1984—1986 年，全社会固定资产投资平均每年增长 29.4%，大大超过同期按现价计算的国民收入平均每年增长 18.6% 的速度；全国居民货币收入平均每年增长 23.9%，也明显超过同期国民收入的增长速度。其中，1986 年全社会固定资产投资比上年增长 16.7%，居民货币收入比上年增长 18.4%，增长速度比前两年有所放慢，但都仍超过了当年按现价计算的国民收入增长 14.2% 的速度。更值得注意的是，无论是投资还是消费的结构都很不合理，如不加以解决，势必会进一步加剧社会总需求与总供给的矛盾。为了消除经济发展中的不稳定因素，必须下大决心和采取有力措施，认真解决社会总需求与总供给的不平衡问题。这里，特别应注意抓住抓好以下两个方面：

（一）必须坚决按照建设规模同国力相适应的客观规律办事。建设规模同国力相适应，是整个国民经济稳定发展的基本条件。建设规模超过国力，是经济生活中一个极不稳定的因素。一般来讲，基本建设投资是"在一年或一年以上的较长时间内不提供任何生产资料和生活资料"的投资。基本建设铺的摊子越多，在建规模越大，建设周期越长，"不提供任何有用效果"的时间越长，"从全年总生产中取走劳动、生产资料和生活资料"的数量越多。其结果必然是"一方面，货币市场受到压力，……另一方面，社会的可供支配的生产资本受到压力。"（见马克思：《资本论》第二卷第 305 页）马克思的这一结论，虽然是分析资本主义社会再生产时得出来的，但对社会主义经济建设也是同样适用的。

我国当前固定资产投资中存在的一个主要问题是，已经铺开的摊子过多，在建项目总规模过大，主要是计划外投资过多。目前全国在建项目达到 8.4 万个，计划总投资加上超概算因素共达 6000 多亿元，结转到 1987 年以后待完成的投资还需 3000 多亿元，今后即使一个新项目不上，也要 3 年多才能全部建成，如果不加以调整，这样"七五"后几年的计划投资，大部分将用于在建项目上。1986 年对全民所有制基本建设投资进行了严格控制，预算内的基本建设投资得到了有效控制，只比上年增长 7.3%，大大低于 1985 年增长 44.6% 的速度，但其他方面实际完成的投资额仍然超过国家计划 202 亿元，未列入计划考核的投资高达 188 亿元，比上年增长 35%。这种情况说明，目前建设规模大，主要是计划外投资多，各种自筹投资多。

更值得注意的问题是，我国当前固定资产投资的投资方向和结构很不合理。仅从全民所有制投资来看：一是能源、交通、通信、原材料投资偏少。从国民经济发展综合平衡考虑，"七五"计划要求这几个部门的投资比重达到 55%，1986 年实际只达到 49.6%；这几个部门投资仅比上年增长 11%，低于轻工、纺织和机械工业投资增长的速度。二是大中型项目投资的比重偏低。在 1986 年基本建设投资中，大中型项目投资只占 39.9%，不仅低于 1978 年 48.7% 的比例，也低于 1983、1984 年分别占到 44.2% 和 42.2% 的比例。三是非生产性建设投资的比重仍然偏高。"七五"期间这方面比重由 1953—1980 年的 21% 上升到 43.3%，1986 年达到 45.6%。在持续多年过高的基础上，1986 年非生产性建设投资的比重还高达 39%，其中住宅投资比重有所下降，其他方面的非生产性建设投资仍高达 23.3%，比上年还略有上升。一些部门和地方花费大量的资金，兴建楼堂馆所、"活动中心"、游乐场、"一条街"和古建筑等非生产性建设。1986 年全民所有制固定资产投资只占全社会总投资的 65%，其余 35% 的投资是城乡集体、个体企业以及其他经济成分的，这部分投资绝大多数都是用于一般加工工业和非生产性建设。因此，从全社会角度来看，投资结构不合理的问题更加突出。

由于多年来一般加工工业和非生产性建设上得过多，投资增长过猛，能源、交通、通信和原材料工业等这些国民经济中长期处于薄弱的部门却投资不足，造成能源、原材料供应和运力一直相当紧张。钢材等重要材料尽管国内生产每年增长幅度较大，但仍供不应求，每年大量从国外进口；化工原料和化肥也要从国外大量进口。主要铁路干线运力已经饱和，不少物资由于货运能力的限制，影响了正常生活。特别是电力不足，已经成为社会经济生活中的突出问题。邓小平同志在 1982 年就指出："看来，不搞能源，不上骨干项目不行。不管怎么困难，也要下决心搞。钱、物资不够，宁可压地方上的项目，特别是一般加工工业项目，这些小项目上得再多，也顶不了事。"实践证明，邓小平同志的这个意见是非常正确的。可惜，由于多方面原因，在实践中没有得到很好落实。看来，合理调整投资结构，已经成了提高社会经济效益，消除投资膨胀，保证经济健康成长的主要关键之所在。

为了进一步解决投资总规模偏大和投资结构不合理的问题，全国上下都必须坚决贯彻执行国务院已经采取的若干重要措施，其中包括：① 1987 年国家计划安排的全民所有制单位固定资产投资，基本维持去年的水平，不得突破。同时，全社会固定资产投资，包括全民所有制单位、集体所有制单位和个体企业及中外合资企业中的中方投资，都必须纳入全国分部门、分地区的投资计划，统一进行指导、调节和管理。②在严格控制固定资产投资总规模的前提下，对基本建设实行"三保三压"的方针，即保计划内建设，压计划外建设；保生产性建设，压非生产性建设；保重点建设，压非重点建设"。③通过银行代理发行重点建设债券和重点企业债券 100 亿元，从地方、部门和企业集中相应数额的预算外资金，用于计划内的能源、交通、原材料等重点建设。④开征固定资产投资税，并实行差别税率，对计划外投资、非重点建设和非生产性建设的投资实行高税率，以减少这方面的投资。⑤继续清理在建项目和严格控制新开工项目。对于那些电力供应以及其他建设条件不落实的建设项目，要坚决停建或缓建。1987 年，除国务院批准的急需项目之外，一律不上新项目。重点建设项目也要集中力量打歼灭战，不扩大摊子。只要全国上下认真贯彻执行这些决策和措施，控制投资规模和调整投资结构的工作就会迅速见效。

（二）必须坚决控制消费需求的增长，使生活改善切实建立在生产发展可能的基础上。要如实看到这两年生活消费确实增长过快。前面说过，从 1958—1978 年这段相当长时期里，确实出现了过分注重积累、忽视消费的错误。为了纠正这个错误，前几年在经济调整中，采取了一系列措施，包括提高农副产品收购价格、增加职工工资、实行奖金制度、扩大劳动就业、大幅度增加住宅建设等，解决多年积累下来的人民生活中的问题，使城乡绝大多数居民的收入和消费水平有了显著提高。这其中有相当成分有还"欠账"的性质，因此是必要的和正确的。那几年消费超过生产的增长只能是短时期采取的特殊措施，不能也难以长期这样下去。在积累和消费关系基本趋于合理以后，本来应该控制消费的继续过快增长，然而问题是，一个时期里，宣传媒介方面一度出现强调刺激消费，甚至提倡高收入、高消费的倾向，加之某些改革措施不配套、财经纪律松弛等原因，造成消费持续增长过快。1984—1986年，职工平均工资每年平均增长15.5%，扣除生活费用价格上升因素，实际增长7.8%，超过了同期工业劳动生产率平均每年增长6.6%的速度；其中，1986年全国职工平均工资比上年提高16%，扣除生活费用价格上升的因素，实际工资提高8.4%，大大超过工业劳动生产率提高4%的幅度。这三年，农民人均纯收入平均每年增长11.1%，扣除物价因素增长6.6%，也超过同期农业生产增长6.3%的速度。不仅居民实际收入增长过快，而且社会集团消费也增长过快。1986年社会消费在1984、1985年分别比上年增长24.1%和16.9%的基础上，又比上年增长9.6%，都大大超过同期国民收入的增长速度，而且消费需求过分扩张的势头仍然在发展。这两年消费这么快增长是不合理的，含有明显的不健康因素，不能说还是补"欠账"所必需的了。我们应该清醒地看到，消费过度增长对国民经济发展已经产生不良后果。

我们要充分认识消费需求膨胀的极大危害性。从业已发生的情况看，消费过度增长大致有以下十大消极后果：

——工资、奖金、津贴和其他消费性开支过多，提高生产成本，这是近几年工业生产成本逐年上升的重要原因。生产成本的增加，削弱了商品在国内外市场上的竞争能力。

——形成巨大的市场压力。消费品工业连续多年大幅度增长，都适应不了消费需求的增长和变化。国家不得不动用大量外汇进口消费品来稳定市场，满足膨胀着的消费需求。仅 1985 年进口生活资料约花费外汇 70 亿美元，进口电子元器件组装家用电器 20 多亿美元。这也是近几年外贸逆差较大的重要原因。

——加剧消费结构与生产结构的矛盾。由于消费需求膨胀，使得消费欲望越来越大，标准越来越高，消费结构过早地向高度化发展的趋势，脱离了现有的经济发展水平和产业结构变化的可能。市场结构性矛盾越来越突出，一方面是高档紧俏商品严重脱销，一方面又有大量商品积压。消费结构的畸形发展，影响了生产结构的合理发展。

——妨碍产品质量和经济效益的提高，不利于生产技术进步。膨胀了的消费需求，诱使企业片面追求产量，忽视提高质量、降低消耗，甚至使一些滞销的落后产品重新涌入市场。短斤少两，服务质量下降的现象比较普遍。在消费需求过大的压力下，许多被淘汰的设备和落后的技术继续得到使用，企业不惜以低效益、高成本来维持过快的增长速度。

——导致市场物价上涨。职工工资超过了劳动生产率提高的幅度，企业产品成本因工资增长而增加。企业为了不减少盈利，就会巧立名目，提高产品的出厂价格，最终使商品非正常涨价。乱涨价是国家政策和法令不允许的，而乱涨价的现象所以仍时有发生，重要原因是需求过旺，涨价也仍有人购买。这两年，加之出口货源抬价争购，使零售物价总水平上涨到了一个新的高度。1986 年同 1985 年相比，社会商品零售物价总水平上升了 18.6%。1985 年零售物价指数为 8.8%，1986 年采取了措施后仍上升 6%。

——促使价格补贴大量增加，形成财政的沉重负担。为了稳定人民生活，对若干商品实行购销价格倒挂的价差和亏损补贴，1984 年达到 321 亿元，1985 年也有二三百亿元。

——造成结余购买力急剧增加。1985、1986 年，社会结余购买力增加了 1330 亿元，相当于 1979 年前 28 年总和的 2.1 倍。虽然结余购买力中有一部分通过金融媒介转为积累，但从根本上说，它仍然基本上是有待于实现的消费需求。如此庞大的潜在购买力，不仅增加着国民经济的压力，也给抑制物价上涨带来了困难。

——消费欲望和标准的提高，给人民群众物质生活和精神上造成了很大的负担，大家的收入水平并不高，"高消费"的欲望都很强烈，而现实情况又不可能满足这种过高的要求，势必引起不满。这也可能就是现在有些人"端起碗来吃肉，放下筷子骂娘"的一个原因。这种心理状态，极不利于安定团结。

——腐蚀社会风气，滋生贪图享受、不求创业的思想。特别是社会集团消费方面，许多机关、团体、企事业单位讲排场，摆阔气，比豪华，请客送礼，滥发实物，挥霍公款，奢靡成风，各项建设盲目追求现代化，铺张浪费到了相当严重的地步。这也是目前群众议论最多、最为不满的重要方面。

——从根本上说，也是最为重要的，它造成经济发展后劲乏力。不仅消费增长过快挤占必要的建设资金，而且导致投资结构向轻型化、消费型方向发展。

总之，消费需求膨胀的后果是相当严重的。如不加以坚决纠正，不仅有害当前经济建设和社会生活，而且危及整个现代化事业。

因此，要坚持实行正确的消费原则和政策。任何一个国家，都有一定的消费政策。在我国这样的发展中社会主义国家里，更必须实行正确的消费政策，对消费需求进行有效的引导和调节。今后我们应当坚持实行以下一些消费原则和消费政策。

一是，坚持执行在发展生产的基础上不断改善人民生活的方针。社会主义生产的根本目的是不断满足人民日益增长的物质文化生活需要。要汲取过去曾经片面强调生产建设、忽视人民生活的教训，十分重视提高人民的生活水平和生活质量。

二是，人民生活改善的步子要量力而行。因为生产是消费的前提，生活消费只能随着生产发展逐步提高，这是一个普遍规律。

三是，要根据生产力发展的进程，合理确定不同阶段生活消费的内容，使生活消费发展的接替规律符合生产发展的客观规律。这方面，日本近三十年在推进现代化的过程中逐步推进"食—衣—耐用消费品的普及"的所谓三次"消费革命"的做法是值得研究借鉴的。当然，我国的消费内容不可能与他们一样，但也必须使生活消费的发展变化与生产发展水平相适应。坚决防止出现"消费早熟"。

四是，引导消费结构的变化符合社会性质、资源条件和民族特点。例如，根据我国耕地和草地比较少的特点，食物中肉禽蛋等动物性食物的消费不能增加过快，衣着方而纯毛制品和皮革制品，只能适当增加。再如，由于电力供应将长期处于紧张状态，家用电器的消费只能适度增加，尤其要控制耗电高的空调器、冷热机的使用。人民的居住条件还要不断改善，但住房面积建筑标准不宜过高，等等，这些都要运用经济手段和行政手段加以实施。

五是，在今后一个相当长时期内必须坚持艰苦奋斗，勤俭建国、勤俭办一切事业的方针，不能追求过高的消费。邓小平同志指出："中国搞现代化，要老老实实地创业。我们穷、底子薄，教育、科学、文化都落后，这就决定了我们还要有一个艰苦奋斗的过程。"这是从我国实际情况出发所提出的一个极为重要的指导思想。我们国家目前正处于社会主义现代化建设的创业阶段，百业待举，需要大量积累资金。到 2000 年实现了既定的奋斗目标，还只是达到小康生活水平，需要再经过半个世纪的努力，才能接近中等发达国家的水平，才能从根本上摆脱我国落后面貌。也就是说，要使我们国家跻身于世界现代化之林，需要几代人、几十年的艰苦努力，励精图治。我们对于这一点，务必要有十分清醒的认识。

六是，我国人口多，基数大，今后一个时期又处于人口生育高峰，我们必须坚定不移地控制人口增长。这对于我国社会主义现代化建设的健康发展和人民生活的改善都具有极为重要的意义。

为了严格控制消费需求的过度增长，必须切实加强对消费的宏观管理。在个人收入的分配上，必须使职工实际工资总额的增长低于生产增长的幅度，平均工资的增长低于劳动生产率提高的幅度；使农民收入的增加主要靠农业生产的增长和生产成本的降低，不能依靠价格的调整。各项公共消费都要确定合理的标准和支出规模，特别要严格控制行政事业费和社会集团购买力的不合理增长。要加强工资基金的管理，严格银行的监督和自上而下的检查，认真清理不合理的工资性开支。在这方面，都必须用行政的、经济的、法律的综合性办法和措施加以治理。只要认真执行国务院所采取的各项措施，消费需求膨胀的问题就一定会得到妥善解决。

为了贯彻执行长期稳定发展经济的方针，还必须从多方面采取措施，包括坚持财政、信贷的基本平衡，继续防止盲目追求过高增长速度的现象，把发展农业放在国民经济的重要战略地位，合理调整和改造产业结构，进一步全面推进经济体制改革，以及广泛开展增产节约，增收节支运动等，限于篇幅，不一一论及了。

在经济的发展中，一点波动没有是不可能的。但是我们经济工作的立足点和着眼点应当而且必须努力避免发生大的起伏和波折。经过30多年正反两个方面的丰富实践，使我们更加深刻地认识到了保持国民经济长期稳定发展的必要性和重要性。这种认识的提高是来之不易的，也是极为宝贵的。只要各个方面、各个地区都不折不扣地贯彻执行长期稳定发展经济的指导方针，把经济工作的基本立足点真正放在保持经济持续稳定发展上面，我们就一定能够很好地克服前进中的矛盾和困难，推动社会主义现代化和改革、开放的伟大事业不断从胜利走向新的胜利。

# 到本世纪末经济和社会发展战略的若干构想 *

（1988 年 1 月）

1. 走向 2000 年的我国经济继续面临着重大转折。按照建设有中国特色的社会主义的总要求，深入研究到本世纪末经济、科技和社会发展战略，把握好前进的方向和道路，对于胜利实现党的十二大确定的奋斗目标，争取下个世纪初叶我国经济的持续发展和在世界舞台上占据有利地位，有着十分重要的意义。

对长远发展战略的研究，应当遵循四项基本原则和改革、开放、搞活经济的总方针，坚持开拓前进和勇于创新。从现阶段我国国情出发，立足现实，面向未来，面向世界，着力推进我国经济发展战略和经济体制成功地由旧模式向新模式转换，加快社会主义现代化进程，这是到本世纪末经济和社会发展战略研究的基本任务。

## 一、我国经济发展处于的阶段和特征

2. 经济发展所处的阶段，在客观上决定了我们前进的出发点和面临的任务。按 1980 年价格和汇价折算，1985 年我国人均国民生产总值有很大提高。根据世界银行的划分标准，我国经济已处于由低收入向中等收入水平过渡的阶段。近两年国民经济增长格局和消费品市场的变化也表明，我国经济发展的新阶段已经到来。这一阶段发展的实质，是整个经济进一步由农业国向工业国转变，由二元经济向现代化经济转变。从目前农业的比重大、农村人口多和生产技术水平低的情

---

* 本文发表在《管理世界》1988 年 1 期，与桂世镛同志合作。

况看，今后发展阶段中，农业还将占有相当比重，传统工业仍是国民经济的主体。同时，新的技术革命正在世界范围兴起，我们必须根据这种新形势，使我国经济汇入世界经济前进的洪流之中。也就是说，我们面临着既要着重推进传统产业革命，又要迎头赶上新技术革命的双重任务。

3. 概括地说，今后我国经济发展的趋势，将具有以下重要特征：(1)居民消费弹性明显增强，并向多样化、高档化和个性化发展。(2)产业结构向高度化转化，即向劳动生产率较高、技术较先进、经济效益较好方面发展。(3)就业结构随着生产结构改变而变化，农业人口向非农转移规模日趋扩大，城市化进程加快。(4)现代化建设进一步展开，规模更加扩大，投资需求旺盛。(5)整个经济将进一步由自然经济、产品经济向商品经济转变，社会化、商品化、现代化程度将显著提高，对外经济联系将进一步扩大。以上这些特点，对消费模式的选择、产业结构的调整、生产要素的组合与质的提高、积累资金的追加以及经济运行机制和体制的改造等，都提出了新的要求。

4. 到2000年我国经济的发展，是在十多亿人口的大国和国际经济技术结构急速变动的大背景下进行的。经济发展的客观要求和特殊环境，使我们有许多选择的机会和有利条件，也面临着不少矛盾和困难。

5. 我们面临的有利机会和条件是：

——我国前阶段发展所形成的较为独特的国民收入分配结构和生产格局，虽然有其弊端，但从某种意义上讲也为今后经济的成长提供了条件。与其他低收入国家相比，我国积累率较高，接近少数中等收入国家；重工业特别是制造业的比重，不仅高于一般低收入国家，也高于中等收入大国。同时，尽管国民收入中用于消费的份额相对较少，但由于分配合理，目前全国居民基本生活的不少指标已接近中等收入国家的水平。这些说明，我国现在拥有的物质技术基础相当可观，有较坚实的前进阵地。

——现存资产运用的潜力巨大，许多自然资源有待开发。

——劳动力资源充沛。到2000年前这一段时期城乡新成长的劳动力将近2亿人，这些人文化水平一般较高，对经济发展和技术提高是很有利的。

——党的经济发展战略实行了重大转变，经济体制改革和对外开放深入发展，政治体制改革即将进行。这些都将为生产力的进一步解放开拓广阔道路。

——社会安定团结，政通人和。这是经济迅速成长的良好政治前提。

——国际环境对于我国经济发展的机会和有利因素也不少。预计今后十多年世界经济将处于持续低速增长状态，有不少闲置资本、设备和技术寻找出路，这使我们有可能得到较多利用外资和引进技术的机会。一些发达国家将大幅度地调整产业结构，正在逐渐限制以至削弱某些传统产业的发展，把它们部分地转移到发展中国家，我们可以利用这个机会，与发展中国家竞争，填补国际市场中的空缺。同时，国际经济多样化，亚太地区经济日趋活跃，我们可以把握时机增加出口。世界新技术革命的迅猛发展也给予我们在某些方面迎头赶上的机会。此外，香港、澳门问题的解决，也会有利于促进我国经济的发展。

6. 我们面临的矛盾和困难主要有：

——从现在起到本世纪末，我国面临又一个新的人口生育高峰，由于进入婚龄的青年多，尽管实行计划生育，但人口出生率仍比较高，估计要净增 2 亿多，这样将会带来一系列经济和社会问题。

——农业的基础还相当脆弱，基础工业和基础设施严重落后，电力和原材料紧张，交通和通信能力不足。

——科学技术水平比较低，劳动者素质不高，专门人才缺乏。

——相对于人口来说，水、土地、森林和重要矿产资源不多，治理环境污染和保持生态平衡的任务十分艰巨。

——经济关系尚未理顺，宏观和微观经济管理水平都较低。

——特别是资金短缺，并且使用效率和效益不高。这将是最突出的矛盾和困难，它在很大程度上制约着其他问题的有效解决。

7. 总之，到 2000 年这段时间，我国经济的发展既有良好的机会和条件，也有严峻的挑战和困难。可以说，这个时期充满着希望，有着美好的前景，同时也承担着风险。我们必须抓住机会，充分运用有利条件，采取积极态度和有效措施克服不利因素，推动我国经济成功地登上新的台阶。

## 二、总体战略的选择和部署

8. 以上我国经济发展所处的阶段、特征和国内外环境，要求我们必须对中国经济发展的总体战略和部署进行正确的选择。在作出这种决策选择时，应把握住以下几个基本点：

——坚持从实际出发，明确工业化、现代化立国，并走工业化、现代化立体发展道路，即整个经济的发展以高技术产业为先导、资金技术密集产业为骨干、劳动密集产业为基础。要突出依靠科技进步，充分利用世界上已有的科技成就，尽量走捷径，关键部门起点要高。

——坚持稳步前进，在全面提高经济素质和效益的基础上，使经济以较快的速度长期持续增长。

——坚持注重调整经济结构，逐步建立起与中等收入水平相适应的生产结构、技术结构和就业结构。

——坚持扬长避短，趋利避害，特别是要扬劳动力资源丰足之所长，避资金不足之所短，把恰当地积累、有效地配置和运用资金，以及合理利用巨大的劳动力资源和节约自然资源作为重要方针。

——坚持以社会主义经济是有计划商品经济的基本理论，改造经济运行机制和实施政策，把国家计划和市场力量、政府指导和民间作用有机地结合起来，最大限度地调动与发挥广大企业和劳动者的积极性、创造性。

——坚持独立自主、自力更生的方针；同时放眼全球，从多方面扩展对外经济技术往来和合作。

——坚持在生产发展的基础上，不断提高人民的物质文化生活水平。同时，继续坚持艰苦奋斗、勤俭建国的方针，提倡奋发图强、励精图治的创业精神。

——坚持社会主义物质文明建设和精神文明建设同时并进的方针。

综合以上各点，今后发展时期应当实行的总体战略可以概括为：以推进工业化和经济结构调整为中心，在加速科技进步、充分利用资源潜力、提高经济素质、改造经济运行机制和管理的前提下，实现国民经济快速、高效和持续稳定增长，显著地改善全国人民生活水平和生活质量。

9. 到 2000 年，我国经济和社会发展的基本任务和目标可以作如下规定：

——积极促进经济、科技、教育振兴，大力发展生产力，使我国成为比较全面发展的工业—农业国家，在实现国民经济现代化方面取得重要进展。根据有利条件和不利因素的综合分析，可以考虑 90 年代的 10 年间，国民生产总值翻一番，即平均每年递增 7.2%。

——在物质技术和人才培养方面为 21 世纪初叶经济的持续发展创造有利条件，使我国社会主义现代化建设在迈好目前这一大步的同时，为下一步做好必要的准备。

——进出口贸易和其他对外经济技术交流有一个较大的扩展，我们国家在世界经济中的地位和作用进一步增强。

——国土整治和环境保护取得进展，森林覆盖率和草原植被率有一定提高，生态平衡、环境恶化的趋势基本得到控制，并在某些方面有所改善。

——提高全国城乡居民生活水平和生活质量，使人民过上小康生活，现在生活还比较困难的部分地区彻底摆脱贫困状态。

——在生产力发展的同时，社会主义生产关系、社会关系不断得到改善。

10. 实现上述本世纪内的任务和目标，关键在于较大幅度地提高生产、建设、流通等各个领域经济效益和社会综合经济效益。根据世界银行计算，我国整个工业工人平均所占用的固定资产比一般低收入国家高出 40%，然而净产出却只多 17%；在制造业中，我国工人平均占用的固定资产比一般低收入国家高出 4 倍，接近于中等收入国家水平，然而净产出只比一般低收入国家多 50%，而不及中等收入国家的一半。这种情况说明，我国经济建设中浪费之多、效益之低，同时也说明潜力之大。

11. 要大力提高社会经济效益，完成到 2000 年的任务和目标，必须紧紧抓住三个主要环节和链条：

一是从更加广泛、深刻的角度调整生产结构和现有企业的组织结构，促使它们向合理化、高度化发展；

二是真正依靠科技进步和智力开发，大搞技术革新和技术革命，较大幅度地进行设备更新和技术改造，使经济成长切实建立在科技发展和劳动者素质提高的基础上；

三是全面地、有系统地推进经济体制和政治体制改革，逐步建立符合我国国情的、富有活力和效率的社会主义新型经济体制和政治体制。

这三个方面是带根本性的、关系全局的，也是缺一不可和相互促进的。

12. 为顺利实现上述任务和目标，必须处理好一系列相互关系，其中主要的有：

——改革与发展的关系。二者应当密切结合，配套进行，做到相互适应、相互促进。

——生活与建设的关系。既要增加消费，又要保持较高的积累水平。

——传统产业革命与新兴产业革命的关系。主要力量和工作重点应放在推进传统产业革命上，同时，紧紧跟踪世界新技术革命，运用新兴技术改造传统产业，并有重点地开发一些新兴产业。

——发达地区与欠发达地区的关系。鼓励和促进发达地区更快地发展，以显著提高经济效益和增强国家经济实力。同时，积极支持和扶助欠发达地区的发展，促进全国经济振兴。

——国内与国外的关系。着眼点和立足点放在国内，更加稳妥有效地扩大对外开放，大力推进出口，合理安排进口，积极利用国外资金和技术。

——提高效率和公平分配的关系。经济改革和技术活力的增强，一定会扩大收入差距，这是合乎规律的。应坚持以效率为先，着眼于刺激经济的活力与效益；同时，关心收入分配和社会进步。这里的关键在于，通过经济政策来大大提高效率，运用社会政策来调整收入分配，并且建立社会保障制度，以保持社会安定与进步。

13. 要把握未来的发展方向和实现到 2000 年应当达到的目标，还必须在居民收入和消费、产业结构和发展、经济布局和城市化、科技发展和技术结构、对外经济和技术联系、资金筹措和使用、劳动就业和人口、经济运行体制和管理，以及智力开发、国土整治和社会主义精神文明建设等方面，提出符合实际的要求，采取适应新形势、新任务的正确对策。

# 三、居民收入和消费对策

14. 适应向中等收入水平过渡经济结构的变化，适应经济改革转换经济模式的要求，必须进一步改善国民收入的分配格局，在发展生产和提高劳动生产率的前提下，对居民个人采取"增加收入、鼓励储蓄、适度消费"的方针；同时，要根据居民收入增加和消费发展规律，正确确定消费内容和结构的发展方向与对策。

15. 过去长期由国家直接在国民收入初次分配中获取资金，用于积累和公共消费，并且比重过大。在再分配中，有很大一部分消费又采取补贴办法。这种做法，压低了居民个人可支配的收入和消费，不仅挫伤了劳动者的积极性，而且使经济缺乏活力和效益。近几年，初步打破了这种僵硬、低效的分配格局，为经济注入了活力。今后要坚持合理增加可供居民直接支配的收入，主要措施是：

——在国民收入的初次分配中，用于个人支配部分的比重，要保持在适当水平。

——推行消费品分配和供应的货币化，原则上取消各种形式的实物供给制。

——将企、事业单位一部分福利基金尽可能地转为个人收入，变"暗补"为"明补"。

16. 在提高居民个人收入水平的同时，要使消费基金增长控制在适当的限度。可采取的主要措施有：

——大力发展信用制度和储蓄事业，及时吸收居民手中多余的货币。

——放宽限制，鼓励居民个人通过多种途径把自己收入转化为积累。如建造或购置私人住宅、举办家庭企业、资助公用设施建设和参与企业股份等。

——广泛开征个人收入所得税，将一部分个人收入转化为国家收入。

——对小汽车、住房、空调器以及电视、电冰箱等高级消费品征收消费税。

——有计划地将市场机制引入消费领域，创造条件，适当地逐步减少对粮食和其他农副产品销价补贴。

——国家向居民发行债券，筹集建设资金。

——在城乡各阶层居民中普遍建立养老保险基金，以推迟部分消费时限。

这样做，不仅会避免消费膨胀、物价上涨，而且能够保持应有的积累水平。

17. 应当把解决住房、提高食品和衣着质量、增加耐用消费品、改善和扩大服务性消费作为达到小康生活水平的主攻方向。同时，充分考虑中、低收入居民的需要，努力增加基本生活必需品的供应。

18. 住房是当前城乡居民的"缺乏中心"，也是今后消费要求的"热点"。要把解决住房问题作为第一个主攻方向。到 2000 年，要使全国城乡居民达到每户一套面积不大、经济实惠的住房。为此，应当积极推行住房商品化、发展住房市场；建立"城镇住房开发基金"，筹集建房资金，以及采取国家、集体、个人一起上，广泛开辟城乡住房途径。

19. 增加食品、衣着的供给，重点放在改进质量和品种上。要大力发展各种方便食品、保健食品和饮料，增加服装的款式、品种，发展时令服装，并努力提高它们的质量。应当看到，这方面还有巨大的消费潜力，要把它作为第二个重点。

20. 耐用消费品的消费需求已经并将继续急速扩张，应当有控制地适度发展电视机、照相机、录音机、录像机、电冰箱和其他耐用消费品。

21. 行的消费日趋迫切，解决这个问题可以有两种选择：一种选择是，鉴于我国能源短缺、道路紧张和人均占有土地少，原则上不发展私人小汽车，在城市着力发展公共汽车、出租小汽车，并积极建设地下铁路；在农村，可以多发展摩托车、自行车。另一种选择是，大城市以公共汽车和地下铁为主，限制自行车发展，少量发展私人小汽车；中小城市、集镇和农村，在努力发展公共交通和自行车的同时，逐步发展私人小汽车和摩托车。后一种选择的依据是：私人小汽车和经济同步发展是世界经济的规律；发展小汽车，可以加快社会经济活动的节拍，促进城乡经济繁荣，并可带动机械工业登上一个新的台阶。同时，预计到 2000 年，我国将有 10% 的家庭具备万元以上的购买能力，在住房问题解决之后，用小汽车吸收居民购买力势在必行。看来，有控制、有区别地适量发展小汽车消费是个趋势，应看清这个趋势，预之为谋。

22. 努力增加服务性消费，特别是要考虑扩大旅游、健身、文化和社会服务消费。同时，要不断改善生活质量和生活环境；逐步增加居民闲暇时间，"八五"期间可以在大力提高劳动生产率和工作效率的前提下，使多数工作和生产岗位实行五天或五天半工作制。

23. 今后一个时期，提高人民生活消费应当实行的主要原则和政策是：

——消费水平和消费结构的确定，必须考虑我国现阶段经济发展水平和生产增长的可能；同时，生产结构要适应消费需求结构的变化。

——改善生活消费的着眼点和立足点应是发展国内消费品，而不是靠大量进口。

——坚持使消费观念、消费内容、消费结构、消费档次和消费方式的变化符合我国社会性质、资源条件和民族特点，要采取经济的和必要的行政手段引导消费需求向合理化发展。

——大力提倡艰苦奋斗、勤俭建国、奋发图强的创业精神。

——十分注意消费品购买的同步震荡现象，并采取相应的消费政策。

## 四、产业结构和发展对策

24. 大力促进产业结构合理化、高度化，是到本世纪末期的中心课题。确定产业结构和发展方向，应当遵循社会需求弹性扩张基准、劳动生产率上升基准、资源合理配置和发挥经济优势基准，以建立起整体协调型和效益型的产业结构。

25. 根据产业结构高度化和实现到 2000 年发展目标的要求，90 年代我国产业结构变化的总趋势应是：就农业和工业来说，工业增长速度要快于农业，在工农业总产值中，农业的比重逐步下降，工业的比重则相应上升。就轻工业和重工业来说，重工业增长速度要快于轻工业，在工业总产值中，轻工业的比重有所下降，重工业的比重则相应上升。就第一、二、三产业来说，第二、三产业增长速度要快于第一产业，第三产业又快于第二产业。在国民生产总值中，第一产业的比重有较多下降，第二、三产业的比重上升，特别是第三产业的比重要有较明显提高。就传统产业和新兴技术产业来说，新兴技术产业要有更快的增长。这些，也与国际上产业结构高度化、现代化的发展趋势大体相一致。

26. 总结我国经验，必须十分注意各产业全面协调发展。同时，国际经验表明，在由低收入走向中等收入水平的过程中，重视对经济发展起"引爆"作用和产生重大连锁影响的主导产业部门的发展，具有重要意义。从我国现阶段国情和产业状况出发，在 90 年代以至更长时期里，必须坚定不移地把农业这个国民经济的基础放在重要战略地位；要把微电子和信息、新材料、生物工程等新兴产业作为带头产业，着力加强基础工业和基础设施建设，把电力、钢铁、化工（含石油化工）、机械制造和建筑业作为主导产业。在综合平衡的基础上，把这些方面的问题解决好，就可以促进消费品生产的较快增长，带动其他各项建设事业的发展，保障人民达到小康生活水平，逐步实现经济的振兴和繁荣。

27. 加强农业、全面振兴农村经济，必须牢牢抓住两个中心环节。一是实现粮食的稳定增长，并促进种植业、林业、畜牧业、水产业的全面发展。根据人口增长、生活改善和其他方面的需要，到 2000 年全国粮食应达到 5000 亿公斤以上。这样，我国经济在新的发展阶段中才能稳步、顺利前进。二是实现两亿多务农劳动力向非农业特别是工业转移，促进农、工、建、运、商等乡镇企业和家庭经济全面发展，明显地提高农村经济专业化、商品化、工业化、现代化水平。这两个环节，缺一不可，前一个是基础，后一个是根本出路。

28. 发展消费品工业，应以食品、纺织、服装、耐用消费品生产为重点。这不仅是改善人民生活的要求，也是有效扩大出口的需要。

29. 鉴于交通、通信和能源是制约整个经济发展的两个"瓶颈"，也是振兴经济的前提条件，必须加快它们的发展。特别是要把交通、通信放到更为优先的地位，着力建设综合运输体系，大力发展联合运输。从现在起，要着手改进能源生产结构，加强天然气、水电的开发。

30. 大力发展第三产业，特别应加强教育、咨询、金融、保险和社会服务业，以提供更多的就业渠道，提高生产的社会化、现代化程度，增进经济活力与效率。

31. 在重点发展传统产业的同时，积极开拓电子信息、新材料、生物工程、航天、新能源等新兴产业部门，使它们得到应有的发展。

32. 实现上述产业发展和结构改造，需要采取正确的对策：

——按照确定的产业结构发展方向，合理调整全社会投资结构，安排和吸引必要的资金，加强农业、交通、通信和主导产业。为保证发展重点产业投资的稳定来源，应分别建立若干产业专项开发建设基金。

——制定全国产业发展和行业发展规划，颁布国家鼓励、支持或限制发展的产业政策，并充分运用价格、信贷、税收等经济杠杆来实现。

——对运输、通信等基础设施，广泛收取用户使用费，这方面投资和运营成本尽可能由直接受益者承担。

——下大力量改组、改造机械和电子工业，加强技术开发。为此，建议国家尽快制定《机械工业振兴法》和《电子工业振兴法》。

——继续放宽政策，坚持国家、集体、个人一起上。同时，要把国家计划和市场调节功能有机结合起来，把行政指导同企业、民间的活力有机联系起来，促进生产要素向急需发展的产业流动、转移或重新组合。

——有计划、有步骤地实行城乡开放和对流政策，在国家政策指导下，允许城乡劳动力、资金、技术、人口相对自由流动。大体设想是：大城市继续实行有限度的单向控制，即限制农村人口和小城市人口向大城市流动，但不完全控制劳动力在大城市的非居住性流动；中等城市实行有限控制，小城市以下则逐步放开，即小城市之间、小城市与乡村之间、乡村与乡村之间，逐步做到不仅劳动力可以自由流动，而且人口也可以自由流动。这既有利于农村劳动力的合理转移，又有利于产业结构的改造特别是第三产业的发展。

# 五、经济布局和城市化对策

33. 从我国地域辽阔、资源分布差异大和发展不平衡的实际出发，90 年代地区经济布局中应考虑以下原则：

——承认和自觉运用地区经济发展不平衡的客观规律。

——把东部地带的发展和中、西部地带的开发很好结合起来，充分发挥它们的各自优势，发展横向经济联系。

——坚持以提高原有经济重心区作为向新地区布局展拓的出发点和依托。

——新基地的开发和建设从总体上要循序渐进。

——重点建设地区的选择，主要应依据该地区关键产业、关键资源、关键因素等方面的综合优势。

——城市化程度的提高和新城市的建设要与经济成长阶段相适应。

34. 遵循上述原则，今后十几年经济布局的基本对策应当是：

（一）建设重点放在充实、完善、提高兰新—宝成—成昆铁路线以东布局框架已经展开的地区，使其提高效益，充分发挥作用。本世纪内，地区布局不宜再进行新的展拓。

（二）在上述铁路线以东地区内，也应实行"倾斜式区域政策"，重点首先放在东部沿海地带、中部和近西部的晋西、豫西、内蒙古和红水河等大型能源、原材料基地以及现有的大中城市。集中力量首先把这些地区和城市的经济搞上去，才能有效地解决制约国民经济全局发展的资金、技术、能源等几个关键问题，较好地跟踪世界新技术的发展，逐步缩小与发达国家的差距。

（三）制定区域性发展战略，筹划好三大经济地带的有序转移和经济联系。从工业化的进程看，东部地带已经基本达到或接近"成熟型"经济，中部地带和近西部大体居于"成长型"，远西部则居于"开发型"或"待开发型"。东部地区的发展，要按照"外引内联"的方针，走引进、改造、振兴的新路子。中部地区，主要开发能源、矿产资源和原材料工业，还要利用中部地区丰富的农村渔业资源，建设若干个具有全国意义的专业商品基地，并在现有基础上，做好90年代中期重点建设逐步西移的调整、改造工作。西部地区宜实行"据点开发"，重点开发国家急需而又为本地区所富有的资源，并为21世纪大规模开发做好必要的准备。

35. 要加快城市化进程。总的看，长期以来我国城市化发展与工业化进程不相适应，工业化超前，城市化不足。这样不仅影响了工业化的推进，也造成了产业结构不合理和经济效益低下。从现在起，必须根据城乡经济的现状和发展趋势，充分考虑农村劳动力转移的客观要求，大力推进城市化。要根据充分发挥城市功能的改革要求，以及不同城市辐射的经济实力和综合能力，积极发展大、中、小城市，特别是注意发展小城市和城镇。为此，应重新研究长期沿用的"控制大城市规模、合理发展中等城市、积极发展小城市"的城市发展方针，并按照新情况适当调整城市规模的划分标准。

36. 实行区位优选、"三沿"（沿海、沿江、沿铁路线）重点扩张战略，发展纵横交错的产业带、城镇带，形成生产力布局的骨骼系统。总的设想是：强化发展沿海地区，壮大全国经济振兴的支柱，着手开发长江黄金水道，建设沿江经济走廊，逐步使沿海、沿江形成T字形的一级开发轴线。同时，在原有和新建铁路沿线，配置相应的工矿企业，作为重点开发的二级轴线。我国城市布局也应该这样安排，逐步形成"三沿"城市带。

# 六、科技发展和技术结构对策

37. 我国经济发展战略和经济体制由旧模式向新模式进一步转换，以及世界新技术革命的挑战，都向科学技术提出了更高的要求。我们必须进一步确立依靠科技振兴经济和使科学技术转向为经济建设服务的根本战略思想，更加突出科技进步，向科学技术要粮食、要能源、要材料、要效率、要资金。

38. 到本世纪末我国科技发展的战略目标可分为两个层次：一是把发达国家 70 年代末或 80 年代初已经普遍采用了的、适合我国需要的、先进的生产技术，在我国厂矿企业中基本普及，并形成具有我国特色的技术体系。这个目标，是直接为实现到 2000 年经济和社会发展服务的。二是有重点地、不失时机地跟踪世界高技术的发展，并争取在某些方面有所突破。这个目标，主要是为下一个世纪的经济和社会发展，也包括科技自身发展，做好科学技术方面的储备。

39. 大力推进传统产业革命和迎接新技术革命，应是这一时期科技发展的基本任务。分别说来：（1）形成系统、配套的能力，为传统产业的技术改造和技术进步服务，提高传统工业的现代化水平。（2）积极开发和普遍推广效益好、见效快的科技成果，用科学技术武装乡镇企业和整个农村经济，促进农业进一步向工业化过渡。（3）在资源、环境、人口和精神文明建设等方面运用先进的科学技术，推动经济和社会协调发展。（4）有选择地发展高技术，重点是电子和信息、生物工程、新材料等技术。（5）在大力推进技术开发、应用的同时，继续加强基础研究，使其得以持续、稳定的发展。（6）大力发展管理科学和软科学，形成独立的科学体系。

40. 实现上述目标和任务，应当确定的战略方针和对策是：

——从总体上看来，今后一个时期我国的技术结构，应当以先进技术为引导、中间技术为主体并辅之以一定数量的落后技术。特别要积极采用大量成熟的量大、面广、社会效益好的技术。

——正确处理传统技术和高技术的关系，以发展传统技术为主，用高技术改造传统产业，形成高技术、新兴技术与传统技术相结合的"技术复合体"。

——采取"吸收型"战略，以"吸收"为重点，把引进、消化国外先进技术同加强国内研究开发结合起来。在广泛采用世界先进科学技术成果的同时，努力发展中国式的自主技术体系。

——坚持"抓两头"的方针，一头是大力开发和普遍推广效益好、见效快的科技成果，积极帮助广大企业包括乡镇企业加速实现科技进步。一头是真正集中财力物力和人力，围绕经济建设和社会发展提出的关键课题，认真开展科技攻关。

——积极推进科技体制改革，全面打开经济同科技结合的通路，进一步密切科学技术工作与经济建设的联系，调整和改造我国科研机构。主要是：打破部门、地区界限，在全国选拔一批优秀的研究所，作为国立研究所，承担国家组织的关系经济全局的重大科学研究和攻关任务，强化大型骨干企业的研究所或技术开发部，对现有研究机构进行调整组合，使其成为全国的或地方的行业性研究与开发中心。根据"科学、技术、生产"结合的不同方式和程度，广泛发展科学生产联合公司和生产、科学、技术联合体；积极将市场机制引入科技领域，使科研机构向经营型、开放型转化。大力开拓和发展技术市场，积极推行科技成果的有偿转让。

——较大幅度地增加对科技的投入。到 2000 年力争使我国的科技经费由目前占国民生产总值不到 1% 提高到 2.7% 左右，平均每年递增 10% 多一点，并大体上做到政府拨款和企业支付各半。

——大力培养科技人才，并采取有效措施，充分合理地发挥现有科技人才的作用。

## 七、对外经济和技术联系对策

41. 坚定不移地扩大对外开放。到 2000 年，我们要基本建立起灵活的积极利用国际交换的开放型经济。从前面分析的世界经济发展趋势的大背景出发，基本战略可作如下考虑：

——我国对外经济技术联系应是全方位、多面化的。重点放在太平洋地区，同时，进一步扩大同西欧、苏联东欧国家的往来，并放眼中东、拉丁美洲。

——到本世纪末这段时期，从总体上说，我国应确立鼓励创汇优先、逐步扩大局部（某些地区、企业或产业）出口导向型经济的战略原则。

——在对外经济联系中，坚持统、分结合，外紧内松。对外汇、外债的使用要集中统一、严格管理，以取得最大效益，并防止不测风险；在坚持统一对外、联合对外的同时，对生产经营出口的企业和单位要放开放活，以充分调动企业和职工的积极性。

——从中、长期角度看，必须做到国际收支基本平衡，不出大的赤字。但不必强求年年平衡，可以允许在一些年份出现赤字，以审时度势，充分利用国际上对我有利的时机。

42. 扩大对外开放，关键是增加外汇收入。从现在起，必须逐步改变我国外汇收入结构基本单一化的格局，真正把增加出口贸易、发展旅游、扩大劳务和技术出口作为外汇收入的三大支柱，并高度重视侨汇收入，以增加外汇收入的稳定来源。

43. 要把扩大出口贸易作为增加外汇收入的主要支柱。这方面的关键，是竭力抓好出口构成的两个"转变"，即由主要出口初级产品向主要出口制成品转变，由主要出口粗加工制成品向主要出口精加工制成品转变。而从现实情况出发，宜采取"先轻后重"的方针。在近期，应着力抓好劳动密集度高而又有出口潜力的轻纺产品的出口，提高质量、加工深度和档次，增加花色品种，开拓更广阔的国际市场，为国家积累资金和外汇。同时，采取真正有效的措施，打好机电产品和金属制品出口的基础，逐步提高它们在出口总额中的比重，争取到 90 年代中期使它们的出口比重有明显提高。

44. 为了扩大出口，应采取一些新的政策措施：

——抓紧建立一批比较稳定的精加工制成品出口生产基地和出口集团。

——积极兴办与国外合作和合资生产的、以出口为目标的加工工业。

——切实把乡镇企业的出口创汇提到战略地位，国家要从政策上、财力物力上加以扶持。

——设立扶持制成品出口的专业银行。

——充分利用价格、税收、利率和汇率等经济杠杆鼓励出口。

——要实行进出口挂钩、创汇和用汇挂钩的原则。出口企业和外贸企业必须独立核算、自负盈亏，不能吃"大锅饭"。

——成立行业出口者协会和出口联营公司，做好统一对外、联合对外的协调工作，防止企业之间的"恶性"竞争。

——到国外广泛建立综合性的购物中心和销售网点，扩大对外成交，收集市场信息。

——放松对出口经营范围的控制，允许交叉经营，对需要发放配额和许可证的，实行招标制。

45. 在大力增加出口创汇的同时，必须从思想上、政策上、财力物力上和组织管理上，积极加强旅游业和劳务与技术出口业的开发，使之迅速成为我国扩大外汇收入的另外两个重要支柱。

46. 要合理确定进口结构。对于民族工业，应采取适当保护政策。进口的重点，要真正放在引进技术、软件方面，特别要放在能增加出口创汇和有利于实行进口替代的先进技术的引进。积极发展进口替代，提高国产化水平。

47. 积极发展对等贸易。当今国际贸易中的对等贸易方式迅速扩大，1985 年全世界这种贸易占世界总贸易额的 25%，据预测，到 2000年这一比重将提高到 50% 左右。目前我们这方面贸易的比重仅为 1%，显然太小。必须采取有效措施，以适应世界贸易方式的新变化。

48. 无论是扩大对外经济技术联系，还是支持国内经济健康成长，都必须积极而慎重地利用外资。要根据偿还能力和国内资金、物资配套能力，确定适当的外债总额。利用外资的方式，除了继续争取更多的政府优惠贷款，以及世界银行、国际开发协会等贷款外，特别要注意以下两点：

一是大力吸引外国直接投资。这不仅可以引进外资和先进生产技术，更可以使现代管理技术起示范作用。为此，应采取更积极地鼓励外商投资的政策，努力改善投资环境。

二是努力增加债券集资。这种方式可以减少筹资成本，又可能避免利率变动的风险。1984 年国际金融市场中通过债券的筹资比通过银团筹资多 17%，到 1985 年更高出 45%；1986 年上半年亚太地区债券占总筹资的比重达到 60%。目前我们这方面比重只有 13% 左右，应加以提高。

此外，利用外资特别是在国外发行债券，要考虑多国化，并采用"一篮子"货币，不要过分集中在一两个国家和货币，以免被动和吃亏。

49. 对外资既要敢于使用，又要会用。关键是要在"用好"上下功夫，大力提高使用效益。今后利用外资的重点，应是经济成长的带头产业以及主导产业，特别是出口创汇企业、进口替代企业和技术先进企业，并应主要用于引进技术和购买某些关键设备。利用外资创造的纯收入，必须留出及时还本付息的部分。国家必须加强对外资使用的监督和管理。建议国务院成立"外资评审委员会"，监督、协调国内各类机构对外借款的签约和把握所有对外借款的动向。国家计委应掌握全社会利用外资的情况，编制全国利用外资的综合计划。

50. 在总结实践经验的基础上，采取"由点到面"和"滚动式推进"的策略，认真搞好经济特区、开放城市和开放地带的开发与建设。并十分明确这些开放城市和地区的目标和任务，首先是"打出去"，其次是"引进来"，着重发展外向型经济，充分发挥它们在我国对外开放中的基地和窗口作用。

# 八、资金筹措和使用对策

51. 要使我国经济保持较快的增长速度，实现到本世纪末的奋斗目标，必须妥善解决建设资金不足的问题。为此，一方面要尽可能多地增加积累资金，保持必要的积累水平。按照兼顾消费与积累的原则，考虑到增长目标对积累规模的要求和经济社会对积累的承受能力，90年代平均积累率以保持在30%或略高一点为宜。另一方面，要大力提高资金使用效益，使长期以来资金使用效益低下的状况在90年代有显著改观。为达到上述两方面的要求，必须根据经济体制改革深入展开之后的国民收入形成和分配的新格局，采取一系列新的路子和对策。

52. 合理地调整政府（包括中央和地方）、企业、个人在总积累中的比重。我国政府积累过去所占比重一直很高，既不能适应国民收入初次分配的变化趋向，又影响提高积累资金的使用效益。这几年，情况有所变化。从现在起，应保持政府积累的适当比重，同时逐步增加企业和个人的积累。为了挖掘出企业和个人积累的巨大潜力，要尽早考虑适当的政策措施。比如，明确投资主体的分工，高技术产业、资金技术密集型产业和基础工业、基础设施的主要部分由国家（包括中央和地方）兴办，同时吸收企业投资；而劳动密集型产业和住宅等非生产性设施则主要从企业与民间集资兴办。又如，对用于投资的企业利润和居民收入减免所得税，以及在宣传上提倡艰苦创业、励精图治的精神，也都有利于促进企业和个人积累的扩大。

53. 拓宽国内筹资渠道。可采取的主要措施有：

——适当提高储蓄利率，特别是提高三年以上定期存款利率，并改变定期存款可提前支取的办法。

——充分利用债券形式，国家可以发放债券，金融机构和经过批准的企业也可以发放。

——增设金融机构，广泛吸收社会资金。

——大力发展保险公司，扩大保险资本。

——建立投资发展公司，开放资金市场，首先要开放、完善短期资金市场。

——适时开征新的税费，调整税率。如国家对土地、矿产、水等资源征收资源税，并提高短缺资源的价格；对国有企业征收固定资产占用费；对公用设施和场所征收适量的服务消费税。

——对城市土地实行有偿使用和商品化经营，发展城市房地产业。通过国家对城市土地征收使用费的方式，使一部分地租转为国家的财政收入。同时允许土地使用权转让，转让的收入除一部分以所得税的形式上交国家之外，其余可以归使用权的出让者所有。这样不仅能增加国家收入，而且有助于提高土地使用效率。

——发展劳动密集型行业和劳动积累型的工程项目，促进劳动对资金的替代，以节约资金。

——促进现有闲置资产或利用效益低的资产的流动、转移和重新组合，建立旧设备市场，挖掘存量资金的潜力。

54. 合理配置资金，大力提高资金使用效益。除了按照优化产业结构的要求调整投资结构之外，所有行业都必须切实把投资的重点放到现有企业和现有基础设施的改造、改建和扩建上来。要加速流动资金周转，逐步压缩总积累中流动资产积累的比重。目前我国流动资产积累的比重比国外 70 年代水平一般高出五六倍，如果将现在的比例降低两个百分点，一年就能节约 100 亿元，15 年加起来就是一笔相当可观的数额。

55. 在大力筹集国内资金的同时，适度地利用国外资金。

## 九、劳动就业和人口对策

56. 在劳动就业问题上，可以有两种战略选择：一种是实行基本就业的方针，即用有限的资金提高有机构成，改善劳动者素质，以提高劳动生产率和经济效益；同时，采取多种途径，尽可能广泛地吸收劳动力。一种是继续采取充分就业的方针，维持目前多就业、低效率状态。看来，采取前一种方针无论对于经济发展和经济改革都较为有利。

57. 实行基本就业的方针，一个核心问题是革除长期以来实行的"包"的办法，明确让一部分人待业。实际上这是变目前普遍存在着的隐蔽性失业为显露性失业。这样做，当然会带来一些社会问题，但只要宣传工作做得好，讲清道理，社会保障事业和社会组织工作跟上去，就不会出什么大乱子。实行这条方针，不仅可以解决企业"人满为患"，妨碍科学管理和技术进步的问题，又有利于提高在职职工的工资水平，促进职工端正劳动态度，还有利于发展集体经济和个体经济。这一点，从近几年一些地方和企业改革的实践也得到证明，当然，要掌握好社会可以接受的待业率界限。

58. 在允许一些人待业的前提下，要根据新形势新任务的要求，对劳动就业采取新的对策：

——建立开放型的就业系统和新的就业机制，将市场机制引入劳动就业领域，通过劳动力流动和就业竞争，提高劳动力资源的利用效率。在国家统一政策指导下，打破城乡间、地区间封闭型的就业领域和就业范围。为此，今后城镇应当改变现行的安置就业的方针，而实行以社会组织就业和自谋职业为主、劳动部门介绍就业为辅的方针。

——广泛开展职业教育，加强就业指导，提高劳动者素质，以适应产业结构高度化发展的需要。

——抓住机会，利用劳动力充足而费用低廉的时期，有效地调动和组织劳动力，强化资源开发和基础设施建设。具体措施可以有：（1）分别不同情况，采取民办公助、以工代赈、义务或半义务劳动等多种形式加以引导。（2）实行劳役制，建立一定数量和比较稳固的开发与建设队伍，例如造林护林队、开荒垦殖队、筑路队、疏浚工程队等，规定一定年龄的劳动力必须按期服役，并鼓励自愿长期留队。

——搞好多层次的结构配置，以吸收更多劳动力就业。就经济成分来说，应以发展集体经济和个体经济为主；就产业结构来说，大力发展劳动密集型产业特别是第三产业；就企业类型来说，应积极扶持和发展中小企业。

——实行灵活的就业方式。对妇女可以实行弹性工作制（半日、小时工作）、结婚退职制、停薪留职制。也可以研究，将家务劳动纳入就业范围，根据从事家务劳动者（男或女）所劳动时间，以及为社会设置该类服务的资金，以家庭从业人员工资附加的形式支付报酬。同时，还可以在某些技术水平低、劳动强度大的行业实行提前退休制度。

——改革工资制度，提高工资效益，强化工资在刺激就业竞争、引导劳动力从业方向的作用。

——敞开国门，除各类专门人才以外，允许劳动者自谋出国就业。

59. 从现在起到本世纪末，我国进入婚育年龄的人口进入又一个高峰时期，而且这次峰度高、人数多、持续时间长。预计这时期将出现新的人口增长高峰，到 2000 年时的总人口将突破原定 12 亿的目标，达到 12.5 亿人，搞得不好还可能更多。这对实现小康生活水平以及经济和社会的发展都将带来严重影响。因此，必须坚定不移地贯彻执行计划生育这项基本国策，严格控制人口增长。

60. 根据新的情况，制定新的措施，使目前实行的"提倡生一胎，控制生二胎、杜绝生三胎"的政策真正切实生效。例如：

——无论城市和乡村，都普遍实行给独生子女家庭以一定的补助。兑现在入托、入学、就医、就业、住房等方面对独生子女及其家庭的照顾。同时，建议对 25 岁以上的晚婚者采取鼓励政策。

——制定计划生育法，重申"不论哪种情况都不能生第三胎"的规定，对一些少数民族也应提出严格的计划生育规定。任何部门和地方都不得以任何形式开新口子。

——征收人丁税。独生子女免税。对违反国家规定生第二胎的，每年征收一定数量的税金；生第三胎的抽重税。

——认真解决"老有所养"的问题，广泛建立老年人的社会保险制度，如对农村丧失劳动力的农民每月给予一定数额的补助金。

## 十、经济运行体制和管理对策

61. 我国经济在 90 年代能否实现振兴，到 2000 年在中等收入范围内将上升到什么程度，关键在于经济体制改革是否取得重大进展和卓有成效，是否通过改革提高宏观和微观经济的管理水平，从而成功地调动和合理使用一切资源和技术。因此，必须坚定不移地、全面地推进改革。同时，改革是艰巨、复杂的社会系统工程，既要不失时机地奋力开拓，又要切实地确立长期作战思想。

62. 改革经济体制的根本目的是有效地发展社会生产力，这就决定了改革必须从我国现实情况出发，注重解决经济发展中的矛盾和问题，并与正确的经济发展战略密切结合，而不能脱离生产力发展的状况及其客观要求，去单纯追求"理想化"模式。实现到 2000 年经济发展的蓝图，要从改革中找出路。

63. 增强企业特别是全民所有制大中型企业的活力，提高它们的效益和效率，是经济体制改革的一个重要方向。这里的关键，是要使企业真正自主经营，切实自负盈亏，把权、责、利密切地结合起来。为此，必须抓住三个环节：一是彻底实行政企职责分开，进一步扩大企业自主权；二是从各个方面硬化企业的预算约束，促使企业从提高产品质量、减少消耗和降低成本中求生存、求发展；三是深化企业内部改革，建立良好的企业自我调控机制。

64. 把国家计划和市场力量正确地、有机地结合起来，不断改善宏观经济环境，是经济体制改革的又一个重要方向。要发展商品经济，就要发挥市场的作用，在广泛的领域引入市场机制。同时，我国现阶段商品经济不发达，市场发育不健全，建设资金不足又百端待举。在这种情况下，为了改善产业结构和提高宏观效益，保证经济的持续稳定和健康发展，国家通过计划来组织和管理经济的职能不能削弱，当然，计划管理的形式和方法应当而且必须改变。这里的核心问题，是要把计划和市场结合好。为此，要区别不同领域和不同情况，使计划和市场发挥应有的功能和作用。

65. 经济体制改革还必须正确处理中央与地方、中央部门之间的关系，以及政府和民间组织的关系。中国幅员广大、经济发展又很不平衡，难以实行中央和企业两级管理。在坚持中央必要集权和扩大企业权力改革方向的同时，必须赋予地方各级政府和部门组织管理经济的职能和任务，以充分发挥它们的积极性和主动性。当然，其经济管理的范围和方式必须发生根本性变化。

66. 为了适应经济运行新模式的要求，必须积极进行计划、投资、财政、金融、价格、外贸、物资、劳动工资等方面体制的改革，并使它们配套前进。

67. 以上只是到本世纪末经济和社会发展战略的一些粗略设想，还不成熟。同时，还有不少关系全局的重大问题，例如智力开发、国土整治和社会主义精神文明建设都还没有来得及研究。

# 1991—2000 年需要解决的重大课题 <sup>*</sup>

（1991 年 6 月）

在《国民经济和社会发展十年规划和第八个五年计划纲要》中，提出了今后 10 年奋斗目标和基本指导方针，同时确定了这一时期需要着重解决的重大课题。正确认识我们今后面临的重大课题，研究解决这些重大课题应当处理好的一些关系，对于全面贯彻落实《纲要》的精神，具有重要的意义。

## 提出今后十年需要解决重大课题的主要依据

80 年代，我国社会主义现代化建设第一步战略目标的胜利实现，使现代化建设进入了一个新的发展阶段。制定十年规划和"八五"计划的重要方面，是要为新的发展阶段实事求是和明确规定主要任务。这些主要任务规定得正确与否，关系到经济和社会发展的全局。在制定十年规划和"八五"计划纲要过程中，研究提出今后十年所要解决的重大课题，综合考虑了各种因素。概括起来说，就是继续建设有中国特色的社会主义，实现我国社会主义现代化建设的第二步战略目标，把国民经济的整体素质提高到一个新的水平。进一步地说，主要考虑了以下几个方面：

（一）实现到本世纪末国民生产总值按不变价格计算，比 1980 年翻两番，使人民生活从温饱达到小康水平。这是党中央确定的社会主

---

* 本文载于《实现第二步战略目标的行动纲领——〈中华人民共和国国民经济和社会发展十年规划和第八个五年计划纲要〉讲话》，人民出版社 1991 年 6 月第 1 版。

义现代化建设分三步走战略部署所要求的。实现这个宏伟目标，是研究提出今后十年经济和社会发展需要解决主要课题的基本出发点。

（二）我国经济和社会发展的现状，以及现代化建设新的发展阶段走势。国民经济中存在的矛盾和问题，特别是妨碍经济全局顺利发展的薄弱环节，是必须着力加以解决的。随着国民经济现代化水平的逐步提高，对经济发展的规模、结构、技术、质量都提出了新的更高的要求，这些也都是需要解决的重要课题。

（三）社会经济和现代化建设更长远发展的需要。生产力发展有其自身的客观规律，经济因素和社会因素是交织在一起的，特别是对那些决定生产力发展的基本因素，包括人口、资源、环境和科技、教育等，不仅要看到 5 年、10 年，还要看到更长时间的变化及其对社会经济发展的影响，这些都需要把视野放得更远一些，并预为之谋。

（四）继续实现经济工作战略转变。党的十一届三中全会以后，根据建设有中国特色社会主义的总要求，我国经济工作逐步实行具有重大意义的转变。在经济和社会的发展战略上，从片面追求工业特别是重工业产值产量的增长，转向以提高经济效益为中心，注重农轻重协调发展，注重经济、科技、教育、文化、社会的全面发展。在经济体制上，从管得过多、统得过死的僵化体制，转向适应在公有制基础上发展有计划商品经济、富有活力和效率的新体制。在对外关系上，从封闭半封闭经济，转向积极利用国际交换的开放型经济。80 年代，我们在这些方面的转变中，取得了重要进展。但是，都还没有完全实现转变的要求，有的方面任务还相当艰巨。进一步实现以上这些转变，无疑是我们今后需要很好解决的重大任务。只有这样，才能使国民经济真正走上良性循环的轨道，从而保证现代化建设更加富有成效地前进。

总之，《纲要》对今后十年主要课题和任务的确定，既考虑了经济建设，也考虑了社会发展；既考虑了社会生产力水平的提高，也考虑了社会主义生产关系和上层建筑的不断完善；既考虑了十年奋斗目标的需要，也考虑了更长远现代化事业发展的要求。因此，是符合现代化建设规律的，是瞻前顾后和富有远见的。

# 今后十年需要解决的若干重大课题

根据以上因素考虑,《纲要》提出了 1991—2000 年国民经济和社会发展中需要解决的重大课题,概括地说,主要有以下几个方面。

第一,大力调整产业结构,促进产业结构的合理化并逐步走向现代化。

这个重大任务的提出,是我国产业结构的现状和今后十年现代化进程的客观进程所决定的。经过 80 年代的经济建设和改革开放,我国的产业结构发生了积极的变化。但是长期存在的产业结构不合理状况还没有根本扭转,在发展中又出现了一些新的矛盾和问题。当前产业结构中存在的主要问题是:农业基础仍然比较脆弱;基础工业和基础设施发展滞后;加工工业总规模偏大,技术水平和专业化程度低;第三产业不能适应经济发展和人民生活的需要。产业结构的这种状况,不仅是国民经济难以持续稳定协调发展的重要障碍,而且是经济效益难以显著提高的主要因素。今后十年,随着人民收入水平和生活质量的提高,消费领域拓宽,选择性增强,随着工业化的推进和农业人口向非农产业的转移,对外经济贸易的发展,都要求我们更加注重产业结构的调整。同时,随着科学技术革命的发展,在世界范围内已经发生并且正在发生产业结构的重组和升级。因此,抓好就业结构的调整,直接关系到国民经济能否长期持续稳定发展,关系到第二步战略目标的实现,也极大地关系到整个现代化的进程和水平的提高。

《纲要》对产业结构调整规定了明确的方向、重点和要求。一是坚决贯彻以农业为基础的方针,大力加强和发展农业,改变农业基础脆弱、后劲不足的局面,使之与工业发展和整个国民经济逐步现代化的需要相适应。农业的发展,重点是粮食和棉花。到 2000 年,全国粮食产量要求达到 5 亿吨;棉花产量达到 525 万吨。与此同时,进一步发展其他种植业、林业、畜牧业、水产业;继续引导和促进农村乡镇企业健康发展,全面振兴农村经济。为此,必须长期稳定党在农村的基本政策,充分调动广大农民的生产积极性。要较大幅度地增加对农业的投入,在农业基础设施方面办几件大事,包括建设一批治理大江大河大湖的水利设施和引水工程、增加农田浇灌面积、建设一批国家级的重要农产品商品基地、加强农业区域综合开发等等。二是加强能源、交通、通信、重要原材料和水利等基础工业和基础设施的建设，同时积极改组改造加工工业，使基础工业和基础设施与加工工业长期失调的状况基本得到扭转。对基础工业和基础设施，要坚持开发与节约并重的方针，在搞好现有企业填平补齐、挖潜改造的同时，有计划地新建、扩建和改建一批大中型电站、煤矿、油田、铁路和公路干线、港口、机场、通信干线、水利等骨干工程，以及冶金、化工项目。经过十年的努力，使原煤、原油、电力、钢铁、乙烯、化肥等主要产品产量有较大增长，使交通、通信能力有明显提高。切实加强地质勘查工作，使之与基础工业和基础设施的发展相适应。三是切实加强机械制造、轻工纺织工业的联合改造和技术改造，着力调整产品结构、企业组织结构和行业结构，积极采用新技术、新工艺，更新老旧设备，提高产品质量，开发新产品，降低物质消耗，增强某些短线，把整个加工工业的素质和生产总量提高到新的水平。这方面工作的进展及其成效如何，对我国整个现代化进程关系极大。四是把发展电子工业放在突出位置，使之成为促进产业结构和整个国民经济现代化的带头产业。要积极运用电子技术改造传统产业，促进新兴产业的成长。五是积极发展建筑业和第三产业。建筑业的发展，要同房地产业的发展结合起来，积极开拓建筑市场，使之逐步成为重要支柱产业。同时，相应发展建材工业。要进一步重视发展第三产业，这对于提高国民经济的整体素质和效益，缓解资金不足和就业压力的矛盾，都具有重要意义。今后十年，第三产业的发展速度要继续快于第一、二产业的发展。到 2000 年，第三产业在国民生产总值中的比重，要求由现在的 1/4 左右提高到 1/3 左右。在抓好以上产业结构调整的同时，随着经济发展和国力的增强，要加强国防现代化建设，努力发展国防科研技术，进一步加强国防重点工程建设，继续调整国防科技和国防工业结构，提高国民经济军民兼容程度，增强平战转换能力。

如何实现产业结构调整的任务，《纲要》提出了许多政策和措施。包括：正确地把计划经济与市场调节结合起来，资源的短期配置，比如一般产品的生产结构，某些企业的组织结构，可以主要靠市场作用来调节，促进优化组合，而对于重要行业结构和布局的调整，则应当由国家制定产业政策，并综合运用经济的、法律的和行政的手段来实施；对农业、能源、交通、通信、重要原材料和水利等基础产业，国家实行适度的投资倾斜政策；继续改革投资体制，拓宽资金渠道，实行中央、地方、企业一起上的办法，吸引更多的社会资金办基础产业；逐步理顺价格体系，合理解决某些基础产品价格偏低的问题，以增强基础产业的发展能力。

按照以上方向和政策调整产业结构，经过十年的努力，不仅我们国家的经济实力会有显著增强，而且产业结构会有明显改善，生产门类更加齐全，向产业结构现代化迈出重要步伐。

第二，努力改善地区经济结构和生产力布局，促进地区经济的合理分工和协调发展。

生产力的合理布局和地区经济的协调发展，不仅关系到资源的合理配置和宏观经济效益的提高，而且关系到国家的统一和全国各民族的团结，是今后十年必须认真解决的一个重大课题。80年代全国经济和地区经济都有很大发展，生产力的地区布局也有新的变化，但也存在一些不合理和值得注意的问题。主要是：各地重复建设项目过多，产业结构趋同，地区封锁和市场分割严重。今后十年，应当根据统筹规划、合理分工、优势互补、协调发展、利益兼顾、共同富裕的原则，逐步推进地区生产力的合理布局。为此，必须处理好以下三个方面的关系：

一是正确处理发挥地区优势与全国统筹规划的关系。国家要鼓励和支持各个边区发挥优势，扬长避短；同时，也要从提高国民经济的整体效益出发，在国家产业政策的指导下，加强地区经济的合理分工，逐步改变目前地区分割，市场封锁，自成体系的不合理现象。

二是正确处理资源丰富地区和加工工业集中地区的关系。加工工业集中地区特别是沿海经济发达地区，要继续发挥资金、技术、人才的优势，积极发展技术水平较高的产业以及出口创汇产品，将耗能高、运量大工业的建设重点逐步转移到能源充足、资源富集的地区。资源丰富的地区，要积极发挥资源优势，加快资源的开发，在这个前提下，适当发展一些加工工业，并逐步提高加工深度。

三是正确处理经济发达地区与经济较不发达地区的关系。国家和经济发达地区，要采取多种形式帮助经济不发达地区，加快他们经济的发展，逐步实现共同繁荣和富裕。特别要积极扶持少数民族地区，使他们的经济和文化有较大的发展，促进全国各民族之间的平等互助、团结合作、共同进步。继续贯彻扶贫政策，经过十年的努力，要从根本上解决贫困地区群众的温饱问题。

处理好上述这些关系，将使全国经济的统一性同地区经济的特殊性很好地结合起来，在全国统一规划、统一市场的前提下，逐步形成优势互补、互相协作的地区经济结构；使经济发达地区与较不发达地区在各自努力的基础上，互相支持，共同发展，在共同致富的道路上迈出一大步。这样，必将有力地实现全国范围内的资源合理利用和优化配置，使社会主义现代化建设事业健康、稳步地前进。

第三，在全面提高经济效益上下大功夫，走集约化经营的道路。

这是使我国经济发展由速度型向质量型转变、由外延型为主向内涵型为主转变的根本要求，也是关系我国经济成长和现代化建设全局的重大课题。我国经济发展中长期以来存在的致命伤，是物质消耗高、产品质量差、资金周转慢、劳动生产率低，这种状况目前仍是相当普遍和严重地存在着。这是我国经济生活中诸多困难的症结所在。今后十年以及整个现代化建设时期，我们面临着人口众多、建设任务繁重、资金短缺、基础产业薄弱、人均资源相对不足的矛盾。无论是克服现实经济生活中的困难，还是解决今后现代化建设中面临的矛盾，根本出路就在于实现经济发展模式的转变，在大力提高经济效益上下功夫。《纲要》在规定今后十年和"八五"期间经济总量增长和重要数量指标的同时，提出了提高经济效益的要求。例如，《纲要》规定："八五"期间每万元国民生产总值消耗的能源，要由 1990 年的 9.3 吨标准煤下降到 1995 年的 8.5 吨；大中型企业主导产品的能源、原材料单耗，要达到国际同行业 80 年代初的平均先进水平；全社会劳动生产率，平均每年提高 3.5%；预算内国营工业企业流动资金周转天数，要由 1990

年的 127 天缩短到 1995 年的 95 天。应当把实现这个综合经济效益的指标，看成保持经济持续稳定增长的基础，努力加以完成。

提高经济效益，走集约型发展经济的路子，需要从多方面做工作。针对当前的实际情况，抓好以下两个环节是至关重要的。一是加快现有企业的技术改造。"八五"期间和今后十年，我们都必须坚持少搞新建，多搞挖潜，用先进的技术装备和生产工艺改造现有企业。《纲要》安排，"八五"期间全民所有制单位固定资产投资平均每年增长 5.5%，其中基本建设投资平均每年增长 2.1%，而技术改造投资平均每年增长 9.8%，大大超过基建投资的增长速度。投资结构的这种调整，目的就在于要加强技术改造，真正把技术改造放在突出的位置。"八五"期间，国家要选择一批大中型骨干企业和一批重要产品，作为技术改造的主体和突破口，使这些企业和产品接近或达到国际先进水平；要重点扶持一批老工业城市和基地的技术改造，特别是支持这些地区符合国家产业政策、需要发展的企业的技术改造，使它们更好地发挥作用。技术改造的重点，要放在节能降耗，提高产品质量，扩大名、优、新产品的生产能力上，并加强资源的综合利用。二是改进和加强管理。这是提高经济效益的一条最经济、最现实的途径。要加强和改进宏观管理，努力提高国家计划和宏观调控的科学性与有效性，从总体上促进资源的合理配置。要强化企业管理，特别要加强基础工作，提高劳动者素质，努力增进资源和资金利用的效益与效率。抓住抓好了以上两个重要环节，我国经济效益低下的状况就会得到较大改变。

第四，继续把发展科学技术和教育事业放在重要战略地位，使我国经济成长真正转到主要依靠科技进步和提高劳动者素质的轨道。

我国经济建设中所面临的许多重大问题能不能得到有效的解决，有赖于在科学技术和智力开发方面取得重大突破，我国能不能顺利实现以提高经济素质和效益为重点的第二步战略目标，关键在于使科学技术和人才培养取得重大进步。我国经济的发展能不能具有强大的后劲，最深厚的源泉，也在于科学技术和教育发展的程度。正因为如此，《纲要》把发展科学技术和教育作为一个重大的关键课题提了出来，今后十年我们必须以更大的注意力把这个课题解决好。

发展科学技术，要坚持贯彻"经济建设必须依靠科学技术、科学技术工作必须面向经济建设"的基本方针。要把发展国民经济作为科学技术工作的主战场，加快科技成果向现实生产力转化。统筹规划各个层次的科技工作，合理配置力量，并从体制改革、加强管理和增加投入等方面采取措施，推动科学技术事业的全面发展。今后十年，要根据我国的实际需要，力争在一些科技领域接近或者达到国际先进水平。科技发展的重点，一是紧紧围绕解决国民经济各部门生产技术和装备现代化问题，以及经济和社会发展方面的重大课题，组织力量进行攻关；二是大力抓好投入少、效益好、见效快的科技成果的推广应用，推动企业技术改造和设备更新；三是积极跟踪世界新技术革命的进程，努力在高新技术领域取得新的科技成果，继续推进火炬计划的实施，办好高新技术开发区，推进高新技术成果商品化和产业化，并加快向传统产业的扩散和渗透；四是继续加强基础性研究，增强科技发展的后劲。

在发展教育事业方面，继续贯彻教育必须为社会主义现代化服务，必须同生产劳动相结合，培养德、智、体全面发展的建设者和接班人的方针，进一步深化教育改革，优化教育结构，提高教育质量和办学效益，逐步增加对教育的投入，努力建立具有中国特色的、面向21世纪的社会主义教育体系。要进一步加强基础教育，到本世纪末在全国普及初等义务教育，在城镇以及经济比较发达的农村地区基本普及初中阶段义务教育。大力发展多种形式的职业教育，使农村绝大多数新增劳动力接受程度不同的技术教育和培训，企业新增职工都接受必要的职前教育和岗位培训，在业人员的劳动技能和专业技术水平得到进一步提高。合理调整普通高等教育结构，大力提高质量，下力气办好一批重点大学；加强一批重点学科的建设，使其在科学技术水平上达到或接近发达国家同类学科的水平。积极发展成人教育。要十分重视扫盲工作，争取到2000年基本扫除青壮年文盲。

第五，逐步提高人民生活水平和发展各项社会事业，促进经济与社会协调发展。

我们社会主义生产建设的根本目的，是逐步改善人民生活。今后十年，在生产发展的基础上，使人民生活逐步达到小康水平，这是到本世纪末战略目标的重要内容和有机组成部分，是《纲要》规定需要解决的一个重要课题。所谓小康水平，是指在温饱的基础上，生活质量进一步提高，达到丰衣足食。这个要求既包括物质生活的改善，也包括精神生活的充实；既包括居民个人消费水平的提高，也包括社会福利和劳动环境的改善。要努力增加消费品的生产和供应，逐步调整消费结构，特别是加快住房建设和改革，明显改善城乡居民居住条件。积极发展文化、医疗保健、体育等事业。同时，逐步改善生活环境和劳动环境。到 2000 年，目前已经实现小康的少数地区，要进一步提高生活水平；温饱问题基本解决的多数地区，要普遍实现小康；现在尚未摆脱贫困的少数地区，要在温饱的基础上向小康前进。在城乡居民收入普遍提高的基础上，逐步缩小城乡居民收入水平的差距。由温饱到小康是我国经济发展的又一个重要阶段，完成这个阶段的任务是现代化建设的重要里程碑。

我国经济发展和实现现代化的过程中，具有全局性、长久性的重大课题，是正确处理经济建设与人口、资源和环境之间的关系。我国人口基数大，"八五"时期又正值生育高峰期，人口形势十分严峻。今后十年，必须继续坚定不移地执行计划生育的基本国策，控制人口数量，提高人口素质。要把工作的重点放在农村和加强对流动人口计划生育的管理上，逐步降低人口自然增长率，争取今后十年年均人口自然增长率控制在 12.5‰ 以内。我国相对于人口来说，资源不足，这是现代化建设的重要制约因素。生态环境直接关系到生产建设和人民生活，而目前我国生态环境的问题相当严重。《纲要》规定，今后十年，必须加强自然资源管理和环境保护，珍惜和合理开发利用土地、水、森林和各种矿产资源，加强对地质灾害，大气、水域、土壤污染，固体废物和噪声等公害及地震等自然灾害的监测和防治，抑制自然生态环境恶化的趋势，并使一些重点城市和地区的环境质量有所改善。在实际工作中，应当认真切实这样做。

建设社会主义的精神文明和社会主义民主法制，是建设有中国特色的社会主义的重要目标，也是进行社会主义物质文明建设的重要保证。过去十年，精神文明建设取得很大成绩，但也发生过一些大的失误，主要是忽视思想政治工作。未来十年，国际形势风云变幻，国内建设与改革任务又十分艰巨复杂，必须切实加强社会主义精神文明建设。社会主义精神文明建设的根本任务，是培养有理想、有道德、有文化、有纪律的社会主义公民，提高整个中华民族的思想道德素质和科学文化素质。要大力加强文化建设和思想建设。同时，进一步加强社会主义民主政治和社会主义法制建设。

第六，继续推进经济体制改革，不断完善和发展社会主义制度。

这是实现到本世纪末战略目标的基本要求之一，也是需要解决的十分重要的课题。我们要圆满实现到本世纪末的经济和社会发展的各项任务，在很大程度上取决于经济体制改革能否取得预期的成功，逐步理顺各方面的经济关系，充分调动中央、地方、企业和劳动者的积极性，促进资源的合理配置。从更深刻意义上说，我们能否在 21 世纪前 50 年实现第三步战略目标，在经济上、技术上逐步缩小同发达国家的差距，也关键在于建立适应社会主义有计划商品经济发展的经济体制。过去十多年，我们在经济体制改革方面取得了重要进展，但与要实现的目标还有很大的差距。我们应当再接再厉，积极稳妥地把经济体制改革推向前进。

《纲要》规定，今后十年，经济体制改革的总体目标，是要初步建立适应以公有制为基础的社会主义有计划商品经济发展的、计划经济和市场调节相结合的经济体制和运行机制。这个目标要求，既考虑了实现到本世纪末现代化建设战略目标的要求，又考虑了经济体制改革的艰巨性和复杂性，是积极稳妥的。《纲要》提出了今后十年经济体制改革的主要任务，这就是：继续坚持以公有制为主体，适当发展其他经济成分，形成适合我国现阶段生产力水平的所有制结构；实行政企职责分开，所有权与经营权适当分离，逐步使绝大多数国营企业成为自主经营、自负盈亏、自我约束、自我发展的社会主义商品生产者和经营者，并努力探索公有制经济多种有效的实现形式，建立富有活力和效率的国营企业管理体制、经营机制和自我约束机制；加强市场体系和市场组织制度建设；逐步理顺国家、集体和个人之间的分配关系，理顺中央和地方之间的关系，形成合理的利益分配格局；建立健全直接调控与间接调控相结合的，中央与省、自治区、直辖市两级经济调控体系。要围绕以上主要任务，协调配套地推进各方面经济体制改革。这些改革任务，都必须努力去完成。

第七，坚持对外开放，进一步扩大对外贸易和经济技术交流与合作。

对外开放是我们的基本国策，也是实现社会主义现代化的重大战略措施。当今世界是开放的世界，闭关锁国是实现不了现代化的。经过十多年来的努力，我国对外开放已经全面铺开，基本格局已经形成。今后十年，我们必须进一步扩大对外开放的广度和深度，更好地为提高我国经济的素质和效益服务，为实现第二步战略目标服务。

在国际环境更加复杂，国际经济竞争日趋激烈的情况下，扩大对外经济贸易和技术交流，最重要的是在保持数量稳步增长的同时，更加注重质量和效益的提高，立足于现有基础，把对外贸易、利用外资、引进技术和智力等方面的工作提高到一个新的水平。出口贸易，要把工作重点放在改善出口商品结构和出口商品质量上。80年代，我们已经实现了以出口原料型初级产品为主向出口制成品为主的转变。今后的任务，是逐步实现由初加工制成品为主向深加工制成品出口为主的转变。同时，要保持适度的进口规模，合理调整进口结构，把有限的外汇集中用于引进先进技术和关键设备。要进一步大力发展旅游业，积极发展劳务输出、对外承包工程和国际运输业。继续积极有效地利用外资，保持合理的外债规模和结构。不断改善投资环境，采取多种形式吸收和引导外商投资，更好地把外商投资与加快企业技术改造结合起来。要充分发挥沿海地区在对外开放中的优势，进一步发展外向型经济，继续办好经济特区，巩固和发展已开辟的经济技术开发区、沿海开放城市和开放地带，认真搞好上海浦东新区的开发和开放。同时，选择一些内陆边境城市和地区，作为对外开放的窗口，促进这些地区对外贸易和经济技术交流的发展。

第八，坚持"一国两制"的原则，继续推进祖国统一大业。

90年代，我国将按照"一国两制"的构想，实现香港和澳门回归祖国。同时，要积极推动海峡两岸实现"三通"，加强交流，增进了解，欢迎台商来大陆投资，促进祖国和平统一。这是历史赋予我们的神圣使命。我们要为香港、澳门回归祖国，进一步促进祖国和平统一，做好各项工作。

以上今后十年国民经济和社会发展的任务是艰巨的，也是十分光荣的。正确有效地解决上述各方面重大课题，到 2000 年，我国政治、经济、社会将取得全面发展和进步，社会主义中国在胜利实现第二步现代化建设战略目标的基础上，将以新的高昂的姿态进入又一个新的发展阶段。

## 应当正确处理的几个方面关系

要按照《纲要》要求解决好今后十年的重大课题，必须从多方面努力，扎扎实实工作。但是，还应当全面认识和把握各个方面任务的相互关系。

（一）正确处理经济发展速度、比例和效益的关系。我国经济要登上一个新台阶，实现第二步战略目标，必然要求经济以一定的速度增长，我们也有条件和能力使经济保持较快的速度。但是，历史经验和现实情况表明，经济发展速度，必须以合理的比例和良好的效益为基础，这样的速度才是有实效的和有后劲的速度。正因为如此，《纲要》规定，今后十年国民生产总值平均每年增长 6%，并明确规定，这个增长速度指标是"在大力提高经济效益和优化经济结构的基础上"制定的。《纲要》的这个规定，是经过认真分析和论证的，它坚持速度、比例、效益相统一，更注重经济的按比例发展和经济效益的提高。把今后十年经济增长速度定在 6%，一个重要着眼点，就是切实克服长期存在的重产值速度、忽视比例和效益的倾向，把各方面注意力引导到优化经济结构和提高经济效益上面来。各部门、各地区情况不同，增长速度不应该一样，有高有低，但经济工作的立足点和着眼点都应该是一样的，那就是必须把改进产品质量、提高经济效益放在首位，从提高质量和效益中求增长速度，并考虑整个经济的按比例发展，合理调整产业结构。

（二）正确处理增加经济总量和提高经济整体素质的关系。总的原则是，既要求经济总量的增长，更注重经济素质的提高。这是因为，长期以来，我国经济规模的扩大和生产总量的增长，主要是靠增加积累和投入，忽视经济整体素质的提高，包括产业素质、技术素质、管理素质、劳动者的素质，没有随着经济规模的扩张而得到应有提高，以致造成投入多、产出少，速度高、效益差的不良状况。国际经验表明，现代化水平的提高，不仅在于经济实力的增加，也在于经济整体素质的增强。我们如果不在改善经济素质上下大功夫，有可能经济总量一时期上去了，而现代化水平没有提高，仍然没有缩小同发达国家在经济、技术上的差距。所以，《纲要》的一个显著特点，也是到本世纪末实现第二步战略目标的重点和根本要求，是要把国民经济的整体素质提高到一个新水平。包括优化产业结构，使之逐步走上现代化；强调依靠科学技术进步，加速现有企业技术改造，组织科技攻关和推广先进科技成果，加强宏观管理和企业经营管理；把发展教育、培养人才放在突出位置；等等。如果，经过十年的努力，我们不仅实现了到世纪末的经济总量指标要求，而且在经济整体素质上有显著的进步，就表明我们国家现代化水平确实上了一个新台阶，从而为实现更长远的目标奠定了坚实基础。

（三）正确处理经济发展和社会发展的关系。把我国建设成为富强、民主、文明的社会主义现代化国家，是我们为之长期奋斗的完整目标。《纲要》根据党中央《建议》提出的到本世纪末的奋斗目标，把经济建设和社会全面发展与进步都作为基本要求。这就表明，我们既要重视经济建设，又要重视社会发展与进步，促使经济与社会协调发展。我们要在加强物质文明建设的同时，加强社会主义精神文明建设和社会主义民主法制建设；在发展经济的基础上，逐步改善人民生活，加强国防建设；在追求经济增长的时候，十分注意控制人口、保护资源和环境。

（四）正确处理经济建设和经济体制改革的关系。我国经济的发展和振兴，要依靠改革的深化和成功；改革的目的是为了促进社会生产力的发展，必须为经济建设服务。今后十年，既是现代化建设的关键时期，也是经济体制改革的关键阶段。我们必须更好地把改革与发展结合起来，使二者密切联系，相互促进，相辅相成。在工作部署上，一方面，改革的措施与步骤要有利于解决当前与长远经济发展中的突出问题和矛盾，为实现国民经济持续、稳定、协调发展创造条件；另一方面，经济发展的安排，也要考虑为深化改革创造有利的环境。根据已有经验，无论是发展还是改革，都不能急于求成，必须瞻前顾后，稳步前进。

（五）正确处理自力更生和对外开放的关系。这实际上是一个如何认识和处理国内与国外的关系问题。实行对外开放，按照平等互利的原则，扩大对外贸易与经济技术交流，这是必须坚定不移的。这样做，有利于通过开展国际交换，发挥优势，扬长避短，提高我国的劳动生产率和社会经济效益；有利于利用国外的资金、技术和智力，增强我国自力更生的能力。今后十年，我们要进一步对外开放，力争在对外贸易、利用外资、引进技术和智力等方面取得更大的进展。同时，应当十分明确，像我们这样一个发展中的社会主义大国，进行现代化建设，必须立足于自力更生，主要靠自己艰苦奋斗。扩大对外经济技术交流，目的是增强自力更生的能力，促进民族经济的发展。只有坚持独立自主、自力更生，才能在复杂的国际环境中立于不败之地，并且有条件更好地扩大对外开放。90 年代国际环境的变化，我们有不少有利因素和较大的回旋余地，但必须看到我们面临的国际环境也有严峻的一面，应当准备更多地依据国内资金和自己的力量进行建设。有这个准备比没有这个准备，要主动得多。这些也是我们处理对外开放和自力更生二者关系所应持有的基本观点。

# 调整和优化产业结构的方向和任务 <sup>*</sup>

（1992 年 10 月）

党的十四大报告，把调整和优化产业结构放到十分突出的地位，并作出了明确的部署。按照这一要求和部署，不断推进产业结构合理化和现代化，对于全面实现到本世纪末第二步战略目标，以至为走向 21 世纪奠定必要的基础，具有重要的意义。

## 一、调整和优化产业结构的方向

所谓产业结构，主要指国民经济各产业、各部门之间质的联系和量的比例。在质的方面，就是产业结构由哪些部门、行业构成；在量的方面，就是各产业部门在社会生产总量中所占的份额。一个国家产业结构的状况，是历史、资源、技术和社会经济政策等多种因素综合作用的结果，体现着社会劳动和各种资源在各产业中的分配。产业结构合理和不断优化，是国民经济按比例地协调发展，社会资源恰当配置与有效利用的基本条件，也是国民经济整体素质提高和逐步现代化的重要标志。

在我国经济进入新的发展阶段中，合理地确定产业结构变动的方向和趋势，关系到现代化建设的全局。党中央在广泛听取各方面意见的基础上明确提出，今后时期调整和优化产业结构的方向，是"高度重视农业，加快发展基础工业、基础设施和第三产业"；同时进一步指出："应当着力提高第一产业即农业的质量，稳步增加产量；继续发

---

* 本文发表在《十四大报告辅导读本》，人民出版社 1992 年 10 月第 1 版。

展第二产业，积极调整工业结构；大力促进第三产业的兴起。"这是对我国产业发展的重大决策。那么，这个决策有哪些新特点，作出这个决策的依据何在呢？

我们认为，以上调整和优化产业结构方面的决策，主要有以下特点：

第一，这个决策鲜明地把一次产业、二次产业和三次产业联系起来一并作出规定，从整体上全面考虑了产业结构的发展。三次产业结构的划分，是国际上通行的做法。这样的划分，反映了人类社会生产发展的历史进程和趋势，也可以清楚地观察产业结构的层次和水平。过去，我们只习惯于按农业、工业、运输业、建筑业、商业这五大生产部门来讲产业结构。仅从这些部门观察产业结构的合理性，这是不全面的。

第二，这个决策第一次明确强调各次产业发展的重点，更深刻、更鲜明地指出了各个产业发展的方向。第一产业即农业，强调提高质量，第二产业强调调整工业结构，第三产业强调大力兴起。在突出重点的同时，也指出一、二次产业要继续扩大生产规模和数量。这样的决策，把产业结构的质量与数量关系，以及质量的提高与数量的扩大很好地结合起来。

第三，这个决策更加突出了基础产业和第三产业，指明了在经济加速发展新阶段中，各类产业的地位和作用。农业仍然是国民经济的基础，必须坚持把加强农业放在首位。加快交通、通信、能源、重要原材料和水利等基础工业和基础设施的开发与建设，这是当前加快经济发展的迫切需要，也是增强经济发展后劲的重要条件。加快第三产业发展，使之在国民生产总值中的比重有明显提高。这样，也就明确了各项经济政策的倾斜取向，为促进这些产业的振兴和发展提供了政策依据，从而可以避免不分轻重缓急、以一般挤重点的现象。

以上调整和优化产业结构的方向的决策，是建立在对我国经济现实情况的全面分析，以及产业结构变化规律和我国现代化建设进程客观要求之基础上的。主要依据是：

（一）80年代，随着经济建设的大发展，一大批重点项目建成投产，使我国已经初步建立起来的工业体系和国民经济体系得到进一步充实和完善，这是我国经济实力明显增强的一个重要标志。同时，长期积累下来的产业结构不合理的状况还没有得到根本改变，仍然存在着一些比较严重的问题。主要是农业物质技术基础脆弱，生产水平比较低，不少农产品的质量和效益不够高；交通、通信、能源、重要原材料和水利等基础工业和基础设施薄弱，不适应国民经济持续快速发展的要求；第三产业严重落后，与第一、第二产业比例关系失调。产业结构的这种状况，影响着国民经济的协调稳步发展，妨碍着经济效益和效率的提高。我们要使国民经济走出一条既有较高速度又有较好效益、持续协调发展的路子，必须努力改变目前产业结构存在着的不合理现象。

（二）人类社会发展的历史表明，经济发展的自身规律，是产业结构不断由较低层次逐步向较高层次演进。这是社会生产力发展和技术进步的必然趋势。人类社会曾长期停留在以农业为主的社会，直到解决了温饱问题，并且有了剩余，工业才逐步成为主导产业。随着工业文明的出现和发展，以流通、服务为主要特征的第三产业不断壮大。也就是说，第一、二、三次产业在国民经济中的比重，反映了社会经济发展的水平，表明产业结构的层次状况。第三产业的兴起和发展，既是社会生产力水平的尺度，又是社会生产力发展到一定阶段的客观必然。国际经验显示，一个国家的现代化过程，不仅是生产总量增长的过程，而且是产业结构不断调整和改造，使之趋于合理化、高度化的过程。在工业化、现代化上升阶段，特别是在人均收入为 300 美元到 2000 美元阶段，产业结构处于急剧变动时期。而这种变动的显著特点，是国民生产总值中第一产业的比重下降，质量提高；第二产业中基础工业和基础设施不断发展、充实和提高；第三产业的比重迅速上升。因此，在筹谋未来时期我国经济发展时，不能不通盘考虑一、二、三产业发展的规模、速度和内涵。也就是说，作出上述产业结构调整和优化的方向，是遵循产业结构变化的客观规律的。

（三）90 年代，我国经济在新的成长阶段中将呈现出两个明显变化。一是生产领域进一步工业化。推进工业化，既要发展先进技术的机器工业，并以此改造包括农业在内的整个国民经济各部门，又要扩大农业人口向非农产业的转移，必须为农村劳动力的转移提供劳动场所、劳动手段和劳动对象。这些，对基础工业和基础设施的发展提出了新的要求。二是人民生活从温饱进入小康。在解决温饱阶段，增加人民吃穿用等消费品的数量是第一位任务。而达到小康阶段，要吃好、穿好、用好，还要解决住和行的问题，不仅要继续增加消费品的数量，更要提高消费品的质量和层次，开辟新的消费领域，丰富消费内容。与此相适应，不仅要求加强交通、通信、能源、重要原材料等基础工业和基础设施建设，而且要求推动农业走高产优质高效的路子，培植和发展新的带头产业、支柱产业，大力发展第三产业。总之，十四大确定的调整和优化产业结构方向，充分体现了经济走上新台阶对产业结构变化的要求。

按照十四大提出的调整和优化产业结构的方向前进，经过若干年的努力，我们就不仅可以进一步改变目前产业结构不合理的状况，而且可以使我国产业结构进入较高层次，逐步适应国民经济现代化和人民生活不断改善的需要。

## 二、高度重视和加强农业

农业在我国占有特殊的重要地位。它是经济发展、社会进步和国家自立的基础。十四大报告把继续加强农业放在第一位的战略任务，强调全面振兴农村经济，并提出一系列加强和发展农业的政策和措施，这是完全必要和正确的，必将对我国农业以至整个国民经济健康发展产生重大的积极影响。

80年代，我国农村改革和农业发展对整个经济改革和经济发展起了带头和推动的巨大作用。农业生产上了一个大台阶，粮食产量增加500多亿公斤，经济作物产量大多增长了一倍左右，肉和水产品增长了一倍以上。这是党和国家重视农业，采取一系列重大政策和措施加强农业的结果。在前进过程中，也有一些经验教训，主要是在80年代初期农业连年丰收，农村经济日趋繁荣活跃的时候，有些人对农业发展形势认识产生偏差，对农业一度有所放松，结果导致 1985 年到 1988 年粮食、棉花、油料等主要农产品产量连续四年徘徊不前。近几年，党和国家再次强调重视和加强农业的基础地位，采取各种措施加强农业，保证了农业连年丰收。新中国成立 40 多年来特别是近 10 多年来的历史证明，什么时候重视农业，农业生产形势好，整个经济就稳定发展；相反，农业发展就会受到挫折，国民经济难以持续发展。因此，必须充分认识我国农业的基础地位和战略地位，充分认识把农业搞上去是长期的、艰巨的任务。在当前农业形势比较好的情况下，十四大作出重视和加强农业的决策，表明我们党对农业和国民经济发展规律性的认识提高到了一个新水平。从 90 年代使我国经济迈上新台阶、实现第二步战略目标的要求来看，不稳定和加强农业，农业不上新台阶，整个国民经济也难以上新台阶；农村经济不发展，农民收入就难以提高，而没有广大农民生活的改善，也就谈不上全国实现小康社会的目标。只有使农业得到更好的发展，进一步繁荣农村经济，才能使农民生活向小康水平迈进。农民富裕了，全国的大头也就稳住了，农业和工业协调发展，新时期的工农联盟才有巩固的基础，工农联盟巩固了，我们人民民主专政的国家政权也才能巩固。

根据当前的实际情况和经济发展趋势，重视和加强农业，全面振兴农村经济，应当抓住抓好以下几个环节。

（一）树立大农业观念，继续合理调整农业内部结构。要坚持不懈地抓好粮食、棉花等主要农产品的生产，确保它们的稳定增产。特别是粮食生产决不能放松。这是保障市场稳定和人民生活安定的重要条件，也是全面发展农业生产和繁荣农村经济的基础。根据人口增长和人民生活改善的需要，以及工业生产和其他方面对粮食的要求，到本世纪末，粮食生产应当连续登上 4750 亿公斤和 5000 亿公斤两个台阶。这个任务是相当繁重的，但又必须努力实现。否则，就会影响人民过上小康生活和整个第二步目标的圆满实现。在我们这样人口众多的国家里，要解决吃饭问题，归根到底只能靠立足国内，而不能指望别人替代解决。当然，可以适当进口一些粮食，但从国际粮食市场和我国外汇平衡角度看，期望过多靠进口粮食来满足生活提高和经济发展的需求，则是难以办到的。我们决不能看到二、三年粮食丰收，当前有些地方出现"卖粮难"，就误以为粮食过关了，从而放松增产粮食的努力。应当看到，我国农业在相当程度上还受制于自然条件，粮食生产很不稳定。因此，应当进一步采取鼓励和支持粮食、棉花增产的政策和措施，更好地调动和保护农民生产积极性，特别是对粮棉调出地区要实行扶持政策。

在确保粮食、棉花稳定增产的同时，积极发展多种经营，将传统的"粮食—经济作物"二元结构，逐步转向"粮食—经济作物—饲料作物"三元结构，不断提高农作物的综合利用率和转化率。要积极发展林业、副业、牧业和水产业，进一步提高这些产业在整个农业中的比重。这是调整和优化农业内部结构，使我国传统农业走向现代农业的客观要求和重要途径。

（二）努力开发高产优质高效农业，实现农业发展的新转变。我国农业特别是农产品生产在80年代的较大幅度增长，对解决11亿多人口的温饱问题起了决定性作用。如今，在我国经济迈上新台阶的形势下，人民生活开始向小康目标前进，整个国民经济的素质和效益要提高到新的水平。不论是从加快农民致富奔小康和加速农业现代化进程的角度，还是从继续加强农业、进一步满足国民经济发展和城乡人民消费需求的角度，都迫切需要我国农业在继续重视产品数量增长的基础上，转入高产优质并重、提高效益的新阶段。这是我国农业发展史上的一个重大转变。不论是种植业还是林业、畜牧业、水产业，都要把扩大优质产品的生产放在突出地位，并作为调整结构的重点来抓。除改善人们的食物结构外，还要不断增加优质工业原料的供给量，为提高我国农产品加工业水平奠定基础。在保证满足市场需求总量增长的基础上，力争在90年代使各种优质高效品种所占比重有明显提高。农业综合开发，要带头走优质高产高效的路子，提高农业综合开发的整体水平。

（三）不断提高农业的集约经营水平和综合生产能力。目前我国农业的物质技术基础还相当薄弱，农业综合生产能力还不高，大体上就是年产4000多亿公斤粮食和400多万吨棉花。播种面积增加，气候好，就上去一点；面积减少，气候不好，就下来一点。因此，要使我国粮棉油等重要作物的产量再上新的台阶，就必须下大力气加强农业的物质技术基础，提高农业的综合生产能力。需要着力抓好三个方面。一是坚持依靠科技、教育兴农。农业科研、教育和技术推广，应尽快转到以发展高产优质高效农业为主的轨道上来，加快农业高新技术开发及其产业化。进一步推动农科教结合，大力提高农民的科学文化水平，积极推广那些技术成熟、市场前景广阔和经济效益好的重要科技成果。二是努力增加对农业的投入。中央和地方的农业基本建设投资、财政支农资金、农业信贷资金等，要随着国家财力的增强而逐步增加。还要鼓励、引导集体和农民增加农业投入与积累。同时，加快发展农用工业，增加化肥、农药、农膜以及农业生产机械和电力的供应。三是坚持不懈地开展农田水利建设。要加强大江大河大湖的治理，积极兴修水利工程，搞好农业区域的综合开发，以逐步改善农业生产的基本条件。

（四）继续大力发展乡镇企业。乡镇企业为农村剩余劳动力从土地上转移出来，为农村致富和逐步实现现代化，为促进工业和整个经济的改革和发展，开辟了一条新路子。它是全面振兴农村经济的必由之路。经过 80 年代的发展，乡镇企业已成为农村经济的支柱和国民经济的重要组成部分。1991 年，乡镇企业产值已占农村社会总产值的 59.2%；乡镇工业产值占全国工业总产值的 30%。乡镇企业的发展壮大，加快了农村工业化、城市化、现代化的步伐。要努力把乡镇企业提高到一个新水平。东部沿海乡镇企业发展较早的地方，在进一步扩大乡镇企业规模的同时，要致力于提高其素质，改进生产技术水平和产品质量，增进经济效益。特别要采取有力的政策和措施，扶持和加快中西部地区和少数民族地区乡镇企业的发展。

（五）最为重要的，是继续深化农村经济体制和经营机制的改革。要全面贯彻党的十三届八中全会的决定，把家庭联产承包为主的责任制，统分结合的双层经营体制，作为一项基本制度长期稳定下来，并不断充实完善。积极发展各级各类和多种形式的农业社会化服务体系，为农村经济各行各业提供方便和优质服务，提高农村经济的专业化、社会化、现代化水平。双层经营体制的一个重要方面，是集体经济的作用，要从各地实际出发，逐步壮大集体经济实力。抓紧进行农产品价格和农村流通体制改革。要进一步把农产品推向市场。根据发展社会主义市场经济的要求，继续放开农产品经营，对迄今尚未放开的农产品，都要积极创造条件逐步放开。要抓紧当前有利时机，加快粮食购销体制改革，进一步向粮食商品化、经营市场化的方向前进。以流通为重点，建立贸工农一体化的经营体制，按照市场需要组织生产和加工，形成生产、加工和流通环节紧密相连的产业体系。要鼓励各地建立贸工农一体化的经济实体或利益共同体，打破部门、地区和所有制界限，不论哪种企业，谁能牵头就支持谁牵头。当前贸工农一体化经营组织，要重点发展加工、保鲜、运输和销售，实现农产品的高层次、大幅度增值，提高市场竞争能力，扩大农村劳动力的就业容量。

## 三、继续发展第二产业积极调整工业结构

在国民经济进入新的发展阶段后，如何确定第二产业发展的任务，是十分重要的。党的十四大报告对此作了明确的部署。它的要点，可以概括为以下四个方面：（1）继续扩大第二产业的规模和总量，使之符合加速经济发展的要求，并与推进工业化、现代化进程相适应。我们是发展中国家，经济处于成长阶段，作为国民经济重要组成部分的第二产业也必须以一定的速度发展。（2）积极调整工业内部结构，特别是通过加强基础设施和基础工业，改组改造加工工业，使二者大体协调发展。（3）把机械电子、石油化工、汽车制造和建筑业作为国民经济的支柱产业，大力促进它们的振兴，以带动和促进整个经济的更快更好成长。（4）抓住时机，开发高新技术产业，包括电子信息技术产业、生物工程技术产业、新材料技术产业、航天航空技术产业等一批高新技术产业，用高新技术改造传统产业，开拓新产业、新门类，促进我国产业结构逐步升级和高层次化。所有这些，都是必须认真抓好的。抓住抓好这些方面，不仅可以使我国第二产业结构得到调整和优化，而且可以大力促进整个经济持续、快速、高效的发展。

无论从我国当前加快经济发展的状况，还是从增强经济发展的后劲，保持较快较好的发展势头来看，都需要加快发展交通、通信、能源、重要原材料和水利等基础设施和基础工业。40多年来特别是近十多年来，我国基础工业和基础设施有了很大的发展，为其他工业和整个经济的发展提供了重要条件。但是，由于多种原因，基础工业和基础设施长期落后于加工工业和其他一些部门的发展，成为国民经济的"瓶颈"，妨碍着经济的更快发展和效益的提高。前几年，治理整顿期间由于放慢了经济发展步伐，加强能源、交通、通信、重要原材料的开发与建设，基础工业和基础设施紧张的状况有所缓解。今年以来，随着经济加速发展，不少地方、企业又开始出现缺煤少电和交通、通信紧张的现象。随着经济发展速度的加快，改革开放的深化，市场经济的进一步活跃，对交通、通信、能源、重要原材料等基础设施和基础工业的需求更加旺盛。因此，充分重视和下大力量加强基础设施和基础工业的开发与建设，扩大它们的生产规模并提高技术装备水平，使它们更快更好地发展，是我国调整和优化产业结构的一项迫切而重大的任务。

为了加快基础设施和基础工业的开发与建设，缓解这方面的供求矛盾，应研究采取更加有力的政策和措施。（1）进一步实行投资倾斜政策，努力增加对交通、通信、能源、重要原材料和水利方面的投资。除了中央要提高对这些方面投资的比重外，还要进一步放宽政策，继续实行大家办交通、办能源的政策，下放这些方面的投资决策权，以鼓励和引导更多的地方、企业和社会资金用于基础设施和基础工业的开发。（2）抓住时机，加快运输、煤炭、原油、电力和钢铁、有色金属、化工等产品价格改革的步伐，逐步理顺价格关系。这样，既可以增强生产这些产品企业的活力和能力，又可以筹集部分资金用于重点工程的建设。（3）通过各种途径和形式，集中必要的力量，高质量、高效率地建设一批重点骨干工程，包括抓紧长江三峡、南水北调、西煤东运第二铁路通道、千万吨级钢铁基地等跨世纪特大工程的兴建。抓好一批大中型骨干工程，对全国经济的发展具有重大意义。（4）切实把节约能源、原材料和运力放在突出地位，提高资源的利用效率。

80年代，国民生产总值年均增长9%，是以能源生产总量年均增长5%来支撑的。90年代，力争以能源生产总量年均增长3%或者多一点，支持国民生产总值8%—9%的增长速度，必须使单位能耗下降30%左右。

明确提出国民经济中的支柱产业，是我们党和国家在领导经济建设中的第一次。考察一些国家取得经济成功的经验，一个国家在由低收入走向中等收入水平的过程中，重视选择在整个经济中起关键作用和产生重大连锁影响的产业，采取有力措施加快其发展，具有十分重要的意义。根据我国经济发展的现状和趋势，这次确定机械电子、石油化工、汽车制造和建筑业为今后经济发展的支柱产业，是十分必要和正确的。机械电子工业是国民经济的装备部，各部门生产技术的进步、劳动生产率和经济效益的提高，很大程度上取决于机械设备和技术水平，特别是以大规模集成电路和计算机为基础的电子技术的兴起，改变了世界经济和技术面貌。电子技术的发展水平和在各个领域中的应用，是衡量技术进步和现代化程度的重要标志。石油化工、汽车制造和建筑业，也都是一些技术含量高、附加价值大、关联度强的产业，可以带动一批相关产业的发展，并可以较快地积累资金。初步分析和预测，这些产业都将是国内市场需求的热点，同时这些产业在我国已有了相当的基础和生产能力，具有较快发展的条件。因此，应当从资金投入、技术攻关、产品研制等方面支持这些产业的更快发展。当然，以上几个产业，除建筑业外，都具有资金、技术密集和经济规模要求高的特点。国家要统筹规划，合理布局，各地区不能一哄而上。

抓好加工工业的联合、改组和技术改造，提高它们的素质和水平，是今后时期调整和优化产业结构的又一项重要任务。几十年来，我国轻工纺织和一般机械加工等加工工业，有了长足的发展，主要行业的生产能力和重要产品的产量迅速增长，对国民经济的发展和人民生活的提高发挥了重要作用。问题是，目前加工工业战线比较长，布局分散，技术水平和专业化程度低，潜力还远远没有发挥出来。同时，有些行业内部存在着产品结构不合理、批量小等问题。随着现代化水平和人民生活水平的提高，对加工工业产品的质量和性能，也提出了新的要求。因此，必须用很大的气力调整、改组、改造加工工业。要通过对加工工业的改组改造，压缩长线产品的生产能力，淘汰一批消耗高、性能差、产品无销路和污染严重的产品。按照规模经济的要求，对生产批量小、成本高、效益差的企业进行调整改组，推进专业化协作与联合。同时，积极开发和推广新技术、新工艺、新产品，更好地适应国内外市场的需要。

## 四、大力促进第三产业的兴起和发展

第三产业的兴起和发展，是社会分工进一步发展和劳动生产率提高的必然趋势，是现代化经济的一个重要特征。从世界各国经济成长的过程看，随着第一、第二产业规模的扩大和水平的提高，第三产业不断发展壮大。第一、第二产业的发展，经济水平的提高，为第三产业的发展提供了人力、物力和财力，创造了日益增多的社会需求和广阔的市场。而第三产业的发展，又为第一、第二产业提供了必要的基础设施、大量的信息和各种高效率的服务，从而对第一、第二产业的发展起着巨大的推动作用。因此，发展第三产业是建立合理的和高度化产业结构的重要组成部分。

新中国成立以后的一个相当长时期里，我国第三产业没有得到应有的发展，直到1978年以后，才出现新的生机。1979—1991年，第三产业年均增长10%，高于同期国民生产总值年均增长8.8%的速度。1991年，第三产业在国民生产总值中的比重为27.2%。但是，这一比重不仅大大低于发达国家60%以上的水平，也低于一般发展中国家35%左右的比重。与我国自己比，这一比重还未达到"一五"时期的水平。第三产业发展长期滞后，给经济生活带来了多方面的消极后果。

加快第三产业的发展，既是协调产业结构的需要，也是当前面临的一项关系全局的重大任务。

（一）加快发展第三产业，是深化改革、扩大开放的客观要求。深化改革的主要目标，是逐步建立社会主义市场经济体制。与此相适应，企业要面向市场，成为自主经营、自负盈亏的市场竞争主体；要加快市场体系的培育和建设，建立全国统一的、开放的和有序竞争的市场；进行分配制度和社会保障制度的改革；转换政府的职能。所有这些，都与第三产业中的流通业、仓储业、金融业、信息业、咨询业，以及会计、审计、法律事务所等息息相关，这些产业和事务所等越发展，市场经济的运行才能越顺畅。否则，社会主义市场经济体制就难以建立起来。我们要扩大对外开放，吸引外商投资，必须提供良好的条件和环境，包括交通、通信、供水、供气等"硬"设施，以及信息、咨询服务和法律法规等"软"环境。我们要走向世界，参与国际竞争，也必须有四通八达的和灵敏的市场信息。第三产业不加速发展，势必影响对外开放的广度和深度。

（二）加快第三产业发展，是优化产业结构，提高经济效率和效益的需要。第三产业发展，不仅可以改变自身严重滞后于第一、二产业的状况，而且由于它的渗透功能，对促进第一、二产业的发展，推动经济结构的升级具有重要作用；并有利于生产、交换、分配和消费的良性循环，有利于提高生产、服务的专业化和社会化水平。我国目前流通领域出现的"梗阻"，商品积压，买难卖难，到处可见的"大而全""小而全"，以及办事效率低下等，很大程度上是与第三产业不发达直接相关。

（三）加快发展第三产业，是改善人民生活，扩大就业的必要条件。使人民过上小康生活，进而向比较富裕的目标前进，必须不断丰富消费内容，开拓消费领域，提高生活质量。只有大力发展与人民生活密切相关的商业、饮食业、房地产业、旅游业、公共设施和文化、卫生、体育事业等，才能满足人民多方面的消费需求，改善人民的物质和精神生活。发展第三产业还是提供更多的就业岗位，充分发挥我国人力资源丰足优势的重要措施。现在，我国城乡劳动力已经有富余。今后，随着工业化、现代化的发展和劳动生产率的提高，企业改革的深化，政府职能的转变，还有不少人需要转移岗位。同时，每年还有相当数量新成长的劳动力。这么多的人员就业，一个重要出路在于加快发展第三产业。

（四）加快发展第三产业，还是缓解经济制约因素的约束，加速经济发展步伐的战略性措施。90年代，我们要实现国民生产总值平均每年增长8%—9%的速度，面临的主要矛盾是建设资金不足，能源、原材料和运力紧张。而第三产业耗能少，投入产出率高，见效快，加快它们的发展，有利于实现既定的经济发展目标。

那么，怎么样加快第三产业的发展呢？这里需要正确解决以下两个方面的问题。

第一，合理确定第三产业发展的目标和重点。根据党中央和国务院关于加快发展第三产业的决定要求，其基本目标是：争取用十年左右或更长一段时间，逐步建立起适合我国国情的社会主义市场体系、城乡社会化综合服务体系和社会保障体系。第三产业增长速度要高于第一、第二产业，第三产业增加值占国民生产总值的比重和就业人数占社会劳动者总人数的比重，力争达到或接近发展中国家的平均水平。这个目标是积极的，经过努力也是可以实现的。我们应当向这个目标前进，使我国第三产业落后的局面得到根本改变。由于第三产业门类多，应当根据需要与可能，分别轻重先后，有计划、有步骤地抓好，从当前实际情况和经济发展的趋势看，今后一个时期要把发展第三产业的重点放在如下几个方面：（1）大力发展与国民经济和人民生活关系密切的行业，包括商业、物资、外贸、金融、保险、旅游、房地产、仓储、居民服务业。（2）积极推动与科技进步相关的咨询业、信息业和各类技术服务等新兴产业，包括会计、审计咨询和工程咨询等。（3）加快农村社会化服务体系建设，包括建立健全农业技术服务体系，发展各类农业技术培训，扩大农业的产前、产中、产后服务等。

第二，实行更加有力的加快发展第三产业的政策和措施。要坚持国家、集体、个人一起上，充分调动各个方面的积极性。为此需要进一步解放思想，放宽政策，更多地依靠集体、个人力量兴办服务性、娱乐性、社会公益性等行业，其他第三产业也可以大力提倡集体和个人兴办，或社会集资兴办。要以企业化、社会化为方向，建立充满活力的第三产业自我发展机制。大多数第三产业要办成经济实体，实行企业化经营，做到自主经营、自负盈亏。努力增加资金投入，重视第三产业基础设施的建设，这方面既要广泛吸收和筹措国内资金，还要积极利用外资。此外，要加强法制建设，改革计划统计制度，全面规划和考核第三产业的发展。

# 今后 15 年改革开放和现代化建设的战略部署 *

(1995 年 10 月)

党的十四届五中全会的重大贡献，是审议并通过了《中共中央关于制定国民经济和社会发展"九五"计划和 2010 年远景目标的建议》（以下简称《建议》）。这个《建议》，以邓小平建设有中国特色社会主义理论和党的基本路线为指导，全面分析了国内外形势和我国经济社会发展的客观要求，明确提出了今后 5 年和 15 年改革开放和现代化建设的奋斗目标与任务，清楚地展示了中华民族发展的光辉前景，是指引全党和全国人民沿着建设有中国特色社会主义道路阔步前行，实现国家富强、民族振兴和社会长治久安，胜利跨入 21 世纪的宏伟纲领。摆在我们面前的任务是，认真学习、全面领会五中全会精神，并切实付诸实践，万众一心地去夺取改革开放和现代化建设新的更大胜利。

## 一、充分认识今后 15 年的重要历史地位和《建议》的主要特点

今后 15 年，是我国改革开放和现代化建设进程中极为重要的历史时期，是建设社会主义强大国家和实现中华民族伟大振兴的新的关键时期。这 15 年，正值人类新旧世纪交替，也是我国现代化建设由第二步战略部署转入第三步战略部署时期。因此，《建议》第一部分开宗明义指出，今后 15 年是承前启后、继往开来的重要时期。在这一时期，我们将建立比较完善的社会主义市场经济体制，全面实现第二步

---

\* 本文载于《新的征程新的纲领》一书，原文标题为《跨世纪的行动纲领》，新华出版社 1995 年 10 月第 1 版。

战略目标，并向第三步战略目标迈出重大步伐，为下世纪中叶基本实现现代化奠定坚实基础。我们肩负的任务是宏伟而艰巨的。

全面估量和科学分析国际国内形势，是正确认识今后 15 年的国际国内环境，制定《建议》的基本出发点和重要依据。正如《建议》指出：综观世纪之交的国际国内形势，我们有着不可多得的历史机遇，也面临着严峻的挑战。在国际上，世界加快向多极化发展，新的格局日渐明显，国际和平可望继续保持。世界科技进步日新月异，产业结构调整步伐加快，国际经济合作和交往将更加密切；世界经济将在起伏中进一步增长，亚太地区经济发展将更加活跃。这些对我国推进现代化事业是非常有利的。同时，在日趋激烈的国际经济竞争和综合国力较量中，我们面临着发达国家在经济和科技上占优势的压力，面临着国际关系中霸权主义和强权政治的压力。因此，我们必须居安思危，奋发图强。在国内，改革开放以来特别是"八五"期间，我国社会主义现代化事业取得了伟大的历史性成就。国民经济迅速发展，国家经济实力显著增强。社会主义市场经济体制正在逐步建立，经济的市场化、社会化程度明显提高。对外开放总体格局基本形成，封闭半封闭状态已经根本改变。科技、教育、文化和其他各项社会事业取得显著成绩，全国绝大多数人的温饱问题得到解决，正在向小康目标前进。所有这些，都是我们实现新的更高目标的物质基础和体制条件。我国经济发展、政治稳定、民族团结、社会进步的良好态势将长期保持，进一步改革开放会激发出新的发展活力，广阔的国内市场和较高的积累能力蕴藏着巨大的发展潜力。今后 15 年仍有充分条件继续实现经济的较快增长和社会的全面进步。同时，也要清醒地看到，目前经济生活和未来时期中还有不少关系全局的重大问题，需要高度重视和妥善解决。包括：农业基础薄弱，不适应人口增长、生活提高和经济发展对农产品日益增长的需要；国有企业生产经营困难较多，管理体制和经营体制不适应社会主义市场经济发展的需求；通货膨胀压力大，国家财力不足，宏观调控能力不强；国民经济素质低，产业结构不合理，经营粗放，效益不高；人口多，人均资源相对不足，就业压力大，生态环境问题突出；地区发展差距扩大，部分社会成员之间收入差距悬殊；社会主义精神文明和民主法制建设面临着不少亟待解决的问题。我们既要充分看到有利条件，增强夺取新胜利的信心，又要高度重视前进中的矛盾和困难。以坚强的决心和不屈不挠的奋进精神，解决各种矛盾，克服一切困难。

总之，今后 15 年是十分重要的历史时期。制定好"九五"计划和 2010 年远景目标规划，做好这一个时期的工作，意义十分重大。它关系到巩固和发展改革开放和现代化建设的伟大成果，关系我国将以什么样的姿态跨入新世纪，关系国家富强、民族振兴和社会的长治久安，也关系我国在世纪格局变动中的地位和前途。所以，党中央、国务院十分重视这次中长期计划的制定工作，强调使之建立在有科学依据的基础上，成为指导未来重要时期行动的纲领。

《建议》的形成过程，充分体现了民主决策精神，是集体智慧的结晶。《建议》有以下几个主要特点：

（一）把"九五"计划同 2010 年远景目标结合起来。与以往制定五年计划相比不同的是，这次既制定五年计划，又考虑 15 年远景目标。新中国成立以来，我国先后制定和实施了八个国民经济和社会发展五年计划。前七个五年计划的制定，都仅有五年的目标、方针和任务，只有"八五"计划是同 10 年规划一起研究制定的。这次把眼光放到今后 15 年。之所以这样做，主要考虑两点：一是"九五"期间，适逢世纪之交，又面临第二步和第三步战略部署的衔接。把 5 年和 15 年结合起来统筹规划，有利于增强预见性，更好地把第二步和第三步战略部署连接起来，现在不少国家都在考虑进入 21 世纪的发展战略，我们也应站在跨世纪的历史高度，用战略眼光谋划未来较长时期的发展。二是经济社会发展中的一些重大问题，如产业结构调整、地区生产力布局、跨世纪重大建设项目的安排，以及建立和完善社会主义市场经济体制等问题，只考虑 5 年不行，需要考虑得更远一些，作出长远的战略性部署。

（二）充分反映发展社会主义市场经济的要求。这次制定"九五"计划和 2010 年远景目标，是在发展社会主义市场经济条件下的第一个中长期计划。因此，《建议》强调更新计划观念，改革计划内容和计划方法；强调发挥市场在配置资源中的基础性作用；强调国家计划突出宏观性、战略性和政策性，突出重点，不面面俱到。这次的《建议》体现了这些要求，着重提出制定计划的指导思想、奋斗目标、主要任务以及重大方针和政策。

（三）着眼于理顺基本经济关系，把改革与发展紧密结合起来。突出强调经济体制和经济增长方式两个转变，正确处理改革开放和现代化建设中的一些重大关系。包括：速度与效益的关系，第一、二、三产业的关系，东中西部地区的关系，国家、集体和个人关系，坚持公有制为主体与发展多种经济成分的关系，市场机制作用与宏观调控的关系，中央与地方的关系等。这样，有利于促进经济良性循环和协调发展，为长远发展打好坚实基础。

（四）高度重视经济与社会相互协调和可持续发展。《建议》把社会发展放在重要战略地位，并把促进社会全面发展作为独立的一部分。明确提出实施可持续发展战略，强调经济发展要与人口、资源、环境相协调。这是历次中长期计划的第一次。坚持两手抓、两手都要硬的方针，强调加强社会主义精神文明建设和民主法制建设。

（五）也是最重要的特点，《建议》体现了以建设中国特色社会主义理论和党的基本路线为指导，贯彻了党的十四大和十四届三中、四中全会精神，坚持实行"抓住机遇、深化改革、扩大开放、促进发展、保持稳定"的基本方针。《建议》提出的9条重要方针，以及经济社会发展和改革开放的主要任务与政策措施，也都体现了党的基本理论、基本路线和基本方针的要求。17年来，在改革开放的实践中，我们党形成了一整套建设有中国特色社会主义的理论、路线、方针和政策，这是我们取得一切重大成就的根本保证，也是我们今后前进的正确指针，我们要继续沿着建设中国特色社会主义道路前进。

## 二、全面领会奋斗目标和指导方针

正确确定"九五"计划和2010年的奋斗目标，是《建议》的一项重要任务。《建议》提出，"九五"国民经济和社会发展的主要奋斗目标为：全面完成现代化建设的第二步战略部署，2000 年，在我国人口将比 1980 年增长 3 亿左右的情况下，实现人均国民生产总值比 1980 年翻两番；基本消除贫困现象，人民生活达到小康水平；加快现代企业制度建设，初步建立社会主义市场经济体制。2010 年国民经济和社会发展的主要奋斗目标是：实现国民生产总值比 2000 年翻一番，使人民的小康生活更加宽裕，形成比较完善的社会主义市场经济体制，进一步推进经济管理体制和运行机制的规范化、法制化。这是鼓舞人心的目标，也是实事求是的目标。

以上"九五"和 21 世纪头 10 年奋斗目标的确定，充分考虑了以下一些原则和要求：（1）贯彻我们党提出的实现现代化建设分三步走的战略部署，并体现第二步与第三步走的连续性。邓小平同志在设计第二步战略部署时，既提出过到本世纪末使国民生产总值比 1980 年翻两番的目标，也有过到本世纪末使人均国民生产总值翻两番的要求。这次目标的确定，充分体现了邓小平同志的战略思想，也符合我国的现实情况。（2）坚持解放思想，实事求是，既鼓舞人心，又切实可行，把加快改革和发展的紧迫感与科学求实精神很好地结合起来。同时，兼顾近期与长远目标，着眼于国民经济长期持续发展。（3）既要把发展生产力作为根本性任务，提高社会生产力水平，又要完善生产关系，推进经济体制改革，解放和发展生产力。（4）不仅考虑经济总量的增加，更是着眼于经济素质和效益的提高。（5）既重视经济发展，又重视社会发展，把发展经济与改善人民生活有机结合起来，促进社会全面进步。因此，这个奋斗目标，正确地反映了我国现代化建设的历史进程和阶段性发展的客观要求，对于凝聚全党全国各族人民的意志和力量将起到重要的作用。

在奋斗目标中，合理确定经济发展速度是涉及全局的重大问题。

关于"九五"的速度。经过"六五""七五"和"八五"三个五年计划时期的努力，1995 年国民生产总值按 1980 年价格计算将达到 19000 亿元左右，是 1980 年 4518 亿元的 4.22 倍，可以提前实现原定 2000 年国民生产总值比 1980 年翻两番的目标。因此，"九五"需要提出新的更高的要求。《建议》提出 2000 年实现人均国民生产总值比

1980年翻两番作为新的目标，这是积极的，也是留有余地的。在我国人口2000年预计将比1980年增加3亿左右（比原计划多增加1亿人口）的情况下，实现20年人均国民生产总值翻两番，这是一个了不起的成就。据测算，2000年全国人口控制在13亿以内，"九五"国民生产总值年均增长6%左右，就可以实现人均翻两番。李鹏总理在《建议》的说明中提出，编制"九五"计划时，国民生产总值增长速度按年均8%左右安排。这样，到2000年可以超过人均翻两番。整个90年代年均增长速度可达9.8%左右，高于十四大提出的8%—9%的要求。2000年国民生产总值按1980年价格计算将达到28000亿元左右，比1980年增长5.2倍。1981—2000年增长速度平均为9.5%左右，在长达20年时间里实现这样高的经济增长速度，是世界上少见的。

关于下个世纪头10年的速度。《建议》提出2010年实现国民生产总值比2000年翻一番，年均增长7.2%。在经济连续20年高速度增长、基数相当大的基础上，用10年时间再翻一番，这将又是一个了不起的成就。这样，从1996年算起，15年年均增长速度为7.5%左右；从1981年算起的30年年均速度为8.8%左右。2010年国民生产总值按1980年价格计算将达到56000亿元左右，比1980年增长11.4倍。届时，我国的人均国民生产总值虽然还处于发展中国家，但经济总量在世界上的位次将进一步前移，综合国力会大为增强。

"九五"经济增长速度按8%左右安排，比"八五"的速度低一些。这主要是基于以下考虑：一是要保持经济总量基本平衡和宏观经济的稳定，把目前过高的通货膨胀率明显降下来；二是要为深化改革创造比较宽松的经济环境；三是要把经济工作的重点从偏重追求速度转到注重提高经济整体素质和效益上来。

《建议》提出，我国是发展中的大国，又处在经济快速增长和经济体制转轨时期，要特别注意加强和改善宏观调控，保持宏观经济的稳定。这是总结国内外经验，从现实情况出发作出的重要论断。为了保持宏观经济稳定，《建议》提出了以下几方面的要求。一是"九五"期间要把抑制通货膨胀作为宏观调控的首要任务。这是必要的和正确的。由于"八五"后期通货膨胀率比较高，要把1995年物价上涨率控制在 15%，需要花很大力气。即使 1995 年能控制在 15% 左右，物价仍然在高水平上，必须进一步降下来。"九五"需求扩张的压力很大，成本推进的影响和结构性的要求都不小，抑制通货膨胀的任务十分艰巨。最重要的是，必须坚决防止社会总需求膨胀。二是控制投资过快增长。这是抑制通货膨胀的关键。《建议》指出，必需合理确定投资总规模，"九五"前期要严格控制新开工项目。"八五"期间，投资规模过大，结构又不尽合理，投资率过高。要把投资率适当降下来。李鹏总理在对《建议》的说明中提出，"九五"投资率按 30% 安排，这是合适的。必须下决心控制投资的过快增长，并切实集中力量保重点。三是要把好财政、信贷两个闸门。《建议》提出，"九五"期间要实行适度从紧的财政政策和货币政策，基本消灭财政赤字，控制债务规模，控制货币信用总量，保持国际收支平衡。这些决策都是必要的、正确的。

在保持宏观经济稳定的前提下，实现上述奋斗目标，今后 15 年我国社会生产力、综合国力、人民生活水平将再上一个大台阶，社会主义精神文明建设和民主法制建设将取得明显进展，为下个世纪中叶实现第三步战略目标、基本实现现代化，开创新的局面。

为了实现今后 15 年的奋斗目标，《建议》强调必须坚持中国特色社会主义理论和党的基本路线，贯彻"抓住机遇、深化改革、扩大开放、促进发展、保持稳定"的基本方针，并且提出了经济和社会发展中必须遵循的 9 条重要方针。这些都是过去 17 年实践经验的总结，都要全面贯彻落实。从以往的经验、当前的形势和今后的任务看，处理好改革、发展、稳定的关系至为重要。发展是目的，中国解决所有问题的关键，要靠自己的发展，争得较快的速度和较高效益。改善人民生活，增强综合国力，克服各种经济社会矛盾，扩大就业，要靠发展；巩固和完善社会主义制度，保持稳定局面，实现国家长治久安，要靠发展；顶住霸权主义和强权政治的压力，维护国家主权和独立，也要靠发展；使我国从根本上摆脱落后状况，跻身于世界现代化之林，更要靠发展。发展是硬道理。要紧紧抓住经济建设这个中心不放松。《建议》所提出的奋斗目标和方针政策，都体现了积极发展的精神。改革是发展的动力，妨碍发展的许多体制上的深层次矛盾，只有通过深化改革才能解决。稳定是发展和改革顺利进行的基本前提，没有稳定，多么好的规划、方案、蓝图都会落空。我国现在处于经济快速增长和经济体制转换时期，各方面的矛盾比较突出，尤其要注意保持经济、社会和政治稳定，而稳定又必须在发展和改革中才能长久保持。发展、改革、稳定三者是互相依存、互为条件的，我们在思想认识和实际工作中，不应当把它们割裂开来，不能强调一个方面而忽视其他方面。当然，在实际工作安排上，根据不同时期的具体条件和环境，可以有所侧重。从长远来看，要求三者关系都处理得恰到好处，不发生一点波动，是不容易的。但是，我们要努力做好各方面的工作，避免大的波折，保证今后 15 年愿景奋斗目标的顺利实现。

## 三、关键在于实行两个关系全局的根本性转变

这次《建议》的一个鲜明特点和重要历史功绩，是突出强调了经济体制和经济增长方式两个转变。明确指出，实现"九五"计划和2010 年愿景奋斗目标的关键，一是实行经济体制从传统的计划经济体制向社会主义市场经济体制转变；二是实行经济增长方式从粗放型向集约型转变。《建议》在指导方针、主要任务、政策措施中，都强调这两个转变。这是在全面分析我国经济和社会发展现状及其客观趋势基础上作出的重大决策。在向各部门、各地方、各方面以及专家学者征求意见时，大家也都表示赞成，一致认为抓住了经济工作的关键。

（一）为什么要突出强调转变经济增长方式？大家知道，经济增长方式是由一定的经济发展阶段、经济运行机制和体制所决定的。新中国成立后，为了迅速改变"一穷二白"的落后面貌，国家集中财力物力进行了大规模的经济建设。经过几个五年计划时期，逐步形成了比较完整的工业体系和国民经济体系，地区生产力布局也基本展开。这对于奠定工业化基础，增强国家实力，缓解商品匮乏矛盾，提高人民生活水平，是非常必要的。特别是改革开放 17 年来，经济体制发生了历史性变化，封闭性经济已转变为开放型经济，国民经济持续快速发展，综合国力大为增强，人民生活明显改善。但是由于多方面的原

因，我国经济基本上是一种粗放型的增长方式。其主要特征是，依靠上新项目、铺新摊子，大量增加生产要素投入，以实现经济的增长。这是一种高投入、高消耗，低产出、低质量的经济增长方式。这种经济增长方式在经济发展的一定阶段，有其客观必然性，是不可逾越的。但经济达到较大规模和总量水平后，仍实行这种增长方式，就带来了一系列问题。一是投入多、产出少，经济效益低。据计算，我国每增加一亿元固定资产投资当年创造的国民生产总值，"六五"期间为3.2 亿元，"七五"期间下降到 2.2 亿元；独立核算的工业企业资金利税率，1980 年为 25.2%，1993 年下降到 10.3%；每百元固定资产原值实现利税，1980 年为 25.6 元，1993 年下降到 15.2 元。虽然有些因素发生变化，统计数字有不可比的成分，但企业经济效益下降是明显的。二是资源浪费严重，生态环境问题突出。我国单位国民生产总值的能耗，为日本的 6 倍、美国的 3 倍、韩国的 4.5 倍。钢材、木材、水泥等三材的消耗强度，分别为发达国家的 5 倍至 8 倍、4 倍至 10 倍和 10 倍至 30 倍，比印度也高出 2.5 倍、2.8 倍和 3.3 倍。能源利用效率仅为 30%，比一般发达国家低 20 个百分点。化肥有效利用率仅为 30%，比发达国家低一半左右。这样一来，水、耕地、森林等重要资源被加速消耗，部分地区水土流失和沙化加剧，环境污染严重。全国 500 多个设市的城市中，大气环境质量全面符合一级标准的不到 1%。北京、沈阳、西安、上海、广州大气中悬浮颗粒物的浓度分别为世界卫生组织标准的 3 倍至 4 倍，均被列入世界 10 个污染最严重的城市。三是技术进步缓慢，生产工艺设备落后。目前我国企业的技术装备大多处于六七十年代水平，工业企业设备近 1/5 老化，超期服役率达 40%。机电行业中主要机械产品达到世界 70 年代末、80 年代初水平的只占1/3，达到目前世界水平的只占 5%。一些主要行业的先进技术和关键设备主要靠进口，消化、吸收和创新能力差，"一代又一代"引进的现象相当严重。四是结构不合理，产品质量差，附加价值低。一般加工工业生产能力过剩与基础产业的"瓶颈"制约并存。棉、毛纺生产设备利用率只有 75%；电视机、电冰箱、卷烟、汽车和普通机械等生产能力闲置 1/3—1/2。一些行业的生产集中度过低，达不到规模经济标准。我国现有汽车厂 140 个，1994 年产量仅为 140 万辆，80% 的厂不足 1000 辆，而日本、美国等，一家汽车厂年产量都是几十万辆，甚至几百万辆。地区产业结构在低水平上趋同。产品质量差，近几年一次产品合格率仅为 60%，加上形形色色假冒伪劣产品，每年损失达几千亿元。从以上问题可以看到，多年来虽然我国的经济建设取得了巨大成就，但由于粗放经营，付出的代价太大，而且国民经济的整体素质没有得到相应提高。现实经济生活中存在的通货膨胀严重、部分国有企业生产经营困难、财政赤字和债务负担大、经济发展后劲不足等问题，固然有多方面的原因，但症结在于经济增长方式是粗放型的。总之，我国经济的现状，迫切要求转变经济增长方式。

再从实现今后时期奋斗目标和主要任务的要求看，转变经济增长方式也势在必行。今后 15 年实现既定的经济发展速度，如果按照目前的粗放型经济增长方式，需要增加大量的资金投入以及能源、原材料消耗。这样，无论是资金还是能源、原材料都会出现较大的供需矛盾。据测算，"九五"要实现经济年均增长 8% 左右，按目前的能源弹性系数，能源供需差率达 20% 左右。我们要把目前过高的物价上涨幅度明显降下来，抑制通货膨胀，就必须减少财政赤字，控制货币供应量和信贷规模，财政和银行能够用于建设的资金有限，扩大利用外资也需要有相应的国内配套资金。能源和重要原材料已经成为制约经济增长的重要因素，而我国耕地、水和重要矿产资源的人均拥有量不足，继续大量消耗能源和原材料，不仅建设资金难以保证，而且将造成资源的过量开采和耗费，加剧环境污染，破坏生态平衡。显然，靠高投入、高消耗支撑经济增长的路子再也不能走下去了。缓解资金、资源供给制约的矛盾，出路在于合理和节约使用资金和资源。

同时，为了适应国际经济和科技发展的大趋势，发展开放型经济，也必须加快转变经济增长方式。据分析，今后时期世界经济和科学发展趋势将呈现以下一些重要特点。一是全球经济将在加速结构调整和起伏中进一步增长，亚太地区经济发展更加活跃。二是科技发展迅猛异常，特别是电子、信息、生物工程、新材料、新能源等高技术领域已经出现或正在孕育重大突破，将给人类社会经济各个方面以极为广泛和深刻的影响。三是世界范围经济贸易和资金、技术流动加快，各国经济和市场将进一步相互开放、依存和融合。四是国际经济、科技竞争更加激烈，"商战"将空前尖锐。市场竞争的法则，不仅是数量的较量，更是科技、质量、效率和效益的较量。目前，许多国家都在谋求抢占高科技和新兴产业的制高点，把加速技术进步、降低消耗、提高产品质量和保护资源环境作为发展战略的核心内容。在这种世界大趋势下，我国要进一步扩大对外开放，在日益激烈的国际竞争中占据主动地位，必须较大幅度地提高生产技术水平和产品质量，降低成本，增加产品附加值和市场占有率。这就要求尽快提高我国的科技素质、产业素质和企业素质。

从根本上说，我国现代化建设进入新的发展阶段后，对全面提高经济整体素质和效益，提出了新的更高要求，更必须加快转变经济增长方式。今后 15 年，经济成长进入阶段性变化，不仅要求经济总量和规模继续扩大，更要求经济质量和效益有显著提高，实现结构优化和升级。今后随着城乡居民收入不断增加，既要求商品数量的满足，又要求质量、档次的提高。为适应消费结构变化和提高国际竞争力，产业结构和产品结构必须有大的调整。另一方面，我国经济进入新的阶段后，应当改变长期以来农业向工业提供积累的做法，工业不仅要积累自身发展所需要的资金，而且要通过多种形式帮助和支持农业，这就要求工业必须大幅度提高劳动生产率，降低成本，提高投入产出效益。这是在经济发展新阶段中处理好工农关系和城乡关系的重要一招。还应当看到，国民经济现代化是一个国际性、动态性的标准，只有在不断提高经济素质和效益的基础上扩大经济总量，才能逐步提高现代化水平，缩小同发达国家在经济技术上的差距。否则，尽管经济总量和规模有所扩大，不仅不能缩小同发达国家之间的差距，反而会使差距进一步扩大。

总之，加快转变经济增长方式，显著提高经济整体素质和效益，既是有效解决当前经济生活中深层次矛盾的迫切需要，也是顺利实现今后 15 年奋斗目标，使国民经济迈上新的大台阶的必由之路；同时，又是我国现代化建设进入新阶段的必然要求和根本性任务。它直接关系到我国现代化建设的全局和进程。

现在强调加快转变经济增长方式，不仅具有极大的重要性和紧迫性，而且已具有客观可能性。经过四十多年的建设，我国已建成庞大的国民经济体系和工业体系，经济总规模相当可观，固定资产投资已累计达 8 万多亿元，建成投产大中型项目近 5356 个。煤炭、水泥、钢、发电量、化学纤维、棉布、粮食、棉花等主要产品产量已跃居世界前列。地区布局已经展开。形成了宏大的科技队伍，改革开放以来引进了几万项先进技术。这些都为加快经济增长方式转变提供了雄厚的物质技术基础。同时，由于改革不断推进，传统的计划经济体制向社会主义市场经济体制转变取得重大进展，为转变经济增长方式创造了必要的体制环境和条件。

（二）怎样转变经济增长方式？基本要求是，从主要依靠增加投入、铺新摊子、追求数量，转到以经济效益为中心的轨道上来，转到主要依靠科技进步和提高劳动者素质的轨道上来。关键在于抓好以下四个方面：第一，正确处理上新项目与利用现有基础的关系。今后扩大再生产必须依靠现有基础，充分发挥现有企业的作用。我国目前农业、水利、能源、交通和重要原材料等基础产业和基础设施还比较薄弱，仍有必要集中一定的财力物力建设一批新的骨干工程。随着新的产业的兴起，以及某些重要行业填充空白，也需要新建一些具有现代化水平的骨干企业。但是，各行各业都应坚决地把建设重点放在现有企业的挖潜、改造、充实和提高上。能够通过改革、改组、改造提高生产能力的，就不再铺新摊子、上项目。新建项目一定要统筹规划，合理布局，提高技术起点，避免盲目建设和重复建设。要较大幅度地提高技术改造投资的比重，加大对现有企业和老工业基地的技术改造力度，充分利用国内外先进技术进行工艺设备更新，提高企业技术装备和技术开发水平。要加快企业改革改组步伐，促进资产存量合理流动，发挥现有资产优化重组效益。第二，坚持资源开发与节约并举，把节约放在首位。生产、建设、流通、消费等各个领域，都必须节水、节地、节能、节材、节粮，千方百计减少资源的占用与消耗。各行各业都要制定节约和综合利用资源的目标和措施，大幅度提高能源、原材料的利用效率。第三，实施科教兴国战略，促进科技、教育与经济紧密结合。全面落实科学技术是第一生产力的思想。广泛采用先进技术装备社会生产各部门，加快国民经济信息化进程。要强化技术开发和推广，加速科技成果商品化、产业化进程。积极发展高技术及其产业。加强基础科学研究。要优化教育结构，合理配置教育资源，努力提高教育质量和办学效益。为了加快科技、教育发展，一要深化改革，二要抓住重点，三要逐步增加投入。第四，大力加强宏观经济管理、行业管理和企业管理。充分运用税收、信贷、利率、贴息、价格、折旧等经济政策和手段，限制粗放经营，鼓励集约经营。

实现经济增长方式转变，必须更新发展观念，正确处理速度和效益、数量与质量的关系，坚持把提高经济增长质量和效益放在首位。从根本上说，转变经济增长方式，要加快经济体制改革，形成有利于节约资源、降低消耗、增进效益的企业经营机制，有利于形成自主创新的技术进步机制，有利于形成市场公平竞争和资源优化配置的经济运行机制。

加快改革步伐，建立和完善社会主义市场经济体制，既是未来 15 年的奋斗目标和战略任务，又是转变经济增长方式，实现未来经济社会发展目标的必由之路。我国改革开放取得了伟大的历史性成就，但我国目前经济生活中的深层次矛盾，在许多方面仍然是经济体制和运行机制的问题，改革的任务还十分艰巨。今后 15 年是我国改革的关键时期，必须加大工作力度，努力实现经济体制的根本性转变。

整个《建议》贯穿了改革开放的指导思想，体现了改革与发展紧密结合的原则。由于改革涉及许多方面领域，《建议》除了第四部分专门对改革开放进行阐述外，诸如投资体制改革，收入分配制度改革，社会保障体制改革，科技、教育体制改革，农村改革等等，都分别在不同部分作了论述。因此，对《建议》中有关改革内容的理解，应从整体上系统把握。

这次《建议》把国有企业的改革和发展放在突出的位置上。在指导方针中，重申了把深化国有企业改革作为经济体制改革的中心环节。在奋斗目标和改革任务中，都强调要加快现代企业制度建设。现在，国有企业资产占全社会企业资产总额的 65% 以上，国有单位就业人员占城镇就业人员的 67%。搞好国有企业，对改革、发展和稳定都有重大意义，不仅是经济问题，也是关系社会主义前途的政治问题。十多年来，国有企业改革取得了一定的成效，涌现出一批搞得好的企业。但是，企业改革仍是整个经济体制改革的薄弱环节。加快国有企业改革步伐尤为重要和迫切。《建议》提出要使大多数国有大中型骨干企业在本世纪末初步建立起现代企业制度，并提出了加快国有企业改革的一些重要思路和政策措施。一是以建立现代企业制度为目标，把国有企业的改革同改组、改造和加强管理结合起来。二是着眼于搞好整个国有经济，通过促进存量资产的流动，对国有企业实施战略性重组，搞好大的，放活小的。目前，国家正在研究集中力量抓好 1000 户国有大型企业和企业集团的改革和发展。据分析，这 1000 户中的 800 多户工业企业资产占国有工业总资产的 63%，销售收入占 70%，利税占 74%。搞好了这些企业，也就抓住了大头。同时，对国有小企业，要进一步放开放活，区别不同情况，采取股份合作制、租赁、承包经营和出售等多种形式，加快改革步伐。三是所有企业都要眼睛向内，努力转换经营机制，搞好内部管理，加强领导班子建设。四是搞好国有企业的配套改革，重点是按照政企分开的原则，转变政府职能。总的设想是：把综合经济部门逐步调整为具有权威的宏观调控部门，把专业经营管理部门改组为不具有政府职能的经济实体，或改组为国家授权经营国有资产的机构，或改组为行业管理组织。同时，要加快社会保障制度改革。

除了积极推进国有企业改革以外，还要抓好其他方面的改革。在市场体系建设方面，一是深化流通体制改革，发展和完善商品市场，建立主要由市场形成商品价格的机制，积极发展现代流通组织形式。二是积极培育和规范生产要素市场，逐步实现要素的市场化。根据近几年的经验教训，要素市场的发展既要积极、又要稳妥；要突出重点，循序渐进，注意配套，先试点后推广，在发展中逐步规范。三是制定和完善市场规则和法制建设，加强市场监督和管理，发挥市场中介组织的作用。完善宏观调控体系的重点，是建立计划、金融、财政之间相互配合和制约，能够协调宏观经济政策和正确运用经济杠杆的机制；进一步深化计划、财税、金融体制改革。在投资体制方面，大量竞争性行业和产品，在国家政策指导下，应放给市场，主要由市场配置资源，由企业按市场需求自主决策和投资，对基础工业和基础设施等重点建设，也要尽可能地引入市场竞争机制。

以上讲的两个具有全局意义的根本性转变，一个是生产关系的调整和改革，一个是生产力如何发展，两者是相互联系、相互促进的。不深化经济体制改革，就难以实现经济增长方式的转变；不转变经济增长方式，经济体制改革难以顺利推进，改革成果也难以巩固。因此，转变经济增长方式必须依靠改革，改革必须为转变经济增长方式排除障碍，解决经济发展中的深层次矛盾和问题。我们学习贯彻《建议》精神，最重要的是，要把思想认识统一到这两个根本性转变上来，把着力点放到这两个根本性转变上来。

在积极推进经济增长方式和经济体制转变的同时，还要坚定不移地实行对外开放，进一步发展外向型经济。这是《建议》重申的一条重要方针，并提出了明确的任务和要求。今后，在继续扩大对外开放范围的同时，要更多地注意提高对外开放的水平。"九五"期间，要适应我国社会主义市场经济发展需要和国际通行规则，初步建立统一规范的对外经济体制。经济特区和上海浦东新区的基本政策不变，在发展社会主义市场经济中某些具体办法要有所调整和完善。在对外经济贸易中，坚持以质取胜战略和市场多元化战略。积极合理有效地利用外资，对外资投资企业逐步实行国民待遇。

## 四、积极优化产业结构和促进地区布局合理化

这是今后 15 年经济建设的两个重要任务，它直接关系到我国经济增长方式的转变，以及国民经济整体素质和效益的提高。《建议》根据我国经济现状和发展趋势，对这两方面任务作出了既全面考虑、又重点突出的部署。

优化产业结构的基本方向和要求是：着力加强第一产业，调整和

提高第二产业，积极发展第三产业。世界工业化、现代化的历史，就是产业结构伴随技术革命不断优化升级的历史。随着科技进步，必须不断推出新产品、新行业、新产业。这是经济增长的重要内容和强大推动力。产业结构调整、升级，必然带来整体经济效益的提高。我国正处在现代化建设的重要历史阶段，调整、优化产业结构面临着繁重的任务。

优化产业结构的一个重要方面，是切实加强农业，全面繁荣农村经济。加强农业，是这次《建议》强调的一个重点。在指导方针和主要任务中都突出了农业。要求把加强农业放在发展国民经济的首位，并明确提出了重点任务。农业是长期制约我国经济发展的重要因素。农业实现现代化，农民生活实现小康进而达到比较富裕，是整个现代化进程中最艰巨的任务。一是我国人口已超过 12 亿，今后一个时期每年还将净增 1400 万人，满足十几亿人口对粮食等基本消费品的需要是一个重要问题。二是随着人们生活从温饱型向小康型过渡，将不断增加对肉、禽、奶、蛋、水产品、蔬菜、水果等农产品的需求。三是我国 70% 的人口居住在农村。发展农业，增加农民收入，才能为工业提供广阔的市场。但是我国人多地少，农业资源相对不足，基础薄弱，又是制约经济发展的突出因素。今后 15 年将增加约 2 亿人口，人民生活也将进一步改善，只有使农业特别是粮食生产有一个大的发展，才能适应人们生活和经济发展的要求。

这次《建议》突出强调，必须充分认识粮食问题的特殊重要性。到本世纪末，每年要增加 1400 万人口，按照"八五"时期人均占有粮食水平（377 公斤）计算，2000 年粮食总产量必须达到 4900 亿公斤。考虑人民生活改善和经济发展的需要，力争达到 5000 亿公斤，才能更主动一些。解决我国粮食问题，必须立足国内发展农业。进口一部分粮食，主要是为了调剂品种，增加储备。实现粮食增产的任务是很艰巨的。我国人均耕地本来就不多，近几年搞开发区、房地产又占用大量耕地。粮田面积减少，是农业发展面临的一大危险。1994 年与 1990年相比，粮食播种面积减少了 5883 万亩，仅此一项，至少影响粮食总产量减少 150 亿公斤以上。粮食品种结构也是个大问题。为了确保粮食稳定增产，必须采取以下一些重要措施：依法保护耕地，开垦宜农荒地；加强农业基础设施建设，扩大旱涝保收、稳产高产农田；加大农业综合开发力度，加快中低产田改造，有重点地选择若干片增产潜力大的地区，集中投入，建成稳定的商品粮生产基地；强化科教兴农；加快发展农用工业；增加对农业的投入。特别强调要稳定党在农村的基本政策，深化农村改革，大力保护和充分调动农民的生产积极性。在确保粮食稳定增长的前提下，因地制宜地积极发展多种经营。继续把发展乡镇企业作为繁荣农村经济的战略重点，引导乡镇企业适当集中，把发展乡镇企业与建设小城镇结合起来。

优化产业结构的另一个重要方面，是继续加强基础设施和基础工业，大力振兴支柱产业。几十年来，我国已建成相当规模的基础设施和基础工业，特别在"八五"期间，交通、通信和电力发展很快，"瓶颈"制约得到缓解，但仍然是国民经济中的薄弱环节。随着经济建设的不断发展和改革开放的推进，对这些方面的需求更加旺盛。今后 15年，必须在加强水利、能源、交通、通信等基础设施和基础工业建设方面取得明显进展，使之与国民经济发展相适应。基础设施和基础工业建设要统筹规划，合理布局，突出重点，兼顾一般，集中力量高质量、高效率地建设一批重点骨干工程，避免盲目发展和重复建设。机械、电子、石油化工、汽车制造和建筑业，产业关联度高、技术含量高、收入弹性高，加快它们的发展，不仅不利于显著提高经济的技术水平和经济整体素质，而且有利于带动整个经济增长和产业结构优化升级，应当采取有力措施，尽快使它们成为支柱产业。支柱产业的发展，必须确定有限目标，择优扶持，集中突破，注重提高，增强自主开发能力，形成经济规模，提高产品附加值和市场占有率。

优化产业结构的又一个重要方面，是积极发展第三产业。第三产业发展水平是一个国家现代化水平的重要标志，是缓解资金资源矛盾、扩大劳动就业的重要途径。我国目前第三产业增加值在国民生产总值中占 32.7%，不仅远远低于发达国家，也低于一些发展中国家。依托城市经济发展的第三产业必须随着工业化、城市化的进程，得到较快发展。要加快第三产业发展，必须以第一、二产业的发展为基础，特别是要以城市发展为依托，注意形成合理的规模和结构。在继续发展商业贸易和生活服务等传统第三产业的同时，积极发展旅游、信息、咨询、技术服务、法律服务和会计服务等新型第三产业。规范和发展金融、保险业。要继续改革第三产业管理体制，加强政策引导，充分发挥社会各方面的积极性，建立适应竞争的运行机制，促进第三产业健康发展。

在优化产业结构的同时，必须搞好生产力空间布局，引导地区经济协调发展，这是《建议》的一个重要内容。当前，我国地区经济发展中存在的主要问题表现在两个方面：一是在全国各地区经济快速发展的进程中，地区之间的经济差距拉大。二是地区之间的分工还没有实现合理化，区域经济一体化虽在发展，但行政区划对地区经济发展的影响仍然很大，结构雷同，重复建设，区域经济优势的特点没有充分发挥出来。这些都降低了我国生产力空间布局的整体效益。

《建议》把解决地区发展差距作为一条重要的方针，提出要从战略的高度、用大局观念来认识这一问题。沿海地区先发展起来，并继续发挥优势，这是一个大局，内地要顾全这个大局。到一定时候，沿海多做一些贡献支持内地发展，这也是个大局，沿海也要服从这个大局。这就是说，地区发展差距在一定时间内、一定程度上的扩大难以避免，解决地区差距问题需要有一个过程。现在东部沿海一部分地区发展起来了，应当更多地考虑支持中西部地区发展的问题。据统计，1978—1994 年间，我国东部、中部和西部基本建设投资比重明显向东部倾斜，"六五"期间分别为 42%、30% 和 20%，"八五"期间预计变为 50%、24% 和 16%。到 1994 年，三大地带人均国内生产总值之比为 1：0.57：0.49，不平衡性明显增强。这种地区经济发展差距扩大的趋势，已经引起各方面的普遍关注。这次制定中长期规划，提出要高度重视和正确解决地区差距问题，是非常适时和必要的。从"九五"开始，要更加重视支持内地的发展，实施有利于缓解地区发展差距扩大趋势的政策，并逐步加大工作力度，积极朝着缩小差距的方向努力。《建议》强调，我国东部和中西部地区应根据各自特点，充分发挥自己优势，合理地确定发展重点，同时，要加强相互间的交流与合作，合理分工，共同发展。国家将通过中央财政转移支付制度，采取优先安排资源开发和基础设施建设项目、鼓励中外投资者到中西部地区投资、理顺资源性产品价格体系等措施，支持中西部不发达地区的开发，支持民族地区、贫困地区脱贫致富和经济发展。

实现全国地区经济布局合理化另一个重要方面，是要按照统筹规划、因地制宜、发挥优势、分工合作、协调发展的原则，正确处理全国经济总体发展与地区经济发展的关系，建立起跨省（区、市）的具有特色的区域经济。《建议》明确提出，按照市场经济规律和经济内在联系以及地理自然特点，突破行政区域界限，在已有经济布局的基础上，进一步形成若干个跨省（区、市）的经济区域，包括以上海为龙头的长江三角洲及沿江经济带，以珠江三角洲和闽东南地区为主的东南沿海经济圈，以辽东半岛、山东半岛、京津冀为主的环渤海经济圈，以欧亚大陆桥和京九等铁路干线为纽带的经济带。同时，以东北、西南、西北等地区老工业基地和粮食、棉花、煤炭、石油等资源富集地区为依托，形成若干个各具特色的重点产业区。只要我们从实际出发，按照发展社会主义市场经济的要求，促进地区经济协调发展，就能够进一步提高生产力空间配置的经济效益和社会效益，实现各地区经济因地制宜、优势互补，相互促进、共同发展。

# 五、大力推进经济与社会协调发展

《建议》的一个重要内容和基本精神，是更加重视社会的全面发展与进步，要求把推动社会全面发展和社会主义精神文明建设放在更加重要地位，实现经济与社会相互协调和可持续发展，物质文明和精神文明共同进步。这是建设有中国特色社会主义的重要内容，也是现代化建设进入新阶段的必然要求。今后 15 年社会发展的总要求，是保持社会稳定，推动社会进步，积极促进社会公正、安全、文明、健康发展。主要任务是，控制人口增长，提高生活质量，扩大劳动就业，完善社会保障，加强环境保护。我们必须从总体上全面认识和正确把握这些要求和任务。这里，着重强调以下三点。

（一）在经济发展的基础上，不断提高人民物质文化生活水平。这是进行改革开放和现代化建设的基本着眼点和出发点。因此，《建议》在到 2000 年的奋斗目标中，重申了要使人民生活达到小康水平，基本消除贫困现象；到 2010 年，使人民的小康生活更加宽裕。小康生活水平是一个总体概念，内容相当丰富，也是一个动态的不断充实、提高的过程。由于各地区情况不同，消费结构和内容也不完全一样。这次明确了 2010 年人民生活水平仍是小康阶段，但比本世纪末的小康水平标准更高一些，达到更加宽裕的程度。特别是提出了要丰富消费内容，改善消费结构，重点解决住和行的问题，扩大服务性消费，使生活质量有较大改善。这个生活目标的确定，考虑了三步走战略目标的要求，也是根据生活消费规律作出的概括。严格控制人口增长，直接关系到人民生活的改善，也关系到国民素质的提高。必须采取切实有力措施，使 2000 年全国人口控制在 13 亿以内，2010 年控制在 14 亿以内。积极拓宽劳动就业渠道，扩大劳动就业，这是改善人民生活，促进社会稳定的重要要求。目前，我国农业有剩余劳动力 1.2 亿人，城镇失业人员和企业富余职工约 2000 万人，"九五"期间城镇新成长劳动力 1300 万人，农村新成长劳动力约 9000 万人。随着产业结构的调整、深化国有企业改革和经济增长方式的转变，等量投资可提供的岗位相对减少，就业需求与就业岗位的矛盾会越来越突出。必须统筹考虑，妥善处理城乡就业问题，缓解就业压力。

（二）实行可持续发展战略。这是《建议》的一个重要贡献。其基本要求是，把节约资源、保护环境放到更加重要的位置，促进经济建设与资源、环境之间相互协调和良性循环。要加强环境、生态、资源保护，我们决不能走某些工业化国家走过的浪费资源和先污染后治理的老路。浪费资源和破坏环境，势必会受到客观规律的惩罚。到本世纪末，要力争使环境污染和生态破坏加剧趋势得到基本控制，部分城市和地区环境质量有所提高；2010 年基本改变生态环境恶化的状况，城乡环境有比较明显改善。这个目标和任务是艰巨的，但必须下大决心、采取有力措施积极去实现。不然，资源和环境与经济发展的矛盾将更加突出，就会严重影响现代化建设的进程。

（三）加强社会主义精神文明建设和反腐败。我们进行社会主义现代化建设，无疑要致力于发展生产力，把物质文明建设好。与此同时，还要大力加强社会主义精神文明建设。邓小平同志深刻指出：物质文明和精神文明都搞好，才是有中国特色的社会主义。改革开放以来，我们党反复强调重视精神文明建设，这方面也取得了不少成绩。但是，面临的问题还不少。发展社会主义市场经济和扩大对外开放，必然引起社会关系和利益格局的调整，国际上各种精神文化力量也会对我们产生影响，这对社会主义精神文明建设提出了新的要求。必须充分估计这种形势，切实加强精神文明建设。一是坚持不懈地用邓小平建设有中国特色社会主义理论武装全党，教育干部和人民；二是坚持不懈地加强艰苦奋斗的优良传统教育，倡导敬业创业精神；三是坚持不懈地加强道德建设和爱国主义、集体主义、社会主义思想教育，树立正确的世界观、人生观、价值观；四是坚持不懈地加强党风廉政建设，深入持久地开展反腐败斗争；五是坚持不懈地积极开展群众性精神文明建设活动；六是坚持不懈地积极推进教育科学文化建设，全面提高整个中华民族的科学文化素质。要制定精神文明建设的规划，并将其纳入经济和社会发展总体规划。

回顾改革开放以来的 17 年，业绩辉煌，令人鼓舞。展望未来跨世纪的 15 年，任重道远，前程灿烂。在人类文明的历史长河中，中华民族曾经在 95% 以上的时间里走在世界前列。我们有志气、有抱负，务必用不太长时间改变近代以来的落后状态，重新跃居人类现代文明建设的前列。我们一定要在党的十四届五中全会精神指引下，抓住机遇，奋发图强，创业兴邦，再造辉煌，为把一个经济持续发展、社会全面进步、充满生机和希望的中国带入 21 世纪，把我国建设成为富强、民主、文明的社会主义现代化强大国家而奋斗。

# 大力推进经济增长方式转变 *

（1996 年 1 月）

党的十四届五中全会通过的《建议》中，通篇贯穿着一个鲜明的特点，即切实转变经济增长方式，提高经济整体素质和效益。这是在全面分析我国社会经济发展现状及其客观要求的基础上作出的重大决策。认真学习和深刻领会《建议》的这一基本精神，积极地付诸实践，我国经济建设必将开创出新的局面，顺利实现未来 15 年的奋斗目标。

## 一、加快转变经济增长方式势在必行

所谓经济增长方式，实质上是指生产要素的分配、投入、组合和使用的方式，它决定着生产力系统的整体效能和发展状况。一般地说，经济增长方式分为粗放型和集约型两种。粗放型，指主要依靠生产要素数量的扩张实现经济增长，这是一种高投入、高消耗、低质量、低产出的经济增长方式。集约型，指主要依靠生产要素优化组合，并通过提高要素质量和使用效率实现经济增长，这是一种消耗低、质量高，投入少、产出多，效益好、污染小的经济增长方式。这种经济增长方式，不仅有利于实现经济的持续快速增长，而且有利于显著提高经济整体素质和效益。现在我们强调的转变经济增长方式，就是要由粗放型向集约型转变。

经济增长方式是同我国经济发展所处阶段、发展战略和经济体制密切相联系的。新中国成立后的一段时期，在"一穷二白"的情况下，

---

* 本文发表在《经济改革与发展》1996 年第 1 期。

采取优先发展重工业，高积累、高速度的发展战略，对增强国家实力，奠定工业化基础，缓解商品匮乏矛盾，改善生产力布局，是非常必要的，也取得了显著成效。这个时期实行粗放型经济增长方式，有其客观必然性，也是不可逾越的。但随着经济规模的扩大，粗放型增长方式的弊端就逐渐突出地显露出来。特别是在经济进入新的成长阶段和改革开放不断深入的形势下，粗放型的增长方式已难以为继，转变经济增长方式势在必行、刻不容缓。

（一）解决现实经济中的诸多矛盾，促进经济良性循环，实现持续较快增长，必须加快经济增长方式转变。改革开放以来，我国取得了举世瞩目的巨大成就。经济体制发生了历史性变化，封闭型经济转变为开放型经济，国民经济持续快速发展，综合国力大为增强，人民生活明显改善。但由于多方面原因，经济增长仍基本上沿袭了粗放型的方式，因而与取得的成就相比，付出的代价较大，而且国民经济整体素质没有得到应有的提高。尽管全社会综合经济效益比过去有所提高，但生产、建设、流通等领域不少方面的效益指标下降。技术进步缓慢，生产工艺设备落后。目前我国企业的技术装备大多处于六七十年代水平，工业企业近 1/5 老化，超期服役率达 40%。一些主要行业的先进技术和关键设备主要靠进口。物质消耗高，资源浪费严重。结构不合理，产品质量差，附加值低。大而全、小而全，盲目建设、重复建设相当严重，资金使用过于分散，投资效益低。这样，多次出现社会需求膨胀，经济总量失衡。现实经济生活中存在的通货膨胀严重，部分国有企业生产经营困难、农业基础脆弱、财政赤字和债务负担大、经济发展后劲不足等各种矛盾和问题，固然有多方面的原因，但症结在于经济增长是粗放型的。在投入多、产出少，资源消耗高，资金占用多，经济效益低的状态下，经济的快速增长是以大量投入和过量发行货币支撑的，势必导致财政赤字增加，通货膨胀压力加剧。只有切实转变经济增长方式，显著提高经济整体素质和效益，经济生活中的深层次矛盾和问题才能得到有效解决，使国民经济真正走上良性循环的轨道。

（二）实现今后 15 年经济发展目标，克服资金、资源供给制约，防止生态环境恶化，必须加快经济增长方式转变。今后 15 年，使我国经济继续保持较快的增长速度，不仅有着重要的经济意义，也有着重大的政治意义。而要实现经济长期持续较快增长，如果按照目前的粗放型经济增长方式，需要增加大量的资金投入和能源、原材料消耗。这样，无论是资金还是能源、原材料都会出现较大的供需矛盾。我们要把目前过高的物价上涨幅度明显降下来，抑制通货膨胀，就必须减少财政赤字，控制货币供应量和信贷规模。财政和银行能够用于建设的资金有限，扩大利用外资也需要有相应的国内配套资金。能源和重要原材料已经成为制约经济增长的重要因素，而我国耕地、水和重要矿产资源的人均拥有量不足，继续大量消耗能源和原材料，不仅建设资金难以保证，而且将造成资源的过量开采和消耗，加剧环境污染，破坏生态平衡。显然，靠高投入、高消耗支撑经济增长的路子再也不能走下去了。缓解资金、资源供给制约的矛盾，出路在于转变经济增长方式，合理和节约使用资金和资源。从更深刻的意义上说，只有转变经济增长方式，明显提高经济效益，以较少的投入产出更多的社会财富，才能从根本上抑制需求过旺和成本攀升，消除通货膨胀的基础，也才能有效做到经济建设与保护资源和环境相统一，从而实现国民经济长期持续、快速、健康发展。

（三）为了适应国际经济和科技发展的大趋势，发展开放型经济，也必须加快转变经济增长方式。据分析，今后时期世界经济和科技发展趋势将呈现以下一些重要特点：一是全球经济在加速结构调整和起伏中持续增长，亚太地区经济发展更加活跃。二是科技发展迅猛异常，特别是电子、信息、生物工程、新材料、新能源等高技术领域已经出现或正在孕育重大突破，将给人类社会经济各个方面以极为广泛和深刻的影响。三是世界范围经济贸易和资金技术流动加快，各国经济和市场将进一步相互开放、依存和融合。四是国际上经济、科技竞争更加激烈，"商战"将空前尖锐。市场竞争的法规，不仅是数量的较量，更是科技、质量、效率和效益的较量。目前，许多国家都在谋求抢占高科技和新兴产业的制高点，把加速技术进步、降低消耗、提高产品质量和保护资源环境作为发展战略的核心内容。在这种世界大趋势下，我国要进一步扩大对外开放，在日益激烈的国际竞争中占据主动地位，必须较大幅度地提高生产技术水平和产品质量，降低成本，增加产品附加值和市场占有率。这就要求尽快提高我国的科技素质、产业素质和企业素质。

（四）从根本上说，我国现代化建设进入新的发展阶段后，对全面提高经济整体素质和效益，提出了新的更高要求，更必须加快转变经济增长方式。今后15年，我国现代化建设要全面实现第二步战略目标，并向第三步战略目标迈出重大步伐。这是整个经济成长的阶段性变化，不仅要求经济总量和规模继续扩大，更要求经济质量和效益有显著提高，实现结构优化和升级。今后随着城乡居民收入不断增加，消费选择性增强，既要求商品数量的满足，又要求质量、档次的提高，扩大商品和服务消费领域。为适应消费结构变化和提高国际竞争力，产业结构和产品结构必须有大的改善。我国经济进入新的阶段后，应当改变长期以来农业向工业提供积累的做法，采取"以工补农、以工建农、以工带农"的方针。工业不仅要积累自身发展所需要的资金，而且要通过多种形式帮助和支持农业，这就要求工业必须大幅度提高劳动生产率，降低成本，提高投入产出效益。这是在经济发展新阶段中处理好工农关系和城乡关系的重要战略步骤。同时，随着我国经济持续快速发展，资源开发的难度加大，开发成本也会继续增加。在这种情况下，要使工业进一步得到大的发展，必须从资源深度加工、降低消耗、增加附加值上下大功夫。还应当看到，国民经济现代化是一个国际性、动态性的标准，只有在不断提高经济素质和效益的基础上扩大经济总量，才能逐步提高现代化水平，缩小同发达国家在经济技术上的差距。否则，尽管经济总量增加和规模扩大，也不能缩小差距，反而会使之进一步扩大。

总之，加快转变经济增长方式，显著提高经济整体素质和效益，既是有效解决当前经济生活中深层次矛盾的迫切需要，也是顺利实现今后15年奋斗目标，使国民经济迈上新的大台阶的必由之路；同时，又是我国现代化建设进入新阶段的必然要求和根本任务。它直接关系到我国现代化建设的全局和进程。

现在强调加快转变经济增长方式，不仅具有极大的重要性和紧迫性，而且已具有客观可能性。经过四十多年的建设，我国已建成庞大的国民经济体系和工业体系，经济总规模相当可观，固定资产投资累计达8万多亿元，建成投产大中型项目近5356个；煤炭、水泥、钢、发电量、化学纤维、棉布、粮食、棉花等主要产品产量已跃居世界前列；地区布局已经展开；形成了宏大的科技队伍，改革开放以来引进了几万项先进技术。这些，都为加快经济增长方式转变提供了雄厚的物质技术基础。同时，由于改革不断推进，传统的计划经济体制向社会主义市场经济体制转变取得重大进展，为转变经济增长方式创造了一定的体制环境和条件。

## 二、转变经济增长方式的基本方向和要求

经济增长方式由粗放型向集约型转变，有着特定含义和丰富内容，需要明确认识和准确把握。概括起来说，这个转变的基本方向和要求应是以下三个方面：

（一）从主要依靠铺新摊子、上新项目，扩大建设规模，转到立足现有基础，把建设的重点放在现有企业挖潜、改造、充实和提高上。

粗放型经济增长方式的一个重要特征，就是主要靠不断建设新的企业，外延扩大生产规模，以求得经济的持续增长。我们经济建设中相当时期以来存在着两个方面的突出问题，一方面大量建设资金用于新建项目，很多项目又属于盲目建设和不必要的重复建设，基本建设搞得过大，摊子铺得过多过散，占用和耗费了宝贵的财力物力；另一方面，大量原有企业由于缺乏更新改造资金，技术落后，设备陈旧，物质消耗高，生产经营困难。这样，不仅造成资源的严重浪费，而且国民经济素质和效益提高不快，还往往造成整个经济循环不畅。转变经济增长方式，首先要求处理好新上项目与利用现有基础的关系。今后扩大再生产必须主要依靠现有基础，充分发挥它们的重要作用。立足现有基础发展社会再生产，比新建企业有投资省、消费低、见效快的优点，还可以带动和促进机电工业技术进步和上水平。这不仅有利

于缓解资金和资源对经济增长的制约。而且有利于搞好整个国有企业，提高社会生产技术水平。当然，我国目前农业、水利、能源、交通和重要原材料等基础产业和基础设施还比较薄弱，仍有必要集中一定的财力物力建设一批新的骨干工程。随着新产业的兴起以及某些重要行业填补空白，也需要新建一些具有现代化水平的骨干企业。但是，各行各业都应坚决地把建设重点放在现有企业的挖潜、改造、充实和提高上。能够通过改革、改组、改造提高生产能力的，就不再铺新摊子、上项目。新建项目一定要统筹规划，合理布局，提高技术起点，避免盲目建设和重复建设。要切实加大对现有企业和老工业基础的技术改造力度，充分利用国内外先进技术进行工艺设备更新，提高企业技术装备和技术开发水平。要以深化企业改革为动力，把改革、改组、改造和加强管理结合起来，促进资产存量合理流动，发挥现有资产优化重组效益，全面增强企业素质和市场竞争力。完全可以这样说，只有真正把建设重点转到现有企业的改造、充实和提高上，国民经济发展才能真正走出新路子，并显著提高现代化水平。

（二）从主要追求社会生产总量增加，偏重产值速度和产品数量，转到以市场需求为导向，注重品种、质量，优化生产要素配置，提高经济增长质量和效益上来。

粗放型经济增长方式的另一个重要特征，是偏重追求经济总量扩张和增长速度，忽视市场变化和经济效益，讲数量多，讲品种和质量少，消耗高，产出少，资金占用多、周转慢，造成高速度、低效益。实行集约型经济增长方式的本质要求，是要使各项经济工作必须以提高经济效益为中心，特别是合理配置生产要素、优化结构、提高质量、降低消耗、提高产品附加值和市场占有率，增进资源利用效率，在全面提高经济效益的基础上，既快又好地发展经济。这里，既要重视微观经济活动的效率和效益，也要注重宏观经济效益，提高整个经济增长的质量和效益。为此，要运用市场机制和宏观调控两种手段，正确引导和组织各种生产要素的结合，以生产出市场需要的产品和促进社会再生产顺畅循环，实现结构优化效益、规模经营效益和区域分工合作效益。产品质量差，两个不顶一个用，不仅不能增加产品使用价值，而且浪费了资源。要坚决贯彻"质量第一"的方针，把提高产品质量放在首位，使所有产品质量都有一个大的进步，严厉打击各种生产和经营假冒伪劣产品的行为。要大力降低物质消耗和劳动消耗。只有大幅度提高能源、原材料的利用效率，减少资源的占用与消耗，才能使经济建设与资源和环境保护相协调，实现可持续发展。无论与国内先进企业水平还是与国外相比，节约降耗的潜力都是很大的。应实行资源节约型发展战略，坚持资源开发与节约并举，把节约放在首位，使经济增长更多地依靠节约资源来实现。提高经济效益，还要努力提高劳动生产率，千方百计增进资金使用效益，节省和有效使用固定资产投资，加速流动资金周转。目前经济生活中存在的突出问题，是企业相互拖欠资金严重，资金周转过慢。抓好这方面的工作，具有极大的现实意义。总之，实现经济增长方式的转变，必须紧紧抓住提高经济增长质量和效益的各个环节，采取有力措施，取得切实成效。

（三）从主要靠生产要素扩张，增加财力和人力投入，转到依靠科技和提高劳动者素质，提高科学技术和知识智力对经济增长的贡献率。

粗放型经济增长方式的又一个重要特征，是忽视现代科学技术的发展和应用，疏于现代化管理，偏重增加劳动力投入而忽视提高劳动者素质，科技进步和智力开发对经济增长的作用小。技术落后、管理落后、劳动者素质比较低，是长期以来我国经济增长质量和效益不高、产品缺乏竞争力的重要原因。转变经济增长方式，关键要加速科技进步，提高管理水平。现代科学技术和现代化管理是促进经济持续、快速、健康发展的决定性因素。只有依靠科技进步和科学管理，才能解决好产业结构不合理、产品质量差；物质消耗大、劳动生产率不高和其他方面经济效益低的种种问题。为此，必须认真实施科教兴国战略，全面落实科学技术是第一生产力的思想，强化技术开发和推广，加速科技成果商品化、产业化进程。各行各业都要积极采用和推广先进适用技术，积极发展高技术及其产业，并采用高技术改造传统产业。加强基础科学研究，建立科研、开发、生产和市场紧密结合的机制，促进科技经济一体化。特别要鼓励企业自办技术开发中心，使企业真正成为技术开发的主体。目前我国经济管理水平不高，从一定意义讲，这个因素对经济效益以至整个经济发展的影响比技术落后的影响还要大。改进和加强管理，有着更大的迫切性和重要性。必须大力加强宏观经济管理、行业管理和企业管理。许多企业发展的经验表明，强化管理，不需要增加多少投入就可以取得明显效果。从根本上说，科技的发展，经济的振兴，乃至社会的进步，都取决于劳动者素质的提高和培养大量合格人才。必须坚持把发展教育放在优先发展的战略地位，通过深化改革和增加投入，加强智力开发。要按照经济社会发展的需要，优化教育结构，合理配置教育资源，努力提高教育质量和效能，更好地为经济和社会发展服务。可以相信，把科教兴国战略真正落到实处，不仅会显著提高经济增长的质量和效益，而且会大大增强国民经济长期持续发展的后劲，经济增长方式的转变也就会取得实质性进展。

这里，需要明确经济体制改革与经济增长方式转变二者的关系。应当说，这二者既有密切联系又有各自明确的内涵，不能相互混淆和取代。经济体制改革，是要从传统的计划经济体制转到社会主义市场经济体制，这是生产关系方面的调整和改革。而经济增长方式由粗放型向集约型转变，则是如何促进生产力的发展。从根本上说，实现经济增长方式转变有赖于改革取得实质性进展，要以改革为动力促进增长方式的转变。同时经济增长方式的转变，又有利于深化和加快改革。在实际工作中，应当使二者有机结合，相互促进。

## 三、实现经济增长方式转变需要抓好的主要环节

加快转变经济增长方式涉及经济工作的全局，要真正实现这一转变，必须从多方面入手，做好各方面工作。根据当前实际情况，并总结国内外经验，至关重要的应当突出抓好以下几个主要环节：

（一）提高思想认识，真正把经济工作的着力点放在转变经济增长方式上。积极推进经济增长方式由粗放型向集约型转变，全面提高经济整体素质和效益，是党中央在全面分析我国经济现状和发展趋势基础上所作出的重大决策，是新的历史条件下发展国民经济的战略指导方针，也是今后15年经济建设中的主要任务。各部门、各地方和

各方面的思想，都要真正统一到党中央这一具有全局性和根本性意义的决策上来，像党的十一届三中全会后认识全党工作重心转移到经济建设那样，加深认识转变经济增长方式的必要性和重要性，提高自觉性和紧迫感。要切实更新发展观念，改变重速度轻效益、重数量轻质量、重发展轻环保的思想和做法。无论是工业还是农业和其他各行各业，无论是加工产业、支柱产业还是基础产业，无论是经济较发达地区还是欠发达地区，都要坚决走集约经营之路。现在，从中央到地方，各部门、各地区都在制定"九五"计划和2010年远景目标规划。各级各类的中长期规划，都必须把转变经济增长方式、提高经济素质和效益放在十分突出的位置，作为贯穿全部规划的一条主线。不仅制定计划应充分体现这个要求，而且在计划实施中务必切实这样做，力争在"九五"期间转变经济增长方式取得较大进展。

（二）按照转变经济增长方式的要求，切实调整投资方向和结构。固定资产投资是经济增长的重要因素和动力。投资的方向和结构，很大程度上决定着经济增长方式。转变经济增长方式，必须调整投资方向和结构。一是在全部投资中，较多地增加用于现有企业技术改造投资。长期以来，固定资产投资计划中用于技术改造投资的比重偏低，而又有不少部分被挤占和挪用，这是许多企业设备陈旧、工艺落后而得不到更新改造的重要原因。从"九五"时期起，必须较大幅度地提高技术改造投资的比重，加快工艺设备更新，提高企业技术装备水平和技术开发能力。而只有严格控制新开工项目，降低基本建设投资的比重，才能保证技术改造投资比重的提高。二是在新建项目中，首先保证必要的在建项目尽快投产。当前固定资产投资中存在的突出问题，是在建规模偏大，施工项目过多，资金使用过于分散，投资效益差。应当对现有在建项目认真进行分类排队，区别轻重缓急，做到停一批、保一批，要突出"保重点、保投产、保收尾"项目。对重点工程建设，要从资金、人力和物力上切实保证，集中力量打歼灭战，以提高投资效益。三是切实增加对科技、教育的投资，提高它们占国民生产总值的比重。除了国家要逐步增加这方面投入外，还要多渠道、多形式吸引和筹集资金。不较多地增加科技、教育的投入，就会影响科教兴国战略的实施。四是增加对农业、水利、能源、交通等的投资，巩固和充实国民经济的基础地位，突破"瓶颈"制约。机械、电子、汽车制造、石油化工等支柱产业，具有产品关联度高、技术含量高、附加值高的特点，也必须加强它们的开发和建设，把机械电子工业搞上去，还能为国民经济各部门提供先进装备和技术，促进国民经济信息化和集约化进程。五是注重发展规模经济，坚决改变自成体系，搞"大而全、小而全"，低水平重复建设的现象。基本建设和技术改造项目，凡有规模经济要求的，都应按照规模经济标准，实现规模经营。不符合规模经济要求的项目不准建设。按照以上要求调整投资结构，就必须改变投资分配中的"基数法""水平法"，各方面投资的比重该提高的提高，该降低的降低，不能以原有的"基数""水平"为标准。要通过降低消耗节约资源，加快技术改造。广泛采用节能、节材的新设备、新工艺、新产品，限期淘汰耗能高、耗材多、耗水量大的落后工艺、技术和产品。要抓住重点，集中突破。

（三）实行促进经济增长方式转变的综合配套政策和措施。首先，要完善国家产业政策。国家产业政策是优化产业结构、企业结构、地区结构和协调财政、金融、投资政策的依据。特别要明确提出鼓励、支持和限制、禁止发展的产业、产品，以引导结构调整和优化。同时，正确制定区域经济政策，促进各地区选准发展重点，合理分工，各展所长，改变地区经济结构趋同化现象。要充分运用税收、信贷、利率、贴息、价格、折旧等经济政策和经济手段，推动科技进步和提高经济活动的效益。特别要通过健全法制，限制粗放经营，鼓励和保障集约经营。例如，通过立法限制盲目布点和重复建设，禁止资本金不足和无铺底流动资金上新项目；通过立法加快发展规模经济，促进企业组织结构合理化；通过立法合理开发利用和节约资源，限制、淘汰高耗能、高污染的工艺、设备、产品。还要改进计划、统计经济指标体系与评价、考核标准，坚决取消那些助长盲目追求规模扩张、数量增长、攀比产值速度的经济指标。评价地区、企业发展状况，考核干部政绩，不能偏重数量、产值和上项目多少，而应与抓提高经济质量和效益的实绩紧密挂钩。总之，要通过相互配套的政策和措施，把各方面的注意力引导到走集约经营的路子上来。

（四）全面深化改革，为转变经济增长方式创造好的经济机制和体制条件。党中央早就明确提出，经济工作要以提高经济效益为中心和转变经济增长方式，然而多年以来迟迟没有实质性进展。这里固然有多方面的原因，但最重要的是经济体制没有得到根本改革。特别是主要依靠政府配置资源，政企不分，吃"大锅饭"，争投资、争项目而又不负责的弊端仍然存在；生产要素市场欠发育，市场体系不完善，部门分割、地区封锁，市场竞争机制作用难以得到合理充分的发挥。因此，加快建立社会主义市场经济体制改革的步伐，是加快经济增长方式转变的根本途径和最重大措施。不从根本上改革经济体制，转换经济运行机制，走集约经营之路只能流于空谈。要加快企业改革步伐，使企业真正成为市场主体和投资主体，拥有生产经营自产权和资产经营自主权，形成有利于节约、降耗、增效的经营机制，建立实行集约经营的微观基础。积极发展和完善市场体系，坚决破除条块分割，建立全国统一、开放和有序竞争的市场，促进生产要素合理流动和资源优化配置。深化宏观调控体制改革，巩固和完善财政体制改革，加快投资体制、金融体制改革，明确投资主体，建立严格的投资决策责任制，强化投资风险约束机制，谁投资谁决策谁承担责任和风险。完善投融资机制，建立项目建设资本金制度。采取多种形式，把市场竞争机制引入投资领域。实行政企分开，转变政府职能，增强宏观调控能力。只有加大改革力度并取得实质性进展，经济增长方式转变才能加快步伐和取得切实成效。

转变经济增长方式，既是一个重大而紧迫的任务，又是相当复杂和艰巨的历史进程。在这个过程中，我们面临着一系列两难的选择，包括既要实现集约经营，提高劳动生产率，又要发展劳动密集型产业，以缓解庞大的劳动就业压力，处理好提高效率与安置就业的矛盾等等。我们必须高度重视和妥善处理这些矛盾。重要的是，转变增长方式的方向要坚定，目标要明确，决心要大，措施要有力；同时在实际工作部署上，要统筹考虑，分类指导，实现资金、技术、劳动力在不同产业、行业、企业和地区的优化组合，有步骤、多层次地推进这一根本性转变。

# 努力推动我国社会全面发展和进步 *

（1998 年 8 月）

1995 年 9 月，党的十四届五中全会通过了《中共中央关于制定国民经济和社会发展"九五"计划和 2010 年远景目标的建议》。1996 年 3 月，八届全国人大四次会议审议通过了《中华人民共和国经济和社会发展"九五"计划和 2010 年远景目标纲要》。这两个具有重要历史意义的会议所完成的共同使命，是按照邓小平建设中国特色社会主义理论和党的基本路线，明确提出了今后 15 年我国经济与社会发展的奋斗目标、主要任务和一系列重要方针、政策、措施，为我国改革开放和现代化建设绘制了宏伟蓝图，从跨世纪的中国如何行动的高度，动员全党全国人民齐心协力，再接再厉，开拓前进，把一个经济持续发展、社会全面进步、充满生机和希望的中国带入 21 世纪。

我国跨世纪的发展战略和宏伟纲领中明确提出："必须把社会全面发展放在重要战略地位，实现经济与社会相互协调和可持续发展。"这是我们党和政府对经济社会发展规律认识的一个飞跃，也是社会上各个方面理论研究和实践经验的光辉结晶。

## 一、把推动社会全面发展放在重要战略地位
## 是历史进步的必然抉择

在我国跨世纪的现代化建设战略部署和宏伟纲领中，明确地把社会全面发展放在重要战略地位，这是一个具有全局意义的重大决策，

---

* 本文载于《中国社会保障全书》，中国计划出版社 1998 年 8 月第 1 版。

它是建立在世界发展大趋势和科学理论的基础上的，是完全正确和及时的历史性抉择。

在人类社会经济发展的历史长河中，人们对经济和社会发展关系的认识是不断深化的。根据人类社会发展的历史和社会经济发展规律，马克思主义经典作家曾对经济和社会发展关系作过许多精辟的论述，明确指出经济和社会必须协调发展，物质文明和精神文明必须共同进步。这是大家都知道的。这种科学的理论和深刻的思想，已经为当今世界所共识。

我们不必追溯过长的社会发展历史，仅从 20 世纪 50 年代以来世界范围对发展观的演进来看，随着社会实践的发展和时代的进步，国际上对发展观也在不断地充实和完善，甚至可以说发生了思想飞跃。在五六十年代里，国际上通常把经济发展作为发展的全部追求，把经济发展问题等同于全部发展问题。以联合国于 1951 年发表的"欠发达国家经济开发方略"为代表，这一时期的关于发展问题的研究和论述，主要集中于探讨不发达国家之所以不发达的原因以及摆脱不发达的途径。其基本结论是把追求国民生产总值和人均国民收入的增长速度，作为全部发展政策的主要目标。这一时期的发展观基本上是单纯的经济发展观。进入 70 年代以后，发展观朝着被称之为"发展目标的社会化"的方向前进一大步。这是由于许多发展中国家的实践表明，单纯的经济增长并不能自然而然地使贫困、失业、分配不公等社会问题得到解决，有些情况下甚至出现恶化趋势。70 年代初期，国际劳工组织在对一些发展中国家实际调查考证的基础上，提出了以增加就业、匡济贫困阶层为主体的发展思路建议；1975 年进一步向国际社会推荐"满足人们基本需求为主"的发展战略。这种发展战略，致力于优先满足公众的基本需求，注重提高贫困阶层的最低收入、增加就业、兴办与人民基本生活需要的社会福利事业，并强调要给予公众以更多地参与社会活动的机会。这一发展观的演进，为不少国家所重视和运用，取得了推动经济与社会全面发展的积极效果。

在这时期之后，历史车轮进入 80 年代。基于对人类社会发展面临问题的认识和估量，国际社会又逐步提出和普及"可持续发展"的概念。1987 年世界环境与发展委员会在一篇题为"我们的共同未来"的报告中，首次比较全面地阐述了"可持续发展的战略"。当时将"可持续发展"定义为，"既满足当代人的需要，又不至于对后代人满足需要的能力构成危害的发展"。为了实现可持续发展，人类社会必须致力于：消除贫困和经济的适度增长；控制人口和开发人力资源；合理开发和利用自然资源，尽量延长资源的可供给年限，不断开辟新的能源和其他资源；保护环境和维持生态平衡；满足就业和生活的基本需求，建立公平的分配原则；推动技术进步和对造成社会危害的有效控制。可持续发展战略，体现了人口、资源、环境、经济、社会必须协调发展的思想，反映了经济和社会全面发展的规律，是人类对于人与自然界关系以及人类自身社会经济活动的认识深化。近几年来，可持续发展战略已成为一系列全球性大会的中心议题。1992 年联合国里约热内卢环境与发展大会通过了《里约环境与发展宣言》和作为具体行动计划的《21 世纪议程》。1995 年 3 月在哥本哈根召开的社会发展世界首脑会议宣言中，再次把促进各国社会全面发展的任务，变成国际社会的共识和协调行动的纲领。最近，联合国开发计划署官员在 1996 年进行的研究报告中指出，发展经济和人类的公正发展应当同时进行，实行不平衡发展政策的国家最后都出现了危机。大量事实证明，经济发展与社会发展之间并不存在自动的联系，现在提出的可持续发展是人类跨入 21 世纪的最佳选择。在我国，注重经济发展，并大力促进社会全面发展与进步，是建设中国特色社会主义的重要内容和基本要求。邓小平建设中国特色社会主义的理论，是我们建设社会主义现代化国家的强大理论武器和伟大旗帜。这一理论，是马克思列宁主义基本原理与当今时代特征和中国实际相结合的最新成果，是毛泽东思想的继承和发展，是当代中国的马克思主义。这一理论内容丰富，博大精深，涵盖着现阶段党和国家工作的各个方面，涉及经济和社会发展各个领域，它的一个显著特点，就是强调经济与社会协调发展和全面进步。这方面，邓小平作出了一系列精辟的论述。例如，他揭示"社会主义的本质，是解放生产力，发展生产力，消灭剥削，消除两极分化，最终达到共同富裕"。他提出，把"三个有利于"作为衡量一切工作最根本的是非标准，这就是"判断改革和各方面工作的是非得失，归根到底，要以是否有利于发展社会主义社会的生产力，是否有利于增强社会主义国家的综合国力，是否有利于提高人民的生活水平为标准"。他指出，经济建设必须依靠科技和教育，做出了"科学技术是第一生产力"这一马克思主义的崭新论断，认为振兴经济关键在于振兴科技，必须把教育放在优先的战略地位，要求全党全社会都要尊重知识、尊重人才。他依据经济平衡和不平衡发展规律，提出允许和鼓励一部分人、一部分地区先富起来，先富带动和帮助后富，逐步达到共同富裕的战略思想。他反复强调，我们要建设的社会主义国家，不但要有高度的物质文明，而且要有高度的精神文明，两个文明都搞好，才是中国特色的社会主义，必须坚持两手抓、两手都要硬。在邓小平倡议和党中央确定的我国现代化建设三步走的战略部署中，每一步的战略目标都包括经济与社会共同发展的明确要求。

以江泽民同志为核心的党中央，高举邓小平建设中国特色社会主义理论的旗帜，以马克思主义的远见卓识，大力倡导和推动经济与社会协调发展和全面进步。江泽民同志在党的十四届五中全会上所作的《正确处理社会主义现代化建设中的若干重大关系》的著名讲话中，深刻地论述了我国现代化建设中经济和社会全面发展的战略思想。特别是精辟地阐明经济建设和人口、资源、环境的关系，明确提出："在现代化建设中，必须把实现可持续发展作为一个重大战略。要把控制人口、节约资源、保护环境放到重要位置，使人口增长与社会生产力的发展相适应，使经济建设与资源、环境相协调，实现良性循环。"同时，江泽民同志还全面论述了"东部地区和中西部地区的关系"，提出解决地区发展差距，坚持区域经济协调发展，是今后改革和发展的一项战略任务；论述了"收入分配中国家、企业和个人的关系"，提出"必须坚持按劳分配为主体、多种分配方式并存的原则，体现效率优先、兼顾公平，把国家、企业、个人三者的利益结合起来"；论述了物质文明建设和精神文明建设的关系，提出"要把物质文明建设和精神文明建设作为统一的奋斗目标，始终不渝地坚持两手抓，两手都要硬"。根据邓小平建设中国特色社会主义的理论和我国社会经济发展的客观趋势，在我们党和国家确定的今后 15 年跨世纪的宏伟纲领中，不仅把加强社会事业的全面发展放到了重要的战略地位，而且明确制定了社会发展的主要任务和基本政策。包括：控制人口增长，提高生活质量，扩大劳动就业，完善社会保障，加强环境保护。同时提出，根据社会事业的不同类型，建立与社会主义市场经济相适应的、各具特色的运行机制，实体地方政府为主的管理体制；鼓励和吸引社会各界广泛参与社会事业发展，多渠道筹措发展资金；搞好经济发展政策与社会发展政策的协调。这个跨世纪的宏伟纲领在我国社会经济发展的历史上，树立了重视社会全面进步，推动经济与社会协调发展的重要里程碑。

我国以制定和实施今后 15 年跨世纪宏伟纲领为标志，社会主义现代化建设进入了新的重要时期。在这个时期，我们要全面实现现代化建设第二步战略目标，并向第三步战略目标迈出重大步伐；我们要加速推进传统产业革命进程，基本实现工业化的历史使命，并要迎头赶上世界新的技术革命和产业革命的进程；我们要在世界范围各种思想文化相互激荡中，迎接综合国力剧烈竞争的挑战。这一切，不仅要求经济建设有一个大的发展，而且要求社会事业有一个大的发展。摆在我们社会发展和社会保障研究工作者面前的任务是光荣而艰巨的。我们应当不负历史的重托和人民的期盼，积极研究新问题，不断提供研究新成果，为我国在新的历史时期取得社会全面发展和进步做出应有的贡献。

## 二、当前社会发展中需要深入研究和解决的一些主要问题

改革开放以来，我国社会主义现代化建设取得了历史性的伟大成就。国民经济迅速发展，综合国力显著增强，整个国家焕发出勃勃生机。与此同时，各项社会事业也获得了空前的大发展。随着改革开放的不断推进，经济建设规模的不断扩大，经济体制和经济增长方式的不断转变，许多社会发展方面的问题日益突出起来，已经并将进一步成为社会关注的热点和难点。从当前情况和今后时期趋势看，社会发

展领域需要认真研究和解决的问题很多。这里，仅就以下几个主要方面谈一些情况和看法。

（一）关于劳动就业和劳动力流动的问题。我国人口多，劳动力资源增长快，就业压力一直很大。虽然改革开放以来由于经济快速发展城乡净增了近 1.8 亿个就业岗位，但过去累积的和新出现的就业问题还很多。一是城镇失业人员逐年增多。1995 年末在劳动部门就业服务机构登记的失业人数达 520 万人，城镇登记失业率为 2.9%。加上未登记的失业人员，数量还要大。据国家统计局 1995 年底对全国 1% 人口抽样调查，城镇失业率为 4.03%，如包括停产、半停产企业下岗职工和休长假人员，则为 5.02%。若按这两个比例推算，城镇失业人员数则分别为 728 万人和 917 万人。二是隐性失业和就业不充分问题严重。国有和集体企事业单位富余人员约 2200 万人，占其职工总数 14031 万人的 15% 左右；在乡村，农业剩余劳动力约 13000 万人，超过农林牧渔业劳动者总数的 1/3。三是农村劳动力流动规模巨大，流向集中，带有一定的盲目性，引发许多矛盾。近年来，春节期间的"民工潮"就是这一问题的突出反映。据测算，目前流动就业的农民工有 6000 万人左右，其中进入城镇的约 4500 万人。大多数流向珠江三角洲、长江三角洲、京津地区和一些大中城市。一些人找不到工作，形成新的就业压力。四是行业性、地区性就业困难。煤炭、森工、军工、纺织等行业，由于资源枯萎、转产改造困难，经济效益不高，亏损严重，积压了一批富余人员，分流难找门路。例如，1995 年末，全国国有重点煤矿共有职工 331 万人，其中富余人员约 100 万人。今后 5 至 15 年，城乡新增劳动力仍将以较大规模持续增加。据预测，"九五"期间为 7200 万人，平均每年 1440 万人；21 世纪前十年为 1.6 亿人，平均每年 1600 万人。同时，随着国有企业改革不断深入，分流安置富余人员的力度不断加快。城乡就业将面临严峻的形势。可以说，深化和推进改革、转变经济增长方式，我们遇到的一个最大难题是合理解决劳动力就业问题。失业人员过多和劳动力流动无序，会给改革和发展带来多方面的重大影响。目前一些地方社会治安状况不好、犯罪问题严重，与就业不充分和盲目流动人口过多有很大关系。我们必须高度重视和妥善解决这个问题。解决这一问题的指导思想应当是：充分发挥现阶段劳动力资源丰足的优势，搞好劳动力资源的开发利用，将就业压力转化为经济发展的推动力；把促进就业作为关系全局的一件大事，摆在重要地位，兼顾经济增长和就业增加，坚持标本兼治和城乡统筹；实行国家政策引导扶持，社会提供帮助服务，鼓励和推动劳动者靠自己努力实现就业，发挥全社会的积极性，把就业渠道和形式进一步放开搞活；集中力量化解企业富余人员和农村剩余劳动力这两个突出的矛盾。在实际工作中，要把促进就业作为宏观调控的重要任务和目标，千方百计增加就业岗位，包括重视发展吸纳就业较多的劳动密集型产业、行业、企业，继续大力发展城乡集体经济、乡镇企业、个体经济等非国有经济。加大实施"再就业工程"的力度，认真解决好困难企业富余职工和长期失业者的再就业问题。积极引导农村剩余劳动力就地就近转移以及多渠道和有序流动。采取有利于扩大就业的对外经济技术交流与劳务政策。大力培育和规范劳动力市场。可以考虑实行阶段性就业、非全日制工作等多种灵活的就业形式。大力发展职业教育，强化就业前培训和转业、转岗培训。还可以考虑把城镇就业年龄提高到 18 岁，初中毕业不能升学者都要进行不同形式的职业培训，以缓解求职人数增加的矛盾，提高劳动者的技能素质。

（二）关于收入分配领域的问题。经济利益的分配，是一个带有全局性意义的重大问题。由于我国处于经济体制转轨时期，收入分配机制还不规范、不完善，致使分配领域中存在不少突出问题。主要是：国民收入的分配过分向个人倾斜；部分社会成员间收入差距拉得过大，出现了分配不公现象；分配秩序混乱，一些地方、部门和单位甚至出现了收入分配失控的严重情况。这里有一些统计数字，很能说明问题。

1.国民收入分配过分向个人倾斜，国家所得的比重过低。据财政部匡算，1978 年以来，无论是国民收入初次分配还是再次分配，都明显向个人倾斜。从最终分配格局看，1978 年国家、集体、个人分配比例为 33∶16∶51，1995 年变为 14∶17∶69。财政收入占的比重，由 1978 年的 31.2% 下降到 1995 年的 10.8%（如果加上各种政府性基金收入，占 13.6%）。国家所得比重过低，入不敷出，不仅许多该由国家重点支持的事业无法给予有力的财政支持，而且政府机构正常运转的必要开支也难以保证。债务规模越来越重。内债发行规模由 1982 年的 44 亿元，上升到 1995 年的 1510 亿元，中央财政的债务依存度已达 53.8%。1995 年底，国家内债余额已达 3300 亿元；政府外债余额约 400 亿美元（折合人民币约 3350 亿元）。这种状况，今后一个时期还难以从根本上改变。

2. 部分社会成员之间收入差距悬殊。据国家统计局对住户抽样调查，1995 年占总户数 10% 的最高收入户，人均可支配收入相当于占总户数 10% 的最低收入户的 3.8 倍。年收入在 5000 元以下的贫困家庭占家庭总数的 3.8%；年收入在 5000 元至 10000 元的温饱型和年收入在 1 万元至 3 万元的小康型家庭，分别占家庭总数的 36.1% 和 50.1%；富裕型家庭年收入 3 万元至 10 万元，占家庭总数的 8%；年收入在 10 万元以上的富有型家庭占总数的 1%。金融资产收益已经成为拉大居民收入差距的一个重要因素。据有关部门分析，1995 年居民银行存款利息收入约 3000 亿元，有关债券利息、红利和股息约为 1000 亿元，这 4000 亿元收入占同期个人收入的 10.5%。由于居民个人金融资产占有差距大于居民个人收入差距，金融资产收益对居民收入差距带来不可忽视的"马太效应"。衡量居民收入差异程度，国际上通常用"基尼系数"为尺度。基尼系数在 0.3 以下的为平均状态，在 0.3—0.4 之间为合理状态，而 0.4 以上则属于收入差距过大，如果达到 0.6，暴发户和赤贫阶层同时出现，则社会动乱随时可能发生，所以 0.6 被定为警戒线。西方发达国家的基尼系数一般在 0.3—0.4 之间。据世界银行测算，1994 年我国城镇居民个人收入基尼系数达到 0.37；农村居民个人收入基尼系数达到 0.41。需要指出，以上两个测算是分别在城市和乡村进行的，因而它还不能反映城乡之间的收入差距，如果把城乡统一计算，我国基尼系数会相对高一些。目前我国居民收入的差距不仅已高于若干发展中国家（如印度、印尼、韩国、保加利亚、匈牙利等），而且超过了若干发达资本主义国家（如日本、德国、瑞典等）。

3. 行业收入分配差距扩大。（1）国有企业的行业间工资分配差距明显拉大。按国民经济 16 个大行业比较，职工工资水平最高的行业与最低之比，由 1978 年的 1.52 倍扩大到 1995 年的 2.19 倍，17 年增加了 0.67 倍；年工资绝对差额由 256 元增加到 4207 元。按细划一级后的 52 个国民经济行业小类比较，工资分配的差距更大，最高与最低之比由 1990 年的 2.67 倍扩大到 1995 年的 3.86 倍，5 年增加了 1.19 倍，年工资绝对差额由 2511 元增加至 9012 元。（2）基础产业职工队伍工资水平偏低，在各行业中的位次相对下降。按国民经济 16 个大行业排序，1995 年职工工资水平最高的四个行业依次是：电力、煤气业，金融、保险业，交通、仓储及邮电业，房地产业。采掘业人均工资 5944元，排在第十五位；制造业人均工资 5352 元，排在第十五位。当前拖欠职工工资的企业，多数集中在军工、煤炭、森工、纺织、机械等行业。（3）行业之间的工资外收入差距大于工资差距。经济效益好、工资水平高的行业，企业一般提供给职工住房、食品、各种实物、现金等工资外收入多。如，据审计部门审计，某进出口单位的一个公司，1994 年的年度工资报表为 6302 元，而实际人均收入 2.8 万元，未统计进工资的收入达 21698 元，相当于工资的 3.44 倍。与此相反，经济效益不好、工资水平低的行业，特别是处于停产半停产状态的困难企业，往往发放职工工资和报销药费都有困难，大多没有能力给职工增加工资外收入。据国家统计局抽样调查，城镇职工工资外收入占总收入的比重，已由 1985 年的 8.9% 上升到 1995 年的 31%，而且由于漏报情况比较普遍，实际上这个比重可能更高。如果说，在工资收入分配中存在失控现象，那么最大的失控在于对工资外收入缺乏管理和调控。

实行改革开放政策以前，国民收入的分配格局中，国家集中财力过多，积累挤占消费，个人收入增长缓慢。改革开放以后，调整过去不合理的国民收入分配格局是必要的。但又出现了较长时期个人收入增长过快，造成国家所得比重持续下降的局面。进入 20 世纪 90 年代后，国家就着手解决这个问题，但由于体制和机制上的原因，尚没有明显见效，出现了某些社会成员收入分配和行业之间收入差距拉大的现象。其中有合理的成分，但也存在明显的不合理问题，在一定程度上挫伤了一部分群众的积极性。

解决收入分配领域问题的基本思路，应该是坚持按劳分配为主、多种分配方式并存的原则，体现效率优先、兼顾公平，把国家、企业、个人三者利益结合起来。要逐步提高财政收入比重，增加企业积累。关于个人收入分配，一方面，要承认在社会主义初级阶段社会成员之间收入存在一定程度的差距的必然性和合理性，继续坚持允许和鼓励一部分人先富起来、最终实现共同富裕的政策，保护合法收入；另一方面，要把调节个人收入分配、防止两极分化作为全局性的大事来抓，取缔非法收入，调节过高收入，保障低收入者的基本生活。要从初次分配和再次分配两个环节双管齐下，规范收入分配方式。深化分配体制改革，整顿收入分配秩序，强化财政职能。积极推进企业改革，以资产保值增值为中心，建立国有资本经营、管理、监督制度，强化收入分配约束机制，使企业工资增长切实做到"两个低于"。改革垄断行业工效挂钩办法，确定行业工资水平控制线，严格控制高收入行业工资水平的过快增长。加快推行收入工资化、工资货币化的进程，减少实物和福利性收入，增加收入的透明度、规范性。进一步深化税制特别是个人所得税制的改革，尽快建立个人收入申报制和储蓄存款实名制，完善个人所得税制度。逐步开征遗产税、赠与税、利息税、股息税和不动产税。有选择地征收特别消费税。完善和强化税收征管。加快社会保障制度建设，保障低收入居民的基本生活。

我们国家大，人口众多，发展又很不平衡，分配问题十分复杂。近几年，党和国家都在一直关注和研究解决这个问题。但至今尚未完全理顺分配关系，尚未形成一个明确的合理的总体方案和相关的一套规定。不管情况如何复杂，解决的难度有多大，必须下定决心，深入研究，积极解决分配领域中出现的突出问题。这是保持社会稳定，实现国家长治久安的重要之举。

（三）关于地区经济发展差距问题。这既是经济发展的问题，也是社会发展的问题。改革开放以来，我国各个地区经济都有了很大发展，但由于多种原因，发展很不平衡，地区之间发展差距扩大。地区经济发展差距表现在东部、中部和西部三大经济地带间差距、省区间差距和省区内部不同地区间差距等多方面，从总体上看，东部与中西部地区的发展差距最具有代表性，其差距扩大主要表现在：

——人均国内生产总值，东、中、西部地区之比，由 1978 年的 1∶0.67∶0.54（以东部地区为 1）扩大到 1993 年的 1∶0.33∶0.28，1994 年的 1∶0.35∶0.28。1990 年东部地区 GDP 总额占全国的 54%，中部为 30%，西部为 16%；到 1995 年，东部地区 GDP 总额占全国的 58%，5 年内上升了 4 个百分点；中部地区为 28%，西部为 14%，中部和西部地区都下降 2 个百分点，东部与中西部地区的差距进一步拉大。人均国民收入水平，西部地区与东部地区在 1978 年相差为 106 元，1985 年为 477 元，1992 年为 1164 元，1995 年达到 3876 元。东部地区的基础设施条件有了较大的改观，中西部地区基础设施发展则明显滞后。

省内地区发展差距拉大也是很明显的。例如，江苏省也大体分为苏南、苏中、苏北三个经济地带。1984 年至 1994 年，三个地带国民生产总值占全省的份额分别由 31.5%、29.4% 和 39.2% 变为 41.9%、36.7% 和 21.4%，苏南、苏中上升 10.4 个百分点和 7.3 个百分点，苏北则反向移动 17.7 个百分点。1994 年人均国民生产总值差距也是明显的。以苏北为 1，苏南、苏中、苏北三大地带之比为 4.12∶2.06∶1。

如何看待地区经济发展差距扩大的现象呢？这要用邓小平同志的战略思想来认识问题。为了更好地实现"三步走"战略，邓小平同志提出了要正确认识和处理地区之间不平衡发展的战略思想。他说："像中国这样的大国，也要考虑到国内各个不同地区的特点才行。"我国地域广阔，各地条件差异很大，经济发展不平衡。沿海地区要充分利用有利条件较快地先发展起来，不要贻误时机。沿海一些地区要走在全国的前面，率先实现现代化，以更好地带动全国的现代化；内地要根据自己的条件加快发展。邓小平同志认为，沿海先发展起来，这是一个事关大局的问题，内地要顾全这个大局；反过来，发展到一定的程度，又要求沿海拿出更多的力量来帮助内地发展，这也是个大局，那时沿海也要服从这个大局。

地区经济差距扩大，有着历史的、地理的和政策的等多方面因素。东部地区由于有较好的经济基础和有利的地理环境，加上国家政策上的一些支持，发展比中西部地区更快一些。对于地区经济发展中出现的差距扩大问题，必须认真对待，正确处理，这个问题已经引起党中央的高度重视。江泽民同志在党的十四届五中全会的讲话中指出："要用历史的、辩证的观点，认识和处理地区差距问题。一是要看到各个地区发展不平衡是一个长期的历史的现象。二是要高度重视和采取有效措施正确解决地区差距问题。三是解决地区差距问题需要一个过程。应当把缩小地区差距作为一条长期坚持的重要方针"。在十四届五中全会《建议》和八届全国人大四次会议通过的《纲要》中都把协调地区经济发展作为重要内容。明确提出：从"九五"开始，要更加重视支持中西部地区经济的发展，逐步加大解决地区差距继续扩大趋势的力度，积极朝着缩小差距的方向努力。东部地区要继续充分利用有利条件，进一步增强经济活力，在深化改革、转变经济增长方式、提高经济素质和经济效益方面迈出更大的步伐。中西部地区，要适应发展市场经济的要求，加快改革开放步伐，充分发挥资源优势，积极发展优势产业和产品，使资源优势逐步转变为经济优势。国家要采取有力措施，支持中西部不发达地区的开发，支持民族地区、贫困地区脱贫致富和经济发展。东部地区也要通过多种形式帮助中西部欠发达地区和民族地区发展经济，促进地区经济协调发展。各省区内部地区经济发展不平衡的问题，也应当采取有效措施，加大扶持欠发达地区发展的工作力度。

（四）关于环境保护和生态平衡问题。这是社会全面发展的重要内容。我国人均耕地、水、矿产等重要资源都相对不足。几十年来，我们经济发展很快，但由于走粗放经营的路子，造成了对资源的大量消耗，自然环境和生态平衡受到严重破坏。改革开放以来，我们党和国家非常重视环境保护和维护生态平衡，把它作为一项基本国策，并且制定了经济建设、城乡建设、环境建设同步规划、同步实施、同步发展，实现经济效益、社会效益、环境效益相统一的指导方针，颁布《环境保护法》等一批关于环境保护和资源管理的法律法规，制定并实施了《中国环境与发展十大对策》以及《21世纪议程》。近十多年来，在经济快速增长的情况下，环境质量和生态平衡基本避免了急剧恶化的局面，在我们这样一个发展中的大国，环境和生态保护方面取得的成绩，应该说是非常不容易的。

同时，我们必须清醒地看到，我国环境保护和生态平衡的形势还相当严峻。由于我国现在正处于迅速推进工业化和城市化的发展阶段，对自然资源的开发强度不断扩大，加之粗放型的经济增长方式，技术水平和管理水平比较落后，污染排放量不断增加，各种资源消耗量也相当巨大。从全国总的情况来看，以城市为中心的环境污染仍在加剧，并且正在向农村蔓延，生态破坏的范围仍在扩大。一些地区环境污染和生态破坏已经阻碍了经济的健康发展，甚至对人民群众的健康构成直接威胁。例如，水是生命之源。人可五日不食，但不可一日无水。据统计，目前全国 300 多个城市不同程度缺水。水污染每年以 10% 的数量增加，全国每年排放的污水 350 多亿吨，流行病中有 80% 左右是由污水传播的。现在全国 78% 的淡水污染超标，50% 的地下水被污染，40% 的水源已不能饮用，中国已成为世界上少数几个最缺水的国家之一。淮河流域目前的水污染已危及 1.2 亿居住人口的身体健康和经济发展。北方的海河、辽河、汾河也已污染得非常严重。大江大河城市段水质继续恶化。大气污染也相当惊人。全国 500 多个城市中，大气环境质量全面符合一级标准的不到 1%。因此，在环境保护问题上，我们应当高度重视。未来 15 年，一方面我国经济仍将以较快的速度增长，加之人口继续增加，对资源的需求总量越来越大；另一方面，在温饱问题解决以后，人民群众对环境质量的要求越来越高。因此，资源、环境和生态面临着更大的压力。我们要实现国民经济持续、快速、健康发展，既要解决历史遗留下来的环境污染和生态破坏问题，又要控制发展过程中出现新的环境和生态问题，环境和生态保护工作的任务是非常艰巨的。

我们在发展经济，推进工业化和现代化的过程中，必须认真实施可持续发展战略。为此，第一，应当解决思想认识问题，正确处理近期发展与长期发展、局部利益与全局利益的关系，绝不能以近期的、局部的发展损害长远的、全局的发展。建设中国特色的社会主义，实现现代化，包括保护和创造良好的生活环境与生态环境。不论从我国现代化建设所面临的客观条件来说，还是从我国现代化建设所追求的最终目的来说，加强环境和生态保护都是当前和今后我国经济、社会发展的客观需要和必然选择。第二，要根据我国国情，选择有利于节约资源和保护环境的生产结构和消费方式。决不走那种资源消耗大甚至浪费资源和破坏环境的经济发展路子，也决不走先污染、后治理的现代化建设路子。第三，必须积极推进经济增长方式由粗放型向集约型转变。发展社会生产，要从主要依靠经济规模扩张、铺新摊子，转变到主要依靠结构优化升级，实行规模经营，提高结构优化效益、规模经济效益和区域分工效益；从主要依靠增加能源、原材料消耗，转变到主要依靠科技进步，加强科学管理，提高劳动者素质，降低消耗，使同样的物质消耗创造出更多的社会财富。第四，要努力增加投入。随着经济的发展，应逐步提高环境和生态保护投入占国民生产总值的比重。完善自然资源有偿使用制度和价格体系，逐步建立资源更新的经济补偿机制。第五，加强环境保护立法和执法。依法保护并合理开发利用土地、水、森林、草原、矿产和其他自然资源。城乡建设和工业建设都要合理规划，严格控制用地。

（五）关于社会主义精神文明建设的问题。社会主义精神文明是社会主义的重要特征，也是社会主义现代化的重要目标和重要保证。建设社会主义精神文明，关系到跨世纪宏伟蓝图的全面实现，关系到我国社会主义事业的兴旺发达。在把物质文明建设搞得更好的同时，切实把精神文明建设提到更加突出的地位，认真解决当前一系列紧迫问题，进一步打开新形势下精神文明建设的新局面，已经成为全社会关注的大事。

改革开放一开始，党中央就提出了两个文明一起抓的战略方针。在党的历次重要会议上做出一系列重大决定，明确了社会主义精神文明建设的指导方针和主要任务，开展了精神文明建设的一系列工作，推动了经济和社会的发展。1992年邓小平同志南方谈话和党的十四大以后，明确要求在建立社会主义市场经济体制和扩大对外开放的同时，把社会主义精神文明建设提高到新水平。这几年，精神文明建设取得了积极进展。同时必须看到，在社会精神生活方面仍然存在不少问题，有的还相当严重。一些领域道德失去规范，拜金主义、享乐主义、个人主义滋长；不少地方黄赌毒和封建迷信等丑恶现象沉渣泛起；文化事业受到消极因素的冲击；腐败现象在一些地方蔓延。还应当看到，建设社会主义精神文明是长期的、复杂的任务。这是因为，向社会主义市场经济体制转变势必会引起经济和社会生活的许多重大变动，而体制、政策、法规、管理的完善需要一个过程；社会主义在世界范围内出现的严重曲折，在一些人中造成思想混乱；发达资本主义国家经济、科技占有优势的压力和西方意识形态的不断渗透；封建主义、资本主义腐朽思想和小生产习惯势力仍有相当影响。对于精神文明建设这种长期性、复杂性，要有充分的认识和足够的思想准备。

在新的形势下，精神文明建设面临着一系列新的需要认真研究的问题。例如，如何在以经济建设为中心的前提下，使物质文明建设和精神文明建设相互促进、协调发展，防止和克服一手硬、一手软；如何在深化改革、建立社会主义市场经济体制的条件下，形成有利于社会主义现代化建设的共同理想、价值观念和道德规范，防止和遏制腐朽思想和丑恶现象的滋长蔓延；如何在扩大对外开放的情况下，吸收外国优秀文明成果，弘扬祖国传统文化精华，防止和消除文化垃圾的传播，抵御国际敌对势力对我国"西化""分化"的图谋。所有这些，我们在推进改革开放和社会主义现代化进程中，都必须深入研究，很好解决。

根据党在社会主义初级阶段的历史任务，根据建国以来特别是改革开放以来的历史经验，我国社会主义精神文明建设，必须以马克思列宁主义、毛泽东思想和邓小平建设中国特色社会主义理论为指导，坚持贯彻党的基本路线和基本方针，大力发展教育科学文化，以科学的理论武装人，以正确的舆论引导人，以高尚的精神塑造人，以优秀的作品鼓舞人，培育有理想、有道德、有文化、有纪律的社会主义公民，提高全民族的思想道德素质和科学文化素质，团结和动员各族人民把我国建设成为富强、民主、文明的社会主义现代化国家。这是社会主义精神文明建设总的指导思想，也是精神文明建设总的要求。我们要切实按照精神文明建设的这个指导思想和总的要求，深入开展精神文明建设的理论研究和实践探索，把建设社会主义精神文明的伟大事业不断推向前进。

除以上几个重点方面之外，社会发展领域需要深入研究的问题还有不少。诸如，控制人口增长和提高人口质量问题，提高人民生活水平和建设小康社会问题，社会保障制度建设和改革问题，人口老龄化和关心特殊群体问题，以及城市和乡村建设与管理问题，等等。我们应当搞好规划，突出重点，合理组织力量，发挥各方面优势，把社会发展研究不断引向深入。

## 三、社会发展研究中应当注意处理好的若干重要关系

（一）正确处理经济发展与社会发展的关系。经济发展和社会发展是相互依存、相互促进的。经济发展是社会发展的前提和基础，社会发展是经济发展的目的和保障。因此，在我国现阶段，必须把经济发展放在第一位，各项工作都应当紧紧围绕经济建设这个中心。离开经济建设这个中心，就有丧失物质基础的危险。只有经济不断发展，才能为社会全面发展提供必要的物质基础，才有条件逐步提高人民的生活水平和生活质量，消除贫困现象，才能扩大劳动就业。缓解巨大的就业压力，也才能为科学、文化、教育等精神文明建设创造条件。同时，世界各国和我国的实践都证明，经济发展不会自动地带来社会的全面发展和进步，有时经济发展了，社会在某些方面出现退步的现象也屡有发生，甚至有时经济发展的同时直接对社会发展产生负面作用（例如环境污染等）。因此，我们在坚持以经济建设为中心的同时，必须自觉地高度重视社会发展。要在不以牺牲社会发展为代价的基础上，实现经济持续、快速、健康的发展。这是经济与社会协调发展的重要原则和基本要求。当然，这在实践中是不容易处理好的，特别是经济发展的成果往往比较明显，看得见、摸得着，容易显示出政绩，而社会发展往往是隐性的，有的一时看不清直接效果，有的则无法直接计量成绩。所以，有些人往往更重视经济的发展，对社会的发展则口惠而实不至，讲得不少，落实得不够。这是一个应该切实解决的问题。

（二）正确处理物质文明建设与精神文明建设的关系，真正做到

两手抓、两手都要硬。自从党的十一届三中全会决定全党全国工作重心转移到经济建设上来之后，总的看来，我国物质文明建设抓得是相当有成绩的，为举世瞩目。这毫无疑问是正确的、必要的。问题是对于精神文明建设，有些时候有些地方抓得不够有力，甚至出现过一手硬、一手软的现象，造成不良后果。我们应当如实地把精神文明建设看作为物质文明建设提供强大动力、智力支持和思想保证。要把精神文明建设渗透到经济、政治、文化以及理想、道德、纪律、秩序等社会各个领域。要把人们对精神文明建设的认识提高到与物质文明建设同等重要的地位。例如，在经济活动中，如果缺乏职业道德、敬业精神，必将导致生产、生活秩序混乱，产品质量和服务质量低下，假冒伪劣产品泛滥，坑蒙拐骗行为猖獗，最终损害经济的健康发展。如果缺乏理想、道德、纪律的建设，就会导致极端个人主义膨胀，出现惟利是图、见利忘义、以权谋私、腐化堕落、精神空虚、追求封建落后和腐朽生活方式等问题，甚至诱发大量的犯罪，造成社会的不稳定。从当前我国的实际情况看，大力加强精神文明建设，使这一"手"真正硬起来，使物质文明建设与精神文明建设协调发展，是一个重要的、紧迫的任务。

（三）正确处理劳动就业与经济增长的关系。随着改革开放的深入和经济上两个根本性转变的推进，就业问题在我国势必愈加突出起来。随着市场在资源配置方面的基础性作用日益增强，劳动就业对经济的影响力也越来越大，就业与经济增长之间将产生更为紧密的相关关系。为增加劳动岗位，保证必要的就业，防止失业率过高，必须保持一定的经济增长率。而经济增长率过高，又可能引发严重的通货膨胀，造成经济波动和社会不稳定。比较妥当的做法是，在社会可能承受的失业率和通货膨胀率的基础上，求得经济的合理增长。但要做到这一点是很不容易的，需要进行大量的调查研究和认真总结经验，选择最佳的结合点。这里，还有一个正确认识集约经营与扩大就业的关系问题。走集约经营之路，提高劳动生产率与扩大劳动就业，从根本上说是不矛盾的。这是因为，提高经济效益，提高劳动生产率，可以为扩大社会再生产提供更多的积累，从而能够创造更多的就业机会。

加快技术进步和优化结构，可以开辟更多的生产领域和就业岗位。也可以说，劳动就业的扩大，最终要靠经济发展、社会进步去实现。因此，不能把实行集约经营同扩大劳动就业对立起来。当然，鉴于我国劳动就业压力很大，在深化改革和实行两个根本性转变过程中，必须统筹考虑和妥善处理劳动就业问题。这方面关系处理得好，经济发展、两个转变和扩大劳动就业就可以相得益彰，协调前进；如果处理得不当，就会使各方面受到不良影响。

（四）正确处理效率与公平的关系。在个人收入分配方面，我们必须坚持按劳分配为主体、多种分配方式并存，体现效率优先、兼顾公平的原则，这是社会主义市场经济条件下的基本分配制度和分配原则。实行效率优先，就是要按劳分配，利用收入分配的经济杠杆作用，激发和调动劳动者的生产积极性、创造性，提高劳动生产率，提高产品和服务质量，增进企业经济效益。兼顾公平，就是要使收入分配比较合理，防止差距过大。在处理效率与公平关系中，应注意两点：一是要使收入差距保持在合理范围之内。所谓合理，就是差距既不能过小，搞平均主义，又不能过大，以致出现高低悬殊。要参照国际经验并结合我国的实际情况，来制定相应的评价标准，例如基尼系数多少为合适，行业之间的收入差距多大为合理，企业内部经营者与职工收入差距多少为适当，以及收入分配方式如何确定，等等。二是要坚决取缔非法收入，控制非劳动收入，使劳动者主要依靠诚实劳动和合法经营致富。目前在如何看待公平分配问题上，各方面的研究不少，涉及的问题也很多。例如，是以起点公平为标准，还是以过程或结果的公平为着眼点，或者三方面兼顾？这里也包括许多复杂的因素，有分配问题本身的，也有诸如道德、权利等其他方面的，需要进行多方面研究。总的来说，收入差距过小会影响效率，过大则会影响社会稳定。解决这个矛盾，必须发挥政府的调控和管理作用。目前在这方面我们的研究工作仍是比较薄弱的。在收入分配中，现在既有不少方面平均主义未有根本解决的问题，也有一系列新出现的差距过分悬殊的问题。我们在继续执行允许和鼓励一部分人、一部分地区先富起来这个大政策的同时，要防止某些社会成员之间收入差距的过分悬殊，否则，就会引发多方面的严重后果。邓小平指出："社会主义最大的优越性就是共同富裕，这是体现社会主义本质的一个东西。如果搞两极分化，情况就不同了，民族矛盾、区域矛盾、阶级矛盾都会发展，相应地中央和地方的矛盾也会发展，就可能出乱子。"我们在处理效率与公平，先富、后富、共富的关系时，要从大局看问题，防止引起社会动荡。我们要把调节个人收入分配、防止两极分化，作为一个重要问题来研究。

（五）正确处理社会事业发展中国家、企业、个人三者的投入关系。要适应发展社会主义市场经济的要求，建立有效的筹资机制，逐步形成多渠道的投入体制。从各国的实践看，社会事业的相当大部分不具备营利能力，不能主要依靠市场机制，而要依靠政府的必要投入。例如义务教育，许多文化设施、公共设施，重要的环境和生态保护工程，都应当由各级政府承担起重要的责任。但历史经验也表明，社会事业完全由国家包下来也是不行的。特别是在我国经济条件尚不宽裕，经济建设本身任务很重的情况下，国家也包不了多少，硬要包下来，其结果就会阻碍社会事业的更快发展。因此，在社会事业建设方面，有必要适当引入市场机制，有些能够进行经营性建设与发展的，可以向企业化的方向转变，不能完全企业化的，也可在内部管理上引进市场机制，以激励提高工作效率和质量。同时，应提倡社会事业社会办，鼓励广大群众及社会各方面力量积极参与和支持社会事业的发展。有许多社会事业实际上不需要太多的资金投入，只要把群众动员起来了，也是能办好的。例如，社区环境卫生和绿化、美化，一些群众性的文化、卫生、体育活动等。即使需要一些资金，也可采取国家、企业、个人都投入一点儿的方式来筹措。一般来说，只要是群众喜爱的社会活动，个人往往会自愿出一些钱的，政府只要进行必要的组织和引导就可以办成。动员群众广泛参与社会事业的建设，不仅能有效地解决资金投入问题，而且可以把社会全面发展变成群众的自觉行动。总之，要深入研究政府、企业、个人在社会事业发展中投入的范围、界限、程度和渠道，建立合理的、规范化的机制和体制。

（六）正确处理社会效益与经济效益之间的关系。就总体而言，社会事业发展主要应是公益性的，因此应坚持以社会效益为主，不可过分强调经济效益。特别是在精神文明建设的领域，包括思想教育、舆论宣传、大众传媒、民主法制建设，义务教育与基础性科学研究，卫生医疗，疾病防疫和社会保障等方面，更是如此。但随着社会主义市场经济的发展，社会事业的一些领域也要注意经济效益。否则，全部由国家包下来也是不现实的。因此，在社会发展方面，我们在总体上讲求社会效益，在不损害社会效益的前提下，适当讲求经济效益，以支持社会事业更快更好地发展。这里面要解决不少实际问题，包括政策性问题。如哪些事业是主要由政府办的，哪些可以完全放开或放开一部分。对政府不能包下来的一些社会事业，资金不足的部分应通过何种合理的、规范化的方式去筹集，现行的"创收"办法有些什么问题，对社会事业发展中追求的经济效益怎样进行监督、调控等，这些也需要开展广泛的调查研究，拿出具体的办法来。

社会发展领域十分广泛，涉及的矛盾和各种关系也是错综复杂的。以上仅把几个比较重要的关系问题提出来，目的是引起大家的重视和深入讨论，以推动社会发展理论的深入展开和提出更多更好的政策建议，促进我国社会全面健康发展。

# 坚持走新型工业化道路 *

（2002 年 11 月）

党的十六大报告明确提出，我国在本世纪头 20 年经济建设的主要任务之一，是基本实现工业化，并郑重地提出"走新型工业化道路"。这是党中央在我国进入全面建设小康社会、加快推进社会主义现代化的新的发展阶段作出的重大战略决策。深刻认识走新型工业化道路的重要性及其途径，具有十分重要的意义。

## 实现工业化和现代化的必然选择

工业化一般是指传统的农业社会向现代化工业社会转变的过程。工业化是现代化的基础和前提，高度发达的工业社会是现代化的重要标志。我国要实现工业化的任务，是新中国成立以后的第一个五年计划期间提出来的。从"一五"计划时期算起，我们为实现工业化已经奋斗了半个世纪，把一个落后的农业大国建设成为拥有独立的、比较完整的，并有一部分现代化水平的工业体系和国民经济体系的国家。但是，我国的工业化任务还没有完成，总体上看现在还处于工业化中期阶段。突出表现在：农业现代化和农村城镇化水平较低，农业劳动力和农村人口在全社会劳动力和总人口中分别占了 50% 和 62% 左右；产业结构层次低，竞争力不强，工业特别是制造业的技术水平还不高，服务业的比重和水平同已经实现工业化的发达国家相比还有相当大的

---

* 本文发表在《十六大报告辅导读本》，人民出版社 2002 年 11 月第 1 版，2002 年 12 月 30 日《经济日报》转发。

差距。工业化的任务不完成，现代化就难以实现。因此，继续完成工业化，仍然是我国现代化进程中重要而艰巨的历史性任务。

走什么样的工业化道路，是我们面临的重大课题。十六大报告明确提出："坚持以信息化带动工业化，以工业化促进信息化，走出一条科技含量高、经济效益好、资源消耗低、环境污染少、人力资源优势得到充分发挥的新型工业化路子。"党中央提出的新型工业化道路，内涵极其丰富。科技含量高，就是要加快科技进步以及先进科技成果的推广应用，把经济发展建立在科技进步的基础上，提高科学技术在经济增长中的贡献率，特别要大力推进国民经济和社会信息化，并通过信息技术的广泛应用，带动工业化在高起点上迅速发展；经济效益好，就是要注重产品质量和适应市场变化，提高资金投入产出率，优化资源配置，降低生产成本；资源消耗低，就是要大力提高能源、原材料利用效率，减少资源占用与消耗；环境污染少，就是要广泛推行清洁生产、文明生产方式，发展绿色产业、环保产业，加强环境和生态保护，使经济建设与生态环境建设相协调；人力资源丰富优势得到充分发挥，就是要提高劳动者素质和利用我国劳动力成本低廉的条件，提高经济竞争力，并妥善处理好工业化过程中提高生产率与扩大就业的关系，不断增加就业。总之，党中央提出的新型工业化道路，就是要充分运用最新科学技术和依靠科技进步的工业化，是提高经济效益和市场竞争力的工业化，是走可持续发展道路的工业化，是能够发挥我国人力资源优势的工业化。这是在新的历史条件和时代进步背景下，加快实现我国工业化、现代化的重大战略部署，是走经济建设新路子的根本指导方针，是完全必要和正确的。

按照走新型工业化道路的要求，最为重要的是必须正确处理工业化与信息化的关系。工业化是一个历史范畴，在不同国家和不同时期，工业化的内涵和道路有所不同。当今世界，信息技术飞速发展，广泛渗透到经济和社会发展的各个领域，信息产业蓬勃兴起。信息化是一个在农业、工业、服务业和科学技术等社会生产和社会生活各个方面应用现代信息技术，深入开发、广泛利用信息资源，加速现代化的过程。信息技术在国民经济各个领域的普遍应用，极大地提高了劳动生产率，降低了资源消耗和生产成本，减少了环境污染，已经成为社会生产力和人类文明进步的新的强大动力。信息化正在引起世界经济和社会的巨大变革，许多发达国家都正在通过积极发展信息技术及其产业，抢占世界经济竞争的制高点。信息化也极大地拓展和丰富了传统工业化的内涵，信息化为我国高起点加速推进工业化提供了可能。大力推进信息化，以信息化带动工业化，是我国完成工业化任务，发挥后发优势，实现生产力跨越式发展的新机遇。纵观世界发展史，任何一个国家工业化进程都与时代紧密相关，成功的工业化都是吸收和应用当时最先进技术的结果。在人类社会已进入信息时代的今天，我们必须十分重视信息化在工业化发展中产生的倍增作用和催化作用，积极推进信息化。但是还要看到，信息化是工业化发展到一定阶段的产物。信息基础设施的建设、信息技术的研究和开发、信息产业的发展，都是以工业化的成果为基础。工业化为信息化提供着物质基础，对信息化发展提出了应用需求，信息化通过工业化发展而不断深化和加速。因此，离开了信息化的工业化，不是现代化的工业化，先工业化后信息化的道路行不通；忽视工业化，离开了工业化的信息化，将缺乏必要的物质基础，片面发展信息化的道路也走不通。只有坚持以信息化带动工业化，以工业化促进信息化，使信息化与工业化融为一体，才能真正加快我国工业化、现代化的进程。

## 大力推进产业结构优化升级

从根本上说，工业化过程就是伴随科技进步，经济不断发展，产业结构逐步优化升级的过程。十六大报告根据世界经济科技发展新趋势和走新型工业化道路的要求，针对我国经济建设中存在的突出问题，作出了推进产业结构优化升级的部署，即形成以高新技术产业为先导、基础产业和制造业为支撑、服务业全面发展的产业格局。这就为我们推动工业化、现代化，促进产业结构优化升级指明了方向。

（一）优先发展信息产业，积极发展高新技术产业。要加速发展信息产业，广泛应用信息技术，加快国民经济和社会信息化；同时，积极发展对经济增长有突破性重大带动作用的高新技术产业。高新技术产业特别是信息产业，科技含量高、发展速度快、渗透力和带动力强。加快发展信息产业，是顺应当今世界经济和社会发展大趋势的迫切要求，也是我国产业结构优化升级和实现工业化、现代化的关键环节。特别要加速发展微电子和软件产业，提高计算机及网络的普及应用程度，加强信息资源的开发和利用。政府行政管理、社会公共服务、企业生产经营，都要运用数字化、网络化技术，加快信息化步伐；积极促进金融、财税、贸易等领域的信息化，积极发展电子商务；加强现代信息基础设施建设；重点推进超大规模集成电路、高性能计算机、大型系统软件、超高速网络系统等核心技术的产业化。要坚持面向国内市场需求，推进体制创新，努力实现我国信息产业的跨越式发展。在大力推进信息化的同时，积极推动生物、航空、航天、新材料、新能源等高新技术产业的成长。我国近年来加大了对高新技术产业发展的政策鼓励和支持力度，一些高新技术产业迅速发展。据统计，2001年我国高新技术产业产值接近18000亿元，高新技术产品出口占工业制成品出口额的比重达17.5%。但是，与发达国家相比，我国高新技术产业发展差距还很大，主要表现为规模小，产品质量不高，技术创新能力不足，核心技术不多等。今后必须突出重点，奋起直追，迎头赶上，努力实现我国高新技术产业的跨越式发展，尽快使它们成为国民经济的先导产业和新的成长链。

（二）坚持用高新技术和先进适用技术改造提升传统产业，大力振兴装备制造业。我国传统产业已有相当基础，在整个国民经济中比重很大，今后相当时期仍然是经济发展的主体力量。积极运用高新技术和先进适用技术改造传统产业，增加科技含量，促进产品更新换代，提高产品质量和经济效益，是加快工业化、现代化的必然要求和重大举措。近几年，我国运用高新技术和先进适用技术，改造和提升传统产业的工作力度加大，取得了显著进展。一批重点企业的技术创新能力大大提高，市场竞争力明显增强。

但是，从总体上看，我国传统产业特别是工业摊子过大，产业集中度不高，工艺技术装备落后，资源利用率低，低水平生产能力过剩与高附加值产品短缺并存等问题仍很严重，改造和提升传统产业的任务十分艰巨。关键在于加强规划，通过改革、调整和技术改造，优化结构，发展规模经营，改进产品质量，创新名牌，提高生产技术水平。信息技术的普及和其他高新技术的兴起，正赋予传统产业以全新的内容，着力运用高新技术改造和提升传统产业显得尤为重要和迫切。

处于工业中心地位的制造业，特别是装备制造业，是国民经济持续发展的基础，是国家工业化、现代化建设的发动机。国民经济各行业生产技术水平和竞争能力的高低，在很大程度上取决于制造业提供的技术装备的性能和水平。必须深刻认识到，没有自己强大的制造业，不用先进的制造业武装、改造各个产业，提升它们的装备和生产技术水平，要实现我们国家的工业化和现代化，是不可能的。因此，大力振兴制造业特别是装备制造业，既是改造和提升传统产业的重要内容，也是加快实现国家工业化、现代化的基础和前提。改革开放以来，通过技术引进、技术改造和自主创新，我国技术装备的设计和制造能力有了明显增强，但与发达国家比，我国装备制造业总体水平比较低，质量及可靠性较差，在许多领域还缺乏提供先进和成套技术装备的能力。据统计，近几年来我国全社会固定资产投资中，设备投资的 2/3 依赖进口，其中光纤制造设备的 100%，集成电路芯片制造设备的 85%，石油化工装备的 80%，轿车工业设备、数控机床、纺织机械、胶印设备的 70%，被进口产品挤占。振兴我国装备制造业，要以数控机床、重要基础件为重点，增强重大装备的开发能力，推进机电一体化，提高装备工业智能化水平；要依托重点技术改造和重大工程项目，为各行各业提供先进和成套的技术装备：要加快老工业基地的调整和改造。

与此同时，要继续加强基础设施建设。进入 20 世纪 90 年代特别是近五年来，我国明显加大了基础设施建设的投资，多年来一直是经济发展"瓶颈"的基础设施，实现了历史性突破。能源、原材料基本上可以满足经济发展的需要，水利设施、交通运输状况大为改善。但今后我国工业化、现代化建设对基础设施的需求还十分巨大，随着经济总体规模的不断扩大和城乡建设水平的不断提高，基础设施建设还必须继续加强，不断增加供给能力和提高技术水平。对于这一点应当有足够的估计和认识。要进一步加强水利、能源、原材料、交通、通信、环保等基础工业和基础设施建设，重点建设和改造一批关系全局的重大项目，使基础设施建设与国民经济持续发展相适应，增强发展后劲。

（三）加快发展服务业特别是现代服务业。服务业的兴旺发达是现代化经济的一个显著特征。大力发展服务业是加快工业化、现代化的必然要求。这对于促进国民经济协调发展、提高经济效益和效率、扩大劳动就业、加快城镇化进程、改善人民生活，都有着重大的作用。改革开放二十多年来，我国服务业得到较快发展，但与经济发展阶段和人均收入应达到的水平相比，仍有相当大的差距。目前，服务业存在的主要问题是：第一，总量不足，比重过低。2001 年，我国服务业在国内生产总值中的比重和从业人员占全部就业人口的比重分别只有 33.6% 和 27.7%，不仅大大低于发达国家，也明显低于发展中国家的平均水平，今后有着很大的发展空间。第二，内部结构落后，传统服务业比重过高，现代服务业发展明显滞后和不足。第三，服务领域狭小，服务水平不高。多数服务领域不适应发展市场经济的要求，服务品种少，手段落后。因此，必须更加重视发展服务业，大幅提高第三产业在国民经济中的比重，特别要加快发展金融、保险、物流、旅游、咨询等现代服务业，加快发展教育、文化、卫生、保健和体育事业。同时，要继续发展交通运输、仓储、批发和零售贸易、餐饮、修理、美容美发等传统服务业，特别是要适应社会需求变化，积极发展家政服务、托老托幼、生活护理、社区保安、保洁保绿等社区服务业。这些对于改善居民消费环境和提高生活质量有着重要意义。

在推进产业结构优化升级过程中，一定要从我国国情出发，扬长避短，趋利避害，高度重视和正确处理以下三个关系。

一是正确处理发展高新技术产业和发展传统产业的关系。我国面临着既要完成传统工业化，又要迎头赶上世界新的产业革命的双重任务。我们必须高瞻远瞩，放宽视野，积极适应世界科技革命发展的大趋势，不失时机地发展高新技术产业，特别是加速发展信息产业，发展那些对国民经济成长具有全局性带动作用的高新技术产业。在这方面，我们必须增强紧迫感和使命感。否则，我们就会与方兴未艾的新技术革命失之交臂，丧失加快发展和壮大自己的机遇。同时，也必须清醒地看到，我国目前仍处在工业化中期阶段，生产力发展又很不平衡，在一个相当长的时期内，传统产业特别是工业制造业，仍然有广阔的市场需求和发展前景。据统计，目前制造业直接创造国内生产总值的 1/3，占整个工业的 4/5，为国家财政提供 1/3 以上的财政收入，占出口总额的 90%，就业人员达 8000 多万。因此，我们既要加快发展高新技术产业，又绝对不能忽视发展传统产业，关键是必须切实做好二者结合的大文章。传统产业的改造一定要充分运用高新技术，提高发展的起点，发挥后发优势；高新技术产业要为传统产业改造提供强有力的技术支持，在促进传统产业的提升和发展中，开辟自身发展的广阔空间。

二是正确处理发展资金技术密集型产业和发展劳动密集型产业的关系。资金技术密集型产业，是指资本有机构成较高的产业；劳动密集型产业，是指资本有机构成较低的产业。一般说来，重化工业的资金技术密集程度较高；农业、轻纺工业、建筑业的劳动密集程度较高。第三产业中的商业、生活服务业等也属于劳动密集型产业。随着工业化的推进，必须加快发展资金技术密集型产业，以提高生产技术水平和效率。但是，由于我国尚处在工业化中期阶段，经济结构必然呈现多层次性，劳动密集型产业还有很大需求和发展潜力。人口多、人力资源丰富，这既形成了巨大的就业压力，也是我国的一个突出优势。我国拥有素质较高、数量巨大的人力资源，劳动力成本较低，是在国际经济竞争中的独特优势，应当注意充分发挥人力资源的作用。从我国的这一国情出发，我们在工业化进程中，必须把发展资金技术密集型产业和劳动密集型产业很好地结合起来。既要大力发展资金技术密集型产业，又要继续发展吸纳就业能力强的劳动密集型产业，在促进产业结构不断优化升级的同时，既充分发挥我国劳动力资源丰富的优势，又缓解就业压力。各产业的发展都要根据比较成本原则，在保证产品技术质量水平的前提下，如果用劳动替代技术和资本，成本更低，就不要一味追求技术和资金密集，可以多使用劳动力。在生产关键部位和工序要采用先进设备和技术，在一般工序则可以采取人工操作。

三是正确处理发展虚拟经济和发展实体经济的关系。虚拟经济，是指相对独立于实体经济的虚拟资本的经济活动。虚拟资本，是市场经济中信用制度和货币资本化的产物，通常包括股票、金融衍生产品等。实体经济是指农业、工业、交通运输、商贸物流、建筑业、服务业等提供物质产品和服务的经济活动。20世纪80年代以来，虚拟资本的形式越来越多样化，资本的虚拟化程度也越来越高。实体经济是虚拟经济的基础。虚拟经济既相对独立于实体经济之外，又不能完全脱离实体经济。虚拟经济的发展，总体上对国民经济发展有着积极的促进作用。但如果虚拟经济发展不当，也会产生消极的负面影响。

虚拟经济过度膨胀，就会形成泡沫经济，导致对实体经济的破坏，甚至会出现金融危机和经济衰退。日本在20世纪80年代由于虚拟经济过度膨胀而导致房地产和股市泡沫破裂，经济陷入困境，至今难以自拔，就是一个典型的例证。1997年亚洲金融危机发生后，一些国家出现严重经济衰退，也是经济泡沫破裂所致。国内外经验教训告诉我们，虚拟经济发展应当以实体经济发展为基础，并为实体经济发展服务。虚拟经济必须稳步适度地发展，不可盲目扩张，过度膨胀。我国在加快推进工业化、现代化进程中，必须妥善处理发展虚拟经济与发展实体经济的关系。要重视发展虚拟经济，但必须扎扎实实地发展实体经济。既要充分发挥虚拟经济对国民经济的积极促进作用，又要防止和化解其消极影响，趋利避害，保障国家经济安全和持续快速健康发展。

## 实施科教兴国和可持续发展战略

走新型工业化道路，必须发挥科学技术作为第一生产力的作用，注重依靠科技进步和提高劳动者素质，改善经济增长质量和效益；必须正确处理经济发展与人口控制和资源、环境保护的关系，注重资源合理利用和生态环境保护，实现可持续发展；必须坚持以改革开放为动力，进一步消除束缚生产力发展的体制障碍，充分利用国内国外两个市场、两种资源，优化资源配置，提高经济效益和竞争力。为此，今后要着力做好以下几个方面的工作。

（一）继续实施科教兴国战略。科技进步和创新，是实现工业化、现代化的决定性因素。我们要立足我国实际，放眼世界，合理确定科技发展的重点，为工业化和产业结构优化升级不断提供强大的技术支持。一是加强基础研究和应用基础研究，瞄准世界科技发展前沿，选择我国具有一定优势、对国民经济和社会发展有重大意义的研究领域，如生命科学、信息科学、纳米科学、生态科学等，集中力量，协同攻关，力争取得新的突破。加强关键技术创新和系统集成，实现技术跨越式发展。二是鼓励科技创新，在关键领域和若干科技发展前沿掌握核心技术和拥有一批自主知识产权；在一些关系国家经济命脉和国家安全的高新技术领域，提高自主创新能力。三是把工程科技放在科技发展的突出重要地位。实施重大高新技术工程项目，促进科技创新成果产业化。四是选择装备制造、农产品深加工、资源综合利用等重点领域，加快开发能够推动传统产业升级的共性技术、关键技术和配套技术，加快推进传统产业技术升级。要继续深化科技体制改革，从根本上解决科技与经济脱节的现象，加速科技成果向现实生产力转化。推进国家创新体系建设，发挥高等院校和科研机构在知识创新中的重要作用，支持企业成为科研开发投入和技术创新的主体；发挥风险投资的作用，形成促进科技创新和创业的资本运作及人才汇集机制；完善并严格执行知识产权保护制度。

科技、经济发展乃至工业化、现代化的实现，都取决于劳动者素质的提高和大量合格人才的培养。人力资源特别是人才比任何其他资源都重要。教育是发展科学技术和培育人才的基础，在现代化建设中具有先导性和全局性作用，必须坚持摆在优先发展的战略地位。要全面贯彻党的教育方针，大力推进教育创新，深化教育改革，不断健全和完善教育体制，优化教育结构，扩大教育资源；着力推进素质教育，全面提高教育质量。通过教育创新和发展，造就数以亿计的高素质劳动者、数以千万计的专门人才和一大批拔尖创新人才。

（二）大力实施可持续发展战略。这是走新型工业化道路的根本性要求，也是关系中华民族生存和发展的长远大计。在推进工业化、现代化过程中，必须坚持把可持续发展放在十分突出的地位，认真执行计划生育、保护环境和保护资源的基本国策，合理开发和使用各种自然资源，高度重视水资源保护和开发利用，抓紧解决部分地区水资源短缺和污染严重的问题，兴建南水北调工程，加强油气资源勘探开发和战略资源储备，实施海洋开发，搞好国土资源综合整治。国家和社会各方面都要加大投入，持之以恒地加强生态保护建设，强化城乡环境污染治理，发展环保产业，推行清洁生产；健全环境、气象和防灾减灾监测体系；完善法制建设，增强全民环保意识。坚持运用政府调控与市场相结合的机制，特别要高度重视发挥政府依法保护资源和环境的重要作用。

（三）坚持以改革开放为动力。改革开放是经济发展的巨大引擎，也是走新型工业化道路的强大动力。一方面，要坚持以完善社会主义市场经济体制为目标，继续推进市场取向的改革，实现改革的新突破；要坚持和完善以公有制为主体、多种所有制经济共同发展的基本经济制度，继续深化以建立现代企业制度为重点的国有企业改革，推动企业转换经营机制，加强技术创新和技术改造，改善经营管理；要进一步健全市场体系，完善市场竞争机制，大力整顿和规范市场经济秩序，加强宏观调控，建立有利于走新型工业化道路的宏观环境和市场环境。另一方面，无论是调整和优化产业结构，发展信息产业和其他高新技术产业，发展农业、工业和服务业，还是实施科教兴国战略和可持续发展战略，开发利用资源和保护生态环境，都要着眼于推进体制创新、机制创新和管理创新，采取深化改革的措施和办法，积极探索和开拓新型工业化的道路。

同时，要适应经济全球化和我国加入世贸组织的新形势，在更大范围、更广领域、更高层次上积极参与国际经济技术合作和竞争，全面提高对外开放水平，以开放促改革促发展。要采取更有力的政策措施，进一步扩大商品和服务出口贸易，鼓励和支持有条件的企业走出去，更好地利用"两个市场、两种资源"，拓宽工业化、现代化发展和优化资源配置的空间。要继续积极、合理、有效地利用外资，着力引进国外先进技术和管理经验，提高我国企业的生产技术水平和管理水平，提高资源利用效率，降低生产建设成本，取得更好的经济效益，增强我国经济的国际竞争力。

回顾我国改革开放二十多年来经济建设所取得的伟大成就，我们备受鼓舞；展望未来工业化、现代化建设的光辉前景，我们充满信心。只要我们坚决地走新型工业化道路，就一定能够在新的发展阶段中推动经济结构战略性调整，基本实现工业化，大力推进信息化，加快建设现代化，中国特色社会主义的伟大事业必将取得新的更大胜利。

# 正确认识和高度重视解决农民工问题<sup>*</sup>

## （2006 年 4 月）

农民工是我国改革开放和工业化、城镇化进程中涌现的一支新型劳动大军，是工业带动农业、城市带动农村、发达地区带动落后地区的有效载体。胡锦涛总书记在党的十六届四中全会上的讲话中提出了"两个趋向"的重要论断："综观一些工业化国家发展的历程，在工业化初始阶段，农业支持工业、为工业提供积累是带有普遍性的趋向；但在工业化达到相当程度以后，工业反哺农业、城市支持农村，实现工业与农业、城市与农村协调发展，也是带有普遍性的趋向。"这是对我国经济发展进入新阶段的科学判断。温家宝总理在十届全国人大三次会议所作的《政府工作报告》中明确指出："适应我国经济社会发展新阶段的要求，实行工业反哺农业、城市支持农村的方针，合理调整国民收入分配格局，更多地支持农业和农村发展。""进一步研究制定涉及农民工的各项政策。"这些重要论述，为我们从全面建设小康社会和我国经济社会发展全局出发，正确认识和高度重视解决农民工问题指明了方向，具有重大的现实意义和深远的历史意义。

## 一、充分认识解决农民工问题的重要性和紧迫性

改革开放以来，随着我国工业化和城镇化进程加快，越来越多的农村富余劳动力转移到城镇和乡镇企业就业。农民工户籍仍在农村，

---

* 本文为《中国农民工问题调研报告》一书代序言，中国言实出版社 2006 年 4 月版；并发表在 2006 年 4 月 26 日《人民日报》。

294

主要从事非农产业，有的在农闲季节外出务工、亦工亦农，有的长期在城市就业，是推动城乡经济社会发展的重要力量。据国家统计局的调查，2004 年全国进城务工和在乡镇企业就业的农民工总数超过 2 亿，其中进城务工人员 1.2 亿左右。农民工分布在国民经济的各个行业，在加工制造业中占到 68%，在建筑业、采掘业中接近 80%，在环卫、家政、餐饮等服务业中已达到 50% 以上，已成为产业工人的重要组成部分，对我国现代化建设作出了重大贡献。

近年来，党中央、国务院高度重视农民工问题，制定了一系列保障农民工权益和改善农民工就业环境的政策措施，各地区各部门做了大量工作，取得了积极成效。但农民工面临的问题仍然十分突出。主要是：工资偏低，拖欠工资现象严重；劳动时间长，安全条件差；缺乏基本社会保障，职业病和工伤事故多；培训就业、子女上学、生活居住等方面也存在诸多困难，经济、政治、文化权益得不到有效保障。这些问题引发了不少社会矛盾和纠纷。解决好这些问题，关系到维护社会公平正义，保持社会和谐稳定，关系到顺利推进工业化和城镇化，全面建设小康社会进程。

解决农民工问题是统筹城乡发展的客观要求。贯彻落实科学发展观，必须实行以工补农、以城带乡的方针，建立健全统筹城乡发展的体制和制度，逐步缩小工农差别、城乡差别和地区差别。农民进城务工直接冲破了城乡二元结构的束缚，突破了劳动力资源配置的产业界限、城乡界限、地域界限，促进了市场导向、自主择业、竞争就业机制的形成，闯出了一条城乡融合发展、解决"三农"问题的新路。农民工一头连着农村和落后地区，一头连着城市和发达地区，为城市创造了财富，为农村增加了收入，为城乡发展注入了活力。切实做好农民工工作，是从根本上解决"三农"问题，协调工农关系，实现城乡共同发展的有效途径。

解决农民工问题是建设社会主义和谐社会的重大任务。农民工群体涉及几亿农村人口生产生活方式的历史性变迁，他们当前在就业环境、劳动工资、公共服务和权益保障方面存在的问题，对各级政府坚持以人为本、执政为民的基本理念提出了新的更高要求。建设一个民主法治、公平正义、诚信友爱、充满活力的社会主义和谐社会，就是要使包括农民工在内的广大人民群众共享改革发展成果。实现这一目标很重要的方面，就是要制定和完善涉及农民工利益的政策措施，切实保障农民工的政治、经济和文化权益，真心实意地为农民工办实事、做好事、解难事，为农民工创造一个公平、良好的工作和生活环境，充分调动广大农民工的积极性、主动性、创造性。

解决农民工问题是走中国特色的工业化、城镇化道路的必然选择。农业劳动力向非农产业和城镇转移，是世界各国工业化、城镇化的必然趋势。我国农村劳动力数量众多，正处在工业化、城镇化加快发展的阶段，越来越多的富余劳动力将逐渐转移出来。农民工的产生，有历史必然性，又有中国特色，大量农民工在城乡之间流动就业的现象在我国将长期存在。必须从我国国情出发，顺应工业化、城镇化的客观规律，引导农村富余劳动力向非农产业和城镇有序转移。我们要站在建设中国特色社会主义事业全局和战略的高度，充分认识解决好农民工问题的重要性、紧迫性和长期性。

## 二、解决好农民工问题需要把握的基本原则

解决好农民工问题，要以邓小平理论和"三个代表"重要思想为指导，按照落实科学发展观和构建社会主义和谐社会的要求，坚持解放思想，实事求是，与时俱进；坚持从我国国情出发，统筹城乡发展；坚持以人为本，认真解决涉及农民工利益的问题。要把握好以下几个基本原则：

（一）公平对待，一视同仁。尊重和维护农民工的合法权益，体现社会公平和正义，不仅两亿多农民工高兴，而且八亿多农民也高兴。必须在全社会树立理解农民工、尊重农民工、善待农民工的意识，消除对农民进城务工的歧视性规定和体制性障碍，使农民工和城市职工享有同等的权利和义务。这一原则不仅要体现在用人单位的用人观念上，也要体现在各项涉及农民工的政策措施中，体现在各地方各部门的日常工作中。

（二）强化服务，完善管理。长期以来，面对日益庞大的农民工队伍，许多地方和部门存在重管理、轻服务的倾向。解决好农民工问题要切实转变政府职能，加强和改善对农民工的公共服务和社会管理，在管理体制上实现由以治安为主的防范式管理向以政府主导的服务管理转变，在公共产品提供上实现由面向城镇户籍人口向面向包括农民工在内的所有常住人口转变。同时，要发挥企业、社区和中介组织作用，为农民工生活与劳动创造良好环境和有利条件，使他们尽快适应在城市工作、生活的新要求。

（三）统筹规划，合理引导。我国的国情决定了在工业化、城镇化过程中，必须坚持"两条腿走路"的方针，坚持大中小城市和小城镇协调发展，坚持农村劳动力异地转移与就地转移相结合。既要积极引导农民进城务工和安居乐业，又要大力发展乡镇企业和县域经济，扩大农村劳动力在当地转移就业，还要坚持农村基本经济制度，依法保障农民工的土地承包权，保证农民出得去、回得来。只有这样，才能实现农村劳动力合理有序的流动，防止大量农民工盲目涌进城市，特别要避免一些国家出现过的大城市人口膨胀、贫富悬殊的现象。

（四）因地制宜，分类指导。我们国家地域辽阔，各地经济社会发展不平衡，农民工输出地和输入地面临的情况大不一样。解决农民工问题，一定要考虑到各地差异，从实际出发确定工作方针。近些年来，许多部门和地区在解决涉及农民工利益问题方面进行了有益的尝试，积累了许多有益的经验。当前和今后时期，中央政府需要加强对做好农民工工作的统筹协调和分类指导，输出地和输入地更要有针对性地解决农民工面临的各种问题，共同探索保护农民工权益、促进农村富余劳动力有序流动的办法。

（五）立足当前，着眼长远。农村富余劳动力转移流动将是一个长期的历史过程，农民工这一特殊群体也将伴随我国工业化、城镇化、现代化的始终。我们应该坚持当前和长远相结合、方向性和操作性相统一，既要抓紧解决农民工面临的最直接、最现实的问题，又要依靠改革和发展，逐步解决深层次问题，形成从根本上保障农民工权益的体制和制度。特别是对有些暂时解决不了的问题，要指出政策方向和解决的思路，为今后和各地进一步探索留有空间。

## 三、当前需要着力研究解决的问题

农民工问题是事关改革发展稳定全局和亿万农民切身利益的一个重大问题，做好农民工工作是当前和今后时期各级政府的一项重要职责。我们要着力完善政策和管理，推进体制改革和制度创新，逐步建立城乡统一的劳动力市场和公平竞争的就业制度，建立保障农民工合法权益的政策体系和执法监督机制，建立惠及农民工的城乡公共服务体制和制度，拓宽农村劳动力转移就业渠道，从而保护和调动农民工的积极性，促进城乡经济繁荣和社会全面进步，推动社会主义新农村建设和中国特色的工业化、城镇化、现代化健康发展。当前，特别要着力研究解决农民工面临的几个带普遍性的问题。

（一）关于农民工就业培训和劳动合同管理问题。关键是要统筹城乡就业，为城乡劳动者提供平等的就业机会和服务，进一步清理和取消各种针对农民工进城就业的歧视性规定和不合理限制。各级政府都要把帮助农村富余劳动力转移就业作为公共服务的重要内容，城市公共职业介绍机构要向农民工开放，免费提供政策咨询、就业信息、就业指导和职业介绍，依法规范职业中介、劳务派遣和企业招用工行为。各地要适应工业化、城镇化和农村劳动力转移就业的需要，大力加强农民工职业技能培训，大力发展面向农村的职业教育，提高农民转移就业能力。各有关部门要加强对用人单位订立和履行劳动合同的指导和监督，制定和推行规范的劳动合同文本，建立权责明确的劳动关系。特别要依法保护女工和未成年工权益，严格禁止使用童工。

（二）关于农民工工资收入和生产生活环境的问题。这是农民工最直接的切身利益问题，也是社会反映最强烈的问题。在解决农民工工资问题上，要通过建立工资支付监控制度和工资保证金制度，从根本上解决拖欠、克扣农民工工资行为，特别要做到农民工工资发放月清月结或按劳动合同约定执行，加大对拖欠农民工工资用人单位的经济处罚力度。同时，必须规范农民工工资管理，严格执行最低工资制度，制定和推行小时最低工资标准，建立农民工工资合理增长机制，切实改变农民工工资偏低、同工不同酬的状况。在改善农民工生产生活环境上，有关部门要切实履行职业安全和劳动保护监管职责，企业必须按规定配备安全生产和职业病防护设施，强化用人单位职业安全卫生的主体责任。要监督用人单位严格执行国家关于职工休息休假的规定，延长工时和休息日、法定假日工作要依法支付加班工资。要多渠道改善农民工居住条件，保证农民工居住场所符合基本的卫生和安全条件，并通过完善社区公共服务和文化设施，丰富农民工业余文化生活。

（三）关于积极稳妥地解决农民工的社会保障问题。农民工的社会保障是一个必须研究解决又相对复杂一些的问题，也是各方面都比较关注的问题。要根据农民工最紧迫的社会保障需求，坚持分类指导、稳步推进，优先解决工伤保险和大病医疗保障问题，逐步解决养老保障问题。农民工的社会保障，要适应流动性大的特点，能够转移接续，使农民工在流动就业中的社会保障权益不受损害；要兼顾农民工工资收入偏低的实际情况，实行低标准进入、渐进式过渡，调动用人单位和农民工参保的积极性。各地都要认真贯彻落实《工伤保险条例》，依法将农民工纳入工伤保险范围，所有用人单位必须及时为农民工办理参加工伤保险手续。当前，要加快推进农民工较为集中、工伤风险程度较高的建筑、采掘等行业参加工伤保险。各统筹地区要采取建立大病医疗保险统筹基金的办法，重点解决农民工进城务工期间的住院医疗保障问题，农民工也可自愿参加原籍的新型农村合作医疗。有关部门要抓紧研究探索低费率、广覆盖、可转移，并能够与现行的城乡养老保险制度衔接的农民工养老保险办法。有条件的地方，可直接将稳定就业的农民工纳入城镇职工基本养老和医疗保险。

（四）关于农民工享受城市相关公共服务问题。输入地政府要转变思想观念和管理方式，对农民工实行属地管理，在编制发展规划、制定公共政策、建设公用设施等方面，统筹考虑长期在城市就业、生活和居住的农民工对公共服务的需要，逐步健全覆盖农民工的城市公共服务体系。当前，子女上学是长期在城市工作农民工面临的现实问题，也是各级政府必须切实解决好的问题。输入地政府要承担起农民工同住子女义务教育的责任，以全日制公办中小学为主接收农民工子女入学，城市公办学校对农民工子女接受义务教育要与当地学生在收费、管理等方面同等对待。同时，输入地政府还要加强农民工疾病预防控制和适龄儿童免疫工作；实行以输入地为主、输出地和输入地协调配合的管理服务体制，进一步搞好农民工计划生育管理和服务等。

（五）关于健全维护农民工权益的保障机制问题。目前，涉及农民工的高发侵权案件屡屡发生，由于多种原因致使农民工维权困难重重，健全维护农民工权益的保障机制至关重要。首要的是保障农民工依法享有的民主政治权利，农民工在评定技术职称、晋升职务、评选劳动模范和先进生产者等方面要与城镇职工同等看待，依法保障农民工人身自由和人格尊严，严禁打骂、侮辱农民工的非法行为。要按照建立城乡统一的户籍管理制度的改革方向，逐步地、有条件地解决长期在城市就业和居住的农民工户籍问题。要加大维护农民工权益的执法力度，健全农民工维权举报投诉制度，做好对农民工的法律服务和法律援助工作，充分发挥各级工会、共青团、妇联组织在农民工维权工作中的作用。

（六）关于扩大农村劳动力就地转移就业问题。这已被实践证明是一条符合我国国情的成功之路，是我们必须长期坚持的重大方针。目前全国已转移的农村劳动力中，县域经济范围内吸纳了65%，其中乡镇企业和县域中小企业吸纳了80%，浙江、江苏、山东、广东等经济发达省份省内就地、就近转移的农村劳动力都占到90%以上。因此，一定要大力发展乡镇企业和县域经济，扩大农村富余劳动力在当地转移就业容量；努力引导相关产业向中西部转移，增加农民在当地就业机会；深入开展农村基础设施建设，促进农民就业和增收；提高小城镇产业集聚和人口吸纳能力，鼓励外出务工农民回到小城镇创业和居住。特别要保护农民工土地承包权益，这是降低农民工在城市失业风险、保持社会稳定的重大问题。

我们编辑出版这本《中国农民工问题调研报告》，汇集了中央和国务院有关部门、部分省市政府有关部门和一些专家的研究成果。这些研究成果，坚持解放思想、实事求是，注重理论创新、管理创新、制度创新、政策创新，丰富了对农民工的重要作用和一系列相关问题的认识。农民工这一新事物还在不断发展变化中，请广大读者和我们一起继续深入研究农民工问题，努力在全社会形成关心农民工的良好氛围。

# 加快推进以改善民生为重点的社会建设 *

（2007 年 11 月）

胡锦涛总书记在党的十七大报告中提出，要加快推进以改善民生为重点的社会建设，并对此作了明确部署：必须在经济发展的基础上，更加注重社会建设，着力保障和改善民生，推进社会体制改革，扩大公共服务，完善社会管理，促进社会公平正义。这是我们党着眼于发展中国特色社会主义事业，推动科学发展，促进社会和谐，实现全面建设小康社会奋斗目标作出的重大决策和部署。我们要深刻领会、全面贯彻这一重要精神。

## 一、深刻认识加快推进以改善民生为重点的社会建设的重大意义

将社会主义经济建设、政治建设、文化建设三位一体，发展为社会主义经济建设、政治建设、文化建设、社会建设四位一体的总体布局，并强调以改善民生为重点加快推进社会建设，这是我们党对中国特色社会主义事业的新认识、新概括，在理论上和实践上都具有重大意义。

体现了中国特色社会主义本质的要求。"社会主义的本质，是解放生产力，发展生产力，消灭剥削，消除两极分化，最终达到共同富裕。"邓小平关于社会主义本质这一科学和精辟的论述，体现了生产力和生产关系的统一，既要求大大发展生产力，为提高人民生活水平提

---

* 本文载于《十七大报告辅导读本》，转发在《求是》2007 年第 22 期。

供物质基础，又要求不断完善生产关系和分配关系，使全体人民走共同富裕的道路。我们党关于社会主义现代化建设三步走的战略部署，每一步都把经济发展的目标同改善人民生活和促进社会进步的目标有机地结合起来，作出统一部署。着力解决关系人民群众切身利益的生活、生产和生命安全问题，保障人民群众的经济、政治、文化和社会权益，努力实现人的全面发展，是我们党和国家一切工作的出发点和落脚点。强调以改善民生为重点加快推进社会建设，这是我们党牢牢把握中国特色社会主义本质特征的集中体现，也是发展中国特色社会主义的重要部署，反映了全体人民的共同愿望。

体现了深入贯彻落实科学发展观的要求。科学发展观第一要义是发展，核心是以人为本，基本要求是全面协调可持续，根本方法是统筹兼顾。发展是我们党执政兴国的第一要务，只有抓住机遇实现又好又快发展，才能不断增强综合国力，推动社会全面进步，提高人民生活水平。离开发展，一切无从谈起。发展必须坚持以人为本，尊重人民主体地位，发挥人民首创精神，做到发展为了人民、发展依靠人民、发展成果由人民共享。科学发展观要求发展必须坚持全面协调可持续，全面推进经济建设、政治建设、文化建设、社会建设，统筹城乡、区域、经济社会发展，统筹人与自然和谐发展，统筹国内发展和对外开放，兼顾和协调好改革发展进程中的各种利益关系，促进现代化建设各个环节、各个方面相协调。其中一个重要方面，就是要在经济发展的基础上，注重保障和改善民生，加强社会建设，推动经济和社会协调发展。

体现了构建社会主义和谐社会的要求。加快推进以改善民生为重点的社会建设，抓住了维护和实现社会公平正义的关键，抓住了解决经济社会发展不平衡和影响社会和谐安定问题的关键。构建社会主义和谐社会是贯穿中国特色社会主义事业全过程的长期历史任务，是在发展的基础上正确处理各种社会矛盾的历史过程，同时又是十分重要而紧迫的工作。其基本要求，就是要以解决人民群众最关心、最直接、最现实的利益问题为重点，着力发展社会事业、促进社会公平正义；就是要扩大公共服务，逐步实现基本公共服务均等化；就是要理顺分配关系，增加城乡居民收入，处理好公平和效率的关系；就是要完善社会管理，增强社会创造活力，维护社会安定团结。这样，才能形成全体人民各尽所能、各得其所而又和谐相处的局面，人们的积极性、主动性、创造性才能充分发挥出来，万众一心地把中国特色社会主义事业推向前进。

体现了全面建设小康社会的要求。党的十六大以来，我国全面建设小康社会的伟大事业取得了重要进展，但也面临不少问题，突出的是：城乡、区域、经济社会发展仍然不平衡；农业稳定发展和农民持续增收难度加大；劳动就业、社会保障、收入分配、教育卫生、居民住房、安全生产、司法和社会治安等方面关系群众切身利益的问题仍然较多，部分低收入群众生活比较困难。这些问题如果解决不好，就会严重影响社会和谐稳定和全面建设小康社会的大局。同时，人民群众在新的发展阶段，期待过上更加美好的生活，对教育、卫生、社会保障、公共服务、生活环境以及个人全面发展等方面提出了更高的要求，全社会的公共需求快速增长，也更加需要加快社会事业发展。要完成这样的历史任务，就必须坚持经济建设、政治建设、文化建设和社会建设协调发展，缺少其中任何一个方面，都很难实现建成全面的更高水平小康社会的目标。

## 二、加快推进以改善民生为重点的社会建设的主要任务

以改善民生为重点的社会建设，内容丰富，涵盖的面很广。其基本要求是：积极解决好教育、就业、收入分配、社会保障、医疗卫生和社会管理等直接关系人民群众根本利益和现实利益的问题，努力使全体人民学有所教、劳有所得、病有所医、老有所养、住有所居，推动和谐社会建设。

（一）优先发展教育，建设人力资源强国。坚持把教育放在优先发展的战略位置，努力办好人民满意的教育。第一，全面贯彻党的教育方针，培养德智体美全面发展的社会主义建设者和接班人。发展教育的根本任务是培养人，提高全体国民素质，包括思想道德素质、科

学文化素质、身体素质、心理素质和劳动技能素质。特别要切实加强德育工作，把思想道德素质放在首要位置，促进学生养成良好的思想品德和行为习惯，做一个全面发展的人。第二，优化教育结构。要坚持按照教育发展规律和经济社会发展的需要，优化教育资源配置，促进义务教育均衡发展，加快普及高中阶段教育，大力发展职业教育，提高高等教育质量，重视发展学前教育，关心特殊教育，形成各级各类教育全面协调可持续发展的良好格局。第三，推进教育改革创新。关键是要更新教育观念，改进人才培养模式，深化教学内容和方式、考试招生制度、质量评价制度等改革，减轻中小学生课业负担，特别要推进教育教学与生产劳动和社会实践的紧密结合，使学生得到主动的、生动活泼的发展，注重培养学生的独立思考能力、创造能力和就业能力、创业能力。第四，坚持教育公益性质。教育是关系社会公共利益，对全体国民、对国家和民族现在和未来具有重大影响的公共事业，政府负有义不容辞的重要责任，必须加大财政对教育投入，规范教育收费，健全公共财政投入和保障机制，为全体国民提供接受良好教育的机会和条件。要扶持贫困地区、民族地区教育，健全学生资助制度，保障经济困难家庭子女、进城务工人员子女平等接受义务教育。鼓励和规范社会力量兴办教育。推动我国教育改革和发展，还必须全面提高教师队伍特别是农村教师素质，把广大教师的积极性、创造性更好地发挥出来。

（二）实施扩大就业的发展战略，促进以创业带动就业。就业形势严峻是我国今后较长时期面临的一个重大课题。因此，必须把扩大就业放在经济社会发展的突出位置。第一，千方百计扩大就业。坚持发展经济与促进就业互动，以发展促进就业。扩大就业规模，改善就业结构。这就需要大力发展劳动密集型产业、服务业和各类中小企业，发展有利于扩大就业的新行业、新产业，鼓励、支持、引导非公有制经济发展，推进小城镇建设和加快县域经济发展，尽可能多地增加就业岗位。第二，以创业带动就业。这是解决就业问题的一个重大方针。创业不仅是创业者自己实现就业，还可以通过发展多元化创业主体和多种创业形式，带动更多的人就业。要完善支持自主创业、自谋职业的政策，运用财税、金融政策，增加融资渠道，放宽市场准入限制，加强技能培训和信息服务，积极培育创业主体，使更多劳动者成为创业者，推动创业型社会建设，扩大就业容量。第三，推进就业体制改革创新。要培育和完善统一开放、竞争有序的人力资源市场，形成城乡劳动者平等就业的制度，健全覆盖城乡的就业服务体系。要完善面向所有困难群众的就业援助制度，及时帮助零就业家庭解决就业困难。积极做好高校毕业生就业工作，鼓励和引导大学生面向农村、面向基层就业。第四，规范和协调劳动关系。要依法规范企业行为，认真实施工时、休息休假、最低工资、女职工和未成年工劳动保护等方面的标准，继续完善和落实对农民工的政策。国家为解决农民工问题已制定了平等就业、工资支付、劳动保护、社会保障、子女上学等政策，都应认真加以落实。要加强劳动执法监督，特别要解决好非法用工、超时加班、劳动条件差等问题。

（三）深化收入分配制度改革，增加城乡居民收入。第一，坚持和完善按劳分配为主体、多种分配方式并存的分配制度，进一步健全劳动、资本、技术、管理等生产要素按贡献参与分配的制度。这是与社会主义初级阶段基本经济制度相适应的分配制度，目的在于让一切劳动、知识、技术、管理和资本的活力竞相迸发，让一切创造财富的源泉充分涌流，以造福人民。在这里，合理兼顾效率和公平，是一个重要的理论和实际问题。一个时期以来，人们往往关注初次分配解决效率问题，再分配解决公平问题，实际上目前许多分配不公问题产生于初次分配领域。十七大报告强调初次分配和再分配都要处理好效率和公平的关系，再分配要更加注重公平，这是对我国收入分配制度内涵的丰富和完善，具有很强的现实针对性。这既有利于提高经济效率，不断增加社会财富，又有利于促进社会公平正义，充分发挥各方面的积极性。第二，逐步提高城乡居民收入在国民收入分配中的比重，提高劳动报酬在初次分配中的比重。提高这"两个比重"，是对国民收入分配格局的重要调整。一个时期以来，在我国国民收入分配中，政府和企业所占比重持续提高，而居民收入所占比重明显偏低，劳动报酬在初次分配中的比重偏低。这是多年来固定资产投资增长过快、投资率持续偏高，消费增长缓慢、消费率偏低的重要原因。提高这"两个比重"，有利于理顺国家、企业和个人三者的分配关系，有利于增加广大劳动者收入，维护劳动者权益，也有利于合理调整投资与消费关系，促进经济社会协调健康发展。第三，加大个人收入分配调节力度，合理调整收入分配格局。总的原则是，"提低、扩中、调高、打非"。"提低"，就是着力提高低收入者收入水平。要强化支农惠农政策，促进农民持续增收，建立企业职工工资正常增长和支付机制，逐步提高扶贫标准、最低工资标准和最低生活保障标准，使城乡居民特别是低收入者收入随着经济发展逐步较多地增加。"扩中"，就是努力扩大中等收入者比重。创造条件让更多群众拥有财产性收入，进入中等收入者行列。"调高"，就是切实对过高收入进行有效调节。要正确运用税收手段，使过高收入者的一部分收入通过税收等形式由国家集中用于再分配。"打非"，就是坚决取缔非法收入。要严格执法，对偷税漏税、侵吞公有财产、权钱交易等各种非法收入依法取缔和惩处。还要规范垄断行业的收入，引入竞争机制，消除垄断性利润；同时规范垄断性企业资本收益的收缴和使用办法，合理分配利润。总之，要通过改革和发展，扩大转移支付，强化税收调节，创造机会公平，整顿分配秩序，逐步扭转收入分配差距扩大的趋势，防止两极分化，使全体社会成员逐步共同致富。

（四）加快建立覆盖城乡居民的社会保障体系，保障人民基本生活。健全的社会保障体系，历来被称为人民生活的"安全网"、社会运行的"稳定器"和收入分配的"调节器"，是国家的一项重要社会制度，是维护社会稳定和国家长治久安的重要保障。在新的形势下，加快完善社会保障体系，应着重抓好以下几个方面：一要完善基本养老保险制度。要促进城镇职工基本养老保险制度规范化，完善社会统筹与个人账户相结合的企业职工基本养老保险制度，推进机关、事业单位基本养老保险制度改革，探索建立农村养老保险制度。二要完善基本医疗保险制度。要全面推进城镇职工基本医疗保险、城镇居民基本医疗保险和新型农村合作医疗制度建设，使基本医疗保险制度覆盖城乡全体居民。三要完善最低生活保障制度。在城市要继续健全最低生活保障制度，做到应保尽保。在农村要将符合条件的贫困人口全部纳入最低生活保障范围，切实解决他们的基本生活问题。此外，社会救助与慈善事业，具有不可替代的促进社会和谐的特殊功能，应当支持加快发展。完善社会保障体系，还要积极发挥商业保险的补充作用。同时，要采取多种方式充实社会保障基金，搞好基金投资运营，实现保值增值；要加强基金监管，杜绝非法侵占、挪用，确保社保基金安全。要逐步提高社会保险统筹层次，制定全国统一的社会保险关系转续办法，这有利于发挥社会保障制度的功能，也有利于促进劳动人口在全国范围的流动就业。住房是重要的民生问题，也是当前人民群众十分关注的问题，应当把解决住房问题摆在重要位置，加快建立适应全体居民需要的多层次住房保障体系，特别要健全廉租房制度，加大廉租住房建设力度。

（五）建立基本医疗卫生制度，提高全民健康水平。多年来，我国医疗卫生事业取得了显著成就，但与人民群众对医疗卫生的需求仍然差距较大。要加快建立基本医疗卫生制度，实现人人享有基本医疗服务的目标。总的原则和要求是：坚持公共医疗卫生的公益性质，坚持预防为主、以农村为重点、中西医并重，实行政事分开、管办分开、医药分开、营利性和非营利性分开，强化政府责任和投入，完善国民健康政策，鼓励社会参与，建设覆盖城乡居民的公共卫生体系、医疗服务体系、医疗保障体系、药品供应保障体系，为群众提供安全、有效、方便、价廉的医疗卫生服务。这是我国基本医疗卫生制度建设的基本框架和主要目标，要围绕这个框架和目标，加快推进医疗卫生事业改革和发展。

（六）完善社会管理，维护社会安定团结。一要推进社会管理体制改革创新。要健全党委领导、政府负责、社会协同、公众参与的社会管理格局，健全基层社会管理体制。坚持以人为本，创新社会管理理念和管理方式，在服务中实施管理，在管理中实现服务，最大限度地激发社会创造活力，最大限度地增加和谐因素，最大限度地减少不和谐因素。二要妥善处理人民内部矛盾。要完善信访制度，健全党和政府主导的维护群众权益机制，统筹协调各方面利益关系，有效预防和化解各类社会矛盾。三要重视社会组织建设和管理。社会组织具有提供服务、反映诉求、规范行为的积极作用，把它们的作用利用好、保护好、发挥好，有利于降低政府社会管理成本，有利于增强公民的社会认同感。要支持各类社会组织承担社会事务，参与社会管理和服务。四要强化安全生产管理和监督。要坚持安全第一、预防为主、综合治理的方针，完善安全生产体制机制，健全安全生产责任制度，维护安全生产秩序，坚决遏制重特大安全事故，维护人民生命财产安全。要完善突发事件应急管理机制，提高保障公共安全和处置突发事件的能力；全面加强综合减灾能力建设，提高防范和应对自然灾害能力。五要完善社会治安防控体系。要加强社会治安综合治理，深入开展平安创建活动，加强社区和农村警务工作，依法防范和打击违法犯罪活动。完善国家安全战略，高度警惕和坚决防范各种分裂、渗透、颠覆活动，切实维护国家安全。

## 三、需要正确认识和处理的几个重要关系

加快推进以改善民生为重点的社会建设，是发展中国特色社会主义的重大任务，关系社会主义现代化建设的全局和长远发展。因此，在指导思想和实际工作中必须正确认识和处理好以下四个重要关系。

（一）正确认识和处理经济建设与社会建设的关系。历史唯物主义和社会主义发展规律告诉我们，经济建设是社会建设的基础与重要保证；社会建设是经济建设的重要目的，为经济建设提供强大动力和支撑。我们必须毫不动摇地坚持以经济建设为中心，不断增强国家经济实力，从而为改善民生、加快社会建设奠定物质基础；否则，改善民生和社会建设就会成为无源之水、无本之木。同时，我们必须高度重视和加强社会建设，使社会建设和经济建设相协调。如果社会建设滞后，各方面的矛盾得不到解决，必然会对经济建设形成制约与阻碍；而且经济建设如果不以改善民生为出发点和归宿，也就会失去动力和支撑。鉴于当前我国社会发展滞后于经济发展的问题比较突出，不少涉及人民群众切身利益的问题亟待解决，必须

在经济发展的基础上，更加注重加快社会建设，更加注重改善民生。总之，要坚持合理统筹经济建设和社会建设，使二者相互促进、协调发展。

（二）正确认识和处理尽力而为和量力而行的关系。我们是一个发展中的大国，人口多、底子薄，正处于并将长期处于社会主义初级阶段，目前经济发展总体水平不高而且发展很不平衡。因此，解决民生问题和发展社会事业需要长期不懈的努力。我们既要积极进取，尽最大努力加快社会建设，抓紧解决群众关心的突出问题，又要从实际出发，充分考虑各方面的条件和承受能力。要立足当前，着眼长远，随着经济发展逐步解决问题，稳步提高社会事业发展和社会保障水平，而不能要求过高过急，那样既不利于解决问题、维护人民群众的根本利益，也会影响经济社会协调发展、损害人民群众的长远利益。要坚持从办得到的事情做起，一步一个脚印地做好工作。必须清醒地认识到，实现全面建设小康社会的目标还需要继续奋斗十几年，基本实现现代化的目标还需要继续奋斗几十年，巩固和发展社会主义制度则需要几代人、十几代人甚至几十代人坚持不懈地努力奋斗。在今后相当长的时间里，必须始终提倡和实行艰苦创业，发扬勤俭节约、勤俭办一切事业的精神，坚决反对各种奢侈浪费现象。

（三）正确认识和处理政府主导和社会参与的关系。改善民生，加快社会建设，必须正确发挥政府和社会的积极性。教育、医疗卫生、社会保障等社会事业，具有明显的公益性质，直接关系社会公众利益和福祉，直接关系社会公平正义。推进这些事业，要从指导思想、制度建设和资金投入等方面，坚持体现公益性原则，切实强化政府职责，充分发挥政府主导作用，特别要不断增强政府公共产品和公共服务的供给能力，减轻群众在教育、医疗、养老、住房等方面的支出负担。调节收入分配、扩大社会就业、加强社会管理也是政府的重要职责，政府理应更多地承担起责任。同时必须认识到，在发展社会主义市场经济的条件下，公益性事业发展形式不是单一的，运行机制也是不一样的，政府不应当也不可能包办一切。广大人民群众的多样性、多层次和不断变化的社会需求不可能完全由政府直接提供。要充分发挥各类市场主体和社会组织的作用，对能够实行市场运作的公共服务，应该发挥市场机制的作用。现在的问题，一方面是对有些社会事业的发展，政府还没有履行好该由政府承担的责任；而有些社会事业的发展该由市场和社会组织解决的，政府却包揽过多。必须按照政事分开、经营性与非经营性分开的原则，加快事业单位分类改革，积极引导和支持各类市场主体和社会组织参与社会管理和公共服务，建立公共服务供给的社会参与机制。要把那些适合或可以通过市场、社会提供的公共服务，以适当的方式交给社会组织、中介机构、社区等基层组织承担，引进竞争激励机制，以扩大公共服务的供给，并降低服务成本，提高服务效率和质量。

（四）正确认识和处理增加投入和深化改革的关系。加快发展社会事业，一要靠增加投入，二要靠深化改革；不增加投入，社会事业就不能加快发展，而不深化改革，增加的投入也难以有效发挥作用。所以，必须把增加投入和深化改革这二者很好地结合起来。随着国民经济持续快速发展，国家实力不断增强，财政收入明显增加，我国现在有条件较大幅度地增加用于改善民生和社会事业建设的投入。要进一步调整国民收入分配结构和财政支出结构，切实增加对社会建设的投入，为加快社会事业发展提供更多、更有力的支持。同时，要实行有利于加快社会事业发展的财税、金融政策，鼓励和引导社会力量增加对社会发展领域的投入。既要扩大公共服务供给总量，又要大力调整供给结构，特别要注重向农村、向困难地区、向中西部地区倾斜，努力改变公共服务设施分布不合理的状况。要正确认识和处理社会建设领域中事业和产业的关系。既要加快发展满足人民群众基本公共服务需求的各项社会事业，又要发展那些面向市场需求的各类服务产业，以事业带产业，以产业促事业，逐步形成社会事业和服务产业相互协调、相互促进、蓬勃发展的局面。我国社会事业发展滞后，与社会领域改革滞后直接相关。必须针对管理体制、运行机制存在的弊端，加大社会体制改革力度，推进体制机制制度创新；否则，增加投入的效果就会大打折扣，就难以有效地转化为增加公共服务，也难以实现社会事业的持续健康发展。

还要加强社会领域的法制建设，把社会建设和管理纳入法治化、规范化、制度化轨道。只有这样，才能逐步使我国成为社会建设更加发展、各方面制度更加完善、社会更加充满活力而又和谐安定的国家，形成社会和谐人人有责，和谐社会人人共享的生动局面，把中国特色社会主义伟大事业全面推向前进。

# 重在经济增长数量、质量和效益相统一 <sup>*</sup>

（2009 年 4 月）

当前，应对国际金融危机冲击，保持经济平稳较快增长的任务十分艰巨。非常时期需要采取非常之策。党中央、国务院审时度势，把握大局，果断地实施了"一揽子"计划和正确方针，保增长、保民生、保稳定。我们必须全面理解，坚决贯彻落实。在推进经济平稳较快发展的过程中，一个十分重要的问题，就是要正确处理经济增长的数量与质量、效益的关系，在保持较快增长速度的同时，着力提高经济发展的质量与效益。

## 一、必须坚持经济增长数量、质量和效益相统一

在经济建设中，努力走出速度快、质量高和效益好的新路，是我们党指导经济工作的一条重要方针。在当前国内外严峻的经济形势下，更要坚定不移地执行这一重要方针，务必实现经济增长数量、速度和质量、效益相统一。

坚持经济增长数量、质量和效益相统一，是经济发展规律的内在要求。与其他事物一样，经济也是量与质的统一体，没有数量自然无所谓质量。发展经济必须追求一定的数量和必要的增长速度。然而没有质量，数量也就失去意义，正如马克思所分析的，不论财富的社会形式如何，使用价值总是构成财富的物质内容。如果没有用，其中包含的劳动也是无用的，也不能形成价值。这就是说，质量不合格的产

---

＊ 本文发表在《求是》2009 年第 7 期。

品，形不成使用价值和价值，构不成社会财富。同时，商品生产必须讲节约、讲效益，做到投入少、产出多。只有不断提高经济效益，才能有更多的剩余产品作为新的生产要素投入再生产过程、不断创造更多的社会财富。因此在追求较快增长速度时，必须着力提高经济增长的质量和效益，实现速度、质量和效益相统一。邓小平曾深刻指出，我国的经济发展，总要力争隔几年上一个台阶。要扎扎实实，讲求效益，稳步协调地发展，一定要首先抓好管理和质量，讲求经济效益和总的社会效益，这样的速度才过得硬。我国经济发展的历史经验也反复证明，在经济发展中，什么时候重视提高经济增长的质量和效益，什么时候经济发展速度就快；什么时候忽视质量和效益，经济发展付出的代价就大，甚至走弯路，欲速不达。

坚持数量、质量和效益相统一，是落实科学发展观的根本要求。科学发展观，第一要义是发展，解决中国一切问题归根结底靠发展。我国经济总量虽位居世界前列，但人均国民收入水平还很低，要建成惠及十几亿人口的更高水平的小康社会，实现共同富裕，不断提高综合国力和抵御风险能力，就必须在较长时期内保持较快的经济发展速度。按照科学发展观要求，发展既要有较快的增长速度，更要注重提高质量和效益，实现又好又快发展。党的十七大强调要促进国民经济又好又快发展。从过去讲"又快又好"到强调"又好又快"，虽然只是"好"与"快"顺序的变化，但含义深刻。它体现了科学发展观的内在要求，是我们党在新的历史条件下对经济建设指导思想的升华。强调经济增长数量、质量和效益相统一，实质上就是把握经济发展"好"和"快"的关系，要坚持"好"字当头，在好中求快。近年来，各地各部门努力贯彻科学发展观，取得了可喜成果，但片面追求产值速度、忽视质量和效益的现象依然存在。科学发展观是我国经济持续健康发展的根本指针，在经济快速发展时要坚定不移地贯彻，在经济遇到困难时更要毫不动摇地落实。

坚持数量、质量和效益相统一，是应对国际金融危机的迫切要求。当前，国际金融危机的外部冲击与国内经济的周期性调整叠加在一起，给我国经济造成巨大下行压力。当前的首要任务是保持国民经济有较快的增长速度。强调发展速度重要，绝不意味着可以忽视经济增长的质量和效益。必须把保增长建立在优化结构、提高质量、增进效益、降低消耗、保护环境的基础之上，实现扎实的、效益好、可持续的增长。保增长，决不能沿袭粗放型发展方式，特别要坚决抑制高耗能、高污染和产能过剩行业的盲目扩张。如果片面追求增长速度，走盲目投资上项目的路子，就会形成严重的重复建设，使社会生产循环不畅；就会造成能源、原材料过度消耗和环境污染加重；就会不计成本，造成大量损失浪费，甚至埋下更多的隐患，使深层次矛盾更加难以解决，最终，较快的速度还是要落下来。要清醒地认识到，我国应对世界金融危机冲击的着眼点，不仅在于遏制经济下行趋势、保持经济平稳较快增长，更重要的是形成新的经济增长点，增强国际竞争力和可持续发展能力。对此，我们必须有明确的认识和自觉的行动。

## 二、坚持经济增长数量、质量和效益相统一必须处理好几个关系

要处理好经济增长数量和质量的关系，注重在提高经济质量基础上增加经济数量。一个国家的经济发展，不仅来自经济规模和"量"的扩张，而且来自经济结构的优化升级，来自经济"质"的提高。经济增长质量，从生产层次讲主要是指产品能够更好满足需求的能力。产品有市场，能够满足社会生产和人民生活的需要，是产品具有现实的使用价值的标志，是实现经济社会效益的前提。否则，产品生产的数量越多，库存积压就越大，必然带来劳动和资源的巨大浪费。当前，国外需求的大幅萎缩，凸显了国内一些行业产能过剩的矛盾。要实现保增长的目标，就必须统筹考虑国内国外两个市场，统筹考虑市场需求的现实状况和走势，全面分析和估量市场需求容量与结构，积极顺应市场变化。同时，要努力开发新产品，提供新服务，创造新需求，增加有效供给，实现产需衔接。产品能否有销路，还要看产品质量，不少产品滞销，往往是质量差、性能低造成的。作为生产资料的产品，其质量优劣直接关系社会生产的技术水平和经济效益；消费品的质量

则关系到人民群众生活水平的提高和生命安全。市场竞争的法则，不只是数量的较量，更重要的是质量的较量，提高产品质量，才能开拓和站稳市场。当前国际贸易保护主义日趋严重，一些国家纷纷抬高准入门槛，在这种形势下，我们的企业要保持原有市场、开拓新市场，就更加需要在提高产品质量上下功夫。无论从企业还是从整个国民经济的角度考察，都必须把提高经济质量放在首位，在这个前提下求得经济数量的增加，这样才能显著提高经济的整体素质和效益，才能使经济保持平稳较快增长。

要处理好投入和产出的关系，注重降低物质消耗和提高劳动生产率。以较少的资源和劳动生产出较多的符合社会需要的产品，是经济效益的本义所在，也是国民经济能否持续健康发展的关键。投入多而产出少，经济效益不高，经济难以持续发展。长期以来，我国靠高投入获得的高增长，是以廉价获得能源、原材料、土地占用和低廉的劳动力成本为代价的，以致能源资源原材料消耗过大，生态环境破坏严重，造成了一些不良后果。这方面教训必须认真汲取。国家近来大规模增加投资来拉动经济增长，这是阻止经济过快下滑的重大举措。增加投资不是不讲产出效果，而必须注重提高投资效果，生产、建设、流通等各个领域都要在努力降低资源能源消耗和提高劳动生产率上下大功夫。必须坚决改变单纯依靠增加资金投入、增加资源消耗发展经济的旧模式，否则，多年来投资与消费关系扭曲的状况不仅难以改变，而且还会加剧，能源资源和环境也承受不起，国民经济就无法实现良性循环和可持续发展。

要处理好微观效益和宏观效益的关系，注重在全社会范围内优化生产要素配置。微观经济效益是指生产单位的经济效益，宏观经济效益是指国民经济整体效益。在社会主义市场经济条件下，二者根本上是一致的。没有企业经济效益的提高，整个国民经济效益也难以提高。但宏观效益不是微观效益的简单相加，现代化大生产是建立在广泛分工协作基础上的社会化经济，企业、产业、区域间的分工协作关系是否合理，全社会生产要素配置能否优化，很大程度上决定着宏观经济效益。生产要素的合理配置，一方面是资源配置能使国民经济大体协调发展，以保证社会再生产的顺畅循环，另一方面有利于各种资源特别是稀缺资源的合理有效利用，以达到最佳宏观经济效益。由于经济发展水平、资源禀赋和市场发育程度不同，在一定情况下，微观经济与宏观经济也会发生矛盾。对一些微观经济有利的，不一定对宏观经济效益有利；而对宏观经济有利的，也可能会影响微观经济效益的提高。我们需要按照国民经济各方面关系大体协调发展的原则，促进全社会生产要素的合理流动和优化配置。这就要求在当前新一轮扩大投资中，统筹兼顾，合理布局，促进宏观效益和微观效益的共同提高。

要处理好当前发展和长远发展的关系，注重实现近期效益和长远效益的统一。经济活动具有高度的连续性，必须把实现近期增长目标和长远发展战略有效衔接起来，对经济发展速度要有战略眼光和长远考虑，决不能为了一时的速度，在扩大投资中"寅吃卯粮"，在开发资源中"竭泽而渔"，那样虽然眼前的速度和增长上去了，但会妨碍长远的发展和效益。为应对国际金融危机保增长，中央实施了大规模的政府投资，重在解决经济"短板"，重在改善民生，重在增强发展后劲。克服当前经济困难，决不能放松节能减排的标准和目标；在保增长的同时，节能减排和淘汰落后生产能力工作不能有丝毫放松。要坚决防止陷入搞层层攀比增长速度、层层加码增长指标的恶性循环中。

总之，我们要以应对国际金融危机的冲击为契机，切实使转变经济发展方式取得突破和重大进展，真正从主要依靠大量资金投入和能源、原材料、劳动力消耗，转变到主要依靠提高生产要素的质量和使用效率、提高综合要素生产率对经济增长的贡献份额上来，从主要依靠经济规模的扩张，转变到主要依靠结构优化升级和提高规模经济效益上来。只有这样，才能实现更长时间、更高水平、更好效益的发展。

## 三、实现经济增长数量、质量和效益相统一的主要途径

在应对国际金融危机中保经济增长，提高经济质量和效益，最根本的是加快推进发展方式转变和经济结构战略性调整，特别要着力抓

住五个关键环节。

着力调整产业结构。这既是保持经济平稳较快增长的必由之路，也是提高经济增长质量和效益的迫切要求。要把调整产业结构与开拓市场需求结合起来，统筹协调发展三次产业。要进一步巩固和加强农业基础地位，搞好农业结构调整，积极发展特色农业、生态农业、效益农业。尤其要加大工业内部结构调整力度，加快形成以高新技术产业为先导、基础产业和制造业为支撑的现代产业体系。要坚持走中国特色新型工业化道路，把投资拉动作为促进产业结构调整优化的机遇，大力推进信息化与工业化融合。最近，国务院陆续出台了重点行业调整和振兴规划，着力调整和振兴钢铁、汽车、造船、石化、轻工、纺织、有色金属、装备制造、电子信息和物流等十大产业。这是非常及时和完全必要的，关键是要真正使之得到落实。要大力优化产业组织结构，推动企业兼并重组；加快淘汰落后产能，大力发展循环经济、低碳经济；加快区域布局调整，发展特色优势产业，形成具有竞争力的产业集群。要加快发展服务业，大力构建服务业市场体系，不断提高服务业市场化、产业化、社会化和国际化水平。

着力推进科技创新。这是保增长和提高经济素质与效益的关键，也是提高经济竞争力和可持续发展能力的根本支撑。历史经验表明，全球性经济危机往往催生重大科技创新和科技革命。在应对这场国际金融危机中，要更加注重依靠科技创新和进步，坚定不移地走中国特色自主创新道路，形成强大的原始创新能力、集成创新能力和引进消化吸收再创新能力。要加快实施重大科技专项，把自主创新的战略重点放在着力突破制约经济社会发展的关键技术、解决制约经济社会发展的重大科技问题上。要营造自主创新的良好环境，积极发挥政府在自主创新中的引导作用，要切实把知识产权战略作为国家发展的重要战略，营造有利于科技创新的市场环境、文化环境、政策环境和法治环境。大力推广应用科研成果，使之迅速转化为现实生产力。

着力深化体制改革。这是保经济增长、提高质量和效益的强大动力。要着眼于加快构建有利于科学发展和促进数量、质量和效益统一的体制机制，加大改革力度。要正确认识和处理当前困难环境中计划与市场的关系，在加强和改善宏观调控的同时，更好发挥市场的作用。特别要大力推进财税体制和价格体系改革，实施合理的结构性减税政策，改革资源税费制度，加快建立完善资源有偿使用制度和生态环境补偿机制，促进资源节约和环境保护。要加快资源和要素价格形成机制改革，进一步完善反映市场供求、资源稀缺程度、环境损害成本的生产要素和资源价格形成机制，尽快理顺重要产品价格关系，更好地发挥价格杠杆在资源配置和经济运行中的调节作用。要加快完善现代市场体系和市场环境，进一步打破行业、地区、所有制界限，推动企业改革重组改造，推动生产要素向优势企业、优势行业集中。

着力优化投资结构。这是当前保增长、扩内需、增效益、调结构、上水平、惠民生的最直接和最有效的途径。扩大政府投资和引导社会投资，要明确方向，突出重点，认真选择。特别是要与促进产业结构优化升级相协调、与提高自主创新能力相协调、与发展规模经济相协调，千万不能搞低水平重复建设，千万不能扩大落后产能，千万不能一味地铺新摊子。当前扩大投资规模的重点，要继续抓紧落实中央关于扩大内需的一系列措施。政府主导的公共投资主要应投向经济社会发展薄弱环节、重大民生工程、关系全局和长远发展的重大基础设施。加快企业设备更新和技术改造是优化投资结构的重要方向，也是提高投资效益的重要途径，要加大这方面投资和政策支持力度。要引导和带动社会资金投入，鼓励和支持民间资本投向符合国家产业政策的领域。要加快投融资体制改革，优化投资信贷结构，加强对信贷投向的监测和指导，支持效益好的企业发展。要加强对政府投资的管理，特别是加强投资项目和资金监管，规范政府投资行为，确保工程质量，提高资金使用效率。

着力强化科学管理。这是保增长、提高经济质量和效益的重要手段。特别要积极应用科学管理方法全面加强质量管理、成本管理、安全生产管理，切实提高企业的综合效益，走质量效益型的路子。要注重加强宏观管理和指导，实行严格的市场准入制度和产品质量追溯制度、召回制度。加快质量标准体系和监管能力建设，建立统一、科学、权威、高效的产品质量和食品安全信息发布制度；加强行政监察和执法监督检查，依法打击各种质量违法违规行为。要通过这次应对国际金融危机，使各个领域、各个方面的科学管理水平有一个大提高，这对于推动我国经济又好又快发展具有十分重大的意义。

# 由经济大国到经济强国的发展战略 *

（2013 年 6 月）

党的十八大站在时代的制高点上，用历史的宽广眼光，系统总结了改革开放，特别是党的十六大以来我国发展取得的历史性成就和基本经验，全面分析了国内外形势，科学制定了我国在中国共产党成立一百年时全面建成小康社会，新中国成立一百年时建成富强民主文明和谐的社会主义现代化国家的宏伟奋斗目标，并作出了重大的战略部署。这个"双百"目标，提出了我国"2013—2020 年、2021—2050 年"两个战略发展阶段，明确了 2020 年和 2050 年两个战略节点，这为在新的历史条件下夺取中国特色社会主义新胜利，实现中华民族伟大复兴的中国梦指明了方向和目标。以党的十八大为标志，我国现代化建设进入了新的发展阶段，根据对我国经济发展现实状况和未来走势的研判，在我国现代化建设新阶段的一个基本任务，就是全力打造中国经济升级版，实现由经济大国向经济强国的历史性转变。深入研究由经济大国到经济强国的发展战略，是我国新的发展阶段所面临的重大课题。

## 一、我国已经成为经济大国

我国改革开放 30 多年来，始终不渝地坚持以经济建设为中心，积极应对前进道路上的各种矛盾、问题和风险，取得了举世瞩目的成就。据统计，与 1978 年相比，2012 年的国内生产总值（GDP）增长了

---

* 本文发表在《全球化》2013 年第 6 期；中国言实出版社 2014 年 8 月出版单行本。

142.5 倍，贸易进出口总额增长了 187.3 倍。从经济总量、部分省市人均 GDP、制造业产值、贸易进出口总额、外汇储备等综合指标看，我国已成为名副其实的经济大国。

（一）经济总量跃居世界第二。经济强国首先是经济大国，经济大国首先要有世界排名靠前的经济总量。据统计，1978 年我国 GDP 只有 1482 亿美元，居世界第十位。经过 30 多年的快速发展，2011 年我国 GDP 达到 73185 亿美元，跃居世界第二位，经济总量仅次于美国；2012 年我国 GDP 超过 74260 亿美元，继续位居世界第二位。

（二）部分省市经济总量或人均 GDP 已接近或超过中等发达国家水平。2012 年我国人均 GDP 为 6094 美元，在世界上的排名较为靠后，但从我国东部沿海部分发达省市来看，一些省市的经济总量或人均 GDP 已经接近或超过世界上一些中等发达国家的水平，这是我国已成为经济大国的重要标志之一。据统计，2012 年广东省、江苏省和山东省的 GDP 总量分别为 57067.9 亿元、54058.2 亿元和 50013.2 亿元，按当年汇率计算，这三个省的 GDP 总量均达到 9000 亿美元左右，这个数值已经接近或超过荷兰、瑞士等一些中等发达国家的经济总量；2012 年天津、北京、上海三市的人均 GDP 分别为 15069 美元、13967 美元和 13565 美元，这个数值已接近或超过波兰、匈牙利等一些欧洲中等发达国家的水平。

（三）制造业产值位居世界第一。制造业产值是衡量一个国家经济实力的重要标准。根据联合国统计，2011 年我国制造业产值为 2.05 万亿美元，首次超过美国，跃居世界第一。到 2012 年底，我国钢、煤、水泥、棉布等 200 多种工业品产量居世界第一位。我国制造业大国的地位基本确立。

（四）贸易进出口总额跃居世界第二。经济大国是一个国家与世界经济联系的表现结果，贸易进出口总额则集中反映了一个国家对世界经济的影响程度。据统计，2003—2011 年间，我国货物出口贸易年均增长 21.7%。2012 年我国贸易进出口总额为 38668 亿美元，位居世界第二，并连续四年成为世界最大出口国和第二大进口国。我国的贸易大国地位进一步得到巩固。

（五）外汇储备位居世界第一。外汇储备是一个国家经济实力的重要组成部分。据统计，我国外汇储备规模自 2006 年超过日本，已连续六年稳居世界第一位。1978 年我国的外汇储备仅为 1.67 亿美元，而到 2012 年底，已达到 33116 亿美元。这对于我国继续运用外汇储备支持国家战略物资储备、支持企业做大做强、支持国家改革和发展，进一步增强我国经济实力，具有重要的意义。

同时，必须清楚地看到，虽然我国已成为经济大国，但发展中不协调、不稳定、不可持续的问题依然突出。长期以来，我国经济发展走着高投入、高消耗、高污染、低产出、低效益的路子，经济建设虽取得了巨大成就，但按照经济强国的内涵和要求来判断当前的经济发展，依然还存在着人均收入偏少、科技创新能力不足、产业结构层次低、城市化发展滞后、金融体系不完善等方面的问题。迈向经济强国之路依然任重道远。

## 二、经济强国的内涵和目标

（一）经济强国的内涵。大体说来，经济强国的内涵可从以下几个方面来理解。

1. 世界排名靠前的经济规模和较高的人均收入。党的十八大报告提出，到 2020 年实现国内生产总值和城乡居民人均收入比 2010 年翻一番。这个目标从经济规模和人均收入两个方面，对我国未来经济发展作了战略部署。一国成为经济强国的前提首先必须是经济大国，没有一定的经济规模，即使一国的国际竞争力再强也不能称之为经济强国。按照国际惯例，一个国家步入经济强国的门槛条件之一，是一国的经济总量至少应占到世界经济总量的 5%。据统计，2007 年末，我国经济总量已经占到世界经济总量的 7.9%，应当说已经迈过最低门槛了。据国际货币基金组织（IMF）统计，2012 年我国人均 GDP 为 6094 美元，按照高收入国家的人均收入标准来衡量（人均收入达到 1 万美元），我国的人均收入水平已进入中等收入国家行列。如何在经济规模扩大的基础上实现人均收入的明显增加，则是我国迈入经济强国行列的重要任务。

2. 具有很强的科技创新能力，掌握相当一批核心关键技术。科技创新是提高社会生产力和综合国力的战略支撑，在一个国家经济发展中具有全局的核心作用。一个经济强国必然是一个科技创新强国，往往在科技创新、产品创新、产业创新、商业模式创新和品牌创新方面具有比较优势，而科技创新处于核心地位。美国、日本、德国等国家之所以被称为经济强国，最主要的原因在于这些国家具有强大的科技创新能力，掌握一批核心关键技术，并具备把这些科研成果与关键技术转化为产品的体制和机制。当前，我国已进入全面建成小康社会的决定性阶段，正处于由经济大国迈向经济强国的阶段性进程中，重视科技创新、实施创新驱动发展战略是我国改革发展的一个重大抉择，也是走向经济强国的必然要求。

3. 具备高端化和生态化的产业结构，在全球产业分工中占据有利地位。从根本上说，现代国际经济的竞争是国与国之间产业优势的竞争。具备高端化与生态化的产业结构，并能够在全球产业分工中占据有利地位，是经济强国的基本内涵之一。高端化的产业结构能使一个国家牢牢掌控全球产业链和价值链的高端环节，而生态化的产业结构则可以破解能源资源约束和缓解生态环境压力。目前，全球经济格局深度调整，产业竞争异常激烈，尤其在国际金融危机爆发后，世界主要经济强国纷纷提出"再工业化"战略，试图在新的技术平台上提升制造业、发展新兴产业，并试图继续以核心技术和专业服务牢牢掌控全球产业链和价值链的高端环节。从国内来看，产业结构调整的高端化不够，产业竞争力在全球价值链中处于低端环节依然是我国经济结构性矛盾最为突出的表现之一。通过产业结构的转型升级，提高产业创新能力和技术水平，改变产品附加值低、产能过剩、高端产品供给不足的状况，将生态文明建设与产业结构调整结合起来，发展资源节约型、环境友好型产业，以破解环境与资源的双重约束，达到产业结构的高端化与生态化，同样是实现经济强国的内涵要求之一。

4. 具有较高的城市化率，并形成一批具有国际影响力的城市群。城市是一个国家社会生产力的重要载体，世界发达国家成为经济强国的过程就是其城市化率不断提高的过程。随着城市化的推进，一方面能带动大量农民转化为市民，带动消费水平的提高并引发巨大的消费需求；另一方面，城市化需要大量的基础设施和公共服务投资，从而引发巨大的投资需求，并能引导经济结构优化升级。因此，城市化是一个国家实现经济强国目标的"发动机"。经济强国普遍形成了一个或几个具有国际影响力的城市群，这些城市群成为拉动区域或者国家经济发展的"火车头"，如以纽约为中心的美国东北部大西洋城市群、以东京为中心的日本太平洋沿岸城市群，以及德国的莱茵—鲁尔城市群等世界性大城市群，成为这些经济发达国家生产力的重要载体。

5.具有可自由兑换的国际货币和发达稳健的金融体系。本国货币是可自由兑换的货币，能够被国际交易所接受，并成为其他国家的外汇储备货币，同时拥有较大规模的金融资产和发达稳健的金融体系，是一个国家可称之为经济强国的重要内涵。从世界经济强国崛起的历程中可看出，完成工业革命后的英国确立了以英镑与黄金进行自由兑换的国际金本位制度，伦敦成为当时世界的贸易和金融中心，英镑成为当时名副其实的国际货币，为英国成为经济强国提供了金融支撑与便利条件。20世纪30年代末金本位制崩溃以后，"布雷顿森林协定"实际上建立了以美元为中心的国际货币体系，为美国成为经济强国奠定了坚实的基础。当前，国际金融在牙买加体系下，虽然国际货币呈现多元化的倾向，但是美元、日元、欧元等作为主要的国际货币，掌控着大宗商品的定价权，极大地巩固了相关国家的经济强国地位。因此，党的十八大提出的逐步实现人民币资本项目可兑换、推进金融创新、维护金融稳定的战略部署，反映了我国坚定不移推进金融改革开放发展，也是我国迈向金融支撑的经济强国的客观要求和必然选择。

6.在国际经济体系中具有重要地位，拥有较强的国际影响力。一个经济强国能够以强大的经济实力在国际组织和国际事务中发挥影响力，能够在世界经济发展方向上有影响并体现其重要性，能够支撑这个国家在国际格局中应有的战略地位。首先，要拥有一批跨国公司与国际知名品牌。跨国公司是经济全球化的主角，自主品牌则是占领国际竞争制高点的重要象征。其次，要能够在一些重要的国际经济组织中占据有利地位。例如，世贸组织、经合组织、世界银行、国际货币基金组织等国际性经济组织在全球的经济事务中发挥着越来越重要的作用，美国等国家正是利用这些经济组织不断巩固其经济强国的地位。再次，要能够主导区域性的经济组织。区域经济组织是区域经济一体化的载体，如美国、日本和德国等经济强国分别在北美自由贸易区、亚太经合组织和欧盟等区域经济组织中占据主导地位，这些组织为维护这些国家的区域经济利益提供了平台。最后，还要在国际经济规则制定方面起着重要作用。一个国家能否在国际贸易规则、国际金融规则等制定过程中发挥重要作用，是判断其是否具有国际地位和国际影响力的重要标志。

（二）经济强国的目标。按照以上经济强国的内涵，可以用国内生产总值的世界占比、科技创新水平指数、服务业产值占比、城市化率和国际储备货币占比这五个综合指标来量化经济强国。研究经济强国的规律，目的是要为我国实现由经济大国到经济强国转变设计目标和路径，换句话说，可以通过综合比较世界上现有经济强国的指标体系与衡量标准，来为中国的经济强国之路设定具体目标。

1.国内生产总值的世界占比。这是衡量一个国家是否是经济强国的门槛条件，一个经济强国首先必须是经济总量大国。据世界银行的统计，2011年美国、中国、日本、德国等国家的国内生产总值占世界国内生产总值的比重分别为21.4%、10.5%、8.4%、5.4%。从对比数据可知，当今世界经济规模符合经济强国门槛条件的，有美国、中国、日本和德国四个国家。

2.科技创新水平指数。具有强大的科技创新能力是由经济大国迈向经济强国的关键因素。科技创新水平指数可以通过从事研发的科学家数量、发明专利数量、科技期刊发表论文数量和研发经费这四个指标进行加权平均计算得出。据统计，按照2011年的相关数据进行综合比较，科技创新水平指数全世界排名前五位的国家分别是美国、日本、德国、韩国、英国，中国的科技创新能力排名在第18位。我国近些年来的科技创新能力有了很大提高，但与科技创新强国相比还有较远的距离。

3.服务业产值占比。现代经济强国都具有高度化与生态化的产业结构。可以用服务业产值高低占比来测度是否为经济强国。一般认为，一个具有高度化产业结构的经济强国，服务业产值占 GDP 的比重应在70% 左右。据世界银行的统计，2012 年，美国、日本、德国、法国的服务业产值占 GDP 比重分别为 79.7%、71.4%、71.1%、79.8%，中国的服务业产值占比仅为 44.6%。从服务业产值占比来看，我国与经济强国地位的确还有相当的距离。应当说，推动服务业特别是现代服务业发展壮大、推动新兴产业、先进制造业等产业发展、培育一批跨国企业和世界知名品牌，是我国未来产业结构调整的战略方向。

4.城市化率。城市化是一个国家现代化的重要内容，也是衡量一国现代化水平的重要标志，一个经济强国必须具有较高的城市化率。据世界银行统计，2011 年，美国、日本、德国的城市化率分别为82.4%、91.1%、73.9%，我国的城镇化率目前仅为 51.3%。按照国际衡量标准，一般认为发达国家的城市化率普遍超过 70%，按此标准，我国的城市化率还有待进一步提高。我国正处于城镇化进程的发展阶段，这对于实现经济强国目标具有战略意义。当然，鉴于我国特殊的基本国情，可不必追求其他发达国家过高的城市化率。

5.国际储备货币占比。一个国家的本国货币能被世界上其他国家作为流通、计价、结算货币，尤其作为储备货币，则无可置疑地反映了这个国家在国际经济体系中的地位和影响力，是一个国家经济实力强大的集中体现。按照一般的衡量标准，一国货币能在世界储备货币中占到 4% 左右，可被认为是一种国际化货币。据 IMF 统计，2010 年美元、欧元、英镑和日元在国际储备货币中的比重分别为 62%、26%、4%、4%，而人民币在国际储备货币中的比重还不到 1%。换句话说，人民币的国际化程度比较低，国际商品市场较少使用人民币进行计价和结算，我国在国际金融市场上的大宗商品定价权非常有限，离以金融作为支撑的经济强国还有较远的距离。

因此，经济强国可认为是经济总量、科技创新、产业结构、城市化发展、国际金融等领域在世界上占据主导地位的国家。通过经济总量、人均 GDP、制造业产值、贸易进出口总额和外汇储备五个指标可表征一个国家是否是经济大国，可用国内生产总值的世界占比、科技创新水平指数、服务业产值占比、城市化率、国际储备货币占比这五个量化指标来表征经济强国的特征。这十个指标就形成一个完整的指标体系，可清晰勾画出一个国家由经济大国向经济强国转变的战略目标。当然，经济大国和经济强国的内涵还可从不同的角度进行量化。比如，衡量一个国家的国际贸易与国际金融实力，有学者提出可以用国际储备货币占比、FDI净流量、对外贸易占GDP比重等指标加权平均得到开放度水平指数来计算，这值得进一步研究。我们选取的判断经济强国的指标，既充分考虑了体现经济强国的基本内涵，又基于易于计算和便于理解的原则。

根据这一套指标体系，按照党的十八大提出的"双百"目标，可以明确我国建设经济强国的战略步骤和目标。据中国社科院的报告，在2020年这个战略节点上，我国的经济总量将超越美国，居世界第一，占世界GDP的12%左右。党的十八大提出，在新中国成立一百年时，实现建成富强民主文明和谐的社会主义现代化国家的奋斗目标。在那个时候，可以认为我国迈入了世界经济强国的行列。因此，我国建设经济强国的战略步骤和目标可表述为"两步走"：第一步，到中国共产党成立一百年时，我国国内生产总值达到15万亿美元左右，人均收入超过1万美元，城镇化率达到60%左右，实现全面建成小康社会的目标。第二步，到新中国成立一百年时，我国国内生产总值的世界占比达到20%左右；科技创新水平指数迈入世界前五名国家的行列；服务业产值占GDP的比重达到60%左右；具有一批跨国企业与世界知名品牌；城镇化率达到70%左右，形成一批具有重要国际影响力的城市群；人民币成为国际货币，并在国际储备货币中的占比达到4%左右。到那时，我们可以圆满实现经济强国目标与中华民族伟大复兴的中国梦。

## 三、世界上经济强国崛起的历程与启示

经济强国在世界经济中占据主导地位，在全球经济的利益分配中

处于优势地位，这种主导与优势地位的获得，是在世界经济政治格局的变迁中形成的，有其特定的历史背景与发展路径。通过对国内生产总值的世界占比、科技创新水平指数、服务业产值占比、城市化率和国际储备货币占比这五项综合指标的比较，可以认为：美国、日本和德国是当今世界上名副其实的经济强国。回顾世界经济强国崛起的历程，对于我国抓住"两个"战略发展阶段，到2050年时胜利实现经济强国和中华民族伟大复兴的战略目标具有重要的借鉴意义。

（一）经济强国崛起的历程。以史为鉴，可以知兴替。15世纪以来，先后有葡萄牙、西班牙、荷兰、英国、法国、德国、日本、俄罗斯和美国这九个国家成为世界性的经济大国，美国、日本和德国则是当今世界上名副其实的经济强国。15世纪的葡萄牙拉开了大航海时代的序幕，将海上探险和殖民贸易结合起来，成为人类历史上第一个真正意义上的全球性经济大国。16世纪的西班牙在地理大发现之后，凭借殖民美洲与亚洲所获财富，很快成为世界性的经济大国。17世纪的荷兰依靠金融创新、殖民扩张和海外贸易，迅速确立了其海上霸主的地位，并替代了葡萄牙和西班牙的经济大国地位。18世纪的中后期，工业革命首先在英国发生；随后，德国、美国和日本等国家紧紧跟上工业革命的浪潮，实现了国家的现代化与经济强国的目标。

1. 英国。1688年英国的"光荣革命"，建立了现代的民主政治制度，形成了有利于自由市场经济发展的制度框架，为英国持续的经济社会变革奠定了体制基础。经济自由主义理论的传播，为英国走上自由市场经济道路起了引导作用，推行自由贸易政策为英国成为贸易强国奠定了基础。英国政府鼓励技术创新，并制定了世界上第一部正式而完整的专利法，使得技术发明与改进成为推动工业革命的重要引擎。18世纪发生在英国的工业革命，直接促进了英国成为世界经济强国。据统计，1860年英国经济总量的世界占比为19.9%，生产了40%—50%的世界工业产品，对外贸易总额占世界贸易总量的40%，英镑成为在金本位制度下的国际货币。从经济综合指标来看，英国是世界上第一个真正意义上的经济强国。

2. 美国。18世纪的美国经济在英国的殖民统治下缓慢发展。19世纪后半期美国跟上第二次工业革命的浪潮，促成了一系列新兴工业部门的建立，带动了经济总量的迅速扩张。第二次世界大战改变了世界的经济与政治格局，美国成为世界头号的经济大国。二战后布雷顿森林体系的形成，确立了美元的国际货币地位，并成为美国确立其经济强国地位的最主要标志。联合国、世界银行、国际货币基金组织等国际性组织的建立，为美国参与和主导全球事务、实现经济扩张奠定了基础。20世纪以来，美国在科技创新领域取得了一系列突破性的进展，半导体材料、计算机、互联网等科技革命都首先发生在美国。据统计，2011年美国GDP总量为14.99万亿美元，占世界经济总量的25.7%。美国是世界上科技创新能力最强的国家。2012年美国的服务业产值占比达到79.7%。美元为国际货币，是世界各国主要的外汇储备资产。

3.日本。1868年的"明治维新"，为日本确立了市场经济的制度框架，为其走上市场经济道路奠定了基础。二战后的日本在废墟上重建经济，在面积仅为37万多平方公里的国土上，创造了实现国家现代化与经济强国的奇迹。日本政府重视对经济的干预，通过制定经济发展计划与扶持重点产业，为战后经济的发展繁荣做出了重要贡献。日本注重教育，重视人力资本的投资与积累，这成为其经济起飞的关键因素。日本重视高效率的技术引进和研究开发，善于学习和利用世界上的先进科学技术，并在此基础上建立起自主创新体系。日本是当今世界上第三大经济体，具有世界领先的科技创新能力，拥有索尼、松下、丰田等一大批跨国企业和世界知名品牌。日元为国际货币。

4.德国。德国是欧洲最重要的国家。19世纪中后期，德国首相俾斯麦以"铁血政策"使德国获得了统一，并建立了统一的币制和度量衡，大力发展科学技术，创立了统一的国内市场，为德国建立完善的工业体系奠定了基础。20世纪20至30年代，第一次世界大战中战败的德国接受了美国道威斯计划提供的大量贷款，积极引进和大力发展科学技术，并主动和苏联、美国等经济大国改善关系，使德国经济在很短的时间内有了飞速发展。第二次世界大战后，德国从战争的废墟中崛起，创造了"社会市场经济"的发展模式，并成为以电子电气为特征的第三次工业革命的领导者。据统计，2011年德国GDP总量为

3.60 万亿美元，占世界经济总量的 5.4%，为世界第四大经济体。德国是全球发达的服务贸易大国，机械制造、汽车等产业具有极强的国际竞争力，拥有西门子、宝马等众多跨国企业和世界知名品牌。德国的科技创新能力位居世界前列。德国是欧元区成员，也是欧洲最重要、最强大的经济实体，是拉动欧盟经济的"火车头"。

（二）有益的启示。当前，我国经济发展所面临的国际条件和历史环境已经发生了根本性的变化。纵观世界上一些经济大国和经济强国崛起的历程，大多是与殖民扩张和财富掠夺等暴力方式相伴随，在当代经济全球化和世界格局多极化的大背景下，依靠对外殖民扩张和暴力掠夺实现经济崛起的方式已不可复制。同时，我国是社会主义国家，我们也不能走对外扩张和财富掠夺的路子，只能走和平发展之路。然而，研究总结世界上经济强国崛起的历史进程，还是有必要的，可以得到有益的启示。从世界上已成为经济强国的国家发展进程看，大体上都有以下"七个重视"。

第一，重视世界历史的发展机遇。从公元 1500 年前后的地理大发现算起，纵观在这 500 多年中世界经济强国走过的发展道路与留下的经验教训会发现：每一个经济强国的崛起都是在特定的背景条件下，紧紧地抓住历史与现实赋予的战略发展机遇，实现了经济社会的跨越式发展。葡萄牙、西班牙和荷兰等国家借助地理大发现的巨大历史机遇，广泛进行殖民扩张和海外贸易，建立起庞大的经济版图，实现了国家的崛起。而其他没有抓住这一历史机遇的国家，则被抛在了后头。每一次产业革命都意味着新的发展机遇。美国、日本、德国等紧紧地抓住第二次工业革命、第三次工业革命的战略机遇期，顺应历史发展潮流，充分利用全球资源，从而实现了经济强国的目标。当前，世界经济政治格局正处于深刻的调整时期，正掀起人类波澜壮阔的科技革命浪潮，全球新一轮技术革命方兴未艾，我国应紧紧抓住并充分利用这一次重要的战略机遇期。

第二，重视科学技术的创新推广。科学技术是第一生产力。世界经济强国崛起的历程雄辩地证明：科技创新在经济强国的崛起过程中扮演了重要角色，唯有依靠不断推进科学技术创新，并不断地将科学技术转化为实际生产力，才是一个国家崛起的必由之路。以瓦特改良的蒸汽机为先导，英国在18世纪掀起了一轮技术发明与改进的浪潮，为英国的工业化和经济崛起奠定了坚实的技术基础。以爱迪生的发明为先导，美国成为19世纪电气革命和20世纪电子信息革命的发源地。美国建立了完善的鼓励技术创新与科技发明的体制机制，各种发明如雨后春笋般出现，美国依靠其强大的科技实力，在全球经济中独占鳌头。日本依靠技术引进及改良创新，建立了自主的科学技术体系，并依靠科技的力量迅速赶超先进国家水平。德国则非常重视基础科研与应用科学创新，正是强大的科技创新能力为机械制造、汽车、化工等成为具有极强全球竞争力的产业奠定了基础。

第三，重视人力资本的投资开发。美国经济学家舒尔茨在20世纪60年代提出了人力资本理论后，受到西方国家的普遍重视。美国、日本、德国等经济强国无一不是依靠巨大的人力资本投资，创建高水平的教育体系，培养出高素质的人才，为科技创新提供源源不断的智力源泉，为实现经济崛起提供有力支撑与必备条件。美国是经济强国，同时也是人力资源强国，美国的高水平大学、高端科研机构的数量在全球都处于领先地位。日本能够在第二次世界大战后的废墟上迅速重建经济，其奥妙之一就是日本政府对教育的高度重视，重视人力资本的投资与积累，为实现经济起飞奠定了人才基础。德国在二战之后，依靠政府对教育的巨大投入，使得基础科学和应用科学得到了迅速发展，为实现经济崛起提供了人才和智力支撑。

第四，重视城市化的持续推进。纵观经济强国崛起的历程，城市化的持续推进是实现经济崛起的必经之路。在经济强国崛起的过程中，城市化与工业化、现代化相伴而行、相互促进，能够为经济发展提供持续的内在动力。葡萄牙、西班牙和荷兰的自由市场经济萌芽于城市的原始形态——城堡之中，崛起于城市的扩张与发展之中。19世纪的英国率先完成了工业革命，庞大的铁路交通网络使得城市规模迅速扩张，到1861年，英国城市化水平已达到61.3%，高度城市化为英国实现经济崛起提供了源源不绝的动力。19世纪后期到20世纪的美国，紧紧抓住第二次工业革命、第三次工业革命的浪潮，使得美国发展成为发达的现代市场经济国家，在雄厚的物质条件支撑下，着力发展大城市群、合理布局中小城镇，为经济的崛起提供了广阔的发展空间。二战后的日本、德国，着力推行政府主导的城市化模式，通过领导重视搞好城市的规划与发展、优先发展大城市、引导产业集群与集聚等战略措施，保障了经济的可持续发展。

第五，重视体制机制的改革创新。一般地说，一个国家的经济发展取决于资源禀赋、科学技术、人力资本等生产要素。但是，如果没有不断变革的体制机制有力保证，那么生产要素就必定无法发挥出应有的经济效率。经济强国崛起的历程充分表明，经济社会发展中的体制机制变革，是一个国家崛起的先决条件之一。无论是葡萄牙对航海探险基金机制的创新，还是西班牙对个人产权制度的改革；无论是荷兰对金融制度与金融体系的创新，还是英国"光荣革命"对民主政治制度的改革；无论是美国对自由市场经济体制的确立，还是德国对社会市场经济体制的构建，都有力地证明，不断进行体制机制改革与创新是经济强国崛起的重要经验。

第六，重视海洋强国战略的制定实施。纵观世界强国的发展史，其实质就是海洋强国的发迹史。海洋是连接世界各个经济体的血脉和桥梁。葡萄牙、西班牙和荷兰等国家的崛起无一不是依靠海洋上力量的优势，都高度重视海外贸易和殖民扩张，都是在重视海洋强权的战略中形成了对世界经济的主导权，确立了其经济大国的地位。18世纪的英国，正是依仗其当时世界上最强大的海上力量，击败了荷兰的海上有生力量，并将海洋军事优势、殖民扩张与国际贸易这三者结合起来，成就了"日不落帝国"。此后的美国、日本和德国等经济强国都是以海立国、以海兴国，先盛于海洋，后盛于世界。当今的美国，更是重视发展航空母舰、潜艇等海洋军事力量，并积极控制海上战略要地和建立海洋战略基地，将经济、政治、军事等方面紧紧与海洋强国战略联系在一起，为巩固其经济强国地位作出了巨大贡献。

第七，重视对外开放的拓宽扩大。世界经济强国崛起的历程表明，没有一个国家能够在封闭的经济体系中崛起。从葡萄牙、西班牙、荷兰、美国等经济大国崛起的历程可以看出，开放的全球市场和自由贸易的深入发展、世界经济体系的形成与国际产业结构的联动是影响大国崛起的重要外部因素。18世纪的英国通过实行自由贸易政策，积极开拓国际新兴市场，将工业化生产出来的产品倾销到世界各地。美国利用在世界产业分工中的有利地位，在全球范围内进行资源配置，并利用在国际金融、国际政治中的强势地位，不断巩固其经济强国地位。德国和日本都是以发展外向型经济为主的国家，并积极参与世界分工体系和全球经济的治理，不断适应世界市场体系的变化，为国家的崛起铺平了道路。

## 四、我国由经济大国到经济强国的机遇和挑战

总结世界经济强国崛起的历程和启示，对于正确认识我国当前所面临的机遇和挑战具有借鉴意义。进入新世纪新阶段以后，世界上发生了一系列具有全局性和战略性的重大事件，对国际经济与政治格局都产生了广泛而深远的影响。从总体上看，我国正处于全面建成小康社会的决定性阶段，世情、国情、社情继续发生深刻变化，经济发展正处于由经济大国到经济强国的历史性转变中。统观全局，我国仍然处于可以大有作为的重要战略机遇期，具有迈向经济强国的许多有利条件，同时也面临着诸多严峻挑战和不利条件。

（一）战略机遇。战略机遇期一般是指对国家发展全局产生重大深远影响的一段时期，是有利于战略实施的历史阶段及大的背景、环境和条件。战略机遇期的形成，往往是国际、国内条件发展的综合结果。从经济强国崛起的经验来看，能否抓住有利的发展机遇是一个国家崛起的关键。客观地讲，我国发展面临的国际风险和挑战在增多，但今后一个时期我国仍处于重要战略机遇期不会变，"2014—2020年、2021—2050年"两个战略发展阶段不会变，2020年和2050年这两个战略节点不会变，我国实现社会主义现代化和中华民族伟大复兴的决心与意志不会变。

从国际方面来看：

第一，经济全球化深入发展，促进共同发展的有利因素在增加。

资本、商品、技术、信息和劳务的国际间流动正在加快，各国都在调整产业结构。经济发达国家正加快将传统产业和现代服务业向劳动力素质较好、成本较低的发展中国家转移，这有利于我们在世界范围内优化资源配置，可以更多地从外部获得生产要素，以促进我国产业结构优化与技术进步。同时，经济全球化有助于我国的产品走向国际市场，提高企业的国际竞争力，增强我国的综合国力，对扩大我国的经济规模、提升国际影响力具有重要意义。

第二，世界科学技术日新月异，有助于我国发挥后发优势。从世界发展史看，每一次经济危机都孕育着新的科技革命，而新的科技革命必然带来新的产业革命。当前，以信息技术为主导并由此带动的新能源、新材料、生物技术、海洋技术等新科技革命方兴未艾，必将在不远的将来形成新的科技进步浪潮。随着经济全球化的发展，我国可以通过引进、再创新等途径吸收消化发达国家的一些关键技术，并大幅度提高我国的自主创新能力。在此背景下，我国就能够发挥后发优势，顺应世界经济科技发展潮流，实施建设创新型国家、人力资源强国、海洋强国等重大战略，实现科学技术、人力资源和生产力更大规模和更高质量的发展。

第三，国际金融危机影响深远，世界经济格局发生重要变化。近年来，在国际金融危机和债务危机的巨大冲击下，欧美等发达国家经济实力相对下降，经济复苏缓慢，而我国等新兴经济体率先回升，成为世界经济增长的主要引擎。国际金融危机的爆发，世界各经济体尤其是新兴经济体对以美元等货币为主导的国际金融体系提出了挑战，要求对世界货币体系进行改革的呼声日渐高涨，这为人民币走出国门，加快人民币的国际化步伐，提高我国金融的开放程度，建立发达稳健的金融体系提供了重要机遇。

第四，国际形势总体稳定，和平与发展仍是时代主题。尽管某些地区矛盾激化，动荡不已，但维护和平、制约战争是全世界人民的共同心愿。总的看，新的世界大战短期内打不起来，我们仍有可能争取到较长时间的和平国际环境。国际货币基金组织、世界银行等世界经济组织的治理结构改革已经迈出重要步伐。可以说，相对稳定的国际政治经济局势，有利于我国集中力量发展自己，也有利于我国积极参与全球经济治理，推动全球治理机制变革。这些为我国从经济大国向经济强国迈进提供了一个较好的外部环境。

从国内方面来看：

第一，我国经济具备更大发展的实力。从经济总量看，我国已经成为仅次于美国的第二经济大国，成为世界第一外汇储备大国。国家综合实力的不断增强，能够有力抵御国际国内市场的经济风险，持续扩大经济规模与提高人均收入水平。

第二，保障经济持续发展的物质技术基础更加坚实。经过新中国成立 60 多年特别是改革开放 30 多年以来的建设和发展，随着我国综合国力大幅度提升，可持续发展的物质技术基础和内生动力不断增强。目前，我国产业体系比较完整，培育和发展新兴产业取得积极成效；基础设施逐步完善，能源保障和交通运输能力显著提高；财政金融体系运行稳健，社会资金相对充裕，人力资本积累水平快速提高。这些都为我国迈向经济强国奠定了坚实的物质技术基础。

第三，推进城镇化能够为经济持续发展提供广阔空间。我国城镇化进入到规模持续扩大、质量普遍提升新的发展阶段。城镇化发展是我国经济持续发展的强大支撑，是我国扩大内需的巨大潜力所在。城镇化进程的持续发展，有利于带动国内消费和投资，带动产业结构转型升级，通过资源整合和优化配置、聚集人力资源等，增强创新动力和能力，促进科技进步，推动我国由经济大国向经济强国转变。

第四，对外开放程度不断提高，可以有效利用国内外两种资源、两个市场。在经济全球化深入发展和国内对外开放水平不断提高的情况下，我国企业"走出去"面临许多有利的机遇。不少国家受到金融危机的冲击后资金匮乏，与我国扩大投融资合作的意愿增强，在一些领域对我国放宽了投资的限制，使我国企业处于较有利的投资地位。我国对外开放领域正在消除部分开放领域的"玻璃门""弹簧门"现象，努力提高开放型经济水平，形成更加适应对外经济发展方式转变的制度、规则和标准。

第五，我国政治优势充分发挥将为经济发展开辟广阔道路和提供坚强保障。经过长期的艰辛探索，在中国共产党领导下，已经形成了中国特色社会主义理论体系，成功地开辟了中国特色社会主义道路，建立了中国特色社会主义制度。全国人民凝聚着道路自信、理论自信和制度自信的无穷力量。这种力量可以攻坚克难，可以不断攀登高峰，可以创造出人间奇迹。

（二）严峻挑战。当然，必须清醒地看到，我国由经济大国迈向经济强国之路不会是平坦的。

从国际上看：

第一，世界发达国家的制约因素在加剧。我国在经济总量超过日本成为世界第二大经济体之后，美国、日本等经济强国对我国发展的制约因素不断增加。发达国家为了保持其在国际经济体系中的秩序红利、格局红利，不愿看到一个强大中国的崛起，会不惜代价试图掣肘我国经济的发展。近年来，反倾销起诉、干涉中国企业的对外投资等事件频频发生，国际贸易摩擦日渐加剧，"中国威胁论""唱衰中国论""中国贸易保护论"等大有抬头的趋势。这是影响我国经济发展的重要因素。

第二，全球经济市场竞争日趋激烈。国际金融危机对全球经济发展形成严重冲击，全球供给结构和需求结构都发生着深刻变化，无论是发达国家还是发展中国家都面临调整经济结构的巨大压力。美欧等国家相继提出"再工业化""2020战略""重生战略"等措施；发展中国家都在努力调整发展模式，重塑和加快发展具有比较优势的产业，抢占国际分工的制高点。这些必然导致全球市场争夺更加激烈，各种形式的保护主义更加严重，并从贸易向投资、技术、就业等各个领域扩散，我国面临的外部经济环境的挑战日趋严峻。

第三，外部需求短期内难以有明显好转。国际金融危机的深层次影响还在不断显现，世界经济复苏的不稳定性、不确定性上升，下行压力和潜在风险有所加大。欧洲主权债务危机仍在发酵之中，甚至可能向更多成员国蔓延。因此，欧元区有可能出现财政金融风险与经济衰退恶性循环的局面，从而严重影响世界经济复苏进程。在短时期内，新兴工业化国家经济同样很难有大的改观。这些对我国增加出口提出了严峻挑战。

第四，全球性的各种问题复杂多变。近些年来，世界传统和非传统安全问题，包括气候变化、粮食安全、能源资源安全、大规模杀伤性武器扩散、重大自然灾害、重大传染性疾病等全球性问题交织显现，反映出现有的国际体系不能有效地应对国际社会所面临的新威胁、新挑战。近年来，中亚、北非等地区政局动荡不安，气候变化等因素带来的全球生态与环境的压力，给我国经济发展的总体外部环境提出了新的挑战。

从国内看：

第一，经济结构调整进展缓慢。尽管近些年结构调整不断推进，但我国第一产业基础不稳、第二产业核心竞争力不强、第三产业比重偏低的问题仍然突出。随着我国经济增速的趋缓，产业结构、需求结构、区域结构等经济结构不合理问题将会进一步暴露。部分行业产能过剩问题突出，长期依靠外需拉动的经济发展方式难以为继，城乡之间、区域之间发展的差距不断扩大，亟待加以解决。

第二，科技创新能力有待提高。我国整体科技创新能力偏低，产业技术水平不高。近些年来，我国建设创新型国家成效显著，载人航天、探月工程、高速铁路等实现重大突破，但是原创性的发明、关键核心技术的掌握还与世界经济强国有不少差距。我国产学研相结合的技术创新体系尚不健全，自主知识产权和名牌产品不多，新兴产业的带动作用还不强，科技成果直接转化为生产力的能力较弱。

第三，资源环境的约束日渐突出。多年来，我国走着高投入、高消耗、高污染、低产出的经济发展路子，原油、原煤、天然气、铁矿石等重要资源的供给制约因素在加剧。与经济强国相比，我国单位产值所消耗的能源、废水排放量等指标都有很大差距。同时，我国环境压力进一步加大，雾霾等天气频频发生，这是对走传统发展路子的惩罚。转变经济发展方式，提高经济增长的质量与效益，势在必行，刻不容缓。

第四，制约科学发展的体制机制障碍较多。经济关系中政企不分、政资不分、政社不分、政事不分的现象仍比较突出，财税体制弊端凸显，税制不合理，中央和地方的财力与事权不匹配，现代金融体系不够完善，所有制结构和收入分配结构出现不少新矛盾，社会主义民主法治建设存在一些薄弱环节，社会体制改革、生态文明制度改革都有待深化。原有计划经济体制的一些弊端和体制转型过程中出现的新问题，都在制约着我国经济社会的科学发展。

## 五、由经济大国到经济强国的发展战略

我国已进入全面建成小康社会的决定性阶段，党的十八大制定了未来时期我国社会主义现代化建设的战略部署，要求全面推进经济建设、政治建设、文化建设、社会建设、生态文明建设，要求全面深化改革，打造中国经济升级版。纵览国际国内大环境的机遇与挑战，要使我国顺利实现由经济大国向经济强国的历史性转变，需要实行以下"六大战略"。

（一）实行经济持续健康发展战略，着力提高经济增长质量和效益。我国在未来相当长的历史阶段中，必须始终坚持以经济建设为中心不动摇。持续扩大经济总量，不仅是实现经济强国的重要条件，更是增加社会财富、改善人民生活、促进社会进步的必然要求。为此，需要做到以下几点：一是努力保持经济长期稳定增长，同时必须把提高经济增长质量和效益放在首位。要在注重提高经济增长质量和效益的基础上，不断扩大经济总量，推动经济更有效率、更加公平、更可持续发展。党的十八大报告提出国内生产总值十年翻一番的目标要求，同时又提出要把经济发展的立足点转到提高质量和效益上来。这表明一方面要保证经济总量的持续增长，另一方面要在提高经济质量和效益上下更大的功夫。必须切实转变经济发展方式，这是贯彻落实科学发展观的内在要求。要坚持扩大内需为主的方针，改善需求结构，保持投资适度增长，努力扩大消费需求，促进经济发展良性循环。二是加快推进中国特色新型工业化、信息化、城镇化、农业现代化，促进"四化"协调发展、良性互动。三是积极稳妥推进城镇化，着力提高城镇化质量，逐步形成一批具有国际影响力的城市群，使其成为带动区

域与全国经济发展的"火车头"。四是把握好国内和国际两个大局，努力开拓国内和国际两个市场，为扩大经济总量提供广阔的发展平台。五是切实推动能源资源的生产和消费革命，着力提高能源资源利用效率和效益，有效控制能源资源消费总量，降低能源资源消耗，使经济发展更多依靠节约能源资源和循环经济的推动，从而实现经济长期可持续发展。

（二）实行优化经济结构战略，着力推进产业结构优化升级。大力推进经济结构战略性调整，包括产业结构、技术结构、企业结构、区域结构的调整。一是坚持把解决好农业、农村和农民问题作为全国经济工作的重中之重。加快发展现代农业，增强农业综合生产能力，确保国家粮食安全和重要农产品的有效供给，这是在十三亿多人口大国推进现代化建设必须始终抓好的头等大事。二是大力促进一、二、三产业协调发展，着力构建现代产业发展新体系，坚持大力发展制造业特别是先进制造业，加快传统产业转型升级，不失时机发展新兴产业，进一步合理布局建设基础设施和基础产业。要大力推动服务业特别是现代服务业的发展壮大。注重发挥工业在实体经济中的主体作用，促进我国从工业大国向工业强国转变。加强财税、金融、投资政策与产业政策的协调配合，发挥国家规划和政策的导向作用。三是坚持把生态文明建设作为优化产业结构的基本要求，使经济发展更多依靠现代服务业和新兴产业带动，大力发展环保产业，着力推进绿色发展、循环发展、低碳发展。认真总结经验，适时适当调整和实施区域发展总体战略，把握国家发展大局，充分发挥地区比较优势，推动各区域相互协调、共同发展。

（三）实行创新驱动发展战略，着力建设创新型国家。具有强大的科技创新能力是迈向经济强国的战略支撑，必须把创新驱动战略摆在建设经济强国的核心位置。一要坚持走中国特色自主创新道路，以全球视野谋划和推动创新，提高原始创新、集成创新和引进消化吸收再创新能力，更加注重协同创新，加强技术集成和商业模式创新。二要深化科技和教育体制改革，加快建设国家创新体系，着力构建以企业为主体、市场为导向、产学研相结合的国家创新体系。着力提高教育质量，统筹各类创新人才发展，建设人才强国和人力资源强国。三要完善知识创新体系，强化基础研究、前沿技术研究、社会公益技术研究，提高科学研究水平和成果转化能力，抢占科技发展战略制高点。四要完善科技创新评价标准、激励机制、转化机制。完善科技创新政策环境，深入实施知识产权战略，加大知识产权保护，不断健全创新的法治环境，促进创新资源高效配置和综合集成，把全社会智慧和力量凝聚到创新发展上来。只有加快建设创新型国家，才能顺利实现建成经济强国的目标。

（四）实行全面深化体制改革战略，着力构建有利于科学发展的体制机制。全面深化体制改革，推动机制创新，破除一切阻碍科学发展的体制机制，是我国由经济大国向经济强国转变的关键举措。在全面深化经济体制改革的同时，还需要推进政治体制、文化体制、社会体制、生态文明体制等改革创新。一个经济体只有具备良好的体制机制，才能保证市场的有序竞争，保证各种生产要素平等参与市场交换，才能最大限度地激发市场主体的活力，充分调动广大干部群众干事创业的积极性、创造性。一要按照党的十八大提出的到2020年构建系统完备、科学规范、运行有效的制度体系，使各方面制度更加成熟更加定型的目标要求，加快体制改革步伐。二要加快完善社会主义市场经济体制，完善以公有制为主体、多种所有制经济共同发展的基本经济制度，完善按劳分配为主体、多种分配方式并存的分配制度，更大程度更大范围发挥市场在资源配置中的重要作用，完善宏观调控体系和开放型经济体系。三要加快财税体制改革，着力支持创新发展，形成有利于结构调整、促进科学发展的财政税收制度。四要深化金融体制改革，稳步推进利率和汇率市场化改革，推进外汇储备管理体制改革，逐步实现人民币资本项目的可兑换，稳步推进金融创新和金融开放，为人民币成为国际货币奠定基础。五要积极稳妥推进政治体制改革，加快推进社会主义民主政治制度化、规范化、程序化，从各个层次各个领域扩大公民有序政治参与，全面推行依法治国，建设社会主义法治国家，实现国家各项工作法治化。六要加快文化体制改革、社会体制改革，健全生态环境保护体制机制。扎实推进社会主义文化强国建设，加强和创新社会管理，推动社会主义和谐社会建设，加快生态文明建设，为我国建设经济强国创造良好的经济、政治、文化、社会环境。通过加快改革步伐，把我国经济发展活力和竞争力提高到新的水平。

（五）实行建设海洋强国战略，着力开拓我国经济发展空间。党的十八大报告提出，"提高海洋资源开发能力，发展海洋经济，保护海洋环境，坚决维护国家海洋权益，建设海洋强国"。这是关系到我国长远发展的重大战略，必须全面贯彻实施。我国有辽阔的海洋国土，实行建设海洋强国战略是突破资源环境约束和市场约束的重要途径。建设海洋强国不仅关系到我国对海洋资源的合理开发，而且关系到我国的国土安全和经济社会的可持续发展。据统计，我国对外贸易运输量的 90% 是通过海上运输完成的，我国经济已成为高度依赖海洋的开放型经济，海上运输通道安全直接关系着我国的经济命脉和经济安全。大力实施海洋强国战略的基本要求有五：一要提高海洋资源开发能力。加大海洋资源特别是海底资源的调查与开发，大力发展海洋经济，成为海洋经济强国。二要保障海洋资源的可持续利用。海洋生态文明是我国生态文明建设不可或缺的重要组成部分，要坚持海洋生态环境保护。三要有效管理、控制部分海域。着力提高海洋维权执法能力，坚决维护国家海洋权益。提高海洋军事实力，建设强大的海军，为维护我国的海洋权益保驾护航。四要开展多方面的国际海洋合作，维护中国国际贸易的海上通道安全，以确保我国海外战略资源的利用和经济安全。五要加强海洋行政管理体制和海上执法体制建设，强化海上维权执法协调机制。通过海洋管理体制机制的改革和创新，为建设海洋强国提供有力的体制保障。

（六）实行更加积极主动的开放战略，着力提高开放型经济水平。我国 30 多年对外开放的伟大实践，在"引进来"和"走出去"的战略指导下，开放型经济取得了快速发展，有力地增强了我国的综合国力，提升了国际地位与影响力。我们要使我国经济在国际经济体系中具有更加重要的地位和更大的国际影响力，在迈向经济强国的征程中，必须进一步适应全球化新形势，进一步扩大对外开放，不断完善开放型经济体系。一要创新开放模式，深化沿海开放，扩大内陆开放，统筹沿海内陆沿边开放，打造分工协作、优势互补、均衡协调的区域开放新模式。二要培育一批世界水平的跨国公司，着力打造一批世界知名品牌，支持各类大型企业和相关企业在全球范围内优化资源配置。三要坚持出口与进口并重，形成以技术、品牌、质量、服务为核心的出口竞争新优势，加快加工贸易的转型升级，促进加工贸易从组装逐步向研发、设计等产业链高端拓展。四要提高利用外资的综合优势和总体效益，拓宽利用外资渠道，优化使用外资结构，加强和改进对利用外资的宏观引导与管理。五要通过壮大经济实力和发展资本市场，逐步使人民币成为国际货币，成为国际经济体系和货币体系的重要组成部分。六要加快"走出去"的步伐，积极扩大对外投资力度，合理、有效利用国家的外汇储备，充分发挥我国一些行业的比较优势，鼓励企业到境外投资办厂。七要创新与发达国家和新兴经济体的合作模式，完善合作机制，拓展合作领域，积极实施自由贸易区战略，加快建设贸易强国的步伐。同时，要提高抵御国际经济风险能力，使我国经济巨轮能够在世界经济的风云变幻中始终奋力前行，如期实现建成世界经济强国的宏伟目标。

# 全面建设世界旅游强国 *

（2015 年 10 月 19 日）

今天，我主要就"全面建设世界旅游强国"的问题，讲一讲初步研究的认识，与大家分享交流。

## 一、我国已经成为世界旅游大国

改革开放以来，我国旅游业取得了巨大的成就，实现了历史性的转变。在规模上，实现了由小到大、从短缺型旅游到小康型旅游大国的转变；在体制上，实现了由计划经济到市场经济、由封闭半封闭向开放型的转变；在功能上，实现了由主要配合外交工作到全方位发挥作用、在国民经济和社会发展中居于重要位置的转变。

总的来看，我国已经成为一个世界旅游大国，主要标志是：

（一）在国内旅游市场方面：2014 年国内游客达 36.1 亿人次，位居世界第一。改革开放 30 多年来增长了 17 倍，年均增长 10.1%。旅游已成为人民群众日常生活的重要内容。

（二）在入境旅游方面：2014 年接待入境游客达 1.28 亿人次，30 多年来增长了 69.7 倍，年均增长 12.6%；我国已经成为世界第四大旅游目的地。

（三）在出境旅游方面：2014 年我国内地公民出境旅游达 1.1 亿人次，是 1994 年出境人数的 29 倍；出境旅游消费达 1650 亿美元，占世

---

　　* 本文系在中共中央组织部、国家旅游局、国家行政学院联合举办"省部级领导干部促进旅游业改革发展专题研讨班"上的授课提纲；中国言实出版社 2015 年 12 月出版单行本。

界出境消费额第一位（美国出境旅游消费1108亿美元，世界第二），我国已成为世界第一大旅游客源国。中国游客从早期出游港澳和新马泰、菲律宾等地，到现在足迹遍布世界150多个国家和地区。

（四）在国内旅游消费方面：自有统计数据的1993年开始，20多年增长了39倍，年均增长18.1%，从1993年864亿元，占居民消费支出总额的5.26%，到2014年达33807亿元，占居民消费支出总额的比重上升到14%。1994年，国内旅游消费对居民消费增长的贡献率仅为2.9%，2013年这一贡献率达到16.5%。过去的20年间，国内旅游消费对居民消费支出的平均贡献率超过了10%，对居民消费增长的拉动作用十分明显。

（五）在旅游就业方面：2013年旅游总就业人数达6441万人，占全国就业总数的8.4%。每年可新增旅游直接就业人口50万人左右。旅游业就业创业相当可观。

（六）在旅游外汇收入方面：2014年我国旅游外汇收入达569亿美元，仅次于美国、西班牙，居世界第3位。旅游业一直在我国服务贸易出口中居于首位，旅游出口贸易额（旅游外汇收入）占我国全部服务贸易出口总额的比例基本保持在40%—50%，个别年份占比过半。

（七）在旅游经济贡献方面：据世界旅游业理事会（WTTC）的测算，2014年，我国旅游业直接、间接和引致创造的GDP占全国GDP总量的9.4%。根据国家信息中心测算，2012、2013、2014年我国旅游业直接增加值占GDP的比重为7%左右，直接加间接的综合贡献增加值占GDP达10%左右，"十分天下有其一"。

中国旅游业在短短30多年时间取得如此巨大进展，可谓举世罕见。我国旅游业已实现了由小到大的历史性跨越，但还不是旅游强国，正在向全面建设世界旅游强国的目标迈进。

## 二、世界旅游强国的基本内涵和我国主要差距

我们国家虽然还没有正式确定建设旅游强国的国家战略，但早在2000年的全国旅游工作会议上，就提出了建设世界旅游强国的奋斗目

标。2005 年，国家发改委和国家旅游局设立重大课题，组织力量开展过建设世界旅游强国的研究，产生了一批重要的研究成果。2009 年国务院第 41 号文件《国务院关于加快发展旅游业的意见》，提出力争到 2020 年我国旅游产业规模、质量、效益基本达到世界旅游强国水平。10 多年来，我国积极推进旅游理论创新和实践创新，在建设旅游大国和旅游强国中都取得了可喜的重要进展。

为什么要提出建设旅游强国？世界旅游强国的内涵是什么？我国与世界旅游强国的主要差距在哪里呢？

我理解，15 年前提出建设世界旅游强国的目标，是基于旅游业已成为国民经济的增长点，要使旅游业更好发展壮大，发挥更大的作用。提出这样的奋斗目标，有着重大的意义。在新的历史条件下，提出全面建设世界旅游强国，更加具有战略意义和现实意义。这既是提高我国旅游治理体系和治理能力现代化的内在要求，有利于充分发挥我国丰富的旅游资源，提高旅游业整体发展水平和质量，做大做优做强旅游业，增强我国旅游业的吸引力、影响力、竞争力，又是全面推进国家现代化的重大任务，有利于充分发挥旅游在全面建成小康社会，提高人民生活质量和健康水平，促进经济、社会、文化协调全面发展，在建设世界经济强国、文化强国、现代化强国，实现"两个百年"奋斗目标中的独特作用，还是增强旅游业服务公共外交、扩大国际人文交流，提高国家软实力、亲和力的战略选择，有利于向世界展示我国社会制度和中华文化的强大生命力与优越性，增强中国特色社会主义的道路自信、理论自信、制度自信。

（一）世界旅游强国的内涵。对于什么是世界旅游强国，国际社会并没有统一的、权威的定义，也还没有形成共识的、科学的评价标准。世界旅游组织对全球旅游目的地，也只是用入境旅游人数与国际旅游收入两大总量性指标进行排序。

我认为，世界旅游强国应是全面的、综合的、动态的概念，应从多方面来衡量：既有旅游数量的尺度，又有旅游品质的标准；既有旅游整体水平的展现，又有旅游结构的反映；既有旅游宏观的考量，又有旅游企业的比较；既有旅游设施硬件的指标，又有旅游治理水平的比较；既有旅游实力指数，又有旅游者体验评价。旅游强国不在于国家大小，但必须是旅游市场大、旅游业发达的国家。在总结借鉴相关研究成果的基础上，我将世界旅游强国的内涵概括为"8 高、8 强、8 支撑"：

8 高：旅游总量高、旅游品质高（旅游产品质量、旅游服务质量、旅游景区环境质量）、旅游效益高、旅游综合贡献高、旅游从业者素质高、游客文明素质高、旅游安全水平高、旅游科技利用水平高。

8 强：旅游吸引力强、旅游创新力强、旅游个性特色强、旅游持续发展能力强、国际旅游竞争力强、世界旅游影响力强、全球旅游话语权强、旅游综合带动力强。

8 支撑：拥有世界一流的旅游城市、世界一流的旅游企业、世界一流的旅游目的地、世界一流的旅游强省强县、世界一流的旅游品牌、世界一流的旅游产品、世界一流的旅游院校、世界一流的旅游人才队伍。

衡量旅游发展水平的综合指标，通常采用旅游总收入及其占 GDP 的比重，旅游总人数及市场份额，包括国内旅游和出入境旅游，旅游创汇收入，以及旅游消费、旅游投资、旅游就业、旅游税收所占比重等，还有旅游结构与产品、质量与体验，旅游吸引力、竞争力和保障力，包括世界级旅游产品、景区、企业，旅游品牌和文明程度等。总的来说，世界旅游强国是规模与质量、效益的统一，入境旅游与出境旅游的统一，旅游硬件建设与旅游软件建设的统一、旅游产业素质与公民旅游素质的统一，关键是旅游整体发展水平高，核心是旅游国际竞争力强。建设世界旅游强国的主要目标，是实现全国旅游的大众化、特色化、信息化、国际化、现代化。

世界旅游强国的核心，是旅游业国际竞争力强。根据世界经济论坛（WEF）发布的年度全球旅游业竞争力报告，2015 年，全球旅游业竞争力排前 20 位的国家和地区依次为：西班牙、法国、德国、美国、英国、瑞士、澳大利亚、意大利、日本、加拿大、新加坡、奥地利、中国香港、荷兰、葡萄牙、新西兰、中国、冰岛、爱尔兰、挪威。当今世界，称之为旅游强国的，主要是指西班牙、法国、德国和美国等国家。这几个国家分别属于世界上经济最发达的北美经济圈和欧洲经济圈，加之现代旅游业起步很早，旅游资源、旅游设施、旅游服务也日臻成熟，国际国内旅游发展的程度都很高，确实可以当之无愧地称为世界旅游强国。除这几个国家之外，英国、意大利、奥地利以及加拿大等国，旅游业的整体水平也高于中国。

（二）我国与世界旅游强国的主要差距。我国与世界旅游强国相比，还有较大差距。

1. 旅游整体发展水平不够高。从旅游创汇能力看，2014 年中国旅游外汇收入，仅为美国的 1/5，意大利、法国和西班牙的 2/5，英国的 3/5。世界旅游强国的国内旅游人次、出游率和消费都位居世界前列，中国国内旅游总人次虽居世界第一，但人均出游率较低，2014 年为 2.06 次，与世界旅游发达国家相比，出游率仅为他们的 1/6—1/5（美国为人均 6.43 次）。特别是我国人均出游人次方面还存在较大的城乡差距。中国国内旅游的人均消费水平也较低，目前只相当于墨西哥的水平。我国入境游客人均游客到访量仅为 0.04，落后于西班牙、法国、美国、德国、意大利，这几个国家的入境游客人均游客到访量分别为 1.37、1.27、0.24、0.41、0.81。2014 年我国入境游客人均花费为 560 美元，而美国入境游客人均花费 2000 美元、西班牙人均花费 1000 美元，法国人均花费 660 美元。

2. 旅游发展结构和质量差距较大。一是供需矛盾仍很突出。旅游基础设施与公共服务体系相当薄弱，旅游公路通达深度不够，乡村道路和旅游专用公路比例小，老少边穷地区的旅游点与中心城市的公路交通不配套，不能适应新的旅游需求。尤其是"十一"、春节长假期间，游客火爆，道路拥挤不堪，旅游接待不暇，住宿和交通供给能力不足。旅游饭店、旅行社不能满足旅游者的需求，成为旅游投诉的热点。二是旅游产品难以满足多元化消费需求。从国际上看，旅游消费需求多元化趋势日益明显，已逐步从对观光产品的单一需求向观光、度假、会展等多元需求转变。中国旅游产品仍以观光型为主，产品开发滞后、单一，特别是专题旅游、特种旅游和度假旅游产品开发力度不够。三是部分地方旅游环境较差。有些旅游景区生态环境遭到破坏，水质污染严重，脏、乱、差现象不堪入目。不少地方旅游接待和服务设施简陋，难以向旅游者提供安全、卫生、舒适的服务。有的旅游饭店、餐馆客房、餐馆环境卫生条件差，服务质量差。旅游厕所问题突出，特别是节假日期间，旅游景区如厕排长队现象普遍存在。四是旅游市场秩序不规范。有的景区市场经营混乱。有些旅行社以不合理低价组织旅游活动、无资质经营旅游业务，发布非法旅游虚假广告，一些旅游从业人员的职业道德和服务水平低，不按规范要求为旅游者提供服务，强迫或变相强迫旅游者购物，擅自增减旅游项目，损害了旅游形象和旅游者权益。有的旅游企业削价竞争、搞市场欺诈，旅游购物场所和旅游纪念品市场以假乱真，扰乱了正常的市场经营和公平竞争秩序。五是国民旅游文明素质亟待提高。普遍存在在景区大声喧哗、乱扔废物等不文明现象，文明旅游还没有成为广大游客的自觉行为。

3.世界级旅游名牌和旅游目的地缺少。旅游业创新能力不强，科技含量不高。（1）我国还没有形成世界一流的跨国旅游集团。据有关方面统计，我国两万余家旅行社的年营业收入总额仅相当于美国运通一家的40%、日本交通公社一家的50%。中国最大的旅行社全年营业收入只相当于美国旅行社排行榜第35位，大幅低于美国等发达国家旅游企业平均水平。（2）世界级旅游目的地建设差距大。2015年3月24日全球最大旅游网站猫途鹰（TripAdvisor）揭晓"2015旅行者之选——全球最佳目的地"榜单，评选范围覆盖全球超过40个国家602个旅游目的地，凝聚上千万游客在过去一年真实旅游体验。全球15强，英国、意大利、法国、西班牙各有1个入围，中国没有；25强榜单中国香港入围，中国大陆无一入围，而柬埔寨、越南、泰国、尼泊尔都有1个入围。在所评选的世界级10大旅游景点中，中国没有入围景区，美国有4个，澳大利亚有2个。（3）世界旅游城市差距大。2014年7月9日万事达信用卡国际公司在英国伦敦公布"世界旅行目的地指数"，前20名中只有上海入围（第16）。英国、法国、美国、西班牙各有1个城市入围，其中英国伦敦排名第1，法国巴黎排名第3。从入境游客人均花费来看，上海市的人均花费为870美元，远低于英国伦敦、法国巴黎、美国纽约、西班牙巴塞罗那，这几个国家都在1000美元以上。（4）缺少世界品牌酒店。中国还没有世界品牌酒店，全球十大酒店品牌美国占 8 个，法国和英国各占 1 个。

4. 旅游教育和人才队伍建设严重滞后。当前人才短缺是制约旅游产业发展的一大瓶颈，旅游人力资源有效供给与行业需求不平衡。一是旅游人力资源供给严重不足，真正进入旅游行业就业的不多；二是旅游人才在行业内流动频繁，行业外流失严重；三是职业结构不合理，各种新业态人才缺乏，高层次、高素质、高技能、领军型人才、创新创业型、复合型人才、国际化人才都普遍不足；年龄结构不合理，行业内人才普遍吃青春饭，资深专业人才不足。

5. 旅游管理体制机制仍不适应旅游发展。旅游资源分属于多个不同部门，旅游工作缺乏统筹管理协调，出现问题推诿扯皮，难以形成合力。政府与市场关系还有待理顺。"管办不分"的现象依然存在，市场作用没有得到有效的发挥，政府的作用也没有得到应有发挥。缺乏系统的政策体系。旅游立法相对滞后，缺乏配套法规，旅游标准不够健全。有的节假日制度不利于旅游业发展。带薪休假制度在一些部门和企业得不到真正贯彻落实。

## 三、世界上旅游强国发展的经验与启示

主要通过对已成为世界旅游强国的西班牙、法国、德国、美国旅游业发展作简要分析，研究建设旅游强国的发展规律和经验，以为我国实现由旅游大国到旅游强国转变提供路径选择的借鉴。

（一）世界旅游强国的发展历程。1. 西班牙。

几十年来，西班牙旅游业一直保持世界领先的地位。西班牙旅游业是伴随着整个国民经济的发展而发展起来的。从 1959 年起，西班牙改变了过去闭关自守的政策，对外实行全面开放，经济迅速发展起来，随之旅游业也迅速发展。1962 年西班牙的接待游客为 800 万人，外汇收入为 5 亿美元，而到了 1978 年，西班牙的接待游客人数高达 3990 万，超过了本国人口，成为世界上接待游客最大的国家。2014 年，到西班牙旅游的游客达 6500 万，居世界第 3 位，仅次于法国和美国；赚取外汇 652 亿美元，居世界第 2 位，仅次于美国。2015 年世界旅游竞争力

排行榜西班牙位列第一。

西班牙发展旅游业的主要做法和经验有：

（1）重视政府对旅游业发挥主导作用。从中央到地方各级政府都建立旅游管理机构，以举国之力发展旅游。国家通过立法建立起完善的经营管理体系和制度。政府不断制定和实施促进旅游业发展的阶段性计划、年度计划和专项计划。1992年制定的《1992—1995西班牙旅游业竞争力规划》，有力地促进了西班牙旅游业素质和竞争力的提升。2008年国际金融危机以后，西班牙推出旅游业发展计划，包括制定《2012—2015年全国一体化旅游计划》，这个计划以强化西班牙旅游业在世界上的优势地位、竞争力和可持续发展为主要目标。据反映，该计划规定的各项指标到今年底都可以实现。

（2）重视旅游产品深层次开发。通过推出丰富多彩的旅游景点和活动吸引游客。注重旅游产品体系建设，不断拓展和完善产品系列，扩大市场规模；同时，加大旅游产品的深度开发，着力挖掘文化内涵，突出产品亮点，将单纯的文物旅游扩展为文化旅游。通过景点解说词、游览线路设计、导游素质培训，充分展示旅游产品的文化魅力。

（3）重视旅游资源保护和利用。制定科学的城市规划，对市区土地利用性质、城市建筑物高度及外形作出严格限定，保护城市历史风貌，使许多城市成为独具魅力的旅游目的地。西班牙有很多王宫、教堂和城堡，对重要的文物都制定相应的保护措施。景区景点的门票收入，全部用于景区的资源保护，以促进景区的可持续发展。

（4）重视提供良好的旅游环境。不断完善旅游交通等基础设施和配套条件，各种交通运输设施都尽可能为旅游发展提供方便。建立起现代化综合运输体系和通信网络，硬件设施和软件服务都达到了世界先进水平。每个旅游城市都设有旅游咨询中心，成为当地旅游服务的窗口。所有旅游景点的厕所都非常干净整洁。

（5）重视市场营销和形象推广。通过媒体宣传和广告，创建并确立了西班牙作为世界旅游目的地的形象。针对每个市场的特点，选出最适合的产品形象代表，有的是西班牙男高音歌唱家，有的是世界杯冠军足球队等，并建立了一个平台支持旅游企业对旅游产品进行营销。

在较长的一段时间里，西班牙旅游业所采用的宣传口号是："与众不同的西班牙""一切沐浴在阳光中""生活的热情"等。以西班牙绘画大师杰昂·米罗画风为特点的旅游标志，甚至成为西班牙国家整体形象的标志，为世界各地游客所熟知。

2.法国。法国是世界上最早发展旅游业的国家之一。旅游业一直备受法国政府重视。1910年，法国政府设立国家旅游局。尔后，相继制定《旅游宪章》及一系列旅游法规和实施细则，为旅游业快速、协调发展提供了强有力的法制保障。社会（福利）旅游兴起于法国并发展迅速。政府将部分福利基金资助一些不以盈利为目的的旅游公司发展旅游业，目的是让低收入家庭也能享受旅游度假的权利。法国现已有社会（福利）旅游性质的度假村和露营中心近700处，遍及海滨、山区和乡村。2014年法国接待外国游客总数为8370万人次，蝉联世界第一大旅游目的地桂冠。2015年世界旅游竞争力排行榜法国位列第2。

法国发展旅游业的主要做法和经验有：

（1）重视文化的特殊作用。法国是一个文化大国。法国旅游业的持续发展和壮大，是与法国文化大国地位分不开的。文化堪称法国旅游业的灵魂和核心竞争力。充分挖掘文化内涵，打历史牌、文化牌。重视古老文化与现代文化的结合，在尊重历史的基础上，不断推陈出新，开拓新的产品吸引游客。注重博物馆、主题公园旅游开发。法国有主题公园70多座，国家级艺术博物馆1100多个。在法国的大中城市和旅游城市，各种文娱活动丰富多彩。

（2）鼓励国外游客购物。法国专门制定针对国外旅游的退税政策，鼓励国外游客旅游购物消费。只要是非长期停留的国外游客，出境时就可享受退税待遇，退税率在10%以上。同时，严格管理并提供优质服务。

（3）注重发挥旅游行业组织作用。法国旅游局隶属于法国公共工程、住房、交通和旅游部。其机构设置明确突出了旅游的产业性质和经济功能，适应了旅游业综合性强的特点。除政府设立旅游行政管理机构外，旅游行业组织在旅游市场管理上也发挥着非常重要的作用。旅游行业组织与旅游行政管理机构密切配合，使市场能够健康、有序地运行，避免了恶性竞争。

（4）制定多方面激励旅游的制度。一是实行带薪休假制度。法国是世界上节假日最多的国家之一，也是世界上第一个实行带薪休假制度的国家。依照法国《劳动法》，职工每年至少享有 30 个非假日带薪休假时间，除此以外，每周工作超过正常工作时间 35 小时的部分，都可以转换成假期，任何雇主或机构负责人都无权剥夺员工这项权利，并要接受相关机构的监管。该项措施完善了已有的休假制度，为公民旅游提供了更多的时间。二是发行旅游支票制度。为鼓励发展国内旅游业，法国政府于 1982 年开始发行旅游支票，并专门成立了专职公共机构法国度假旅游支票署，进行发行推销管理。旅游支票由企业或机构与个人共同出资认购，企业或机构出资比例为 20%—80%，购买旅游支票金额可免交工资所得税，这对法国国内旅游的发展起到了积极促进作用。

（5）创新旅游宣传和促销方式。一是重视本地化"窗口宣传服务"。作为法国旅游管理机构的旅游办公室达 3600 多家，居欧洲第一，免费为游客提供旅游咨询公共服务；二是法国政府旅游部于 1987 年创建专门负责拓展旅游的"法兰西之家"，即旅游促销机构，总部设在巴黎，由旅游部长领导，以向世界进行法国旅游营销为宗旨。目前"法兰西之家"在 28 个国家设有 33 个办事机构。三是通过在世界各地建立"法国文化中心"来宣传法国旅游。"法国文化中心"是法国在世界一些国家重要城市的中心地区建立或者租赁优美建筑，旨在世界各地传播和宣传法国文化。四是在世界许多国家举办法国旅游业推介会，推动国际旅游活动。五是设立法国旅游宣传网站。通过在线营销手段对法国旅游进行宣传和促销。

3. 德国。德国是个旅游资源十分丰富的国家，也是一个旅游业相当发达的国家。从 20 世纪六七十年代起，德国开始进入工业化后期，德国的旅游业迅速发展为一个非常兴盛的行业。2006 年德国有各种酒店 6 万家，每年接待 4000 万外国游客，旅游业从业总人数 240 万人左右，约占德国总人口的 3%，旅游业年营业额在 1200 亿欧元以上。2014 年，德国旅游客流量共 4.2 亿人次，其中外国游客约 0.72 亿人次。

德国发展旅游业的主要做法和经验有：

（1）注重对旅游资源的保护与开发。重视保护古建筑等历史人文景观，各地区曾经有过的辉煌和有特色的东西，都通过兴办博物馆的形式保留下来，所以德国各地的博物馆特别多，而且形式多样，包括"德国旅游三绝"的教堂、古堡、展馆得以普遍存在。重视保护自然环境，政府通过健全立法、严格执法、加强教育等有效措施，使人人遵守社会公德，尤其是加强环境保护成为每个公民的自觉行为。重视保护非物质文化遗产。德国的民俗节庆、各地特色的民俗节日及德国的宗教节日都得到保护和传承，一些极具民间特色的文化都被完好地保留下来。

（2）注重发展多样化个性化旅游。开辟体现旅游不同特色的"音乐之旅""歌德之路""童话之路"等线路游。结合各地民俗节庆文化，开展各具特色的旅游，如"丰收节""洋葱节""玫瑰节""南瓜节""土豆节""狂欢节"等等。由于德国特殊的历史文化，使各地的人文历史差异性很大，许多人感觉在德国各地旅游就好似穿越了多个国家。

（3）注重旅游全面带动作用。德国非常重视旅游对民众的教化作用，"寓教于乐"。最有代表性的是遍布德国城乡的各类博物馆，形式多种多样。各地旅游景点门票收费都相对较低。地方政府更加看重的是旅游对地方经济社会发展的整体促进作用。旅游设施的建设讲求节俭、实用，不追求豪华。

4.美国。美国旅游业发展模式的突出特点，是依托其发达的经济、科技、文化水平构建的。美国从联邦政府到各州政府及旅游城市都十分重视旅游业发展。20世纪70年代，联邦政府制定了《美国全国旅游政策法》，规定成立"全国政策委员会"，制定出一系列政策措施促进旅游业发展。1995年，召开研究全国旅游工作的白宫会议。由国会批准免签政策（VWP），使68%的美国入境旅游者获益，美国也从这些免签证的旅游者身上获得了全部国际旅游收入的60%。有27个国家享有此项优惠，这些国家的游客旅游或商务可享受90天内免签证政策。美国现代化的生活方式、多元化的文化融合和强大的经济实力，奠定了美国国际性的旅游目的地和客源国形象。在全球旅游市场中，美国是最受益的国家。

美国发展旅游业的主要做法和经验有：

（1）重视对知名度高的旅游资源开发和保护。一是文化主题型。特色鲜明的主题公园，既很好地宣扬了美国的历史与文化，又为旅游业增加了文化的底蕴。140多年前，美国政府将黄石定为第一座国家公园，以后逐步扩大到450多处地方，成为美国最具吸引力的旅游选择之处。二是自然资源型。美国自然环境与资源保护全球领先，拥有科罗拉多大峡谷、尼亚加拉瀑布等388个国家公园，155个国家森林公园，5655个州立公园，23条国家风景步道，这些都是吸引力很强的旅游目的地。华尔街、好莱坞、夏威夷、拉斯维加斯，这些耳熟能详的地名，无一不对世界各地游客产生强大的吸引力。

（2）重视旅游交通和配套设施建设。美国旅游基础设施十分发达。交通运输便利，1300多个城市都有机场，全美有大型航空公司50多家，国内定期航线达28万公里；运营铁路总长达38.6万公里；高速公路四通八达、设计科学，不同道路交叉联系顺畅，公路总长约637万公里。旅游酒店占全球客房供应的27%。同时，美国旅游业的信息化程度高，无论在旅行代理业还是酒店业及相关服务业都充分显示出高科技的优势与强大的竞争力。

（3）重视规范旅游经营管理。美国具有多个国际权威的行业协会，各协会针对特殊领域，管理旅游资源，协调企业利益。美国酒店与住宿业协会（AH&MA）在美国50个州设有分会，对新会员进行入门培训，介绍成员经营情况，维系美国酒店住宿业硬件设施和软件服务的高标准。美国旅行社协会（ASTA）是世界最大的旅游和旅游专业队伍的协会组织，通过大量使用自动化技术，适应不断变化的市场，为顾客节省时间和金钱。2014年美国旅游业直接从业人员达730万人，占全美非农就业人数的1/8，不仅数量多，而且素质高。无论导游服务、餐饮住宿、交通运输，还是在消费购物、景区服务等方面，都具有很高的水平。

（二）有益的启示。从以上四个世界旅游强国的发展历程和经验中，可以得到如下几点启示：

第一，必须充分发挥政府和市场"两只手"的共同作用。世界上旅游发达的国家，都是成熟的市场经济国家，这些国家的实践有力证明，促进旅游业大发展，必须靠"两只手"。一要靠市场这只"无形之手"，切实让市场在配置资源和企业运行中发挥决定性作用，充分调动市场、企业、社会、个人发展旅游的积极性和创造性；二要靠政府这只"有形之手"，充分发挥政府在旅游业发展中的主导性作用，积极引导、扶持、推动旅游业发展，包括从国家全局动员各方面力量参与旅游业，及时制定各种促进旅游业发展的计划、规划、政策和法律法规制度，加强和创新旅游市场监管，"两只手"各展其长，相互配合，相得益彰。

第二，必须高度重视对旅游资源保护和有效利用。世界旅游强国都是对旅游资源保护和开发并举。要切实加强对自然景观、文物资源的保护；对旅游资源开发利用应着力保护好自然风貌和历史原貌。文物资源开发利用必须制定科学开发和保护的方案，切实落实保护措施。建立旅游资源开发回报机制，制定有效的政策措施，鼓励个人以修建私人博物馆等形式参与文物资源保护。

第三，必须着力提高旅游文化内涵。世界旅游强国都是重视文化旅游的国家。要切实把中华文化作为旅游发展之魂和核心竞争力。我国可用于旅游产品开发的历史与文化资源极为丰富，要更加注重发挥中华传统文化在旅游业发展中的重大作用，积极发掘开发文化旅游产品。要注重保护和弘扬民族优秀文化，特别要保护和发掘世界级遗产文化，提高旅游产品的历史文化含量，让优秀传统文化焕发新的光彩。要提高民间艺人的地位，协助他们挽救和挖掘散落于民间的传统文化。要强化文物保护。这样，我国的旅游业才能真正长盛不衰，也才能提高国际吸引力、竞争力。

第四，必须大力加强旅游基础设施和配套设施建设。世界旅游发达国家无不重视旅游交通等基础设施和配套设施的建设。要加大政府对旅游业发展的投入。着力改善交通条件，切实加强旅游景区的基础设施建设和环境整治。要加强旅游专用公路、旅游区停车场和公共汽车站的建设，提高旅游目的地的通达能力。同时，要加强景区的水、电、路和卫生、安全等基础设施建设，努力改善景区的综合环境。新景区景点的开发建设，首先要完善水、电、路、安全以及资源环境保护设施，避免因配套设施滞后造成对旅游资源的破坏。

第五，必须注重提高旅游服务质量。世界旅游发达国家都是注重提升旅游服务质量的国家。要着力创造舒适的旅游环境，为国内外游客提供方便、快捷、现代化的旅游信息服务。加强旅游行业管理，营造良好的旅游市场秩序。要规范旅行社、导游人员等各类经营单位和个人的经营和服务行为。要重视发挥旅游行业协会组织的作用，推动旅游行业自律。积极借鉴国际上旅游业实行行业标准化管理的经验，进一步完善我国的旅游区、旅游设施、旅游服务等方面的国家标准，对开展旅游经营活动的住宿设施、景区景点，积极推行全国旅游标准化管理。

第六，必须健全旅游业发展的支持体系。特别要在财税、金融、土地、出入境等方面实行扶持政策；同时，加紧研究实行疏导分散旅游客流的政策和制度，解决游客短时间过分集中对旅游资源破坏和危及旅游安全的问题。

## 四、我国全面建设世界旅游强国的机遇与挑战

（一）战略机遇。从国际方面看：

第一，世界旅游业持续发展和中心东移，将为我国旅游业发展提供较好的外部环境。总的看来，今后一个时期，全球经济会逐步回升，世界旅游业可望保持较快发展，也会为我国旅游业的持续发展创造更好的条件。据世界旅游组织预测，到 2030 年，全球国际旅游人数将达到 18 亿人次，亚太地区的市场份额将从 2010 年的 22% 上升到 30%，以中国为代表的东亚地区将成为全球最多旅游者到访的地区之一。未来时期，我国旅游业发展空间更大。

第二，经济全球化持续深入发展，势必带来旅游发展全球化。国外先进的旅游业经营管理理念、指标、方式、手段将会越来越多地被

引入到国内，从而带动旅游业整体发展水平的提升。同时，外国游客更多地到访中国，会不断提高我国旅游业的国际化标准和国际化水平。近日，多国联手制定中国游客服务标准，即首个由联合国世界旅游组织支持，经美国、加拿大、澳大利亚、英国、欧盟国家等多国政府审核和监督的国际标准服务质量认证体系的发布，中国游客出境旅游有望获得更加便捷舒适的体验。

第三，互联网等信息技术创新进步，为我国旅游业创新发展增添巨大动力和活力。运用互联网、大数据等信息化新技术、新装备，改造和提升旅游业，正在成为世界旅游业发展的新趋势。在这一进程中，不仅会创造出大量新的旅游业态和新的旅游需求，引导新的旅游消费，还将极大地推动服务方式创新和商业模式创新，推动旅游业服务管理流程再造，将极大地提高旅游业的信息化、现代化水平。

从国内方面看：

第一，我国极其丰富的旅游资源和已形成的发展能力，为建设世界旅游强国奠定了坚实的基础。中国幅员辽阔，历史悠久，文化多样，自然和人文旅游资源得天独厚。我国是目前世界上拥有世界非物质文化遗产数量最多的国家。周口店北京猿人遗址、敦煌莫高窟、九寨沟风景名胜区等48处自然文化遗址和自然景观列入《世界遗产名录》，位于世界遗产名录国家排名第二。安徽黄山世界地质公园、湖南张家界地质公园、内蒙古克什克腾世界地质公园等33处地质公园进入联合国教科文组织世界地质公园网络名录。我国还有众多的像丽江、凤凰、乌镇、周村、宏村等历史文化悠久的古镇资源，以及长城、故宫、承德避暑山庄、长江三峡、台湾日月潭等世界著名的名胜古迹。这些对国内外游客具有巨大的吸引力。经过几十年的努力，我国已建成旅游大国的发展能力，旅游治理能力明显提高。

第二，我国经济发展进入新常态和健康运行，将为建设世界旅游强国开拓广阔的道路。我国经济发展转入新常态，意味着整个经济向形态更高级、结构更合理、服务业占主导地位的发展阶段演变，旅游业的战略地位和支柱作用更加凸显。按照国际上旅游业发展的一般规律，人均 GDP 达到 5000 元时，旅游业进入爆发性增长期。2014 年，我国人均 GDP 已超过 7500 美元。随着经济持续发展，城乡居民收入不断增加，全国 13 亿多人口，又处在消费结构升级的阶段，消费需求趋向个性化、精致化、体验化，旅游休闲日趋成为居民生活的基本需要，旅游业作为先导性、引领性现代服务业，作为资源节约型、环境友好型产业，作为关联性、渗透性极强的行业，有着巨大而丰富的市场需求和发展潜力。

第三，我国全面深化改革开放，将为建设世界旅游强国注入强大动力。随着全面深化改革的推进，旅游业改革进程也将加快，旅游市场体系将更加完善，旅游市场主体更加成熟，旅游管理体制不断创新，妨碍旅游业发展的制度弊端逐渐革除，会进一步解放和发展旅游生产力。随着对外开放的进一步扩大，将会充分利用国际国内两个市场、两种资源发展旅游业，也会促进我国与其他国家（地区）、国际组织的旅游交流合作。

第四，我国政治制度的优势，将为建设旅游强国提供根本保障。中国特色社会主义道路、理论、制度不断成熟，共产党的领导坚强有力，社会大局保持和谐稳定。这些是旅游业持续稳定发展的政治条件和社会环境。

（二）严峻挑战。从国际看：

第一，国际经济发展的不确定因素增多。国际金融危机影响深远，国际经济回升缓慢，动力不足，我国旅游业发展的外部环境更趋复杂。

第二，国际自然灾害和突发事件不可预见。近些年来，国内外各种自然灾害和突发事件明显增多，传统和非传统安全因素影响增大，对旅游业发展产生较大冲击，可以预见和难以预见危及安全的事件，仍将在未来影响旅游业的正常发展。

第三，国际上许多国家都在提升旅游竞争力。不少国家旅游企业的品牌优势明显强于我国。我国旅游企业没有建立起庞大高效的服务体系，在与国外的旅行社集团竞争中处于明显劣势。我国的旅游产品存在产品结构单一、模仿性强、品牌效应弱等问题；而且缺乏国际标准化的旅游服务，航班正点率、饭店管理水平、服务质量等方面亟待改善。

从国内看：

第一，旅游资源环境保护的压力增大。我国旅游业的快速发展带来了大规模的景区建设、景区游客规模迅速扩张，但这是一种低层次、粗放式发展，使资源条件和环境容量的压力明显增大，实现旅游业可持续发展的难度加大。

第二，旅游供需结构性矛盾突出。交通等旅游基础设施建设和公共服务体系建设仍然明显滞后。不少旅游景区外部可进入性较差，断头路较多；景区内部游客中心、标示系统、安全等人本化、个性化的公共服务设施不足。旅游基础设施依托性的多、专门性的少，缺乏整体规划建设。总体旅游供给不足，结构性矛盾突出，度假休闲和个性化旅游产品少，不能有效满足旅游者多样化需求。

第三，旅游业创新能力不强。旅游系统普遍存在重建设、轻管理，重硬件、轻软件，重规模、轻质量，重开发、轻保护等问题。文化发掘不够，精品项目不多。生态旅游、低碳旅游还没有成为广大旅游者的自觉行为。旅游业科技含量不高，特别是在运用信息技术提升旅游业水平、提高旅游业生产力方面，知识不足、能力不足、人才不足。

第四，旅游业发展体制机制仍存在不少弊端。各级旅游业管理缺乏综合协调机构和机制。旅游统计制度和体系不健全。旅游系统治理体系和治理能力不能适应旅游业繁荣发展的要求。

以上可以看出，在未来通向全面建设世界旅游强国的道路上，机遇与挑战并存，机遇大于挑战。只要我们切实抓住用好机遇，善于应对困难和挑战，就一定能实现全面建成世界旅游强国的宏伟目标。

## 五、全面建设世界旅游强国需要实行的发展战略和重大举措

为了把我国全面建设成为世界旅游强国，需要站在时代制高点，顺应世界发展潮流，研究制定和实施旅游强国的国家战略和重大举措。根据初步研究，提出以下九个方面，供研究参考。

（一）实行全面建设世界旅游强国战略，把促进旅游业发展作为

重大国策。旅游业关联度强、功能性多，旅游不仅具有经济价值、投资价值、消费价值、休闲价值，而且还有文化价值、政治价值、生态价值、社会价值，与中国特色社会主义各项事业、各个领域紧密相连，在经济建设、政治建设、文化建设、社会建设、生态文明建设中，在对接、服务国家大局和公共外交、提升国家国际地位和软实力方面，都可以发挥独特的、十分重要的作用；特别是在当前国际新形势和国内经济发展进入新常态下，旅游业承载着更多更大的使命，已经成为就业创业、出口创收以及拉动基础设施和公共服务建设、促进投资和消费的关键驱动力。党中央、国务院十分重视旅游业发展，特别是近年来连续出台了一系列推进旅游业发展的重要措施。在国家出台的改革与建设规划中，都更加重视发挥旅游系统的作用，进一步凸显旅游业在国家发展全局中的战略地位。

从世界上看，为了充分发挥旅游业的战略性支柱性作用，不少国家都实行了相应的国家战略。例如，20世纪90年代初，日本经济泡沫破灭，进入"大萧条"时期，日本政府明确提出"观光立国"战略，舒缓了经济困局。2012年，美国发布《国家旅游发展战略》，确定战略任务。南非把旅游业作为"国家优先"发展产业，加速发展旅游业。2014年6月，俄罗斯也制定颁布《2020年前旅游发展战略》，明确把旅游发展融入经济和社会发展各个领域。

鉴于当今世界形势的新变化和我国社会经济发展进入新阶段，使旅游业呈现出一系列新特点新作用，有必要重新界定旅游业在国家发展中的地位，明确把全面建设旅游强国作为国家重大战略。为此，建议：

1.从国家层面制定和实施全面建设世界旅游强国战略，把优先发展旅游业作为重大国策，提升旅游业战略定位，明确发展旅游业战略思想、战略目标、战略任务、战略方针和战略举措，在制定和实施"十三五"旅游业发展规划的基础上，抓紧研究制定到2050年我国基本实现现代化时旅游业发展战略纲要，以更好引导全国各方面的思想和行动。

2.更大程度地实施融合发展战略，将旅游发展有机地融入"四个全面"战略布局、"五位一体"总体布局和"五化"并举布局，渗透于和服务于改革开放以及现代化建设各个领域。

3.建议在适当的时机，召开一次全国旅游工作会议，请各地方、各部门主要负责人参加，专门研究解决建设世界旅游强国面临的问题，研究确定旅游业改革发展的重大战略、重大任务、重大政策，使建设世界旅游强国重大战略和国策变成全党全国的普遍共识和自觉行动。

（二）实行旅游业转型升级战略，着力增强旅游产品国际竞争力。坚持树立科学旅游观，大力转变旅游发展方式，走旅游科学发展之路。要以转型升级、提质增效为主线，推动旅游向观光、休闲、度假并重转变，满足多样化、多层次的旅游消费需求；推动旅游发展由粗放型向集约型转变，更加注重生态环境保护和资源节约，更加注重文化传承创新，实现绿色发展、清洁发展、可持续发展；推动旅游服务向优质、便利、高效、安全、文明发展，实现旅游标准化、个性化、规范化服务。

1.制定和实施旅游国际竞争力提升规划，围绕全面建成世界旅游强国，系统提出增强我国旅游国际竞争力的战略任务和战略举措。包括显著提升我国旅游硬实力和软实力，明显改善我国旅游的硬环境和软环境，全面提升我国旅游整体素质和水平。

2.制定和实施《旅游质量发展纲要》，全面提升旅游品质。包括加强旅游资源保护，创新旅游产品品牌，提高旅游服务质量，优化旅游环境，提升旅游文明素质等，标本兼治，重在治本，并把落实旅游质量长远发展规划与解决当前旅游质量突出问题结合起来。

3.大力开发国家旅游精品，打造旅游目的地品牌。旅游精品是指功能独特，特色鲜明、质量上乘、服务周到、生命周期长，文化要素含量高，竞争力强、知名度、美誉度、市场占有率高的旅游产品。中国是旅游资源大国，但旅游精品不多，要强化旅游精品意识，积极实施旅游精品战略，着力培育一批享誉世界的旅游名品、精品和绝品。

——打造中国特色旅游目的地品牌。通过精心创意和策划，以特色化、品牌化、国际化、系列化为目标，构建中国国际旅游目的地系列品牌。可以结合传统文化资源打造既有民族文化底蕴、又富有时代精神的旅游精品。要充分运用我国历史文化传统丰富悠久的优势，发掘各族人民世代相承、与群众生活密切相关的各种传统文化形式，使之成为我国旅游产品的重要资源。要把握旅游发展特点和规律，发挥文化和创意的决定性作用，多维度打造目的地产品。

——打造世界级知名旅游目的地。要按照国家优秀旅游目的地标准，打造一批旅游城市、环城市旅游度假带、旅游县域和旅游乡镇，形成功能完善、特色鲜明、类型各异、布局合理的旅游目的地体系和最具发展潜力的新兴市场。旅游产品是诸要素的有机结合体，开发旅游精品，必须实现旅游产品的整体优化，提高旅游产品的综合配套水平。

——打造高体验式旅游目的地创新产品。传统的旅游方式一般是引导游客参观景点、浏览名胜古迹，基本上以视觉欣赏为主，游客在旅游中拍几张照片，买点纪念品，缺乏深度收获。体验旅游是便于一站式深度消费的定制品。它通过与旅游地居民的接触，对当地的文化和生活方式进行充分感受，让自己融入其中，解读当地的文化特色、人文特色、风俗习惯，获得身临其境的感觉，形成难以忘怀的体验和回忆。例如：山东威海华夏文化旅游集团推出的"神游华夏"，是世界首部360度全方位山水实景演出，演出利用当地地形地貌，通过开天辟地、寻祖溯源、天地和谐等七个篇章及七个真山真水的舞台变换，深度展现了博大精深的华夏文明，令人震撼。在泰山天烛峰景区，用3亿元巨资打造了全球顶级声、光、电震撼盛宴，每晚上演《中华泰山·封禅大典》的实景演出，使旅客享受到穿越五千年历史时空的王朝皇帝封禅、祭祀体验，给观众以身临其境之感，这些效果都很好。美国《金融时报》等机构抽样调查发现，2015年中国出境游客中，比较富裕的游客把"体验"置于购买奢侈品之上。大量现象说明，目的地产品正在演化为旅游者的首选。

4. 全面提升国家旅游文化软实力。完善国家旅游宣传推广体系，把国家旅游形象宣传纳入国家整体形象宣传工作计划，全面提升中国国家整体旅游形象。建议加快建设世界一流的旅游网站，推介和提升国家旅游整体形象。近几年来，很多省级、市级都在中央电视台"朝闻天下"节目中推介形象，例如："好客山东""江西风景独好""多彩云南""大美青海""美好江苏"等，效果都很好。同时，要在全社会大力倡导健康旅游、文明旅游、绿色旅游，使城乡居民在旅游活动中增长知识、开阔视野、陶冶情操。景区景点、宾馆饭店和旅行社等旅游企业都要引导游客文明出行、文明消费。在出境旅游中，要维护良好的对外形象，做传播中华文明的使者。

在实施国家旅游精品战略中，要精心规划一批重点实施的旅游产业龙头项目，包括投资规模大、外向型、吸引力强、效益好的综合性旅游产业项目；还要优先发展一批特色旅游支撑重点项目，包括主题公园、主题度假区、特色休闲区、生态旅游区、红色旅游区、养生养老园区、特色旅游村镇、中华老字号项目、文化创意项目等。只有这样，才能开发和形成旅游发展的战略抓手和战略平台。

（三）实行旅游创新驱动发展战略，着力推行"互联网＋旅游"。要坚持科技兴旅，通过研究、开发、工程化、商品化、产业化和加强科学管理，不断提升旅游的科技含量。推行创新驱动、创意领先的理念，加强传统旅游发展模式的创新和改造，创新旅游产品、创新旅游产业链、创新旅游业态。特别要加强互联网、大数据等信息技术的应用，发展智慧旅游，提升旅游服务和旅游管理的智慧化程度以及智能化水平。

近年来，全国各地都在加快推进"互联网＋旅游"的创新发展。例如：湖南省把加快智慧旅游建设作为建设旅游强省的十项重点工作之一，推动了全省旅游在线服务、网络营销、网上预订、网上支付等智慧服务，并于2015年2月正式试运营湖南旅游电子商务平台，实现旅游管理、营销、服务等全面升级的智慧旅游生态圈。一是为旅游出行提供准确的、权威的旅游六要素信息，实现导游、导视、导购等智慧服务；二是为旅游景点、企业提供全面展示、自我推广的智慧营销平台；三是为行业主管部门提供大数据分析、市场决策、行业指导的智慧管理平台，收到良好的效果。

以互联网为代表的现代科技深刻改变了旅游业。当前迫切需要加快构建现代旅游创新体系，大力推进协同创新，加快推进建设国家旅游创新体系。以"互联网＋旅游"建设为抓手，快速稳步推进旅游强国建设。我国旅游业将由大到强、由快到好，这就要求全面构建开放包容的"互联网＋旅游"发展环境，持续提升"互联网＋旅游"创新能力，积极开展"互联网＋旅游"创新试点示范，支持引导"互联网＋旅游"新业态发展。

积极推动在线旅游平台企业的发展壮大，整合上下游及平行企业的资源、要素和技术，形成旅游业新生态圈，推动"互联网＋旅游"的跨产业融合。支持有条件的旅游企业进行互联网金融探索，打造在线旅游企业第三方支付平台，拓宽移动支付在旅游业的普及应用。全国 4A 级以上景区和智慧乡村旅游试点单位实现免费 Wi-Fi、智能导游、电子讲解、在线预订、信息推送等功能的全覆盖，在全国打造万家智慧景区和智慧旅游乡村。

一是借力"互联网＋旅游"，打造国际旅游城市，将旅游城市核心资源互联网化，旅游城市便可向世界展示城市精髓，吸引世界游客，促进建设"世界旅游目的地"。通过智慧旅游平台建设，大力引进国际旅游组织和知名旅游运营商、品牌连锁酒店，并在第一时间为多个旅游城市、旅游目的地提供分享与对接。

二是借力"互联网＋旅游"，打造国际旅游企业，促进旅游业创新，为游客打造新的生活方式。"互联网＋旅游"将打破传统的涉旅企业，全方位推动旅游企业迅速发展。进一步加强旅游企业软实力的同时，将旅游产业链上的旅游企业"智慧旅游"化，形成旅游企业国际大数据，打造国际化信用服务、放大 72 小时过境免签政策的吸引力效应等方面进一步创新。

三是借力"互联网＋旅游"，打造国际旅游目的地，促进旅游目的地走出国门，跨国分享。

四是借力"互联网＋旅游"，打造国际旅游景区，促进旅游景区国际品牌建设，提高国际游客满意度。

互联网拓展了旅游的开放程度，拓宽了旅游的开放广度。旅游的开放与兴盛，也在延伸着互联网的新业态空间，完善着互联网的新生态体系。要通过"互联网＋旅游"建设，加快形成一批世界级旅游城市、世界级旅游企业、世界级旅游目的地、世界级旅游景区，为我国世界级旅游院校、世界级旅游专家的打造奠定坚实的基础，使我国、各旅游城市、旅游目的地、旅游景区在全世界形成旅游品牌。

（四）实行充分发挥旅游优势战略，着力推进区域旅游特色化发展。中国幅员辽阔，各区域各地方旅游资源禀赋不同，季节变化和气候也不尽相同，旅游环境和旅游产品也不一样。要坚持从各地实际出发，充分发挥优势，突出发展重点，打好特色品牌，促进各区域旅游业扬长避短，优势互补。一是大力推进旅游强省战略。省、市、自治区层面是统筹旅游产业发展的关键环节，是推进旅游管理体制改革创新的突破口。截至 2014 年底，全国已有 31 个省（区、市）把旅游业定位为支柱产业，其中 24 个定位为战略性支柱产业，已有 12 个省区市提出旅游强省（区）的战略，旅游业成为新常态下经济增长的重要驱动力。二是大力推进旅游强市战略。加快推进世界级旅游城市建设。城市是建设旅游目的地的主要依托，建议恢复中国优秀旅游城市创建工作。要大力发展特色旅游城镇，推动新型城镇化建设与现代旅游产业发展有机结合，建设一批集观光、休闲、度假、养生、购物等功能于一体的全国特色旅游城镇和特色景观旅游名镇。三是加快建设旅游强县，县级也是统筹整合资源推进旅游发展的关键环节，要以大力推进全域旅游为抓手，大力推进旅游强县建设。四是加快推进国家 A 级景区建设和旅游度假区创建，建设丰富多彩的旅游产品体系。五是以"特色化、品牌化、国际化、系列化"为目标，构建系列品牌。选择不同类型特色品牌类型，以目的地城市政府为主体进行创建试点，形成调动地方党委、政府发展旅游积极性的新抓手。要充分依托主要城市（群）、大型旅游区、度假地以及有条件和特色的城镇，发挥旅游交通、旅游资源、接待设施集中度高的优势，按照国家优秀旅游目的地标准，打造一批旅游城市、环城市旅游度假带、旅游县域和旅游乡镇，形成功能完善、特色鲜明、类型各异、布局合理的旅游目的地体系。

建设世界旅游强国，必须集中力量规划好、建设好具有世界吸引力、世界影响力、世界竞争力的旅游核心区。一是从全面建设世界旅游强国的大局出发，根据我国各地旅游资源分布和旅游产品的突出特色，在全国范围内统筹规划和实施若干个跨行政区域的国家级和世界级旅游区、旅游圈、旅游带、旅游长廊，实行倾斜支持政策。例如，河南省旅游局提出一个建议，就是在国务院有关文件中确定中原经济区为"华夏历史文明传承创新区"的战略定位和建设"中原历史文化旅游区"的基础上，提出建设"华夏文明探源国际旅游区"的建议。这个国际旅游区的空间框架建议为"一心三带"，即核心区是河南全省域，沿黄（河）华夏文明旅游带、京广（线）历史文化旅游带、秦岭—淮河历史文化旅游带。这些地带是华夏文明发源地，历史文化旅游资源丰富，红色旅游资源多。这个建议值得重视。我们还可以在其他旅游资源富集的地区，规划和建设具有鲜明特色的旅游圈、旅游带，使其发挥辐射和带动作用。二是充分对接"一带一路"建设，将"一带一路"建设成为世界精品黄金旅游带，将旅游培育成为"一带一路"建设实施的先导产业，实现旅游先通。三是做好与长江经济带的对接，将长江经济带规划建设成为黄金旅游带，成为统筹中东西旅游发展的枢纽。四是做好与京津冀协同发展战略的对接，建立京津冀大旅游格局，将旅游业作为推进京津冀协同发展的战略纽带和优势产业，将京津冀建设成为世界旅游目的地。五是充分发挥香港、澳门的独特作用，要大力推进粤港澳区域旅游合作升级创新。要充分发挥台湾的独特作用，大力促进海峡旅游合作升级创新。发挥旅游在港澳台与大陆合作中的重要作用。发挥旅游对台港澳工作的独特作用，推进两岸关系和平发展和祖国统一大业，为香港、澳门的长期繁荣稳定服务。可以探索成立港澳台与大陆旅游协作发展委员会，建立长效工作机制。可以探索在海西、珠三角等地区建设港澳台与大陆无障碍旅游区，先行试点。

（五）实行"旅游+"战略，着力拓宽旅游业发展空间。同"互联网+"一样，"旅游+"具有"搭建平台、提升价值、促进共享、提高效率"的功能。"旅游+"有四个鲜明特征：一是，"旅游+"由需求拉动、市场推动，为所"+"各方搭建巨大的供需对接平台。二是，"旅游+"创造价值、放大价值，不是简单机械的"1+1=2"，而是有机融合、化学反应，产生"1+1>2"的效果。三是，旅游是人本经济，"旅游+"的核心是人的发展，是可以广泛参与、广泛受益、广泛分享的过程，能够激发全社会的创造活力。四是，旅游无边界，"旅游+"具有天然的开放性、动态性，其对象、内容、方式多种多样且不断拓展丰富。经济社会越发展进步，"旅游+"就越丰富多彩。具体来说，特别是要着力抓好以下几个方面：

1.大力发展乡村旅游。乡村旅游发展不仅关系到全国 6.7 亿农业人口的福祉，还能提升 7 亿城市人口的生活质量和生活品质。乡村旅游已经成为城镇居民"5+2"生活模式的重要形式，成为国内旅游发展的重要战场。山东省近些年来十分重视发展乡村旅游，把推进乡村旅游大发展作为加快旅游强省的重大举措。从 2013 年起，每年拿出 2 亿元资金专项支持，已连续三年每年组织 1000 个乡村旅游带头人到台湾等地培训交流，为 137 个县免费编制乡村旅游规划，每年重点支持一批示范市、县、镇、村，促进了全省乡村旅游持续快速发展。实践表明，乡村旅游不仅能够有效带动农业增效、农民增收、农村繁荣，而且能够推动农民思想观念、行为方式、生活方式和农村生产组织方式、社会结构等产生重大变革，有力推进农村现代化进程。要大力发展乡村旅游，全面提升乡村旅游发展质量和服务水平，使乡村旅游成为促进农村经济发展、农业结构调整、农民脱贫致富的重要力量，成为建设美丽乡村的重要载体。着力打造农家乐升级版，坚持乡村旅游个性化、特色化发展方向，依托当地区位条件、资源特色和市场需求，挖掘文化内涵，发挥生态优势，突出乡村特点，开发一批形式多样、特色鲜明的乡村旅游产品。推动乡村旅游与新型城镇化有机结合，合理利用民族村寨、古村古镇，发展有历史记忆、地域特色、民族特点的旅游小镇，建设一批特色景观旅游名镇名村，让游客看得见山水、记得住乡愁、留得住乡情。加强规划引导，提高组织化程度，规范乡村旅游开发建设，保持传统乡村风貌。要重视发掘贫困地区自然风光、人文景观、民俗文化、着力打造高端、精品、特色旅游产品体系。加强乡村旅游精准扶贫，扎实推进乡村旅游富民工程，带动贫困地区脱贫致富。

2.大力发展海洋旅游。海洋旅游是中国旅游未来发展的空间，也是当今世界最热的旅游产品类型。要以邮轮和游艇旅游为突破口，加快海洋旅游发展。从世界范围看，邮轮经济方兴未艾。邮轮可以提供"吃、住、行、游、购、娱"等一条龙服务，大型油轮于 20 世纪 60 年代在美国兴起，之后风靡全球。有人计算过，如果考虑到各项优惠条件，在邮轮上养老比住养老院还舒适、便宜。于是，日本一些高龄老人每年至少要乘坐一趟邮轮旅游。据测算，到2020年，全球邮轮游客数量可达3000万人次。要加快推进邮轮旅游产业发展，支持建立国内大型邮轮研发、设计、建造和自主配套体系，鼓励有条件的国内造船企业研发制造大中型邮轮。进一步优化邮轮港口布局，形成由邮轮母港、始发港、访问港组成的布局合理的邮轮港口体系，有序推进邮轮码头建设。建成一批游艇码头和游艇泊位，形成互联互通的游艇休闲旅游线路网络。

3. 大力开展研学旅行。研学旅游是青少年爱国主义和革命传统教育、国情教育的重要载体，能够增进学生对自然和社会的认识，培养其社会责任感和实践能力。小学阶段应以乡土乡情研学为主，初中阶段应以县情市情研学为主，高中阶段应以省情国情研学为主。支持各地依托自身优势，建设一批研学旅行基地，逐步完善接待体系。建立健全研学旅行安全保障机制。

4. 大力发展老年旅游。为应对我国进入老龄化社会的需求，加快制定实施全国老年旅游发展纲要，结合养老服务业、健康服务业发展，积极开发多层次、多样化的老年人休闲养生度假产品。各类景区要加强老年旅游服务设施建设，严格执行无障碍环境建设标准，适当配备老年人、残疾人出行辅助器具。鼓励地方和企业针对老年旅游推出经济实惠的旅游产品和优惠措施。

5. 大力发展中医药健康旅游。旅游与体育运动、健康养生的结合潜力巨大，前景广阔。我国应该推出一批以中医药文化传播为主题，集中医药康复理疗、养生保健、文化体验于一体的中医药健康旅游示范产品。可以在有条件的地方建设中医药健康旅游产业示范园区，推动中医药产业与旅游市场深度结合，在业态创新、机制改革、集群发展方面先行先试。扩大中医药健康旅游海外宣传，推动中医药健康旅游国际交流合作，使传统中医药文化通过旅游走向世界。

6. 大力发展工业旅游。发挥老牌工业企业、特色工业企业、新兴工业企业的优势和特长，开放多种形式的旅游。青岛啤酒集团、张裕酒业集团在企业内开辟旅游活动，收效显著。同时发展旅游装备制造业。把旅游装备发展纳入相关行业发展规划，制定完善安全性技术标准体系。鼓励发展邮轮游艇、大型游船、旅游房车、旅游小飞机、景区索道、大型游乐设施等旅游装备制造业。大力培育具有自主品牌的休闲、登山、滑雪、潜水、露营、探险等各类户外用品。支持国内有条件的企业兼并收购国外先进旅游装备制造企业，或者开展合资合作。鼓励企业开展旅游装备自主创新研发，按规定享受国家鼓励科技创新政策。

7.大力加强旅游基础设施和公共服务建设。（1）加快旅游交通等基础设施和配套建设。重点建设旅游道路、景区场车场、游客服务中心、旅游厕所、供水供电、应急救援、旅游安全、资源环境保护、安防消防以及垃圾污水处理等基础设施，支持重点旅游线路建设自驾车营地。厕所状况是旅游景区文明程度的集中反映，要大力开展全国旅游厕所革命和实施旅游厕所改扩建工程，鼓励以商建厕、以商养厕、以商管厕，尽力实现全国各地旅游景区、景点，旅游交通沿线、旅游集散地的厕所全部达到数量充足、干净无味、实用免费、管理有效的要求。（2）构建方便、快捷、安全、舒适和完善的现代旅游交通服务体系，加强主要景区连接交通干线的旅游公路建设，加快推进中西部支线机场建设，完善旅游航线网络，对接航空、高铁等现代高速交通体系。（3）加快旅游便利服务体系建设。建立健全旅游信息服务平台，加强旅游公共服务信息的披露和发布，加强旅游保险服务，建立健全国内旅游安全保障体系和机制，推动建立综合旅游服务紧急救援体系，完善以旅游预警为重点，包括签证边检、信息提供等内容在内的出境旅游公共服务体系。（4）规范和优化旅游市场秩序，创造良好旅游环境。要加快推进旅游市场诚信体系建设，提高旅游业精细化管理水平，下大力气解决游客反映强烈的欺客宰客、强迫消费、部分景区门票价格高、旅游存在安全隐患等热点问题。要将游客满意度指标纳入各级政府旅游工作质量考核指标体系，通过游客评价的"倒逼机制"，促进旅游目的地改善旅游环境，提升旅游服务品质，进一步提高游客满意度。要加强旅游市场监管，严厉打击乱涨价、"黑导游"和强迫消费等行为。

（六）实行人才强旅战略，着力构建强大的旅游教育体系和人才队伍。旅游人才是旅游业发展的首要资源，人才是旅游事业根本所在。建设一支高素质旅游人才队伍是旅游工作的当务之急，已成为在激烈的国际竞争中赢得主动权的重大战略选择。

1. 以旅游业各类领军人才为重点，着力提高旅游人才素质，加快培养适应市场需求的各类旅游人才，建设以旅游行政管理人才、旅游经营管理人才、旅游专业技术人才、导游人才、旅游技能型人才、乡村旅游服务人才为核心的人才队伍体系。围绕提高旅游服务质量，以旅游基础服务人才为重点，努力提高旅游基础服务人才的素质。围绕旅游行业出现的新兴行业和专业，以满足旅游新业态所需人员的数量和质量为重点，加速培养旅游新业态所需专业人才。围绕旅游事业长远发展，以适应旅游业高速发展、旅游企业迅猛扩张的趋势，造就旅游业各类领军人才。围绕政府职能转变，以提高旅游行政管理能力为核心，造就一批具有旅游业发展的大局意识、国际视野、专业素质和服务意识的旅游行政管理人才队伍。围绕提升企业竞争力，以提高现代经营管理水平为核心，以企业家和职业经理人为重点，加快提升旅游企业经营管理人才的素质，培养造就一大批具有全球战略眼光、市场开拓精神、管理创新能力和社会责任感的优秀企业家和一支高水平的企业经营管理人才队伍，推进旅游企业经营管理人才的职业化、市场化、国际化建设。改革和完善导游等级制度，规范和加强导游人才队伍建设。适应旅游产业结构优化升级的要求，以提升职业素质和技能为核心，以宾馆饭店、旅行社、旅游景区等旅游企业一线技能服务人员为重点，培养一支门类齐全、技艺精湛的高技能人才队伍。

2. 构建体系完备的旅游教育体系，推动学历教育和非学历教育协调发展，职业教育和普通教育相互沟通，职前教育和职后教育有效衔接。加强旅游学科建设，协调教育部门制定有利于提升旅游人才培养质量的教育政策，优化旅游专业体系和课程设置，提升旅游学科地位，积极培养旅游教育教学骨干、学科带头人。建立和完善旅游职业资格和职称制度，设立旅游高级职称系列。创新旅游人才培养模式，建立学校教育和实践锻炼相结合的开放式培养体系。深化旅游高等教育改革，全面提升旅游高等教育质量，加快发展旅游专业学位教育，促进多学科交叉和融合，扩大应用型、复合型、技能型人才培养规模。创立高校与科研院所、行业、企业联合培养旅游人才的新机制。

3.大力发展旅游职业教育，培育旅游职业经理人市场，满足对高素质旅游技能型人才的需要。建立健全政府主导、行业指导、企业参与的旅游职业教育办学机制。完善符合旅游职业教育特点的教师资格标准和专业技术职务（职称）评聘办法。建立健全旅游职业教育课程衔接体系，鼓励毕业生在职继续学习，完善旅游职业学校毕业生直接升学制度，拓宽毕业生继续学习渠道。健全旅游继续教育激励机制，构建网络化、开放式、自主性继续教育体系，推进旅游继续教育与工作考核、岗位聘任（聘用）、职务（职称）评聘、职业资格等人事管理制度的衔接，鼓励旅游从业人员采取多种形式接受继续教育，支持用人单位为旅游从业人员接受继续教育提供条件。

4.加强旅游人才的国际培养与合作。吸引境外知名旅游院校、科研机构以及企业，合作设立教育教学、培训、研究机构或项目，推动建设一批示范性中外合作旅游学校和一批中外合作旅游办学项目。加大引进国外旅游人才工作力度。探索实行技术移民，制定国外旅游人才资源供给、发现评价、市场准入、使用激励、绩效评估、引智成果共享等办法。加强与国外高水平旅游院校、知名旅游企业合作，建立教学科研、培训实践合作平台，加强旅游经营管理人才、高层次专业技术人才的国际化联合培养，组织师资赴国外访学并引进国外相关专业培养方案，为全面培养具有国际视野的旅游人才队伍奠定基础。积极支持和推荐优秀人才到国际旅游组织任职。推进旅游专业技术人才职业资格国际、地区间互认。发展国际旅游人才市场，培育国际旅游人才中介服务机构。

（七）实行全面深化改革战略，着力提升国家旅游治理现代化。

1.完善旅游市场体系，推进旅游市场放开放活。一要进一步完善公开、平等、规范的旅游市场准入制度，充分发挥市场在旅游投资、市场开发、产品促销、经营服务等与旅游企业经营行为密切相关领域的决定性作用。二要尽快消除行政分割和地区壁垒，建立公开、平等、规范的市场准入制度，对从事旅游经营的各类企业，应公平对待，不得区别歧视。三要进一步创新企业机制，以资产重组为契机，以产权制度改革为内容，以培育多元化的市场主体为着力点，深化现代企业制度建设步伐。四要以改革开放增强旅游业发展动力，推动旅游市场向社会资本全面开放。重点在设立旅游产业基金、旅游企业重组、搭建旅游投融资平台等方面实现突破。五要大力整顿旅游市场秩序，为旅客营造放心和舒心的旅游环境。最近，国家旅游局加大了旅游市场查处力度，包括对违规经营和欺客宰客情况严重的 5A 级景区"摘星"，整治和退出一批不合格的星级景区，这项工作应该常态化、制度化。

2. 全面深化旅游企业改革，建设一批具有国际竞争力的旅游企业集团。要帮助企业做大做强，形成"以大型集团为主导、中小企业活力充沛、新型业态持续涌现"的旅游产业发展良好局面。推进旅游企业集团化发展。鼓励骨干旅游企业规模化、集团化、网络化，做大做优做强。

一是培育大型旅游集团。坚持以培育主业清晰、发展路径明确、竞争优势明显的大型旅游集团为基本方向，依托有竞争力的旅游企业，实施强强联合、兼并重组、境外并购和投资合作及上市等途径，促进规模化、品牌化、网络化经营，通过市场培育形成一批拥有自主知识产权和知名品牌、具有较强竞争力的大型旅游企业集团，提高产业集中度。

二是积极支持中小旅游企业发展。引导和支持中小旅游企业提高经营管理水平和自身市场开拓能力，实施中小旅游企业信息化推进工程，加快推进中小旅游企业服务体系建设。建立中小旅游企业发展专项基金，鼓励符合条件的企业申请"科技型中小企业技术创新基金"和"中小企业国际市场开拓资金"等各类基金。

三是鼓励旅游企业加强品牌建设。引导旅游企业将发展自主品牌作为企业战略重点，支持旅游企业通过自主开发、联合开发、国内外并购等多种方式发展自主品牌。引导企业通过国际参展、宣传营销、质量认证、公共服务平台等多种形式和渠道，提高自主品牌的知名度和竞争力。组织旅游企业品牌质量的评定工作，对品牌建设取得重大进展的企业实施奖励。

3.加快推进国家旅游治理现代化。一要充分发挥国家宏观指导作用，科学制定宏观规划和政策，要创新土地、财税、资源、金融、人才、技术等政策支撑措施，上下结合，用政策推动旅游业发展。修订和制定与旅游业相关的法律法规，引导、支持、规范旅游业持续健康发展。二要深化旅游行政管理体制改革。强化旅游的综合协调、综合治理职能，推进旅游大部制改革。提升旅游部门统筹职能，探索旅游部门协调各方、整合相关资源、促进旅游业发展的体制机制。近几年，已有北京、海南、云南、广西、西藏等10多个省市区实行旅游大部门制改革，有的成立旅游发展委员会，使旅游部门成为综合机构，列入政府机构序列，并提高职能地位；或者成立由当地党委、政府主要领导牵头，宣传、发改、财政、交通、国土、建设、旅游等相关部门组成的旅游领导机构。实践证明，这些对统筹协调推动旅游业发展，发挥了很好的作用，值得研究借鉴和推广。可以研究实行涉旅行政管理职能归口合并试点，建立协同联动的工作机制；也可以考虑设立跨部门的旅游委员会，由各级政府领导成员牵头，有关部门主要负责人为委员会委员，旅游部门承担具体职能。具备条件的城市、县可以先行一步。三要转变政府职能，变"管控旅游"为"服务旅游"，减少对市场主体的干预。简化旅游行政审批，建立高效、便捷的行政审批制度。强化政府市场监管、公共服务职能。四要改革旅游行业协会的领导体制，推进旅游行政部门与旅游协会的脱钩，支持和鼓励行业协会强化协会自律。五要抓紧完善和改革旅游业统计体制、统计体系和统计制度、统计方法，以全面、科学、准确统计和反映旅游业的发展状况和对国家的综合贡献。

4.改革和完善法定假期制度。中国旅游业要实现大繁荣大发展，必须实行分散旅客流动政策，特别要抓紧研究解决如何避免"黄金周"期间数以亿计的旅客给交通、旅店、景点造成无法承受的压力和负担。一是严格执行职工带薪休假制度，通过采取健全法规、支持政策、鼓励办法，务必使职工带薪休假制度法制化、规范化、普遍化。二是按照国务院文件规定，鼓励错峰休假、弹性休息。三是研究改革全国所有学校的寒暑假制度。最近有专家研究提出了这个建议，即把总共约两个月的寒暑假分到全年 12 个月休息，即每个月 5 天，加上每月还有 4 个周末，每月共有 13—14 天的假日。这样，既可以促进旅游业大发展，也可以改革教育制度，提高教育质量。这是个大胆设想建议，可以深入研究。

（八）实行旅游扩大开放战略，着力建设开放型旅游强国。要统筹国内国际两个大局，挖掘国内国际两个市场，把深化旅游业对外开放作为建设旅游强国的重要驱动力。

1. 实施旅游"引进来""走出去"并重战略。旅游业要实行大开放、大合作，善于运用国际市场规则和通行标准，特别要推行入境签证方面的便利化、高效化，欢迎国际客人"游"进来。同时，要加快推进我国旅游企业"走出去"步伐，推动中国旅游产业国际化布局。鼓励有条件的旅游企业"走出去"，开设旅行社、旅游饭店、连锁店和其他旅游经营项目。

2. 制定和实施入境旅游提升计划，并制定出境旅游带动入境旅游发展的联动机制。入境旅游是旅游国际竞争力的核心标志，也是旅游服务贸易出口的关键领域。要在开发适合国际旅游的新产品、入境旅游便利化等方面下工夫。

3. 围绕"一带一路"建设开展国际旅游合作。按照"互联互通，旅游先通"这一总体思路，制定"一带一路"旅游合作发展战略规划。要分别推动建立旅游部长联席会议机制和国际旅游联盟，整合多方资源。按照中央的要求，加强与沿线国家旅游投资合作，联合打造具有丝绸之路特色的国际精品旅游线路和旅游产品。

4. 深化与主要旅游目的地国家的旅游合作。要在维护游客权益、便利签证政策、中文导游、保障游客安全等方面开辟新的工作空间。开展国际旅游友好城市结对工作，建立一套申报、筛选、结对、管理、评估的规范程序，推动国内外城市间结成国际旅游合作城市，从机制上促进旅游交流。要积极推进在驻外使馆设立旅游参赞。

5. 深化与联合国世界旅游组织的合作。推动相关国家履行中文成为联合国世界旅游组织官方语言的批准程序。与世界旅游组织联合培训发展中国家旅游人才，选派各级旅游部门的优秀干部到世界旅游组织挂职交流。

6.加快发展旅游实验区，探索设立旅游特区。实行更加优惠便利的政策是支持旅游业发展的重要举措。要在云南省国家旅游综合改革发展实验区、海南国际旅游岛、桂林国家旅游综合改革实验区的格局基础上，加快发展旅游实验区，探索建立旅游特区，给予更加优惠的旅游便利和出入境管理政策。要研究实施促进出入境及过境旅游签证便利化措施，推动符合规定条件的对外开放口岸开展外国人签证业务，逐步优化完善外国人 72 小时过境免签政策，统筹研究部分国家旅游团入境免签政策，优化邮轮入境政策。

7.积极开拓旅游外交。要进一步探索对外开放的新形态，深化与扩展政府与国际组织之间合作的内涵与外延，提升我国在世界旅游市场中的影响力，加大扶持、提升公共服务以及强化人才等要素投入，促进旅游产业的国际化发展，构建旅游产业的可持续发展能力和核心竞争能力，有序发展出境市场，推动出入境市场互换机制的建立。

旅游行业要在国家开放新格局中，主动作为、主动发声，服务国家整体外交、服务旅游业发展、服务游客消费需求，努力开创旅游对外开放新局面。应该大力推进旅游外交，全力以赴办好中美旅游年、中俄旅游年、中英旅游年、中法旅游年、中韩旅游年、中印旅游年、中墨旅游年、中国—中东欧旅游年等系列重大活动。用好世界发展的平台，可以让世界分享中国发展的红利。首届"世界旅游发展大会"将于 2016 年 5 月在北京举行，中美将在 2016 年举办"中美旅游年"，2017 年、2018 年，世界旅游组织大会、世界旅游业理事会大会还将陆续在中国召开。可以通过一系列国际化世界平台，使中国的旅游国际影响力、竞争力实现一个大跨越。

（九）实行更加积极的旅游政策战略，着力构筑完善的旅游业支撑保障体系。

1.健全财政保障体系，加大政府支持力度。抓紧研究更加积极的财政支持旅游业发展的相关政策。各级政府要配合国家旅游强国发展战略加大对旅游基础设施建设的投入力度，中央政府投资尤其要重点支持中西部地区重点景区、红色旅游、乡村旅游等的基础设施建设。将符合条件的旅游企业和项目纳入国家有关支持服务业、中小企业、新农村建设、扶贫开发、节能减排等专项资金的支持范围。同时，要制定优惠、扶持政策，广泛动员、引导社会资金、企业资金投向旅游业。由政府引导、企业牵头，推进设立旅游产业基金，促进旅游企业发展、产业优化创新和转型升级，拓宽对旅游产业的支持方式，在传统的政府贴息和补助奖励基础上，引入股权投资方式，实现专业化投资方式。拓宽旅游企业融资渠道，支持符合条件的旅游企业上市。

2. 健全金融支持旅游体系。对符合旅游市场准入条件和信贷原则的旅游企业和旅游项目，要加大多种形式的融资授信支持，合理确定贷款期限和贷款利率。加强债券市场对旅游企业的支持力度，积极鼓励符合条件的旅游企业在中小企业板和创业板上市融资，发展旅游项目资产证券化产品。加大对小微旅游企业和乡村旅游的信贷支持，鼓励中小旅游企业和乡村旅游经营户以互助联保方式实现小额融资。积极为中小旅游企业争取同中小企业同等的贷款优惠政策。建立旅游发展专业基金公司，为旅游企业的资本运作提供直接有效的资金支持。加大对大型旅游装备出口的信贷支持。进一步完善旅游企业融资担保等信用增强体系，鼓励各类创业风险投资机构和信用担保机构加大担保和投资力度。拓宽旅游企业融资渠道，鼓励消费金融公司在试点过程中积极提供旅游消费信贷服务。探索开发适合旅游消费需要的金融产品，增强银行卡、信用卡、支付宝的旅游服务功能。

3. 优化旅游业用地等政策。对投资大、发展前景好的旅游重点项目，要优先安排落实土地政策，支持旅游业用海用岛开发项目。支持中西部地区利用荒山、荒坡、荒滩、垃圾场、废弃矿井、石漠化土地开发旅游项目。对近海旅游娱乐、浴场等亲水空间开发予以优先保障。

4. 强化旅游法治保障体系。确立依法治旅、依法兴旅理念和战略。从世界旅游强国的发展经验来看，都有完备的旅游法律体系作为支撑。我国旅游法律体系建设取得了长足进步，逐步形成了以《旅游法》为核心的旅游法律法规体系和更加有利、更加公平的旅游产业发展政策环境。需要围绕《旅游法》的贯彻落实，抓紧制定或修订《出境旅游条例》《旅游安全管理办法》《景区开放办法》《旅游景区游客承载量核定工作导则》《旅游规划办法》《境外宣传与推广工作管理办法》等配套法规制度，不断完善旅游业发展的法制环境。特别要加大依法监管的力度。

5.完善旅游安全和标准体系。加强旅游安全风险防范，构建旅游应急救援体系。同时，完善旅游标准化框架体系，加大旅游标准化推行力度。

旅游业的综合性、关联性、服务性，决定了旅游业由大变强离不开国家经济社会的持续繁荣发展。随着我国社会主义现代化建设的深入推进，综合国力和国际竞争力的大幅提升，我国全面建成世界旅游强国的战略目标必将指日可待！

# 中国未来经济转型升级的方向与路径 *

（2016 年 10 月 29 日）

2008 年发生的国际金融危机，对全球经济发展造成了严重冲击，社会供给结构和需求结构都发生着深刻变化，经济复苏乏力，已连续五年低于 1990—2007 年期间的平均增速。当前，世界经济增长动力不足和不确定因素加大，经济全球化出现波折。无论是发达经济体还是新兴经济体，都面临着经济转型和结构升级的紧迫任务。然而，由于各国国情不同、经济发展阶段不同、面临的现实挑战不同，经济转型升级的方向和路径也不会相同。在中国，未来时期推进经济转型升级的内涵更为丰富。概括起来说，就是持续深入推进三大转变：一是推进城乡二元经济结构向现代经济结构转变，实现城乡一体化；二是推进经济增长方式由粗放型向集约型转变，加快增长模式创新；三是推进产业结构由中低端向中高端转变，构建现代产业体系。实现这三大转变，是一个较长的历史过程。多年来，尤其是近些年来，中国加大推进经济转型和结构升级的力度，取得重要进展和成效，但经济转型升级的任务依然繁重和艰巨。随着中国经济发展转入新常态，推进经济转型升级显得尤为重要和紧迫。

当前和今后一个时期，中国发展处于特别重要的历史阶段，既是实现全面建成小康社会的决胜期，又是开启全面建设现代化国家的新时期，还是我国经济爬坡过坎、跨越"中等收入陷阱"的关键期。从全局和战略上看，在这个极为重要的历史阶段，必须紧紧围绕和用力

---

* 本文系 2016 年 10 月 29 日在中国（海南）改革发展研究院举办第 81 次中国改革国际论坛暨 2016 新兴经济体智库年会开幕式上的主旨演讲；发表在《全球化》2016 年第 12 期。

379

抓住全面推进经济转型升级这条主线。

2015 年，我国人均国内生产总值（GDP）超过 8000 美元，按照世界银行划分的标准，达到中高收入国家水平，但经济发展中存在着不平衡、不协调、不可持续和经济增长效益低、供给体系质量不高等一系列问题。这些问题的症结又在于经济结构性矛盾突出，经济转型升级迟缓。如果不加快经济结构性调整和改革、推进经济转型升级，中国经济就难以持续稳定增长，更不可能实现良性循环和高质量增长。

那么，中国未来经济转型升级的目标和方向任务是什么？笔者认为，总目标集中到一点，就是由经济大国向经济强国转变，主要方向任务应当是以下几个方面：

（一）加快产业结构优化升级，推动产业迈向中高端。我国已进入工业化后期，正与全球新一轮产业革命形成历史性交汇，以互联网为代表的信息化快速发展，必须运用新技术、特别是信息化技术加快传统产业改造升级，运用新技术大幅度提升先进制造业、新兴产业、智慧产业和现代服务业水平，并催生新业态、新制造、新资源、新物流，使它们成为我国的主导产业和战略性支柱产业，完成工业化任务。

（二）加快新型城镇化和农业现代化建设步伐，促进城乡区域协调发展。缩小城乡区域差距，既是调整经济结构的重点，又是释放经济发展潜力的关键。特别要提升城镇化的质量、布局、形态，深入推进以人为核心的新型城镇化，到 2020 年，实现"三个一亿人"的目标：即实现 1 亿左右农业转移人口和其他常住人口在城镇落户，完成 1 亿人居住的棚户区和城中村改造，引导 1 亿人在中西部地区就近城镇化。同时，要使农业现代化水平明显提高，新农村建设取得更大成效。

（三）加快形成绿色生产生活方式，推进中国特色生态文明建设。着力推进绿色发展、循环发展、低碳发展，形成节约资源和保护环境的空间格局和社会风尚，持之以恒地推进美丽乡村、美丽城市、美丽中国建设。

（四）加快消费结构调整升级，提高城乡居民生活质量。随着全体人民收入水平普遍提高，中高收入群体的扩大，消费需求趋于多样性、高端性、康乐性，由物质型消费为主向服务型消费为主转型将成为我国消费结构变革的大趋势。

（五）加快经济增长方式转变，实现新旧发展动能接续转换。保持经济中高速增长，注重提高增长质量和效益，着力优化生产要素配置，促进经济增长由主要依靠扩大生产规模和增加物质资源消耗而导致环境污染，向主要依靠科技进步、劳动者素质提高、管理创新转变，真正走出以提高质量和效益为中心、集约创新发展经济的新路子。

（六）加快完善对外开放战略布局，促进国内国际要素有序流动。着力促进对外贸易优化升级，提升服务贸易比重，从贸易大国迈向贸易强国。

当前，特别要在适度扩大社会总需求的同时，突出抓好供给侧结构性改革。这方面也要围绕经济转型升级破题发力。经济转型升级蕴含着巨大的市场潜力，也意味着我国经济增长具有巨大回旋余地。问题在于，由于供给侧的政策体制不合理，供给结构与需求结构的矛盾突出。这就需要大力推进供给侧结构性改革，毫不动摇地实施去产能、去库存、去杠杆、降成本、补短板的政策举措。既做减法，又做加法，减少无效和低端供给，扩大有效和中高端供给，提高供给体系质量和效率。要着力提高供给结构对需求变化的适应性和灵活性，促进供需结构协调发展。供给侧结构性改革，既是一项紧迫性的任务，又是一项难度很大的工作，需要既积极又稳步地推进。

未来时期中国推进经济转型升级，必须选好路径，最重要的是把握好两大环节。

一是坚持贯彻新发展理念。理念是行动的先导，发展理念是否正确，从根本上决定着发展成效乃至成败。党的十八届五中全会鲜明地提出了"创新、协调、绿色、开放、共享"的新发展理念。新发展理念深刻地揭示了我国经济转型升级，实现更高形态、更好质量、更有效率、更加公平、更可持续发展的必经之路，也指明了中国经济发展的新路。贯彻新发展理念，就必须坚持创新发展，把发展基点和重点放在创新上，为中国经济注入创新的基因和动力，加快形成促进创新的体制机制，催生更多依靠创新驱动、更多发挥先发优势的引领型发展；必须让创新贯穿于经济发展的各个领域和各个环节，推动新技术、新产业、新业态蓬勃发展，加快实现发展动能转换。贯彻新发展理念，就必须坚持协调发展，着力形成合理的发展结构，特别要在补发展短板上多用力，在薄弱领域增强发展后劲，重点是促进城乡、区域协调发展，推动新型工业化、信息化、城镇化、农业现代化同步发展。贯彻新发展理念，就必须坚持绿色发展，着力改善生态环境，坚定走生产发展、生活富裕、生态良好的文明发展道路，加快建设资源节约型、环境友好型社会，全面节约和高效利用资源，加大环境治理力度，形成人与自然和谐相处的新格局。贯彻新发展理念，就必须坚持开放发展，着力实现合作共赢，促进内外需协调、进出口平衡，坚持"引进来"和"走出去"并重，引资和引技、引智并举，发展更高层次的开放型经济；要形成对外开放新体制，推进"一带一路"建设，在深化开放中增强发展新动能和改革新动力、增创竞争新优势。贯彻新发展理念，就必须坚持共享发展，着力增进人民福祉，更加注重社会公平，更好保障基本民生，增加公共服务供给，完成脱贫攻坚任务，促进就业创业，缩小收入差距，使全体人民在共建共享发展中有更多的获得感，朝着共同富裕方向前进。"创新、协调、绿色、开放、共享"新发展理念，互相贯通、相互促进，要全面贯彻，不能顾此失彼，也不能相互替代。只有全面贯彻新发展理念，才能开拓经济转型升级的新格局、新境界。

二是坚持全面深化改革开放。从根本上说，深化改革开放，创新体制机制，既是中国经济转型升级的重要方面，也是实现经济转型升级的强大动力。我国经济发展中存在的一系列深层次问题，包括经济结构扭曲、经济发展方式转变迟滞、经济增长质量效益较低、经济活力动力不足等，主要症结在于经济体制机制没有真正实现根本性转变。要加快经济转型升级，必须在全面深化改革上下大功夫、硬功夫、真功夫，坚决破除体制机制障碍。这样，才能显著提高资源配置的合理性和效率性，激发市场活力和社会创造力。要坚持社会主义市场经济的改革方向，在深化经济体制改革和行政体制改革中，要着力处理好以下三个方面的重大关系。

第一，市场与政府的关系。要严格规范两者的职能边界，该由市场充分发挥作用的，要彻底放开放活，不留尾巴，不搞变通；该由政府更好发挥作用的，要认真行使权力，不松懈、不敷衍。各级政府要进一步简政放权，全面实施权力清单、责任清单和负面清单，使之更具规范性和可操作性，提高简政放权的实效，真正使市场在资源配置中发挥决定性作用，更好地发挥政府宏观引导、规划、调控、监管作用，努力实现灵活有效市场和正确有为政府的有机结合与协调统一。在新的历史条件下，如何正确认识更好发挥市场和政府"两只手"的作用，既考验智慧，也考验魄力。

第二，政府与企业的关系。要切实推进政企分开、政资分开，让各类企业真正成为市场的主体、竞争的主体、创新的主体。政府要顺应世界潮流和客观规律，制定经济转型升级的规划、法规、政策、标准，为企业发展创造良好的外部环境，而不要直接干预企业的生产经营和投资活动。必须继续大力推进企业改革，尤其要深化国有企业改革，转换经营机制，提高活力与效率；同时，进一步引导、支持、鼓励非公有制企业健康发展。要从法令和制度上采取有力措施，增强各类企业家的安全感和信心度。

第三，中央与地方的关系。中国幅员辽阔，发展又很不平衡，加快推进经济转型升级，需要坚持中央的统一领导，从国家发展全局制定规划和大政方针，统筹重大生产力布局和经济结构调整；同时，必须坚持分类指导，因地制宜，鼓励从各地实际情况出发，充分发挥地方的比较优势和积极性。要加快建设全国统一开放、竞争有序的市场体系，打破地方保护和市场分割。应当按照中国经济转型升级新形势新任务的要求，进一步理顺中央与地方的关系，正确有效地发挥中央和地方两个积极性。

中国经济转型升级是一场深刻的经济社会变革，涉及面广，也是一个复杂、艰巨的过程。中国加快推进经济转型升级具有许多有利条件，包括已建立起坚实雄厚的物质技术基础，拥有潜力巨大的国内市场和素质不断提高的人力资源。当然，也不会一帆风顺，会有许多可以预见和难以预见的困难、挑战和风险，必须未雨绸缪，准备好务实有效的应对之策。中国经济转型升级的过程，是一个不断经历阵痛的过程，也是一个充满希望、不断升华的过程。

中国持续推进经济转型升级，不仅对我国当前以至今后中长期经济增长有着决定性作用，而且对全球经济增长和世界经济治理也将产生重要影响。中国作为世界第二大经济体，经济转型和结构升级将成为世界经济的重要动力源，成为世界经济合作和贸易往来的重要推动力。中国理念、中国智慧、中国话语将为全球经济治理贡献力量。2016 年 9 月，在中国杭州举办的二十国集团（G20）峰会上，中国国家主席习近平提出构建"创新、活力、联动、包容"的发展理念和经济治理的主张，达成"杭州共识"，就是中国推动全球经济治理变革作出的新贡献。

当今世界经济是一个紧密联系的命运共同体，各国发展中的许多重大问题都不是哪一个国家能够单独完全解决的，不仅需要依靠国际政府间的全球治理协调和行动机制，还需要加强各国民间组织以及智库之间的合作交流，以有力推动全球经济创新增长和治理体系变革。

# 主动适应把握引领经济发展新常态
# 确保如期全面建成小康社会 *

（2017 年 3 月 23 日）

到 2020 年全面建成小康社会，这是我们党向人民、向历史作出的庄严承诺，是党的十八大以来党中央治国理政新理念新思想新战略的重要内容。在以习近平同志为核心的党中央坚强领导下，全党和全国人民按照党的十八大确定的全面建成小康社会目标新要求奋勇前进，取得了重大进展，形成良好局面。现在，距离 2020 年时间已很紧迫，全面建成小康社会的任务还很繁重，需要全国上下凝心聚力，不懈努力奋斗，持续全面推进，确保如期实现。

在全面建成小康社会的决战决胜阶段，最为重要的是推动经济持续健康发展。这是实现全面建成小康社会目标的首要要求，是让全国人民过上更好生活、推动各项事业更大发展的坚实物质基础。而要实现既定经济发展目标，首先必须深刻认识我国现阶段经济发展进入新常态的显著特征。在新常态下，我国经济发展的主要特点是：增长速度从高速转向中高速，发展方式从规模速度型转向质量效益型，经济结构从增量扩张为主转向调整存量、做优增量并举，发展动力从主要依靠资源和低成本劳动力等要素投入转向创新驱动。这些是我国经济发展阶段性特征的必然要求。其实质是使整个经济发展进入提质增效、转型升级、稳定增长、良性循环的新阶段。要做好经济工作，推动经济持续健康发展，就必须主动适应把握引领经济发展新常态，下大气

———————

＊ 本文系在中共中央宣传部 2017 年 3 月 23 日举办"治国理政论坛'四个全面'战略布局系列理论研讨会"首场研讨会上的发言，发表在《人民日报》2017 年 4 月 10 日。

385

力推动稳定增长、优化结构、提高效益、改善环境、转换动力，实现经济更高质量、更有效率、更加公平、更可持续发展。这是我国经济发展迈上新台阶的真正希望和战略选择。

主动适应把握引领经济发展新常态，全面建成小康社会，最核心的是要牢固树立和践行新发展理念。理念是行动的先导，一定的发展实践是由一定的发展理念引导的。党中央提出的创新、协调、绿色、开放、共享的新发展理念，是管全局、管根本、管方向、管长远的科学理念，是走科学发展之路的行动指南。这是我们党对国内外发展经验教训的深刻总结，是针对我国经济发展中存在突出问题和经济发展进入新常态开出的有效良方。创新发展，注重解决发展动力问题，要把发展基点放在创新上；协调发展，注重解决发展不平衡问题，要在着力加强发展短板和薄弱环节中拓宽发展空间；绿色发展，注重解决人与自然和谐问题，要推动形成绿色发展方式和生活方式；开放发展，注重解决发展内外联动问题，要提高对外开放水平；共享发展，注重解决社会公平正义问题，要坚持走共同富裕道路。新发展理念，体现了对新的发展阶段基本特征和发展方向的科学把握，体现了经济发展的新内涵、新方式、新途径、新动能，集中反映了经济发展新常态的新要求。全面贯彻新发展理念，我国经济发展必将开辟新局面、新境界。

主动适应把握引领经济发展新常态，全面建成小康社会，最关键的是要深化供给侧结构性改革。当前制约我国经济发展的因素，有周期性、总量性的，但主要是结构性的。结构性问题，供给和需求两侧都有，但矛盾的主要方面在供给侧。推进供给侧结构性改革，是适应把握引领经济发展新常态的重大创新和必然要求。一定要把推进供给侧结构性改革作为主攻方向，重点是解放和发展社会生产力，用改革的办法推进结构调整，减少无效和低端供给。改善供给侧结构，必须合理配置生产要素，优化产业体系，创新产品供给，提高供给质量和效率，使供给体系更适应需求结构的变化。推进供给侧结构性改革，既要"立足当前"，努力完成好"去产能、去库存、去杠杆、降成本、补短板"这五大重点任务，积极化解当前经济运行中的突出矛盾；更要"着眼长远"，加快构建我国经济健康稳定增长的一系列创新制度和长效机制，汇聚我国中长期经济健康增长的持久动力。同时，要适度扩大总需求并提高有效性。这是推动经济持续健康发展的重要条件。我国内需潜力巨大，扩大内需既有必要也有可能，关键是找准发力点。要着眼补短板、惠民生、调结构、促创新、增后劲，特别是在脱贫攻坚、环境治理、壮大新兴产业、促进农业稳定发展和加强社会建设等方面，增加有效投资和改善投资方式。要主动适应消费需求变化的新趋势，加快发展公共设施和教育、养老、医疗、旅游、文化等各类服务消费，使消费和服务业成为中国经济增长的主要力量。

主动适应把握引领经济发展新常态，全面建成小康社会，最紧迫的是要加快转变经济发展方式。我国经济发展长期以来沿袭高投入、高消耗、高污染的路子，付出的代价太大，难以为继。必须按照党中央关于走科学发展道路的要求，切实把经济发展方式从粗放型发展的老路转到集约型发展的新路上来。经济工作要切实以提高经济增长质量和效益为中心，大力培育发展新优势新动能。着力推动经济发展更多依靠科技进步、劳动者素质提高和智力开发，更多依靠节约资源和循环经济推动，更多依靠城乡区域发展协调互动。特别要大力实施创新驱动发展战略，加快从要素驱动、投资规模驱动为主向创新驱动发展为主的转变，促进创新资源高效配置和综合集成，把全社会智慧和力量凝聚到创新发展上来。加快经济发展方式转变，是推动科学发展的必由之路，必须贯穿经济社会发展全过程和各个领域，在发展中促转变，在转变中实现新发展。

主动适应把握引领经济发展新常态，全面建成小康社会，最根本的是要全面深化改革开放。无论是稳增长、调结构、转变发展方式，还是惠民生、防风险、实现更高水平发展，要取得预想的成效，必须继续全面深化各领域的改革，包括深入推进财税、金融、国企改革，包括深化经济体制改革、行政体制改革、社会体制改革、生态文明体制改革，着力理顺关系，完善机制，创新制度，增强经济活力和内生发展动力。要更加注重统筹国内国外两个大局和两种资源，进一步实施对外开放战略，实现更高层次的双向开放，提高在全球范围配置资源的能力。要坚持社会主义市场经济的改革方向，特别要正确处理政府和市场关系，充分发挥市场这只"看不见的手"和政府这只"看得见的手"两只手作用。一方面，要更加尊重市场经济的一般规律，切实发挥市场在资源配置中的决定性作用，使资源配置依据市场规则、市场价格、市场竞争，实现效益最大化和效率最优化，让企业和个人有更多活力和更大空间去从事经济活动，创造更多社会财富；另一方面，要更加重视政府的自身改革，更好发挥政府应有作用，特别要创新行政管理思想和治理方式，切实按客观规律办事，着力提高宏观调控和科学管理水平，通过制定规划、政策、法规、标准等，引导经济运行方向，创造良好经济发展环境，加强市场监督，维护社会秩序。同时，"看不见的手"和"看得见的手"都要用好。要统筹把握，加强协调配合，既正确发挥政府和市场"两只手"的各自作用，又使二者优势互补，密切结合，形成市场作用和政府作用的有机统一、相互协调、相互促进，充分体现社会主义市场经济体制的特色和优势。

主动适应把握引领经济发展新常态，全面建成小康社会，最重要的是贯彻稳中求进工作总基调，保持战略定力。当前，我国经济发展面临着复杂多变、不确定性增加的国际环境，国内各种矛盾叠加、风险隐患也不断显现。在这种情况下，特别要注意保持宏观经济政策连续性和稳定性，密切跟踪国内外形势变化，充分估计可能遇到的困难和挑战，及早谋划，未雨绸缪，妥善应对，增强调控政策的针对性、灵活性和有效性。要着力稳定社会和市场预期，稳定经济在合理区间增长，稳定增加就业创业，着力解决人民群众普遍关心的突出问题，重视防范和化解各种经济风险，守住金融安全、民生保障、环境保护等方面的底线，确保经济社会大局稳定。稳定是大局、是基础，在稳定的前提下，要勇于进取，积极推动结构调整、深入推进各项改革，敢于啃"硬骨头"，努力在关键环节和重要领域不断取得新突破新进展。

# 三、改革篇

# 我国经济体制改革的目标模式 *

（1992 年 10 月）

我国正在深入进行的经济体制改革，是在社会主义条件下解放和发展社会生产力的伟大革命。它的根本要求，是要改变过去高度集中和靠行政指令管理的计划经济模式，建立充满生机与活力的社会主义经济新体制。经过 14 年来改革的理论探索与实践，我们党现在进一步明确把建立社会主义市场经济体制作为改革的总体目标。这是一个具有全局性的重大决策。正确认识和理解这样的改革目标，对于增强改革的自觉性，把建设有中国特色的社会主义伟大事业推向前进，具有十分重要的意义。

## 一、关键是对计划与市场问题要再认识、再提高

正确认识计划与市场问题，是我国经济体制改革的核心问题，也是建立社会主义市场经济新体制首先必须解决的根本性课题。

自从一百多年前马克思主义创始人提出有计划地组织全社会生产和经济活动的重要思想以来，计划与市场问题一直为人们所普遍关注，成为世界性的争论甚多的焦点问题。在一个相当长时期中，国内外广泛流行着这样的观点：计划与市场是不同社会经济制度的产物，计划经济是社会主义的本质特征，而市场经济是资本主义所特有的。持有这种观点的人，有许多笃信马克思主义的政治家和经济学家，也有不少是资产阶级的政治家和经济学家。一些国际性的社会组织和公共机

---

* 本文载于《迈向 21 世纪的行动纲领》一书，新华出版社 1992 年 10 月出版。

构，也都把实行计划经济或者市场经济作为区分社会主义国家和资本主义国家的标志。这种将计划与市场冠之以姓"社"或姓"资"的观点，是不科学的，是一种思想理论误区。我们要深化和推进经济体制改革，必须对计划与市场问题加以再认识、再提高。

先看计划。运用计划手段和机制调节经济活动，是社会化大生产的客观要求。只要是社会化大生产，就必须按照社会需要的客观比例进行社会生产，保持社会生产的计划性。不然，就会造成经济生活的紊乱和社会资源的浪费。在社会主义条件下，实行生产资料公有制为主体的基本经济制度，有条件也有可能采取计划手段，从总体上自觉遵循经济规律，促进国民经济大体按比例地发展，这是社会主义优越性的重要体现。但是这种可能性，并不等于它的现实性。计划只有适应客观规律的要求，讲究科学性，才能发挥其应有作用的效果。否则，往往会事与愿违。发展社会主义经济需要而且必须有计划，这一点无论从理论上还是实践上，都得到了证实，不应当有什么疑义的了。

那么，建立在私有制基础上的资本主义经济，是否也有计划呢？对此，许多人的认识是不清楚的。往往否定计划性在资本主义社会的存在。实际上，理论与实践也都作出了明确的回答。早在1891年，恩格斯针对德国社会民主党爱尔福特纲领草案中关于"根源于资本主义私人生产的本质的无计划性"的论断，明确指出这个观点"需要大加修改"，因为"资本主义生产……是由单个企业家所经营的生产；可是这种生产已经愈来愈成为一种例外了。由股份公司经营的资本主义生产，已不再是私人生产，而是为许多结合在一起的人谋利的生产。如果我们从股份公司进而来看那支配着和垄断着整个工业部门的托拉斯，那么，那里不仅私人生产停止了，而且无计划性也没有了。"（《马克思恩格斯全集》第二十二卷第270页）在恩格斯作出这种资本主义有计划性的论断的27年后，列宁根据当时资本主义的发展，也作出明确论述：资本主义在战争时期比战争前更加发展了。资本主义已经把整个的生产部门抓在自己手中，那种认为资本主义就是无计划性的说法已经过时了，现在指出这一点尤为恰当。有计划性并不能使工人摆脱奴隶地位，相反地，资本家将更"有计划地"攫取利润，现在资本主义正直接向它更高的、有计划的形式转变。这些论述说明，计划性是由社会化大生产决定的；资本主义发展到托拉斯形式，由一般垄断转变为国家垄断，其社会生产就显示出有计划性的特点。到了 20 世纪 30 年代，凯恩斯主义出现后，西方资本主义国家加强了对经济生活的干预，也就明显加强了对经济的宏观控制。凯恩斯强调对全社会需求进行管理，这对挽救 30 年代西方国家经济的大萧条起了重要作用。凯恩斯主义和后凯恩斯主义还强调通过累进式个人所得税、遗产税和馈赠税，进行收入分配的再调节。这表明，西方资本主义经济除了各企业内部加强了计划性，在宏观层次上也出现了一定程度的计划调节。

特别是到了第二次世界大战后，随着资本主义所固有的矛盾日益加深和科学技术的迅速发展，一些西方国家纷纷制定和实施各种形式的宏观计划，加强对全社会经济活动的指导和调控。作为市场经济发达的法国，从 1947 年开始，已连续实行了 9 个国民经济发展中期计划，目前正在实施第 10 个（1989—1992 年）计划。法国的计划化工作，保证了法国社会经济的稳定发展。第二次世界大战后迅速崛起的日本，从 1955 年开始，制定和实施了 10 个经济发展的中长期计划，对其经济全面振兴和快速发展起了重要作用。瑞典在二次大战后的经济发展也是世人瞩目的，其人均国民生产总值在世界上名列前茅。这个国家大规模采用的经济计划手段，不仅有 5 年计划，还有年度计划。其他重视计划手段的国家，包括巴西、墨西哥、土耳其等，也都使其经济取得了明显成就。许多国家不仅编制和实施长中短期计划，而且还成立专门的计划机构。这种趋势带有相当普遍性。大量事实说明，资本主义国家是很注意对经济活动进行控制的，我们的思想不能再停留在"资本主义的社会生产是无计划、无政府"这类不确切的概念上了，不能把有计划只看成是社会主义独具的特征。当然，社会主义制度条件下和资本主义制度条件下，运用计划手段的目的、范围和形式，是有些区别的，其计划的功能与作用会有所不同。

再看市场。过去一说市场和市场经济，有些人往往同资本主义联系起来，所以担心发挥市场作用会被说成搞资本主义。其实，市场是同社会分工和商品生产相联系的。列宁讲过：哪里有社会分工，哪里有商品生产，哪里就有市场。社会分工和商品生产发展到什么程度，市场就发展到什么程度。市场是商品交换关系的总和，从人类社会出现商品生产之时起，市场就开始出现。商品经济在封建社会末期就相当活跃，那时市场就比较发达。资本主义把商品经济发展推向新的阶段，市场作用则更加广泛、有力和强大。这些说明，市场与商品经济密不可分，市场不是资本主义的专利品，与社会经济基本制度并无必然联系。我国现在处于社会主义初级阶段，生产力很不发达，不仅存在着日趋复杂和细致的社会分工，而且劳动者以及劳动者集体还具有独立的经济利益，劳动仍然是人们的谋生手段，人们的劳动成果还必须通过商品的等价交换形式来加以实现。因此，不仅广泛存在而且必须大力发展商品经济，商品经济的充分发展是我国实现现代化的不可逾越的阶段。在这种情况下，市场不仅要发挥调节经济运行的作用，而且其作用范围和力度也必将越来越大。

从以上分析可以看出，计划与市场都是社会化生产和商品经济的产物，它们都是资源配置、调节经济的手段与机制。计划经济不等于社会主义，资本主义也有计划；市场经济不等于资本主义，社会主义也有市场。计划不姓"社"，市场不姓"资"，我们必须善于运用计划与市场这两种手段和机制，加快发展社会主义商品经济。

还应当指出，经济体制和运行机制与社会的基本经济制度，既有一定的联系，又不是完全等同的范畴。所谓经济体制，一般是指经济管理的制度和管理方法，包括各经济部门的组织管理体系、管理权限划分、管理形式与手段等。所谓经济运行机制，是指国民经济各个构成部分和环节之间，通过相互联系和制约，促进整个经济系统运转的形式、方法和手段，它包括经济活动的动力结构、经济运行的方式和经济调控的手段，以及经济信息及其系统内各个环节的关系。显然，在经济管理体制和运行机制中，计划与市场作为经济运行的手段与机制，社会主义经济和资本主义经济都可以运用，而不完全受制于社会的基本经济制度。我国进行的经济体制改革，只是改变经济管理体制和运行机制中不适应社会生产力发展的具体形式和方法，而不是改变社会主义的基本经济制度。只要坚持社会主义的基本经济制度，完全可以大胆地运用市场机制与手段调控经济的运行。

我国社会主义理论与实践正反两方面的经验也有力地表明，计划与市场作为资源配置、调节经济的手段和机制，它们不具备社会经济制度的属性。在社会主义经济条件下，不仅需要而且必须既发挥计划的作用，又发挥市场的作用。新中国成立以后的一个相当长时期中，由于对社会主义经济内涵的认识不全面，在经济管理中，只讲有计划这一面，忽视甚至排斥市场，结果使社会主义经济缺乏生机和活力，在很大程度上束缚了生产力的发展，社会主义优越性没有得到应有的发挥。这方面大家都是比较清楚的。党的十一届三中全会以来，随着经济体制改革理论和实践的发展，我们党对计划与市场的认识不断深化和突破。改革之初，先是突破社会主义经济排斥市场的传统观念，强调要重视发挥市场的作用。1982 年党的十二大，提出以计划经济为主、市场调节为辅的原则。1984 年党的十二届三中全会在《关于经济体制改革的决定》中，确立了社会主义经济是在公有制基础上有计划商品经济的新概念，强调把计划经济与商品经济统一起来，这是对马克思主义政治经济学理论的重大突破。1987 年党的十三大，指出社会主义有计划商品经济的新体制，应该是计划与市场内在统一的体制，强调建立国家调控市场、市场引导企业的经济运行机制，从而把计划与市场及其二者关系的认识提高到了一个新水平。十三届四中全会以后，又提出建立适应有计划商品经济发展的计划经济与市场调节相结合的经济体制与运行机制。这些过程，反映了对社会主义条件下计划与市场问题的再认识，其基本实质，是把市场作为社会主义经济运行的重要特征，要充分发挥市场调节经济的作用。

我国经济改革的总设计师邓小平，以发展马克思主义理论的巨大勇气，对计划与市场问题进行了深刻和透彻的论述。早在 1979 年 11 月，邓小平会见美国大不列颠百科全书出版公司编委会副主席吉布尼时就指出："说市场经济只限于资本主义社会、资本主义的市场经济，这肯定是不正确的。社会主义为什么不可以搞市场经济？市场经济，在封建社会时期就有了萌芽。社会主义也可以搞市场经济"。他还认为，"社会主义的市场经济方法上基本和资本主义社会相似，但也有不同。这是全民所有制之间的关系，当然也有同集体所有制之间的关系，也有同外国资本主义之间的关系。但是归根到底是社会主义的，是社会主义国家。"1985 年，邓小平在回答美国企业家代表团团长格隆瓦尔德关于社会主义和市场经济关系的提问时又指出："问题是用什么办法更有利于社会生产力的发展。""过去我们搞计划经济，这当然是一个好办法，但多年的经验表明，光用这个办法会束缚生产力的发展，应该把计划经济与市场经济结合起来，这样就能进一步解放生产力，加速生产力的发展。"运用生产力标准来观察、评论计划与市场问题，这是对马克思主义的重大贡献。1989 年邓小平在接见首都戒严部队军以上干部时重申："我们继续坚持计划经济与市场调节相结合，这个不能改"。近两年，邓小平又反复强调："计划多一点还是市场多一点，不是社会主义与资本主义的本质区别……计划和市场都是经济手段。"邓小平关于计划与市场的一系列重要论述，从根本上打破了那种把计划与市场作为区分社会主义与资本主义的传统观念，丰富和发展了马克思主义关于社会主义经济的理论。

实践是检验真理的唯一标准。改革 14 年来，我们走的基本路子，就是简政放权，减少指令性计划，扩大市场的作用。目前，农业方面的指令性计划已经取消，除了对棉花实行国家收购、调拨和对一部分粮食实行国家合同定购的办法外，其他农副产品的生产和流通基本上都是由市场调节。工业总产值中实行指令性计划的部分，已由过去的 95% 以上减少到 10% 左右。国家统一分配的生产资料，已由 256 种减少到 19 种。在商业流通、对外贸易、科学技术和社会发展事业等方面，指令性计划都已大为缩小，市场作用显著扩大。价格是市场机制起作用的关键因素，这方面改革也取得明显进展。目前，在全部产品和服务的价值总额中，国家定价的部分大体只占 20% 左右，其余 80% 部分为市场调节价。引进市场机制的改革，为我国社会主义经济注入旺盛的活力。十多年来，我国经济建设上了一个大台阶，人民生活上了一个大台阶，综合国力上了一个大台阶。在世界风云急剧变幻的情况下，中国的社会主义制度经受住严峻的考验，显示出强大的生命力。实践表明，在社会主义经济中，市场作用是客观存在的，应该而且必须充分发挥市场对经济的调节作用。同时也证明，计划与市场都是市场经济的手段与机制，而不是社会主义与资本主义的本质区别。

那么，什么是社会主义与资本主义的本质区别呢？弄清这个问题，有助于我们加深理解计划与市场问题的实质。邓小平指出："社会主义的本质，是解放生产力，发展生产力，消灭剥削，消除两极分化，最终达到共同富裕。"因此，完全可以说，社会主义经济与资本主义经济的本质区别，不在于商品经济是否存在和市场是否发挥作用，而在于所有制基础不同，在于剥削阶级是否存在，在于劳动人民是否当家作主。判断改革措施的标准，应该主要看是否有利于发展社会主义社会的生产力，是否有利于增强社会主义国家的综合国力，是否有利于提高人民的生活水平。符合这三个"有利于"的，就是正确的，归根到底是有利于社会主义制度的巩固和发展。我们决不能陷入一些姓"社"还是姓"资"的抽象争论中。在认识和处理计划与市场及其相互关系中，我们也只能采用这些正确标准，而不能采取其他别的什么尺度。我们应当更大胆地沿着充分发挥市场作用的改革道路前进，努力建立充满生机与活力的社会主义市场经济体制。

## 二、深入研究社会主义市场经济体制的主要内涵和特征

建立社会主义市场经济的新体制，是我们党的重大决策。深化经济体制改革，就要向这个目标前进。那么，如何认识这样的改革目标，在前进中需要深入研究和把握哪些方面呢？

（一）必须正确认识市场经济与商品经济既有联系又有区别的含义。对于商品经济与市场经济的关系，目前有不同的认识和理解。有人说是内容与形式的关系，也有人说二者是同义语。这些看法都有一定道理。我们认为，商品经济和市场经济既有联系、又有区别。市场经济是商品经济存在和发展的客观要求和逻辑结论。商品经济是指人类经济活动采取商品等价交换的方式，是社会分工和商品货币关系发展的产物。市场是商品交换的纽带，是价值规律的作用形式。价值规律是通过市场的功能体现出来的。市场与市场经济是一致的，但市场作为

配置社会资源的基础性形式，它的形成标志着商品经济进入了更高水平、更发达的阶段。它一方面说明市场的结构完善，不仅有一般的商品市场，而且有健全的生产要素市场；另一方面说明市场联结广而大，不仅有着统一、开放的国内市场和市场体系，而且与国际市场有着广泛密切的联系；同时还说明市场机制健全，它能够通过价格、供求、竞争等要素的相互联系、相互依存、相互作用，形成联动体系，发挥节约和配置社会资源的功能。因此，发展社会主义市场经济是发展社会主义商品经济的逻辑结论和必然要求。

党的十二届三中全会提出的社会主义经济是有计划商品经济的科学论断，这是理论上的突破和创新。但社会主义商品经济只回答了社会主义仍需要通过物的交换实现劳动交换的客观必然性；价值规律作为商品经济的基本规律，也只回答了商品经济条件下节约和配置社会资源的机理以及竞争原则制约商品生产与交换行为的内在趋势。这些只有通过市场的作用才能落实下去，体现出来。总之，市场经济不仅能反映商品经济的一般属性，而且更主要的是它还能反映经济运行和体制构造的特征。明确提出实行社会主义市场经济，有利于使理论变成可供操作的改革实践，从而推动市场体系的发育和成长。这样，不仅大大丰富了社会主义商品经济理论的内涵，而且进一步明确了我国经济体制改革的目标模式。

（二）必须深刻认识和把握社会主义市场经济体制的特征。发展社会主义市场经济，就应该建立相应的市场经济体制。而要做到这一点，必须明确市场经济运行的一般方式和表现，也必须研究社会主义条件下市场经济运行的特点及其要求，特别是要弄清楚我国现阶段社会主义情况下市场经济体制的主要特征。

一般地说，市场经济的基本要求和运行方式是：1.凡是商品，不论是消费资料还是生产资料，不论是产品还是生产要素，其交换和流通都应当通过市场。2.市场在资源配置中，起基础性作用，大量的经济活动主要靠市场调节，社会经济运行必须符合市场供求规律。3.商品经济的一般法则即等价交换，是商品运行的基本原则，商品生产者要按照这个法则交换自己的产品。4.竞争机制发挥优胜劣汰作用。竞争是提供激励、鞭策落后、刺激效率的有效方式，这种方式得到广泛运用。5. 市场是天生的平等派，在市场中的交易和竞争是公平、公正和公开的，同时市场也是统一的、开放的，全国形成统一的市场。经济活动对内对外开放，也就是说市场竞争具有平等性、公开性、开放性和规范性，不准许实行保护落后的经济封锁与垄断。6. 价格主要由市场决定，能灵活反映资源的供求状况，即它们相对稀缺的程度。7. 企业是市场的主体，自主经营、自我约束、自负盈亏、自我发展。以上这些，也是市场经济的主要特征。要建立市场经济体制，就不能违背这些基本要求。

我们要求建立的社会主义市场经济体制，是与我国社会主义基本制度相结合的。因此，它也必然具有与资本主义市场经济体制有所不同的特征。根据目前的认识，这些特征主要有：1. 在所有制结构上，以公有制包括全民所有制和集体所有制经济为主体，个体经济、私营经济、外资经济为补充，多种经济成分长期共同发展，不同经济成分还可以自愿实行多种形式的联合经营。国有企业、集体企业和其他企业都进入市场，通过平等竞争发挥国有经济的主导作用。2. 在分配制度上，以按劳分配为主体，其他分配方式为补充，兼顾效率与公平。运用包括市场在内的各种调节手段，既鼓励先进，促进效率，合理拉开收入差距，又缓解社会分配不公，防止两极分化，逐步实现共同富裕。3. 在宏观调控上，我们社会主义国家能够把人民的当前利益与长远利益、局部利益与整体利益结合起来，更好地发挥计划和市场两种手段的长处。国家计划是宏观调控的重要手段之一。要更新计划观念，改进计划方法，重点是合理确定国民经济和社会发展的战略目标，搞好经济发展预测、总量调控、重大结构与生产力布局规划，集中必要的财力物力进行重点建设。综合运用经济杠杆，促进经济更快更好地发展。在建立社会主义市场经济体制的过程中，计划与市场两种手段相结合的范围、程度和形式，在不同时期、不同领域和不同地区可以有所不同。4. 从政治制度上说，最重要的是中国共产党的领导和人民政权。我们的党和政权不是为某些集团或个人谋求私利，而是以为全体人民利益服务为宗旨的。由于有共产党和人民政权的领导，有公有制为基础，有共同富裕的目标，在我们的社会主义市场经济的运行中，更有可能从社会整体利益与局部利益相结合出发；在处理计划与市场的关系、微观放活与宏观协调的关系，以及刺激经济效率和实现社会公正的关系等方面，应当也能够比资本主义市场经济更有成效，做得更好。当然，由于对社会主义条件下如何实行市场经济体制的实践尚不充分，有些问题还有待于通过社会实践，加以总结、提高。

（三）必须正确认识计划与市场的功能，充分发挥市场机制的作用。这是建立社会主义市场经济体制的一个基本要求。计划与市场作为调节经济的不同手段和机制，它们具有不同的功能与作用。市场配置资源和调节经济活动的机理，在于市场这只"看不见的手"调节生产和交换，使产品价值得以实现，并调节社会供求，引导经济发展。它通过价格杠杆和竞争机制的功能，把资源配置到效益较好的环节中去，并给企业以压力和动力，实现优胜劣汰。运用市场对各种经济信号反应比较灵敏的优点，促进生产与需求的及时协调。市场还是经济价值评估的公正、准确的测量器，它可以客观地评价一种商品的价值，评价一个企业的成绩，评价管理水平的高低，以至评价一个产业的前途。总之，市场在调节经济运行、管理经济活动中的作用，是不可替代的。同时也要看到，市场主要反映眼前的、局部的利益，有一定的自发性和盲目性，而这种缺陷所造成的问题往往在事后才能显示出来。所以，社会经济活动的有些方面是不能交给或者不能完全交给市场去调节的。例如，社会总需求与总供给的平衡，这种经济总量的调控不应该全部交给市场，否则，就会引起不停的周期震荡和经济危机。又如，重大比例和结构的调整，包括积累与消费的比例，经济建设与社会发展的比例，第一、二、三产业结构的调整，完全由市场去调节，不仅要经过相当长的过程，而且要付出很大的代价。再如，协调公平与效率关系，也不能完全交给市场。市场不可能真正实现平等，市场只能是等价交换意义上机会均等的平等精神，这有利于促进效率，但市场作用必然带来社会两极分化、贫富悬殊。此外，公平竞争、环境保护等，也难以完全交给市场去调节。市场的这些不足和缺陷，需要由国家进行必要的宏观调控和管理。

在国家宏观调控中，计划是个重要手段。计划调控经济活动的机理，在于国家可以预先安排和进行有目的的活动，它是主观对客观的认识和能动的反作用，自觉地遵循客观规律以保持整个经济协调发展。它通过提出国民经济和社会发展的总体目标，制定合理的政策和措施，以及有计划地安排重大经济活动，引导和调节经济运行的方向。正确运用计划手段，可以从总体上自觉地保持经济总量的大体平衡和有效协调重大比例与结构，促进生产力布局合理化；可以引导和动员必要的财力物力进行重大建设，防止大的重复建设所造成的浪费；可以较好地调节收入分配，保持社会公正。总之，在社会主义市场经济体制下，必须重视和发挥计划手段的重要作用。特别是我国目前市场发育不足、市场体系不健全的情况下，计划还承担着培育和发展市场体系的职能；同时，我国是发展中的国家，可以充分发挥"后起国效应"，利用计划手段调节经济更有其必要性和重要性。当然，我们决不能迷信计划手段，计划管理如果不考虑客观规律和市场供求变化，也会出现种种问题，甚至造成重大损失浪费。这方面我们过去也有不少经验教训。由于计划是人做的，难免有局限性，也有一些难以克服的矛盾。在主观方面，人们对客观形势、客观事物和客观规律的认识，需要有一个过程，特别是社会需求多种多样而且千变万化，计划难以完全反映客观实际。在客观信息方面，也有其局限性。计划工作依靠信息，而信息的收集、传递，任何时候都难以周全。在利益关系上，观察问题的角度和观点不同，计划管理主要着眼于全局的、整体的利益，而对微观经济活动和利益则往往考虑不够。因此，计划的不足和缺陷需要由市场来弥补。

总之，在市场经济条件下，必须发挥计划与市场各自的优势和长处，避免二者的缺点，使它们做到优势互补。必须指出，经济体制改革的主要方向和基本要求，是要充分发挥市场机制的作用，现在市场作用不是发挥多了，而是很不够，必须加大这方面改革的分量与力度，更多、更好地发挥市场的作用。

为了充分发挥计划与市场二者的作用，并使它们做到优势互补，必须坚决更新观念，确立与社会主义市场经济体制相适应的计划与市场运行方式。就计划方面来说，要更新计划观念，改进计划工作。应当明确认识国家计划手段主要在于宏观经济的导向、平衡和调控，重点做好经济发展预测、经济总量平衡和重大结构的协调，安排好基础设施和基础产业的重点建设。要改变过去那种认为计划管理就是无所不包、包得越多计划性就越强的观念与做法，明确认识计划管理必须遵循价值规律等商品经济规律，主要采取指导性计划这种间接调控方式，运用经济政策、经济杠杆和经济法规来促进实现计划的目标与任务；改变过去那种认为计划管理就是指令性计划、靠指标分解和行政性手段进行直接调控的观念与做法；明确认识国家计划目标和任务的实现，以及计划方法和措施，都必须面向市场并广泛运用市场机制，改变过去那种认为计划与市场相对立，或者计划与市场板块式结合的观念与做法。传统的计划观念不转变，计划方法不改革，就很难适应发展市场经济的要求。再就市场方面来看，应当明确认识社会主义市场经济中的市场，是健全的体系，是完整的、全方位开放的体系，而不仅仅是商品市场，还有各类要素市场，不仅仅是地区性市场，还必须是全国统一的和与国际市场相通的市场。应当明确认识在社会主义条件下，市场和市场经济是在国家政策和计划调控下有秩序运行的，而不是完全自发和自由放任的。总之，不用发展现代商品经济和公有制占主体地位的思想去认识市场及其功能，也难以适应发展社会主义市场经济的要求。

（四）必须认识到新旧体制转换的长期性和复杂性，大胆探索，勇于实践。在社会主义条件下建立市场经济体制，是我国改革理论的巨大突破。向着这个目标前进，并取得预想的成功，不仅会有利于加速我国现代化的进程，而且对世界社会主义运动也是一伟大贡献。同时必须清醒地认识到，从根本上改革原有体制，建立新体制，实现新旧体制转换，是一个十分复杂的社会系统工程，需要进行相当时期的艰苦努力和多方面的相互配套改革，不可能一蹴而就。这是因为：

1.我国目前市场发育程度低，市场充分有效发挥作用的"硬件"和"软件"都不足，包括市场体系不健全，市场组织和市场制度不完善，人们对市场经济知识不多，这些表明市场作用的充分发挥需要有个过程。

2. 建立市场经济新体制，既要大力推进改革，又要创造客观条件。市场作用的充分发挥，有待于商品经济和社会分工的进一步发展，而社会分工的扩大和商品经济的发展，又取决于生产力的状况和水平。目前，我国交通、通信紧张，经济信息咨询业落后，都不利于商品经济的发展，改变这种状况也非下大力气不可。

3. 就改革方面看，现在已进入攻坚阶段，必须向深层次发展，理顺基本经济关系，调整利益格局，把企业推向市场，这些改革难度较大，不仅需要一定时间，而且需要综合配套改革。

4. 在社会主义条件下建立市场经济体制，世界上没有现成模式，只能通过实践不断总结经验，在试验和探索中前进。基于这些情况，在向市场经济体制前进的过程中，既要坚定方向和目标，又要逐步推进，不能急于求成。否则，欲速则不达，造成不必要的曲折和损失。当然，必须增强紧迫感，加快改革步伐，尽可能缩短新旧经济体制转换的时日。要进一步解放思想，大胆探索，敢于试验，勇于创新，开拓前进。同时，要善于总结经验，对的就坚持，不对的及时改，不完善的加以完善。经过实践、认识、再实践、再认识，坚持不懈的努力，就一定会达到既定的改革目标。

# 论建立社会主义市场经济体制 *

（1992 年 12 月）

党的十四大确定，我国经济体制改革的目标是建立社会主义市场经济体制。这一改革目标模式的选择，标志着我们党关于建设有中国特色社会主义理论有了新的重大发展，标志着我们党领导的旨在完善和发展社会主义制度的又一次伟大革命进入了更加广泛、更加深入的历史阶段。它必将对我国整个改革开放和现代化建设事业，对经济基础和上层建筑的许多领域产生重大和深远的影响。

## 一、作出建立社会主义市场经济体制的决策，是认识的飞跃和实践的要求

我国进行经济体制改革以来，不断地探索着改革的目标模式。生动的社会实践丰富着人们的认识，深化了的认识又有力推动着实践前进。实践发展了，原来的认识不能准确地、完全地反映变化了的实际，就需要有新的认识，以至作出新的理论概括。我们认为，把建立社会主义市场经济体制作为我国经济体制改革的目标模式，是我们党在思想认识和理论上发生飞跃的结果，也是我国社会经济发展的历史必然。

首先，作出这样改革目标模式的决策，是基于对计划与市场的认识有了重大突破。正确认识计划与市场问题，是我国经济体制改革的核心问题。随着改革实践和理论探索的深化，对这个问题的认识逐步

---

* 本文发表在《计划经济研究》1992 年第 12 期；收入《我国的改革是一场新的革命》一书之一章。

在前进。传统的观念认为，市场经济是资本主义特有的东西，计划经济才是社会主义经济的基本特征。其实这种观念是不正确的。计划机制和市场机制的存在和运用，都是社会化生产和商品经济的产物，都是资源配置、调节经济的手段。资本主义发展到托拉斯形式，由一般垄断转为国家垄断，其社会生产就显示出有计划性的特点。这一点，恩格斯和列宁都曾作过明确和深刻的论述。20 世纪二三十年代以来，资本主义国家都在逐步加强社会经济发展的计划性。我国社会主义经济也是一种商品经济。它客观要求经济运行不仅要有计划性，还要求市场发挥作用。改革以来的理论和实践，都是朝着改革计划经济模式、引进市场机制方向前进的。特别是邓小平 1992 年初关于计划与市场问题的深刻论述，从根本上解除了把计划经济和市场经济看作属于社会制度范畴的思想束缚，使我们在计划与市场关系问题上的认识有了新的飞跃。这个飞跃，是提出建立社会主义市场经济体制的十分重要的思想理论基础。

其次，我国社会经济生活发生的深刻变化和正反两方面的经验说明，现在提出由计划经济向市场经济转变，建立社会主义市场经济体制是必要的。我们原有计划经济体制模式，是在新中国成立初期的历史条件下形成的。当时，经济发展水平比较低，建设规模比较小，同时，由于缺乏经验学习了苏联计划经济的模式。这种体制在工业化初期，对于集中力量进行重点建设，奠定社会主义的物质技术基础，起过重要的积极作用。但是，随着社会生产力的发展，经济规模的扩大，经济结构和经济联系复杂化，这种体制越来越不适应现代化建设的要求，甚至严重地束缚着社会生产力的发展。我国原有经济体制的主要弊端在于：权力过分集中，管得过多过死，忽视甚至排斥商品关系和市场作用，政企不分，分配上吃大锅饭，搞平均主义，限制了企业和个人的积极性，使本来富有生机的社会主义经济缺少活力。对这种体制非改革不可。党的十一届三中全会以来，我们改革的路子，可以用一句话来概括，就是简政放权，发挥市场的作用。通过引进市场机制的改革，使我国经济注入了旺盛的活力，十多年来我国经济建设、人民生活和综合国力都上了一个大台阶。在世界风云急剧变化的情况下，中国的社会主义制度经受住严峻考验，显示出强大的生命力。14年改革实践还证明，哪个地方的市场作用发挥得好，那个地方的经济活力就强，经济发展也就越快。因此，社会主义经济的发展和繁荣有赖于市场机制作用的充分发挥。

再次，从我国改革开放和发展的现状看，要深入推进改革开放，加快经济发展，也需要更多地发挥市场作用。我们的改革进入了攻坚阶段，要转换国有企业经营机制，提高它们的素质和竞争力，必须把企业推向市场，使他们自主经营、自负盈亏，健全激励机制、约束机制。目前价格体系、利益格局扭曲的状况还比较严重，解决这些问题也需要让市场机制更好发挥作用。我们的经济建设中长期存在着结构不合理、效益差等深层次问题而迟迟难以有效解决，一个重要原因是市场作用发挥得不够，在生产、流通、投资、消费等领域缺乏竞争机制和约束机制。只有进一步发挥市场的作用，才能不断提高质量、增进效益和优化结构，提高国民经济的整体素质，更好更快地发展经济，实现现代化建设的第二步、第三步战略目标。同时，从进一步扩大对外开放看，我国目前的对外开放度已经很高，1991年进出口总额相当于国民生产总值的比重已高达39%，特别是在恢复我国关贸总协定缔约国地位后，在生产和贸易的许多方面更必须遵守国际通行的市场经济法则。现在世界经济向国际化、集团化、一体化方向发展的趋势越来越明显，我们要更大胆地走向世界，要积极参与国际分工、合作和竞争，必须在经济运行机制上与世界经济接轨。否则，就会影响我国进一步从广度和深度上扩大对外开放，也就难以充分利用国际上对我国有利的环境和条件加快现代化建设。因此，无论是深化改革开放，还是现代化建设的客观进程，都提出了加快建立社会主义市场经济体制的迫切要求。

我国14年波澜壮阔的改革开放大潮，不仅呼唤着社会主义市场经济体制的形成和发展，而且为建立这种新的经济体制创造了多方面的有利条件。改革开放极大地解放和发展了社会生产力，使我国经济成功地跨越了人民生活温饱型阶段，主要工农业产品产量有了很大增长，商品供应丰富，市场繁荣活跃，从而为深化改革，建立社会主义市场经济体制奠定了物质基础。从农村到城市、从局部到全面的改革，以及由对内开放搞活到对外扩大开放，原有的计划经济模式已经发生深刻变化，新的经济体制出现了多方面的生长点，不少地方形成了新体制的基础，积累了许多经验。更为重要的是，随着改革开放不断深入发展，与发挥市场作用相关的新观念、新思想、新理论大普及，深入人心，广大干部和群众从亲身的体验和对比中，积极拥护和支持社会主义市场经济体制建设。这是建立这种新的经济体制的深厚伟力之所在和取得改革成功的基本保证。

## 二、社会主义市场经济体制既有一般市场经济的共性，也有自己的鲜明特征

我们要建立的社会主义市场经济体制，究竟是什么样的模式？党的十四大报告明确指出："就是要使市场在社会主义国家宏观调控下对资源配置起基础性作用，使经济活动遵循价值规律的要求，适应供求关系的变化……"。"同时也要看到市场有其自身的弱点和消极方面，必须加强和改善国家对经济的宏观调控"。我认为，这样的社会主义市场经济体制有两个基本点：一个是让市场充分发挥在资源配置中的基础性作用，运用市场手段调节社会再生产的全过程，使整个经济富有活力和效率；一个是社会主义国家要对市场进行宏观调控，重视发挥计划手段的功能和作用，引导市场和整个经济的健康运行。这两个基本点都是社会主义市场经济体制的主要内涵，缺一不可，它们是有机联系，不可分割的。确立这样的改革目标模式，是全面分析了市场和计划这两种配置资源的手段各自的长处与不足，力争实现两者优势互补。市场配置资源、调节经济的机理在于：通过价格杠杆和竞争机制的功能，把资源配置到效益好的环节中去，并给企业以压力和动力，实现优胜劣汰；运用市场对各种经济信号反映比较灵敏的优点，促进生产和需求的及时协调与衔接；发挥市场具有向外扩张、延伸的内在冲动，在更大范围和更广领域里实现资源优化配置。它的主要长处是，有利于激发企业和劳动者的积极进取和开拓创新精神，增强经济活力

与效率，有利于推进技术进步和资源的节约和合理使用，提高国民经济的素质和效益。因此，我们必须高度重视和充分发挥市场在配置资源、调节经济中的积极作用。但市场调节具有某些自发性、盲目性、局限性和事后性等特点，只靠市场调节经济运行，难以经常保持经济总量平衡和重大结构的协调，难以实现经济长期持续快速发展，难以防止收入分配上的两极分化，也难以对生态环境和自然资源进行有效的保护等。计划配置资源、调节经济的机理在于：国家可以预先安排和进行有目的的活动，它是主观对客观的认识和能动的反作用，可以自觉地认识并遵循客观经济规律包括价值规律、供求规律、自然规律，保持经济和社会的协调发展。它的主要长处是，国家有可能从社会整体利益和长远利益来引导市场和整个经济发展的方向，弥补市场的缺陷和市场力量难以达到的方面，可以集中必要的力量办成一些大事，也可以充分发挥发展中国家的"后起国效应"。计划的缺点是，由于计划制定和决策人员在信息掌握和认识能力上的局限性，以及所处地位和所代表利益上也难免有局限性，因此会发生偏颇、僵滞的毛病，往往会束缚经济活力，不利于资源的优化配置。把计划与市场这两手段结合起来，就可以取长补短。

我们要建立社会主义市场经济体制，首先必须很好研究一般市场经济运行的规律和法则。无论何种社会经济形式，市场经济运行的方式、方法大体是相似的。一般地说，市场经济体制的共性大体是：（1）所有产品、服务和生产要素都是商品；（2）商品的交换和流通，都应当通过市场；（3）市场在资源配置中起基础性作用，整个经济都受市场变动的影响和制约，大量的经济活动主要靠市场调节；（4）等价交换是商品经济的一般法则，经济活动必须符合价值规律的要求；（5）供求规律是市场经济的基本规律，经济运行必须适应市场供求的变化；（6）竞争机制充分发挥作用，优胜劣汰；（7）价格主要由市场决定，能灵活反映资源的供求状况，即它们相对稀缺的程度；（8）在市场中的交易和竞争是公平、公开、公正的，市场是开放的、统一的、有序的；（9）政企分开，企业是市场的法人主体，不论何种所有制、具有何种法人地位的企业，都应能够自主决策、自主经营、自负盈亏；政府对企业主要是进行间接调控和管理；（10）市场经济实质上是用法律作为规范的经济，社会经济活动普遍法制化，有法可依，有法必依。以上这些，是所有市场经济的一般要求，要实行市场经济体制，在原则上是不能违背而必须符合这些基本要求。

纵观世界各国，市场经济体制的具体模式是不一样的，即使是以私有制为基础的国家，由于基本国情、经济发展阶段、市场发育程度和民族文化特点等不同，其市场经济体制模式也不完全相同。英国、美国的市场经济不同于德国的社会市场经济，后者又不同于以产业政策为导向的日本市场经济，而日本的市场经济又有异于韩国的政府主导型市场经济。世界是纷纭复杂的，经济模式也是多种多样的。

我国要建立的社会主义市场经济体制，既有市场经济的一般属性，更有自己的显著特征。我国的市场经济是同社会主义基本制度结合在一起的。我们社会主义基本制度可以说有两大显著特点：一是在经济上，以公有制经济和按劳分配方式为主体，多种经济成分和分配方式并存，长期共同发展；二是在政治上，有中国共产党的领导和人民的国家政权。这个党和国家政权是为了广大人民谋利益的，能够自觉认识和依据客观经济规律，加上公有制经济和按劳分配方式的主体地位，需要而且可能把人民的当前利益与长远利益、局部利益与整体利益结合起来。这两个显著特点，决定了我们国家实行市场经济体制应具备的一些重要特征。包括：国有企业、集体企业和其他企业都进入市场，通过平等竞争发挥国有企业的主导作用；兼顾效率与公平，运用市场等各种手段，既鼓励先进，促进效率，合理拉开收入差距，又防止两极分化，逐步实现共同富裕。还要看到的是，由我国社会经济基本制度所决定，在宏观调控上也有自己的特色。与建立在私有制基础上的资本主义市场经济相比，我们国家的宏观调控的目的、范围、形式、力度应当会有所不同，而且由于我们是以公有制经济为主体，国家对市场调控具有较雄厚的物质基础，对市场的宏观调控能力可以比资本主义国家强得多，从而可以使市场机制更加健康地运行。在宏观经济管理上，我们必须积极学习、借鉴别国的一切成功做法和经验。拒绝学习和借鉴别国的好东西，是思想僵化的表现。同时，在学习国外宏观管理模式的时候，必须与我国社会经济制度等基本国情以及现阶段的实际情况相结合，不能照抄照搬。

这里需要进一步明确的是，建立社会主义市场经济体制，充分发挥市场在配置资源中的基础性作用，并不是可以忽视甚至排斥计划手段的作用，新体制本身包括运用计划手段。党的十四大报告在不少地方明确强调了这一点。例如，在讲到社会主义市场经济内涵时指出：要进一步扩大市场的作用，"并依据客观规律的要求，运用好经济政策、经济法规、计划指导和必要的行政管理，引导市场健康发展"。又如，在讲到社会主义市场经济体制特征时强调："国家计划是宏观调控的重要手段之一。要更新计划观念，改进计划方法，重点是合理确定国民经济和社会发展的战略目标，搞好经济发展预测、总量调控、重大结构与生产力布局规划，集中必要的财力物力进行重点建设，综合运用经济杠杆，促进经济更好更快地发展"。再如，当讲到建立和完善社会主义市场经济体制过程时指出："在建立社会主义市场经济体制的过程中，计划与市场两种手段相结合的范围、程度和形式，在不同时期、不同领域和不同地区可以有所不同"。再如，在讲到政府职能转变时说："政府的职能，主要是统筹规划，掌握政策，信息引导，组织协调，提供服务和检查监督。"这些说明，在建立和完善社会主义市场经济体制中，任何忽视以至排斥计划手段的观点和做法，都是不符合十四大精神的，因而是不对的。

在我国社会主义市场经济体制下，为什么要加强和改善国家的宏观调控，为什么还要运用计划手段？这除了和所有实行市场经济的国家具有共同的原因之外，从我们国家的实际情况看，还有以下一些特殊的原因：一是我国现在仍然是一个经济比较落后的国家，各个地区、各行各业都要发展，而人口众多，资源、资金相对不足，又对发展形成了很强的制约。同时，我国社会主义制度具有能够集中力量办大事的优势。这决定了我们必须也有可能运用计划和其他宏观调控手段，引导和动员必要的资源去兴办一些运用市场手段办不到或只靠市场力量误时费力的大事，以抓住时机，促进经济的更好更快发展。二是由于历史的原因，我国产业结构、地区经济布局存在许多不合理现象，结构调整的任务十分繁重；而国际上高新技术迅猛发展，产业结构调整和升级也正在兴起新的浪潮。我们要适应和赶上这种潮流，发挥我们作为发展中国家的"后起国效应"，加快我国产业结构的调整和优化升级，并协调地区经济发展，促进各地区经济合理分工、各展所长、优势互补、共同发展，也不可能所有事情都经过市场去筛选，那样做时间长、见效慢、成本高，甚至还会带来其他消极影响。在重视运用市场手段的同时，合理运用计划手段，就可以更好更快地促进结构优化。三是目前我国市场发育程度低，市场体系不健全，与市场经济相配套的法律、法规有待逐步建立。加强和改善宏观调控，重视运用计划手段，不仅是保证国民经济健康运行所必需，而且也是培育发展统一、开放和有序竞争的市场体系，使市场作用得以更好发挥的重要环节与措施。四是今后一个时期，我国同时处于新旧经济体制转换、经济结构优化升级、经济发展阶段转变的关键时期。由此决定了经济生活中既有规律性和可预测性的因素，又有一些复杂的、难以预测的因素。要创造与保持有利于加快改革开放和现代化建设所必需的社会经济环境，处理好经济发展与改革开放之间的关系，以及处理好加快经济发展与经济总量平衡、调整和优化结构、提高经济素质和效益之间的关系，也必须在不断扩大市场作用的同时，加强和改善宏观调控，运用必要的计划手段。否则，难以实现党的十四大确定的各项重大任务。也可以说，今后一个时期注意加强和改善宏观调控，发挥计划的指导作用，尤为必要和重要。

在社会主义条件下建立市场经济体制，是我国改革理论和实践的重大发展。向着这个目标前进，并取得预想的成功，不仅会有利于加快中国现代化的进程，而且对世界社会主义运动也是一个伟大贡献。同时必须清醒地认识到，从根本上改革原有体制，建立新体制，实现新旧体制转换，是一个十分复杂的社会系统工程，需要进行相当时期的艰苦努力和多方面的相互配套改革，不可能一蹴而就。这是因为：（1）我国目前市场发育不成熟，市场充分有效发挥作用的"硬件"和"软件"都不足，包括市场体系不健全、市场组织和市场制度不完善，人们对市场经济知识不多，这些表明市场作用的充分发挥需要有个过程。（2）建立市场经济新体制，既要大力推进改革，又要创造客观条件。市场作用的充分发挥，有待于商品经济和社会分工的进一步发展，而社会分工的扩大和商品经济的发展：又取决于生产力的状况和水平。目前，我国交通、通信紧张，经济信息、咨询业落后，都制约着市场经济的发展，改变这种状况也非下大力气不可。（3）就改革方面看，现在已进入攻坚阶段，必须向深层次推进。理顺基本经济关系，调整利益格局，把企业推向市场，这些改革难度较大，不仅需要一定时间，而且需要推进综合配套改革。（4）在社会主义条件下建立市场经济体制，世界上没有现成模式，只能通过我们自己的实践不断总结经验，在试验和探索中前进。基于这些情况，在向市场经济体制前进的过程中，既要坚定方向和目标，又要从实际出发，有领导有步骤地逐步推进，不能急于求成。否则，欲速不达，会造成不必要的曲折和损失。当然，必须增强紧迫感，加快改革步伐，尽可能缩短新旧经济体制转换的时日。新旧体制并存的时间过长，会造成多方面的摩擦、矛盾和不良影响。我们要大胆探索，勇于创新，不断总结经验，坚持把解放思想和实事求是精神很好地统一起来，把巨大的热情和科学的态度很好地结合起来，经过实践——认识——再实践——再认识，坚持不懈的努力，就一定会达到既定的改革目标。

## 三、建立社会主义市场经济体制，必须加快改革步伐和搞好相互配套的改革

要建立社会主义市场经济新体制，就必须对原有经济体制进行全面和系统的改造。经过 14 年来的改革，原有高度集中的计划经济体制模式已发生多方面的显著变化，新体制的大门初步打开，但与建立健全社会主义市场经济新体制目标的要求，还有很大距离。按照党的十四大要求，应当抓好以下几个重要环节：

（一）下大力量转换国有企业的经营机制，使之逐步与社会主义市场经济发展相适应。企业是市场活动的主体，也是形成社会主义市场经济体制的基础。必须坚持把国有企业推向市场，增强它们的活力，

提高它们的素质，作为建立社会主义市场经济体制的中心环节。这也是巩固社会主义制度和发挥社会主义优越性的关键所在。转换企业经营机制，就是要按照发展社会主义市场经济的要求，调整、改革所有权与经营权形式，理顺企业经营活动中的各种责、权、利关系，健全企业经营行为，使企业能够在国家宏观政策和计划调控下，从政府的"怀抱"走向市场的"海洋"，使企业真正成为自主经营、自负盈亏、自我发展、自我约束的法人实体和市场竞争的主体，并承担对国有资产保值增值的责任。

转换企业经营机制至少包括以下几方面内容：一是建立企业的自主经营机制。企业作为独立的商品生产者和经营者，能对生产经营、投资、资金支配、产品和劳务定价，以及劳动、人事、工资奖金分配等有自主决策权，在竞争中求生存、求发展。二是健全动力机制或激励机制。完善企业经营者与企业的责权利关系，促其提高企业参与市场竞争的主动性和创造性。在企业内部，要形成有效的激励手段，调动全体职工的积极性和创造性。同时，在市场竞争中建立技术进步和产品开发的动力机制，努力发展生产，提高效益和质量，降低消耗，形成良性循环。三是形成有效的约束机制。企业作为独立法人能自负盈亏，对其经营成果享有相应权益；同时，明确企业对国家对社会所承担的责任，企业经营者对企业承担的责任，包括对国家授予其管理的财产承担民事责任和企业长期发展的责任。企业要自觉遵守国家法律法规的规定，正确处理国家与企业、企业与职工的关系，正确处理全局利益和局部利益、当前利益和长远利益的关系，克服短期行为，建立约束、监督机制，做到自我约束。四是完善企业的积累机制。五是健全对企业的调控机制。政府通过积极有效的宏观政策引导，努力为企业创造一个良好的政策和体制环境。通过完善内部经营机制和改善外部环境，使广大企业焕发经济活力。转换企业经营机制的过程，实际上是探索和选择公有制经济得到更好实现的有效形式，使公有制经济与市场经济内在地和协调地结合起来，以期显著地提高国有企业的活力和效益，进一步解放和发展生产力。

近几年来，我国在探索国有企业转换经营机制方面做了大量的工作，出现了多种多样的形式。包括承包经营、租赁经营、股份经营，也包括引入乡镇企业和"三资企业"机制等。应当继续采取多种形式的试验。承包经营责任制要进一步完善。股份制有利于政企分开、转换企业经营机制和积聚社会资金，要积极试点，总结经验，抓紧制定有关法规，使之有秩序地健康发展。发展企业之间的租赁和买卖，也是深化企业改革的一个重要内容。它是促进资产存量合理流动，实现资源配置优化的客观要求，也是改善企业组织结构的重要途径，还是使国家尽快卸下对长期亏损企业的财政负担，迅速增加财政收入，扩大再生产投入的有效措施，这方面的改革应当积极进行。对有些国有小型企业，可以出租或出售给集体或个人经营。

转换企业机制，使企业成为市场竞争的主体，必须坚决贯彻国务院新近颁布的《全民所有制工业企业转换经营机制条例》，全面落实企业生产经营决策权、投资决策权、产品定价权、进出口经营权、人事劳动权和工资奖金分配权。落实企业的自主权，是转换经营机制的重要内容，也是企业走向市场的基本前提。同时，应当积极创造出各类企业都能够平等竞争的社会经济环境。目前，不仅国有经济与集体经济、乡镇企业、"三资"企业之间的竞争条件不平等，国有企业之间的竞争条件也不相同。不平等的情况也比较复杂，主要表现为体制管理上的不平等和政策待遇上的不一样。必须通过深化改革和合理调整政策改变这些状况。在深化改革中，要继续提倡和支持企业之间进行联合、兼并，组织跨行业、跨地区的企业集团以至跨国经营的企业集团，使国有企业不断增强竞争能力和发展后劲，实现优势互补，在社会主义市场经济中发挥骨干作用。

（二）加快市场体系的培育和建设，逐步建立完整、统一、开放的大市场。一是积极培育各类市场，建立完备的市场体系。我国现阶段不仅商品市场的发育程度较低，还有相当一部分生产资料没有进入市场或没有完全进入市场，特别是各类生产要素市场仅仅处于起步阶段。因此，必须继续大力发展商品市场特别是生产资料市场，包括批发市场、现货市场和期货市场；积极培育包括债券、股票等有价证券的资金市场；努力发展技术、劳务、信息和房地产等市场，以建立完备的市场体系，为市场机制充分有效发挥作用创造组织基础。二是加快价格改革步伐，逐步理顺价格关系。这是建立市场体系和市场经济体制的关键环节。实践证明，靠国家定价或定期调价，很难符合等价交换的要求和市场需求的变化。应当根据经济和社会的承受能力，采取调放结合、以放为主的方针，尽快理顺能源、运力和原材料等基础产品价格，努力建立正确反映商品、资源、资金和劳务稀缺程度的价格体系，以形成对企业生产和投资活动的正确引导。要加快价格双轨制的并轨进程，凡供求大体平衡的产品价格，原则上都应放开，实行市场价格，逐步建立起以市场形成价格为主的价格机制。除极少数重要产品价格和劳务收费由国家定价或国家指导定价外，其余的都要由市场调节。在理顺商品价格的同时，还要逐步理顺作为资金价格的利率，作为外汇价格的汇率，作为土地价格的租金，作为劳务价格的工资等等。只有价格关系理顺了，并让企业参与市场定价，才能有效发挥包括价格机制在内的市场机制的作用。三是进一步深化流通体制改革。按照大开放、大流通、大市场的观念，改革流通体制，拓宽和疏通流通渠道。积极发展多种有利于产品顺畅、稳定交换与流通的新型流通组织形式。要巩固和发展流通的主渠道，大力增强国有流通企业的实力和活力，并积极调整流通企业组织结构，培育现代化流通组织。特别要打破商业、物资、外贸部门三分天下的流通格局，打破国际贸易与国内贸易、生活资料与生产资料流通分离的状况，广泛开展流通企业的联合。四是加强市场制度和法规建设，建立城乡开放、国内国外开放的统一市场规范与秩序。这是实现平等竞争、公平交易和正当经营，从而维护正常市场秩序和保证经济健康发展的基础性条件，也是培育市场体系的重要环节。目前，形形色色的条条块块分割、封锁和垄断还相当严重，阻塞商品的正常渠道和生产要素市场的形成与发展。要抓紧制定《市场法》、《反垄断法》等市场经济的基本法律法规，以及市场进入、交易等规章、制度。只有强化法律约束，才能使市场运行规范化、制度化，使市场经济做到富有生机而有秩序地发展。五是大力发展市场中介组织。介于政府和企业之间的中介组织，是企业经营决策的参谋机构和咨询者，又受政府的指导，遵循国家的法律法规，对企业实行服务、协调和监督。这类组织大体上有会计师事务所、律师事务所、公证事务所、审计事务所、专利事务所、咨询公司、商品检验所、市场公正交易委员会、消费者协会、职业介绍所等等。同时，还要建立一批经济、技术、信息资料库、商情中心、技术服务站等。这些中介组织，是联结政府、市场和企业的纽带和桥梁，是建立社会主义市场经济的重要组成部分。六是搞好市场建设的规划。必须像制定国民经济和社会发展规划那样，认真研究现阶段我国市场发育的特点、战略、布局、结构和政策措施，制定发展各类重要市场和市场体系的总体规划，逐步建立种类齐备、布局合理、多层次、多功能的市场组织。各级政府都应当把培育和建设市场体系纳入国民经济和社会发展计划，并作为重要组成部分。要动员全社会各方面的资金，积极增加对这方面的投入，加快仓储、货栈、运输、信息网络等与市场发育直接相关的设施建设，以引导和加速市场体系的发展。

（三）深化分配制度和社会保障制度改革。深化分配制度改革的基本要求，是统筹兼顾国家、集体和个人三者利益，理顺国家与企业、中央与地方的分配关系。这是深化经济体制改革难度较大而又必须妥善解决的一个重大课题。在我们这样一个人口众多、经济底子薄，幅员辽阔、情况千差万别的国家里，经济上既不能过分集中，也不能过分分散。只考虑国家利益，不考虑集体和个人利益不行；反过来，只考虑企业和个人利益，不考虑国家利益也不行。只有统筹兼顾国家、集体和个人利益，兼顾中央和地方利益，才能有效地发挥中央、地方、企业和劳动者个人各个方面的积极性和主动性。必须通过深化改革，适当调整分配体制和分配格局，建立合理的、规范化的、比较稳固的收入分配关系。

建立合理的分配制度，最重要的是抓好两个方面改革。一是改革财政税收体制。现行的财政包干体制，对于打破统收统支、吃"大锅饭"的分配制度，调动地方发展经济、增加收入的积极性，起了重要作用。问题是，由于利益格局的不合理和过分追求本地利益倾向的发展，造成中央宏观调控乏力，经济结构调整困难。改革的方向，是在合理划分中央与地方事权范围的前提下，实行分税制。综观世界上实行市场经济的国家，包括德国、美国、巴西等，大多实行这样的分税制。这种财税体制，比较规范、合理，它能根据中央、地方的不同事权划定相应的比例，而各自都有支配财力的自主权。与实行分税制的同时，企业也要实行利税分流的体制。二是改革工资制度。现行的个人收入分配制度，透明的工资部分增长不快，而灰色收入和福利性支出比重过大，以致出现个人收入失控现象迟迟得不到解决。这种分配制度，不仅造成个人收入增长过快，而且又导致收入分配不公。因此，改革个人收入分配制度势在必行。应当建立健全工资总量的宏观调控体制，使基层单位形成自我约束的利益分配机制。要建立起符合企业、事业和机关各自特点的工资制度与正常的工资增长机制。必须把可以纳入工资的收入全部纳入工资，把某些实物性分配货币化。合理拉开收入分配差距，克服平均主义现象。积极推行个人收入申报制度，严格征收个人收入调节税。这样做，既可以抑制收入的不合理增加，又可以缓解个人收入分配过于悬殊的矛盾。在企业内部，则由企业根据职工个人劳动的数量和质量自行决定分配。

加快社会保障制度改革，是企业转换经营机制、政府进行机构改革、充分发挥市场作用的内在要求。从更广阔的角度看，建立社会保障制度是社会化大生产的产物，是经济发展与社会进步的标志，也是保障社会稳定，创造有利于经济发展环境的重要环节。社会保障包括待业、工伤、医疗、养老保险以及部分社会福利等多方面的内容，是一种社会保障体系。我国目前这些方面的社会保障制度存在的主要问题是，社会保障覆盖面狭窄，多限于国有企业职工；国有企业负担过重，职工一旦就业，生老病死和住房以至家属子女就学就业等全由企业包下来，这种沉重的负担严重地制约了企业的发展。这种体制，还将社会行为变为企业行为，又将应由个人承担的那部分责任变为企业的责任，这就导致了企业责任和个人责任的扭曲。因此，必须深化社会保障制度的改革。要通过改革，尽快建立和健全统一的、多层次的管理机构或协调机构，这是发展社会保障事业的组织保证。要根据实际情况，研究和制定我国社会保障制度的改革方案，目标是推动社会保障事业逐步走向规范化、法制化和现代化，提高社会保障的社会化程度。当前改革的一个重点，是要改变国有企业代行政府职能、管理社会公共事务和包揽社会保障事业的现象，使待业、工伤、医疗、养老以及其他各项保障由企业行为转化为社会行为。要走出由国家和企业大包大揽的老路子，实行国家、集体、个人三方面合理负担社会保障（主要是社会保险）资金。要打破不同类型的企业不同对待的界限，逐步调控各项社会保险费的收缴和领取办法，认真搞好社会保障资金的管理运营和调剂使用，不断扩大社会保障的覆盖面，促进劳动力的合理流动和劳务市场的发育。社会保障制度改革是一个复杂的工程，关系到广大群众的切身利益和社会稳定，必须精心组织，积极而稳步地前进。

在深化收入分配制度和社会保障制度改革的同时，还必须加快城镇住房商品化的改革进程，包括采取提高房租、出售公房、建立住房公积金、提倡合作建房和个人建房等。这也是引导消费和改善消费结构的紧迫任务，是吸纳社会结余购买力，合理调整国家、企业和个人利益格局的战略性措施。

（四）加快政府职能的转变，健全科学的宏观管理体制与方式。建立社会主义市场经济体制，不是不要政府管理经济，而是要改变管理经济的职能和方式。这方面的改革，实质上是上层建筑如何适应经济基础和促进经济发展的大问题。不在这个方面取得实质性的进展，整个经济体制改革难以深化，更不可能建立社会主义市场经济体制。可以说，这方面的改革，涉及改革和发展的全局，是一项紧迫的重大任务。必须下更大的决心，采取更大的措施，切实抓紧抓好。政府职能转变的根本途径，总的说是把政府的国有资产所有者代表职能与行政管理职能分开，由对企业的直接管理为主改为间接调控为主，即政企分开。政府在经济管理中，主要职能是统筹规划、掌握政策、信息引导、组织协调、提供服务和检查监督，运用经济手段、法律手段以及必要的行政手段引导和调控社会经济的运行，为企业和市场创造良好的外部环境。各级政府部门不能再干预企业的生产、经营、管理等具体事务，凡是市场能够解决问题的，都交由市场调节。同时，政府必须研究在市场经济条件下进行宏观调控的形式、方法和制度，改善和加强宏观调控，强化审计和经济监督，真正做到微观放开搞活，宏观管住管好。并要合理划分中央与省、自治区、直辖市的经济管理权限，充分发挥中央和地方两个积极性，以促进整个国民经济既充满活力又大体协调的向前发展。

转变政府职能的一个重要方面，是更新计划观念，转变计划管理职能和方式，改进计划工作。改革传统的经济体制，建立市场经济新体制，其实质就是要摒弃传统的计划经济模式。它必然要求比较全面系统地改变原有的计划思想、计划观念、计划职能、计划内容、计划形式、计划方法和计划组织体系。在新的形势下，计划的重要职能应当是：研究战略、制定规划、培育市场、宏观调控、重点建设、协调服务。与此相适应，必须切实减少具体事务，转变工作作风。这里所说的计划工作，不只是指计划部门，也包括政府各职能部门，都必须加以改革。因为，原有的计划经济模式，不仅体现在计划部门的管理，也渗透到了其他各职能部门，必须同心协力，步调一致，才能推进改革，使整个计划工作适应建立社会主义市场经济的要求。

以上这些，只是建立社会主义市场经济体制的一些主要方面和基本任务。完成这些任务，还需要相互配套地推进其他方面的改革，包括深化计划、投资、财政、金融、物资、商业、外贸、劳动工资制度等改革。只有这样，才能使整个改革协调前进，加速新旧体制转换的进程。

# 加强和完善宏观调控体系 <sup>*</sup>

（1995 年 2 月）

## 一、社会主义市场经济为什么需要宏观调控

我们党和国家在作出我国实行社会主义市场经济的重大决策时，就对建立社会主义市场经济体制给以科学的概括和明确的内涵。江泽民总书记在党的十四大报告中指出："我们要建立的社会主义市场经济体制，就是要使市场在社会主义国家宏观调控下对资源配置起基础性作用"。八届全国人大一次会议通过的宪法修正案也规定："国家实行社会主义市场经济"，"国家加强立法，完善宏观调控"。在党的十四届三中全会通过的《关于建立社会主义市场经济体制若干问题的决定》中再次强调："社会主义市场经济体制必须有健全的宏观调控体系"。这些都清楚地表明，党和国家把宏观调控作为社会主义市场经济体制的有机的重要组成部分。

所以作出这样的决策，一是基于对现代市场经济特征的深刻认识，二是基于对我国国情的全面分析。

现代市场经济是市场经济由初级向高级阶段发展的历史和逻辑的产物。在市场经济中，资源配置和经济调节的基本方式和主要手段是市场。也就是说，市场是联结主要经济关系和各种交易行为的纽带。市场机制的优点在于，经济活动遵循价值规律的要求，适应供求关系的变化，通过价格杠杆和竞争机制的功能，把资源配置到效益较好的

---

* 本文系在国家行政学院举办的社会主义市场经济培训班讲授提纲，发表在《国家行政学院通讯》1995 年第 2 期。

环节中去，实现优胜劣汰，使整个经济富有活力与效率。宏观调控，就是国家对国民经济从总体上、全局上进行引导、协调、调节与管理，为微观经济活动创造适宜的社会经济环境，保证市场经济的健康运行。

理论与实践都表明，现代市场经济都是有政府宏观调控的经济，完全自由的市场经济是不存在的。之所以如此，主要是因为市场对配置资源和调节经济活动固然有许多优点和长处，但也有其自身的弱点和消极方面。

（一）市场活动是个别生产单位、个别消费单位和个人的经济活动，有关资源配置和经济行为是以价格为基础和自主决策。自发的市场不具有在国民经济总体范围内自行协调的机制。由于受短期利益和局部利益的驱动，单纯由市场调节的经济活动有一定的盲目性、自发性，而其后果又往往具有滞后性。这就不可避免地会造成社会总供求失衡等一系列宏观经济问题，造成经济的波动和资源的浪费。

（二）市场调节只能反映现实生产结构和需求结构，而不能有效反映国民经济发展的长远目标和结构。经济学中有一个重要的概念，叫作合成谬误，就是说对眼前、局部是正确和有利的，但其合成的总体运行结果和长远目标可能是错误和不利的。作为市场主体的企业，它所追求的往往是利润最大化，反映近期市场需求，但微观的经济成本同宏观的社会成本经常是不一致的，这容易导致个别企业为追求自身近期利益而牺牲社会群体或公众利益。这样，市场调节的经济活动，不可能正确反映国家长远发展目标和社会需求远期的变化趋势。

（三）市场不能有效地提供某些社会公共消费品和服务的供给、不能保障社会全面发展。许多社会事业发展领域，包括城乡公共设施的建设，环境保护和生态平衡，文化教育事业，涉及国家利益的国防军工等方面的建设，由于社会公益性强，有些方面也由于投资量大，回收期长，利润率低，因此市场主体是不愿意也是无力进入的，而这些方面又是全社会所必需的，必须由政府有意识、有计划地介入，弥补市场在这些方面的"失灵"和缺陷，以有效地保障社会整体利益。

（四）市场活动以优胜劣汰为准则，它所解决的是微观经济发展的动力问题，它带来的是微观的效率、不能兼顾社会公平。如果完全由市场自发地进行收入分配，就会造成地区之间、城乡之间和社会群体之间差距过分扩大，从而引起社会不稳定，最终破坏经济持续发展和整体效益的提高。

（五）市场竞争往往形成垄断。垄断会导致市场信号扭曲，造成竞争条件不公平，反过来会妨碍市场机制正常作用，降低市场配置资源的效率。西方国家普遍制定《反不正当竞争法》等，正是由国家有意识地通过立法，来规范市场行为和市场秩序。

由此可见，市场不是万能的。国家实施宏观调控，在于弥补市场不足，纠正市场缺陷，引导市场运行，维护市场秩序，保证市场机制正常发挥作用，促进市场经济健康发展。

事实上，自20世纪30年代西方国家出现经济大萧条之后，所有市场经济国家都认识到了政府干预和调节经济运行的必要性，并根据各自特点制定宏观调控措施。凯恩斯主义则为政府干预经济活动和实施宏观调控提供了理论基础。只是由于各国政府干预和宏观调控的范围、形式、程度有所不同，市场经济模式也有所差别。主要的有三种：第一种模式以美国、英国为代表，是相对自由的市场经济，偏重强调企业和个人开展竞争，对企业经济活动干预较少，但政府对宏观经济总量和个别产业部门实施强有力的干预。第二种模式以日本、韩国为代表，是政府主导型市场经济，政府制定中长期经济发展计划，根据不同时期的经济发展任务，制定产业政策，并运用财政、金融等经济政策予以支持。第三种模式以德国为代表，实行社会市场经济，不具体编制经济发展计划，但政府通过多种方式有力地干预市场，重点是维持市场竞争环境和社会公平。事实还表明，各种市场经济模式在不同阶段，差别也是很大的。

总之，国家对经济进行宏观调控，同市场对资源配置起基础性作用一样，是市场经济体制不可缺少的重要组成部分。著名经济学家、诺贝尔经济学奖获得者萨缪尔森说："当今没有什么东西可以取代市场来组织一个复杂的大型经济。问题是，市场既无心脏，也无头脑，它没有良心，也不会思考，没有什么顾忌。所以，要通过政府制定政策，纠正某些由市场带来的经济缺陷。"近来，在西方经济学中，有些学者把资本主义划分为以德国、日本为代表的"莱茵"模式和以美国、英国为代表的"海洋"模式。前者以国家宏观调控较强为特点，并比较一致地认为前者表现出更大的活力。

我国实行的社会主义市场经济，是有社会主义国家宏观调控的市场经济，这不仅符合现代市场经济的一般原理，而且反映了我国国情和经济发展阶段的特殊要求。

（一）我国是一个发展中国家，正处于经济发展的"追赶阶段"，不可能只靠市场的自发作用完成资本积累，迅速建设起规模巨大的基础工业和基础设施。同时，生产力布局还不够合理。另一方面，社会主义国家能够根据全局利益从总体上规划和协调经济布局等重大经济活动，并且可以发挥社会主义制度能够集中力量办大事的优势，统筹规划和集中必要的资源，兴办一些市场手段根本难以办到或短时间内不可能办到的大事。

（二）我国现阶段经济发展的重要目标，是全面推进国民经济的工业化、现代化，把传统落后的经济结构改造成为工业化、现代化的经济结构，因此不应当只局限于满足当前的市场需求，而更应当重视宏观调控在经济发展中的作用，着眼于经济发展的全局和长远目标，促进资源合理配置和结构不断优化升级。同时，我们是一个发展中国家，可以发挥"后起国效应"，借鉴工业化国家和发达国家发展过程中的经验教训，不必事事经过市场筛选，从而避免一些损失浪费。

（三）我国目前市场发育程度低，建立完善的市场体系需要一个相当长的过程。在这个过程中，政府要采取多种措施，一方面促进市场全面和健康发育，另一方面克服市场不完善所带来的某些消极作用。也就是说，加快市场体系的培育和建设，也是现阶段国家宏观调控的重要任务。

（四）我国坚持以生产资料公有制和按劳分配为主体，兼顾效率和公平。我国又是一个地区间和城乡间经济发展水平差异很大的国家，单纯靠市场调节将会导致收入分配差距悬殊，出现严重的两极分化。政府在分配领域中必须发挥宏观平衡、协调和调节的作用，在坚持效率优先的同时，兼顾社会公平，逐步实现共同富裕。

（五）我国要进一步扩大开放，实现国内经济与世界经济互接互补。为了在激烈的国际经济、科技竞争中立于不败之地，更多更好地利用国外资金、资源、技术、市场和管理经验，也需要加强国家对涉外经济活动的宏观引导和调控。

总之，为了促进社会主义市场经济的健康发展，使社会资源配置更加合理有效，为整个经济注入活力、提高效率，我们必须充分发挥市场机制作用。只有充分发挥市场机制在配置资源中的基础性作用，才会真正有社会主义市场经济。对于这一点，我们必须有十分明确和坚定的认识。同时，必须切实健全宏观调控体系，加强和改善对宏观经济的调控。这样，我们才能争取在较短的时间内，以最低的社会成本，建立起与现代社会化大生产和现代经营方式相适应的社会主义市场经济，加快现代化建设步伐，促进社会全面发展与进步。

有一种误解，认为实行市场经济可以不要宏观调控，以为下放权力才是改革，强调宏观调控就不是改革。这是不对的。建立社会主义市场经济体制的改革任务是多方面的，包括转换国有企业经营机制，使企业成为自主经营，自负盈亏的市场主体，包括培育和发展市场体系，形成统一、开放、有序竞争的大市场，也包括转变政府职能，建立健全宏观调控体系。这些方面是相互联系和相互制约的有机整体。我们不能只重视其中的一个方面，忽视甚至否定其他方面。这里需要指出，我们强调国家对经济的宏观调控，绝不是对市场作用的忽视和排斥，而是建立在市场机制基础上，是要健全与社会主义市场经济发展要求相适应的新的宏观调控体系。只有既重视充分发挥市场机制的基础性作用，又重视搞好国家对经济的宏观调控，才能达到建立社会主义市场经济体制的目标。

## 二、我国宏观调控体系的构成和特征

一般说来，国家实行宏观调控的目的，在于求得经济总量大体平衡和经济结构的优化，创造良好的经济发展环境，以利于国民经济总体上的资源优化配置和持续健康发展，促进社会全面进步，保证实现国家确定的发展目标和任务。

宏观调控体系是由多方面构成的。包括宏观调控目标、宏观调控内容、宏观调控对象、宏观调控方式、宏观调控手段，宏观调控组织机构和宏观调控方法等。不同类型的市场经济国家，宏观调控模式也不相同。

西方市场经济国家的宏观调控，主要在于需求调控和经济总量调控。从宏观调控手段和宏观调控职能机构设置的特征看，国外市场经济国家的宏观调控基本模式大体可分为四类：财政主导型、金融主导型、计划主导型、混合型。财政主导型比较有代表性的是法国和英国，财政政策在宏观调控中发挥主导作用，财政部或财政经济部在国家宏观调控职能机构中处于最重要的核心地位。金融主导型比较有代表性的是德国，货币政策在宏观调控中的作用非常突出，其联邦银行独立性很强。计划主导型的典型代表是韩国，该国 1994 年以前经济企划院是最综合和最有权威的宏观调控机构，产业政策、货币政策以及国际经济政策都作为国家计划的有机组成部分，并由经济企划院统一协调。混合型的国家有两种情况：一种以美国为代表，财政政策和货币政策并重，财政部门和中央银行在宏观调控中同时承担最重要的职能；另一种以日本为代表，宏观调控的主要职能机构是大藏省、通产省和企划厅，分别主管财政货币政策、产业政策和拟定计划，并综合协调基本经济政策。财政主导型、金融主导型和混合型的市场经济国家有些不设计划机构，也不制定国家计划。有的虽然有计划机构并制定计划，但计划机构并不担负实际的宏观调控职能。日本和韩国之所以重视产业政策和国家计划作用，形成其特有的宏观调控机构设置，是因为他们在借鉴欧美国家市场经济模式时，根据本国国情和实施贸易立国、出口导向发展战略的需要加以改造，并吸收了计划经济体制的某些长处。

我国宏观调控模式的选择，必须充分考虑以下几点：（1）逐步建立社会主义市场经济体制，实现政企分开、有利于发挥市场在资源配置中的基础性作用。（2）从我国经济发展所处阶段出发，有利于保证中长期经济社会发展战略的实现。（3）充分体现我国社会经济制度的特点，有利于发挥社会主义制度的优越性，有利于发挥我国的政治、文化优势。（4）宏观调控体系的建设，必须与我国整个经济体制的运行机制转换过程相适应。

考虑以上各点，我国所要建立的新型宏观调控体系，应当具有以下主要特征：一是宏观经济政策的主要目标，不仅仅是保持社会供求总量的平衡，而且要选择正确的经济社会发展战略，引导国民经济和社会发展方向；二是宏观经济调控的主要内容，不仅是经济总量增长，而且要从总体上重视社会资金和资源的有效利用，促进经济结构的调整和优化，合理布局生产力，协调重大经济关系，促进经济与社会的协调发展；三是宏观调控的主要手段，不仅包括间接的需求管理，即财政政策和货币政策，而且包括直接的供给管理，即产业政策和投资政策；同时，重视国家计划的作用，使国家计划成为宏观调控的重要手段。

（一）关于宏观调控目标。国外一些国家都有自己特点的宏观调控目标。例如，德国宏观调控目标为经济适度增长、币值稳定、充分就业、国际收支平衡。这四大经济总量平衡目标，被他们视之为"神秘的四角"。北欧一些国家，则在德国四大宏观经济目标的基础上，加上社会公正分配这个目标。

我国宏观调控目标的确定，应充分体现我国经济发展所处阶段和战略目标的要求。借鉴国外经验，我国现阶段宏观调控目标，应当包括以下几个方面：（1）在保持社会稳定的前提下，充分发挥各种资源的潜力，促进经济较快增长。（2）坚持社会总供求的基本平衡，合理确定固定资产投资规模和货币供应量，坚持财政收支、信贷收支、国际收支基本平衡的原则，保持币值的基本稳定。（3）严格控制价格总水平上涨幅度，防止出现破坏经济正常运行和经济秩序的严重通货膨胀。（4）促进一、二、三产业以及基础产业与制造业协调发展，加快支柱产业和高新技术产业的成长，推动产业结构的优化和升级。（5）积极参与国际竞争，扩大对外贸易和经济技术交流，发挥我国经济的比较优势。（6）在发展经济和提高效益的基础上，不断提高人民生活水平和质量。按照兼顾国家、集体、个人三者利益以及兼顾效率与公平的原则，合理确定国民收入分配的比例关系，防止两极分化。（7）

发挥劳动力资源丰足的优势。统筹规划和协调城乡劳动力就业，控制失业率。（8）严格控制人口增长，加强环境保护和治理，促进生态平衡。以上这些目标是相互关联、相互协调的统一体。

从总体上看，宏观调控就是要处理好社会总供给与社会总需求的关系，经济增长与稳定物价的关系，经济数量扩大与结构优化的关系，提高生产效率与促进社会公平的关系，经济发展与社会进步的关系，近期利益与长远利益的关系。在实际工作中，要根据不同时期的实际情况，注意重点目标的选择和各个目标之间关系的协调与兼顾。

（二）关于宏观调控对象。传统的计划经济模式，是把企业作为直接管理的对象。在发展市场经济的条件下，宏观调控除了对某些特殊企业外，不再直接管理企业的生产经营活动。这样，宏观调控的直接对象就转向了市场，国家调控市场，引导企业活动符合国家总体目标；宏观调控的着力点，在于为企业活动和市场竞争创造良好的外部环境。

（三）关于宏观调控方式。逐步实现由直接调控为主向间接调控为主的转变。在计划经济体制下，宏观管理主要是对实物产品进行计划、分配和组织衔接，实行实物平衡的直接计划管理。在发展市场经济条件下，应主要进行价值量平衡和间接管理。其基本原则是，运用国家计划、经济政策、经济杠杆、经济法规、经济信息、经济参数和必要的行政办法进行宏观经济管理。基本手段是计划手段、财政手段、金融手段、法律手段和政策手段。在新旧体制转换过程中，坚持逐步扩大经济手段和间接调控范围，但不能忽视必要的行政手段，包括必要的指标控制、额度管理、按权限审批项目等。要根据经济生活的实际变化，相机果断行事。这样做，有利于新旧体制的顺利转换，也有利于国民经济持续、快速、健康发展。

（四）关于宏观调控基本政策体系。主要是：（1）以短期需求调节为主的经济总量政策。包括经济总量平衡和调节市场景气波动的反周期政策，主要是财政政策和货币政策。（2）以供给调节为重点的中长期结构政策。主要是投资政策、产业政策和区域发展政策。（3）收入分配政策。国民收入的初次分配，原则上在国家宏观政策指导和法规规范下，由企业按国家规定的原则和自己生产经营情况，自主决定。国家对收入分配的宏观调控，重点通过再分配环节和调控手段合理调节不同经济主体的可支配收入，调节总消费、总储蓄、总投资。（4）社会保障政策。根据经济增长和物价水平，合理确定居民社会保障标准，对待业保险、医疗保险、养老保险等保险基金的形成和运用进行宏观调控。（5）涉外经济政策。主要是进出口贸易政策、技术引进政策、利用外资政策、国际收支政策等。

（五）关于宏观调控组织体系。应是精干、高效的行政组织系统，逐步形成以宏观经济综合管理部门、产业综合主管部门和经济监督部门为主体的精干的行政组织系统。同时，要充分发挥各种经济组织和市场中介组织参与制定、实施国家计划和宏观经济政策的作用。

（六）关于宏观调控决策支持系统。为了提高宏观决策的科学性，要积极应用现代经济数学方法和电子计算技术，建立和完善宏观决策支持系统。这个系统的基本功能至少应当包括：宏观经济分析和预测，中长期规划和年度计划方案的优选，经济总量平衡测算，经济景气动向监测分析，宏观政策模拟和评估，重要商品供求平衡的测算和市场预测，重大投资项目的宏观效益分析评估，国际经济环境对国内经济影响的分析预测等。

（七）关于宏观调控主要职能的配合协调。在我国社会主义市场经济体制中，计划、财政、银行是宏观调控和管理的三大支柱，这三个部门也是宏观调控的主要职能部门。需要明确它们各自位置和合理分工，建立计划、财政、银行三个部门之间相互配合、相互制约的机制，合理发挥各个宏观调控职能部门应有的作用。国家计划提出国民经济和社会发展的战略与主要任务，确定宏观调控的目标，以及需要配套实施的经济政策，这是国家实施宏观调控的重要依据。从宏观调控目标的角度看，中长期计划的主要任务是结构优化和升级，年度计划的主要任务是总量控制和协调。应发挥国家计划总体指导和综合协调的功能。银行和财政是越来越重要的宏观调控手段，其职能需要进一步强化。这是因为，在市场经济条件下的宏观调控，主要是对价值形态调控，而货币政策和财政政策是影响和制约价值创造、价值分配、价值流通、价值增值的两大外部因素。财政与货币政策应与国家计划确定的国民经济和社会发展的总体目标、任务、方针、政策相协调。中央银行应以稳定币值为首要目标，调节货币供应总量，并保持国际收支平衡。财政应运用预算和税收手段，着重调节经济结构和社会分配。总之，要综合配套和协调地运用计划、财政、货币政策手段，并合理发挥其它宏观经济管理职能部门的作用，以保证国家宏观调控的科学性、统一性和有效性。

为了正确有效地发挥计划、财政、货币政策等宏观调控手段的作用，必须深化体制改革，转变职能。在计划体制改革方面，国家计划要以市场为基础，总体上应当是指导性的计划。计划工作要突出宏观性、战略性、政策性，综合协调宏观经济政策和经济杠杆的运用。在财政体制改革方面，要在合理划分中央与地方事权的基础上实行分税制；要按照统一税法、公平税负、简化税制和合理分权的原则，进一步完善税收制度；逐步提高财政收入在国民生产总值中的比重；改革和规范复式预算制度。在金融体制改革方面，要强化中国人民银行宏观调控能力，依法制定和实施货币政策，从主要依靠行政手段的信贷规模管理，逐步转变为主要运用存款准备金率、中央银行贷款利率和公开市场业务等手段，保持币值的稳定；规范政策性银行运作，加快商业银行改革步伐，健全信用制度。

建立健全符合我国国情的宏观调控体系，还必须合理划分中央和地方经济管理权限，充分发挥中央与地方两个积极性。首先需要明确，宏观经济调控和管理权力只能在中央，不能是中央与地方两级。在理论研究和实际工作中，经常看到实行"中央与地方两级宏观调控"的观点。这种观点是不妥当的。这是因为，我们通常所讲的宏观经济活动，是涉及整个国家全局和长远发展的经济活动，包括经济总量平衡和经济结构的协调，全国统一的政策、法律和市场准则。宏观经济总量平衡和结构协调，形成全国统一、开放和有序竞争的市场，这是实现全国经济持续、快速、健康发展和宏观经济效益提高的必要前提条件。对经济进行宏观管理，是基于全国经济为有机联系着的整体，存在着全局利益和局部利益、当前利益与长远利益的矛盾。协调全国经济关系和利益格局的权力和责任应当在中央。地方由于管辖的范围所限，难以了解和分管全局性经济活动。从这种意义上讲，宏观经济调控权只能在中央一级。

但是，我们强调宏观经济调控权在中央，绝不意味着可以忽视地方管理经济的积极性。这是因为，我们国家幅员辽阔，人口众多，各地区自然条件和经济基础差异很大，只有发挥地方的积极性，才能使各地方经济因地制宜和生动活泼地主动得到发展，中央宏观调控的决策和措施要真正贯彻落实并取得应有成效，也必须依靠地方的努力，有的需要地方直接负责承担，有的需要地方组织执行和贯彻落实，没有地方的积极性，中央宏观调控的决策和措施也难以达到预期目的。从我国历史经验看，中央统得过多，地方积极性得不到发挥，整个经济缺乏活力，会妨碍社会生产力发展。改革开放以来，扩大地方经济管理权限，从而极大地调动了地方发展经济的积极性，这是使我国综合国力明显增强，经济建设迈上新台阶，人民生活显著改善的重要一招。我们应当认真总结历史经验，妥善解决目前存在的问题，更好地发挥中央与地方两个积极性，促进国民经济既快又好地发展。

## 三、近两年来国家加强和改善宏观调控的成效与经验

在邓小平同志重要谈话和党的十四大精神鼓舞下，1992 年和 1993 年上半年，我国改革开放和现代化建设步伐明显加快，取得了新的重要进展。在大步前进中，经济生活中也出现了一些新的矛盾和问题，某些方面的情况还比较严重。突出的是：金融秩序混乱，货币过量发行，金融形势严峻；社会需求膨胀，固定资产投资和社会消费增长失去控制，财政困难加剧；农业、能源、交通和重要原材料等基础部门"瓶颈"制约强化；出口增长乏力，进口增长过快，国家外汇结存下降较多；物价大幅度上涨，通货膨胀呈加速之势。针对前进中存在的突出矛盾和问题，党中央和国务院于 1993 年 7 月开始采取加强和改善宏观调控的措施。包括加强中央银行的金融宏观调控，严格控制货币发行，整顿金融秩序，稳定金融形势；改进外汇管理办法，稳定外汇市场价格；强化税

收征管，堵住减免税漏洞；加强房地产开发和房地产市场的宏观管理，严格控制新开工项目和投资规模；控制社会消费基金的过快增长；加强物价管理和规范市场秩序。在控制社会需求膨胀，整顿经济秩序的同时，相机出台了一系列重大改革措施，并努力增加社会有效供给。

经过全国上下的一致努力，实施和加强宏观调控的决策取得了明显成效。主要标志是：（1）经济过热现象逐步降温，一度过高的工业生产速度回落到大体适当的水平。特别是制止了房地产热、开发区热、炒股票热，避免了"泡沫经济"的蔓延和对经济全局的危害。同时，国民经济在平稳回落中保持较高水平。1993年、1994年国民生产总值分别比上年增长13.4%和11.8%。（2）社会总需求过度膨胀的势头得到控制。1994年全社会固定资产投资比上年增长27.8%，比上年增幅回落30.8个百分点。社会集团消费增长过快的现象有所改变。（3）金融秩序得到整顿，金融形势趋于稳定。制止了乱拆借、乱集资、乱设金融机构和打"白条子"现象，居民储蓄存款增加，货币投放过猛的势头有所减缓。1993年、1994年货币净投放都低于年初计划控制的目标。国家财政状况也趋好。（4）结构调整取得进展。重点建设得到明显加强，赤字控制在国家预算之内。由于调整信贷结构和投资结构，1993年下半年重点建设资金到位率超过国家计划的要求，1994年投资结构进一步改善，是近几年来基础产业和基础设施完成较好的年份，较多地增加了这些产业的生产能力。（5）人民币汇价稳定在比较合理的水平，外汇储备增加。1994年末国家外汇储备比年初增长143.4%，达到516亿美元。增强了国家对外支付能力。（6）几项重大改革顺利出台，并达到预期成效，对外开放保持良好势头。近两年，以建立社会主义市场经济体制为目标的改革取得新进展，特别是财税、金融、外汇外贸、价格改革有较大突破。进出口贸易持续大幅度增长，利用外资规模扩大，领域拓宽，投向有所改善。总之，由于党中央、国务院及时地和正确地实施一系列宏观调控措施，及时地和比较好地解决了大步前进中的矛盾和问题，使1992年改革开放和现代化建设呈现的新局面得以巩固和发展，避免了经济的大起大落，保持了社会稳定，不仅保证了这两年的改革开放和经济建设得以顺利进行，而且也为今后的继续前进创造了较为良好的经济社会环境。因此，尽管在具体工作中还存在着有待进一步解决的矛盾和问题，但对这两年国家实施宏观经济调控取得的积极成效和重大意义应当有足够的估计。

这两年，加强和改善宏观调控，是在我国明确建立社会主义市场经济体制改革的目标下进行的。宏观调控的思路、方式和手段都有创新，调控的水平也在不断提高，积累了许多经验。初步考虑，有以下几点值得认真总结。

（一）宏观调控的主要着眼点和出发点，必须放在正确处理好改革、发展、稳定的关系，促进三者相互协调、相互促进。我们现在面临着加快改革开放和现代化建设的难得的历史性机遇。我们要在国民经济的快速发展中推进经济体制改革，又要在加快建立社会主义市场经济体制进程中保持国民经济的快速发展，同时还必须保持社会环境的稳定。我国经济体制改革进入了攻坚阶段。在这个过程中，势必要触及经济生活中的深层次矛盾和不合理的利益格局，难度比过去更大。抓住机遇加快发展，对保持经济总量平衡，优化经济结构，提高经济效益提出了更高的要求。保持社会稳定，既是顺利推进改革和快速发展的前提，同时又必然通过深化改革和不断发展来实现。因此，宏观调控必须始终注意处理好改革、发展和稳定的关系。我们需要加快改革，这样才能逐步理顺基本经济关系，进一步为经济注入活力，但改革的措施、力度和步骤，应考虑社会经济的承受能力。我们需要经济快速发展，但越是快速发展，就越有一个宏观经济稳定的问题，经济高速增长可能带来的最大的问题就是通货膨胀，而出现严重的通货膨胀，经济快速增长就不可能持久。深化改革也需要一个比较宽松的环境。只有把经济增长速度掌握在符合实际水平上，才能使整个经济关系不致绷得太紧，使各项改革进行得更加细致和深入。同时，加强宏观调控必须抓住主要矛盾，着力解决影响全局稳定的突出问题，促进改革和发展。1993年下半年加强和改善宏观调控以整顿金融秩序、控制需求膨胀和调整结构为重点；1994年把抑制通货膨胀作为宏观调控的突出任务，都抓住了主要矛盾和关键环节。同时注意把加强宏观调控与深化改革结合起来，用推进改革的办法解决面临的新矛盾和问题，而不是放松改革，更不是走回头路。从而较好地处理了改革、发展和稳定三者的关系。

（二）宏观调控的基本要求，必须是保持经济总量大体平衡，特别要着重把握好货币供应量、控制财政赤字和全社会投资规模。保持经济总量大体平衡是实现国民经济持续快速健康发展的重要条件，也是正确处理改革、发展和稳定的关系，防止严重通货膨胀的必然要求。把好货币和财政两个闸门，保持货币供应量的适度增长，控制财政收支差额，合理把握固定资产投资规模，这对保持经济总量平衡，做到既有效发挥经济增长的潜力，又防止出现严重的通货膨胀，至关重要。前两年经济生活中的突出问题，主要在于投资过分扩张，货币政策和财政政策过分放松。1993 年以来，通过着重调控货币供应量，严格控制信贷规模，加强财政预算约束，控制固定资产投资过快增长，同时控制消费基金过快增长，从而使一系列矛盾逐步缓解，宏观经济环境不断有所改善。进一步说，由于我国人口多，需求量大，数量扩张的压力大，市场经济不健全，缺乏约束机制，因此，今后宏观调控必须十分重视和坚持搞好经济总量平衡。

（三）加强和改善宏观调控，必须把促进结构优化和升级作为重要任务。经济总量与结构是有机联系着的。经济总量不平衡会导致结构扭曲，而经济结构扭曲又会加剧总量失衡。这次宏观调控一开始，就强调在进行总量控制的同时，着重于结构调整和优化，不是简单地压缩和控制需求总量，而是注重结构调整。在投资领域，通过调整信贷结构和投资结构，压缩和控制一般性建设项目，特别是制止房地产热、开发区热，同时积极支持重点建设。在生产领域，对无市场需求的产品进行限产压库，鼓励适销对路产品的生产。从总体和长远看，调整和优化结构是我国当前和今后时期的一项重大任务。目前，多年形成的经济结构不合理的矛盾相当突出，市场发育也很不充分，市场机制尚不健全。在这种条件下，加强对社会资金投向的引导，促进产业结构调整和升级，尤为重要。这是在今后运用宏观调控政策中，需要十分注意解决的一个关键性问题。

（四）宏观调控的方式必须同建立社会主义市场经济体制的进程

相适应,主要进行间接调控,同时综合运用多种调控手段。为适应使市场对资源配置发挥基础性作用的需要,宏观调控对象必须由过去实物管理为主转向价值管理为主,调控的方式和手段也需要由行政性直接调控为主,转向主要运用经济政策、经济杠杆和法律法规进行间接调控。但从我国经济体制改革和市场发育进程看,当前和今后一个时期仍不能忽视对某些重要商品的实物管理和使用必要的行政性手段。这两年,加强和改善宏观调控取得积极成效的一个重要原因,就是着眼于加大间接调控的力度,并注意增强国家宏观调控的经济实力。在进行加强宏观调控决策开始时,就强调解决当前的问题,必须采用新思路、新办法,从加快改革和促进新旧体制转换中找出路,提出"要强化间接调控,更多地采取经济手段、经济政策和经济立法"。在实际工作中,从调控资金源头入手,综合运用了信贷、税收、利率、汇率等经济手段和经济杠杆,并加强了金融、财政和市场管理等经济法律法规建设,规范各类经济主体的经济行为。同时,着手建立和运用重要商品储备制度,开展市场吞吐调节,并在信贷规模管理、固定资产投资项目管理、重要进出口商品管理和市场物价监管等方面,辅之以必要的行之有效的行政手段。特别是针对那些违背市场经济原则的不正当行为,如乱集资、乱拆借,房地产热、开发区热,盲目投资和增加社会消费等,这两年也采取了一些行政手段和措施。这是完全必要的,有利于及时和有效地解决问题,从而避免更大的损失。

(五)加强宏观调控必须密切跟踪经济运行状况,搞好动态监测预测,全面估量和正确判断经济形势,恰当地把握调控的时机、力度和重点。加强对经济运行的监测和预测,全面分析和判断经济态势,是保证宏观调控正确性和有效性的前提。这两年由于改革开放步子加快,经济快速发展,经济运行变化较大,经济现象较为复杂。在这种情况下,党中央、国务院和有关宏观经济管理职能部门都更加重视了宏观经济走势的监测预测和分析工作,及时发现问题,见微知著,为及时地和正确地进行决策提供了依据。基于对经济形势的正确判断,这两年的宏观调控汲取了以往的经验教训,较好地把握了调控的时机、力度和重点,所采取的政策和措施是有力的、得当的。因此,不仅使经济生活中的突出矛盾逐步得到缓解，又避免了经济增长大起大落，保持了国民经济发展的好势头。

这两年我国宏观经济调控和管理的实践，还再次证明了中国经济体制改革的一条基本经验，就是微观经济放开的程度要和宏观调控的能力相适应。微观经济放开的力度越大，市场化的进程越快，要求宏观管理的制动机制必须越有效。从改革开放以来的较长时期经验来看，在改革力度比较大，经济发展速度又比较快的时候，由于利益格局和经济关系的调整与变动的幅度比较大，各种矛盾和摩擦必然随之增加，难免会出现这样或那样意料不到的问题。宏观调控的任务在于及时发现新的矛盾和问题，并及时采取措施加以解决。经常进行这种"微调"，可以避免问题和矛盾进一步发展。由于"微调"力度较小，所造成的震动和损失必然比较小。同时，实行市场经济，由市场决定价格，不等于对所有商品价格完全撒手不管，应当依法加强市场价格形成的监控。

## 四、当前宏观调控的主要任务和措施

去年底和今年初，党中央、国务院在全面分析经济形势的基础上，确定了今年经济工作的指导思想和大政方针，明确了今年宏观调控的目标和主要任务。总的要求是，一方面必须继续充分利用当前的有利时机和条件，发挥各种资源和生产能力的潜力，促进国民经济持续、快速、健康发展；另一方面，妥善安排改革和发展的各项任务，采取切实措施，把过高的通货膨胀率明显降下来。宏观调控目标是，国内生产总值增长为8%—9%、全国零售商品物价上涨率力争控制在15%左右。这是全面贯彻"抓住机遇、深化改革、扩大开放、促进发展、保持稳定"工作大局和指导方针的正确决策。

今年以来，宏观调控在收到积极成效的基础上，经济总的态势是好的。经济总量平衡关系进一步改善，结构调整有所加快。一季度国内生产总值增长11.2%，剔除季节性影响，折成年率约为10%。加强农业的政策措施正在落实，农业投入增加，农民生产积极性提高。粮、棉、油、菜等的种植面积，将比去年扩大。农民购买农业生产资料增加。一季度全国以及乡以上工业增加值完成比去年同期增长 14.4%。工业各行业以市场需求为导向，积极调整产品结构。一季度工业新产品现价产值比上年同期增长 37.7%，在非国有工业持续快速增长的同时，国有及国有控股工业产值一季度增长 10.9%，增幅比去年同期提高 6.7 个百分点，其中 3 月份增幅达 13%。固定资产投资结构继续改善。农业、能源、邮电通讯业投资比重上升，房地产投资增幅回落 41.7 个百分点。1994 年外汇体制改革取得显著成效，有力促进了外贸出口的快速增长。今年以来，在换汇成本上升、国际贸易保护主义加剧的情况下，经过多方面的努力，一季度出口总额达 309.5 亿美元，比去年同期增长 62%；进口总额 238.7 亿美元，增长 16.9%。国家现汇结存 4 月末达到近 600 亿美元，比年初又增加 80 多亿美元。人民币汇率继续呈现稳中有升的趋势。市场繁荣稳定。据有关部门对今年上半年 360 多种商品供求状况分析，供过于求和供求基本平衡的达86%。物价涨势得到一定控制。全国零售价格涨幅从去年 10 月最高峰的 25.2% 逐月回落，今年 3 月份降到 19.7%，是去年 6 月份以来首次降到 20% 以内，4 月份又进一步回落到 18%。金融形势较好，春节前投放的货币已全部回笼，国债发行顺利。以上情况表明，今年以来经济运行势头看好，为实现全年的宏观调控目标创造了良好的开端。

当前，影响经济全局的突出矛盾，仍然是通货膨胀严重。1993 年、1994 年物价上涨率分别达到 13% 和 21.7%。从 1993 年 3 月物价涨幅加大到两位数起，已持续达 26 个月时间。这给宏观经济的稳定和经济健康发展带来了不良的影响。近几个月物价总水平开始出现的低缓回落，基础也不稳固，主要是靠行政性限价和增加财政补贴的结果。特别是粮食价格在高位上继续上涨，一季度比上年同期平均上涨 56%，今年前 3 个月的月环比分别上升 3.2%、2.3% 和 2.8%，显示出较强的涨势。农业生产资料价格上涨幅度过大，一季度比去年同期上涨30.4%，农民反映强烈。分地区看，农村物价涨幅居高不下。一季度农村商品零售价格和居民消费价格分别比上年同期上涨 22.6% 和 23.5%，涨幅分别高于城市 4.8 和 1.6 个百分点。

当前市场物价在高水平上运行，主要是由于去年物价高涨幅的滞后影响，这个因素在下半年以后会逐渐减弱。但导致物价总水平居高不下的一些因素，必须继续给予高度重视。最重要的是，固定资产投资、消费基金和货币供应量的增长仍然偏高。一季度国有单位固定资产投资增长37.2%，比去年同期仍高出1个百分点，从分月看还呈加速之势。考虑到今年投资品价格涨幅低于去年同期的因素，实物工作量的增长还要高一些。主要是严格控制新开工项目的要求尚未得到很好的贯彻。今年一季度基本建设和技术改造新开工项目比去年同期增加1087个，新开工投资规模增长34.9个百分点。从一季度国家银行现金统计来看，工资及对个人其他支出比去年同期增长29%，增幅回落10.9个百分点。但从居民可支配收入的使用情况看，一季度在消费品零售总额比去年同期增长31.3%和购买了大量国库券的同时，城乡居民储蓄存款还比去年增长36.8%。可见，居民收入增长的实际状况比银行工资性现金支出统计的数字要高出很多。一季度现金回笼和国家银行信贷规模控制虽然较好，但3月末货币供应M2比去年同期增长35.9%，增幅高于去年同期10.5个百分点，信用扩张的压力仍然较大，而各方面要求增加信贷的呼声又很高。同时，市场物价监管还存在不少薄弱环节，乱涨价、乱收费现象屡禁不止，农村市场物价监管工作尤其薄弱。一季度又有一些地方违背中央关于今年不出台新的调价项目的规定，擅自出台了一些提价和收费项目。以上情况表明，抑制通货膨胀的工作丝毫不能松懈。

为此，必须进一步提高对治理通货膨胀重要性的认识。去年底，党中央和国务院在作出今年经济工作部署时就明确指出，一定要把抑制通货膨胀作为经济工作中的一件大事，作为宏观调控的首要任务，作为正确处理改革、发展和稳定三者关系的关键。这是完全正确的决策。国内外的经验都证明，通货膨胀的危害性极大，特别是通货膨胀发展到一定程度，有着加速上升的效应。严重的通货膨胀，会搞乱经济关系，误导资源配置，造成结构失衡，增加生产成本，妨碍经济持续健康发展；严重的通货膨胀，会扭曲利益格局，加剧分配不公，造成生活水平下降，引发各种矛盾，甚至影响社会稳定；严重的通货膨胀，还会破坏社会经济秩序，恶化投资环境，影响改革和开放的顺利进行。世界上许多国家都把反通货膨胀作为政府宏观经济政策的重要目标，尤其是在经济高速成长时期更加重视这个问题。当然，也有一些国家吞下了恶性通货膨胀的苦果，经济萎缩，社会动荡。西方一些著名经济学家也认为，通货膨胀具有极大的破坏性。诺贝尔经济学奖获得者萨缪尔森指出："从长期看，奔腾式的通货膨胀对于持续的实物增长是绝无好处的。如果你骑上了这只虎，当你试图从虎背上下来时，有可能导致一次经济危机和萧条。中国必须在通货膨胀还未恶化的时候尽早走下虎背，否则后果非常严重"。因此，抑制通货膨胀不仅是我们当前经济工作中重要的紧迫的任务，而且也是今后长期必须坚持的一条重要方针。如果我们现在不下大决心和采取果断措施治理通货膨胀，将来付出的代价会更大。

围绕治理通货膨胀这个首要任务，在今年的宏观调控中应采取以下主要措施：

（一）坚持实行适度从紧的财政货币政策，继续严格控制新开工项目和消费基金的过快增长。今年国家财政预算和货币发行、信贷规模计划，既考虑了经济持续较快增长的需要，又考虑了坚决治理通货膨胀的要求，是比较适当的，在执行中不能突破国家计划。要增强财政收支的预算约束，把财政赤字控制在计划指标之内。继续从紧控制基础货币，加强对全社会信用总量的宏观调控。坚持把严格控制新开工项目作为控制投资规模的重要措施，并坚持控制资金源头。进一步合理调整投资结构，加强国民经济薄弱环节建设，保证农业、交通、能源等重点建设项目和今年投产项目对资金的需求。加强对消费需求的宏观调控，重点是对那些凭借垄断地位和特殊条件而获取过高收入的行业、企业和社会群体，要规范国民收入初次分配和强化个人所得税的调节作用。适当控制消费需求增长，特别要严格控制社会集团消费的过快增长。

（二）大力增加社会有效供给，特别是争取农业有个好收成。这是治理通货膨胀的重要举措，也是保证经济持续快速健康发展的必然要求。应当认真落实中央关于加强农业的各项政策措施，组织好化肥等主要农业生产资料的生产和调运。充分保证农产品收购资金的供应，坚决做到不打"白条子"，不能出现"卖粮难"，切实保护农民生产积极性。工业消费品要积极增加优质、名牌产品和新产品的生产，进一步繁荣消费品市场。

（三）加快流通体制改革，强化市场监管。国务院已经确定，今年要以粮食、棉花、食用油、食糖、蔬菜和化肥等商品为重点，深化流通体制改革，整顿流通秩序，减少中间环节，降低流通费用，有关方面应当抓紧落实。市场物价监管要集中力量突出抓好几个事关全局和群众反映最强烈的方面：一是以粮食为重点，加强对人民基本生活必需品价格的监督检查，加强市场管理，确保"米袋子""菜篮子"价格的基本稳定；二是以化肥为重点，加强对农业生产资料价格的监督检查；三是以反暴利为重点，开展对社会反映强烈的餐饮、娱乐、服装、副食等商品价格和服务收费的检查。

（四）强化企业内部管理，提高工业增长的质量和效益。目前工业增长速度仍然偏高。应当进一步把工作重点和主要注意力转到优化结构、提高质量和效益上来。一部分企业资金紧张、拖欠严重，这固然有某些外部原因，但在相当大程度上是由于内部管理不善造成的。必须通过深化改革、加强管理，从提高质量、降低消耗、减少成本、加速资金周转中求工业增长速度、求效益。

（五）密切关注和深入研究国际金融市场波动对我国经济的影响，及时调整宏观政策，采取措施趋利避害。最近一个时期，国际金融市场急剧波动，特别是美元对日元、马克等强势货币的汇价下跌，对国际货币体系乃至世界经济造成巨大的冲击。我国经济开放程度已经相当大，与国际经济和国际市场的联系十分密切，国际经济环境包括国际金融的重大变化必然对我国经济产生影响。应当十分重视对国际金融市场和经济走势的跟踪分析，适当采取正确的对策。同时，务必使外汇储备保持在合理水平。

加强与完善宏观调控体系，是建立社会主义市场经济体制这一社会系统工程的重要组成部分。目前，这方面的知识和实践都还不足。我们要坚持解放思想，实事求是，善于学习和借鉴世界上实行市场经济国家的有益做法，认真总结我们自己的实践经验，深入研究和积极探索符合中国国情的、适应社会主义市场经济发展要求的宏观调控体系，并要认真研究在新旧经济体制转换时期宏观调控的特点和做法。这样，我们就会既有明确的方向，又有符合实际的步骤，不仅能够顺利实现建立社会主义市场经济体制的改革目标，而且能够保证国民经济的持续、快速、健康发展，更好地加快我国社会主义现代化进程。

# 正确处理中央和地方的关系 [*]

（1998 年 6 月）

　　中国是一个幅员辽阔、人口众多、各地区经济发展不平衡的大国，又是发展中的社会主义国家。正确处理中央和地方的关系，是国家政治生活和经济生活中的一个重要原则问题，直接关系到国家的统一、民族的团结和全国经济的协调发展。因此，我国从 70 年代末实行改革开放政策以来，围绕充分发挥中央和地方两个积极性，国家相继采取了一系列重要的调整和改革措施，有力地促进了全国经济和社会的发展。现在，中国改革开放和现代化建设处于重要的关键时期。在向 2020 年迈进的新的长征中，我们面临的重大任务，是要建立和完善社会主义市场经济体制，实现国民经济持续快速健康发展，为到 21 世纪中叶基本实现国家现代化的宏伟目标奠定良好基础。完成这样伟大的历史任务，需要坚持社会主义市场经济的改革方向，使改革在一些重大方面取得新的突破，并在优化经济结构、发展科学技术和提高对外开放水平等方面取得重大进展。而继续正确处理中央和地方的关系，充分发挥中央和地方两个积极性，则是一个涉及全局的重大课题。由于中央政府和地方政府关系问题涉及面相当广，本文拟分析在新的形势下我国中央与地方经济关系中存在的矛盾和问题，探讨合理调整中央政府与地方政府在经济方面的事权、财权、决策权的原则、任务及其途径。

---

　　[*] 本文系 1998 年 6 月参加国家计委举办的《迈向 2020 年的中国》国际研讨会撰写的论文，收入该次研讨会论文选。

# 一、近 20 年来中央和地方经济关系的变动状况

中国实行改革开放政策近 20 年来，伴随着建立社会主义市场经济体制的改革不断深化，在中央与地方经济关系的调整中，总的趋势特点是，实行权力下放，原来计划经济体制下中央集中过多、统得过死的状况已发生根本性变化。过去，经济、科技、教育、文化的各个方面，生产、建设、流通、消费、价格和社会发展的各个领域，基本上都是由中央政府集中决策，实行国家统一计划，地方和企业的决策权很小。现在，国民经济的市场化程度明显提高，地方的事权、财权和决策权广为扩大。举其荦荦大端如下：

在工农业生产方面。1979 年前国家计委对粮食、棉花、油料、糖料等 25 种主要农产品实行指令性计划统一管理，并对这些产品的播种面积和总产量下达分省（区、市）的计划指标。到 1985 年，国家已对农业生产领域全部取消指令性计划。目前，国家仅对粮食、棉花等 9 种主要农产品生产实行指导性计划管理。1979 年前，国家对占全国工业总产值 98% 以上的工业品生产实行指令性计划，层层分解到各省、自治区直辖市，直至企业。而 1994 年工业生产中由国家计委实行指令性计划管理的部分，只占全国总产值的 4.5%。重要工业产品生产中，国家计委管理的已由 123 种减少到 11 种，主要是原油、煤炭、钢材、木材等关系国计民生、供求矛盾较大的生产资料，这些品种中实行指令性计划部分的比重也大为减少。目前，国家对工业生产基本上取消了指令性计划。

在商品流通方面。1979 年前，国家计委负责平衡和分配的重要生产资料多达 256 种，而目前国家计委只对一部分原油、成品油、天然气和不到 40% 的煤炭实行计划指导配置。1979 年，国家计划调拨的农产品、工业消费品和农业生产资料为 65 种，从 1994 年开始只对 14 种商品中的一部分实行计划管理。过去，国家对进出口商品大多实行指令性计划管理，从 1994 年起已取消进出口总额的指令性计划。同时，大幅度缩减配额、许可证管理的商品品种，除极少数重要和特殊商品外，放开了对进出口经营范围的限制。价格管理也发生了根本性的变

化。1979 年，绝大多数商品价格由政府决定，在社会商品零售总额、生产资料销售收入和农副产品收购总额中，国家定价的比重分别占到 97%、100% 和 92%。目前，绝大多数商品价格已经放开，由市场形成。在社会商品零售总额中，实行国家指导价的比重仅为 1.2%，国家定价部分只有 6.3%；在生产资料销售收入总额中，国家指导价的比重为 4.9%，国家定价的比重为 14%；在农副产品收购总额中，国家指导价的比重占 4.1%，国家定价的比重占 16.9%。

在固定资产投资方面。1979 年前，全社会固定资产投资活动，从项目立项、资金筹集等到项目建设，基本上都由国家计划统一管理。经过改革，地方和企业的投资决策权不断扩大。目前，国家计委负责安排的投资资金来源，包括预算内投资、银行贷款和统借外债仅占全社会固定资产投资的 20% 左右。国家计委审批的固定资产投资项目的限额逐步提高，目前已从 80 年代初期的 1000 万元以上提高到能源、交通和重要原材料项目为 5000 万元以上，一般加工工业和非生产性项目为 3000 万元以上。国家对外商投资项目的审批限额也提高到 3000 万美元以上，其余项目均由地方和企业自主决定。

在财政体制方面。过去，我国长期实行高度集中的"统收统支"财政体制。近 20 年来，先后进行了四次较大的财政体制改革，目的都是为了解决中央与地方的财政分配关系。1980 年，实行"划分收支，分级包干"的财政管理体制。按照经济管理体制的行政隶属关系，划分中央与地方的收支范围。1985 年，实行对各省（区、市）"划分税种、核定收支、分级包干"的财政体制。1988 年，全面推行"财政包干"的办法。主要采取 6 种形式，即对各省（市、自治区）和国家计划单列城市，分别实行"收入递增包干""总额分成""总额分成加增长分成""上解额递增包干""定额上解"和"定额补助"。这三次改革，打破了传统的财政体制"统收统支"的格局，调动了地方政府增收节支的积极性，促进了地方经济的发展。但是，由于这种"分灶吃饭"的财政体制，还明显带有计划经济体制的模式，与市场经济对财政管理的要求不相适应，出现了一些新的弊端。主要是，制约了中央财政收入的增长，削弱了中央财政的宏观调控能力。1980 年至 1993

年 13 年间，地方政府新增收入上缴中央的部分平均不到 10%，也就是说，90% 以上的新增收入都留给了地方政府，因而导致了中央财政收入占全国财政收入的比重逐年下降，由 1980 年占 51.4% 下降到 1987 年的 48.8%，1992 年中央政府直接组织的财政收入（不含债务）仅占全国财政收入的 28.7%。这种财政体制，强化了地方利益，不利于国家产业政策的贯彻执行，而且包干体制随意性较大，很不规范。因此，1994 年对财政体制又进行了第四次的重大改革。这次改革的核心是按税种划分中央与地方的收入。将维护国家利益、实施宏观调控所必需的税种划为中央税；将同经济发展直接相关的主要税种划为中央和地方的共享税；将适合地方征管的税种划为地方税。中央财政固定收入包括：关税、消费税、中央企业所得税、中央企业上缴利润等。地方财政固定收入包括：营业税、地方企业所得税、地方企业上缴利润、个人所得税、城镇土地使用税、固定资产投资方向税、房屋税、车船使用牌照税等。中央财政与地方财政共享收入包括：增值税，中央分享 75%、地方分享 25%；资源税；证券交易的印花税。同时，这次改革，建立了以增值税为主体、消费税和营业税为补充的新型流转税制；确立了中央财政对地方财政的税收返还制度，按照分税制方案测算，1993 年地方净上划中央的收入，由中央全额返还地方，并以此作为以后中央对地方的税收返还基数；1994 年以后，税收返还额在 1993 年的基数上，按增值税和消费税增长率的 1∶0.3 的系数递增，即上述两税每增长 1%，中央财政对地方的税收返还增长 0.3%。分税制的财政体制建立了收入稳定增长的机制。分税制之前，国家财政每年增收额徘徊在 200 亿—300 亿元，近几年每年增收都达 1000 亿元左右。1993 年，中央财政收入（不含债务收入）占全国财政收入的比重为 22%，而 1994—1997 年这一比重分别达到 55.7%、52.2%、49.8% 和 48.8%。1994 年全面推进改革，初步建立了与社会主义市场经济体制发展相适应的新的财税体制，初步规范了中央与地方的财政分配关系，取得了积极成果。

近 20 年来，我国在由计划经济体制向社会主义市场经济体制转变的过程中，为了充分调动地方的积极性，在科技、教育、文化、卫生等各项社会发展方面的事权，中央对地方也赋予了较大权力。同时，国家还对一些地方实行了某些特殊政策和灵活措施。例如，1979 年 7 月，对广东、福建两省首先实行特殊政策，扩大经济管理权；在深圳、珠海、汕头、厦门、海南创办经济特区，采取更加开放的政策；对大连、天津、上海、广州等 14 个沿海城市实行沿海开放城市的有关政策。所以，在全国逐步形成了全方位、多层次、多形式的对外开放格局，有效地推动了地方经济的迅速发展，并带动了全国改革开放和现代化建设不断取得新的进展。

总之，中国改革开放以来的历史进程，一个重要改革方面，是围绕发挥中央和地方两个积极性，不断调整中央与地方经济管理的权限，并取得了明显的成效。传统的高度集中的计划经济体制已发生了多方面的深刻变化。这对于发挥市场在资源配置中的基础性作用，充分调动地方、企业和劳动者的积极性，推进改革开放和经济发展，增强综合国力，提高人民生活水平，都起到了重要的积极作用。这也是中国改革开放 20 年来积累的一条重要经验。

但是，由于历史的和现实的多方面原因，现行的中央和地方经济关系还存在不少矛盾和问题，不适应建立社会主义市场经济体制和促进国民经济持续快速健康发展的要求。主要表现在以下几个方面。

一是中央政府和地方政府的职能范围和事权界限还不够科学、合理。从发展社会主义市场经济的要求看，目前我国各级政府职能既存在着政企不分和管得过多、职能范围过宽的问题，又存在着该管的没有管或没有管好的问题。中央政府和地方政府仍基本上按行政隶属关系划分管理范围，在维系国家机器运转和发展社会经济事业方面各自的职能和事权界限还不够明晰，职能交叉、权责不统一的现象仍较多。例如，政府直接进行投资活动的领域仍过于宽泛，中央政府投资和地方政府投资范围和界限尚不够科学、合理。又如，中央银行和国有商业银行的分支机构设置和职能划分仍基本上沿袭计划经济的模式，等等。

二是中央和地方财政分配关系仍不够协调、规范。主要是国家财力集中度偏低，特别是中央财政捉襟见肘，不适应中央行使职权和支持社会经济事业的发展需要，事权与财权不相称，权力和责任不统一。

有些该由中央政府承担的任务和解决的问题，往往力不从心。国有企业所得税按行政隶属关系共享的做法，不利于国有企业改革的深化，也不利于建立规范的税收制度。地区间实际占有财力的差距不断拉大，主要是东部沿海地区与中西部地区间的财政收入差距在拉大。合理、规范化的财政转移支付制度尚未建立起来，目前中央财政对地方的税收返还还是保持原有体制中的既得财力，不是真正意义上的转移支付。现行财税体制中，仍然保留了以基数为标准决定转移支付的做法。这种做法在调动地方政府增收方面起着一定作用，但是强化了地区之间不合理的分配格局，形成了一种"受益地区长期受益，吃亏地区长期吃亏"的运行机制。这样，很难缓解地区间发展不平衡的矛盾，加剧了一些欠发达地区的财政困难。

三是中央政府和地方政府经济管理决策权需要进一步明确和法制化。中央与地方经济关系问题，说到底是集中与分散的问题。总的看来，有些应当由中央集中的则集中不够，宏观调控决策难以顺畅到位。有些地方过多地考虑本地区的局部利益，甚至出现上有政策、下有对策，有令不行、有禁不止的问题，以致影响了国家的整体利益和全国统一、开放市场体系的形成。另一方面，有些该由地方政府分散决策的权力还没有放下去，以致影响一些地方因地因时进行决策，不利于地方更好地发挥积极性。同时，在我国现行的基本法律中，对中央和地方政府经济管理权限尚缺乏明确、具体的规范，各级政府经济关系还没有完全走上规范化、法制化的轨道。

以上这些问题，有些是原有计划经济体制造成的，说明改革还没有到位；有些是经济体制转换中双重体制的痕迹；有些则是在改革过程中新出现的。只有坚持推进改革，才能从根本上解决目前中央和地方经济关系中存在的问题，也才能有利于顺利推进整个改革开放和现代化建设事业。

## 二、完善我国中央和地方经济管理体制的主要原则和任务

进一步理顺中央和地方的关系，完善有利于充分发挥中央和地方

两个积极性的经济管理体制，必须坚持社会主义市场经济的改革方向，合理划分中央政府和地方政府的职能、权限。为此，应当遵循以下一些重要原则。

一是使市场成为配置资源的基础。这是实行社会主义市场经济的根本要求。凡是应当而且可能由市场决定的社会经济活动，无论中央政府还是地方政府都不应插手其间。企业是市场的主体、投资活动的主体，必须按照实行政企分开、转变政府职能的原则，明确划分政府职能同企业和市场中介机构的职能。在市场经济条件下，政府管理经济的职能，主要是制定和执行宏观调控政策，搞好基础设施建设，创造良好的经济发展环境；同时，培育市场体系，监督市场运行，维护平等竞争，调节社会分配关系和组织社会保障体系，保护自然资源和生态环境，管理国有资产和监督国有资产经营，实现国家的经济和社会发展目标。政府运用经济手段、法律手段和必要的行政手段管理国民经济，不直接介入和干预企业的生产经营活动。明确政府职能，是从根本上解决计划经济体制中政府包揽过多、统得过死和中央与地方政府职责不清的重要前提，也是使市场在资源配置中发挥基础性作用的重要保证。

二是必要的集权和适当的分权相协调。在属于政府管理经济的职能中，必须处理好集权与分权的关系。总的原则应当是，既要有维护国家宏观调控的集中，又要在集中指导下赋予地方必要的权力，既要有体现全局利益的统一性，又要有统一指导下兼顾局部利益的灵活性。在这一原则下，明确中央政府和地方政府各自的事权、财权和决策权，保证中央拥有宏观调控的应有权力和实力，同时正确引导和充分调动地方的积极性，发挥各地优势和资源潜力，并做到权力和责任相统一。

三是坚持以事权决定财权和决策权。鉴于我国中央政府和地方政府各自的事权范围和职责尚不够清晰，首先要进一步合理划分中央和地方的事权范围和职责界限，在这个基础上相应调整财权、投资权和调控权。不然，财权、投资权和调控权的调整缺乏科学的依据。大体说来，涉及国家统一、安全和关系社会经济全局性、长远性、协调性发展的事项，应当属于中央政府的职能、职责：凡属于地区性社会经济发展的组织、管理和建设事业，应当划归地方政府的职能、职责。在新的中央与地方经济关系中，中央政府与地方政府的经济管理权力和财力最终支配权与事权要保持对称。也就是说，使各自的事权与财权、决策权相适应，改变目前某种程度上事权与财权、决策权相脱节的现象。

四是形成全国统一、开放、有序竞争的市场。中央和地方职能和调控权的划分，应当有利于培育和发展健全的市场体系，统一规范市场行为，打破地区、部门的分割和封锁，反对不正当竞争，创造平等竞争的环境，建立社会主义市场经济新秩序，防止产生"诸侯经济"。当然，既要保证全国市场的统一性、开放性，又要促进各地方因地制宜、合理分工、扬长避短、优势互补、共同发展。

五是建立完备的法律规范。按照依法治国的基本方略，完善有关的法律法规，进一步明确规定中央政府和地方政府的职能以及事权、财权和调控范围，以此作为调整和规范中央和地方关系的法律依据，从而使中央和地方关系走上法制化、规范化的轨道，保证相对稳定性。

根据上述原则，完善中央和地方合理分权和权责统一的管理体制，需要完成以下主要任务。

（一）合理划分中央政府和地方政府的职能和事权范围。

1. 中央政府的职能和事权主要有：（1）负责国家外交、国防、海关、立法、司法和全国性社会管理政策，以保障国家的独立、统一和安全，保持良好的对外关系，维护全国正常的社会秩序和法律秩序。（2）制定和实施国家经济和社会发展目标、任务和政策，对全国发展方向、速度、总量、结构、生产力布局、国民收入分配原则进行决策，并运用综合手段加以实现。协调关系国家整体利益和全局发展的涉外经济活动。（3）涉及国家发展全局的基础设施和公共工程建设，包括全国性的金融、交通、通信、电力等基础设施建设，大江大河大湖治理和重大水利工程建设，全国性科技、教育、文化、卫生和高技术发展，以及重要地区生态环境和国土资源保护与整治等。（4）制定和实施调节社会分配政策和社会保障体系建设，协调公平和效率的关系，合理拉开收入差距，又防止收入分配上的两极分化，促进共同富裕。

（5）促进地区经济协调发展和城乡共同繁荣。（6）制定市场规则，培育市场体系，保护正当竞争，建立全国统一的大市场。（7）推动改革开放的进程，制定和实施全国性改革方案，保证我国改革目标的实现。（8）建立财产法律制度，依法保护各类企业的合法权益，维护国有财产的所有者权益，保持国有资产的一定规模，促进国有经济质量的提高。

2.地方政府的职能和事权主要有：（1）负责落实中央制定的方针、政策和与本地区有关的任务和发展事业。（2）制定本地区经济和社会发展目标、任务和有关政策。（3）负责开发建设有地方特色的经济，各个省（区、市）都应加强和稳定农业，包括负责本地区主要农产品的生产和流通。（4）为本地区提供公共产品和服务。包括地方基础性设施、地方公益事业和公共工程。发展本地区金融、科技、教育、文化、卫生事业。兴办社会福利事业，为居民福利提供服务。组织地区性社会保障事务。（5）保护本地区自然资源和生态环境，进行国土资源整治。（6）调节本地区经济发展，协调公平和效率关系，促进所辖地区经济和社会全面发展。（7）维护正常的市场秩序、社会秩序，保持社会稳定。（8）在中央方针、政策和具体部署指导下，组织和推动本地区改革和开放进程。以上这些，只是原则性的界定，在实际工作中还需要进一步具体化，作出合理的划分，尽量明确中央和地方各自职能和事权，以利做到权责相统一。

（二）宏观经济调控权必须集中在中央。宏观经济是反映全局的、整体的经济活动和利益。因此，涉及宏观经济总量平衡和重大结构调整的权力不能层层分散。宏观经济调控权，包括全国性的产业政策和生产力布局，收入分配政策，财税政策，货币的发行、基准利率的确定、汇率的调节和重要税率的调整，以及涉及经济政策和全国性法律法规等，这些权力必须集中在中央。这是保证经济总量平衡、经济结构优化和全国市场统一的需要。为了宏观经济调控有效地集中在中央，需要增强中央政府宏观经济调控的实力，保证其在政府调节中的主导地位。在我国，之所以要保证中央政府在政府调节中的主导地位，主要是基于以下五个原因：一是中国正处在由计划经济体制向社会主义市场经济体制转轨的关键阶段，市场体系发育不成熟，要保证这种转轨的顺利进行，需要一个强有力的中央政府。二是中国是一个后起的发展中国家，如果经济调控过于分散，不利于发挥后起国效应，不利于地区生产力布局的优化，也不利于发挥社会主义制度可以集中力量办大事的优势。三是中国幅员辽阔，要保证全国经济的统一性，也需要有中央强有力的宏观调控。四是中国地区发展差别很大，缩小地区间的差距，需要中央政府的协调与支持。五是中国经济与世界经济的联系日益密切，为了提高国际竞争力，也需要中央保持应有的经济调控力量和决策权力。

（三）适当加大地方政府经济和社会发展方面的权力和责任。要进一步有区别地下放和转移中央政府现行的一部分职能和事权，将那些宜由地方政府、市场中介组织和企业行使的职能和事权转移出去。在传统计划经济体制下，许多本应是地方政府、市场中介组织和企业承担的事，也由中央政府包揽下来。虽然进行了近20年改革，这种状况有了一些改变，但这种包揽过多的格局尚没有完全打破。应当在保证中央政府有效宏观调控的前提下，赋予省、自治区和直辖市必要的权力，使其能够按照国家法律、法规和宏观政策，制订地区性的法规、政策和规划；通过地方税收和预算，调节本地区的经济活动；充分运用地方资源促进本地区经济和社会发展。应当将一些基础设施建设和大部分教育、文化、卫生事业和其他公共产品生产的事权下放给地方。同时，应当将社会保障、信息咨询、资信评估、会计服务等，交给市场中介组织。要规范地方政府的行为，改进地方政府领导人政绩评价的办法，把经济总量指标考核与经济结构、经济效益以及社会发展指标考核结合起来。

（四）改进中央政府对贫困、后进地区扶持的办法。为了缩小地区差距，中央运用一定的人力、财力、物力扶持贫困、后进地区，是完全必要的。但是在过去的实践中，往往只采取直接调拨的方式，既不利于受扶持地区的发展，也影响了经济发达地区的积极性，进而影响中央与地方的经济关系。因此，要建立起规范化的扶持体制和机制，包括实行分税制后，建立合理的财政支付转移制度，按一定标准向欠发达地区倾斜。要将直接调拨的"输血机制"改为培育市场环境、促使受扶持地区改善投资条件的"造血机制"。中央对贫困、后进地区的扶持，主要是帮助这些地区进行基础设施建设、改善投资环境，特别是修建铁路、公路，发展通信设施，以加强这些地区与发达地区的联系，加强中西部地区与东部地区的经济联系。最重要的是，要探索协调地区之间经济共同发展的合理、有效的机制。

（五）正确处理地方和地方之间的关系。这里包括省以下政府纵向的关系，也包括省与省之间的横向关系。处理好这两方面的关系，才能有利于各级政府积极性的充分发挥。要合理划分省、地、县、乡各级政府之间的职能和事权、财权、决策权。各级地方政府在各自职权范围内行动，上一级政府不干预属于下一级政府的权力和活动，下一级政府也不得越权行事。上下级政府要相互尊重和支持。同时，也要保持上一级政府对辖区内经济社会发展的应有的协调与调节权力。我国有些地方政府管辖的地域广、人口多，明确上级政府对下级政府的领导和约束力是十分必要的。上级政府在其权限范围内决定了的事，下级政府必须坚决照办，不允许打折扣。在社会主义市场经济条件下，省与省之间是区域分工协作或联合的关系。与计划经济条件不同之处在于，这种分工协作和联合关系原则上是建立在商品市场关系基础上的。各省、自治区、直辖市要在国家法律和政策指导下，选择适合本地条件的发展重点和优势产业，实现区域间的优势互补、合理交换和联合协作，避免各地区产业结构趋同化，以利于各地区经济在更高的起点上向前发展。东部沿海省、直辖市要发挥资金、技术、人才、管理、交通运输和对外开放的区位优势，在有条件的地方应率先基本实现现代化。中西部地区要加快改革开放和开发，发挥资源优势，发展优势产业。国家要加大对中西部地区的支持力度，优先安排基础设施和资源开发项目，加快实施规范的财政转移支付制度，鼓励国内外投资者到中西部地区投资。进一步发展东部地区同中西部地区以及各省、自治区、直辖市之间多种形式的联合和合作。更加重视和积极帮助少数民族地区发展经济。通过多方面努力，逐步缩小地区发展差距。提倡先富起来的地区，帮助和支持后进地区的发展，逐步实现地区协调发展和共同繁荣。

为了使中央与地方经济关系规范化，建议研究制定《中央与地方经济关系调整法》，对中央政府与地方政府的职能和事权、财权、经济调节权等作出详细、明确、具体的规定，以使合理分权的体制切实做到法制化、制度化。

## 三、完善中央与地方经济管理合理分权体制的若干改革措施

社会主义市场经济条件下的中央与地方经济体制的形成，需要采取多方面的配套改革措施。财政分配关系在整个中央与地方经济关系中具有十分重要的地位，加快完善财政体制改革是当务之急。金融、投资、流通等领域的改革也具有举足轻重的分量。必须把着力点放在综合配套改革上。这里，仅就当前需要抓好的一些改革方面提出以下意见和建议。

（一）进一步完善分税制财政体制，理顺中央政府和地方政府的财政关系。在科学地划分中央和地方政府事权的基础上，合理界定各级政府财政支出范围，做到中央政府的事权由中央财政负担支出，地方政府的事权由地方财政负担支出，中央与地方的共同事权，也要以规范的方式明确规定各自负担的支出项目和比例。对事权和财政支出范围进行调整，可采取分步实施的办法，先对一些中央专款进行调整，一部分要随着规范化转移支付制度的建立逐步纳入支出基数，一部分原则上要取消，一部分可以继续保留，但应与贯彻国家产业政策和区域发展政策相配合。要适当调整中央与地方的收入范围，合理划分税收管理权限，提高中央政府财政收入占全国财政收入的比重，这一比重原则上应达到60%或略多一点。否则，目前中央财政困难的状况难以改变，中央政府承担的社会经济管理职能难以按要求履行。中央集中的资金，一部分用于增加中央财政承担的国防和国家机器正常运转方面，一部分用于加大中央财政规范化转移支付的规模。目前国有企业所得税按行政隶属关系划分和共享的做法，不利于政企分开和结

构调整，应当抓紧改变。个人所得税由于其累进性质，是一个增长潜力较大的税种。国际经验表明，在一个国家经济起飞阶段，这一税收增长速度明显快于国民经济增长速度，一般都被划为中央税种或中央与地方共享税种。根据我国现实情况，可将国有企业所得税改为中央税，个人所得税改为中央和地方共享税种。同时，在实行过渡性中央财政转移支付办法的基础上，加快建立规范化的转移支付制度。先根据中央财政财力的状况，建立过渡性转移支付办法，重点缓解民族地区和少数困难地区财政困难。要抓紧做好规范化转移支付制度的各项准备工作，采用科学方法评估测算各地的标准化收入能力和标准化支出需求，根据公平与效率兼顾的原则、调动中央和地方两个积极性的原则和法制规范的原则，用"因素法"取代"基数法"，逐步建立起规范化的转移支付制度，促进地区间财力的公平分配和公共服务水平的均等。要清理中央专项拨款。目前中央专项拨款的管理较为分散，使用缺少透明度，应结合政府机构改革，进行全面清理，减少其中一些不必要的项目。还要彻底清理全国收费和基金项目，即进行"费改税"的改革，这方面大有文章可作。1996 年全国各种收费、基金总额为3622 亿元（不包括社会保障基金 1015 亿元），扣除纳入预算管理的收费 127 亿元和拟取消的基金、收费 120 亿元，占当前财政收入的 46%。显然，这一比重过大。改革总的目标是，建立以税收为主体、辅之少量规费的政府分配体系。

（二）加快和深化金融体制改革，完善中央和地方在金融领域的职能、权限。在我国金融体系中，中国人民银行居于金融宏观调控和金融监管的地位，国有银行处于主体地位，发挥着主导作用。要按照"把银行真正办成银行"的要求，健全中国人民银行使中央银行的职能；国家专业银行向商业银行转变，建立国有商业银行统一法人制度；同时，要建立国家相对集中、统一的证券业、保险业监管体制。1997年 11 月，在全国金融工作会议上对深化金融体制改革已作出明确部署，关键在于抓紧落实。为了充分发挥中央和地方两个积极性，要实行两个方面的改革。一方面，强化中央银行的宏观调控和对全社会金融业的监管职能，健全国有商业银行的功能。为此，要改变长期以来人民银行和国有商业银行分支机构按行政区设置的状况，精简管理层次和分支机构，并完善金融系统党的领导体制。这样改革，有利于中央运用金融手段引导和调控全国社会经济发展的规模、速度和结构，为实现国家社会经济发展目标和任务提供重要保障，也有利于建立社会主义市场经济条件下新型的政府与银行关系、银行与企业关系，使银行和其他金融机构彻底摆脱传统的计划经济体制的羁绊，同时还有利于防范金融风险，保证金融业安全、稳健运行。另一方面，在深化银行管理体制改革的同时，国有银行要依法按照贷款原则支持地方中小企业的发展，还要加快地方性金融机构体系的建设。区域性的银行应适当多发展一些分支机构，逐步增加城市商业银行、县（市）商业银行（股份制银行），还要发展合作制的城市信用社、农村信用社。发展这些地方性金融机构，可以满足地方发展经济对金融服务的需求。当然，地方金融业发展的规模和速度，要视国家金融监管的能力和实际需要慎重抉择。

（三）构造新型的投资体制，明确中央政府和地方政府的投资范围。深化投资体制改革，根本方向是按照建立社会主义市场经济体制的要求，完善法人投资和银行信贷的风险责任制，使企业成为投资的主体。这是使市场成为配置资源基础的重要方面，应当大力推行。对于政府投资来说，应当划分中央政府与地方政府投资的范围，建立中央与地方的投资分工与协作关系。这是调整全国生产力布局，促进产业结构优化升级所必不可少的。目前，由于"政企不分"的体制因素，使得各级政府与各类企业之间的投资分工与协作范围不清，造成政府投资范围过宽，需要首先进一步明确这方面的范围界限。一般来说，中央政府和地方政府的投资分工范围，主要应限制在社会基础设施等公共部门。这里包括：1. 重要的农业、交通、通信、能源、水利等基础设施建设。因为这些部门具有投资规模大、建设周期长、资本回收慢的特点，完全依赖企业投资难以做到。否则，就会影响这些方面的建设规模和速度。政府参与这些部门的投资和提供帮助是十分必要的，这也是国际上通行的做法。2. 有关人力资源开发和社会协调发展方面的投资。例如，科技、教育发展、职工培训、文化建设、医疗保健、环境保护、国土整治、人口控制等。这些方面的投资，对于实施科教兴国战略，促进经济健康发展和社会全面进步，有着重要意义。3. 帮助和支持某些战略部门的发展，主要包括基础研究、关键技术开发、支柱产业和高新技术产业的开拓等。这些方面的投资，对于培育经济发展后劲和在国际经济竞争中争取战略上的主动地位关系极大。4. 调整重大生产力布局，支持和帮助经济欠发达地区发展经济，促进全国各地区经济协调发展，也需要政府适当进行投资。在以上政府投资范围中，应由中央政府投资或以中央财政投资为主的，原则上是面向全国的、跨地区、跨部门的重大项目或骨干工程；一般重要的、属于地区性的，应由地方政府投资。当然，在投资资金来源上，可以是财政性投资，可以是政策性银行贷款，可以是统借统还国外资金；在投资方式上，可以是中央或地方政府独资，可以是中央政府与地方政府联合投资，也可以是两级政府与企业联合投资。从发展市场经济要求和实际生活状况看，控股投资或联合投资将越来越成为大量的和普遍的投资格局。这样，有利于充分发挥中央、地方和企业投资的积极性，也有利于协调各方面的经济利益关系。

（四）继续推进流通体制改革，进一步完善中央和地方两级重要商品储备制度和基金制度。这里主要指的加强流通领域调控建设。首先，国家要逐步建立粮食、棉花、食油、猪肉、食糖、钢材、有色金属、纸张、成品油、化肥、农药、农膜等重要商品储备，并按照不同的调控目标，把国家储备分为战略储备和市场调节储备。同时，要加快完善储备管理办法、轮换更新制度和吞吐调节机制。地方主要是把粮食、油、棉、肉以及地方政府决定的其他商品储备建立起来，数量一般应不少于1—3个月的商品性消费量。其次，要抓紧建立完善中央、地方两级粮食、副食品的风险基金和价格调节基金，以及其他重要商品的风险调节基金。再次，建立比较完备的国家储备仓储网络，重点是在主要产销区、交通枢纽、沿海港口以及其他重要地区，建立和改造一批由中央政府直接掌握的大中型储备库。要完善重要商品的购销体制。当前特别要深化粮食流通体制改革。改革的方向，是把粮食企业完全交给地方统筹管理。要分清中央和地方的责任，不能再吃"大锅饭"。中央主要负责粮食宏观调控和专储粮的管理，地方政府要对本地区粮食生产和流通全面负责。中国是一个农业大国，各省、区、市的一个十分重要任务，就是解决好粮食问题。要继续实行"米袋子"省长负责制，就是要在中央的统一领导下，分级负责，以省为单位，实现粮食的地区平衡。当然，这并不意味着要求地方自给自足，而是要在全国统一指导下搞好地区内部的平衡，在地区平衡的基础上保证全国的综合平衡。为了发挥市场机制在资源配置中的基础性作用，必须培育和发展市场体系。要推进价格改革，建立主要由市场形成价格的机制。在保持价格总水平相对稳定的前提下，放开竞争性商品和服务的价格，理顺少数由政府定价的商品和服务的价格。在价格改革和调控上，中央政府和地方政府都应有各自的职责和权力。

（五）完善外贸、外资管理体制，合理确定中央和地方各自的职权。这是建立中央和地方合理分权的经济体制的重要方面。在我国对外开放格局已经形成，并要进一步扩大对外开放的新形势下，正确规范两级政府的权限尤为必要。要进一步改革对外经济贸易体制，坚持统一政策、放开经营、平等竞争、自负盈亏、工贸结合、推行代理制的改革方向。国家主要运用汇率、税收和信贷等经济杠杆调节对外经济活动。在利用外资领域，中央政府要通过适时修订国家产业政策和实施支持、鼓励外资进入的政策，加强对全国各地利用外资的引导。地方政府在执行中央统一政策前提下，因地制宜地采取有效政策和措施吸收外资。借用国外贷款应由中央集中统一管理，并要建立中央和地方两级政府的还债基金，完善借、用、还相统一的机制。要统一和健全对外经济法规，维护国家利益和经济安全。

在全国进一步扩大对外开放的同时，进一步办好深圳、珠海、汕头、厦门、海南五个经济特区和上海浦东新区，鼓励这些地区在体制创新、产业升级、扩大开放等方面继续走在前面。鼓励中西部地区吸收外资开发利用资源，促进经济振兴。统筹规划，进一步规范和办好各类经济技术开发区，发展既有层次又各具特点的全方位对外开放格局。

　　建立和完善中央与地方经济管理合理分权的新体制，是社会主义市场经济体制建立过程中的一项非常重要而艰巨的任务。我们相信，随着我国改革的进一步深化和对外开放的继续扩大，一个适应发展社会主义市场经济要求的中央与地方合理分权的经济体制将日臻完善。

# 深化国有企业改革必须全面贯彻"三改一加强"的方针 *

（1999 年 11 月）

党的十五届四中全会通过的《中共中央关于国有企业改革和发展若干重大问题的决定》提出，推进国有企业改革和发展，必须坚持改革、改组、改造和加强管理相结合的指导方针。理论和实践都充分表明，这个"三改一加强"的指导方针是科学的和完全正确的。只有坚决贯彻执行这一重要方针，国有企业才能适应建立社会主义市场经济体制的要求，真正实现同市场经济结合，建立现代企业制度，转换经营机制，提高整体素质，增强活力、实力和竞争力，在新的历史条件下重振雄风、再铸辉煌，充分发挥其在国民经济中的支柱和骨干作用。

## 一、"三改一加强"是一条完全正确的指导方针

实行改革、改组、改造和加强管理相结合的方针，是在社会主义市场经济条件下搞好国有企业的必然要求。所谓改革，概括地说，就是要按照市场经济规律，改变计划经济模式下政企不分和吃"大锅饭"的国有企业管理体制和制度，转换经营机制，使企业真正成为市场竞争主体。所谓改组，就是着眼于从整体上搞好国有经济和整个国民经济，调整和优化国有企业组织结构，探索公有制多种有效实现形式，推动国有资产合理流动和重组。所谓改造，就是加强企业技术改造、技术开发和技术进步，提高企业的生产技术和装备水平。所谓加强管

---

* 本文发表在《求是》1999 年第 23 期。

理，就是从严治理企业，实现管理创新，提高企业科学管理水平。坚持把改革、改组、改造和加强管理有机结合起来，是对多年来国有企业改革和发展实践经验的深刻总结，是建立在科学理论基础上的。因而，这一重要指导方针是完全正确的。

实行"三改一加强"的方针，就是坚持生产关系与生产力的辩证统一。马克思主义认为，生产关系与生产力之间的矛盾，仍然是社会主义社会的基本矛盾；在这一基本矛盾中，生产力决定生产关系，生产关系反作用于生产力，二者是辩证统一的。当生产关系束缚生产力发展时，必须通过改革实现生产力的解放与发展；同时，调整和变革生产关系的目的，在于更好地解放和发展生产力。在建设和发展中国特色社会主义伟大事业的过程中，国有企业始终是国民经济的支柱。发展社会主义社会的生产力，推进我国的工业化和现代化，必须依靠和发挥国有企业的重要作用。而搞好国有企业是艰巨复杂的任务，也是庞大的社会系统工程，不仅涉及生产关系的调整和完善，而且涉及生产力自身的进步和发展。改革，是要调整和完善不适应生产力发展的生产关系，是为了进一步解放和发展生产力，但生产力有其自身发展规律和要求，不能单纯用生产关系的变革代替生产力自身的发展规律。因此，要搞好国有企业，必须坚持生产关系与生产力辩证统一的观点，既要高度重视国有企业生产关系的调整和变革，又要十分注意解决影响企业生产力自身发展的各种要素的素质问题，这是把国有企业改革、改组、改造和加强管理相结合的重要的理论依据。

从根本上说，我们改革计划经济体制，实行社会主义市场经济体制，就是要从体制上、机制上解决束缚国有企业发展的各种矛盾和问题，使生产关系进一步适应和促进生产力的发展。国有企业必须坚持社会主义市场经济的改革方向，适应市场经济发展的规律和要求，充分调动广大职工的积极性和创造精神。而企业改组、改造和加强管理，则直接触及企业生产力的各个方面，如国有经济布局、企业结构、技术进步和生产力组织等。改组、改造和管理工作搞得好，就能充分和有效地发挥企业生产力各个要素的作用，而且能够大大提高企业的整体素质。实行"三改一加强"相结合，就是着眼于调整生产关系和调动生产力各个要素的作用，多管齐下，整体推进，使国有企业生产关系得到完善，激发和增强活力，并且使国有企业生产力实现质的飞跃，从而在整个国民经济中更好地发挥支柱和骨干作用。

实行"三改一加强"的方针，就是坚持改革与发展的有机统一。邓小平理论的核心内容，就是坚持把发展生产力放在首要位置，强调科学技术是第一生产力，要加速科技进步。发展才是硬道理。国民经济要得到更好地发展，必须实现经济体制和经济增长方式两个根本性转变，二者缺一不可。改革是动力，发展是目的。从根本上说，改革、改组、改造和加强管理，都是为了促进国有企业的发展和壮大，并以其带动整个国民经济的振兴和繁荣。全面贯彻"三改一加强"的方针，就可以把改革与发展很好地结合起来，避免那种把改革与发展割裂开来甚至对立起来的倾向。这样，一方面可以深入改革国有企业管理体制和经营机制，使之适应社会主义市场经济发展的要求，增强企业的活力与效率；另一方面，可以使国有企业组织结构得到调整和优化，资产能够合理流动和重组，技术和管理素质不断提高。由此可见，只有坚持把改革和发展统一起来，才能在市场经济的条件下形成国有企业的新优势，也才能充分发挥国有经济在国民经济中的主导作用。

国有企业的改革与发展是有机联系和相互促进的。必须坚持以改革促发展，积极推进企业改革；同时，也必须在发展中解决企业改革进程中遇到的问题，包括通过发展为改革提供必要的物质条件和环境。企业改革的各项措施，必须落实到发展上。检验国有企业各项改革措施正确与否，主要是看它是否促进了国有经济发展和整个社会生产力的发展。

实行"三改一加强"的方针，就是坚持宏观与微观的协调统一。坚持宏观与微观的统一，是把国有企业改革、改组、改造和加强管理结合起来的重要出发点和落脚点。理论和实践都告诉我们，要搞好国有企业的改革和发展，必须从整体上和战略上调整国有经济布局与改组国有企业，必须适应全球产业结构调整大趋势和国内外市场需求的变化，加快国有企业技术进步和产业升级。为此，需要着眼于搞好整个国有经济，从宏观经济发展考虑，综合采取措施，而不能单纯着眼于搞好每一个国有企业，因为这样做既不现实也无必要。以公有制为主体的多种所有制经济蓬勃发展和对外开放的扩大，使国有企业面临国内不同所有制企业和国外强手越来越激烈的竞争；市场供求关系的变化特别是买方市场的出现，使国有企业长期存在而前些年又有所发展的结构不合理的矛盾更加充分地暴露出来。因此，必须从整体上搞好国有经济出发，对国有企业实施战略性改组。这样，国民经济结构中的突出矛盾才能很好地解决，企业技术进步和企业管理才能真正收到成效。同样，只有搞活国有企业，抓好技术改造和科学管理，国民经济发展的任务和目标才能顺利实现，否则，良好的愿望就会成为空中楼阁。从实际情况看，企业不通过改革建立符合市场经济要求的经营机制，企业缺乏技术进步和创新的能力以及扎实的科学管理，就不可能构造产业结构优化和经济高效运行的微观基础。因此，"三改一加强"的指导方针，既要求从宏观着眼，又要求从微观入手；既是国有企业的振兴之道，也是整个经济健康发展的必由之路。

必须指出，"三改一加强"是相互促进、相辅相成的关系，并且要使它们有机地结合起来。深化改革既为国有企业发展开辟道路，也为国有企业改组、技术改造和加强管理指出方向。从这个意义上说，深化企业改革是前提，但如果企业改革不与企业改组、改造和加强管理相结合，就会减弱国有企业改革所带来的体制和机制效益。国有企业改革与改组、改造和加强管理相结合，既可以使改革的效果放大，也可以保证改革成果的巩固和发展。同时，企业改组、改造和管理必须以改革为动力，否则，改组、改造和管理就有可能走弯路，产生不良效果。理论和实践也告诉我们，企业改革、改组、改造和加强管理之间既有内在联系，又有区别，不能简单地互相替代，任何想用其中一种方式代替另一种方式的做法都是不对的、有害的。不改革，企业发展就会失去方向，也会缺乏动力；不改组，就难以解决经济结构性的矛盾和问题；不改造，就没有建立在先进科技与装备基础上的强大的物质生产力和市场竞争力；不加强管理，就不可能提高产品质量和企业经济效益，改革、改组和改造的成果也难以得到巩固。因此，必须正确认识和把握改革、改组、改造和加强企业管理之间的相互关系，使它们有机结合起来，而不要把它们割裂开来甚至对立起来，切实做到统筹兼顾，千万不要偏废。

## 二、搞好"三改一加强"是解决当前国有企业突出问题的迫切要求

改革、改组、改造和加强管理相结合的方针，是一条实事求是的方针，这是根据国有企业存在的突出问题提出来的，有着很强的现实针对性。近年来，各地区、各部门和许多企业按照中央的部署，解放思想，大胆探索，开拓进取，围绕"三改一加强"，在建立现代企业制度，转换企业经营机制，推动国有资产重组，优化国有企业结构，推进技术进步，加强企业管理等方面，做了大量的工作，在解决一些重点、难点问题上取得了重要突破，不少企业已经和正在走出困境。但目前仍有相当一部分国有企业缺乏活力、效益低下、经营困难。这里原因固然是多方面的，其中一个重要的方面，就是没有高度重视和全面贯彻落实"三改一加强"的方针。目前一些国有企业存在的突出问题，主要表现在以下几个方面。

（一）政企不分，企业经营机制僵化。由于传统计划经济体制根深蒂固的影响，政企职责不分、政企错位的现象目前仍比较突出。有些地方政府直接干预企业的日常生产经营活动，管了不少应由企业自己管理的事务，既管不了、管不好，又束缚了企业的手脚，使企业缺乏应有的自主权和活力。比如，国务院早已明确，国有企业应当成为投资的主体，企业使用自有资金的投资可以由自己做出决策，但有的地方仍然要求层层审批。又如，企业办社会的问题依然相当严重，企业承担了本来应由政府承担的学校教育甚至社会治安等职能，既加重了企业的负担，又影响了企业的效率和竞争力。就企业方面来看，不少企业在内部改革中作表面文章，企业吃国家"大锅饭"、职工端企业铁饭碗的弊端没有根本解决。1998年中央政府机构改革对于理顺政府与企业的关系起到了积极的作用，政企分开迈出了重大步伐。但目前各级政府部门与企业关系中仍然比较普遍地存在着妨碍国有企业成为

市场竞争主体的问题。企业走向市场和按市场经济法则运行的改革道路还很长。

（二）企业组织结构不合理，缺乏市场应变能力。改革开放以来，国有企业组织结构发生了积极的变化，但目前仍很不合理。主要问题是：低水平重复建设严重，企业大而全、小而全，没有形成专业化生产、社会化协作体系和规模经济，市场应变能力不强。国有经济的行业分布太广、战线太长，力量太分散，这不仅使相当部分国有企业效益难以提高，而且严重影响了国有企业职能的有效发挥。前两年，中央提出"抓大放小"的方针后，各地方培育大企业和企业集团的工作有了一些进展，但这方面工作的广度和深度都不够，甚至有些地方违背市场经济规律，盲目贪大求全，以致我国至今还没有形成多少实力雄厚、竞争力强的大型企业和企业集团。不少企业产品没有市场、技术落后、长期亏损；浪费资源、质量低劣、污染严重的"五小"企业大量存在。许多中小企业还没有放开搞活。所有这些，都严重影响经济效益的提高和国民经济的发展。因此，非下大决心、用大气力进行行业调整和企业改组不可。

（三）企业技术改造和技术创新步履艰难。当前，国有企业技术进步动力不足，资金短缺，人才缺乏，技术进步创新体系还未形成。企业技术装备落后、工艺陈旧，技术开发能力远不适应日益激烈的市场竞争的要求。目前我国技术进步对经济增长的贡献率不到30%，不仅低于发达国家50%—70%的水平，也低于发展中国家40%左右的水平。工业企业设备近1/5已经老化，超期服役率近40%。我国工业企业中关键设备达到或接近国际先进水平的仅占15%左右，机械工业技术装备大体上只相当于国外六七十年代的水平，只有少数达到国外八十年代的水平。许多传统产业生产能力相对过剩，但技术水平低，产品结构不合理，产品质量差。这是我国国有企业经济效益差和产品缺乏市场竞争力的重要原因。当今世界，科技进步日新月异，企业技术进步和技术创新能力决定着一个国家经济实力和竞争力的大小。在这种情况下，我们如果不在企业技术改造和技术进步上下功夫，就会延缓现代化建设的进程，同国外先进水平相比，差距就会越来越大。

（四）企业管理松懈，管理水平低下。目前，有相当一部分国有企业，内部管理薄弱，制度不健全，有了制度也执行不严格，形同虚设，决策随意，财务混乱，纪律松弛。由于企业经营管理不善，造成生产成本高，资源损失浪费很大，跑、冒、滴、漏严重，亏损居高不下。目前我国能源利用率只有30%左右，比国际先进水平低10—20个百分点，产品单位能耗比发达国家高出30%—80%。这其中一个重要原因是管理落后。可以说，不少企业陷入困境，主要是管理水平低造成的。现实生活中，一些长期亏损的企业在调整领导班子后，仅从抓管理入手，旋即收到扭亏为盈之效。这就充分说明了企业管理是当前突出的薄弱环节。

国有企业存在的上述矛盾和问题，是过去长期积累下来的，是各种矛盾交织在一起的结果，要解决这些问题只依靠一种办法难以奏效，必须把企业改革、改组、改造和加强管理这四个方面有机地结合起来。从实践经验看，凡是"三改一加强"配套抓得好的，企业改革和发展成效就大，就能够走上良性循环的轨道。邯钢、吉化、长虹、宝钢等在国内外市场上有竞争能力的国有大中型企业，都是这样做的。例如，邯钢就是坚持以市场为导向，实行改革、改组、改造和强化企业管理相结合，多管齐下，综合治理的典型。几年来，邯钢按照市场经济要求，对企业进行了股份制改造，大力改革企业人事用工制度、劳动制度和分配制度，实现了减员增效。在改组方面，实行低成本扩张，先后兼并了舞阳钢铁公司和衡水钢管厂，在很短时间内使这两个企业扭亏为盈。几年来，邯钢以市场为导向，以调整结构、提高质量、降低成本为重点，先后进行二十多次大中型技术改造。坚持从严管理，并建立起"模拟市场核算，实行成本否决"的经营管理机制。邯钢近几年走出困境、实现振兴，成为国有企业一面红旗的过程，就是将"三改一加强"紧密结合并成功运用的过程。邯钢的经验，体现了社会主义市场经济发展的要求，符合建立现代企业制度的方向，应当深入学习和推广。又如，吉林化纤集团也成功地走出了一条"三改一加强"的路子。几年来，吉化公司完成了股份制改造，进行了建立现代企业制度试点，他们以资本为纽带，把改革同改组结合起来，通过资本运营，实现投资主体多元化，成功地进行了大规模的联合和兼并，形成具有较强竞争力的跨地区、跨行业、跨所有制和跨国经营的大企业集团，资产总量迅速扩大。吉化公司还抢抓机遇，科学决定，不断加快技术改造步伐，坚定不移地实施创新发展战略，把追求最佳经济效益作为技术改造的出发点和落脚点，在现有基础上创新，在创新中发展。同时，吉化公司坚持不懈地抓管理，努力构建严格的内部管理机制，坚持以人为本，大力提高企业整体素质。向管理要质量，向管理要效益，靠严格管理造就一支训练有素，特别能战斗的职工队伍，适应了市场激烈竞争的需要。通过"三改一加强"，吉化公司经济实力不断增强，经济效益显著提高。

大量事实充分说明，"三改一加强"是行之有效的方针。国有企业要在发展社会主义市场经济新形势下再创新优势，就必须通过改革建立新的机制，通过改组优化组织结构，通过改造推进企业技术进步，通过加强管理充分发挥各种生产要素的作用，全面提高国有企业的整体素质，使企业有一个好机制、好产品、好装备、好队伍、好班子。这些才是国有企业的根本出路和希望之所在。

## 三、贯彻"三改一加强"方针需要着力抓好的工作

当前，国有企业改革已进入攻坚阶段，发展处于关键时期。我们必须认真学习、全面贯彻党的十五届四中全会精神，充分认识坚持"三改一加强"的方针的重要性和紧迫性，以高度的责任感和使命感，锲而不舍地努力，切实做好企业改革、改组、改造和加强企业管理的各项工作，并把它们有机结合起来，务求国有企业改革和发展取得新的突破。

第一，进一步深化企业改革，建立和完善现代企业制度。建立现代企业制度，是发展社会化大生产和市场经济的必然要求，是国有企业改革的方向。这方面在党的十四届三中全会《中共中央关于建立社会主义市场经济体制若干问题的决定》和十五大报告中已经有过明确论述，有关部门和地方也进行了不同类型企业的改革试点。要坚持从

我国国情出发，总结实践经验，全面理解和把握产权清晰、权责明确、政企分开、管理科学的要求。在实际工作上，要突出抓好以下几个环节。一是继续推进政企分开。政府对国家出资兴办和拥有股份的企业，通过出资人代表行使所有者职能，按出资额享有资产受益、重大决策和选择经营管理者等权利，对企业的债务承担有限责任，不干预企业日常经营活动，使企业真正成为适应市场的法人实体和竞争主体。企业依法经营，照章纳税，对所有者的净资产承担保值增值责任。二是积极探索国有资产管理的有效形式。要按照国家所有、分级管理、授权经营、分工监督的原则，逐步建立国有资产的管理、监督、营运体系和机制，建立与健全严格的责任制度。对国有大中型企业实行规范的公司制改革。进一步明确股东会、董事会、监事会和经理层的职责，形成各负其责、协调运转、有效制衡的公司法人治理结构。四是面向市场着力转换企业经营机制。要逐步形成企业优胜劣汰、经营者能上能下、人员能进能出、收入能增能减、技术不断创新、国有资产保值增值等机制。这些工作做好了，国有企业同市场经济结合才会取得实质性进展。

第二，推进战略性改组，调整和优化国有企业组织结构。要区别不同情况，继续对国有企业实施战略性改组。对极少数必须由国家垄断经营的企业，在加快适应市场经济要求的同时，国家给予必要支持，使其更好地发挥应有的功能；竞争性领域中具有一定实力的企业，要吸引多方投资促进其发展；对产品有市场但负担过重、经营困难的企业，通过兼并联合等形式进行资产重组和结构调整，盘活存量资产；产品没有市场、长期亏损、扭亏无望和资源枯竭的企业，以及浪费资源、技术落后、质量低劣、污染严重的小煤矿、小炼油、小水泥、小火电等企业，要实行破产、关闭，以确保优势企业生产能力的发挥。对严重超过市场容量的生产能力，要坚决进行调整和压缩。这方面决心要大，同时也要研究制定行之有效的政策措施，以加快调整步伐。同时，要坚持"抓大放小"，积极发展大型企业和企业集团，放开搞活中小企业。要着力培育实力雄厚、竞争力强的大型企业和企业集团，有的可以跨地区、跨行业、跨所有制、跨国经营。要发挥这些企业在资本运营、技术创新、市场开拓等方面的优势，使之成为国民经济的支柱和参与国际竞争的主力军。在放开搞活中小企业方面，思路可以更宽一些，步子可以更大一些，同时切实加强引导和规范操作。对于量大面广的国有小企业，要从实际出发，继续采取改组、联合、兼并、租赁、承包经营、股份合作制和出售等多种形式放开放活，不要搞一个模式。要防止"刮风"，不能"一卖了之"，防止国有资产流失。要积极扶持中小企业特别是科技型企业，使它们向"专、精、特"的方向发展，有关方面要在信息咨询、市场开拓、筹资融资、贷款担保、技术、人才培训等多方面给予支持和服务。

第三，加快国有企业技术创新，推动技术进步和产业升级。这是国有企业在新形势下再创新优势、增强实力和竞争力的根本措施。当今世界有实力、有竞争力的大公司、大企业集团，都是靠自己的先进技术和独特的产品来建立市场竞争优势的。企业间的竞争，尤其是国际市场上的竞争，说到底是技术创新和产品开发能力的竞争，谁掌握了技术创新和产品开发的主动权，谁就能在市场竞争中占据制高点、掌握主动权。我们必须把加强国有企业技术创新和进步放在十分突出的地位。国有企业技术进步和产业升级的方向与重点是：以市场为导向，用先进技术改造传统产业，围绕增加品种、改进质量、提高效益和进口替代，加强现有企业技术改造；在信息、生物工程、新材料、环境保护等新兴产业和高技术产业占据重要地位，掌握核心技术，占领技术制高点，发挥先导作用。

当前，中央在决定进一步扩大内需、加大实施积极的财政政策力度的同时，明确地把加强国有企业技术改造作为重要任务，从今年增发的 600 亿元长期国债中，拿出相当部分作为技术改造贷款的贴息资金。这样，可以带动 2000 亿元左右贷款资金投入企业技术改造，为国有企业技术进步提供了难得的机遇。在实际操作中，要集中必要力量，加大对重点行业、重点企业、重点产品和重大技术装备制造的技术改造投入，并向老工业基地倾斜。抓好这项工作的关键，是要选准企业、项目和产品，坚决不搞低水平重复生产和单纯数量扩张。对有市场、有效益、符合国家产业政策的技术改造项目，给予贷款贴息支持；对这类技术改造项目的国产设备投资，实行税收鼓励政策。加快企业技术改造不是短期的任务，而是加快我国现代化建设的战略举措。这里最重要的，是要真正使企业成为技术进步和产业升级的主体，形成以企业为中心的技术创新体系，大力促进科技成果向现实生产力的转化。

第四，加强和改善企业管理，提高科学管理水平。科学管理是企业的振兴之道，所有国有企业必须高度重视和切实加强科学管理。要坚持从严治理企业，苦练内功，向管理要市场，向管理要质量，向管理要效益。要适应发展市场经济的新形势，加强管理创新。在加强和改善企业管理中，特别要加强企业发展战略的研究。企业要适应市场，制定明确的发展战略、技术创新战略和市场营销战略，并根据市场变化适时进行调整。要健全和完善各项规章制度，强化管理基础工作，彻底改变无章可循、有章不循、违章不纠的现象。要建立各级、各个环节的严格责任制度，加强考核和督促检查，确保各项工作有人负责。要完善劳动合同制，推进职工全员竞争上岗，严格劳动纪律，严明奖惩，充分发挥职工的积极性和创造性。狠抓管理薄弱环节，重点搞好成本管理、资金管理、质量管理。要建立健全全国统一的会计制度，真实反映企业经营状况。要加强对企业经营活动的审计和监督，坚决纠正做假账、违反财经纪律、营私舞弊、挥霍浪费等现象。要广泛采用现代管理技术、方法和手段。认真总结过去行之有效的管理经验，根据新情况不断赋予新的内涵。积极推广先进企业的管理经验，进一步引进国外智力和借鉴国外企业现代管理方法。

继续认真做好国有企业职工下岗分流、减员增效和再就业工作。当前，企业管理搞不好的一个重要原因是人员过多，管理费用高，不把富余人员减下来，成本很难降下来，企业效益也难以提高。要认真贯彻落实党中央、国务院关于做好国有企业下岗分流、减员增效和实施再就业工程的各项政策。特别是要抓紧建立和完善社会保障体系，充分发挥社会中介组织的作用，为企业减员增效创造必要的条件。

总结前阶段实践经验，全面贯彻"三改一加强"的方针，必须切实加强领导。在目前经济体制转轨和经济结构大调整时期，企业的情况千差万别，遇到的矛盾和问题各不相同，必须针对不同企业存在的具体问题和薄弱环节，因企制宜，因势利导。要区别不同情况，分类指导，对症下药，各有侧重，重点突破。切实防止"一刀切"和形式主义，务必扎实工作，注重实效。

总之，坚持"三改一加强"相结合，是搞好国有企业改革和发展的重要指导方针。我们要认真学习和贯彻落实党的十五大和十五届四中全会通过的《中共中央关于国有企业改革和发展若干重大问题的决定》精神，大胆探索，锐意进取，不断总结经验。这样，就一定会成功地走出中国特色国有企业改革和发展的新路子，夺取国有企业改革和发展的新胜利。

# 积极推行公有制多种有效实现形式 <sup>*</sup>

（2003 年 11 月）

党的十六届三中全会通过的《中共中央关于完善社会主义市场经济体制若干问题的决定》（以下简称《决定》）提出：要"坚持公有制的主体地位，发挥国有经济的主导作用。积极推行公有制的多种有效实现形式"。并且强调，要"使股份制成为公有制的主要实现形式。"这是我们党总结 25 年特别是近 10 年来经济体制改革实践经验作出的重大决策，是对公有制实现形式认识的又一重要发展。

## 一、公有制的实现形式可以而且应当多样化

公有制是社会主义经济制度的基础，是国家引导、推动经济和社会发展的基本力量，是实现最广大人民根本利益和共同富裕的根本保证。发展壮大国有经济，国有经济控制国民经济命脉，对于发挥社会主义制度优越性，增强我国的经济实力、国防实力和民族凝聚力，具有关键性作用。在发展社会主义市场经济的新形势下，必须毫不动摇地巩固和发展公有制经济，充分发挥国有经济的主导作用。而理论和实践都表明，推行公有制的多种有效实现形式，是坚持公有制主体地位和发挥国有经济主导作用的必然选择。

（一）从所有制与所有制实现形式的关系看，一种所有制可以有多种实现形式。所有制与所有制的实现形式是两个既相互联系、又不相同的概念。所有制是指对生产资料占有、使用、处置并获得收益等

---

* 本文发表在《求是》2003 年第 21 期。

一系列经济权利和经济利益关系的总和，而所有制的实现形式则是指在一定的所有制前提下财产的组织形式和经营方式。所谓财产的组织形式，包括独资、合资和各类资本相互融合等形式，在企业形态上体现为业主制企业、合伙制企业和股份制企业等。所谓经营方式，包括经营资产的直接经营方式和经营资本的间接经营方式。对于经济利益主体而言，拥有经济权利重要，使经济权利得到实现更重要。在市场经济条件下，所有者既可以通过控制一定所有制赋予的全部权利来实现自己的利益，也可以通过权利的分割和部分权利的有偿转让来实现自己的利益。体现在所有制实现形式上，所有者控制全部权利，就形成了独资企业的资本组织形式和经营资产的直接经营方式；所有者有偿让渡了部分权利，比如经营权，就形成了股份制等资本组织形式和经营资本的间接经营方式。可见，相对于所有制，所有制实现形式具有相对独立性。同一种所有制可以有多种实现形式，不同所有制也可以采取同一种实现形式。比如在资本主义国家，有业主制、合伙制、有限责任公司、股份有限公司等多种资本组织形式和经营方式，但并没有改变资本主义私有制的实质。这一切都说明，公有制可以而且应该适应时代发展、经济环境变化和科学技术进步的新情况，采取多种有效实现形式，以促进自身发展和壮大。

（二）推行公有制多种有效实现形式，才能消除传统经济体制下公有制的弊端，促进生产力发展。在传统经济体制下，我国公有制实现形式单一。在资本组织形式上，追求"一大二公"、纯而又纯，国有制企业占绝大多数；在经营方式上，国有国营、政企不分，政府直接干预企业具体的生产经营活动。这样做的结果，造成了企业吃国家的"大锅饭"，职工吃企业的"大锅饭"，对投资经营成果和公有资产保值增值缺乏严格、有效的责任制，经营者和劳动者动力不足，企业效益低下，严重阻碍了公有制经济发展。历史的经验告诉我们，在我国社会主义初级阶段，社会生产力水平低而且发展不平衡，同时，由于社会生产力水平的多层次性和所有制结构的多样性，公有制实现形式单一化的路子走不通，公有制实现形式可以而且应当多样化，一切反映社会化大生产规律的组织形式和经营方式都可以大胆利用。通过推行公有制的多种实现形式，才能实现责权利相结合，形成有效的激励机制，调动企业经营管理者和职工的积极性、创造性，使公有资本发挥更大的作用，引导和促进社会生产力发展。

（三）实行社会主义市场经济，要求推行公有制多种有效实现形式。企业作为独立的市场主体参与竞争，是社会主义市场经济运行的必要前提。我国是社会主义国家，不能通过搞私有化培育市场主体，发展市场经济。广泛推行公有制的多种有效实现形式，大力发展混合所有制经济，实现投资主体多元化和利益多元化，使国有企业成为自主经营、自负盈亏、自我约束、自我发展的市场主体，才能顺应市场经济规律，形成企业优胜劣汰、管理者能上能下、人员能进能出、收入能增能减、技术不断创新、国有资产保值增值等机制，使公有制企业充满活力，在竞争中不断发展壮大。提出通过推行公有制的多种有效实现形式，实现公有制经济与市场经济的有效结合，是我们党在理论上和实践上的一个伟大创举。这不仅对公有制经济改革和发展具有重要的指导意义，也是对社会主义市场经济理论的重大贡献。

（四）实践证明，推行公有制多种有效实现形式是公有制经济发展壮大的必由之路。党的十五大以来，我们按照建立现代企业制度的改革方向，逐步对国有企业进行了股份制改造。据统计，截至 2002 年底，已有 3468 家重点企业完成了公司制改造，改制面接近 80%。近五年来，国有及国有控股企业在境内外新增上市公司 442 家，累计筹资 7436 亿元。改制企业积极吸纳非国有资本参股，投资主体呈现多元化，包括集体资本、中外私人资本等在内的非国有资本，占全部注册资本的比例已达 42%。企业法人治理结构逐步完善，大部分企业成立了股东会、董事会和监事会，有的企业还建立了独立董事制度，国有大中型企业经营机制发生了明显转变。国家在抓好国有重点企业改革的同时，继续采取改组、联合、兼并、租赁、承包经营、股份合作、出售等形式，放开搞活国有中小企业。改革促进企业生产经营状况明显改善，市场竞争力不断增强，大大推动了国有经济发展。2002 年底，国有及国有控股工业企业实现利润达到 2636 亿元，比 1997 年增长了 2.3 倍。国有企业资产由 1997 年的 12.5 万亿元增加到 2002 年的 15.46

万亿元，增长23.7%。在美国《财富》杂志年度世界500强企业评选中，1997年中国内地只有3家入选，并且没有一家工业企业，2002年则有11家企业入选。改革的实践说明，股份制等多种形式对公有制经济发展具有明显推动作用和广阔前景。

## 二、努力使股份制成为公有制的主要实现形式

实行经济体制改革以来，我们对公有制多种实现形式进行了不懈的探索。早在改革开放初期，邓小平在谈到国有企业改革时，就提出了探索公有制新的实现形式的要求。他强调："用多种形式把所有权和经营权分开，以调动企业积极性，这是改革的一个很重要的方面。这个问题在我们一些同志的思想上还没有解决，主要是受老框框的束缚。其实，许多经营形式，都属于发展社会生产力的手段、方法，既可为资本主义所用，也可为社会主义所用，谁用得好，就为谁服务。"① 随着改革实践的发展，我们党对公有制多种有效实现形式特别是股份制的认识不断深化。党的十四届三中全会提出，随着产权的流动和重组，财产混合所有的经济单位越来越多，将会形成新的财产所有结构。党的十五大报告提出，公有制实现形式可以而且应当多样化，一切反映社会化生产规律的经营方式和组织形式都可以大胆利用；股份制是现代企业的一种资本组织形式，资本主义可以用，社会主义也可以用。党的十五届四中全会指出，国有大中型企业尤其是优势企业，宜于实行股份制的，要通过规范上市、中外合资和企业相互参股等，改为股份制企业，发展混合所有制经济。党的十六大报告提出，除极少数必须由国家独资经营的企业外，积极推行股份制，发展混合所有制经济。党的十六届三中全会讨论通过的《决定》进一步提出，"要适应经济市场化不断发展的趋势，进一步增强公有制经济的活力，大力发展国有资本、集体资本和非公有资本等参股的混合所有制经济，实现投资主体多元化，使股份制成为公有制的主要实现形式"。这是对我们党以往

---

① 《邓小平文选》第三卷，人民出版社1993年10月第1版，第192页。

有关论断的继承和发展，是探索公有制和市场经济相结合有效形式的重要成果，反映了我们对这个问题认识的进一步深化。

股份制是社会化大生产和市场经济发展到一定阶段的必然产物，是企业赢得市场竞争优势的一种有效组织形式和运营方式。马克思说过，股份企业"是发展现代社会生产力的强大杠杆"，"它们对国民经济的迅速增长的影响恐怕估价再高也不为过"。[①] 实行股份制有利于所有权和经营权分离，提高企业和资本的运作效率；有利于把分散的社会资本集中起来，迅速扩大企业的生产和经营规模。股份制企业的治理结构比较合理，既有利于保证经营者拥有充分的经营自主权，又有利于保证所有者对经营者实行有效监督，保证所有者的利益不受侵害。由于股份制具有多方面的优越性，现代大中型企业一般都采取了有限责任公司和股份有限公司的形式。如目前美国《幸福》杂志所列世界500 家最大工业企业中，绝大多数是职业经理管理控制的上市公司。股份制是现代企业的一种资本组织形式，在不同社会制度的国家都可以用。在资本主义国家，股份制企业主要是私人资本联合形成的。我国是社会主义国家，始终坚持公有制主体地位和发挥国有经济的主导作用，要适应经济社会化、市场化不断发展的趋势，积极推行股份制，鼓励各类资本交叉持股、相互融合，大力发展国有资本、集体资本和非公有资本等参股的混合所有制经济。

关于使股份制成为公有制的主要实现形式，可以作以下几点分析。

第一，推行股份制能够放大国有资本功能，增强国有经济的控制力、影响力和带动力。充分发挥国有经济的主导作用，是我国的社会主义性质决定的。国有经济在国民经济中的主导作用主要体现在控制力上。通过发展股份制，国有资本可以吸引和组织更多的社会资本，扩大国有资本的支配范围，放大国有资本的功能。据统计，到 2002 年底，3468 家由重点企业改制形成的股份制企业，国家投入资本 7710 亿元，但全部注册资本却达到了 13304 亿元，国有资本支配范围扩大了将近一倍。在股份制企业中，国有资本控股可以采取两种形式：一

---

① 《马克思恩格斯全集》第十二卷第 609、610 页。

种是绝对控股，即国有股占绝对多数，比如占50%以上；另一种是相对控股，国有股所占比重虽然低于50%，但却取得了对该公司的有效控制权。在股权高度分散的情况下，有时国有股占20%—30%甚至再低一些，就可以取得控制权。无论是绝对控股还是相对控股，国家实际上都掌握着公司的主要人事、收益分配和重大决策的控制权，用部分国有资本控制着企业全部资本的运用，起到了"四两拨千斤"的作用，从而可以有效地体现国家宏观政策导向，引导国民经济沿着良性轨道运行。

第二，推行股份制有利于国有资本流动重组，实现国有资产保值增值。股份制企业提供了一种明晰的财产组织形式，便于国有资本通过资本市场在不同行业和企业间流动。国有资本既可以通过股权转让，退出市场前景暗淡、资本回报率低的行业和经营管理不善的企业，避免国有资产闲置甚至像冰棍融化那样越化越小；也可以通过在资本市场上购买股票，或通过兼并、联合、资产重组等方式进入那些市场前景看好、利润丰厚的行业和经营管理较好的企业，"借鸡生蛋""搭车快行"。这样，就可以克服原来国有独资公司那种凝固的、僵化的资产结构，由经营资产过渡到经营资本，优化国有资本配置，提高国有资本运营效率，实现国有资产保值增值，并带动整个国民经济的发展。

第三，推行股份制有利于国有企业转换经营机制，成为独立的法人实体和真正的市场主体。社会主义市场经济体制的基本特点，是在国家宏观调控下发挥市场在资源配置中的基础性作用，要求国有企业成为适应市场经济发展要求的、自主经营的市场主体和法人实体，参与市场竞争，优胜劣汰。由单一国有资本组成的企业，经营责任不明确，权责利脱节，经营管理机制不活，缺乏有效监督和制约，效率和活力不足，难以成为真正的市场主体。通过对国有企业实行股份制改造，实现投资主体多元化，国有资产监督管理机构或授权投资机构代表国家拥有股权，依法派股东代表和董事进入企业，行使所有者职责。企业拥有包括股东投入资本和借贷形成的企业财产，实行所有权与经营权分离，自主经营，自负盈亏，对出资者承担资产保值增值责任，国家不再直接干预企业的生产经营。同时，在公司内部建立规范的法人治理结构，形成股东会、董事会、监事会和经营管理者之间各负其责、协调运转、有效制衡的关系。这样，既保证了国有资本所有者权益，又实现了政企分开，使企业真正实现经营机制转变，以市场主体身份参与竞争，实现国有资产保值增值，谋求企业不断发展。这些年的实践表明，股份制在经济生活中发挥越来越突出的作用，成为搞活搞好国有企业的重要途径。实行了规范化股份制改造的国有企业，经营机制都发生了脱胎换骨的变化，获得了良好的经济效益和快速发展。普遍推行股份制，大力发展混合所有制经济的地方，经济都快速发展，实力显著增强。这也充分说明，使股份制成为公有制的主要实现形式是一种正确的选择。

## 三、大力发展公有资本控股或参股的股份制经济

总的来看，经过不断深化改革，我国国有企业经营机制已经发生了重要转变，国有经济发展壮大。但是，目前还有一部分国有企业不适应发展市场经济的要求，经营机制不活，技术创新能力不强，债务和社会负担沉重，富余人员过多，经济效益不理想，生产经营困难。我们要按照党的十六届三中全会《决定》的要求，继续积极推进国有企业改革和发展。在改革过程中，要注意抓住以下几点。

第一，积极推行股份制，发展混合所有制经济。除极少数必须由国家独资经营的企业外，其他国有企业都应按照《决定》的要求，推进国有资本和其他各类所有制资本交叉持股、相互融合，实现投资主体多元化，推行股份制。

1.进一步对现有国有企业进行规范的股份制改造。目前，国有大中型企业改革存在两种情况。一种情况是，应该进行股份制改造而未改。对这类企业，要按照建立现代企业制度的要求，加快改革步伐，鼓励国有资本、集体资本和中外私人资本等参股，把它们改造成规范的现代股份制企业。第二种情况是，已经进行股份制改造但很不规范，特别是相当多的企业仍存在国有股过大的问题。据统计，2001年全国上市公司中第一大股东持股额占公司总股本超过50%的近900家，占

全部上市公司总数的近 80%。大股东中国有股东和法人股东占压倒多数，相当一部分法人股东也是国有资本控股的。这就说明我国上市公司的股权集中度很高，并且主要集中在国家和国有法人手中，因此，难以真正形成规范的法人治理结构，难以实现企业经营机制的根本转变。对这类企业，要通过吸引社会资本、境外资本参股等途径，改变国有股权过于集中的状况，真正实现投资主体多元化，促进经营机制转换。进一步发展具有国际竞争力的、国有资本控股或参股的大公司大企业集团。

2. 国家今后新建企业，要注重采用股份制的资本组织形式和经营方式。国家投资新建企业，原则上都应采取股份制形式，除了国家出资外，要多方吸引社会投资，组成国有资本控股或和其他所有制资本共同参股的股份制企业。这方面，一些地方已经进行了探索。如上海、浙江近年来在基础设施和社会发展项目建设中吸引非公有资本参股，收到了明显的社会经济效果。最近，浙江为建设总投资 118 亿元的杭州湾大桥，组建了由国有资本、私人资本共同参股的股份公司，其中私人资本股份占 50% 以上，社会上反应也是积极的。要大力鼓励和支持这样的探索。

3. 结合调整国有经济布局和结构，发展国有资本控股或参股的股份制企业。我国国有企业数量多、大小不一、类型各异，重要程度不同。要根据企业所处行业、在经济发展中的地位和经营状况，分别采取控股、参股形式进行重组改造。对关系国家安全和国民经济命脉的重要行业和关键领域，国有资本一般要保持控股；需要由国有资本控股的企业，可以区别不同情况，实行绝对控股或相对控股；进一步推动国有资本更多地投向关系国家安全和国民经济命脉的重要行业和关键领域。对其他行业和领域的企业，通过资产重组和结构调整，在市场公平竞争中优胜劣汰，要鼓励和引导非国有资本投资经营，形成国有资本、集体资本和非公有资本等多元投资的公司制企业，国家可以控股，也可以不控股。同时，要借鉴国际经验，探索国有资本对企业的多种控制方式。对国家投资的企业，根据不同情况可以实行绝对控股，也可以实行相对控股，国家按公司法原则行使股权管理；还可以通过"黄金股"等特别股权制度安排，对企业做出的损害公众利益的决策具有一票否决权，但不直接参与和干预企业一般决策；此外，可以通过特许经营制度等委托经营方式进行控制，国家投资并控制主要的经营资产，特许和委托经营者按合同经营，提供服务。

（二）完善公司法人治理结构，转换企业经营机制。当前由于一些国有企业国有股过大现象比较普遍，虽已改为股份制的企业实际上国家仍然负有无限责任，企业治理结构不规范，经营机制没有发生实质性变化。此外，一些存续公司控制上市公司的模式，也存在着不少弊病。在实行股份制改革过程中，要按照"产权清晰、权责明确、政企分开、管理科学"的要求，在实现投资主体多元化的基础上，进一步明确出资人和经营者的权利、责任、义务，实行政企分开，使企业成为适应市场的法人实体和市场主体。规范公司股东会、董事会、监事会和经营管理者的权责，完善企业领导人员的聘任制度。股东会决定董事会和监事会成员，董事会选择经营管理者，经营管理者行使用人权，并形成权力机构、决策机构、监督机构和经营管理者之间各负其责、协调运转、有效制衡的机制。企业要面向市场，真正形成企业优胜劣汰、经营者能上能下、人员能进能出、收入能增能减、技术不断创新、国有资产保值增值等机制。

（三）建立健全现代产权制度，深化国有资产管理体制等方面改革。广泛推行股份制，发展混合所有制经济，要求加快推进经济体制其他方面的改革，与之相互促进、相互配合。一是建立健全现代产权制度。要依法保护各类产权，健全产权交易规则和监管制度，推动产权有序流转，保障所有市场主体的平等法律地位和发展权利。通过建立归属清楚、权责明确、保护严格、流转顺畅的现代产权制度，维护公有财产权，巩固公有制经济的主体地位，促进各类资本的流动和重组，推动股份制经济发展，加快国有经济布局和结构的调整优化。二是加快推进国有资产管理体制改革。坚持政企分开、政府公共管理职能和国有资产出资人职能分开。国有资产管理机构要依法履行好出资人职能，维护所有者权益，维护企业作为市场主体依法享有的各项权利，督促企业实现国有资产保值增值，防止国有资产流失。要探索国有资产监管和经营的有效形式，促进国有资本的优化配置。三是尽快培育形成现代市场体系。特别是要加快建立规范的资本市场和产权交易市场，以更好发挥市场在资源配置中的基础性作用，促进资本在不同所有制和不同地区、行业、企业之间的流动重组，提高资源的配置和利用效率。

除了对国有大中型企业实行规范的股份制改造外，还要用多种形式放开搞活国有中小企业。要以明晰产权为重点深化集体企业改革，发展多种形式的集体经济。

积极推行公有制的多种有效实现形式，特别是大力发展公有资本控股或参股的股份制，公有制经济必将在改革中进一步发展壮大，国有经济的主导作用必将得到更好发挥，从而促进全面建设小康社会目标的实现。

# 大力建设服务型政府 *

（2006 年 11 月）

党的十六届六中全会通过的《决定》明确要求："建设服务型政府，强化社会管理和公共服务职能"。这是我们党在新的历史条件下，着眼全局，审时度势，郑重提出的一个重要任务。深刻领会和认真贯彻这一重要精神，对于全面贯彻科学发展观，加快政府职能转变和管理创新，构建社会主义和谐社会，具有重大的意义。

## 一、建设服务型政府是构建社会主义和谐社会的必然要求

构建社会主义和谐社会，是我们党适应我国改革开放和现代化建设进入新阶段的客观要求，从全面建设小康社会、推进中国特色社会主义事业全局出发作出的一项重大战略决策，体现了广大人民群众的根本利益和共同愿望。构建社会主义和谐社会的历史任务，对政府改革和建设提出了新的更高要求，其中一个重要方面，就是要建设服务型政府。所谓服务型政府，有着丰富和深刻的内涵，它的本质要求，就是坚持一切从人民群众的根本利益和现实需求出发，全心全意为人民群众服务；从构建社会主义和谐社会的要求看，就是要以解决民生问题为根本着眼点和根本目的，在发展经济的基础上，不断提高人民物质文化生活水平，特别要大力发展社会事业和公共事业，为人民群众提供更多更好的公共产品和公共服务，不断加强社会管理和建设，切实维护社会公正、社会秩序和社会稳定。明确提出建设服务型政府，

---

＊ 本文发表在《求是》2006 年第 21 期。

反映了我们党对中国特色社会主义事业发展的新认识，也反映了我们党对执政能力、执政方式的新认识。实现这方面的任务，必将为落实科学发展观、促进经济社会和人的全面发展、构建社会主义和谐社会提供重要保障。

建设服务型政府，从根本上说是由人民政府的性质决定的。我们的政府是中国共产党领导的人民政府，全心全意为人民服务是我们党的一贯思想和根本宗旨，是各级政府的神圣职责和全体公务员的基本准则。诚然，在不同经济发展阶段和发展水平上，人民对物质文化的需求和社会活动不同，政府为人民服务的任务、目标和着力点也会不同。同时，由于社会经济管理体制和管理方式不同，例如在原来计划经济体制和现在社会主义市场经济体制的不同条件下，政府的职能和履行职责的途径、形式和方法也会不同。政府必须根据这些变化着的情况，正确、充分和有效地履行职责，提高为人民服务的水平。

建设服务型政府，对在新的历史条件下构建社会主义和谐社会有着特殊重要的意义。各级政府拥有人民赋予的权力，掌握着大量公共资源，处于经济社会管理者的特殊地位，在构建社会主义和谐社会进程中承担着重要职责。同时，我国已进入全面建设小康社会的发展阶段，工业化、城镇化、市场化、国际化进程加快，改革开放继续深化，经济发展、经济体制、社会结构、利益格局和思想观念都发生了深刻变化。这种空前的社会变革，使我国经济社会发展呈现一系列新的鲜明特征，其中包括：随着经济持续较快发展和生活水平不断提高，人民群众的物质文化需求日益多样化，选择性不断增强，对公共产品和公共服务的需求全面快速增长；随着社会主义市场经济体制逐步完善，市场在资源配置中的基础性作用愈益增大；随着对外开放向广度和深度推进，我国社会经济与世界的联系更加密切，有机遇，也有挑战。这些都给我国发展进步带来巨大活力，也必然会带来这样那样的社会矛盾和问题，深层次的矛盾逐步显现，影响社会和谐的问题会增多。新形势、新任务更加要求政府必须全面履行职能。要继续搞好经济调节，加强市场监管，促进经济持续较快发展，这样才能使社会物质财富不断增加，为增进全体人民福祉、构建社会主义和谐社会创造物质基础；同时，政府必须履行公共服务和社会管理职能，为社会提供更多更好的公共产品和公共服务。这些本来是政府应尽的职责，但是过去由于种种原因，我国经济发展与社会发展存在一条腿长、一条腿短的问题，社会事业发展明显滞后，社会体制和政策不完善，社会管理水平不高。目前，公共产品供给短缺和公共服务能力不强，已经是一个相当普遍和十分突出的问题。只有加强服务型政府建设，注重发展社会事业和解决民生问题，为经济发展和人民群众生产生活创造良好的环境和条件，使全体人民共享改革发展成果，才能促进社会公平正义，增强社会创造活力，保持社会安定有序，有效推动社会主义和谐社会建设。

建设服务型政府，是推进政府自身改革和建设，为构建社会主义和谐社会服务的重要举措。我国现在仍处于体制改革攻坚的关键时期，行政管理体制的一些弊端没有根本消除，社会主义市场经济体制还不完善。多年来，特别是近几年来，在政府自身改革和建设方面采取了一系列措施，包括全面履行政府职能，深化行政审批制度改革，推进科学民主决策，推行依法行政，加强行政监督，加快社会事业发展，努力解决损害群众利益的各种问题，加大反腐倡廉力度等。这些都取得了明显成效。但是，政府职能转变的任务依然繁重和艰巨，特别是社会管理和公共服务职能薄弱。目前，政府及其部门仍然管了许多不该管、管不了也管不好的事；一些政府部门权责脱节、有权无责，有的部门之间职责不清、推诿扯皮，办事效率不高；有的工作脱离实际、脱离群众，随意决策，存在着严重的主观主义、形式主义、官僚主义；有些地方片面追求经济增长速度，忽视社会全面发展，甚至存在损害人民群众切身利益的问题。这些都影响了政府职能的正常发挥。更有一些政府工作人员违法违规，滥用权力，贪污腐败，失信于民，损害政府在人民群众中的形象，也影响和谐社会建设。如果不进一步加强政府自身的改革和建设，就不能适应构建社会主义和谐社会的要求。

总之，无论是人民政府的根本性质和宗旨，还是经济社会发展阶段性特征和构建社会主义和谐社会的客观进程，以及目前政府自身的状况，都要求加快推进政府职能转变和管理创新。我们要提高认识，增强自觉性和主动性，提高使命感和责任感，大力加强服务型政府建设。

## 二、围绕构建社会主义和谐社会建设服务型政府

概括地说，主要有以下三个方面。

（一）以发展社会事业和解决民生问题为重点，逐步形成惠及全民的基本公共服务体系。这是建设服务型政府的一项基本任务。基本公共服务的属性在于它的公共性、普惠性和社会公平。公共服务的范围比较广，根据经济社会发展的水平高低和政府建设的能力大小而定，但基本上都包括公共教育、公共卫生、公共文化等社会事业，也包括公共交通、公共通信等公共产品和公用设施建设，还包括解决人的生存、发展和维护社会稳定所需要的社会就业、社会分配、社会保障、社会福利、社会秩序等公共制度建设。这些公共服务产品和公共服务的提供，是政府调控社会群体之间收入差距、促进社会公平正义、保障社会安定有序的有效制度性手段和机制。在我国现阶段，按照逐步形成惠及全民的基本公共服务体系的要求，必须既不断增加公共服务的总量，向社会提供更多更好的公共服务，又着力优化公共服务的结构和布局。《决定》明确提出，要以发展社会事业和解决民生问题为重点，优化公共资源配置，注重向农村、基层、欠发达地区倾斜，逐步形成惠及全民的基本公共服务体系。这是为解决我国基本公共服务总量不足和在城乡、区域之间分配严重不均衡问题而提出的目标和举措，具有重大的现实意义和历史意义。为实现这个目标，要着重抓好以下几个方面的工作：一要大力发展教育、卫生、文化、体育等各项社会事业。坚持教育优先发展，促进教育公平；加强医疗卫生服务体系建设，提高人民健康水平；加快发展文化事业和文化产业，满足人民群众文化需求。二要实施积极的就业政策，完善就业服务体系。促进就业再就业，加强劳动保护，发展和谐劳动关系，实现经济发展和扩大就业良性互动。三要健全社会保障制度，保障群众基本生活。逐步建

立社会保险、社会救助、社会福利、慈善事业相互衔接的覆盖城乡居民的社会保障体系，着力解决困难群众的基本生活问题，这也是构筑社会安全网的需要。四要完善收入分配制度，规范收入分配秩序。加强收入分配宏观调节，在经济发展的基础上，更加注重社会公平，促进走共同富裕道路。五要加强生态环境保护，促进人与自然和谐。加快建设资源节约型、环境友好型社会，实现可持续发展。六要强化市场监管，整顿和规范市场经济秩序。包括整顿生产和流通秩序，加强食品、药品、餐饮卫生监管，保障人民群众健康安全。七要继续加强道路、通信、供排水等公共设施建设，不断改善城乡居民生活条件。当前，我国城乡之间、地区之间经济社会发展不协调，公共产品和公共服务差距大，必须扩大公共产品和公共服务的覆盖范围，更加注重向农村、基层、欠发达地区倾斜，向社会贫困群体倾斜，保障这些地方人们的基本公共服务需求。这样做，不仅是各级政府义不容辞的职责，也是促进经济社会协调发展、缓解社会矛盾、维护社会公平所必需的。提高公共服务水平、有效利用提供公共服务来调节社会利益关系、促进社会公平正义，是衡量政府行政能力和管理水平的一个重要标志。

（二）加强和改进社会管理，完善社会管理体系，保持社会安定有序。这是建设服务型政府的一个重要目标，也是促进经济社会协调发展的重要举措。在我国社会结构和利益格局发生深刻变化的情况下，传统的社会管理体制和管理方式已不适应新形势下社会发展的需要。必须适应新形势新任务，创新社会管理体制，整合社会管理资源，提高社会管理水平。要建立政府与各类社会组织分工协作的社会管理机制，依法加强对社团、行业组织和社会中介组织等的规范管理，促进各类社会组织健康发展，充分发挥他们在提供服务、反映诉求、规范行为等方面的作用。要加强城乡社区建设，建立健全新型的基层社会管理体系，加快推动基层社会管理和服务由传统的条块分割的"单位体制"向属地化、社会化的现代社区体制转变，充分发挥城乡基层自治组织协调利益、化解矛盾、排忧解难的作用。要统筹协调各方面利益关系，建立健全科学有效的利益协调机制、社会纠纷调处机制和权益保障机制，综合运用法律、政策、经济、行政等手段和教育、协商、调解等方法，预防和化解矛盾。要完善应急管理体制机制，有效应对各种风险。建立健全分类管理、分级负责、条块结合、属地为主的应急管理体制，形成统一指挥、反应灵敏、协调有序、运转高效的应急管理机制，有效应对自然灾害、事故灾难、公共卫生事件、社会安全事件，提高保障公共安全和处置突发事件的能力。要加强安全生产工作，坚持安全第一、预防为主、综合治理的方针，完善安全生产体制机制、法律法规和政策措施，加大投入，落实责任，严格管理，强化监管，维护安全生产秩序，坚决遏制重特大安全事故，保障人民群众生命财产安全。要建立健全社会治安防控体系，完善社会治安综合治理机制，依法打击各种犯罪活动，增强人民群众的安全感。总之，要通过健全有效覆盖全社会的管理体系，更好地履行政府的社会管理职能。

（三）创新公共服务和社会管理方式，在服务中实施管理，在管理中体现服务。这是建设服务型政府的一个关键环节。要以提高公共服务效率和质量为中心，整合各类相关资源，努力做到以最低廉的行政成本提供更多、优质、高效的公共服务。方便、快捷是社会和公众对公共服务的基本要求，也是衡量公共服务水平的重要标准。让人民群众更广泛地参与社会管理，是创新公共服务和社会管理制度的重要方面。要进一步完善决策机制，健全深入了解民情、充分反映民意、广泛集中民智、切实珍惜民力的决策机制，推进决策科学化、民主化，建立社情民意反映制度，建立与群众利益密切相关的重大事项社会公示制度和社会听证制度。推行政务公开，是提高政府效能和防止腐败的根本性措施。要把政务公开，提高政府工作和权力运作的透明度，作为政府管理创新的一项基本制度。各类行政管理和公共服务事项，除涉及国家秘密和依法受到保护的商业秘密和个人隐私外，都应向社会公开。坚持以人民群众关心的事项和容易滋生腐败的领域作为政务公开的重点。要建立健全政务信息发布制度，加大政务信息发布力度，提高政务信息质量，及时发布政务信息，畅通人民群众了解公共信息的渠道，保障人民群众依法管理国家和对社会事务、管理经济和文化事业的知情权、参与权、表达权和监督权，为群众生活和参与经济、政治、文化及社会活动创造便利条件。要加快电子政务建设，充分利用现代信息和通信技术，推进公共管理和服务的信息化、现代化。深化电子政务应用，推动应用系统互联互通，搞好信息共享和业务协同，逐步建立全国统一的电子政务网络。要通过创新服务和管理方式，拓宽服务领域，提高行政效能，改进服务质量，增强政府权力运作的透明度，提高人民群众对政府的满意度。

## 三、深化改革，完善政策，加快建设服务型政府

建设服务型政府，关键在于深化改革，创新体制机制，完善政策。要以改革创新为动力，以社会和公众需求为导向，建立中国特色的公共服务和社会管理模式。为此，必须从更新思想观念、转变政府职能、完善政策体系、健全公共财政制度、加强公务员队伍建设等方面，采取有力的措施。

（一）牢固树立以人为本的施政理念。这是建设服务型政府的根本要求。在发展经济的基础上，不断满足人民群众日益增长的物质文化需求，促进社会和谐进步，是政府改革和建设的基本任务。因此，必须全面贯彻落实科学发展观，牢固树立以人为本、执政为民的理念。推动经济建设、政治建设、文化建设、社会建设各项工作的根本出发点和落脚点，都应坚持以人为本，注重解决民生问题，努力提高人民群众物质文化生活水平和健康水平，切实保障人民群众权益，实现好、维护好、发展好最广大人民的根本利益，做到发展为了人民、发展依靠人民、发展成果由人民共享，促进经济社会和人的全面发展。由于长期受传统观念的影响，一些政府工作人员往往更多地是从行使权力的角度来看待施政问题，存在重权力轻责任、重管理轻服务现象。建设服务型政府，就必须强化服务和责任的意识，推动政府从"权力本位"向"责任本位"转变，从偏重行政控制向科学化的公共治理转变。适应经济发展阶段和经济体制的变化，更新管理理念，高度重视加强和改进社会管理。这样，才能有效加强社会主义和谐社会建设。

（二）深化行政管理和社会管理体制改革。这是建设服务型政府

的关键。要按照转变职能、权责一致、强化服务、改进管理、提高效能的要求，深化行政管理体制改革，优化政府机构设置，更加注重履行社会管理和公共服务职能。至关重要的，是继续推进政企分开、政资分开、政事分开、政府与中介组织分开，进一步规范政府权力。继续深化行政审批制度改革，认真贯彻行政许可法，进一步减少和规范行政审批事项，该取消的审批项目坚决取消，该下放的项目尽快下放，以利于把更多的精力用于公共服务和社会管理。各级政府要充实公共服务和社会管理部门，配备社会工作专门人员，完善社会管理岗位设置，做到权责一致。要加快社会管理体制改革，既要增强社会活力，又要保持社会稳定。推进政事分开，支持社会组织参与社会管理和公共服务。坚持在社会公共事务管理中，实行政府主导与社会组织协同、公民参与相结合，建立公共产品和服务供给的社会参与机制，把那些适合或可以通过市场和社会提供的公共服务，以适当的方式交给社会组织、中介机构、社区等基层组织或企业承担，引进竞争机制，降低服务成本，提高服务效率和质量。要推进社区建设，健全社区管理和服务体制，完善基层服务和管理网络，把社区建成管理有序、服务完善、文明祥和的社会生活共同体。

（三）健全公共服务和社会管理政策体系。这是建设服务型政府的基础性工作。目前我国的公共政策体系不完善，特别是促进经济社会全面发展、有效协调社会利益关系、解决各类社会矛盾等方面的政策还不完善。要以构建社会主义和谐社会作为完善公共政策的基本目标和内容。制定和完善基本公共服务标准，特别是在城乡居民最低生活保障、社会救助、医疗卫生、教育和文化发展等公共服务方面，都应当制定与经济社会发展水平相适应的基本标准。要适应社会结构、社会利益格局的发展变化，建立健全有效调节社会利益关系的机制和政策。与完善公共政策体系相适应，还要采取更有力的支持公共服务和社会发展的经济政策，包括产业政策、财政税收政策、投融资政策、金融政策、收入分配政策和价格政策等。同时，加快推进社会事业和社会管理制度改革，建立健全合理的长效机制，真正使公共服务和社会管理政策得以有效落实。

（四）完善公共财政体制和制度。这是建设服务型政府的重要保障。在现代社会，公共财政是公共体系运作的血液，是政府有效提供公共服务的经济基础。必须按照不断强化公共服务和逐步实现基本公共服务均等化的要求，深化财政体制改革，健全公共财政体制。合理调整改善财政支出结构，把更多的财政资金投向公共服务领域，特别要加大财政对教育、卫生、文化、就业再就业、社会保障、生态环境保护、公共基础设施建设、社会治安等方面的投入，形成有力的可持续的财政支持体系。进一步明确中央和地方的事权，健全财权与事权相匹配的财税体制，建立规范化、法制化的财政转移支付制度。我国城乡和地区之间发展差距较大，为了有效调节和保障城乡之间、地区之间基本公共服务均衡发展，必须加大财政转移支付的力度，特别要加大国家对革命老区、民族地区、边疆地区、贫困地区以及粮食主产区、矿产资源开发地区、生态保护任务较重地区的转移支付，加大对人口较少民族的支持。县和县级以下政府承担着向全国众多人口提供公共服务和社会管理的任务，其中几乎包括了全部的农村人口，财政资金转移支付应当重点向县乡级倾斜，着力解决县乡财政困难，以增强基层政府提供公共服务的能力。在经济发展和财力增加的基础上，逐步增加国家财政投资规模。同时，鼓励社会力量在教育、科技、文化、卫生、体育、社会福利等领域兴办民办非企业单位，以不断增强公共产品和公共服务的供给能力。

（五）坚持依法行政和开展绩效评估。这是建设服务型政府的内在要求。各级政府及其部门必须坚决维护宪法和法律的权威，严格依照法定权限和程序行使权力、履行职责、接受监督，切实将政府管理经济社会的行为纳入依法运转的轨道。现在，一些政府机关和政府工作人员不能依法行政，损害人民群众的合法权益；有些地方违反国家法律法规和政策，在土地征收征用、城市建设拆迁、企业重组改制和破产、环境污染等方面损害群众利益；有的地方提出不切实际的高指标，搞劳民伤财的"形象工程"，不仅影响了当地经济持续发展，而且引发了不少社会矛盾；有的讲排场、比阔气，肆意挥霍国家资财，奢侈浪费严重；有的多头执法、执法不公，甚至执法违法。这些既不符合建设服务型政府的要求，也影响了政府的执行力和公信力。要切实提高依法行政、依法办事水平，做到职权法定、依法行政、监督有效、高效便民。继续加强行政立法工作，特别要更加重视公共服务和社会管理方面的立法。进一步明确行政执法权限，提高执法水平。完善行政复议、行政赔偿和补偿等制度。

建设服务型政府，推进政府管理创新，还要树立正确导向，开展绩效评估。要科学确定政府绩效评估的内容和指标体系，把实现社会发展目标、公共服务水平、社会稳定和谐以及降低行政成本、勤政廉政等情况作为评估的重要内容，形成正确的政绩导向，促进树立与科学发展观相适应的政绩观，建立行政问责制。

（六）加强政府公务员队伍建设。建设服务型政府，提高政府为人民服务的水平，关键在于提高政府工作人员特别是领导干部的素质。这就要求加强思想建设、制度建设、作风建设、能力建设。各级政府和每个政府工作人员都必须深刻认识到，我们手中的权力是人民赋予的，必须全心全意为人民服务，真正做到权为民所用、情为民所系、利为民所谋。面对新形势、新任务，要进一步解放思想，与时俱进，勇于推进公共服务和社会管理创新。各级政府都要健全规范权力和有效监督权力的制度，并认真遵守和落实，做到用制度管理、按制度办事、靠制度管人，使权力得以正确、合理、有效地运行。每一名政府工作人员都要树立良好的思想作风、工作作风，做到求真务实、勤政高效、廉洁自律。要加强基本理论和现代政府知识的学习，增强全面和正确履行政府职能的能力，努力提高公共服务和社会管理的水平。这样，才能不断推进服务型政府建设。

# 中国经济体制改革回顾与前瞻 <sup>*</sup>

（2008 年 9 月）

改革开放是决定当代中国命运的关键抉择，是我们党在新的时代条件下带领人民进行的新的伟大革命。正是这场历史上从未有过的大改革、大开放，使一个面向现代化、面向世界、面向未来的社会主义中国巍然屹立在世界东方，使中华民族大踏步赶上时代前进潮流、迎来伟大复兴的光明前景。今年是改革开放 30 周年，全面回顾中国经济体制改革取得的辉煌成就，认真总结经过艰辛探索积累的丰富经验，深入研究面临的新形势和重大任务，对于坚定不移地继续推进改革开放，沿着中国特色社会主义的伟大道路奋勇前进，夺取全面建设小康社会和整个现代化事业的新胜利，具有十分重要的意义。

## 一、中国经济体制改革的伟大历史性成就

改革开放 30 年来，我们党带领人民探索出了一条具有中国特色的经济体制变革道路。在 30 年中，从农村到城市、从东部地区到中西部地区、从经济领域到政治、文化、社会各个领域，全面改革的进程势不可当地展开，使我国成功地实现了从高度集中的计划经济体制到充满活力的社会主义市场经济体制、从封闭半封闭到全方位开放的伟大历史转折，使我国经济社会发生了历史性的巨大变化。

30 年来，按照建设中国特色社会主义的总要求和社会主义市场经

---

\* 本文载于《中国经济体制改革 30 年回顾与展望》一书，人民出版社 2008 年 12 月版；并发表在《人民日报》2008 年 10 月 15 日。

济改革的大方向，不断进行理论创新和大胆探索，全面推进和深化改革，在各个重要领域和关键环节都取得了重大进展。

确立了社会主义初级阶段基本经济制度。调整和完善所有制结构，确立我国社会主义初级阶段的基本经济制度，是整个经济体制改革的重要关键。概括地说，就是从改革前"一大二公"的单一公有制转变到实行以公有制为主体、多种所有制经济共同发展的基本经济制度。30 年来，我国所有制的结构变化十分明显。根据国家统计局测算，从 1978 年到 2007 年，我国公有制经济和集体经济，在国内生产总值中的比重由 94.7% 下降到 60% 左右，非公有制经济比重由 5.3% 上升到 40% 左右。但从国民经济总体来看，公有制经济仍然保持主体地位；在关系国计民生的关键性行业和支柱产业中，国有经济仍居于支配地位；在一些重要行业，国有经济以股份制经济形式通过控股等保持着相当的控制力。快速发展的非公有制经济，对经济快速增长、扩大社会就业、活跃城乡市场、增加财政收入等，发挥着愈益明显的作用。

实现了资源配置方式的转换。我国经济体制改革的核心，是处理好计划和市场的关系。计划和市场都是经济运行的调节手段。改革前，长期实行高度集中的计划经济体制，计划是经济运行和资源配置的唯一手段。党的十一届三中全会以后，经济体制改革按照市场取向的目标持续推进。1992 年党的十四大确定把"建立社会主义市场经济体制"作为我国经济体制改革的目标。随后，"国家实行社会主义市场经济"被郑重地载入《宪法》。经过 30 年改革，我国在资源配置方式上基本实现了由国家计划配置为主向市场配置为主的转变。这对增强经济活力、促进经济持续快速健康发展已经并将发挥重要作用。

基本建立适合农村生产发展要求的农村经济体制。农村改革是我国经济体制改革的突破口。彻底废除人民公社体制。1978 年底，"大包干"首先在安徽兴起，并逐步向全国推开。到 1984 年，全国农村基本上确定了以家庭承包经营为基础、统分结合的双层经营体制。全面推进市场取向的改革。党的十四大之后，农村改革全面向社会主义市场经济体制转变。党的十六大以来，经济改革进入了统筹城乡发展的新阶段。2006 年在全国范围内全面取消"农业四税"，终结了中国延绵 2600 多年的种地交"皇粮国税"的历史。同时，相继进行了以乡镇机构、农村义务教育管理体制和县乡财政管理体制改革为主要内容的农村综合改革，并取得了明显进展。农村改革的伟大实践，为建立我国社会主义初级阶段的基本经济制度和社会主义市场经济体制探索了成功之路。

国有企业改革取得了重大突破。国有企业改革是我国经济体制改革的中心环节。30 年来国有企业体制和经营机制改革不断深化。大部分国有企业改制为多元股东持股的公司制企业，一批国有企业公开发行股票并在境内外上市；国有经济布局和结构调整取得重大进展，极大激发了企业的活力，增强了国有经济的控制力和影响力；逐步建立了中央政府和地方政府分别代表国家履行出资人职责，享有所有者权益，管资产和管人、管事相结合的国有资产管理体制。

新型宏观调控体系不断健全。宏观经济体制改革是经济体制改革的重要组成部分。一方面，打破了高度集中的传统宏观管理体制，实现简政放权，发挥市场机制、竞争机制的作用；另一方面，逐步建立适应社会主义市场经济要求的宏观调控体系。党的十四大以后，宏观经济体制改革主要是，转变政府职能，完善宏观调控体系，相继推进投资、财税、金融、外汇、价格等体制的重大改革。在金融体制改革方面：建立了多元化银行体系，国有商业银行改革迈出重大步伐，资产质量和盈利能力明显提高。资本市场基础性制度得到加强，实施了上市公司股权分置改革。保险业改革和发展深入进行。利率市场化改革持续推进。实施了人民币汇率形成机制改革，外汇管理体制改革全面推进。建立了中央银行调控体系，金融监督管理得到加强。在财税体制改革方面：从实行"划分收支、分级包干"，到实施了分税制改革，调动了中央与地方两个积极性，增强了中央宏观调控能力。中央对地方的转移支付制度不断完善。税收体制改革取得重大进展。在投资体制改革方面：简化投资项目审批程序，逐步扩大企业和地方政府的投资决策权限。建立了建设项目法人责任制、投资项目资本金制、招标投标制、工程监理制和合同管理制。初步形成了投资主体多元化、投资决策分层化、投资方式多样化、融资渠道多元化、建设实施市场化和投资管理间接化的新格局。在计划体制改革方面：大幅度缩小和改进生产、流通、价格、外贸等方面指令性计划，指导性计划逐步成为计划的主要形式，不断扩大市场机制的作用。同时健全国家计划和财政政策、货币政策等相互配合的宏观调控体系。

全面构建现代市场体系。经过 30 年改革，基本形成了多层次、多门类的商品市场体系和多种市场流通渠道、多种经营方式并存的商品市场格局。各类要素市场的培育和建设不断推进。土地市场的市场化定价机制初步建立，产权市场逐步建立，资本市场取得长足发展，货币市场、保险市场都有了很大发展。市场化的价格改革不断深化。绝大多数商品和服务价格实现了市场定价。统一开放、竞争有序的现代市场体系不断健全和完善，促进市场在资源配置中发挥基础性作用。

收入分配制度改革不断深化。党的十一届三中全会以后，随着农村和城市经济体制改革的不断推进，收入分配制度逐步由平均主义向按劳分配转变。确立了以按劳分配为主体、多种分配方式并存的分配制度，并健全劳动、资本、技术和管理等生产要素按贡献参与分配的制度。妥善处理初次分配和再分配中效率和公平的关系，既有利于提高经济效率，同时又促进社会公平正义，充分发挥各方面的积极性，大大促进了社会生产力的发展。

基本形成中国特色的社会保障制度。社会保障制度是社会主义市场经济体制的重要支柱。经过 30 年的改革，城镇基本养老保险制度已经建立并不断完善。覆盖范围从企业职工扩展到城镇个体工商户、灵活就业人员等各类从业人员，参保人数不断增加。城乡基本医疗保障体系初步形成。建立了城镇职工和城镇居民基本医疗保险制度；普遍建立新型农村合作医疗制度。失业保险、工伤保险、生育保险制度不断完善。建立了城乡居民最低生活保障制度为重点的城乡社会救助体系。社会保障制度的建立和完善，充分发挥了社会稳定器和安全网的作用。

坚定不移地推进对外开放。对外开放是我国经济体制改革的重要组成部分。30 年来，我国对外开放取得重大进展，全方位、宽领域、多层次的对外开放格局基本形成。我国加入世贸组织后，涉外经济体制改革进一步深化，放开外贸经营权，大幅度降低关税，取消进口配额、许可证等非关税措施，提高贸易和投资的自由化、便利化程度。实施"走出去"战略取得重要进展，在推动我国企业开拓国际市场，加强与各国特别是发展中国家的合作中发挥了重要作用。

　　总之，30年来正是在波澜壮阔、大气磅礴的改革开放推动下，我国在经济政治文化社会等各个领域、各个方面都取得了巨大进步，创造了举世瞩目的辉煌成就。社会生产力获得大解放大发展。在伟大的改革开放推动下，我们这样一个人口众多、贫穷落后的发展中大国，以世界上罕见的速度快速发展起来，工业化、信息化、城市化快速推进，产业结构不断提升，科技进步和自主创新能力明显提高，经济实力、综合国力显著增强，城乡面貌日新月异。1979年到2007年，我国国内生产总值从2165亿美元增加到3万亿美元，按可比价格计算，增长了近14倍，年均增长9.8%，远远高于同期世界经济平均3%左右的增长速度，经济总量跃升至世界第四位。财政收入增长了40多倍。主要产品产量大幅增加，粮食、棉花等主要农产品和百余种工业产品产量位居世界第一。中国大踏步赶上时代进步潮流。由于实行改革开放，我国成功地抓住了在世界范围内蓬勃兴起的新科技革命浪潮这一历史时机，顺应国际产业大转移、资本大流动的全球化趋势，积极扩大对外经济合作与交流。从1979年到2007年，我国对外贸易额从109亿美元增加到21738亿美元，成为世界第三大贸易国；累计吸收国外直接投资7745亿美元，吸引外资规模连续14年名列发展中国家首位。改革开放把一个封闭和半封闭的中国融入全球化；又使一个开放的中国成为推动全球化的重要力量，成为世界经济增长的重要引擎。城乡人民生活水平显著提升。30年来，在改革开放促进经济大发展的基础上，全国人民生活实现了从温饱不足到总体小康的历史飞跃。农村贫困人口从2.5亿减少到2000多万。城乡居民收入大幅增加，生活水平显著提高。政治、文化和社会建设全面进步，人们的精神面貌、整个社会的面貌都发生了巨大变化。政治局面安定，社会长期稳定，人民安居乐业。同时，我国国际地位和影响力不断提升。改革开放的伟大成就不仅表现为我国经济社会已经发生的巨大变化，而且还在于构筑了符合我国国情、有利于持续发展的体制基础，为实现国家现代化和中华民族伟大复兴提供有力的体制保障。更加重要的是，在改革开放的伟大实践中，形成了包括邓小平理论、"三个代表"重要思想以及科学发展观等重大战略思想在内的中国特色社会主义理论体系。这是最重要、最可宝贵的政治和精神财富，是全国各族人民团结奋斗、加快推进国家现代化、实现中华民族伟大复兴的共同思想基础。

## 二、深化对经济体制改革丰富经验的认识

30年经济体制改革的伟大实践积累了极为丰富的经验，初步认识，以下九个方面经验十分宝贵。

（一）坚持立足基本国情，坚定走中国特色社会主义道路。党的十七大报告指出，改革开放以来我们取得一切成绩和进步的根本原因，归结起来就是：开辟了中国特色社会主义道路，形成了中国特色社会主义理论体系；高举中国特色社会主义伟大旗帜，最根本的就是要坚持这条道路和这个理论体系。这是总结改革开放伟大历史进程得出的根本结论。党的十一届三中全会以来，我们党正确分析国情，作出我国还处于并将长期处于社会主义初级阶段的科学论断。正是对我国现在处于社会主义初级阶段这一基本国情的清醒认识和准确把握，才成功地开拓了中国特色社会主义的伟大道路。中国特色社会主义道路之所以完全正确、之所以能够引领中国发展进步，关键在于我们既坚持了科学社会主义的基本原理，又根据我国实际和时代特征赋予其鲜明的中国特色。我们实行社会主义的改革开放正是建设中国特色社会主义的具体体现和生动实践。一方面，在改革中坚持社会主义，坚持四项基本原则，坚持通过解放和发展生产力完善社会主义制度，确保了改革开放沿着社会主义的正确方向前进；另一方面，又在社会主义道路上实行改革开放，对原来僵化、缺乏活力的旧体制进行全面的变革，使之更好地体现社会主义制度的优越性，增强社会主义的吸引力。把改革定位于社会主义制度的自我完善和发展，因而在保持社会主义基本制度的前提下，改革生产关系和上层建筑中不适应生产力发展的环

节和方面，其宗旨就是为了发挥社会主义制度优越性，创造出比资本主义更加先进的生产力。同样，开放也是为了发展，是为了学习国外先进的经验，更好更快地发展生产力。正是以发展生产力和"强国富民"为目的，把坚持改革开放与坚持四项基本原则有机统一起来。改革开放的伟大实践充分证明：中国特色社会主义是当代中国共产党人认识世界改造世界的强大思想武器，是指引中华民族实现伟大复兴的科学世界观和方法论，是引领我们不断推进中国发展进步的伟大旗帜。因此，在当代中国，真正坚持科学社会主义，就必须坚持中国特色社会主义道路。

（二）坚持不断解放思想，鼓励大胆探索和实践。解放思想、实事求是是我们党的思想路线，是适应新形势、应对新挑战、认识新事物、完成新任务、发展中国特色社会主义的一大法宝。只有坚持解放思想，一切从实际出发，敢于破除迷信，坚决冲破不合时宜的观念束缚，尊重群众首创精神，鼓励大胆探索、实践和创新，与时俱进，才能使社会主义现代化事业充满生机和活力。邓小平曾经深刻指出："一个党，一个国家，一个民族，如果一切从本本出发，思想僵化，迷信盛行，那它就不能前进，它的生机就停止了，就会亡党亡国。"改革开放的伟大历史进程，始终是解放思想的过程、理论创新的过程、实践创新的过程。30年来的一条基本经验，就是以思想大解放和观念大转变，推进改革开放大突破，推进中国经济社会大发展。在改革开放之初，我们开展"实践是检验真理的唯一标准"大讨论，恢复了实事求是的思想路线，打破了"两个凡是"僵化思想的束缚，从而开启了改革开放的伟大事业，闯出了一条中国特色社会主义的正确道路。1992年邓小平提出"社会主义也可以搞市场经济"的重要思想和"三个有利于"的判断标准，打破了姓"资"姓"社"的僵化思维模式，极大地推进了社会主义市场经济的改革和发展，成功地实现了把社会主义与市场经济结合起来的伟大创举。可以说，没有思想解放，就没有改革开放和社会主义现代化建设的巨大成就，就没有中国特色社会主义的重大发展。社会实践永无止境，解放思想永无止境。在今后整个社会主义现代化事业中，都要坚持解放思想、实事求是、与时俱进，当前特别要更加自觉地把继续解放思想落实到坚持改革开放、推动科学发展、促进社会和谐上来，使中国特色社会主义道路越走越宽广。

（三）坚持市场取向，实行社会主义市场经济的改革不动摇。实行市场取向改革，发展社会主义市场经济，是中国特色社会主义关键支柱和鲜明标志。30年的改革开放，正是坚持社会主义市场经济改革方向、建立和完善社会主义市场经济体制的历程。在1984年党的十二届三中全会《决定》中，提出了实行有计划商品经济的论断，并指出商品经济的充分发展，是社会经济发展的不可逾越的阶段，这是推进市场取向改革的重要论断。1992年党的十四大进一步确立了社会主义市场经济体制的改革目标。1993年党的十四届三中全会的《决定》，围绕建立社会主义市场经济体制作出了专门规划和部署。2003年党的十六届三中全会的《决定》，又进一步提出了完善社会主义市场经济体制的奋斗目标，强调要更大程度地发挥市场在资源配置中的基础性作用，增强企业活力和竞争力，健全国家宏观调控体系，完善政府社会管理和公共服务职能，健全现代市场体系，为全面建设小康社会提供强有力的体制保障。这一系列重大决定使我国改革坚定地沿着社会主义市场经济的方向不断前进和深入发展。同时，改革开放的丰富实践也充分证明，只有坚持社会主义市场经济的改革方向，在社会主义条件下发展市场经济，使经济活动遵循价值规律、市场规律的要求，才能不断解放和发展社会生产力，增强综合国力，提高人民生活水平，才能更好地实现国家现代化。当前和今后一个时期，整个改革仍处于攻坚阶段，改革任务繁重而艰巨，必须把坚持社会主义基本制度同发展市场经济有机结合起来，坚持社会主义市场经济的改革方向，从制度上更好地发挥市场在资源配置中的基础性作用，着力构建充满活力、富有效率、更加开放、有利于科学发展的体制机制。

（四）坚持体制机制创新，着力建设成熟的市场经济制度。体制创新和制度建设是经济体制改革的重要内容，也是从根本上实现由计划经济向社会主义市场经济体制转变的必然要求。改革不在体制创新和制度建设方面取得实质性重大进展，社会生产力发展中的体制性机制性障碍就不可能被彻底消除，社会主义市场经济体制也不可能真正建立和完善起来。邓小平十分重视改革开放过程中的体制创新和制度建设。他多次指出,我们的改革是一场革命,是对体制的革命;不改革,不进行体制创新,很多问题的解决就没有出路。改革开放30年来,我们始终着眼于制度建设和体制创新,并取得重大进展和成效。这包括:着眼于完善基本经济制度,毫不动摇地巩固和发展公有制经济,毫不动摇地鼓励、支持、引导非公有制经济发展,大力发展国有资本、集体资本和非公有资本等参股的混合所有制经济,使股份制成为公有制的主要实现形式,推进建立归属清晰、权责明确、保护严格、流转顺畅的现代产权制度;着眼于建立健全现代企业制度,不断深化国有企业公司制、股份制改革;着眼于完善宏观调控体系,不断推进财政、税收、金融、投资等体制改革和制度建设;着眼于完善按劳分配为主体、多种分配方式并存的分配制度,不断深化收入分配体制改革,健全劳动、资本、技术、管理等生产要素按贡献参与分配的制度;着眼于完善社会保障体系,不断推进基本养老保险制度、基本医疗保险制度、失业保险制度、最低生活保障制度等改革和建设。邓小平曾指出,制度问题更带有根本性、全局性、稳定性和长期性。这些制度建设不仅有利于巩固改革开放的成果,而且为今后又好又快发展提供了体制保障,有利于推动未来经济社会持续健康稳定发展。制度建设和体制创新是一个永无止境的过程,在今后的改革开放进程中,仍然需要抓住根本,注重制度建设和体制机制创新,使社会主义市场经济体制和各方面形成一整套更加成熟、更加定型的制度。

(五)坚持实行渐进式方略,有领导分步骤全面推进改革。"摸着石头过河",是渐进式改革方略的形象表述。邓小平曾明确指出,对改革实践中的东西,"对的就坚持,不对的赶快改,新问题出来抓紧解决"。实行渐进式改革方略,是辩证唯物主义认识论的生动体现,也是实践是检验真理唯一标准的充分运用。这不仅是因为改革无先例可循,无经验可鉴,通过渐进式改革可以积累经验,探索路子,以利于推进更大的改革;而且还在于渐进式改革可以避免社会出现大的震动,也可以使人民得到看得见的利益和好处,从而为进一步改革提供良好的社会环境和强大动力支持。30年来渐进式改革的成功表现在多个方面和领域。例如，改革先从农村起步，再逐步向城市推进。我国改革是从农村拉开序幕的，农村家庭联产承包责任制经过 1979 年在安徽、四川的试点后，逐步扩大在全国范围内推行。农村改革取得的明显成效，对城市改革产生了很好的示范效应。从 1984 年开始，改革在城市逐步展开并不断走向深入。又如，价格改革先在一段时期内实行价格"双轨制"，再逐步并轨后实行市场价格。我国的价格改革经历了一个由计划内价格与计划外价格并行的价格"双轨"到市场价格"单轨"的过程。对外开放也是先行试验，取得成功经验后再逐步深入推进。先在东南沿海一带开放，再推向沿海、沿边和内陆地区开放；由经济特区先行试验，再向全国逐步形成开放型经济体系。实践雄辩地证明，我国采取渐进式改革方略是十分必要、完全正确的。

（六）坚持统筹兼顾，协调推进各领域体制改革。中国特色社会主义是社会主义市场经济、社会主义民主政治、社会主义先进文化和社会主义和谐社会协调发展的伟大事业。中国改革是一个巨大的系统工程，不仅仅是经济体制改革，还包括政治、文化和社会等体制改革。在经济体制伟大变革向纵深推进的过程中，需要协调推进政治体制、文化体制和社会体制的改革。正如党的十七大报告所指出的，把推动经济基础变革同推动上层建筑改革结合起来，把发展社会生产力同提高全民族文明素质结合起来，把提高效率同促进社会公平结合起来。改革开放以来，在不断推进经济体制改革的同时，稳步推进政治体制改革。发展社会主义民主政治，建设社会主义法治国家，不断深化行政管理体制改革，为改革开放提供制度保证和法制保障。在不断推进经济体制改革的同时，积极推进文化体制改革。我们党在各个改革时期都相应制定了文化改革的政策措施，有力地促进了文化事业和文化产业协调发展，大力发展社会主义先进文化，建设社会主义精神文明，提高全民族文明素质，为经济社会发展提供了强大的精神动力和智力支持。在不断推进经济体制改革的同时，积极推进社会体制改革。坚持以人为本，以解决人民最关心、最直接、最现实的利益问题为重点，推进科技、教育、卫生等体制改革，大力发展社会事业，着力完善就业、收入分配和社会保障制度，保障和改善民生，通过实现社会公平来促进社会和谐，为改革开放和经济发展提供和谐稳定的社会环境。协调推进经济、政治、文化和社会体制改革，是我国改革取得巨大成功的宝贵经验，也是改革继续健康推进的重要保证，我们一定要继续坚持，更加自觉地协调推进中国特色社会主义事业的各项改革。

（七）坚持以开放促改革，做到改革与开放相互促进。邓小平曾精辟指出，对外开放也是改革。改革是为了发展，开放也是为了发展，改革开放都是为发展服务。改革需要开放的推动力量，开放需要改革的体制保障，两者相辅相成，相互结合，相互促进，是我国改革开放成功的重要经验。实践证明，哪些地方开放得早，改革同开放结合得好，那里经济体制改革的步伐就大，发展就快；哪些地方的改革不断深化，制度有所创新，那里的对外开放就搞得好。最早设立的深圳等经济特区和以后陆续增加的开放城市和地区，不仅开放走在前面，而且在推进社会主义市场经济体制建设方面也先试先行，提供了丰富经验。30 年来，我们在不断深化改革的同时，也不断扩大开放，以开放带动改革。开放是改革与发展的结合环节。随着对外开放不断扩大，原有体制的弊端也愈益显露出来，迫切要求加快改革。我国对外贸易迅速发展和吸收外资不断增加，直接推动着政府调节经济方式、政企关系、企业治理结构、外贸和外汇管理体制的变革，促进商品市场和各类生产要素市场的形成和发展。涉外经济法律法规的建立健全，成为社会主义市场经济法律体系建设的推动力量和重要内容。与此同时，外贸、外资、外汇等管理体制改革又不断拓展对外开放的广度和深度。放开外贸经营权控制，使更多企业得以参与国际竞争，促进了对外贸易的发展。随着改革的深入推进，社会主义市场经济体制不断完善，将为"引进来"和"走出去"创造越来越好的外部环境，从而使我国对外开放不断提升到更高的水平。

（八）坚持牢牢把握大局，正确处理改革发展稳定关系。改革、发展、稳定三者的关系，是关系我国现代化事业全局的重大关系。始终正确认识和处理这三者关系，是中国改革开放取得巨大成功的一条宝贵经验。坚持改革是动力、发展是目的、稳定是前提，坚持把改革的力度、发展的速度和社会可承受的程度统一起来，并把不断改善人民生活作为处理改革发展稳定关系的重要结合点，在社会稳定中推进改革发展，通过改革发展促进社会稳定。发展是硬道理，是党执政兴国的第一要务。发展，对于全面建设小康社会、加快推进社会主义现代化，具有决定性意义。30年来，我们党坚持以经济建设为中心，把发展放在首位，坚持聚精会神搞建设，一心一意谋发展，不断解放和发展社会生产力。邓小平指出，"我们所有的改革都是为了一个目的，就是扫除发展社会生产力的障碍。"离开发展，改革就失去了意义。围绕经济社会发展中的问题不断进行改革，为发展开辟了广阔的空间，提供了强大动力和保障。无论是改革还是发展都需要有一个稳定的社会政治环境。没有稳定，什么事都干不成。在社会政治稳定中推进改革发展，在改革发展中实现社会政治稳定。总之，正确处理改革、发展、稳定三者关系，才能把握大局，保证经济社会顺利发展；否则，就会吃苦头，付出代价。这是我国社会主义现代化建设正反两方面经验教训的深刻总结。在今后推进现代化建设事业中，仍然必须妥善处理改革、发展、稳定关系，使三者相互协调、相互促进。

（九）坚持加强和改善党的领导，为推进改革提供坚强政治和组织保障。党的领导是顺利推进改革的根本保证。这是总结我国改革开放30年来的伟大实践得出的最重要结论。中国共产党是中国特色社会主义事业的领导核心。从根本上说，改革开放取得的巨大成就是因为有中国共产党这样一个坚强领导核心的结果，是始终坚持党的领导、不断加强和改善党的领导的结果。党的十一届三中全会以来我国经济体制改革不断深化的整个进程，始终是在党的正确领导下进行的。只有坚持党的领导，才能保证市场经济同社会主义基本制度的有机结合，才能保证改革沿着正确的方向前进，才能保证广大人民群众能够共享改革发展的成果。要坚持党的领导，必须改善党的领导。30年来，我们党不断加强自身建设，以适应改革开放的需要，以保持党始终成为推进改革开放事业顺利发展的坚强领导核心。坚持大力加强党的思想建设、组织建设、作风建设和制度建设，进行保持共产党员先进性教育，不断提高党的凝聚力和战斗力；坚持立党为公、执政为民，不断改革和完善领导方式和执政方式，不断提高党的执政能力，保持和发展党的先进性；加强党风廉政建设，反对和防止腐败。这些有力地保障了改革开放的顺利进行。在今后的改革开放和社会主义现代化建设进程中，必须毫不动摇地坚持党的领导，并以改革创新精神全面推进党的建设，使党始终成为中国特色社会主义事业的坚强领导核心。

## 三、坚定不移地继续推进经济体制改革

改革开放 30 年来，中国发生了历史性的巨大变化，但我国仍处于并将长期处于社会主义初级阶段，进一步解放和发展生产力，进一步促进社会公平正义，实现全面建设小康社会和国家现代化的宏伟目标，必须坚定不移地继续推进改革，加快完善社会主义市场经济体制，不断推进社会主义政治体制、文化体制和社会体制改革。

党的十七大提出了全面推进中国特色社会主义事业总体布局。改革开放和现代化建设进入了一个新的阶段，体制改革面临着新的形势和任务。我们要高举中国特色社会主义伟大旗帜，深入贯彻落实科学发展观，继续解放思想，坚持实事求是、与时俱进，坚持社会主义市场经济改革方向，注重制度建设和体制创新，统筹规划、精心部署。需要重点抓好以下几个方面的改革工作。

（一）进一步完善基本经济制度，深化国有企业和国有资产管理体制改革，鼓励、支持、引导非公有制经济发展。要坚持和完善公有制为主体、多种所有制经济共同发展的基本经济制度。建立健全现代产权制度，坚持平等保护物权，进一步形成各种所有制经济平等竞争、相互促进的新格局。继续对国有大型企业进行公司制股份制改革，进一步完善国有资本有进有退、合理流动的机制。加大垄断行业改革力度，加快推进公用事业改革。完善各类国有资产管理体制和制度。探索国有资本有效的经营形式，提高资本的营运效率。推进集体企业改革，发展多种形式的集体经济、合作经济。继续破除各种体制障碍，进一步促进非公有制经济发展。

（二）继续深化农村改革，加强农村制度建设和创新。主要改革任务：一是稳定和完善农村基本经营制度。以家庭承包经营为基础、

统分结合的双层经营机制，是党的农村政策的基石，必须毫不动摇地坚持。现有土地承包关系要保持稳定并长久不变。要健全严格的农村土地管理制度。完善土地承包经营权权能，依法保障农民对承包土地的占有、使用、收益等权利。二是加快农村综合改革步伐。深化乡镇机构改革，建立精干高效的农村行政管理体制。完善与农民政治参与积极性不断提高相适应的乡镇治理机制。深化农村义务教育改革，建立和完善农村义务教育经费保障机制。三是推进农村金融体制和制度创新。强化中国农业银行、中国农业发展银行和中国邮政储蓄银行为"三农"服务的功能，充分发挥农村信用社为农民服务的主力军作用。在加强监管的基础上，规范发展多种形式的新型农村金融机构。四是建立促进城乡经济社会发展一体化制度，促进公共资源在城乡之间均衡配置、生产要素在城乡之间自由流动。坚持走中国特色城镇化道路，促进大中小城市和小城镇协调发展，形成城镇化和新农村建设互相促进、协调发展机制。五是健全农业支持保护制度。完善农业投入保障制度和农业补贴制度。理顺比价关系，充分发挥价格对农业增产和农民增收的促进作用。

（三）完善现代市场体系，加快建立统一、开放、竞争、规范的市场经济新秩序。积极发展资本、土地、劳动力、技术等要素市场。大力发展资本市场，规范发展股票市场，积极发展企业债券市场，稳步发展期货市场。规范发展土地市场，改革征地制度，完善土地收益分配制度，形成有效的土地资源占用约束机制。建立城乡统一的劳动力市场，引导劳动力合理流动。完善资源和要素价格形成机制。要深化价格改革，理顺资源价格体系，完善反映市场供求关系、资源稀缺程度、环境损害成本的生产要素和资源价格形成机制。加快社会信用体系建设。加强信用信息征集、使用、公开、保护等制度及相关法律法规建设，健全信用监管和失信惩戒制度。四是规范市场经济秩序。加快建立政府监管、行业自律、舆论监督、群众参与的市场监管体系，建立保护知识产权、打击侵权盗版行为的长效机制。积极发展市场中介组织。

（四）深化财税、金融、计划体制改革，完善宏观调控体系。一是深化财税体制改革。围绕推进基本公共服务均等化和主体功能区建设，完善公共财政体系。健全中央和地方财力与事权相匹配的体制，加快形成统一规范透明的财政转移支付制度。实行有利于科学发展的财税制度，改革资源税费制度，建立健全资源有偿使用制度和生态环境补偿机制。二是深化金融体制改革。继续深化银行业改革，促进国有银行加快建立现代银行制度。继续推动资本市场改革和发展，优化资本市场结构，多渠道提高直接融资比重。深化保险业改革。继续推进利率市场化。进一步完善人民币汇率形成机制。加强和改进金融监管，防范和化解金融风险。三是深化投资、计划体制改革。重点是扩大企业投资权限，规范各类投资主体行为，健全和严格市场准入制度，完善政府投资体制。要完善国家规划体系，发挥国家发展规划、计划、产业政策在宏观调控中的导向作用。

（五）进一步改革涉外经济体制，提高开放型经济水平。把"引进来"和"走出去"更好结合起来，拓展对外开放广度和深度。进一步完善对外开放的制度保障。完善涉外经济法律法规，形成稳定、透明的涉外经济管理体制，创造公平和可预见的法治环境。加快转变外贸增长方式，促进加工贸易转型升级。创新利用外资方式，优化利用外资结构，发挥利用外资在推动自主创新、产业升级、区域协调发展等方面的积极作用。鼓励有条件的企业"走出去"，创新对外投资和合作方式，加快培育我国的跨国公司和国际知名品牌。积极开展国际能源资源互利合作，推进区域和次区域经济合作；完善公平贸易政策，推进贸易和投资自由化便利化，实施自由贸易区战略。适应开放型经济的要求，更好地处理国内发展与对外开放的关系，防范国际经济风险，维护国家经济安全。

（六）深入推进收入分配制度改革，增加城乡居民收入。一是坚持和完善按劳分配为主体、多种分配方式并存的分配制度，健全劳动、资本、技术、管理等生产要素按贡献参与分配的制度。初次分配和再分配都要处理好效率和公平的关系，再分配要更加注重公平。二是逐步提高居民收入在国民收入分配中的比重，提高劳动报酬在初次分配中的比重。这是对国民收入分配格局的重要调整，不仅有利于理顺国家、企业和个人三者的分配关系，而且有利于合理调整投资与消费关系。三是加大个人收入分配调节力度，合理调整收入分配格局。着力提高低收入者收入。建立企业职工工资正常增长机制和支付保障机制，逐步提高扶贫标准和最低工资标准。要通过采取多种措施，创造条件让更多群众拥有财产性收入。通过税收等手段切实对过高收入进行有效调节。取缔非法收入。要规范垄断行业的收入分配，规范垄断性企业资本收益的收缴和使用办法，合理分配企业利润。

（七）加快建立覆盖城乡居民的社会保障体系，保障人民基本生活。健全的社会保障体系，是人民生活的"安全网"和社会运行的"稳定器"，必须加快完善社会保障体系。一是完善基本养老保险制度。要促进城乡职工基本养老保险制度规范化，完善社会统筹与个人账户相结合的企业职工基本养老保险制度，促进机关、事业单位基本养老保险制度改革，积极探索建立农村养老保险制度。二是完善基本医疗保险制度。要全面推进城镇职工基本医疗保险、城镇居民基本医疗保险、新型农村合作医疗制度建设，让基本医疗保险制度覆盖城乡全体居民。三是完善最低生活保障制度。在城市要继续健全最低生活保障制度，做到应保尽保。在农村要将符合条件的贫困人口全部纳入最低生活保障范围。四是支持加快发展社会救助和慈善事业。这是中国特色社会保障体系的重要组成部分。五是积极发挥商业保险的补充作用，支持商业保险的发展。六是逐步提高社会保险的统筹层次，制定全国统一的社会保险关系转续办法，以促进劳动人口在全国范围内的流动就业。

（八）加快行政管理体制改革。行政管理体制改革是完善社会主义市场经济体制和发展社会主义民主政治的必然要求，必须坚定不移地继续推进。主要任务，一是加快政府职能转变。这是深化行政管理体制改革的核心和关键。要加快推进政企分开、政资分开、政事分开、政府与市场中介组织分开。全面正确履行政府职能，改善经济调节，严格市场监管，更加注重加强社会管理和公共服务。二是推进政府机构改革。紧紧围绕政府职能转变和理顺政府职责关系，进一步优化政府组织结构，规范机构设置，健全部门间协调配合机制。减少行政层次，降低行政成本。积极推进地方政府机构改革，加快推进事业单位分类改革。三是加强依法行政和制度建设。坚持用制度管权、管事、管人，健全监督机制，强化责任追究。要加快建设法治政府，规范行政决策行为，完善科学民主决策机制。要推进政府绩效管理和行政问责制度，提高政府执行力和公信力。要健全对行政权力的监督制度，完善政务公开制度，加强政风建设和廉政建设。

现在，我国改革开放和现代化建设处于关键时期，改革任务十分繁重而艰巨。对此，我们要有清醒的认识。要围绕改革的重点和难点，鼓励大胆探索，勇于变革创新；要不为任何风险所惧，不被任何干扰所惑，增强战胜各种困难的勇气和信心。改革开放一直是在不断解决矛盾和克服困难中前进的，和过去相比，今后应对困难的条件更好了，经验更多了。因此，我们完全有信心有能力继续推进各项改革，不断完善社会主义市场经济体制，保持经济社会发展良好势头，实现全面建设小康社会和社会主义现代化的奋斗目标。

# 建立促进城乡经济社会发展一体化制度 *

（2008 年 11 月）

建立促进城乡经济社会发展一体化制度，对于推进改革创新、打破城乡二元结构、加强农村制度建设，对于加快农村发展、促进农民富裕、实现全面建设小康社会奋斗目标，具有重大意义。

## 一、建立促进城乡经济社会发展一体化制度的 重要性和紧迫性

正确处理工农、城乡关系，历来是中国革命和建设的重大问题。党的十一届三中全会以来，我们党全面把握国内外发展大局，不断推进经济体制改革和扩大对外开放，农村经济社会发展取得了举世瞩目的成就。目前，我国改革发展进入关键阶段。面对新形势新任务，加快建立促进城乡经济社会发展一体化制度，既十分重要，又相当紧迫。

建立促进城乡经济社会发展一体化制度，是从根本上消除城乡二元结构的必然要求。30 年来，我国改革开放不断深入，中国特色工业化、城镇化、现代化加快推进。但由于历史条件的制约，特别是长期形成的城乡分割二元体制没有根本消除，工农关系不协调、城乡关系失衡的局面尚未根本改变。针对这种情况，党的十六大以来，中央科学把握世界各国现代化发展的一般规律，深刻总结新中国成立以来特别是改革开放后我们党处理工农、城乡关系的经验，提出了统筹城

---

* 本文载于《〈中共中央关于推进农村改革发展若干重大问题的决定〉辅导读本》，发表在《求是》2008 年第 20 期。

乡经济社会发展的重大战略，把解决好"三农"问题作为全党工作的重中之重，作出了我国总体上已到了以工促农、以城带乡发展阶段的重要判断，制定了工业反哺农业、城市支持农村和多予少取放活的基本方针，规划了建设社会主义新农村的总体任务，并出台了一系列强农惠农政策，工农、城乡关系出现了积极的变化。在此基础上，党的十七大进一步提出要形成城乡经济社会发展一体化新格局，明确了构建新型工农、城乡关系的方向和目标。实现这一目标，关键在于建立起科学、合理、有效的制度保障，因为制度才具有根本性、全局性、稳定性和长远性。中央在这次《决定》中强调，要"建立促进城乡经济社会发展一体化制度"。这是落实加快形成经济社会发展一体化新格局要求的重大举措，也是贯彻统筹城乡经济社会发展战略方针的具体部署。只有从体制改革、制度建设上着手，建立统筹城乡发展、构筑支持农业农村发展的保障体系，才能从全局上、根本上突破城乡分割的体制和结构。只有在统筹城乡改革和发展上取得重大突破，才能给农村发展注入新的动力和活力，促进城乡共同发展和协调发展。这个重大举措和部署充分反映了我们党对中国特色社会主义发展规律的深刻认识和把握，充分彰显了我们党对逐步缩小乃至最终消除工农、城乡差别的信心和决心，充分体现了时代进步的要求和全国人民的愿望。

建立促进城乡经济社会发展一体化制度，是深入贯彻落实科学发展观的必然要求。科学发展观，是党中央立足社会主义初级阶段基本国情，总结我国发展实践，适应新的发展要求提出来的，是对党的三代中央领导集体关于发展的重要思想的继承和发展，是我国经济社会发展的重要指导方针，是发展中国特色社会主义必须坚持和贯彻的重大战略思想。当前，农业基础仍然薄弱，最需要加强；农村发展仍然滞后，最需要扶持；农民增收仍然困难，最需要加快。贯彻落实科学发展观，就必须统筹城乡改革，加快农村经济社会发展，促进城乡基本公共服务均等化，形成城乡良性互动、协调发展。坚持以人为本，要求我们着眼于城乡全体居民，让占人口大多数的农民群众平等参与现代化进程、共享发展改革成果，走共同富裕的道路。实现全面协调可持续发展，要求我们着眼于所有城镇乡村，重视把农村的事情办好，进一步解放和发展农村生产力，促进农村繁荣和全面发展。只有广大农民的生活不断得到改善，农民各项权益得到充分尊重和保障，发展才能真正体现以人为本；只有尽快改变农村经济社会发展严重滞后的状况，发展才能真正做到全面协调可持续。因此，建立促进城乡经济社会发展一体化制度，是深入贯彻科学发展观的重大举措。全面推进城乡经济建设、政治建设、文化建设、社会建设，促进现代化建设各个环节、各个方面相协调，是实现科学发展、又好又快发展的内在要求和重大任务。

建立促进城乡经济社会发展一体化制度，是加快构建社会主义和谐社会的必然要求。促进社会和谐，必须在发展的基础上统筹兼顾各方利益关系，正确处理各种社会矛盾，保障社会公平正义。当前，农村安定和谐面临许多压力，存在一些不稳定因素。农村富余劳动力转移压力加大，农民养老等社会保障不健全，农村基层民主政治和政权建设需要加强，一些农民权益受到侵犯。促进城乡经济社会发展一体化，深化农村改革，加快农村发展，改善农村民生，抓住了维护和实现社会公平正义的关键，抓住了解决经济社会发展不平衡和影响社会和谐稳定问题的关键。我们统筹城乡经济社会发展，必须从法律、制度、政策上努力营造社会公平正义的环境，从收入分配、劳动就业、社会保障、公民权利保障、基本公共服务等方面采取措施，着力解决农民最关心、最直接、最现实的利益问题，切实保障农民的经济、政治、文化、社会权益，使广大农民安居乐业、生活富足，使广大农村安定有序、充满活力。只有这样，才能调动各方面的积极性，激发全社会的创造活力，形成全体人民各尽所能、各得其所而又和谐相处的局面。

建立促进城乡经济社会发展一体化制度，是全面建设小康社会的必然要求。党的十六大以来，我国经济社会发展取得了重要进展，经济实力大幅提升，社会建设全面展开，人民生活显著改善，为实现全面建设小康社会的伟大事业奠定了扎实基础。但应看到，城乡发展很不平衡，农业基础薄弱，生产力水平较低，农民增收的难度很大，农村公共事业发展滞后，公共服务水平较低，城乡面貌反差较大。近年来，随着我国工业化、城镇化的快速推进，农村土地、资金、人才等要素的流失也在加快，城乡二元结构矛盾更加突出。这些矛盾和问题，有的是长期历史发展中积累下来的，有的是在现实发展中形成的，解决起来难度较大。全面建设小康社会，最艰巨最重要的任务在农村；加快推进现代化，必须妥善处理工农、城乡关系。只有统筹城乡改革发展，从制度上构筑经济社会发展一体化新格局，才能不断强化农业基础，加快农村经济发展，保持农民持续增收，促进农村全面进步，也才能确保到 2020 年实现全面建设小康社会的奋斗目标。

## 二、建立促进城乡经济社会发展一体化制度的基本要求和主要方面

建立促进城乡经济社会发展一体化制度，是一个复杂的社会系统工程，需要认真研究解决一系列矛盾和问题，既要立足现实，又要着眼长远。至关重要的是，必须大力推进改革创新，打破城乡分治的体制、拆除城乡分割的樊篱，形成城乡平等对待、城乡统筹指导、城乡协调发展的制度环境。基本要求是：加快形成统筹城乡发展的体制机制，特别是尽快在城乡建设规划、产业布局、基础设施建设、公共服务、劳动就业一体化等方面取得突破，促进公共资源在城乡之间均衡配置、生产要素在城乡之间自由流动，促进城乡经济社会发展融合、良性互动。为实现这一基本要求，需要着力在五个环节上实现突破。

统筹土地利用和城乡建设规划。这是实现资源合理配置、促进城乡经济社会发展一体化的重要前提。国家规划是引导经济社会发展和资源配置的重要依据和手段。过去长期受城乡二元结构的制约，重城市发展规划、轻乡村发展规划，而且城乡发展规划相互脱节。这就造成农业、农村与工业化、城镇化的推进基本上是相互隔离的，不仅导致农村发展滞后、城乡差距拉大，而且也使得城市建设无序扩展，降低了土地资源配置效率。因此，必须切实改变城乡分割的行政管理体制，理顺规划体系，通盘考虑和安排城市发展和农村发展，统一制定土地利用总体规划和城乡建设规划。在制定统一的城乡发展规划中，

按照自然规律、经济规律和社会发展规律,明确区分功能定位,合理安排城市或县域范围内城镇建设、农田保护、产业聚集、村落分布、生态涵养等空间布局。这样,不仅可以节约集约利用土地等资源,而且可以使城乡发展紧密衔接、相互促进。

统筹城乡产业发展。这是促进城乡经济社会发展一体化的重要环节。要从体制、规划、政策上解决城乡产业分割问题,顺应城乡经济社会发展不断融合的趋势,统筹规划和整体推进城乡产业发展,引导城市资金、技术、人才、管理等生产要素向农村合理流动。按照一二三产业互动、城乡经济相融的原则,促进城乡各产业有机联系、协调发展。要以现代工业物质技术装备改造传统农业,以现代农业的发展促进二、三产业升级,以现代服务业的发展推动产业融合,促进三次产业在城乡科学布局、合理分工、优势互补、联动发展。要积极推进农业专业化生产、集约化经营和区域化布局,引导农村工业向城镇集聚,鼓励乡镇企业转型升级,加快农村服务业发展,引导劳动密集型产业从城市向农村的转移和扩散,着力形成城乡分工合理、区域特色鲜明、生产要素和资源优势得到充分发挥的产业发展格局。

统筹城乡基础设施建设和公共服务。这是改变农村面貌、促进城乡经济社会发展一体化的着力点。我国城乡经济发展差距大,基础设施和公共服务差距更大。目前,农村饮水、电力、道路、通信等公共设施落后,上学、看病和社会保障等问题突出。各级政府要着眼于建立城乡基本公共产品和公共服务统一的制度,统筹城乡基础设施建设和公共服务,创新管理体制和运行机制,加大资源整合力度,着重改变农村基础设施滞后和公共服务不足的状况,逐步实现基本公共服务均等化。要针对目前城乡基础设施差异大、功能布局不合理、设施共享性差等突出问题,切实把城市与农村作为一个有机整体,着眼强化城市与农村设施连接,加大农村基础设施投入力度,特别要增加对农村饮水、电力、道路、通信、垃圾处理设施等方面的建设投入,实现城乡共建、城乡联网、城乡共用。推进城乡环境综合治理。加强农村防灾减灾能力建设。要巩固和发展城乡义务教育制度,健全覆盖城乡的公共卫生体系和基本医疗制度,加快健全覆盖城乡居民的社会保障体系，积极解决好农村教育、卫生、文化、社会保障、住房等关系农民群众切实利益的问题，全面提高财政保障农村公共事业的水平，使广大农民学有所教、劳有所得、病有所医、老有所养、住有所居，共享改革发展成果。

统筹城乡劳动就业。这是改善人民生活、促进城乡经济社会发展一体化的重要条件。我国城乡劳动力资源丰富，是促进经济长期持续较快发展的有利条件。同时，就业压力大、就业形势严峻，将是我国今后较长时期面临的一个重大课题。因此，必须把扩大城乡就业放在经济社会发展的突出位置。要坚持实施积极的就业政策，坚持劳动者自主择业、市场调节就业、政府促进就业的方针，多渠道扩大城乡就业。特别是要通过深化改革，加快建立城乡统一的人力资源市场，将农民就业纳入整个社会就业体系，形成城乡劳动者平等就业制度，引导农民有序流动就业，鼓励农民就地就近转移就业，支持农民工返乡创业。要健全覆盖城乡的就业服务体系，完善人力资源市场信息发布制度，强化就业服务机构为劳动者提供免费就业服务的责任，同时要做好农村劳动力就业培训，增强其外出适应能力、就业能力和创业能力。要加强农民工权益保护，进一步完善和规范劳动力市场的服务与管理，逐步实现农民工劳动报酬、子女就学、公共卫生、住房租购等与城镇居民享有同等待遇。要建立健全农民工社会保障制度，扩大农民工工伤、医疗、养老保险覆盖面，抓紧制定农民工养老保险关系转移接续办法，逐步实现城乡各项社会保障制度的相互衔接。

统筹城乡社会服务和管理。这是保持社会和谐稳定、促进城乡经济社会发展一体化的重要基础。随着改革开放不断深入和社会主义市场经济不断发展，我国的经济体制、社会结构、利益格局等发生深刻变化，城乡融合趋势加快、人口流动加速。这种空前的社会变革，既给我国经济社会发展带来巨大活力，也增加了社会服务和管理的难度和复杂性。要适应城乡经济社会发展一体化的需要，大力推进社会服务和管理创新，改变城乡分割、条块分割的管理方式，着力转变职能、理顺关系、优化结构、提高效能，逐步形成城乡社会服务和管理一体化的体制，形成城市工作与农村工作对接、良性互动的新格局。积极稳妥推进户籍制度改革，在统筹考虑农民工权益、城镇化进程和城市承载能力等多方面因素的基础上，放宽中小城市落户条件，使在城镇稳定就业和居住的农民有序转变为城镇居民。同时，要推进流动人口服务和管理法制化、规范化、信息化建设，将流动人口纳入整个社会服务和管理体系，为他们创造良好的工作与生活环境。

这五个方面的统筹，既是促进城乡经济社会发展的重要任务和抓手，又是重要举措和制度建设。在实际工作中，最根本和最重要的是，必须切实转变思想观念和传统做法，注重推进体制机制创新，从各方面建立健全统筹城乡发展一体化的制度。

## 三、促进城乡经济社会发展一体化制度需要把握好的几个问题

促进城乡经济社会发展一体化，目的在于适应工业化、城镇化、现代化发展的新形势，构建平等、和谐的工农、城乡关系，加快农村发展，逐步缩小城乡差距，发展中国特色社会主义事业。因此，必须把加强"三农"工作作为统筹城乡发展的基本着眼点和立足点，坚持合理调整国民收入分配格局，坚持工业反哺农业、城市支持农村和多予少取放活方针，加快建立健全以工促农、以城带乡长效机制，推动农村经济社会又好又快发展。

（一）建立覆盖城乡的公共财政制度。完善公共财政制度，加强公共产品和服务体系建设，这是促进城乡经济社会协调发展的关键性、制度性建设。特别要尽快形成有利于加强"三农"的国民收入分配格局，巩固和完善强农惠农政策，健全农业投入保障制度。要调整财政支出、固定资产投资、信贷投放结构，保证各级财政对农业投入增长幅度高于经常性收入增长幅度，切实把国家基础设施和社会事业发展的重点转向农村，不断缩小城乡公共服务差距。要大幅度增加国家对农村基础设施建设和社会事业发展的投入，大幅度提高政府土地出让收益、耕地占用税新增收入用于农业的比例，大幅度增加对中西部地区农村公益性建设项目的投入。并且要积极利用财政贴息、补助等手

段，引导社会资金投向农村。要通过深化农村金融改革，加大对农村金融政策支持力度，引导更多信贷资金投向农村。同时，要采取有力的政策措施，加快形成以工业支持农业、城市支持农村的良好机制。这样，才能不断增加农业发展的物质技术基础，不断增强农村的实力和后劲。

（二）发展壮大县域经济。县域涵盖城镇与乡村、兼有农业与非农产业，既是功能相对完备的国民经济基本单元，又是统筹城乡发展的重要载体。要充分发挥县（市）在城乡发展一体化中的重要作用，统筹配置县域范围内各种生产要素，有效集成各项支农惠农政策，着力建设现代农业，壮大二、三产业。要着眼于发挥县域的资源优势和比较优势，明确县域主体功能定位和生产力布局，科学规划产业发展方向，积极培育特色支柱产业。引导城市企业与县域企业加强合作，支持劳动密集型、资源加工型产业向县域集聚，鼓励农产品加工业特别是精深加工业向主产区集中。鼓励有条件的县（市）自主或联合建立技术研发机构和公共技术服务平台。要扩大县域发展自主权，增加对县的一般性财政转移支付，加强对县域发展的支持，从根本上说，要深化财税体制改革，做到财权与事权相匹配，增强县域经济活力和实力。完善地方行政管理体制，扩大省直管县财政体制改革试点，优先将农业大县纳入试点；有条件的地方可依法探索省直管县（市）的体制。这方面改革探索，要根据各省经济社会发展和行政区划的实际状况，综合考虑各种因素，因地制宜作出决策。搞好这方面改革，有利于发挥县（市）级政府积极性和促进县域经济发展，也有利于深化行政管理体制改革，减少行政层次，提高行政效率，促进城乡发展一体化。

（三）构建城镇化和新农村建设互促共进机制。城镇化与新农村建设"双轮驱动"，是中国特色现代化建设道路的重要特点，必须从战略上协调好二者的关系。城镇化是现代化的必然趋势，必须坚定不移地推进。要坚持走中国特色城镇化道路，促进大中小城市和小城镇协调发展。充分发挥大中城市对农村的辐射带动作用，促进城市资金、技术、人才、管理等生产要素向农村流动，推进城市教育、医疗、文化等公共服务向农村延伸，现代文明向农村传播。重视发展小城市。大力发展小城镇，依法赋予经济社会发展快、人口吸纳能力强的小城镇适当的行政管理权限，把小城镇建设成为人口、产业、市场、文化、信息适度集中的经济社会发展平台，发挥其承接城市、带动乡村的桥梁纽带作用。同时，必须深刻认识到，我国人口规模巨大，即使将来城镇化达到较高水平，仍然会有大量人口继续在农村生活。世界上有不少国家在推进工业化、城市化过程中，由于忽视农业和农村发展而导致农业衰退、农村凋敝，城市特别是大城市人口过度膨胀，付出了沉重的代价。这个教训必须汲取。因此，我们在推进城镇化的同时，一定要把农村建设好，创造良好的人居环境。要坚持把发展现代农业、繁荣农村经济作为社会主义新农村建设的首要任务，加强农村基础设施和公共服务体系建设，健全农村市场和农业服务体系，注重保持乡村特色、民族特点、地域特征，保护秀美的田园风光和优秀的乡土文化，努力把现代文明引向农村，逐步实现农村现代化。

（四）积极稳步促进城乡经济社会发展一体化。形成城乡经济社会发展一体化新格局，是发展中国特色社会主义的重大任务，各地要积极推进。但也要看到，我国地域辽阔，各地自然条件、资源禀赋和经济社会发展水平差异很大，存在的矛盾和问题各不相同。促进城乡经济社会发展一体化，必然是起点有差距、进程有快慢、水平有高低、重点有不同，不可能有统一的模式。同时还要看到，我国城乡差距的缩小需要有一个过程，不可能一蹴而就。必须坚持科学规划，因地制宜，分类指导，有步骤、有重点地加以推进。最重要的是，要牢牢把握我国社会主义初级阶段的基本国情和当前我国发展的阶段性特征，适应我国农村经济社会发展新形势，顺应亿万农民过上美好生活的新期待，在统筹城乡发展上迈出更大步伐，努力开创农村改革发展新局面，奋力夺取全面建设小康社会的新胜利。

# 行政管理体制改革 30 年回顾与前瞻 *

（2008 年 12 月）

在全国隆重纪念改革开放 30 周年之际，回顾总结 30 年来我国行政管理体制改革的伟大历程和宝贵经验，研究探讨继续推进改革需要解决的重点问题，对于我们深刻认识改革开放的伟大成就，深入贯彻落实科学发展观，深化行政管理体制改革，具有重要意义。

## 一、30 年来行政管理体制改革的重大进展

1978 年底召开的党的十一届三中全会，开启了我国改革开放和社会主义现代化建设的历史新时期。30 年的大改革大开放，使我国成功实现了从高度集中的计划经济体制到充满活力的社会主义市场经济体制、从封闭半封闭到全方位开放的伟大历史转折，经济和社会发展取得了举世瞩目的巨大成就。在这个过程中，按照建设中国特色社会主义的总体目标，根据上层建筑适应经济基础、解放和发展生产力的根本要求，坚持不懈地推进行政管理体制改革，并不断取得新突破和重大进展，有力地促进了改革开放和现代化建设事业的发展。纵观 30 年的历史进程，我国行政管理体制改革大体经历了三个阶段。

从 1978 年党的十一届三中全会召开到 1992 年党的十四大之前，主要是冲破高度集中的计划经济体制和行政管理模式，这一时期为行政管理体制改革积极探索的阶段。改革开放之前，我国实行高度集中

---

　　* 本文系 2008 年 12 月在"全国深化行政管理体制改革研讨会"上的主旨演讲，发表在《求是》2009 年第 2 期。

的计划经济体制和行政管理模式，国家统得过多、管得过死，严重压抑了广大企业和干部群众的积极性与创造性，制约了社会生产力发展。实行改革开放决策之后，邓小平同志就十分重视行政管理体制改革与创新问题。他特别强调了三点：第一，"党和行政机构以及整个国家体制要增强活力，就是说不要僵化，要用新脑筋来对待新事物"；第二，"要真正提高效率"；第三，"要充分调动人民和各行各业基层的积极性"。按照这些要求，全国逐步展开了以简政放权为重点的经济体制和行政管理体制改革。主要是：废除人民公社"政社"体制，推进乡镇基层政权建设；扩大企业生产经营自主权，放宽地方和城市经济社会管理权限；积极推进政府机构改革，合并一些职能交叉重叠的机构，撤销一些工业经济管理部门，精减人员和编制；推进干部队伍革命化、年轻化、知识化、专业化，废除实际存在的领导职务终身制，提出并开始探索建立国家公务员制度。1982 年和 1988 年两次政府机构改革，都迈出了重要步伐。在 1982 年的改革中，国务院各类机构由 100 个减为 61 个，其中部委由 52 个裁并为 43 个，人员编制由 5.1 万人减为 3.8 万人。在 1988 年的改革中，除了继续简政放权，解决机构臃肿、人浮于事等问题以外，还对一些经济管理部门进行了调整，提高了工作效率，同时提出了转变政府职能这个关键性问题。通过这些改革，初步摆脱了与高度集中的计划经济体制相适应的行政管理模式的羁绊，激发了社会经济活力，促进了生产力解放和发展。

从 1992 年党的十四大召开到 2002 年党的十六大之前，主要是按照发展社会主义市场经济的要求全面推进改革，这一时期为行政管理体制改革取得重大进展的阶段。党的十四大确立了建立社会主义市场经济体制的目标。随着经济体制改革加快推进和取得实质性进展，行政管理体制改革也随之向适应建立社会主义市场经济体制的要求转变。改革的重点是，加快实行政企分开、转变政府职能。一是着力推进国有企业改革，培育市场体系，推进计划、投资、财政、金融、商贸等宏观经济部门和专业部门的管理体制改革，撤并了一些部门管理的国家局。二是下放权力，减少行政审批事项，各级政府都较多地减少了对企业生产经营活动的直接干预和管理，实行党政机关与所办经济实体脱钩。三是逐步调整政府部门之间关系,明确划分职责权限,解决了一些长期存在的部门职责交叉、权责不清、多头管理等问题。四是着力理顺中央与地方关系,明确中央与地方管理权限,特别是实行了分税制。五是进一步精简机构编制。在1998年进行的政府机构改革中,国务院组成部门由40个减为29个,人员编制减少一半。总体上看,这一时期的行政管理体制改革努力与建立社会主义市场经济体制相适应,在一些重点领域和关键环节取得了重大突破和实质性进展。

从2002年党的十六大召开到现在,主要是推进服务型政府和法治政府建设,这一时期为行政管理体制改革全方位深化的阶段。党的十六大以后,我们党提出了科学发展观、构建社会主义和谐社会等一系列重大战略思想。行政管理体制改革也随之全方位推进。重点围绕构建有利于推动科学发展、促进社会和谐的体制机制,着力进行制度机制创新和管理方式创新。主要包括:更加注重以人为本,促进经济社会全面协调可持续发展和人的全面发展;更加注重发展社会主义民主政治,大力推进科学民主决策,完善决策信息和智力支持系统,增强决策透明度和公众参与度;更加注重转变和全面履行政府职能,强化社会管理和公共服务职能,加快以改善民生和公共服务为重点的社会建设,增强社会创造活力;更加注重规范政府行为,全面推进依法行政,加快建设法治政府;更加注重改进管理方式,大力推进政务公开和电子政务,探索实行行政绩效管理制度。2008年的国务院机构改革,取得了新突破。一是政府职能转变取得明显进展,共取消、下放、转移职能60余项,同时加强了90余项职能。二是理顺部门关系取得重要突破,在探索实行职能有机统一的大部门体制方面迈出新步伐,集中解决了在宏观调控、资源环境、市场监管、文化卫生等方面70余项部门职责交叉和关系不顺的问题。三是部门责任得到明显强化,通过制定和完善"三定"规定,在赋予部门职权的同时,规定了相关部门应当承担的责任,共明确和强化了200多项责任,力求做到有权必有责、权责对等。四是机构编制得到有效控制,涉及调整变动的机构近20个,正部级机构减少了6个,国务院行政编制总数没有突破。

经过30年的不懈努力,我国行政管理体制改革取得重大进展。

主要标志为：一是摒弃了高度集中的计划经济体制和行政管理模式，基本建立了与发展社会主义市场经济相适应的行政管理体制。二是转变政府职能取得实质性进展。企业作为市场竞争主体地位得到确立，市场配置资源的基础性作用明显增强，新型宏观调控体系逐步健全，社会管理和公共服务职能不断加强。三是政府组织结构不断优化。建立了以宏观调控部门、市场监管部门、社会管理和公共服务部门为主体的政府机构框架，机构设置和职责体系趋于合理。四是依法行政全面推进。2004年国务院颁布《全面推进依法行政实施纲要》，提出经过10年左右时间努力，基本实现建设法治政府的目标，依法行政成为各级政府的基本准则，政府立法工作不断改进，行政执法体制逐步健全，对行政权力的规范、制约和监督进一步加强。五是管理方式创新取得重要进展。科学民主决策水平不断提高。普遍建立重大问题集体决策制度、专家咨询制度、社会公示制度和听证制度，政务公开制度逐步完善。六是政府自身建设不断加强。服务政府、责任政府、法治政府、廉洁政府建设迈出重要步伐；公务员管理法律法规体系逐步健全，中国特色的国家公务员制度基本建立；政风建设和廉政建设不断推进，公务员队伍整体素质和能力明显提高。所有这些，都为建立和完善中国特色社会主义行政管理体制奠定了重要基础。

## 二、认真总结行政管理体制改革的宝贵经验

30年来，我国行政管理体制改革不仅取得了显著成效，而且在实践中积累了宝贵经验，主要有以下五个方面。

（一）坚持以人为本、执政为民、依靠人民。全心全意为人民服务是党和政府的根本宗旨，做到一切为了人民、一切依靠人民，是推进各项改革的根本出发点和动力所在。要推进30年来的行政管理体制改革，始终着眼于推进经济和社会发展，不断提高人民群众物质文化生活水平，促进人的全面发展；坚持尊重人民群众的主体地位，维护人民群众的各项权益；充分体现广大人民群众的利益和诉求，使全体人民共享改革发展成果；高度重视发挥人民群众的积极性、主动性和

参与性，增强社会经济活力和创造力。实践证明，行政管理体制改革只有符合人民利益，反映人民呼声，紧紧依靠人民，建设人民满意的政府，才能得到广大人民群众的真心拥护和有力支持。

（二）坚持解放思想、实事求是、与时俱进。行政管理体制改革既是对原有行政权力结构和利益格局的重大调整，也是一场深刻的观念变革和思想革命，必须以解放思想为先导，把创新精神贯穿于改革的全过程和每个环节。随着经济社会发展和经济体制、政治体制改革不断深入，行政管理体制改革也必须及时跟进，做到与之相适应。实践证明，30年来行政管理体制改革在理论和实践上的每一个进步，都是坚持解放思想、与时俱进的结果。只有不断解放思想，切实更新观念，一切从实际出发，敢于冲破不合时宜的观念和做法，大胆探索，勇于实践，不断创新，才能排除各种困难和障碍，使行政管理体制不断适应改革发展和对外开放的新形势，也才能坚持从中国国情出发，不盲目照搬国外模式，同时又善于研究借鉴国际上公共治理方面有益成果，顺应时代发展和变革的潮流。

（三）坚持把握大局、统筹兼顾、协调推进。行政管理体制是国家体制的基本组成部分，是经济体制、政治体制、文化体制、社会体制以及其他体制的结合点，并且有着密切的联系。政府机构设置和职能调整，涉及国家经济、政治、文化和社会生活的各个方面，涉及中央与地方、政府与社会、政府与企业、整体利益与局部利益等一系列重要关系。因此，行政管理体制改革必须放到党和国家发展的大局中统筹谋划，服从并服务于促进经济社会发展的需要，做到与完善社会主义市场经济体制进程相适应，与建设社会主义民主政治和法治国家相协调。同时，还要正确处理改革与发展稳定的关系，正确处理政府机构与党委、人大、政协机构设置的关系。只有这样，行政管理体制改革才能有效推进，保障中国特色社会主义各项事业协调发展。

（四）坚持发挥两个积极性，统筹中央与地方关系。行政管理体制改革涉及行政权力关系的调整和政府组织结构的变动，必须在中央的统一领导下进行。同时，我国地域辽阔，各地情况差异性很大，发展很不平衡，因而也必须注意充分发挥地方的积极性。中央制订改革方案，既需要从全局出发，统一部署，也要充分考虑各地特点，分类指导，鼓励和支持地方探索试验；地方要认真贯彻落实中央的决策和部署，并结合本地实际，敢于实践，勇于创新。实践证明，只有充分发挥中央和地方两个积极性，行政管理体制改革才能顺利推进。

（五）坚持审时度势、积极稳妥、循序渐进。行政管理体制改革是深化整个改革的重要环节，是建立和完善社会主义市场经济体制、发展社会主义民主政治的必然要求，同时也是一个渐进式的改革过程，不能企求毕其功于一役。推进行政管理体制改革，要有长远目标和总体规划，明确改革的路径与方向，又要确定每个时期的重点任务；既要充分利用各方面的有利条件，正确把握有利时机，坚决果断地推进改革措施，在一些重要领域迈出较大步伐，又要全面分析面临的矛盾和风险，充分考虑各方面的承受能力，积极稳妥实施。凡属于涉及全局性的重大改革举措，都应先行试点，取得经验后再加以推行。既要毫不动摇地坚持改革方向，又要提高改革决策的科学性，增强改革措施的协调性。

以上五条，是我们对 30 年来行政管理体制改革基本经验的认识。这些经验归结起来，就是坚定不移地走中国特色社会主义道路，始终不渝地坚持中国共产党的领导，坚持以邓小平理论和"三个代表"重要思想为指导，深入贯彻落实科学发展观，积极探索和遵循党的执政规律，正确认识和把握改革开放发展规律，妥善处理和协调各方面改革关系。我们要认真总结经过艰辛探索积累的丰富经验，继续深化和自觉运用这些成功经验，不断把行政管理体制改革引向深入。

## 三、深化行政管理体制改革的重点任务

当前，我国改革发展正处于关键阶段。要更好地推进改革开放和社会主义现代化建设，就必须把加快行政管理体制改革放在更加突出的位置。党的十七大和十七届二中全会站在新的历史起点上，作出了加快行政管理体制改革、建设服务型政府的战略部署，明确提出"到2020 年建立起比较完善的中国特色社会主义行政管理体制"的总体目

标，为继续深化行政管理体制改革指明了方向。综观未来发展趋势，推进行政管理体制改革需要充分考虑到"四个方面的要求"：即充分考虑深入贯彻落实科学发展观的要求，充分考虑完善社会主义市场经济体制和提高对外开放水平的要求，充分考虑发展社会主义民主政治和依法行政的要求，充分考虑建设创新型国家的要求。全面推进体制机制创新、制度创新和管理创新，努力建设服务型、现代化政府。为此，要着重研究解决以下六个问题。

（一）进一步转变和正确履行政府职能。这仍然是深化行政管理体制改革的核心。要坚持以人为本的施政理念，实施人本管理，以服务人民为根本宗旨，以广大人民群众为根本依靠力量，切实保障人民群众各项权益，积极解决群众最关心、最直接、最现实的利益问题。要围绕推动科学发展、促进社会和谐，在政府职能方面实现四个根本性转变。一是政府职能要向大力创造良好发展环境转变。在宏观环境方面，主要是制定和执行宏观调控政策，搞好基础设施建设和公共服务，加强对生态环境和资源保护，注重运用经济手段、法律手段并辅之以必要的行政手段管理和调节经济社会活动。在微观环境方面，要强化市场监管职能，健全行政执法、行业自律、舆论监督、群众参与相结合的监管体系，创新监管方式，提高监管能力，维护统一开放、竞争有序、安全健康的市场秩序。二是政府职能要向有效提供优质公共服务转变。要更新管理理念，强化服务意识，做到在服务中实施管理、在管理中体现服务，不断提高公共服务水平。随着经济社会的持续发展，要以不断满足人民群众对公共产品、公共服务日益增长的需求为着眼点，着力解决公共产品供给短缺、公共服务能力不强等问题，推进城乡、区域基本公共服务均等化；加快完善公共财政制度，扩大公共产品和公共服务的覆盖范围，切实保障农村、基层和欠发达地区人民群众基本公共服务的需要。实行更加有力的政策措施，推进教育、卫生、文化等社会事业加快发展。三是政府职能要向注重维护社会公平正义转变。维护社会公平正义，是社会文明进步的重要标志。要正确认识和处理效率与公平的关系，当前和今后一个时期，更加注重社会公平和社会管理，强化政府促进就业和调节收入分配的职能，整顿和规范收入分配秩序，建立科学合理的收入分配调节机制；加快完善社会保障体系，调节社会利益关系，大力发展社会保险、社会救助、社会福利等事业。更加注重突发事件应急管理体系建设，健全社会矛盾疏导调处和安全预警机制，构筑社会安全网，维护社会和谐稳定。四是履行政府职能要向实行科学化的公共治理转变。公共治理相对于传统的公共管理而言，它更强调以规范的、民主的、法治的行政方式来管理公共事务。推行这种管理模式，符合建设服务型、现代化政府的要求。要树立新的公共治理理念，由以行政控制为主向以服务公众为主转变，由"全能型政府"向"有限型政府"转变；逐步完善公共治理机制，建立健全政务公开、公众参与、科学评价和责任追究制度；建立健全公共治理结构，改进公共治理方式，综合运用现代管理方法和科技手段，不断推进政府管理创新。

（二）进一步简政放权和规范市场、社会秩序。经过多年努力，我们在简政放权方面取得了很大进展，但现实中仍然存在一些政府不该管、管不了也管不好的现象，同时又存在着一些政府该管而没有管或者没有管好的问题，需要继续认真研究解决。要着眼于增强经济社会发展活力和提高效率，充分调动企业事业单位和各方面的积极性、创造性，从制度上更好地发挥市场在资源配置中的基础性作用，继续深化企业改革、深化行政审批制度改革、深化事业单位改革，完善现代市场体系，切实推进政企分开、政资分开、政事分开、政府与中介组织分开。要适应人民群众政治参与和社会活动参与积极性不断提高的新形势，更好地发挥公民和社会组织的作用，鼓励、支持、引导公民和社会组织依法有序参与社会公共事务管理，扩大基层民主。在进一步调整政府与市场、企业、社会组织权责关系的同时，更加注重提高政府科学管理水平，正确有效履行政府职责，不断加强和改善宏观调控，有效实施监管，克服和纠正"市场缺陷""市场失效""社会无序"等现象，引导和规范市场主体行为，维护社会正常秩序。要正确认识和处理简政放权与加强管理的关系，做到活而不乱、管而不死。要注重发挥国家法令政策、行政规制、行政指导和行政合同在行政管理中的积极作用，引导社会经济发展既充满活力、富有效率，又规范有序、持续稳健运行。

（三）进一步优化行政组织结构。机构是职能的载体，职能配置需要科学的机构设置来履行。在优化行政组织结构中，关键是要实现政府组织机构及人员编制向科学化、规范化、法制化的根本转变。要根据经济社会发展变化和全面履行政府职能的需要，科学规范部门职责，合理调整机构设置，优化人员结构，既要解决有些部门机构臃肿、人浮于事的问题，也要解决有些部门编制过少、人员不足的问题，做到职能与机构相匹配、任务与人员编制相匹配。要按照精简、统一、效能的原则和决策权、执行权、监督权既相互制约又相互协调的要求，继续探索实行职能有机统一的大部门体制，精简和规范各类议事协调机构及其办事机构，健全部门间协调配合机制，继续解决机构设置过多、职责分工过细、权责脱节等问题。要严格执行机构编制审批程序和备案制度，加快政府机构编制管理科学化、规范化、法制化进程。

（四）进一步推进制度创新和管理创新。制度具有全局性、根本性、稳定性的作用。推进制度和管理创新，主要是加快实现行政运行机制和政府管理方式向规范有序、公开透明、便民高效、权责一致的根本转变，这是建设人民满意政府的重要环节。做到规范有序，就要继续全面推进依法行政，完善有关法律法规体系，规范政府的立法行为；健全科学民主决策体系，规范政府的决策行为；完善行政执法体制，规范政府的执法行为；进一步健全行政监督制度，切实用制度管权、管事、管人。做到公开透明，就要进一步完善政务公开制度，建立健全信息发布制度，提高政府信息质量，及时、全面、真实地发布政务信息，畅通人民群众了解公共信息的渠道；要实行民主管理，保障人民群众依法管理国家和社会事务、管理经济和文化事业，保障人民群众的知情权、参与权、表达权和监督权；要加快"阳光政府"建设，提高政府工作透明度，让权力在阳光下运行，同时加快电子政务建设，充分利用现代信息技术，推进公共管理和服务信息化。做到便民高效，主要是规范和发展行政服务性机构，改进和完善政府各类审批制度和办事制度，简化程序，减少环节，提高政府效能，为社会、企业和群众提供更加方便、快捷、有效的服务。做到权责一致，就要强化责任意识，推动政府从"权力本位"向"责任本位"转变，坚持有权必有责、用权受监督、违法要追究；要建立科学合理的绩效管理制度，推行行政目标责任制，健全并认真实施质询、问责、经济责任审计、引咎辞职、罢免等制度。通过多方面推进管理制度创新，努力实现政府管理现代化。

（五）进一步理顺政府职责关系。既要重视在横向上理顺同级政府各部门之间的职责关系，也要重视从纵向上理顺不同层级政府之间的职责关系。理顺各级政府的职责关系，关键是做到财权与事权相对应、权力与责任相统一。要合理划分不同层级政府的职权，根据各自不同的地位和功能确定权力与责任，突出管理和服务重点，形成责任明确、各有侧重、相互衔接、高效运行的职责体系。要研究探索不同层级政府关系的调整方式，综合运用立法规范、政策指导、行政协调、司法裁决以及财政转移支付等方式，逐步实现各层级政府关系调整的规范化、制度化和程序化。积极探索减少行政层级。在我国的行政区划和治理结构中，县级行政区域是一个重要的层次，在国民经济和社会发展中起着重要作用。要扩大县域发展自主权，推进省直接管理县财政体制，依法积极探索省直接管理县的体制。同时，加快推进乡镇机构改革。继续发挥大中城市作用，赋予符合条件的小城镇相应的行政管理权限。要调整和健全垂直管理体制，完善市场经济条件下的中央与地方关系，规范垂直管理部门与地方管理的事权范围和权责关系，建立健全协调配合机制。

（六）进一步加强公务员队伍建设。公务员队伍是政府管理的主体，其素质和能力直接影响政府的执行力和公信力。要进一步完善公务员管理配套制度和措施，实现公务员队伍管理的制度化、规范化、法制化。严格规范公务员行为，健全公务员激励、约束机制和进入、退出机制，强化对权力运行的监督和制约。建设爱岗敬业、忠于职守、素质优良、作风过硬、勤政廉政的公务员队伍。要按照党的十七大作出的继续大规模培训干部、大幅度提高干部素质的战略决策，切实把干部教育培训放在先导性、基础性、战略性地位抓紧抓好，充分发挥干部教育培训机构的作用，努力提高干部教育培训的针对性和实效性，为改革开放和社会主义现代化建设提供强有力的人才保证和智力支持。

深入研究和推动行政管理体制改革，促进行政管理学创新和发展，是摆在我们面前的一项重要任务。我们要高举旗帜，勇于创新，为建立和完善中国特色社会主义行政管理体制、形成和发展中国特色社会主义行政管理学做出不懈的努力。

# 推进行政体制改革 *

（2010 年 10 月）

党的十七届五中全会通过的《中共中央关于制定国民经济和社会发展第十二个五年规划的建议》要求："加快改革攻坚步伐，完善社会主义市场经济体制"，并对推进行政体制改革作出了重要部署。我们要深刻领会《建议》的精神，认真贯彻执行。

## 一、充分认识推进行政体制改革的重要意义

行政体制是国家体制的重要组成部分。改革开放以来，行政体制改革不断深化，并取得显著成效，为经济社会发展取得重大成就提供了重要的体制保障。这说明，不断变革的行政体制总体上是基本适应经济社会发展要求的。同时，也要看到，行政体制仍然存在不少问题。尤其重要的是，我国经济社会发展面临新的形势和任务要求推进行政体制改革。

（一）加快转变经济发展方式、推动科学发展的迫切要求。加快转变经济发展方式，是"十二五"经济社会发展的主线，是关系国家发展全局的重大任务。贯彻这条主线，迫切要求全面深化包括行政体制在内的各项改革。我国经济社会发展取得了举世瞩目的巨大成就，但经济发展方式转变仍然滞后，成为经济社会生活中的突出问题。主要表现是：有些地方仍然片面追求经济建设规模和增长速度，忽视优

---

* 本文载于《〈中共中央关于制定国民经济和社会发展第十二个五年规划的建议〉辅导读本》一书，人民出版社 2010 年 10 月第 1 版。

化结构、提高增长质量和效益，资源消耗过度，乱占耕地、乱采矿产资源和破坏生态环境现象屡禁不止；不少地方对教育、卫生、文化等社会事业发展和社会保障体系建设重视不够，公共服务体系特别是基本公共服务体系建设滞后；城乡、区域发展差距呈扩大之势，城乡和部分社会成员收入差距过大；一些地方人民群众的合法权益得不到有效维护。这些问题固然有多方面的原因，但都是与改革不到位，特别是与行政体制改革相对滞后有关。只有加快重要领域和关键环节的改革步伐，同时不断深化行政体制改革，加快转变政府职能和管理方式，才能促进经济发展方式的根本性转变。

（二）全面深化改革开放、完善各方面体制的重要组成部分。改革开放是经济社会发展的强大动力，是发展中国特色社会主义、实现中华民族伟大复兴的必由之路和成功之路。当前，我国改革开放仍处于关键时期，必须继续全面深化改革开放，不断完善经济、政治、文化、社会等各个方面的体制。行政体制改革既是整个体制改革的重要组成部分，又对其他改革起着体制支撑和保障作用。只有推进行政体制改革，才能从制度上更好发挥市场在资源配置中的基础性作用，并形成有利于科学发展的宏观调控体系；才能为进一步扩大对外开放创造良好的体制制度环境，不断提高对外开放水平；也只有推进行政体制改革，全面正确履行政府职能，推行依法行政，加强社会管理和公共服务，才能促进社会体制和文化体制的完善，才能促进社会主义民主政治发展和法治国家建设。

（三）加强政府自身建设、建设服务型政府的基本途径。各级政府拥有人民赋予的公共权力，受人民委托掌握和控制着大量的公共资源，是社会公共事务的组织者和管理者，在经济社会发展中承担着重要职责。经过持续的行政体制改革，我们在政府自身建设方面取得了明显成效。但是，面对新形势新任务和人民群众的新期待，政府自身建设仍存在一些亟待改进完善的方面。例如，政府职能转变还不到位，对微观经济主体干预过多，政府结构不尽合理，行政运行机制和管理制度不完善，一些行政人员的综合素质和行政能力不高，依法行政意识不强。要从根本上解决这些问题，不断提高行政能力和公信力，推进服务型政府建设，必须进一步深化行政体制改革，加强政府自身建设。

（四）贯彻落实既定改革部署、实现行政体制改革总体目标的必然要求。党的十七届二中全会通过的《关于深化行政管理体制改革的意见》，提出了到 2020 年建立起比较完善的中国特色社会主义行政管理体制的奋斗目标。通过改革，实现政府职能向创造良好发展环境、提供优质公共服务、维护社会公平正义的根本转变，实现政府组织机构及人员编制向科学化、规范化、法制化的根本转变，实现行政运行机制和政府管理方式向规范有序、公开透明、便民高效的根本转变。近几年来，通过推行一系列改革措施，我们朝着实现这一总体目标迈出了坚实的步伐，并取得了重要进展。但是，对照这个总体目标的要求，我国现行的行政体制依然有不小的差距。现在到 2020 年只有 10 年的时间，深化行政体制改革的时间紧、任务重。因此，我们必须增强改革的紧迫感和使命感，继续推进行政体制改革，努力实现中央提出的三个"根本转变"，如期建立起比较完善的中国特色社会主义行政管理体制。

## 二、推进行政体制改革的主要任务

（一）进一步转变政府职能，着力推进政企分开。转变政府职能是我国行政体制改革的核心。尽管多年来政府职能转变取得了很大进展，但这个问题还没有得到根本解决。目前，政府职能缺位、越位、错位现象依然存在，有些地方还相当突出。主要表现为：政府仍然管了不少不该管也管不好的事，行政审批事项仍然过多；一些地方政府仍然没有把属于企业的权力交给企业、没有把该由市场管的事交给市场，直接干预微观经济运行和市场行为；政府的市场监管、社会管理和公共服务等职能还比较薄弱。因此，今后一个时期仍然要把转变政府职能作为推进行政体制改革的核心，加快建设服务型政府。要深化行政审批制度改革，下放和规范审批权力，减少政府对微观经济活动的干预。要进一步完善宏观调控体系和制度，包括发挥国家规划、计划、政策、信息服务的导向作用和市场准入制度、标准规范的规制作用；要进一步完善市场体系，加强市场监管，维护公平竞争的市场秩序；要更加注重强化社会管理和公共服务职能，完善体制、政策，全面加强社会建设，注重保障和改善民生，特别是在促进就业、卫生、教育、社保、住房等方面加大工作力度，提高公共服务水平。转变政府职能的关键，是必须加快推进政企分开，让企业真正成为市场主体，充分行使投资决策和生产经营自主权，真正做到自主经营、自负盈亏。

（二）优化政府结构、行政层级、职能责任，理顺行政关系。合理的政府结构、行政层级、职能责任，是国家行政权力顺畅、高效运行的重要条件和基础。为适应经济社会发展以及政府职能转变的新要求，需要认真解决政府结构、行政层级和职能责任关系方面存在的一些问题。首先，要继续优化政府结构。合理界定政府部门职能，明确部门责任，确保权责一致。对职能相近、管理分散的机构进行合并，坚定推进大部门制改革。对职责交叉重复、相互扯皮，长期难以协调解决的机构进行合并、调整，以利于权责统一、提高整体效能。对职能范围过宽、权力过分集中的机构进行适当分设，以改变部门结构失衡和运行中顾此失彼的现象。其次，要逐步减少行政层级。近几年，中央提出在有条件的地方探索省直接管理县（市）的体制。这是减少行政层级的重要举措，有些地方进行了有益的尝试，应鼓励继续进行探索，并及时总结经验，加以正确引导。还要认真研究和正确处理中央和省级政府一些部门实行垂直管理体制的做法，及时解决存在的问题。再次，要妥善处理中央政府和地方政府的权限、职能与责任。同时，要合理界定省以下地方不同层级政府职能与权责关系，充分发挥地方各级政府的积极性。

（三）健全科学决策、民主决策、依法决策机制，提高决策水平。正确决策是各项工作成功的重要前提。健全科学决策、民主决策、依法决策机制，要合理界定决策权限，规范决策行为。推进政务公开，增强公共政策制定透明度和公众参与度。凡是涉及经济社会发展的重大决策，都应当坚持调查研究和集体决策制度，并充分听取社会各界的意见。凡是与人民群众利益密切相关的重大事项，都应当实行社会公示或者听证。要做好重大问题前瞻性、对策性研究，发挥咨询研究机构、专家学者、社会听证在决策过程中的作用。要完善决策信息系统和决策智力支持系统，建立健全专家咨询制度。完善和落实社会听证制度和公示制度，为公众参与行政决策提供制度保障。要制定严格的决策规则和科学的决策程序，形成决策前有调研、决策中有论证、执行中有监督、执行后有评价、决策失误有追究的全程制约机制。

（四）改进行政复议和行政诉讼，加快建设法治政府。建设法治政府是落实依法治国基本方略、加强社会主义民主法制建设的必然要求。多年来，为加强法治政府建设，我国先后制定和实施了一系列法律制度，包括行政复议和行政诉讼制度。同时，也要看到，由于多种原因，行政法制还不完备，各种矛盾特别是行政争议增加，人民群众对行政复议和行政诉讼工作期待也不断增强，现行行政复议和行政诉讼制度的一些内容与新形势不相适应。必须加快建设法治政府，用法律法规调整政府、市场、企业的关系，依法管理经济和社会事务，推进政府工作制度化、规范化、程序化。要改进行政复议和行政诉讼体制机制。更加全面准确地定位行政复议的功能，依法纠正违法或不当的行政行为。创新行政复议体制机制，使之更加便民、高效。行政诉讼是人民群众监督政府的一种重要形式，要正确对待和认真做好行政应诉工作。强化行政诉讼解决争议的功能，避免"案了事未了"；降低诉讼门槛、拓展受案范围，有效解决"告状难"的问题；完善证据制度，科学分配举证责任；完善诉讼程序，避免司法不公；加大生效判决和裁定的执行力度，有效解决"执行难"的问题。同时，还要处理好行政复议与行政诉讼之间的衔接问题。

（五）提高行政效率，降低行政成本。这是现代政府的重要特征，也是建设人民满意政府的必然要求。近些年来，由于采取了一系列措施，行政效率有所提高，行政成本得到一定程度的控制，但与建设现代化、高效能政府和人民群众满意政府的要求还有不小差距。必须采取标本兼治措施，进一步解决这个方面存在的问题。从根本上说，是要在切实优化政府组织结构、减少行政层级、理顺权责关系的同时，加强电子政务建设，改进政府管理方式，优化政府工作流程，创新公共服务提供模式。要认真实行公共建设项目的公开招投标制度，严格规范招标程序，调整完善并切实执行政府采购制度。要按照节俭、高效、廉洁的原则，通过核定标准、加强监督、改革制度等措施严格控制各种职务消费。要改革财政预算制度，特别是要推行财务公开，把政府财政资金的来源、分配、管理、使用、审计等情况置于群众和社会监督之下，以有效地减少浪费，遏制腐败现象的发生。

（六）加强行政问责制，完善政府绩效评估制度。随着改革开放的不断深入和社会法治意识的不断提高，迫切需要健全以行政首长为重点的行政问责制度，明确责任范围，规范问责程序，加大责任追究力度，提高政府执行力和公信力。近些年来，不少地方政府在这方面作了许多有益的探索，应认真总结经验，逐步全面推行。政府绩效评估制度，是引导政府及其公务员树立正确导向、尽职尽责做好各项工作的一项重要制度，也是实行行政问责制的前提和基础。要建立科学合理的政府绩效评估指标体系和评估机制，促进树立与科学发展观相适应的政绩观。为此，要积极推进政府绩效评估制度建设和统计制度改革。

# 三、推进行政体制改革需要把握好的几个方面

当前，我国改革仍处于攻坚阶段。推进行政体制改革是一项艰巨而复杂的系统工程。要完成今后五年的改革任务，需要把握好以下几个方面。

（一）统筹规划部署，配套推进改革。行政体制改革是整个改革的重要内容，与经济、政治、文化、社会等方面的体制改革都有密切关系，不可能单独深入，而必须与其他方面的改革一起统筹规划部署，协调推进。要把行政体制改革作为全面深化改革的关键环节，深入研究行政体制改革与经济体制改革、政治体制改革、文化体制改革、社会体制改革的相互关系，把握好各方面改革相互适应、相互促进的规律性。"十二五"期间，行政体制改革要和其他方面的改革紧密配合，服务于科学发展为主题和加快转变经济发展方式为主线这个大局。

（二）坚持总体目标，明确重点任务。行政体制改革是一项长期的历史任务，需要不断探索、不断突破、不断前进。推进行政体制改革，要按照建立完善的中国特色社会主义行政体制的总体目标，以明确改革的方向和路径，防止改革左右摇摆或急于求成，避免走弯路。同时，行政体制改革又是一个阶段性和连续性相统一的过程，每一个时期都有一个时期的改革重点任务。因此，改革必须有长远目标下的近期目标，在总体规划下体现一个时期的重点安排，做到长远目标和近期目标相结合，全面推进和重点突破相结合。"十二五"时期，要把握改革总体目标，突出重点任务，采取有力措施。

（三）鼓励探索试验，充分尊重群众首创精神。我们党和政府的许多重大政策和做法都源于人民群众的创造、源于基层的创造。在推进行政体制改革的进程中，我们也要尊重和充分发挥群众首创精神，鼓励和支持地方和部门进行改革试验，为全国性的改革积累经验。目前，很多地方和部门在行政体制改革方面进行了积极探索，如推行大部门制体制改革、实行省直接管理县（市）、向社会公开政府财政预算，等等。要深入调研和客观评价这些改革措施的效果，研究解决改革过程中出现的问题，以使改革措施得到完善和推广。

（四）重视总结经验，努力提高推进行政体制改革的科学化水平。在新中国成立以来的行政体制改革实践中，包括30多年的改革开放实践中，我们既有很多成功的经验，也有一些教训。这些经验和教训是一笔宝贵的精神财富，必须认真加以总结。从中可以使我们更好地认识我国行政体制改革的规律，可以促进理论创新，推进中国特色社会主义行政理论发展。我们要坚持理论和实践相统一，既要鼓励和支持各地各部门积极进行实践探索和创新，勇于推进行政体制改革，又要高度重视总结实践经验，大胆进行理论探索和创新，以求用科学理论指导和推进新的改革实践，不断提高行政体制改革科学化水平。

# 构建中国特色社会主义行政体制的理论与实践 *

## （2011 年 5 月）

　　行政体制是国家体制的重要组成部分。我们党历来高度重视行政体制的理论创新和实践创新。在隆重纪念中国共产党成立 90 周年之际，深入学习我们党关于行政体制的理论体系，回顾新中国行政体制创立和变革的伟大历程，研究行政体制改革未来走势，对于发展中国特色社会主义伟大事业具有重要意义。

## 一、我们党关于中国特色社会主义行政体制理论体系的创立与发展

　　马克思主义认为，"行政是国家的组织活动。"① 一个国家的社会制度及其发展阶段，决定着一定的行政体制。行政体制包括行政权力结构、行政管理制度、行政手段方式等，这些方面又是由行政理念、思想决定的。建党 90 年来，我们党历代中央领导集体，继承和发展了马克思主义国家学说和行政理论，一脉相承、与时俱进，创立与发展了富有中国特色的社会主义行政体制理论体系。

　　以毛泽东同志为核心的党的第一代中央领导集体，在中国新民主主义革命、社会主义革命和社会主义建设事业中，坚持把马克思主义基本原理同中国具体实际相结合，创立了新中国行政体制理论。主要

---

　　* 本文系为纪念中国共产党成立 90 周年撰写的论文，全文刊载于《中国共产党 90 年研究文集》一书，中央文献出版社 2011 年 5 月版。

　　① 《马克思恩格斯全集》第一卷，人民出版社 1956 年版，第 479 页。

内容包括：一是建设人民政府，强调"全心全意为人民服务"。毛泽东历来认为，革命和建设都是人民的事业，人民政府"就是要全心全意为人民服务。"① 二是让人民监督政府。早在 1945 年 7 月，毛泽东在延安回答民主人士黄炎培有关中国共产党能否跳出"其兴也勃焉，其亡也忽焉"这个历史兴亡周期律时，就指出："我们已经找到新路，我们能跳出这周期率。这条新路，就是民主。只有让人民来监督政府，政府才不敢松懈。只有人人起来负责，才不会人亡政息。"② 三是坚持中国共产党的领导。早在井冈山时期毛泽东就指出："以后党要执行领导政府的任务"③，明确提出了党领导政府的思想。新中国成立后，中国共产党成了执政党，毛泽东说："工、农、商、学、兵、政、党这七个方面，党是领导一切的。"④ 四是实行民主集中制。1937 年 10 月，毛泽东就指出，我们"政府的组织形式是民主集中制，它是民主的，又是集中的，将民主和集中两个似乎相冲突的东西，在一定形式上统一起来。"⑤ 他强调说，"只有采取民主集中制，政府的力量才特别强大"⑥。毛泽东阐明的民主集中制原则，对我国行政体制的构建奠定了重要理论基石，也是在政权建设方面具有独创性的思想。五是正确处理集权与分权的关系。毛泽东认为，把权力统统集中在中央，不给地方和企业相应的权力，是不利于调动积极性的。他在著名的《论十大关系》中指出："要发展社会主义建设，就必须发挥地方的积极性。中央要巩固，就要注意地方利益。"⑦ 他要求在行政权力的处理上，"可以和应当统一的，必须统一。不可以和不应当统一的，不能强求统一。正当的独立性，正当的权利，省、市、地、县、区、乡都应当有，都应当争。"⑧ 这种充分发挥中央和地方两个积极性的重要思想对我国行政体

---

① 《毛泽东文集》第七卷，人民出版社 1999 年版，第 285 页。
② 黄炎培:《八十年来》，文汇出版社 2000 年版，第 205 页。
③ 《毛泽东选集》第一卷，人民出版社 1991 年版，第 73 页。
④ 《毛泽东文集》第八卷，人民出版社 1999 年版，第 305 页。
⑤ 《毛泽东选集》第二卷，人民出版社 1991 年版，第 383 页。
⑥ 《毛泽东选集》第二卷，人民出版社 1991 年版，第 383 页。
⑦ 《毛泽东文集》第七卷，人民出版社 1999 年版，第 31 页。
⑧ 《毛泽东文集》第七卷，人民出版社 1999 年版，第 33 页。

制的建设和改革具有重要指导意义。六是机构设置"精兵简政"。1942
年9月，毛泽东提出："党中央提出的精兵简政的政策，是一个极其重
要的政策。"① 精兵简政"必须达到精简、统一、效能、节约和反对官
僚主义五项目的。"② 新中国成立后，毛泽东依然坚持精简机构的主张。
七是反对政出多门。1953年，毛泽东就已经注意到政出多门会导致党
政领导机关官僚主义、命令主义、分散主义，从而使党政工作脱离群
众，脱离实际。他认为，机构庞大、部门重叠、人浮于事，势必滋生
官僚主义。八是加强干部队伍建设。毛泽东要求国家干部不仅要廉洁
奉公，努力工作，还要严格遵守国家法律。1954年6月，他在作《关
于中华人民共和国宪法草案》讲话时说：宪法"通过以后，全国人民
每一个人都要实行，特别是国家机关工作人员要带头实行，首先在座
的各位要实行。不实行就是违反宪法。"③ 从总体上看，毛泽东的行政
体制理论富有鲜明的中国特色，是我们党和国家的巨大的精神财富。

党的十一届三中全会以后，以邓小平同志为核心的党的第二代中
央领导集体，在领导改革开放和推进中国特色社会主义伟大事业的进
程中，深刻总结新中国成立以后行政体制建设正反两方面的经验，在
新的实践基础上进一步发展了我们党的行政体制理论。主要内容包
括：一是转变政府职能和经济管理方式，实现政府职能配置科学化。
在党的十一届三中全会前后，邓小平反复强调，现阶段政府的根本职
责"就是一心一意地搞四个现代化"④，"最主要的是搞经济建设，发展
国民经济，发展社会生产力"⑤。同时，他指出：政府以经济社会管理
职能为中心，不等于政府直接指挥生产和管理生活，必须改变"国家
对工农业企业的管理方式，使之适应于现代化经济的需要"⑥。正是根
据邓小平的改革思路，我国逐步展开了以"政企分开""政事分开"为
主要内容的政府管理职能的深刻变革。二是行政体制改革主要是增强

---

① 《毛泽东选集》第三卷，人民出版社1991年版，第882页。
② 《毛泽东选集》第三卷，人民出版社1991年版，第895页。
③ 《毛泽东文集》第六卷，人民出版社1999年版，第328页。
④ 《邓小平文选》第二卷，人民出版社1994年版，第276页。
⑤ 《邓小平文选》第二卷，人民出版社1994年版，第276页。
⑥ 《邓小平文选》第二卷，人民出版社1994年版，第135—136页。

活力、效率、积极性。邓小平特别强调:"党和行政机构以及整个国家体制要增强活力,就是说不要僵化,要用新脑筋来对待新事物;"①"要真正提高效率;"②"要充分调动人民和各行各业基层的积极性。"③ 为此,他认为必须下决心进行行政体制改革。三是调整权力结构,实现权力结构横向和纵向的合理配置。邓小平指出,解决权力过分集中的基本思路是横向合理分权和纵向合理放权。他认为:"什么东西该更加集中,什么东西必须下放",应具体研究。④ 邓小平反复强调:"不能否定权威,该集中的要集中。"⑤ 如果把权力下放与中央拥有必要的权威对立起来,或者破坏了集中统一领导,那也不会有什么行政的高效率,相反,会导致"乱哄哄"⑥,"各顾各,相互打架,相互拆台"。⑦ 邓小平认为,"宏观管理要体现在中央说话能够算数","中央要有权威",不过,"中央行使权力,是在大的问题上,在方向问题上"。⑧ 邓小平强调要处理好中央与地方、地方各级之间,以及集中与分散的关系,以实现行政组织结构合理化。四是改革人事管理制度。邓小平指出,我们的"机构臃肿重叠、职责不清……确实到了不能容忍的地步,人民不能容忍,我们党也不能容忍。"⑨ 如果不进行精简机构这场革命,"不只是四个现代化没有希望,甚至于要涉及到亡党亡国的问题,可能要亡党亡国"。⑩ 他认为,精简机构不是单纯的撤并机构和减少人员,必须与改革干部人事制度结合起来。他提出,要根据变化了的新形势与新任务,按照"革命化、年轻化、知识化、专业化"的标准来选拔干部。五是行政管理必须实行严格的责任制。邓小平认为,党政机关必须减

---

① 《邓小平文选》第三卷,人民出版社 1994 年版,第 241 页。
② 《邓小平文选》第三卷,人民出版社 1994 年版,第 241 页。
③ 《邓小平文选》第三卷,人民出版社 1994 年版,第 241 页。
④ 《邓小平文选》第二卷,人民出版社 1994 年版,第 200 页。
⑤ 《邓小平文选》第三卷,人民出版社 1994 年版,第 319 页。
⑥ 《邓小平文选》第三卷,人民出版社 1994 年版,第 277 页。
⑦ 《邓小平文选》第三卷,人民出版社 1994 年版,第 278 页。
⑧ 《邓小平文选》第三卷,人民出版社 1994 年版,第 277—278 页。
⑨ 《邓小平文选》第二卷,人民出版社 1994 年版,第 396 页。
⑩ 《邓小平文选》第二卷,人民出版社 1994 年版,第 397 页。

少层次，明确职责，建立严格的责任制和严明赏罚。坚决杜绝无人负责、互相推托的官僚主义。这为政府机关建立行政首长负责制、岗位责任制、目标管理责任制提供了理论指导。六是加强法制建设。加强行政法制建设，是实现行政管理科学化、法制化、现代化的一个重要标志。邓小平指出："为了保障人民民主，必须加强法制。必须使民主制度化、法律化，使这种制度和法律不因领导人的改变而改变，不因领导人的看法和注意力的改变而改变。"① 七是加强行政监督。邓小平认为，要清除政府工作中的腐败现象，必须进一步加强行政监督。他指出："有一些干部，不把自己看作是人民的公仆，而把自己看作是人民的主人，搞特权，特殊化，引起群众的强烈不满"②。因此，既要建立"群众监督制度，让群众和党员监督干部，特别是领导干部"，③ 还要"有专门的机构进行铁面无私的监督检查"④。改革开放后，根据邓小平的倡议，重新恢复了中央和地方党的各级纪律检查委员会，恢复了国家监察部和地方各级行政监察机关，人民检察机关的力量也得到了加强。

党的十三届四中全会以后，以江泽民同志为核心的党的第三代中央领导集体，在推进改革开放和建设社会主义市场经济体制的伟大实践中，为发展中国特色社会主义行政体制理论作出了新贡献。主要内容包括：一是明确提出行政体制改革是政治体制改革的重要组成部分。江泽民说："机构改革，是党和国家领导制度改革的重要任务，也是政治体制改革的重要内容。"⑤ 他指出："现在，进行机构改革不但势在必行，而且条件已经具备，时机已经完全成熟，必须坚定不移地搞好。"⑥ 二是进一步提出行政体制改革主要目标。1993 年，江泽民在全国机构改革工作会议上的讲话中指出："转变职能、理顺关系、精兵简

---

① 《邓小平文选》第二卷，人民出版社 1994 年版，第 146 页。
② 《邓小平文选》第二卷，人民出版社 1994 年版，第 332 页。
③ 《邓小平文选》第二卷，人民出版社 1994 年版，第 332 页。
④ 《邓小平文选》第二卷，人民出版社 1994 年版，第 332 页。
⑤ 《江泽民文选》第二卷，人民出版社 2006 年版，第 107 页。
⑥ 《江泽民文选》第二卷，人民出版社 2006 年版，第 108 页。

政、提高效率是这次机构改革的目标"。①1998 年在谈到政府机构改革时，他又强调："政府机构改革总的目标是，适应经济发展和社会全面进步的要求，建立办事高效、运转协调、行为规范的行政管理体系，完善国家公务员制度，建设高素质、专业化的国家行政干部队伍，提高为人民服务水平。"②三是阐述行政体制改革基本原则。江泽民在党的十六大报告中强调："按照精简、统一、效能的原则和决策、执行、监督相协调的要求，继续推进政府机构改革，科学规范部门职能，合理设置机构，优化人员结构，实现机构和编制的法定化，切实解决层次过多、职能交叉、人员臃肿、权责脱节和多重多头执法等问题。按照政事分开原则，改革事业单位管理体制。"四是"深化人事制度改革，引入竞争激励机制，完善公务员制度，建设一支高素质的专业化国家行政管理干部队伍"。③五是坚持依法治国与以德治国相结合。江泽民多次强调，加强社会主义法制建设，依法治国，是中国特色社会主义理论的重要组成部分，是我们党和政府管理国家和社会事务的重要方针。江泽民还创造性地提出了以德治国的观点，深刻阐述了坚持依法治国与以德治国相结合的重大意义。他指出，"我们在发展社会主义市场经济的过程中，要坚持不懈地加强社会主义法制建设，依法治国，同时也要坚持不懈地加强社会主义道德建设，以德治国。"④江泽民对中国特色社会主义行政体制理论的新贡献，丰富了中国特色社会主义行政体制理论。

党的十六大以来，以胡锦涛同志为总书记的党中央，在全面推进中国特色社会主义伟大事业进程中，提出科学发展观和构建社会主义和谐社会等一系列重大战略思想，全方位推进行政体制改革的理论创新。主要内容包括：一是把提高执政能力作为党的建设的重点。胡锦涛指出："加强党的执政能力建设，是我们党充分利用所面临的难得机

---

① 《江泽民论有中国特色社会主义（专题摘编）》，中央文献出版社 2002 年版，第317 页。

② 《江泽民文选》第二卷，人民出版社 2006 年版，第 108 页。

③ 《江泽民文选》第二卷，人民出版社 2006 年版，第 31 页。

④ 《江泽民论有中国特色社会主义（专题摘编）》，中央文献出版社 2002 年版，第337 页。

遇、正确应对所面临的严重挑战，从而完成所担负的历史使命的现实
需要，也是关系到全面建设小康社会进程、关系到社会主义事业兴衰
成败、关系到党和国家长治久安的重大课题。"① 执政能力建设是执政
党的一项根本建设，也是行政体制建设的根本任务。在提高党的执政
能力问题上，提出了科学执政、民主执政、依法执政的执政理念，并
作出了深入、系统的论述。二是提出了以人为本的执政理念。胡锦涛
多次阐述，坚持以人为本，就要"为民、务实、清廉"。他强调指出：
"为民，就是要坚持立党为公、执政为民，就是要实现好、维护好、发
展好人民群众的根本利益作为自己思考问题和开展工作的根本出发点
和落脚点，忠实地贯彻执行党的群众路线，当好人民的公仆，做到权
为民所用，情为民所系，利为民所谋"。② 这就将以人为本这一人类文
明的积极成果赋予了崭新的时代内容，并且与我们党的立党为公、执
政为民的宗旨融合在一起。三是要求树立求真务实的政绩观。胡锦涛
指出："树立正确的政绩观，说到底就是要忠实实践党的宗旨，真正做
到权为民所用、情为民所系、利为民所谋。要实事求是，按客观规律
办事，坚持讲真话、办实事、求实效，不盲目攀比；要深入实际，深
入群众，脚踏实地，艰苦奋斗，不搞花架子；要顾全大局、统筹兼顾，
立足当前、着眼长远，不急功近利。一切工作都要经得起实践、群众
和历史的检验。"③ 四是提出并深刻阐述科学发展观，为行政体制改革
的理念、思路、目标和任务提供了根本依据。胡锦涛一再要求，要切
实把思想和行动统一到科学发展观的要求上来，并体现到具体工作中。
行政体制建设和改革贯彻科学发展观，就必须深入分析行政体制存在
的不适应科学发展观的突出问题，并且把是否为贯彻落实科学发展观
提供了体制保障作为检验改革成效的标准。

从总体上看，党的十六大以来，我国行政体制改革的理论体系突
出表现在"四个转向"方面，即：一是从注重"适应经济体制改革的
需要"转向到更加注重"贯彻落实科学发展观，为经济社会协调发展

---

① 《胡锦涛同志重要论述学习辑要》，山东人民出版社 2005 年版，第 13 页。
② 《胡锦涛同志重要论述学习辑要》，山东人民出版社 2005 年版，第 3—4 页。
③ 《胡锦涛同志重要论述学习辑要》，山东人民出版社 2005 年版，第 18—19 页。

提供体制保障"；二是从注重"转变职能"转向到更加注重"全面履行职能，强化社会管理和公共服务"；三是从注重"明确职能"转向到更加注重"有权必有责，权责相统一"；四是从注重"政府自身改革"转向到更加注重"改革对社会各方面需求的回应"。行政体制改革理论的这些新发展，既是全面贯彻落实科学发展观和构建社会主义和谐社会等一系列重大战略思想的需要，也是行政体制改革自身规律发展演变的必然结果；既是以往改革的进一步深化，同时也指明了今后行政体制改革的基本走向。

我们党关于中国特色社会主义行政体制的理论体系，丰富和发展了马克思主义关于国家学说和行政理论，是马克思主义中国化的毛泽东思想、邓小平理论、"三个代表"重要思想和科学发展观等一系列重大思想的重要组成部分，是我们党科学理论宝库中光辉灿烂的篇章。

## 二、新中国成立以来行政体制变革的历史进程

新中国成立以来行政体制构建和变革，大体上以党的十一届三中全会为标志，经历了两大历史时期。

第一个历史时期：从 1949 年新中国成立到 1978 年实行改革开放，中国特色社会主义行政体制奠定基础。

中华人民共和国成立后，首要的任务是建立各级政权，制定各项行政管理制度。1949 年，根据中国人民政治协商会议通过的《共同纲领》，我国确立了议行合一的行政体制。1951 年政务院作出《关于调整机构紧缩编制的决定（草案）》，进行了新中国成立后第一次精兵简政工作。这次机构改革在精兵简政的同时，加强了中央集权。1954 年，第一届全国人民代表大会颁布了我国第一部宪法，选举了国家主席，成立了国务院，形成了新中国基本的行政框架。

随着中国政权组织形式的确定和各级政权机关的建立，从 1954 年年底，用了一年多的时间，对中央和地方各级机关进行了一次较大规模的精简。中央一级机关的精简包括：在划清业务范围的基础上，调整精简了机构，减少了层次；各级机关根据业务需要，紧缩了编制，

明确了新的编制方案。地方各级机关也进行了精简,专员公署和区公所分别是省、县政府的派出机关,精简比例较大。

1956年开始重新调整中央与地方的权限关系。为适应社会主义改造取得了决定性的胜利的新形势,必须适当地扩大地方的行政管理职权,以充分发挥地方的积极性。国务院于1956年召开全国体制会议,对于当时存在着的中央集权过多的现象作了检查,对于改进国家行政体制问题进行了讨论。会议确立:改进国家行政体制的首要步骤,是先划分中央和各省、自治区、直辖市的行政管理职权,并且对地方的行政管理权予以适当扩大,然后再逐步划分省和县、县和乡的行政管理职权。这次改革一直持续到1960年。

60年代初期,为适应国民经济调整的需要,进行了"精简加集中"行政体制改革:一是在中央和地方各级机关进行了两次比较集中的干部精简运动。第一次精简是1960年至1961年,主要集中在中央一级机关,以事业单位为重点,对行政部门和事业单位同时进行精简;第二次精简是1962年至1964年,范围包括中央和地方各级机关,精简下来的干部大多数充实到基层和生产第一线。二是中央收回50年代后期下放给地方的部分权力并恢复已被撤销的机构。到1965年底,国务院的机构数达到79个。此后,由于十年"文革"动乱和国际形势复杂,新中国行政体制被严重破坏,直到1978年党的十一届三中全会召开,才逐步恢复正常。

这一历史时期我国行政体制建设取得了重要进展:一是初步构建了与社会主义国家性质要求相适应的行政管理模式;二是创建了与计划经济体制相适应的行政体制;三是积累了中国行政体制建设的正反两方面经验。可以说,这一历史时期的行政体制发展历程尽管有不少曲折,但探索了中央与地方的权限关系,实施了精兵简政,调整了政府机构设置,建立了社会主义行政体制基本框架,促进了经济社会发展。这一历史时期的行政体制建设为改革开放后的行政体制改革提供了基本前提和重要借鉴,其中最根本的教训就是不能超越经济社会发展水平及相应的客观条件,而一定要从本国国情和实际情况出发,着眼于适应生产力发展需要,稳步加以调整和变革。

第二个历史时期：从 1979 年到现在，中国特色社会主义行政体制不断改革与完善。

党的十一届三中全会以后，我国改革开放和社会主义现代化建设进入了一个新的历史时期。这一时期行政体制变革大体经历了三个阶段。

从党的十一届三中全会召开到党的十四大之前，主要是冲破高度集中的计划经济体制和行政管理模式，对完善中国特色社会主义行政体制进行积极探索。改革开放之前，我国实行高度集中的行政管理模式，国家统得过多、管得过死，严重压抑了广大企业和干部群众的积极性与创造性，制约了社会生产力发展。实行改革开放决策后，为适应经济体制改革的需要，展开了以简政放权为重点的行政体制改革。这一阶段于 1982 年和 1988 年实施了两次集中的行政体制改革。

1982 年进行的国务院机构改革，重点是适应工作重点转移，提高政府工作效率：一是减少副总理人数，设置了国务委员职位；二是精简调整机构，撤销了大量临时性机构；三是精干领导班子，紧缩编制；四是废除实际存在的领导干部职务终身制，实行干部离退休制度。国务院部门机构改革完成后，进行了地方机构改革，重点是精简庞大臃肿的机构，选拔大批优秀中青年干部，轮训在职干部，克服官僚主义，提高工作效能。同时，积极试行地、市合并，实行市管县体制；改变农村人民公社"政社合一"体制，设立乡政府等。

1988 年实施了新一轮行政体制改革，改革的任务是进一步转变职能，理顺关系，精简机构和人员，提高行政效率。这次改革首次提出必须抓住转变职能这个关键，紧密地与经济体制改革相结合；按照经济体制改革和政企分开的要求，合并裁减专业管理部门和综合部门内设专业机构；从机构设置的科学性和整体性出发，适当加强决策咨询和调节、监督、审计、信息部门，转变综合部门的工作方式，提高政府对宏观经济活动的调控能力；贯彻精简、统一、效能原则，清理整顿行政性公司，撤销因人设事的机构，裁减人浮于事的部门和人员；为了巩固机构改革的成果，并使行政管理走上法制化道路，提出用法律手段控制机构设置和人员编制；改革中第一次实行定职能、定机构、定编制的"三定"工作。

总体上看，通过这一阶段的改革，初步摆脱了与高度集中的计划经济体制相适应的行政管理模式的羁绊，激发了经济社会活力，促进了生产力的解放和发展。

从党的十四大召开到党的十六大之前，主要是按照发展社会主义市场经济的要求全面推进改革，中国特色社会主义行政体制改革取得重大进展。这一阶段于1993年和1998年实施了两次集中的行政体制改革。

1993年国务院机构改革方案的主要内容：一是转变职能，坚持政企分开。要求把属于企业的权力下放给企业，把应该由企业解决的问题交由企业自己去解决，减少具体审批事务和对企业的直接管理。二是理顺关系。理顺国务院部门之间、尤其是综合经济部门之间以及综合经济部门与专业经济部门之间的关系，合理划分职责权限，避免交叉重复。理顺中央与地方关系，合理划分管理权限，使地方在中央方针政策的指导下因地制宜地发展本地区经济和各项社会事业。三是精简机构编制。对专业经济部门，一类改为经济实体，不再承担政府行政管理职能；一类改为行业总会，作为国务院的直属事业单位，保留行业管理职能；还有一类是保留或新设的行政部门。对国务院直属机构、办事机构，除保留的外，一部分改为部委管理的国家局，一部分并入部委，成为部委内设的职能司局。四是规范机构类别。明确原由部委归口管理的15个国家局不再作为国务院直属机构，而是部委管理的国家局，作为一个机构类别，并进一步规范了国家局与主管部委的关系。从1993年开始，地方政府机构改革在全国展开，以转变政府职能为关键，较大幅度地精简了机构和人员，特别是大幅度精简专业经济管理部门。

1998年进行了力度最大的一次行政体制改革。改革的主要内容：一是调整部门职能。明确划分政府综合调控部门与专业管理部门的主要职能。按照权责一致的原则，在部门之间划转了100多项职能，相同或相近的职能尽可能交由一个部门承担，过去长期存在而没有解决的职能交叉、多头管理、政出多门、权责不清等问题有了很大改进。

二是精简机构编制。主要是大力精简工业经济部门，将煤炭、冶金、机械等9个工业部先改成国家经贸委管理的国家局，2000年底全部撤销。同时，将电子部与邮电部合并组成信息产业部，将广播电影电视部改组为广播电影电视总局、国家体委改组为国家体育总局，列为国务院直属机构。省、市、县、乡级机构也进行了相应改革。

总体上看，这一阶段的行政体制改革，努力与建立社会主义市场经济体制相适应，在一些重点领域和关键环节取得了重大突破和实质性进展。

党的十六大以来，主要是推进服务型政府和法治政府建设，中国特色社会主义行政体制改革全方位深化。这一阶段于2003年和2008年实施了两次集中的行政体制改革。

2003年改革的主要内容：一是深化国有资产管理体制改革，设立了国务院国有资产监督管理委员会，作为国务院直属特设机构，由国务院授权代表国家履行出资人职责。二是完善宏观调控体系。将国家发展计划委员会改组为国家发展和改革委员会，将国务院体改办的职能和国家经贸委的部分职能并入发展和改革委。三是健全金融监管体制，设立中国银行业监督管理委员会，负责拟订有关银行业监管的政策法规，负责市场准入和运行监督，依法查处违法违规行为等。四是继续推进流通管理体制改革，组建商务部，主管国内外贸易和国际经济合作等。五是加强食品安全和安全生产监管体制建设，在国家药品监督管理局的基础上，组建国家食品药品监督管理局，作为国务院直属机构，将原国家经贸委管理的国家安全生产监督管理局改为国务院直属机构。这次改革继续强调要进一步转变政府职能，要求按照政企分开原则，结合国有资产管理体制改革，政府部门不再承担直接管理国有企业的职能；继续推进行政审批制度改革，明确审批范围，减少审批事项，规范审批行为；规范中央和地方的职能权限，正确处理中央垂直管理部门和地方政府的关系；探索完善综合行政执法工作，加强行政执法队伍组织建设；规范和发展行业协会、咨询组织、鉴定机构等社会中介组织和专业服务组织；改进政府管理方式，规范行政行为，推进电子政务，提高行政效率。国务院机构改革完成后，进行了地方政府机构改革。地方政府机构改革的特点，一是对口设置省级国有资产管理机构。二是有关机构调整和职能整合不强调上下对口。三是严格控制机构和编制。

2008 年改革的主要任务是，围绕转变政府职能和理顺部门职责关系，探索实行职能有机统一的大部门体制，合理配置宏观调控部门职能，加强能源环境管理机构，整合完善工业和信息化、交通运输行业管理体制，以改善民生为重点加强与整合社会管理和公共服务部门。这次国务院机构改革是在以往改革基础上的继续和深化，突出了三个重点：一是加强和改善宏观调控，促进科学发展；二是着眼于保障和改善民生，加强社会管理和公共服务；三是对一些职能相同或相近的部门进行整合，实行综合设置，理顺部门职责关系。地方各级政府机构改革主要是着力转变政府职能，理顺职责关系，调整优化组织结构，规范机构设置，完善管理体制。

新中国成立后第二个历史时期的行政体制改革，是在推进经济体制改革、社会体制改革、文化体制改革和政治体制改革的情况下，对行政体制的性质、特点、规律、关系、目标和任务不断深化认识和逐步推进的探索过程，也是对建设中国特色社会主义规律的重大探索过程。实践证明，这个时期的改革和探索取得了很大成功，从根本上摒弃了高度集中的计划经济体制和行政管理模式，基本建立了与发展社会主义市场经济相适应的行政体制。一是转变政府职能取得实质性进展。政府对微观经济运行的干预明显减少，企业作为市场竞争主体地位得到确立，市场配置资源的基础性作用明显增强，新型宏观调控体系逐步健全，社会管理和公共服务职能不断加强。二是政府组织结构不断优化。建立了以宏观调控部门、市场监管部门、社会管理和公共服务部门为主体的政府机构框架，机构设置和职责体系趋于合理。三是依法行政全面推进。明确了依法行政、建设法治政府的指导思想、基本原则和总体要求，依法行政成为各级政府的基本准则。四是管理方式创新取得重要进展。科学民主决策水平不断提高，普遍建立重大问题集体决策制度、专家咨询制度、社会公示制度和听证制度，政务公开制度逐步完善。五是政府自身建设不断加强。服务政府、责任政府、法治政府、廉洁政府建设迈出重要步伐；公务员管理法律法规体系逐步健全，中国特色的国家公务员制度基本建立；政风建设和廉政建设不断推进，公务员队伍整体素质和能力明显提高。所有这些，都为进一步建成完善的中国特色社会主义行政体制奠定了坚实基础。

## 三、我国行政体制变革的重要经验和启示

几十年来，构建中国特色社会主义行政体制历程艰难而辉煌，积累了正反两方面经验，给我们以深刻的启示，其中最为重要的有以下几点。

一是，必须坚持以科学思想理论体系为指导。在推进行政体制改革的整个过程中，必须坚持以马克思列宁主义、毛泽东思想、邓小平理论、"三个代表"重要思想以及科学发展观等重大战略思想在内的科学理论体系为指导，以此统一思想认识，思考行政体制改革思路和制定改革措施。要始终遵循生产关系变化必须与生产力发展相适应、上层建筑改革必须与经济基础变革相适应的基本原理，始终把坚持社会主义基本制度同发展市场经济结合起来，保证行政体制改革的方向、思路、措施有利于巩固和完善社会主义制度，有利于解放和发展社会生产力，有利于发挥社会主义制度的优越性。

二是，必须坚持中国共产党的领导。我国是人民当家作主的社会主义国家，国家的性质决定了必须坚持党对国家行政工作和行政体制改革的领导。中国共产党是中国特色社会主义事业的领导核心。离开了中国共产党的领导，稳定、发展、欣欣向荣的中国就会变成动乱和四分五裂的中国。没有稳定的政治和社会，不仅改革开放搞不下去，既有的改革和发展成果也会丧失。历史事实已经充分证明了这一点。只有坚持党的领导，才能始终保持行政体制改革的社会主义方向，才能为行政体制改革创造稳定的政治环境，才能调动各方面的积极因素共同推进行政体制改革深入发展。因此，深化行政体制改革，必须有利于加强和改善党的领导、有利于巩固和完善党的执政地位、有利于保证党领导人民有效治理国家。

三是，必须坚持从中国国情和实际出发。这是改革和完善行政体制的客观要求。我们国家历史悠久、幅员广阔、人口众多，各地经济、文化、社会发展很不平衡，这些基本国情规定了和规定着行政体制改革过程中必须高度重视和正确处理一系列重大关系，包括集中与分散的关系、统一性和灵活性的关系、中央与地方的关系、条条与块块（部门垂直领导与地方领导）的关系，以充分发挥中央和地方的积极性，充分发挥国家和企业、单位、个人的积极性，同时又确保必要的集中和国家的统一性、权威性。从我国几十年来的实践看，什么时候注重处理好这些重大关系，什么时候建设和改革事业就顺利推进，否则，就出现困难甚至挫折。同时，要重视研究借鉴世界上一些国家行政体制的成功做法与经验，以拓宽行政体制改革思路，吸取现代公共行政新理念、新知识，但必须充分考虑我国的基本国情和现实情况，绝不能照抄照搬。

四是，必须坚持以人为本、执政为民。人民是国家的主人，也是国家行政管理的主体，人民的意志始终决定着国家行政管理的内容和形式。行政体制变革必须着眼于推进经济和社会发展，不断提高人民群众物质文化生活水平，促进人的全面和自由发展；坚持充分尊重人民群众的主体地位，充分体现广大人民群众的利益和诉求，充分尊重人民首创精神，高度重视发挥人民群众的积极性、主动性和创造性，增强社会经济活力和创造力；着力解决广大群众最关心最直接最现实的利益问题；正确处理权力与权利、权力与责任的关系，既赋予行政机关、行政人员必要的权力，又加强对权力的行使加以规范、制约和监督，切实维护公民、法人和其他组织的合法权益。

五是，必须坚持统筹规划、协调推进。行政体制改革是整个改革的重要内容，与经济、政治、文化、社会等方面的体制改革都有密切关系，不可能单独深入，而必须与其他方面的改革一起统筹规划部署，协调推进。必须把行政体制改革作为全面深化改革的关键环节，深入研究行政体制改革与经济体制改革、政治体制改革、文化体制改革、社会体制改革的相互关系，把握好各方面改革相互适应、相互促进的规律性。必须按照建立完善的中国特色社会主义行政体制的总体目标，明确改革的方向和路径，防止改革左右摇摆或急于求成，避免走弯路。必须有长远目标下的近期目标，在总体规划下体现一个时期的重点安排，做到长远目标和近期目标相结合、全面推进和重点突破相结合。

六是，必须坚持积极稳步推进、增强科学性。行政体制改革涉及方方面面利益格局的调整，是一项政治性和政策性都很强的工作，必须综合考虑社会各方面的需求和各种因素，把改革的力度、发展的速度与各方面的承受程度统一起来，处理好改革、发展、稳定的关系，审时度势，循序渐进，不能企求毕其功于一役。要提倡探索试验，鼓励和支持地方和部门进行改革创新，为全国性的改革积累经验。要重视总结经验，注意推广经过实践检验的成功经验，努力提高推进行政体制改革的科学化水平。

## 四、继续深入推进行政体制改革的若干思考

我国行政体制改革虽然取得了重大进展，但与建立完善的中国特色社会主义行政体制的目标要求，还任重道远，必须继续推进。特别要着力解决以下几个重要问题。

更加注重转变政府职能，推进政企分开。转变政府职能是行政体制改革的核心。尽管多年来政府职能转变取得了很大进展，但这个问题还没有得到根本解决，政府职能缺位、越位、错位现象依然存在，有些地方还相当突出。主要表现为：政府仍然管了不少不该管也管不好的事，行政审批事项仍然过多；一些地方政府仍然没有把属于企业的权力交给企业、没有把该由市场管的事交给市场，直接干预微观经济运行和市场行为；政府的市场监管、社会管理和公共服务等职能还比较薄弱。因此，要加快推进政企分开，让企业真正成为市场主体，充分行使投资决策和生产经营自主权。要继续深化行政审批制度改革，下放和规范审批权力，减少政府对微观经济活动的干预。要进一步完善宏观调控体系和制度，包括发挥国家规划、计划、政策、信息服务的导向作用和市场准入制度、标准规范的规制作用。要进一步完善市场体系，加强市场监管，维护公平竞争的市场秩序。要着力强化政府

社会管理和公共服务职能，完善体制、政策，全面加强社会建设，注重保障和改善民生，特别是在促进就业、卫生、教育、社保、住房等方面将加大工作力度，提高公共服务水平。

更加注重优化政府组织结构，理顺行政关系。首先，要继续优化政府结构。合理界定政府部门职能，明确部门责任，确保权责一致。坚定推进大部门制改革，对职能相近、管理分散的机构进行合并。对职责交叉重复、相互扯皮，长期难以协调解决的机构进行合并、调整，以利于权责统一、提高整体效能。对职能范围过宽、权力过分集中的机构进行适当分设，以改变部门结构失衡和运行中顾此失彼的现象。其次，要逐步减少行政层级。在有条件的地方探索省直接管理县（市）体制的基础上，及时总结经验，加以正确引导；认真研究和正确处理中央和省级政府一些部门实行垂直管理体制的关系，完善垂直管理机制。再次，要妥善处理中央政府和地方政府的权限、职能与责任；科学合理界定省以下地方不同层级政府职能与权责关系，努力发挥地方各级政府的积极性、创造性。同时，还要加快建立决策、执行、监督相互协调又相互制约的运行机制，这也是深化行政体制改革的要求。

更加注重健全政府决策机制，提高决策水平。坚持科学决策、民主决策、依法决策，合理界定决策权限，规范决策行为。推进政务公开，增强公共政策制定透明度和公众参与度；凡是涉及经济社会发展的重大决策，都应当坚持调查研究和集体决策制度，并充分听取社会各界的意见；凡是与人民群众利益密切相关的重大事项，都应当实行社会公示或者听证。着力做好重大问题前瞻性、对策性研究，发挥咨询研究机构、专家学者、社会听证在决策过程中的作用。完善决策信息系统和决策智力支持系统，建立健全专家咨询制度。完善和落实社会听证制度和公示制度，为公众参与行政决策提供制度保障。制定严格的决策规则和科学的决策程序，形成决策前有调研、决策中有论证、执行中有监督、执行后有评价、决策失误有追究的全程制约机制。

更加注重推进依法行政，建设法治政府。完善的行政法制体系是行政体制的重要保障。多年来，为推进依法行政，建设法治政府，我国先后制定和实施了一系列法律制度，包括行政复议和行政诉讼制度。

同时，由于多种原因，我国行政法制还不完备，各种矛盾特别是行政争议增加，人民群众对行政复议和行政诉讼工作期待也不断增强，现行行政复议和行政诉讼制度的一些内容与新形势不相适应。要加快建设法治政府，用法律法规调整政府、市场、企业的关系，依法管理经济和社会事务，推进政府工作制度化、规范化、程序化。要改进行政复议和行政诉讼体制机制，处理好行政复议与行政诉讼之间的衔接；更加全面准确地定位行政复议的功能，依法纠正违法或不当的行政行为；创新行政复议体制机制，使之更加便民、高效；强化行政诉讼解决争议的功能，避免"案了事未了"；降低诉讼门槛、拓展受案范围，有效解决"告状难"的问题；完善证据制度，科学分配举证责任；完善诉讼程序，避免司法不公；加大生效判决和裁定的执行力度，有效解决"执行难"的问题。

更加注重提高行政效率，降低行政成本。这是中国特色社会主义行政体制的重要特征，也是建设人民满意政府的必然要求。从根本上说，就是在切实优化政府组织结构、减少行政层级、理顺权责关系的同时，加强电子政务建设，改进政府管理方式，优化政府工作流程，创新公共服务提供模式。认真实行公共建设项目的公开招投标制度，严格规范招标程序，调整完善并切实执行政府采购制度。按照节俭、高效、廉洁的原则，通过核定标准、加强监督、改革制度等措施严格控制各种职务消费。改革财政预算制度，特别是要推行财务公开，把政府财政资金的来源、分配、管理、使用、审计等情况置于群众和社会监督之下，以有效地减少浪费，遏制腐败现象的发生。

更加注重加强行政问责制，完善政府绩效评估制度。随着改革开放不断深入和社会法治意识的不断提高，迫切需要健全以行政首长为重点的行政问责制度，明确责任范围，规范问责程序，加大责任追究力度，提高政府执行力和公信力。近些年来，不少地方政府在这方面做了许多有益的探索，应认真总结经验，逐步全面推行。政府绩效评估制度，是引导政府及其公务员树立正确导向、尽职尽责做好各项工作的一项重要制度，也是实行行政问责制的前提和基础。要更加积极推进政府绩效评估制度建设和统计制度改革，建立科学合理的政府绩效评估指标体系和评估机制，促进树立与科学发展观相适应的政绩观。

# 改革社会体制　推进科学发展 *

（2012 年 5 月 27 日）

在当代中国，发展是党执政兴国的第一要务，而发展必须是科学发展。科学发展的一个基本要求，就是更加注重社会建设，促进经济社会全面协调可持续发展，这是全面建设小康社会的重大任务。

加强社会建设包括更加注重改善和保障民生，也包括更加注重社会管理。社会管理是作为领导和主导力量的党委和政府以及其他社会主体，运用法律、法规、制度、政策、道德、价值等社会规范体系，直接或间接地对社会不同领域和各个环节进行服务、协调、组织、监管、控制的过程和活动；其基本任务是：协调社会关系，规范社会行为，解决社会问题，化解社会矛盾，促进社会公正，应对社会风险，维护社会稳定，激发社会活力，增强社会凝聚力，为构建和谐社会、促进科学发展，营造既充满活力又富有凝聚力、井然有序的社会环境。

从我国现实的情况看，加强社会建设和社会管理，需要加快社会体制改革，创新社会管理。一般说来，社会体制是一种社会治理的方式和制度安排，也是一种社会行为的规范，决定着人的社会关系、行为准则和社会运行。我们现在讲的社会体制改革，有着特定的内涵和范围，就是构建适应中国特色社会主义发展要求的，与社会主义经济体制、政治体制、文化体制相一致的社会体制。我国现行的社会体制总体上是符合社会主义发展方向的，近些年来也进行了许多改革探索，但仍存在着不少缺陷和问题，主要是：社会管理的理念、组织、形式、

* 本文系 2012 年 5 月 27 日在第二届中国社会管理论坛上的主旨演讲；刊载于《社会体制改革与科学发展》一书，北京师范大学出版社 2012 年 12 月版。

手段、方法不适应社会经济迅猛发展，特别是社会结构、利益结构多层次、多元化和互联网新兴媒体异军突起出现的新情况、新挑战、新要求；政府、社会、企业、中介机构的社会管理职能不清、关系不顺；社会管理的体系、制度、机制不健全，难以有效发挥应有作用。解决这些问题必须进行社会体制改革。唯有如此，才能全面推进社会建设和加强社会管理，提高现代社会管理的科学化水平，实现全面建设小康社会的目标，加快中国社会主义现代化进程。

党中央高度重视社会体制改革问题。2006 年，党的十六届六中全会提出，要"坚持社会主义市场经济的改革方向，适应社会发展要求，推进经济体制、政治体制、文化体制、社会体制改革和创新。"在我们党的历史文献中，首次提出社会体制改革这个重大命题。2007 年，党的十七大强调，"更加注重社会建设"，"推进社会体制改革"。2010 年，党的十七届五中全会进一步提出："必须以更大决心和勇气全面推进各领域改革，大力推进经济体制改革，积极稳妥推进政治体制改革，加快推进文化体制、社会体制改革，使上层建筑更加适应经济基础发展变化，为科学发展提供有力保障。"近年来，党中央把加快社会体制改革、加强和创新社会管理放在更加突出的战略位置，作出了一系列重要决策和部署，这是我们党对共产党执政规律、社会主义建设规律、人类社会发展规律认识的新升华，也是顺应人民群众在全面建设小康社会的新形势下对党和政府的新期待。

深化社会体制改革是一个庞大复杂的社会系统工程。必须坚持从中国国情出发，以科学理论为指导，解放思想、与时俱进，整体设计、统筹规划，因地制宜、分类施策，积极探索具有中国特色、地方特点、时代特征的社会管理体制新模式。

从理论和现实情况看，深化社会体制改革需要正确认识和处理以下一些重要关系：

一是政府和社会的关系，即政府行政管理与多元社会治理的关系。长期以来，我国政府职能和社会自治不分，政府职能缺位、错位、越位现象突出，该由政府发挥社会管理主导作用的方面，政府职能不到位，而有些该由社会多元主体自行调节和治理的方面，政府却管了不少不该管也管不好的社会事务。应实行政社分开、权责统一，明确划分政府社会管理和由社会多元治理的范围和权限，正确发挥政府在社会管理中的主导作用，并创新政府社会管理方式，规范和监督公共权力的运用；同时，要充分发挥社区、企事业、基层单位、社会组织等多元社会主体在社会治理中的重要作用。

二是条条和块块关系，即中央（部门、行业）与地方的关系。条块分割、各自为战，特别是基层各类社会服务管理资源分散，形成不少服务"盲点"、管理"真空"，这是我国当前社会体制中的一大弊端。我们是社会主义国家，幅员辽阔，人口众多，社会治理的基本制度框架，必须由中央统一决策，需要中央有关部门（行业）加以指导，以建立全国统一的、科学的社会体制；同时，又必须由地方因地制宜采取符合当地实际情况的社会管理制度，以建立灵活的、有效的社会体制。应充分发挥中央和地方两个积极性，在中央统一领导下发挥各级地方的积极性。中央主要负责制定社会管理的基本规范、大政方针，各级地方负责各自范围的社会管理事务和提供公共服务。同时，正确处理社会管理中宏观调控与微观组织的关系，坚持基层在先、重在基层，通过社区、基层统筹条与块的各类服务管理资源，把中央和地方各级社会管理措施落实到社区、基层单位。

三是民生和民主的关系，即改善人民生活与发展民主政治的关系。保障民生和发扬民主都是人民群众切身权益之所在，也都是做好社会管理工作的根本要求。要坚持以人为本，把保障民生和发扬民主紧密结合起来，坚持把改善和保障民生放在首位，积极解决人民群众最关心最直接最现实的利益问题。同时，要充分尊重人民群众的主体地位。人民当家作主是社会主义民主政治的本质，也是中国特色社会主义社会体制的核心。要健全民主制度，丰富民主形式，拓宽民主渠道。让群众参与民生问题的讨论，既是发扬民主、集中民智、汇聚民力的过程，也是保证解决民生问题的政策措施得到群众理解和支持的途径。

四是德治和法治的关系，即思想道德教育与法治建设保障的关系。"礼法融合"一直是我国历史上社会管理的重要经验，现代社会管理更需要把德治与法治结合起来。既要重视发挥思想道德的教化作用，更要注重法治的保障作用；既要注重行为管理，更要注重人文关怀和心理疏导。要坚定不移地推进依法治国和以德治国相结合，健全法制，把社会行为纳入法治化轨道；同时，弘扬中华民族传统美德，推行社会主义先进文化和社会主义核心价值观，提升全民族现代文明程度。

五是社会体制和其他体制的关系，即深化社会体制改革与推进其他体制改革的关系。社会体制是整个中国特色社会主义制度的重要组成部分，社会体制改革是整个体制改革的重要内容，必须与其他方面体制改革相协调。要统筹经济体制、政治体制、文化体制、社会体制各方面改革创新。既要加快社会体制改革，争取在重点领域和关键环节不断取得新突破，又要从更高层次和更宽领域协调推进经济体制、政治体制、文化体制和社会体制改革。要把握好各方面体制改革相互联系、相互促进的规律，审时度势，科学决策，全面推进。

从根本上说，深化社会体制改革就是要构建完善的中国特色社会主义社会管理体系和社会运行机制，包括形成科学合理的社会管理权力结构和机制、社会管理组织结构和机制、社会管理功能结构和机制、社会管理动力结构和机制、社会管理保障结构和机制。进一步说，就是社会管理要实现从过去以政府为单一主体、以单位管理为主要载体、以行政管理为主要手段、以管控为主要方式的传统模式，向在党的领导下，政府行政管理与社会自我管理、基层居民自治管理良性互动方面发展，社区管理与单位管理有机结合，经济、法律、行政、教育手段综合运用，服务与管理相融合，有序与活力相统一的多元主体共同治理、全体人民共建共享的新模式转变。

当前和今后一个时期，深化社会体制改革应当把解决面临的突出问题同实现长远目标结合起来，按照最大限度激发社会活力、最大限度增加和谐因素、最大限度减少不和谐因素的总体要求，着眼于维护社会秩序、激发社会活力、推进科学发展、建设和谐社会，着力抓好以下几个方面。

（一）强化政府社会管理职能。社会管理是政府的重要职能。创新社会管理体制，必须发挥政府的主导作用。要加快政府职能转变，更加注重履行社会管理职能。政府社会管理主要是制定法规政策，规范制度标准，增加公共财政投入，加强社会行为监管。尽可能把一些社会公共服务和具体事务，以适当方式转交给社区、社会组织和中介机构。这样，既可以使政府更好履行应尽职能，又可以降低服务成本，提高服务效率。要推进公共服务供给多元化、多样化，探索政府行政管理与企事业单位、各类社会组织和城乡基层群众自治在社会运行中有效衔接与良性互动的体制。政府购买公共服务、公共服务外包，是现代社会管理的一种重要形式，应积极推行。大力构建政府提供社会管理和公共服务的综合性平台，整合各类社会服务管理资源。要加快行政体制改革，建立职能相对集中、权责密切结合、组织协调有力的综合性社会管理机构，以利于提高政府社会管理的效能和水平。

（二）扩大公民参与和社会协同功能。这是深化社会体制改革的重要方向。公民参与是中国特色社会主义社会体制的基础。城乡基层群众自治制度是我国一项基本政治制度。深化社会体制改革，必须顺应经济社会发展要求和人民群众政治参与的新期盼，保障人民群众充分享有宪法规定的各项民主权利。要健全基层民主制度，保障人民依法直接行使民主权利、管理基层公共事务和公益事业，实行自我管理、自我服务、自我教育、自我监督。要推进城乡社区自治，有序扩大基层群众自治范围，规范政府组织与基层群众自治的关系，增强基层社会自治功能。要积极探索农村再组织化的形式和途径，形成既有活力又有秩序的组织体系。同时，充分发挥企事业单位和各类社会组织应有的作用，支持企事业单位和社会组织参与社会服务与管理、承接政府转移的社会管理事务。加快事业单位改革和社会组织体制改革，完善治理结构，健全现代社会组织制度。要推动城市社区和农村社会管理服务由条块分割的单位体制向属地化、社会化的体制转变，健全覆盖全社会的社会治理和公共服务体系。要积极推进城乡社会管理体制改革，减少基层行政管理环节，提升基层组织的社会管理和服务能力，充分发挥基层社会治理的功能作用。

（三）拓展群众权益保障机制。保障群众权益是加强和创新社会管理的根本着眼点，也是深化社会体制改革的重要关键。要进一步加强和完善党和政府主导的维护群众权益机制，切实维护和保障群众利益。适应我国社会结构和利益格局的发展变化，形成科学有效的利益协调机制、诉求表达机制、矛盾调处机制、权益保障机制。特别是要适应新形势下群众诉求多样性、多变性的特点和规律，创新方式方法，拓宽诉求表达渠道，搭建多种形式的沟通平台，健全公共政策社会公示制度、公众听证制度。健全社会矛盾调处机制和多元调解体系，充分发挥人民调解、行政调解、司法调解联动的大调解工作体系的作用。强化从源头解决社会矛盾纠纷，把预防社会稳定风险的关口前移。

（四）健全各类人群服务管理体制。坚持以人为本，突出人文关怀，在服务中实施管理，在管理中体现服务，努力实现各类人群服务管理全覆盖。加强"两新组织"人员和"社会人"的服务管理，是市场经济条件下社会管理中难度很大的问题，必须转变传统思维模式，积极探索新的管理体制和机制。要不断提高各类人群服务管理信息化、精细化、科学化水平。建立覆盖城乡的全员人口统筹管理的信息系统，推进国家人口基础信息库建设，加强流动人口动态监测工作。全面推行居住证制度，行政区域内流动人口实行"一证（卡）通"，积极稳妥推进户籍管理制度改革，建立城乡统一的户口登记管理制度，实现基本公共服务覆盖户籍人口和常住人口。采取积极、稳妥的措施，使农民工有序、和谐地融入城市和城镇。加强和创新特殊人群的教育、引导、服务和管理工作，根据不同类型人群特点分类施策。

（五）加快社会规范建设。规范社会主体行为，建设现代社会文明，是社会体制改革创新的基础性工作。至关重要的，一是法制，二是诚信。要建立健全社会管理的法制保障体系，加强社会管理领域立法，加快形成完善的社会管理法律法规体系。充分发挥社会法制规范在调整关系、约束行为、保障权益、创新社会管理等方面的作用。强化公正执法和严肃执法。要建立健全社会诚信制度，制定社会诚信规范，加强社会公德建设。大力推进政务诚信、商务诚信、社会诚信和司法公信建设。建设覆盖全国的征信系统，推动信用信息在全国范围的互联互通，规范和完善信用服务市场体系，健全激励惩戒机制，充分发挥信用信息对失信行为的监督和约束作用。

（六）构建虚拟社会管理制度。虚拟社会的服务与管理越来越重要，也是新形势下社会管理的重点和难点。要坚持积极利用、科学发展、依法管理、确保安全的方针，加强和改进互联网的利用与管理，坚持建设与规范并重、发展与管理同步，把互联网建设好、利用好、管理好。要加快完善网络管理的法律法规和政策，明确相关主体的权利义务，形成法律规范、行政监管、行业自律、技术保障、公众监督、社会教育相结合的互联网服务管理体系，提高依法、规范、科学、系统、动态管理水平。加快信息化基础设施建设，构建全国统一的社会管理数据中心、服务中心，尽快推行网络实名制，规范网络传播秩序。健全网上网下结合的综合服务和管理体系，统筹实施虚拟社会和现实社会管理，建立网上动态管理机制，着力完善网上影响社会稳定和国家安全问题的监测、研判、预警、处置机制和有害信息监管、查处机制。

（七）加强公共安全体系。围绕提高预知、预警、预防和应急处置能力，加强和完善主动防控和应急处置相结合、传统方式和现代手段相结合的公共安全体系。健全食品药品监管体制机制，形成政府、企业、行业组织、消费者和媒体共同参与的监管格局。完善安全生产监管体制机制，健全安全生产综合监管、行业监管、属地监管责任体系。健全立体化社会治安防控体系，全面提高社会治安综合治理水平。完善应急管理体系，加强危机管理和抗风险能力建设，提升对自然灾害、事故灾难、公共卫生事件、社会安全事件等突发公共事件的风险管理水平。

（八）完善社会管理工作格局。深化社会体制改革，加强和创新社会管理，必须充分发挥党的领导核心作用。要完善党委领导、政府负责、社会协同、公众参与的工作格局和体制。坚持把加强社会建设和社会管理作为党委和政府的重大任务。健全社会管理的政策体系，加强社会工作的统筹协调和督促检查。充分发挥社会协同和公众参与的作用。要建立和完善社会管理科学有效的评价、考核体系和机制，促进提升社会管理的科学化水平。要加强社会工作人才队伍建设，完善社会工作人才培养、评价、使用、激励制度，充分发挥他们在深化社会体制改革、创新社会管理中的聪明才智。

　　经济体制改革是一场深刻的革命，社会体制改革更是一场深刻的革命，任务艰巨繁重。深化社会体制改革的许多重要问题摆在我们面前，而任何一个重要问题都没有简单的答案。我们要坚持以中国特色社会主义理论体系为指导，勤于思考，勇于探索，敢于实践，善于总结，努力为深化社会体制改革、促进科学发展、发展中国特色社会主义伟大事业作出积极的贡献。

# 加快建立中国特色社会主义行政体制 <sup>*</sup>

（2012 年 11 月）

行政体制是国家体制的重要组成部分，行政体制改革是政治体制改革的重要内容。党的十八大报告对深化行政体制改革，加快建立中国特色社会主义行政体制，提出了明确的任务。这是着眼于党和国家事业发展全局，坚定不移沿着中国特色社会主义道路前进、全面建成小康社会作出的重要决策部署。我们一定要认真学习领会，切实贯彻执行。

## 一、加快建立中国特色社会主义行政体制的重大意义

（一）这是坚持和发展中国特色社会主义，推动上层建筑适应经济基础的必然要求。马克思主义认为，上层建筑与经济基础是辩证统一的关系。一方面，经济基础决定上层建筑，有什么样的经济基础，就要求建立什么样的上层建筑。经济基础发展变化，上层建筑也要随之不断变化。另一方面，上层建筑对经济基础具有巨大反作用，上层建筑适应经济基础，就会促进经济基础的发展、巩固；反之，就会影响、制约经济基础的发展、壮大。邓小平同志曾经指出：行政管理属于上层建筑，总是要不断改进的。党的十八大报告明确指出："行政体制改革是推动上层建筑适应经济基础的必然要求。"这从马克思主义基本原理和发展中国特色社会主义的高度，阐述了深化行政体制改革的

＊ 本文载于《十八大报告辅导读本》一书，人民出版社 2012 年 11 月版；《光明日报》2012 年 11 月 2 日转载。

必要性。改革开放以来，我国经济基础发生着广泛而深刻变化，适应经济基础的变化，行政体制改革不断推进，为改革开放和现代化建设提供了重要保障。但总的看，我国现行行政体制与经济社会发展变化还很不适应，必须通过深化行政体制改革，加快建立与发展社会主义市场经济和发展中国特色社会主义民主政治相适应的中国特色社会主义行政体制，使行政体制与经济体制、政治体制、文化体制、社会体制以及其他体制相协调，这是发展中国特色社会主义伟大事业的重要任务。

（二）这是全面深化改革开放，形成更加成熟制度体系的关键环节。改革开放是推动我国经济社会发展的强大动力，是实现国家现代化和中华民族伟大复兴的必由之路和成功之路。30多年来，我们党有领导有步骤地推进了经济体制、政治体制、文化体制、社会体制以及其他方面体制的改革，形成了全方位对外开放的格局，各个领域改革开放都取得了重大进展。但总的看，当前改革开放仍处于攻坚时期，制约经济社会发展的一些体制机制问题仍然存在，必须加快推进重要领域和关键环节的改革，不断完善经济、政治、文化、社会等各个方面的体制和制度。这是全面建成小康社会的强大动力，也是形成更加成熟的中国特色社会主义制度体系的迫切要求。邓小平1992年在南方谈话中指出："恐怕再有三十年的时间，我们才会在各方面形成一整套更加成熟、更加定型的制度。在这个制度下的方针、政策，也将更加定型化。"行政体制改革既是整个体制改革的重要组成部分，又对整个改革开放起着重大作用。只有继续推进行政体制改革，才能更好地为其他体制改革和进一步对外开放创造行政体制制度环境，促进经济、社会、文化等各领域体制改革持续深化，以利于在各方面形成一整套更加成熟、更加定型的制度和方针政策。

（三）这是加快转变经济发展方式，全面建成小康社会的重要部署。党的十八大报告提出了到2020年实现全面建成小康社会目标的新要求。过去10年，我国在全面建设小康社会道路上迈出了重要步伐，经济社会发展取得了举世瞩目的巨大成就，但经济发展方式转变仍然落后，成为经济社会生活中的突出问题。主要表现是：经济结构调整进展缓慢，经济增长质量和效益不高；教育、卫生、收入分配、社会保障等社会建设和社会管理领域矛盾较多；公共服务体系特别是基本公共服务体系建设滞后；城乡、区域发展差距较大。这些问题固然有多方面的原因，但都与行政体制存在缺陷和弊端有关。只有深入推进行政体制改革，加快建立中国特色社会主义行政体制，才能促进经济发展方式的加快转变，胜利实现全面建成小康社会的目标。

（四）这是实现行政体制改革总体目标的迫切需要。党的十七届二中全会对深化行政体制改革作出了全面部署，提出了到 2020 年建立起比较完善的中国特色社会主义行政管理体制的总体目标。近几年来，通过采取一系列改革措施，我们朝着这个总体目标迈出了坚实步伐，取得了重要进展。但是，对照这个总体目标要求，我国现行的行政体制还有不小差距，包括政府职能转变不到位，对微观经济主体干预过多，社会管理和公共服务比较薄弱；政府结构不合理，职责关系不顺；政府管理方式需要改进，行政效率有待提高。从现在到 2020 年只有 8 年时间，深化行政体制改革的时间紧、任务重。必须增强推进改革的紧迫感和使命感，加快深化行政体制改革步伐，确保既定的行政体制改革总体目标的顺利实现。

## 二、今后一段时期推进行政体制改革的重点任务

党的十八大报告提出了今后一段时期行政体制改革的目标要求，这就是："要按照建立中国特色社会主义行政体制目标，深入推进政企分开、政资分开、政事分开、政社分开，建设职能科学、结构优化、廉洁高效、人民满意的服务型政府。"按照这一目标要求，加快建立中国特色社会主义行政体制，要着重抓好以下方面的改革。

（一）继续简政放权，加快政府职能转变。转变政府职能是行政体制改革的核心，也是处理好政府与市场关系的关键。政府职能转变的基本方向和目标，是实现三个方面的转变，即推动政府职能向创造良好发展环境、提供优质公共服务、维护社会公平正义转变。为此，

一要深化行政审批制度改革，继续简政放权。加快推进政企分开、政资分开、政事分开、政社分开，切实减少对微观经济活动的干预，更大程度更广范围发挥市场在资源配置中的基础性作用。要遵循社会主义市场经济规律，加强和改进国家宏观调控，完善宏观调控体系，着力提高宏观调控和管理水平。二要进一步加强和改进市场监管，不断完善市场体系，创造良好市场环境，维护公平竞争的市场秩序。三要更加注重社会管理和公共服务，从体制、法制、政策、能力、人才和信息化方面全面加强社会建设，创新社会管理，保障和改善民生，提高公共服务水平；营造既有活力又有秩序的社会环境，切实维护社会公平正义，促进和谐社会建设。

（二）稳步推进大部门制改革，健全部门职责体系。大部门制是一种合理设置机构、优化职能配置的政府组织模式。实行大部门制改革，不仅可以优化政府组织结构和行政运行机制，有效克服行政体制中机构重叠、职能交叉，权责脱节、职责不清，推诿扯皮、效率低下等弊端，而且有利于推进决策科学化、民主化、规范化，提高决策水平，有利于整合公务员队伍，优化人员结构。因此，稳步推进大部门制改革是完善社会主义市场经济体制的客观要求，也是实现政府管理科学化的重要途径。党的十七大提出，要"加大机构整合力度，探索实行职能有机统一的大部门体制"；党的十七届五中全会进一步强调，要"坚定推进大部门制改革"；党的十八大报告更加明确要求，要"稳步推进大部门制改革，健全部门职责体系"，这体现了中央对深化行政体制改革、优化政府组织结构的决心。推进大部门制改革，要对职能相近、管理分散的机构进行合并，对职责交叉重复、相互扯皮、长期难以协调解决的机构进行合并调整，以利于权责统一、提高整体效能。同时，要对职能范围过宽、权力过分集中的机构进行适当分设，以改变部门结构失衡和运行中顾此失彼的现象。建立健全部门职责体系，是政府全面正确履行职能的基础。要科学划分、合理界定政府各部门职能，包括综合部门与专业部门、专业部门与专业部门的职责关系，明确各部门责任，确保权责一致。要进一步理顺部门关系，健全部门间协调配合机制。

（三）优化行政层级和行政区划设置。党的十八大报告提出，要"优化行政层级和行政区划设置，有条件的地方可探索省直接管理县（市）改革，深化乡镇行政体制改革"。按照这一要求，必须适应经济社会发展以及政府职能转变的新要求，认真解决我国当前行政层级和行政区划方面存在的一些问题。一要进一步优化行政层级。合理、协调的行政层级是国家行政权力顺畅、高效运行的重要条件和基础。要合理确定中央与地方政府的职能与责任，健全中央和地方财力与事权相匹配的体制。要科学界定和明确省以下不同层级地方政府职能与权责关系，充分发挥地方各级政府的积极性。近几年，一些省实行省直接管理县（市）的改革，这是减少行政层级、提高行政效率的重要探索。但由于我们国家大，各地发展不平衡，也由于历史的和当前的情况不同，这方面的改革要积极而慎重地进行，不搞一个模式，不能一刀切。要坚持从实际出发，因地制宜决策，有条件的地方可以继续进行探索，要及时总结经验，加以正确引导。二要进一步优化行政区划设置。行政区划是国家行政管理的基础，区划设置是否科学合理直接关系行政管理的效能。近些年来，我国经济体制改革、政府职能转变以及城市化发展对行政区划设置提出了新要求，要按照有利于促进科学发展、有利于优化配置资源、有利于提高社会管理水平和更好提供公共服务的原则，合理调整行政区划。要简化行政管理层级，适时适度地调整行政区规模和管理幅度。通过优化行政区划设置，合理配置行政资源，提高行政能力与效率。三要深化乡镇行政体制改革。乡镇政府等基层政权组织是国家政权的基石，乡镇行政体制直接关系到农村经济发展和社会稳定。要按照因地制宜、精简效能、权责一致的原则，转变政府职能，优化机构设置，精简机构人员，创新服务方式，提高行政效率，建立行为规范、运转协调、公正透明、廉洁高效的基层行政体制和运行机制。探索对经济总量较大、吸纳人口较多的县城和小城镇，赋予其与经济总量和管理人口规模相适应的经济社会管理权限。同时，各级机构都要严格控制机构编制，减少领导职数，降低行政成本。这是深化行政体制改革的重要方面。

（四）创新行政管理方式，提高政府公信力和执行力。这是加快建立中国特色社会主义行政体制的重要方面。一要树立现代行政理念，创新服务和管理模式。善于运用市场机制、社会力量，善于利用现代信息技术，推行电子政务，优化管理流程，创新公共服务提供方式，使行政管理富有成效。二要全面推行依法行政，着力建设法治政府。进一步加强行政立法、执法和监督工作，加强行政程序和行政监督制度建设，规范政府行为，推进政府建设和行政工作法治化、制度化。三要大力推进政务公开。完善政务公开制度，扩大政务公开范围，保障公众对公共事务的知情权、参与权、表达权和监督权，创造条件让人民群众更好地了解政府、监督政府、支持政府。四要提高科学决策水平。健全科学决策、民主决策、依法决策机制，合理界定决策权限，规范决策行为。完善决策信息系统和决策智力支持系统。五要加快电子政务建设。充分利用现代信息和通信技术，推进公共管理和服务的信息化、现代化。六要推进政府绩效管理。加快完善行政绩效评估标准、指标体系和评估机制、评估方法，有效引导和督促各级政府和工作人员树立正确的政绩观。加快推进统计制度改革，建立信息公开制度。加强行政绩效监督检查，特别是要让广大群众参与政府绩效考评，充分听取人民群众意见。要注重运用绩效考评结果，严明奖惩办法，加快完善责任追究制度。这样，才能有效提高政府的公信力和执行力。

（五）推进事业单位分类改革。事业单位改革与行政体制改革相互联系、相互制约。分类推进事业单位改革既是政府自身改革的延伸，也是转变政府职能、建设服务型政府的重要举措。理顺政府与事业单位之间的关系，是深化行政体制改革、转变政府职能的重要任务。要按照到2020年建立起功能明确、治理完善、运行高效、监管有力的管理体制和运行机制，形成基本服务优先、供给水平适度、布局结构合理、服务公平公正的中国特色公益服务体系的总体目标，遵循"分类指导、分业推进、分级组织、分步实施"的工作方针，科学划分事业单位类别，创新体制机制，尤其要着力深化事业单位管理体制改革，探索建立多种形式的法人治理结构，深化人事管理制度、收入分配制度、社会保障制度等改革，构建公益服务新格局。要在清理规范基础上完成事业单位分类，基本完成承担行政职能事业单位和从事生产经营活动事业单位的改革，在从事公益服务事业单位改革方面取得明显进展，进一步优化社会力量兴办公益事业的制度环境。

## 三、推进行政体制改革需要把握好的几个问题

（一）统筹规划，协调推进。行政体制改革是整个体制改革的重要内容，与经济体制、政治体制、文化体制、社会体制等方面改革都有密切关系，涉及行政权力关系的调整和政府组织结构的变动，涉及国家经济、政治、文化和社会生活的方方面面，涉及中央与地方、政府与社会、政府与企业、整体利益和局部利益等一系列重要关系。因此，行政体制改革需要放到党和国家发展的大局中统筹谋划，在中央统一领导下，与其他方面的改革一起统筹规划部署，整体协调推进。党的十八大报告指出：要"完善体制改革协调机制，统筹规划和协调重大改革"。这对加强体制改革的顶层设计，统筹规划，协调推进各方面改革有着重要意义。要把行政体制改革作为全面深化改革的关键环节，深入研究行政体制改革与经济体制改革、政治体制改革、文化体制改革、社会体制改革的相互关系，把握好各方面改革相互适应、相互支撑的规律性和相互制约、相互影响的复杂性，正确处理好改革发展稳定的关系，提高改革决策的科学性、权威性，增强各方面改革措施的协调性、配套性、实效性，确保社会主义改革的正确方向和顺利推进。

（二）明确目标，突出重点。行政体制改革是一项长期的任务，需要围绕目标，不断探索、稳步前进。推进行政体制改革，首先要按照建立完善的中国特色社会主义行政体制的总体目标，明确改革的方向、重点和路径，既要防止改革进展缓慢，又要防止改革急于求成。任何事物的发展都有连续性和阶段性的特点，把握住了连续性，才能把握事物的历史状况和发展趋势；把握住了阶段性，才能明确事物的现状特点和发展重点。行政体制改革也是一个连续性和阶段性相统一的过程，每一个时期都要有一定的改革任务，突出重点，不断突破。

因此，深化行政体制改革必须有长远目标下的近期目标，在总体规划下体现一个时期的重点安排，做到长远目标和近期目标相结合，全面推进和重点突破相结合。

（三）鼓励创新，勇于实践。实践是人类发展的基石，创新是社会进步的灵魂。我们党和政府的许多重大政策和做法都源于人民群众的创新，源于基层的实践。在推进行政体制改革中，要鼓励和支持地方、部门从实际出发，因地制宜，大胆探索，推进创新，为深化改革积累经验。近年来，许多地方和部门在实践中围绕政府组织结构、层级体系、管理体制、运行机制、服务方式等方面进行了积极探索，包括推进大部门制改革、探索省直接管理县（市）改革、创新行政管理方式，等等。有关部门和地方要作深入调查研究和客观评价这些改革措施的效果，认真研究解决改革过程中出现的问题，使那些在实践中被证明是行之有效的改革措施得到完善和推广。

（四）总结经验，注重实效。在30多年改革开放实践中，我们党领导人民创造了很多成功的经验。这些经验是宝贵的精神财富，应当认真加以总结，以更好地把握我国行政体制改革的规律。坚持理论和实践相统一，注重实际效果，既要鼓励和支持地方、部门积极进行实践探索和创新，勇于推进行政体制改革，又要高度重视总结实践经验，大胆进行理论探索和创新，用发展着的科学理论指导和推进新的改革实践，把各方面改革不断推向前进。

# 积极推进社会治理体制创新 *

## （2014 年 5 月 18 日）

创新社会治理体制，是党的十八届三中全会提出的新思想、新要求、新部署。将"社会管理"改为"社会治理"，由"管理"到"治理"，只有一字之差，但涵义更深刻、内容更丰富、要求更明确。社会管理往往强调的是政府自上而下的管控，而社会治理至少有三个"更加突出"：即更加突出党委和政府主导下的多元社会主体共同参与、良性互动；更加突出民主、法治，重视运用协商民主、法治思维和民主、法治方式；更加突出源头治理、综合施策、标本兼治、健全机制。这标志着由传统的社会体制向适应时代发展要求的现代社会体制转变，也就是要通过深化体制改革和管理创新逐步实现国家社会治理的现代化。这是我们党对人类社会发展规律、对中国特色社会主义建设规律认识的新飞跃，是社会建设理论和实践的与时俱进和创新发展。

## 一、充分认识创新社会治理体制的重大意义

（一）创新社会治理体制是推进国家治理现代化的内在要求。党的十八届三中全会的一个重大历史贡献，是站在时代发展和国家现代化全局的高度，提出了全面深化改革的总目标，就是完善和发展中国特色社会主义制度，推进国家治理体系和治理能力现代化。这是我们党治国理政思想的新概括、新发展。实现这个总目标，实质上就是要

---

　　* 本文系 2014 年 5 月 18 日在第四届中国社会治理论坛上的主旨演讲；刊载于《行政管理改革》2014 年第 8 期。

推动中国特色社会主义制度更加成熟、更加定型，为党和国家事业发展、为人民幸福安康、为社会和谐稳定、为国家长治久安提供一整套更完备、更科学、更规范、更管用的制度体系。这项改革工程极为宏大，包括经济、政治、文化、社会、生态文明等领域全面的、系统的改革和改进，是各领域改革和改进的联动，在国家治理体系和治理能力现代化上形成总体效应、取得总体效果。而创新社会治理体制，实现社会治理体系和治理能力现代化，是实现全面深化改革总目标的重要途径和重要内容。同时，由于我国社会治理体系和能力建设远远滞后于其他领域治理体系和能力建设，这就要求我们必须加快社会领域体制改革。因此，只有加快推进社会治理体制创新，实现社会治理现代化，才能真正实现国家治理体系和治理能力的现代化。

（二）创新社会治理体制是国家现代化客观进程的必然选择。当前，我国社会主义现代化建设进入到一个新的发展阶段，工业化、信息化、城市化、市场化、国际化加速推进。这"五化并举"给当今中国社会带来巨大变化，社会活力大为增强，经济结构、社会结构、利益结构不断调整，社会流动性、开放性、活跃性、复杂性前所未有。特别是网络社会蔚然兴起，"网络发声""网络问政"方兴未艾。从全局看，我国社会领域改革面临三大课题：一是计划经济体制遗留下的一些老问题，亟待继续解决；二是改革开放以来出现的一些新矛盾不断积累和激化，必须抓紧消化；三是网络社会和现代化事业快速发展，将给社会治理和建设提出更多的新课题，也需要积极应对、预为之谋。在这种特殊的历史条件下，社会领域种种复杂的情况交织在一起，必须实行更加有效的社会治理。从国际经验看，在追求现代化的过程中，社会转型最为艰难，相对应的社会体制、社会结构、社会形态的演变往往曲折、复杂，充满矛盾和变数。因此，加快社会治理体制创新，推进社会治理现代化，不仅是适应中国现代化发展形势的需要，而且是对今后现代化总体进程中所面临的种种矛盾和严峻挑战的主动应对。

（三）创新社会治理体制是提高社会治理科学化水平的迫切需要。总体上看，随着改革开放的不断推进，我国社会治理体系和治理能力不断提升，在社会大变动中保持了社会大局的稳定和发展。但当前社会治理还没有完全摆脱计划经济时期的社会管理模式，存在不少问题和弊端：例如，重经济建设、轻社会建设，重政府作用、轻多元主体参与，重管理控制、轻协商服务，重事后处理、轻源头预防，重人治、轻法治，重行政约束、轻道德自律，重解决具体问题、轻制度机制建设。尽管从上到下花了不少精力、增加了不少投入，维护社会稳定成本不断增加，但并没有达到应有的成效。原因主要是，在错综复杂的社会问题和局面下，传统的社会管理模式、手段和制度越来越难以应对，更难以从根本上解决层出不穷的新问题。只有创新社会治理体制、完善社会治理体系、增强社会治理能力，提升社会治理科学化、现代化水平，才能更加有力、有效解决各种社会矛盾和问题。

综上所述，创新社会治理体制既是实现全面深化改革总目标、顺应时代发展潮流和现代化客观进程而作出的重大战略决策部署，也是解决我国社会领域突出问题的必然选择和迫切需要。因此，积极推进社会治理体制创新，势在必行，意义重大。

## 二、创新社会治理体制的基本要求

总的看来，我国现行社会体制与基本国情和社会主义制度是大体相适应的，这是一个基本判断，也是创新社会治理体制的基本出发点。也就是说，推进社会治理体制创新，绝不是对现行社会基本制度的改弦易辙，而是在党的领导下对中国特色社会主义制度的自我完善和发展，使基本制度优势得到更好的发挥。其基本要求是，着眼于维护最广大人民的根本利益，最大限度调动社会各方面积极性，最大限度增强社会发展活力，最大限度增加社会和谐因素，不断提高社会治理科学化、现代化水平，更好保障和改善民生、促进社会公平正义，加快形成科学有效的社会治理体制，确保整个社会既充满活力又和谐有序，为实现全面建成小康社会和国家现代化提供良好的社会环境。为此，需要着重推进以下几个方面创新：

（一）创新社会治理理念。理念是行动的先导。正确的社会治理理念是实施有效治理的前提和基础。一旦治理理念出现偏差，不但会严重误导治理行为，而且有可能会引发治理危机。这里最为重要的，是坚持以人为本，牢固树立社会治理一切为了人民、为了人民一切的理念，做到为民、亲民、爱民、利民。要始终把实现好、维护好、发展好最广大人民根本利益作为社会治理的出发点和落脚点。随着改革发展和人民生活水平的提高，人民群众的物质文化生活需求日趋多样化、高端化、个性化，公平意识、民主意识、权利意识、法治意识不断增强，对促进社会公平正义、实现安居乐业的要求越来越高。当前，各种人民内部矛盾和社会矛盾中大量问题是由利益问题引发的。这就要求我们一方面要积极满足人民群众日益增长的、不同层次的社会需求，发展社会生产，优化经济结构，注重保障和改善民生；另一方面，要切实处理好"维稳"和"维权"的关系。从人民内部和一般意义上说，维权是维稳的基础，维稳的实质是维权。当前，我国一些地方在社会治理中普遍存在一些观念误区，就是只讲"维稳"，不讲"维权"，简单地采取关、卡、压的办法，以致使有些社会矛盾长期得不到解决，甚至不断激化。因此，对涉及维权和维稳问题，首先要把群众合理合法的利益诉求解决好。单纯维稳，不解决利益问题，那是本末倒置，最终也难以真正稳定下来。在新的历史条件下，创新社会治理必须完善对维护人民权利和切身利益具有重大作用的制度，切实体现公众社会需求导向，更加尊重人的尊严，更好保障人民权益，让人民群众共享改革发展成果。这是创新社会治理体制的前提和基础。

（二）创新社会治理主体。社会治理主体是实施治理行为的能动力量。不同社会主体之间的相互关系及其地位角色构成了治理的基本格局。在新的社会治理格局中，社会治理主体多元化，党委领导是根本，政府主导是关键，社会协同是依托，公众参与是基础。各个主体，有机联系，不可分割。多元社会主体合作共治，是社会治理走向现代化的重要标志。目前，我国社会治理中，重政府包揽、轻多方参与的现象还较为普遍，社会治理工作往往成了政府的"独角戏"。创新社会治理体制，就要进一步优化社会治理主体格局，从单纯重视党委政府作用向党委政府与社会多元主体共同治理转变，既发挥党委、政府的领导和主导作用，又要鼓励和支持社会各方面参与，包括各类社会组织、企事业、基层单位和公民个人参与社会治理，充分发挥多元主体各自应有的功能和作用，形成社会治理整体合力。

（三）创新社会治理方式。治理方式反映了治理行为运行的特点和规律。改进社会治理方式，不仅是创新社会治理体制的重要方面，而且是转变我国社会发展方式的必然要求。从总体上看，我国现行的社会治理方式仍带有较为明显的计划经济体制的痕迹和色彩，主要表现在：注重自上而下单向管制；注重以行政命令为主的单一手段，刚性较强、柔性不足，显得比较僵化、生硬。这就常常会导致社会体制机制运行的不畅、滞钝，并产生和引发大量的社会矛盾和冲突。社会治理要讲究辩证法，管得太死，一潭死水不行；管得太松，波涛汹涌也不行。既要管理又不能管得太死，要做到刚柔相济、宽严适度，使社会活跃起来而又有序运行。关键是改进社会治理方式。一要坚持系统治理，实现政府治理与社会自我调节、居民自治良性互动，充分发挥党委总揽全局、协调各方的领导核心作用。二要坚持依法治理，运用法治思维和法治方式化解社会矛盾，实现治理方式从单纯行政管控向注重法治保障转变，充分彰显法治维护社会公正的作用。三要坚持综合治理，实现社会治理手段从单一向行政、法律、经济、教育等多种手段综合并用转变，特别要注重诚信建设，规范社会行为。四要坚持民主治理，要按照发展社会主义民主政治的要求，更加注重健全民主制度，丰富民主形式，拓宽民主渠道，从各层次各领域扩大公民有序政治参与和社会参与，推进协商民主广泛多层次发展，深入开展立法协商、行政协商、民主协商、参政协商、社会协商，更多地运用群众路线的方式、民主的方式、协商的方式、疏导的方式，化解社会矛盾、解决社会问题。五要坚持源头治理，预防为先，动态治理，实现治理环节前移，标本兼治，重在治本，以网格化管理、社会化服务为方向，健全基层综合服务管理平台，及时反映和协调人民群众各方面各层次利益诉求。

（四）创新社会治理体系。构筑全面、系统、有效的供给、服务和保障体系，是创新社会治理体制的重要方面。一要扩大公共服务体系。既要推进教育、文化、卫生、体育等社会事业发展与体制创新，也要推进就业、住房、社会保障、收入分配等民生事业发展与改革。特别要完善基本公共服务体系，如果没有基本公共服务均等化，没有牢靠的社会保障底线，人们就很难有安全感和幸福感。因此，要加快基本公共服务均等化进程。二要健全公共安全体系。食品药品安全、生产安全、防灾减灾救灾、社会治安防控、网络安全是公共安全治理的重要内容。要抓紧完善统一权威的食品药品安全监管机构，建立最严格的覆盖食品生产、流通全过程的监管制度，健全食品原产地可追溯制度和质量标识制度，保障食品药品安全。建立隐患排查治理体系和安全预防控制体系。健全防灾减灾救灾体制。创新立体化社会治安防控体系，依法严密防范和惩治各类违法犯罪活动。特别是要主动适应社会信息化的大趋势，针对互联网的开放性、自主性、迅捷性的特点，创新社会治理工作的理念、思路、机制和方法，健全网上网下管理体系，维护公共利益和国家网络信息安全。三要完善应急管理体系，关键在于进一步完善"一案三制"。四要加强国家安全体系。既要加强传统安全体系建设，更要加快非传统安全体系建设，完善国家安全体制和国家安全战略，确保国家安全。这是健全社会治理体系的重要任务。以上这些社会治理体系建设都不是孤立进行的，而是在社会治理的实践过程中构成一个相互联系、相互影响的有机整体。这就要求我们的社会治理改革创新要注重系统性、协同性和整体性。

（五）创新社会治理制度。推进社会治理现代化，最根本的在于制度的改革和创新。社会治理制度的核心是法治。近些年来，我国社会治理领域的制度建设取得重要进展，但仍存在不少问题。一些地方政府重"运动式"应对、轻"制度化"建设，社会治理制度化水平不够高；相关制度的缺失、滞后和不规范是许多社会矛盾产生的重要根源；社会转型过程中新、旧制度接续之间出现一些断裂、真空地带。要有效破解这些问题，就需要我们大力推进社会治理制度改革创新：一要加强社会建设和社会治理领域的基础制度供给和制度设计，加快建立和完善与社会主义市场经济体制相适应的新型社会治理制度体系。二要实现从传统的重视命令式、运动式、动员式的社会治理制度向法治型、互动式、规范化的社会治理制度的转变，显著提高社会治理的制度化、规范化和程序化水平。

（六）创新社会治理机制。当前，我国社会治理机制的主要问题是：群众权益表达渠道不够畅通、公众参与公共政策制定程度较低；矛盾纠纷的各种调解机制彼此互动衔接不够。为此，应注重社会治理体制机制创新。一要健全重大决策社会风险评估机制。凡是推出涉及人民群众切身利益的重大决策，都要把社会风险评估作为前置程序、刚性门槛，使重大决策的过程成为党委、政府倾听民意、改善民生、化解民忧的过程，最大限度地预防和化解社会矛盾的发生。为此，要建立一套科学、完整的指标体系；要成立独立、专业、具有公信力的第三方评估机构。二要建立通畅有序的诉求表达、心理干预、矛盾调处、权益保障机制。充分发挥人大、政协和人民团体、行业协会以及大众传媒等社会利益表达功能，完善公共决策社会公示制度、公众听证制度、专家咨询论证制度；建立健全个人心理医疗服务体系，开展个人心理调节疏导工作。三要建立调处化解矛盾纠纷综合机制。进一步完善人民调解、行政调解、司法调解联动工作体系。四要改革信访工作机制，实行网上受理信访制度，健全及时就地解决群众合理诉求机制；把涉法涉诉信访纳入法治轨道解决，建立涉法涉诉信访依法终结制度。

（七）创新社会治理能力。推进社会治理现代化，既需要创新社会治理体系，也需要提升社会治理能力。要全面提高各个社会治理主体的治理能力，包括党委政府创新社会治理的能力、各类社会组织参与社会治理的能力，社会自我调节的能力和社区、居民自治的能力。要以提高党的执政能力、政府行政能力为重点，尽快把各级干部、各方面管理者的思想政治素质、科学文化素质和工作本领都提高起来，尽快把国家机关、企事业单位、人民团体、社会组织等工作能力都提高起来，尽快把基层单位和居民自治本领都提高起来，这样整个国家社会治理体系才能更加有效运转。为此，要围绕提高全社会的治理能力，加强和创新干部教育培训的形式和内容，加快建设一支宏大的社会工作人才队伍和志愿者队伍；注重运用云计算、物联网、互联网、"大数据"等信息化手段开展基础信息采集工作和分析处理，在学习借鉴国外先进信息技术的同时，加强社会治理信息技术自主研发的能力和水平，加快制定社会治理领域信息技术系统和平台的行业标准。三要加快制定和完善社会治理规则体系，加大社区居民自治知识的宣传教育力度，搭建和营造良好的社会治理框架和环境氛围。

## 三、着力把握创新社会治理体制五个关键环节

创新社会治理体制，是在党的领导下提高运用中国特色社会主义制度有效治理社会的深刻社会变革，需要从多方面着力，特别应当把握好政府善治、合作共治、基层自治、社会法治、全民德治五个关键环节。

（一）政府善治：创新政府治理方式，发挥政府的主导作用。党的十八届三中全会提出，社会治理要"发挥政府主导作用"。应当说，将之前的"政府负责"改为"政府主导"，是对建立现代化政府、实现政府善治的更加明确要求。政府作为公共权力的行使者、公共事务的管理者，必须切实履行社会治理的基本职能。在高度复杂、充满风险和不确定性的现代社会，政府在社会治理中的重要作用只能加强、不能削弱。这一点不容怀疑和动摇。但政府治理必须创新，要做到科学治理、依法治理、良好治理、有效治理。政府在社会治理中的主导作用主要体现在：制定相关社会治理规制、政策和标准体系，制定与实施社会建设总体规划和专项规划，提供社会治理基础设施和公共产品服务，依法行政和依法监管，维护社会良好秩序、保障公共安全等。目前，我国政府治理存在的突出问题是："全能型政府""管制型政府"在地方中还大量存在，政府社会治理缺位现象还较为普遍；公共权力运行不够规范，依法监管意识和能力薄弱。为此，要全面正确履行政府职能，加快转变政府职能，建设"有限政府""创新政府""服务政府"，更加重视社会建设和社会治理，推动政府职能向创造良好发展环境、提供优质公共服务、维护社会公平正义转变；改进政府提供公共服务方式，推广政府购买服务，凡属事务性管理服务，原则上都可以通过合同、委托等方式向社会购买。还要建设效能型政府，增强政府

公信力、执行力和服务力，建设人民满意政府。

（二）合作共治：激发社会组织活力，发挥社会组织的桥梁作用。社会组织是现代社会治理不可或缺的重要主体，是解放和激发社会发展活力的重要能量。现代社会治理仅仅依靠政府作用显然越来越不可能，而需要更加重视充分调动和发挥社会组织的桥梁作用，实现政府与社会组织的合作共治。社会组织的桥梁作用主要体现在："社会组织"充当政府与民众之间的"中间纽带"和"跨界合作平台"，既能有效聚合、沟通和表达民众的利益诉求，又能将政府的治理意图、政策举措及时吸纳和传递到民众中去，并且能提供便捷、高效的公共服务。目前，我国社会组织管理体制存在不少严重弊端：政社不分依然普遍存在，一些社会组织行政化，实际上是"二政府"；双重管理体制使大量社会组织成为"法外组织"，也把合法社会组织管得过死，社会组织的合法权益得不到保障；有些社会组织自律自治能力不足，自身素质和管理水平比较低，还不能有效承接政府转移的社会事项；社会组织相关法律制度供给不足，严重滞后于社会组织发展的需要；国家、政府与社会组织之间的良性互动关系和机制还亟待完善。解决这些问题，一要加快实施政社分开，推进社会组织明确权责、依法自治、发挥作用。规范发展现代社会组织体系，既包括各类社团、基金会等社会组织，也包括工会、共青团、妇联等人民团体，还包括数量庞大的各类草根社会组织，以及社会公益类事业单位。二要加快形成现代社会组织体制，改革社会组织管理制度，降低社会组织登记门槛，使之做到权责明确、依法自治。积极推进社会组织的"去行政化"和"去垄断化"改革，加快实现行业协会商会与行政机关真正脱钩；完善"枢纽型社会组织"服务管理体系。三要营造良性社会生态，发展合作关系，在国家与社会、政府与社会、社会组织与社会组织、社会组织与公众之间建立一种广泛的、平等的合作关系，构建开放型现代社会组织生态系统。四要建立健全政府购买公共服务制度和机制，适合由社会组织提供的公共服务和解决的事项，都可以交由社会组织承担。五要加快社会组织立法进程，优化社会组织发展制度环境。特别要抓紧研究制定指导、规范各类社会组织发展的基本法律——《社会组织法》，保障合法权益，实行依法监管。同时，要强化各类企事业单位的社会治理责任，使它们发挥在社区建设、安全生产、处理劳资关系、发展公益事业、促进社会和谐稳定方面的重要作用。

（三）基层自治：重视基层社会自治，发挥群众参与的基础作用。群众参与社会治理是坚持人民主体地位的基本要求。从某种意义上讲，社会治理首先需要社会的自我组织和自我管理，这是维持社会和谐稳定和社会安全秩序的自动调节机制。良好的社会自治，能够有效降低社会治理的成本，极大激发基层社会的活力。要积极探索社会治理新途径、新形式，形成社会治理人人参与、成果人人共享的生动局面。目前，我国基层社会自治建设存在不少问题，主要是：群众参与意识不够强，积极性普遍不高；一些地方的公共参与平台和渠道还有限；社区组织不发达，不少地方社区功能定位存在偏差，行政化色彩浓厚；有些地方城乡社区建设体制机制不顺，建设资金短缺。必须切实解决好这些问题。一要健全基层群众自治机制，增强基层社会自治功能，扩大群众参与范围和途径，丰富自治内容和形式，努力实现民事民议、民事民办、民事民管，实现政府治理与基层群众自治的有效衔接和良性互动。二要加强和改进城乡社区建设，注重发挥社区作用，规范和提升居民自治和村民自治水平，夯实基层民主制度建设，使之更好地适应和服务于社会治理创新的发展趋势和要求。三要大力推动社会组织参与社会治理，建立政府与社会组织之间的平等合作关系，提高社会组织自治与服务社会的能力。四要建立健全公民参与社会治理的制度保障，搭建多样化、多层次的参与机制，并从组织、人力、财力、设施等方面创造条件保障基层自治。

（四）社会法治：推行法治社会建设，发挥法治的保障作用。法治是社会治理的基本准则和手段，全面推行法治，是实现社会治理现代化的最重要标志。要全面推进法治中国建设，坚持依法治国、依法执政与依法行政共同推进，法治国家、法治政府与法治社会一体建设，立法、执法、司法、遵法、守法普遍提升。特别是各级党政组织和各级干部要牢固树立法治社会和依法治理理念，善于用法治精神思考社会治理、用法治思维谋划社会治理、用法治方式破解社会治理难题，把社会治理的思想和行为全部纳入法治化轨道。目前，我国社会法治建设虽取得积极进展，但还存在不少问题，主要表现在：社会领域立法进程滞后，立法数量不足、位阶低、系统性不够；有些重要立法尚未制定；执法不严、司法不公问题比较突出；全社会的法律意识和法治观念仍很薄弱。应当更加重视充分发挥法治在社会治理中的保障作用：一要加快社会领域立法进程，尤其要加大规范社会组织、城乡社区、社会保障等方面的立法力度，建议抓紧制定《社会稳定法》。二要深化执法、司法体制改革。促进社会公平正义，包括深化执法、司法公开，提高执法司法透明度，严格、规范、公正、文明执法，加快建设公正、高效、权威的司法制度，切实维护人民权益。三要深入开展法治社会宣传教育，大力增强全社会法治观念和法治意识，使广大干部和群众做到"学法、知法、遵法、用法、守法"，在全社会树立法律至上的基本信念和行为准则，显著提高全社会的法治水平。

（五）全民德治：加强思想道德建设，发挥核心价值观的引领作用。实现社会治理现代化，既要靠法治，又要靠德治，做到法治与德治相结合、二者并用。人类社会发展的历史表明，对一个民族、一个国家来说，最深厚、最持久的力量是全社会一致认同的核心价值体系和核心价值观。坚持中国特色社会主义制度，创新社会治理体制，必须坚持充分反映中国特色、民族特性、时代特征的核心价值体系。我们党明确提出的"三个倡导"，12个词、24个字，即倡导富强、民主、文明、和谐，自由、平等、公正、法治，爱国、敬业、诚信、友善，是社会主义核心价值观的基本内容，实际上提出了我们要建成什么样的国家、建设什么样的社会、培养什么样的公民的重大问题。这个核心价值观把涉及国家、社会、公民的价值要求融为一体，既体现了社会主义本质要求，继承和弘扬了中华优秀传统文化，也吸收了世界文明有益成果，体现了时代精神。培育和弘扬社会主义核心价值观，必须立足中华优秀传统文化。牢固的核心价值观，都有其固有的根本。抛弃传统、丢掉根本，就等于割断了自己的精神命脉。博大精深的中华优秀传统文化是我们在世界文化激荡中站稳脚跟的根基。随着我国经济体制的深刻变革、社会结构的深刻变动、利益格局的深刻调整、思想观念的深刻变化，尤其是在世界格局多元化、经济全球化、社会信息化的背景下，各种思想文化交流交融交锋更加频繁，这就使得我们加强和创新社会治理必须凸显社会主义核心价值体系和核心价值观，以引领社会前进的方向和凝聚奋斗的力量。要充分发挥社会主义核心价值观引领社会治理现代化的灵魂作用。为此，一要积极开展社会主义核心价值观宣传教育，壮大主流思想舆论阵地，增强人们的认同感和归属感，激发广泛的社会共鸣。二要加强社会思潮动态分析，强化正面引导，凝聚社会共识。坚持正确舆论导向，勇于弘扬主旋律，主动引导社会思潮，不断巩固壮大积极向上的思想舆论阵地。三要树立"全民德治"观念，以社会主义核心价值观引领公民道德建设，加强公民道德教育，使之成为公民行动的准则。

创新社会治理体制、推进国家社会治理现代化，是一项极为复杂、艰巨、长期的系统工程。实现这个超大规模的战略工程，需要我们牢牢把握完善和发展中国特色社会主义制度这个根本要求，始终坚持社会治理创新的正确方向；需要不断解放思想、与时俱进、求真务实，坚决破除各种不合时宜的旧观念、旧思想的束缚；需要坚持顶层设计和基层探索相结合，既要从战略上谋划社会治理现代化，又要及时总结推广地方社会治理创新的新鲜经验；需要坚持立足中国基本国情，高度重视继承我国传统的社会治理优秀文明成果，同时又要顺应世界发展潮流，善于学习借鉴人类治理社会文明的一切优秀成果；需要坚持统筹推进全面改革，加强社会治理体制改革与其他各方面改革的配合性、系统性、协调性，以利于全面深化改革的顺利推进。我们要在以习近平同志为总书记的党中央坚强领导下，以党的十八大和十八届三中全会精神为指导，弘扬改革创新精神，凝聚改革共识，深入开展社会治理创新理论研究，积极投入社会治理创新实践，为推进社会治理现代化，实现"两个一百年"奋斗目标和中华民族伟大复兴的中国梦作出应有的贡献。

# 全面推进法治社会建设 *

（2015 年 5 月 17 日）


今天，我围绕本次论坛的主题，就全面推进法治社会建设问题，讲一些个人看法，与大家一起研讨交流。

## 一、法治社会建设的内涵和重要特征

法治是人类社会发展的文明成果之一。法治社会是现代社会的基本标志，建设法治社会是社会现代化的必然要求。什么是法治社会呢？长期以来，对这个问题无论在理论界还是实际工作部门，都没有形成一个共识。目前，主要有三种看法：第一种是广义的法治社会，指立法机关科学立法，行政机关依法行政，司法机关公正司法，执政党依法执政，公民和社会组织、团体在宪法和法律范围内活动。第二种是中义的法治社会，认为法治国家与法治社会既相对独立又密切联系，两者之间属于"一体之两面"的关系。第三种是狭义的法治社会，更多强调的是公民、社会组织和社会团体等社会主体行为的法治化。以上三种看法都有合理之处，也很有启发意义，但都需要深入研究。

党的十八届四中全会提出，建设法治中国，必须坚持依法治国、依法执政、依法行政共同推进，坚持法治国家、法治政府、法治社会一体建设。这里，明确提出了建设法治社会的任务和要求。我认为，在法治中国建设中，"法治社会"有其特定范畴和基本内涵。所谓"法

---

* 本文系 2015 年 5 月 17 日在第五届中国社会治理论坛上的主旨演讲，全文发表在《社会治理》2015 年第 2 期。

治社会",是指法律在全社会得到普遍认同和遵从,国家立法所确立的制度、理念和行为方式能够得到有效贯彻实施,全体公民和所有社会主体都能厉行法治的一种社会运行状态,可以在法治轨道上统筹社会力量、平衡社会利益、调节社会关系、规范社会行为,依靠法治解决各种社会矛盾和问题。从根本上讲,全面推进法治社会建设的目标,就是建设中国特色社会主义的法治社会。进一步说,中国特色社会主义法治社会建设具有六个重要特征:即人民性、普遍性、系统性、全面性、平等性、公正性。

人民性,就是法治社会建设坚持人民主体地位。这是由当代中国的社会性质、执政党的宗旨和宪法的属性所决定。我国是社会主义国家,人民是国家和社会的主人,这就决定着我国的法治是全体人民的法治。法治建设是为了人民、保护人民、依靠人民、造福人民,以保障人民根本权益为出发点和落脚点,保证人民依法享有广泛的权利和自由、承担应尽的义务,人民群众通过多种形式、多样渠道广泛参与法治社会建设,维护社会公平正义,促进共同富裕。我国社会主义制度保证了人民当家作主的主体地位,也保证了人民在全面推进依法治国、建设法治社会中的主体地位,这是中国特色社会主义法治区别于资本主义社会法治的根本所在。

普遍性,就是法治社会建设要使法律成为全社会的基本准则,整个社会按照法律规范运行。任何组织、机构、单位和个人都必须在宪法和法律的范围内活动,都要以宪法和法律为行为准则,依照宪法和法律维护权利或权力、履行义务或职责。

系统性,就是法治社会建设贯穿于立法、执法、司法、守法各个环节。通过科学立法,发挥立法的引领和推动作用;通过严格执法,确保法律有效实施;通过公正司法,提高司法公信力;通过全民守法,增强全社会法治观念和意识。这四者之间紧密相连、相辅相成,共同构成法治社会建设的主体架构。

全面性,就是法治社会建设既包括经济、政治、文化、社会、生态建设和党的建设在内的全方位、立体型地厉行法治,也包括心灵、价值、行为、秩序、制度全面体现法治精神、法治规范和法治要求。

法治社会建设意味着法治观念、法治精神、法治信仰不断深入人心、浸润人心、内化于心，进而实现人的心灵的治理；法治社会建设也意味着法律规范成为人们一切行动的基本准则；法治社会建设还意味着构建完善的社会规范和法律制度体系，使之成为各类市场主体、社会主体维护社会秩序的根本保障。

平等性，就是法治社会建设坚持法律面前人人平等。平等是社会主义法治的基本属性。任何组织和个人、任何市场主体和社会主体，都必须尊重和维护宪法法律权威，都必须依照宪法法律行使权力或权利、履行职责或义务，都不得有超越宪法法律的特权，任何在社会中处于弱势的公民都不得受到歧视。

公正性，就是法治社会建设以促进公平正义为根本依归。公正是法治的生命线。维护公平正义，是中国特色社会主义的内在要求。我国法治社会建设，从根本上讲，就是为了建设一个公平正义的美好社会。全面依法治国、推进法治社会建设，必须紧紧围绕保障和促进社会公平正义来进行，切实做到良法善治。

总起来看，健全的、成熟的法治社会，将是一个政治清明、民主法制、社会公正、充满活力、平安有序、和谐友善的社会。在这样一个社会中，全社会对法律充满敬畏和信仰，宪法和法律得到有效实施和普遍遵从，社会生活法治化、规范化，全社会依照法律规范既生机勃勃又井然有序运行，人民群众的合法权益获得切实尊重和保障，社会充满公平正义，形成法治社会人人有责、法治社会人人共享的生动局面。

全面推进法治社会建设如同全面推进依法治国一样，这是一个重大的历史任务，是国家治理和社会治理领域一场广泛而深刻的革命，需要付出长期艰苦努力，需要全体社会成员和社会组织共同积极奋斗、扎实奋斗、不懈奋斗。

## 二、全面推进法治社会建设的重要性和紧迫性

（一）全面推进法治社会建设是全面推进依法治国的内在要求。党的十八届四中全会的一个重大历史贡献，是站在党治国理政和国家

现代化全局的高度，提出了全面推进依法治国的总目标，这就是建设中国特色社会主义法治体系，建设社会主义法治国家。法治社会建设在全面推进依法治国中具有重要地位和作用。法治国家、法治政府、法治社会是一个有机统一的整体，三者相互依存、相辅相成。在法治中国"三位一体"建设格局中，法治社会是法治国家、法治政府建设的重要基础和基本前提，法治国家、法治政府是法治社会建设的重要保障。只有实现全社会对法治的普遍信仰，才能为全面推进依法治国提供坚实的思想基础。只有不断打造整个社会尊法、信法、守法、用法的法治环境，才能为全面推进依法治国提供广泛的社会基础。只有公平正义得到切实维护，公民权利得到有效保障，广大群众才会发自内心地崇尚和拥护法治，才能为全面推进依法治国打牢群众基础。如果不加强法治社会建设，也难以建成法治国家和法治政府。因此，全面推进依法治国，必须大力推进法治社会建设，为建设法治国家和法治政府提供坚实基础和支撑。

（二）全面推进法治社会建设是推进国家治理现代化的必然选择。法律是治国之重器，法治是国家治理体系和治理能力的重要依托。法治化与国家治理现代化具有同步性，国家治理现代化的过程本身就是法治化的过程。加强和创新社会治理，必须依靠法治来统筹社会力量、平衡社会利益、调节社会关系、规范社会行为，提高社会治理法治化水平，推进社会治理现代化。正如习近平总书记指出："人类社会发展事实证明，依法治理是最可靠、最稳定的治理。要善于运用法治思维和法治方式进行治理，要强化法治意识。"因此，只有加快推进社会治理体制创新，全面推进法治社会建设，才能全面实现国家治理体系和治理能力的现代化。

（三）全面推进法治社会建设是全面建成小康社会的迫切需要。"十三五"时期，我国要实现全面建成小康社会的目标，这是我们党对人民作出的庄严承诺。包括要构建系统完备、科学规范、运行有效的制度体系，使各方面制度更加成熟、更加定型。这其中一个很重要的方面，就是依法治国基本方略全面落实，全面推进国家和社会生活法治化、制度化。当前，全面建成小康社会的任务繁重，时间紧迫。特别是社会治理面临许多新情况，知识型经济、网络化社会、数字化生活的趋势越来越明显，以互联网为代表的信息技术给社会治理带来一系列新问题和新挑战。各类社会矛盾纠纷频发多发，有的群众往往不愿通过法律程序解决，成为当前社会治理面临的突出难题。在这种错综复杂的情势下，只有更加重视加强法治社会建设，完善社会治理法治，充分发挥法治对小康社会建设和全面深化改革的引领、规范和保障作用，才能将全面建成小康社会的目标任务真正落到实处、取得预期成效。

（四）全面推进法治社会建设是全面维护人民群众权益和实现国家长治久安的根本保障。健全的法治既是人民群众遵守的行为规范，又是保障人民各项权益的有力武器，也是社会稳定的"压舱石"。通过全面建设法治社会，增强全体人民的法治观念和法治意识，推动全面形成法治环境和法治制度安排，将会更好地保障全体人民享有的广泛的权利，也会使人民群众享受幸福安康生活，各项权益得到切实尊重和保障，更好参与民主政治和社会治理，这对于进一步解放和增强社会活力、促进社会公平正义、维护社会和谐稳定、建设平安社会、平安中国，实现国家长治久安具有根本性意义。从这个意义上讲，推进法治社会建设，归根到底，就是为了实现好、维护好、发展好人民群众的根本利益，让人民群众真正共享改革发展成果，让每个人都能有人生出彩之机会，进而才能如期圆满实现中国梦。

# 三、全面推进法治社会建设的主要任务

改革开放以来，经过 30 多年的努力，在建设法治中国的进程中，我国全社会法治观念明显增强，法治社会建设取得重要进展。同时，也必须看到，我国法治社会建设同中国特色社会主义事业发展要求相比，同人民群众期待相比，同推进国家治理体系和治理能力现代化目标相比，仍任重道远。因此，必须加快法治社会建设，特别需要抓好以下主要任务：

（一）显著提高全社会法治观念和法治信仰。这是全面推进法治社会建设的基础。法律的权威性就是法律效力的至上性和法律权威的最高性。这个要求对于全面推进依法治国和全面推进社会法治建设有着极大的重要性和现实针对性。法律的权威源自人民的内心拥护和真诚信仰。信仰法治的实质，是要真正树立宪法和法律权威，使法律成为国家、社会最高层次的治理规则。只有崇尚法治、信仰法治，才能真正坚守法治。党的十八届四中全会通过的《决定》明确要求：要增强全社会厉行法治的积极性和主动性，使全体人民都成为社会主义法治的忠实崇尚者、自觉遵守者、坚定捍卫者。当前，我国社会法治观念和法治信仰状况存在一些问题，主要表现在：一方面，一些领导干部头脑中的"人治思维"仍较为顽固，以言代法、以权压法、徇私枉法的现象在一些部门、地方和领域还较为普遍，造成法治被人治所弱化，并对法治造成严重损害；另一方面，不少公民"信权不信法""信访不信法""信关系不信法"的观念和认识还根深蒂固。因此，只有显著提高全社会的法治观念和法治意识，使尊法、信法、守法、用法、护法成为全体人民的共同追求和自觉行动，才能为法治社会建设奠定坚实的思想根基。为此，要着力抓好以下四个方面：一要深入开展法治宣传教育。要坚持把学习宣传宪法放在首位，采取多种有效途径和形式，大力加强以宪法为核心的中国特色社会主义法律体系和国家基本法律的宣传普及，不断增强全民法治观念。二要大力弘扬社会主义法治精神。要树立宪法和法律权威，强化法律监督，及时纠正法律实施中的违法行为，维护国家法制统一，维护法律正确实施。三要扎实推进社会主义法治文化建设。要在全社会形成崇尚法律、遵守法律、维护法律权威的社会风尚，让人民群众切实感受到法治的力量，真正树立法治信仰。法律必须被全体社会成员所信仰，否则形同虚设。四要抓住领导干部这个"关键少数"和青少年这个"重要多数"。法治社会建设的基础在教育，要强化法治教育。领导干部是全面依法治国、依法治社会的决定性因素，各级干部都要带头尊法学法守法用法；做尊法学法的模范，带头崇尚法律、了解法律、掌握法律；做守法的模范，带头遵纪守法、捍卫法治；做用法的模范，带头厉行法治，依法办事。要强化对干部遵守法律、依法办事方面的考核，引导广大干部自觉树立法治观念，增强法治思维，提升法治素养。法治观念、法治思维方式和法治信仰形成的关键在学校。要把法治教育纳入国民教育体系，坚持从青少年抓起，全国中小学都要设立法治知识课程，将法治意识、法治信仰、法治思维、法治精神从一开始就根植于每个孩子的头脑深处，让法治素养伴随、滋润他们成长。同时，要把社会法治教育纳入精神文明创建内容，大力营造守法光荣、违法可耻的社会风尚。

（二）全面加快社会领域立法进程和提高立法质量。这是全面推进法治社会建设的依据。良法乃善治之基。现在，我们国家和社会生活各方面总体上实现了有法可依，但法治社会的制度体系建设仍处于滞后的状态，主要问题有：社会领域立法数量总体不足、位阶偏低、系统性不够，有些社会领域基本法尚处于空白；一些社会领域立法理念偏颇，存在较强的"管制"色彩，"维权""赋权"功能不足；有些社会领域立法质量不够高，缺乏可操作性。因此，必须坚持立法先行，充分发挥社会立法在法治社会建设中的引领、推动和保障作用。特别需要抓好以下几个方面：一要加快公民权利保障方面的立法。增强全社会尊重和保障人权意识，健全公民权利救济渠道和方式。加快完善体现权利公平、机会公平、规则公平的法律制度，保障公民人身权、财产权、基本政治权利等各项权利不受侵犯，保障公民经济、文化、社会等各方面权利得到落实。二要加快社会组织、城乡社区、社会工作等方面的立法。建立健全社会组织参与社会事务、维护公共利益、救助困难群众、帮教特殊人群、预防违法犯罪的机制和制度化渠道。加快修订《社会团体登记管理条例》《民办非企业单位登记管理暂行条例》《基金会管理条例》《城市居民委员会组织法》等，规范和引导各类社会组织健康发展。制定《社区矫正法》《反家庭暴力法》、《社会工作法》等。同时，完善和发展基层民主制度，依法推进基层民主和行业自律，实行自我管理、自我服务、自我教育、自我监督，切实发挥其在社会治理中的积极作用。三要加快公共服务、社会事业和社会保障等方面的立法。依法加强和规范公共服务，完善教育、就业、收入分配、社会保障、医疗卫生、食品安全、扶贫、慈善、社会救助和妇女儿童、老年人、残疾人合法权益保护等方面的法律法规。四要加快公共安全和应急管理等方面的立法。推进国家安全和公共安全法治建设，加快制订《国家安全法》《反恐怖活动法》《网络安全法》等，尤其要加大依法管理网络力度。五要着力提高社会领域立法质量。要坚持问题导向，提高立法的针对性、及时性、系统性、可操作性。认真贯彻新修订的《立法法》，切实做到科学立法、民主立法，使每一项立法都符合宪法精神，反映人民意愿，维护公民合法权益，得到人民拥护。

（三）切实推进多层次多领域依法治理。这是全面加强法治社会建设的关键。依法治理是法治社会的重要特征。随着我国当代社会呈现出社会层次立体化、社会主体多元化、社会利益差别化、社会矛盾复杂化的新情况，深入推进多层次多领域依法治理，是创新社会治理、实现社会善治的必由之路。从总体上来看，我国多层次多领域的社会治理格局尚未完全形成，主要表现在：重政府包揽、轻多方参与的现象较为普遍；社会组织的治理能力普遍还较为薄弱，还难以成为一种独立自主的主体性力量；各类治理主体之间平等合作、民主协商的体制机制仍不够畅通。为此，一要深化基层组织和部门、行业依法治理。要深入贯彻基层群众自治法律法规，使广大基层群众在自我管理、自我服务中增强法治意识和权利义务观念，提高依法管理社会事务的意识和能力；要大力推动各级政府部门和各行业普遍开展依法治理，实现依法治理对部门行业的全面覆盖，促进各级政府部门依法行政、严格执法，社会各行业依法办事、诚信尽责。二要发挥社会规范在社会治理中的积极作用。法治是法律之治、规则之治。依法治理是依据完备的法律法规和制度规范体系所进行的社会治理。在多层次、多样化的社会治理规则体系中，法律法规居于主导性、基础性地位；同时，也要引导公民按照宪法法律制定完善市民公约、乡规民约、行业规章、团体章程等多种形式的社会规范，充分发挥其效力所及的组织和成员个人应有的规范、引领和约束作用。重视引导和支持城乡社区基层组织、行业和社会团体通过规约章程自我约束、自我管理，规范成员行为，依法维护成员合法利益。三要深入开展多层次多形式法治创建活动。坚持把法律规定和法治原则、法治精神体现在、落实到各类社会主体的活动之中，最大限度实现依法治理的社会参与；要探索建立科学完备的法治创建指标体系；要加强社会诚信建设，健全公民和组织守法信用记录，完善守法诚信褒奖机制和违法失信行动惩戒机制。四要发挥人民团体和社会组织在法治社会建设中的积极作用。要发挥各类人民团体的组织特点和优势，依法维护团体成员和人民群众合法权益；要建立健全社会组织发挥作用的机制和制度化渠道，创新社会组织培养扶持机制，建立健全政府购买服务机制；引导社会组织发挥专业优势，开展志愿服务，构建制度化服务平台，发挥多方面作用。要有效发挥行业自律和专业服务功能，规范和促进行业健康有序发展；要切实加强对社会组织的监督管理。五要依法深入推进社会治安综合治理。要始终坚持打防结合、预防为主、专群结合、依靠群众的工作方针；依法严厉打击严重刑事犯罪；完善立体化社会治安防控体系；加强互联网管理，全面推进网络实名登记制度，依法整治打击网络违法犯罪，全力维护网络社会安全。总之，在新的形势下，推进多层次多领域依法治理，提高社会治理法治化水平，要更加突出党委和政府主导下的社会各方面参与，更加突出法治思维和法治方式，更加突出源头治理、综合施策，把社会治理纳入法治轨道，使法治成为社会治理的常态。

（四）加快建设完备的公共法律服务体系和服务保障。这是全面加强法治社会建设的要素。公共法律服务是基本公共服务的重要组成部分。完备的公共法律服务体系是法治社会的必备要素。当前，我国公共法律服务体系建设中存在的主要问题有：法律服务提供能力与群众日益增长的法律服务需求还有一定差距，法律服务整体水平与我国社会主义民主法治建设进程还不相适应；法律总量不足、结构不协调，法律服务网络覆盖不全，发展不平衡的矛盾日益显现；相关法律法规不健全、法律服务意识不强、法律服务资源配置保障不足，特别是对社会弱势群体的法律服务严重不足等。为此，要重视抓好以下五个方面：一要加强公共法律服务立法。尽快制定公共法律服务方面的法律法规，对公共法律服务方面的问题进行具体规定，并使之统一化、系统化，拓宽法律援助的范围，健全司法救助体系，加强对老年人法律服务和法律援助工作，加大对弱势群体进行法律救助的力度等。二要拓展公共法律服务内容。健全公共法律服务网络，加快建立健全符合国情、覆盖城乡、惠及全民的公共法律服务体系。重点针对民生服务领域，整合律师、公证、基层法律服务、司法鉴定等法律服务资源，将公共法律服务纳入政府公共服务体系，不断满足人民群众的基本法律需求。三要提高公共法律服务质量。公共法律服务同整个法律服务业一样，应当树立质量至上的理念，加大公共法律服务的规范化、标准化和便利化建设，加强质量监管，努力提高公共法律服务的诚信度和公信力。四要强化公共法律服务保障。健全完善政府财政支持保障的常态机制，将法律服务经费列入政府的财政预算当中，建立严格的政府财政拨款制度，设立法律服务专项资金；同时，要大力拓展资金的来源渠道，有效整合社会资源，吸收社会融资，使之为公共法律服务体系建设提供有力保障。五要发展壮大公共法律服务队伍。要充分激活和利用社会法律资源，完善公职律师制度，形成社会律师、公职律师优势互补的格局。要培育和扶持更多的公益性法律服务民间组织，积极开展公益性法治宣传与法律服务，满足人民群众对法律服务的多层次需求。

（五）建立健全依法维权和化解纠纷机制。这是全面加强法治社会建设的核心。随着我国经济社会发展和民主法治进步，人民群众的权利意识日益增强，利益诉求也日益多元化，由此带来的各种社会矛盾和纠纷也频发多发，成为影响社会和谐稳定的突出问题。当前，我国在依法维权和纠纷化解方面存在的主要问题有：一方面，一些公民和社会群体在表达和维护自身权益方面，理性化和法治化程度还较为欠缺，往往通过"闹"等群体性事件甚至更为极端化的方式主张权益；另一方面，一些地方政府和官员不能正确认识和对待群众的合理合法的利益诉求，要么视而不见，要么回避躲避，要么粗暴压制，以至造成民众利益诉求不但得不到及时解决，反而埋下不少严重隐患。解决这些问题，需要抓好以下四个方面：一要正确认识和对待人民群众的利益诉求。应当看到，大量社会矛盾和问题是由利益问题引发的。从人民内部矛盾和社会一般意义上说，维权是维稳的基础，维稳的实质是维权。对涉及维权的维稳问题，首先要把群众合理合法的利益诉求解决好。二要强化法律在维护群众权益、化解社会矛盾中的权威地位。要推动形成运用法律手段、通过法律渠道、依照法律程序维护权益、化解纠纷的社会氛围，引导和支持人民群众依法理性表达诉求，依法维护好、解决好群众最关心最直接最现实的利益问题。三要健全社会矛盾纠纷预防化解机制。法治社会不是没有矛盾纠纷的社会，而是矛盾纠纷出现后能够得到及时有效解决的社会。这就需要建立健全社会矛盾纠纷预防机制，大力开展重大工程项目建设和重大决策社会稳定风险评估，有效预防和化解社会矛盾；要坚持及时就地化解矛盾，最大限度地把矛盾解决在基层、解决在萌芽状态，防止矛盾激化升级。四要充分发挥不同纠纷解决制度的优势，建立完善各种纠纷解决制度有机衔接、相互协调机制。人民调解、司法调解、行政调解、行政裁决、行政复议、仲裁、诉讼等纠纷解决制度，各具特色，各有优势。要建立完善多元化纠纷解决机制，实现各种纠纷解决制度相互协调，形成社会矛盾纠纷化解网络和工作合力；要进一步完善调诉对接、裁审协调、复议诉讼衔接的机制，确保不同纠纷解决制度既能在各自领域和环节中有效发挥作用，又能够相互配合、相互支撑，强化纠纷解决效果。

## 四、在全面推进法治社会建设中需要把握的基本要求

全面推进法治社会建设，是运用中国特色社会主义制度治理社会的深刻社会变革。实现建设法治社会的目标，需要从多方面努力，特别应当把握好以下几个基本要求。

（一）始终坚持正确的政治方向。坚持和发展中国特色社会主义是当代中国发展进步的根本方向。全面推进法治社会建设，必须始终旗帜鲜明地坚持中国特色社会主义的方向，坚持立足中国国情，坚持和拓展中国特色社会主义法治道路、法治理论和法治制度。中国特色社会主义制度是中国特色社会主义法治体系的根本制度基础，是全面

推进依法治国的根本制度保障。中国特色社会主义法治理论是中国特色社会主义法治体系的理论指导和学理支撑，是全面推进依法治国的行动指南。这些规定确保了中国特色社会主义法治体系的制度属性和前进方向。中国特色社会主义道路、理论体系、制度是全面推进依法治国的根本遵循，也是全面加强法治社会建设的根本原则。必须坚持从我国基本国情出发，同改革开放和现代化建设不断推进相适应，围绕社会主义法治建设重大理论和实践问题，推进法治理论创新和实践创新，发展具有中国特色、体现社会发展规律的社会主义法治理论和社会法治体系。十分重要的是，要善于汲取中华传统法律文化的精华。中华文明上下五千年，我国古代法制蕴含着十分丰富的智慧和资源，中华法系在世界几大法系中独树一帜，有许多优秀的法律思想和制度可以传承，民间还有大量的好习惯、好传统等非正式法律，要重视挖掘、择善而用。同时，要放眼世界，认真研究借鉴国外社会法治文明建设有益经验和成果，但决不能照搬外国法治理念和法治模式。

（二）始终坚持人民主体地位。人民群众是依法治国、建设法治社会的主体和力量源泉。人民群众在法治社会中的主体地位是由我国宪法确定的。坚持人民主体地位是全面推进依法治国、加强法治社会建设的题中应有之义。要保证人民在党的领导下，依照法律规定，通过各种途径和形式管理国家事务，管理经济和文化事业，管理社会事务。要把体现人民利益、反映人民愿望、维护人民权益、增进人民福祉落实到依法治国和法治社会建设全过程和各方面。

（三）始终坚持法治和德治相结合。法律是成文的道德，道德是内心的法律，法律和道德都具有规范社会行为、维护社会秩序的作用。必须坚持一手抓法治、一手抓德治。以道德滋养法治精神、强化道德对法治文化的支撑作用，实现法律和道德相辅相成、法治和德治相得益彰。"礼法融合"一直是我国历史上社会治理的重要经验，现代社会治理更需要把法治与德治结合起来。既要重视发挥法律的规范作用，又要重视道德的教化作用，以法治体现道德理念、强化法律对道德建设的促进作用。要大力弘扬社会主义核心价值观，弘扬中华传统美德，培育社会公德、职业道德、家庭美德、个人品德，提高全民族思想道德水平，为建设法治社会创造良好的人文环境。

（四）始终坚持中国共产党的领导。这是全面推进依法治国、全面推进法治社会建设最根本的保证。党的领导是中国特色社会主义最本质的特征，把党的领导贯彻到依法治国全过程和各方面，是我国社会主义法治建设的一条基本经验。党和法治的关系是法治建设的核心问题。习近平总书记指出："党和法的关系是一个根本问题，处理得好，则法治兴、党兴、国家兴；处理得不好，则法治衰、党衰、国家衰。"坚持党的领导，是健全社会主义法治国家、法治社会的根本要求。党的领导和社会主义法治是一致的，只有坚持党的领导，才能保持法治社会建设的正确政治方向，人民当家作主才能充分实现，法治和德治才能有机融合，国家和社会生活制度化、法治化也才能持续有序推进。同时，要不断改善党的领导，不断提高党领导依法治国、领导法治社会建设的能力和水平。这样，才能更好加强党的领导，确保社会主义法治中国的实现。

# 创新和加强监管　提高政府治理水平 *

（2015 年 8 月 6 日）

## 一、对新一轮简政放权改革的基本估计

党的十八大以来，新一届政府在以前改革的基础上，进一步加大行政体制改革力度，紧紧抓住转变政府职能这个关键环节，着力推进简政放权、放管结合，采取一系列措施，取得了显著成效。但这项改革仍处于攻坚阶段，任务相当繁重和艰巨。我认为，在深化简政放权改革、转变政府职能方面，应该说两句话：一句话是，坚定不移搞放权，坚决把该"放"的彻底放开，该"减"的彻底减掉，该"清"的彻底清除，不留尾巴、不留死角、不搞变通；另一句话是，理直气壮抓监管，要做好简政放权的统筹谋划，提高政府治理水平，特别是创新和加强监管，敢于监管、科学监管、善用监管。

## 二、高度重视创新和加强政府监管

这是健全社会主义市场经济体制的内在要求。在社会主义市场经济体制框架中，既要发挥市场对资源配置的决定性作用，又要更好发挥政府的作用，特别是加强对经济社会运行的引导、规范和监管。简政放权是要把本来属于市场、公众、企业、社会组织和地方政府的权力交出去，充分尊重它们的权利和发挥它们的应有作用，最大限度地

---

＊ 本文系 2015 年 8 月 6 日在国家行政学院召开的简政放权、放管结合座谈会上的发言，发表在《行政管理改革》2015 年第 7 期。

增进经济社会发展活力、创造力和运行效率。同时，放权不等于一放了之，完全撒手不管。没有规矩，不成方圆。简政放权以后，政府监管必须跟进。简政放权，放开放活是改革；实施有效监管，管住管好，也是改革。这二者都是社会主义市场经济体制的内在要求，不可或缺，不能偏废。

这是实现政府治理现代化的重要环节。我国政府改革和建设的重要目标，是推进政府治理体系和治理能力现代化。简政放权，化繁为简，是建设现代化政府的必由之路。实施有效监管是政府治理现代化的重要标志。只有把不该由政府管理的事项转移出去，才能从制度上保障市场在资源配置中发挥决定性作用。同时，政府也才能有更大的力量履行好创造良好发展环境、维护社会公平正义，以及宏观调控、市场监管、社会管理和公共服务的职能，更好建设创新型政府、法治型政府和服务型政府。

这是顺利推进改革发展的迫切需要。当前，我国改革开放和经济社会发展的主流是好的，但存在的突出问题是市场经济本身还不够完善，市场秩序不规范。一些企业和社会组织缺乏诚信意识，不守法经营，各种制造假冒伪劣、侵犯知识产权、坑蒙拐骗、破坏生态环境、危害公共安全等现象屡见不鲜。例如，新型网络投资诈骗活动猖獗，"含铝包子"等有毒食品禁而不绝。其中的重要原因，是对市场主体缺乏监管或者监管力度不够。在继续简政放权的情况下，只有"放"和"管"两个轮子一起转，在降低门槛和打开前门的同时，及时创新和加强事中事后的监管，才能走出以往那种"一放就乱、一管就死"的怪圈。

从国际上市场经济发展的经验教训来看，市场作用不断发挥的历史，也是政府监管不断创新和加强的过程。不论哪个国家在什么时候忽视或放松政府监管，就会发生始料不及的严重问题。2008年，美国爆发殃及全球的金融危机，一个重要原因是美国政府一度放松了金融监管。最近，我看到担任美国奥巴马政府信息与监察事务办公室主任卡斯·桑斯坦撰写的一部名为《简化——政府的未来》的专著，全面论述了在自由市场经济的美国如何与时俱进地创新政府监管工作。他认为，"没有监管，也不会有自由市场"。作者在书中写道："2009—2012年，我国开始了政府监管的创新。"我们是实行社会主义市场经济的国家，更需要重视抓好监管，而且也有条件有能力搞好监管。所以，在深化简政放权改革中，必须高度重视实施政府的有效监管，特别要创新政府监管。

## 三、全面把握政府监管面对的新情况新要求

所谓监管，就是"监视管理"。它同行政审批不同，监管是事中事后的行政行为，是持续的过程管理；行政审批是事前审查管控，是一次性源头管理。不同的历史条件和管理体制，有着不同的监管模式。在我国新的历史条件下，搞好政府监管，一要创新，二要加强。首先要创新，只有创新才能加强，也就是说，政府监管必须立足于创新，着眼于创新，致力于创新，在创新中加强。这是经济社会发展和改革开放新形势、新任务的要求。传统的监管理念、监管制度、监管方式和监管手段，已难以适应时代发展的要求，政府监管必须创新。

之所以要加强监管，这是因为：长期以来计划经济的重事先审批、轻事中事后监管的传统思维与做法影响深远，目前不少部门、地方政府及其工作人员对监管的认识不足、知识不足、能力不足，不愿监管，也不善监管，许多部门、地方的监管制度形同虚设，监管政令成为一纸空文。目前突出的问题有：一是相关部门、地方改革进程不同步，监管难以到位。二是企业和市场主体数量增多，市场规模扩大，有不少市场主体资质参差不齐，登记信息不足甚至失真，使监管任务增加，监管难度加大。三是监管体制不适应，监管职能分散。四是监管规制依据不足，标准和标准体系落后。五是监管机制不完善，信息沟通不畅，规避监管执法现象较为普遍，绩效评估与问责机制缺失，等等。解决这些问题，既需要创新监管，也需要加强监管。

在新的形势下，创新和加强监管应当注意把握以下几点：一要有利于市场配置资源决定性作用的发挥。必须明确监管的范围、对象，不是所有取消审批事项都需要政府实施特殊监管措施，要有所为，有

所不为。监管不是越多越好，监管过滥也会引发新的问题。凡是该由市场、企业、基层社会组织自行决定的事项，就要由市场、企业、基层组织依法自行决定，政府不必加以干预，不能把事中事后监管当成新的行政直接管控的翻版。二要有利于改善民生和创新创业。监管体系必须注重保护人民群众的生命安全、身心健康、社会福利和生活环境，必须能够推动经济持续增长、促进创新和增加就业机会。监管方式和措施应尽量减少企业和社会组织负担，以不断提升他们的创新力、竞争力。三要有利于减少成本，提高效益。监管内容、监管环节、监管方式、监管制度必须考虑改革成本与效益相称，以监管成本较低的代价换取较高的监管成效。四要有利于发挥中央和地方各级政府的积极性。中央对地方下放权力，必须做到权责统一，同时要因地制宜，因势利导，特别是要充分发挥县级政府的监管、执法的职责作用。

以上概括起来说，就是要树立与社会主义初级阶段的基本国情相适应，与开放、动态、信息化社会环境相适应的政府监管理念、监管体制、监管制度、监管机制、监管手段和监管方法，确保政府监管更好地体现时代性、把握规律性、富有创造性、讲求实效性。

## 四、加强顶层设计，科学实施监管

要从全局和战略上统筹谋划全面深化简政放权、放管结合的改革任务和目标。按照完善社会主义市场经济体制要求，构建全过程、立体式、开放型、现代化的政府监管体系，有步骤地协同推进放权与监管改革。同一重要事项所涉及的部门、地方，要同步放开、同步下放、同步跟进监管，不能你放我不放、你管我不管。对已经简政放权的，要抓紧清理和制定统一、权威、系统的监管制度。无论是行政审批、投资审批、商事制度改革，还是职业资格许可认定、收费管理和科教文卫体等社会领域，凡是需要加强事中事后监管的，都应当明确监管任务、内容、标准、程序、方法，有的需要重申已有的制度、标准、做法，有的需要根据新情况、新要求更新监管内容、标准和措施。要健全分工合理、权责一致的职责体系，重新明确监管主体、监管职能、监管责任，并公之于众，公开透明，接受社会监督，以做到监管有权、监管有据、监管有责、监管有效，避免出现监管过度或监管真空的现象。对今后还需要进一步简政放权的，应预为之谋，在放权之前就做好创新和加强监管的设计工作。

## 五、完善监管体制，形成"大监管"合力

一要建立跨部门、跨行业的综合监管和执法体系，把相关部门的监管事项、监管规则都放到统一的综合监管平台，让几个"大盖帽"合成一个"大盖帽"，形成监管和执法的合力。二要构建协同共治监管体系。强化行政部门监管，充分发挥相关监管部门的职能作用；同时，广泛吸引公众参与监管，充分发挥社会组织的作用，切实落实企业首负责任，还要重视发挥媒体舆论的监管作用。三要推进社会信用体系建设。各部门、各地方都要加快完善市场主体信用公示系统，推进各部门、各方面信息互联共享，构建以信息公示为基础、信用监管为核心的监管制度，形成一个平台管信用。抓紧建立诚信档案制度、失信惩戒制度。

## 六、创新监管方式，提高监管效能

一是实施"阳光"监管。凡是不涉及国家秘密和国家安全的，各级政府要把简政放权后的监管事项、监管依据、监管内容、监管规制、监管标准公之于众，有关企业、社会组织也要按时、全面、准确地公布受监管活动的运行状况，监管和执法部门应对信息披露的全面性、真实性、及时性进行监管，对违反信息披露规定的行为及时查处。二是推行"智能"监管。要积极运用互联网、云计算、大数据等信息化手段创新和加强政府监管。要全面开发和整合各种监管信息资源，加快中央部门之间、地方之间、上下之间信息资源共享、互联互通，对被监管事项活动实行全覆盖、立体化、实时性监管。三是创新日常监管。建立"双随机"抽查制度，即随机抽查监管对象、随机指定抽查

人员，既抽查公示信息情况，也抽查诚信守法状况。还可以推广权威性的第三方评估，对监管者和监管对象的行为作随机抽查评估，发现问题，提出整改意见，及时发出黄牌警告或出示红牌令其退出市场。

## 七、加快修法立规，提供法治保障

运用法治思维和法治方式创新和加强监管。现行的许多法律法规中一些条款是以前计划经济色彩较浓情况下制定的。鉴于简政放权的改革已全面展开，国家层面的法律法规修订工作必须抓紧进行，避免改革与法治的"冲突"。应及时修改补充完善相关法律法规，为简政放权之后行使监管执法职能、规范行政监管和执法提供制度引领和保障。特别是要严格执法，加大对违法违规行为的惩处力度，增强监管执法的威慑力、公信力，使监管对象不敢触碰违法运行的红线。

## 八、推进机构改革，强化综合执法

落实"创新执法体制"的要求，加快推进统一市场监管和综合执法模式，构建"一支队伍管市场"综合执法格局，形成市场监管、执法的合力。已经建立综合监管执法机构的地方，要充分发挥执法力量整合优势，通过市场主体信用信息公示系统归集、公示市场主体登记注册、许可审批、行政处罚等信息，实现内部联合惩戒。为了彻底解决目前多头监管执法和权责交叉的问题，可以适时推进市场监管的大部门制改革。

## 九、提升队伍素质能力，加强对监管者的监管

着力提高各级政府人员的素质能力，特别是提高责任意识、担当精神、专业能力，使他们能够敏锐识别发现问题、敢于揭露解决问题。既不能包揽过多，胡乱作为，也不能撒手不管，懒惰不为。随着简政放权改革的进一步深化，必须加强地方政府特别是县（乡）镇基层的

监管能力建设，适当调整职能机构，充实人员，强化培训，增加技术设备，这样才能适应部分审批权下放和监管权增加的需要。要建立对监管者的监督、评估机制，加强政府内部层级监督和专门监管，对各级各类行政行为实行全方位监督。健全并严格执行监管责任制和责任追究制。

## 十、深入研究监管理论，制定创新监管战略

深化简政放权，做到放管结合，是推进政府治理现代化过程中广泛而深刻的变革，是摆在各级政府面前繁重而紧迫的任务。面对新形势新任务，必须深入研究新形势下政府监管的理论问题，包括创新和加强监管的依据、内涵、原则和方法。只有理论创新上取得新进展，才能提高实践的预见性、自觉性、创造性和坚定性。这其中最重要的，是不断深化对政府和市场、政府和社会关系的认识与思考。实行社会主义市场经济，使市场经济制度与社会主义制度有机结合起来，我们虽然进行了三十多年的理论探索和实践创新，也取得了丰富的成果与经验，但至今"还有许多未被认识的必然王国"。我们应当继续努力学习，勇于探索，积累经验，在实践中间不断地加深对它的认知，弄清楚它的规律。特别是实行社会主义市场经济又面临互联网时代催生新的经济社会形态的条件下，如何创新和搞好政府监管，也是一个必须深入研究的重大课题。在推进理论创新的同时，还需要抓紧研究制定富有中国特色、科学有效的创新政府监管战略，加快建设现代化创新监管型政府，以切实提高政府治理水平，更好推进国家治理体系和治理能力现代化。建议国务院组织专门力量，抓紧开展这一重大的课题研究，并争取尽早拿出有价值、高质量的成果，以更好地服务于中央决策和改革实践。

# 加快推进标准化　提升国家治理现代化水平 *

## ——接受《中国标准化（海外版）》杂志记者的专访

（2016 年 1 月）

**记者问：**改革开放以来，我国经济社会发展取得了举世瞩目的成就，已经成为世界第二大经济体。标准作为生产的依据、贸易的语言、市场的规则和合作的桥梁纽带，在国家建设特别是对外开放过程中发挥了重要作用。您如何理解标准和标准化？如何看待标准化在国家经济建设和全球贸易中的地位和作用？

**魏礼群：**俗话说，"没有规矩，不成方圆"。我认为，标准就是规矩，就是得到业界公认、被广泛采用的水平指标和行业规范，是衡量产品、服务、工艺、流程、有关主体等质量、水平的尺度，是规范生产、流通、交换、消费等经济行为以及社会行为、管理行为的准则。标准化就是在经济、技术、科学和管理等社会实践中，将特定的水平、行为固定化，用以衡量事物，引领、规范、带动、促进有关主体的行为。在现代社会，标准化是国家治理和国际交往中的重要规则和工具，是管理现代化的重要标志，也是提升管理现代化水平的重要手段。

中国古代的秦朝，秦始皇在治理国家中实行书同文、车同轨、统一度量衡，实际上就是推行标准化，这对于促进当时的经济社会发展、文化融合、国家统一发挥了重要作用。近代社会，美国汽车大王福特发明了世界上第一条汽车流水装配线，并将其标准化，大大提升了生产效率，使汽车进入平民百姓家。麦当劳、肯德基等美国快餐品牌之

---

* 本文发表在《中国标准化（海外版）》2016 年第 1 期。

所以能遍布全世界，也是因为采用了标准化的经营和管理。这些事例说明，标准化在经济社会发展等方面具有举足轻重的作用。

在经济建设中，标准化的作用主要表现为：

第一，标准化可以促进技术进步，提高企业生产率和市场竞争力。通过实施标准化，可以改善产品质量管理、优化生产流程，从而保证产品和服务质量水平、提高生产效率。在现代市场经济条件下，标准是企业和产品通向市场的通行证，遵循一定的标准就能够有效进入市场、赢得市场。标准是衡量质量的依据，所以，社会上有"一流企业卖标准、二流企业卖品牌、三流企业卖产品"，"得标准者得天下"的说法。

第二，标准化能够有效规范市场经济秩序，维护国家利益和公众利益。在市场上，产品、服务种类成千上万，市场主体规模和行为千差万别。实施标准化，为衡量这些产品和服务提供了较为公认的尺度，这就为维护市场秩序提供了重要的工具。在实际工作中，规范市场秩序的法律也常常需要通过比对相关标准来执行，在很多时候，标准是法律条文的具体形式。

第三，标准化有助于推动创新发展，提升经济总体素质和水平。标准化是创新技术产业化、市场化的关键环节，使人们能够低成本共享人类科技成果，促进技术进步、生产创新和专业化，降低风险和成本，提高全要素生产率，进而有助于提升经济发展水平。据测算，德国、法国和英国的标准化对本国经济增长的贡献率分别达到了27%、23%和12%。

在经济全球化条件下，标准化在全球贸易中的作用更加突出。这是因为，标准是促进贸易发展的重要因素，标准化影响国际贸易规模。只有符合国际贸易标准的产品才能够顺利进入国际市场，才能扩大国际贸易规模。同时，标准能够促进贸易结构的优化，对提升出口产品的技术含量，促进出口产品结构的优化，具有重要意义。

**记者问：**您如何估价中国标准化工作的现状？

**魏礼群：**与发达国家相比，中国的标准化工作起步较晚，但改革开放以来特别是近 10 多年来，我国加快了推进标准化工作的步伐，取得了明显进展。早在 1988 年 12 月就制定了《中华人民共和国标准化法》，2001 年成立了国家标准化管理委员会，强化标准化工作的统一管理。2015 年 3 月，国务院制定和颁布了《深化标准化工作改革方案》，提出了今后一个时期深化标准化工作改革的总体要求和一系列重要举措。截至目前，中国的国家标准、行业标准和地方标准总数达到 10 万项，覆盖一、二、三产业和社会事业，各领域的标准体系基本形成。标准化工作在保障产品质量安全、促进经济发展和社会进步、规范提高管理服务水平、服务公共外交和对外经贸合作交流等方面发挥了越来越重要的作用。

同时，也要看到，无论与国际先进水平相比，还是与经济社会发展日益增长的需求相比，中国的标准化工作还有一些差距。一是标准化意识不强。从企业、政府管理者到社会公众，总体上来说，标准化的意识普遍不强。二是标准体系不合理。目前，中国的国家标准、行业标准、地方标准都是由政府主导制定的，由企业主体按照市场规律制定的标准很少，而国际上通行的团体标准缺乏法律地位。三是标准水平落后。中国现行标准体系是 20 世纪 80 年代确立的，很多标准已陈旧老化。现代农业、服务业、社会管理和公共服务、一些新兴业态和领域的标准很少，特别是体现创新、协调、绿色、开放、共享等新发展理念的标准更为缺乏，难以适应经济转型升级、提质增效、推进创新发展、生态建设等需要。四是标准统一性权威性不高。现行国家标准、行业标准、地方标准中，有些彼此重复，甚至相互冲突。五是标准执行不力。

对于这些问题，我们必须有清醒的认识，要高度重视，要把标准和标准化工作提升到国家治理体系和治理能力现代化的高度，要把经济建设、政治建设、文化建设、社会建设以及生态文明建设纳入科学合理的标准化工作上来，以全面提升我国的标准化水平。

**记者问**：十八届三中全会明确将"完善和发展中国特色社会主义制度，推进国家治理体系和治理能力现代化"确立为全面深化改革的总目标。您如何看待标准化在国家治理体系和治理能力现代化建设中的作用？

**魏礼群：** 国家治理体系和治理能力现代化是我们全面深化改革的目标。标准和标准化工作要服务于这样的改革目标。国家治理体系内涵十分丰富，包括经济治理、政治治理、文化治理、社会治理、生态环境治理。这些方面都应该有明确的目标要求和科学合理的规范。

从整个世界的发展趋势来看，近年来，标准不断从生产、贸易、服务领域向公共管理领域扩展，从经济建设层面向社会建设、文化建设、生态文明建设以及政府治理等层面延伸，标准化已成为管理现代化的重要途径，成为现代国家治理体系的重要基石。党的十八届三中全会明确将完善和发展中国特色社会主义制度，推进国家治理体系和治理能力现代化作为全面深化改革的总目标，反映了时代进步的潮流，也对现代化建设各项事业提出了新的要求。在推进国家治理体系和治理能力现代化的进程中，标准化工作要发挥基础性、战略性作用。

首先，标准化是国家治理体系现代化的重要组成部分。国家治理体系就是治理国家的一系列比较成熟、比较系统的制度。这些制度有多种形式，包括法律法规、管理规范、行为守则等。标准作为一种公认的尺度和规范，也是一种科学化、市场化、民主化的成熟制度形式，是一种公认的规则和法度。在国家治理中推进标准化，实际上也是推进国家治理的制度化、规范化、法治化。因此，标准化为国家治理确立规范，是现代国家治理体系的一种基础性制度安排，推动标准化也就是推动国家治理的现代化。

其次，标准化是国家治理能力现代化的重要标志。标准化是现代社会产生和采用的一种管理手段，是提升管理效率和有效性的有益工具。无论是经济领域、文化领域、社会领域、生态领域，还是其他领域，大量事实表明，标准化程度越高，其管理能力和水平越高。将标准化原理、方法引入国家治理，是现代科学管理理念与国家治理实践的有效结合，能够大幅提升国家治理水平。因此，可以说，标准化是国家治理能力现代化的重要标志，也是提高国家治理能力的重要抓手。

**记者问：** 近两年来，党中央、国务院要求在政府管理和服务中推进标准化。您认为这样做有些什么意义？

**魏礼群：** 政府治理现代化是国家治理现代化的重要组成部分。政府治理标准化很大一部分体现在政务服务标准化上。最近，国家标准委给我一个任务：牵头研究制定政务服务方面的标准化工作。我也去了很多地方考察，参观了很多省市的政务服务大厅，例如：山东的新泰市、广东佛山、顺德及江苏的一些城市等。我认为，当前，在政府管理和服务中推进标准化，具有多方面重要意义。

第一，这是提升国家标准化水平的重要内容。标准化涉及经济和社会发展的各个领域，涉及技术、产品、流程和服务等方面，涉及企业、社会组织和政府部门。政府管理和服务是政府部门及其所属机构面向公民、企业、社会组织以及其他政府部门和机构实施管理、提供服务的行为，关系到经济持续健康发展和社会全面进步。推进政府管理和服务标准化，就是要将标准化的理念、原则、方法引入到行政管理服务部门，通过制定和实施适用于政府管理和政务服务的标准体系，提高管理服务质量和水平。这是提升我国标准化水平必不可少的重要内容。

第二，这是建设服务型政府的必然要求。建设人民满意的服务型政府，是我国行政体制改革的一个重要目标。政府管理和服务标准化水平低，行政效率、管理和服务质量就难以提高，建设服务型政府就有可能沦为空谈。推进政府管理和服务标准化，通过对行政人员的态度、行政管理和服务的条件、流程、效率、便捷性、质量等明确标准，细化规范，量化要求，做出明确、具体、可操作的标准性规定，不仅使政府管理和服务工作的目标、过程和结果清晰明确，而且使工作责任可跟踪、可追溯，从而有利于促进管理和服务的质量、水平不断提高，为服务型政府建设提供有力的支撑。

第三，这是解决现阶段"放、管、服"工作中突出问题的关键举措。当前的简政放权、放管结合、优化服务工作中存在的一个问题，就是标准化程度低，影响改革成效。例如，对"行政审批事项"等概念缺乏统一界定。再如，现在行政审批事项数量减少了，但审批要件、流程、时限等标准不明确。通过推进行政审批和服务标准化，对审批和提供服务的要件、流程、结果等制定明确、细致的标准，可在很大程度上限制相关政府部门和人员的自由裁量权，给当事人较为明确的预期，增强"放、管、服"改革的效果。同时，也有利于规范行政权力运行，消除权力寻租的空间，从源头上防治腐败，推进廉洁政府建设。

第四，这也是扩大对外交流和提高国家软实力的迫切需要。标准是国家软实力和竞争力的重要体现。加强政务服务标准化建设，有利于向外讲好中国故事，宣传中国特色政治、行政制度和中国特色道路，也有利于广泛参与国际标准化活动。

**记者问：** 您认为，当前在推进政府管理和服务标准化方面的主要任务有哪些？

**魏礼群：** 当前，我国行政体制改革处于攻坚期，"放、管、服"工作深入推进。这对政府管理和服务标准化工作提出了迫切要求，也带来了难得契机。今后一个时期，推进政府管理和服务标准化工作，应主要抓好以下几方面：

一是提高对推行标准化工作的自觉性。首先要使各级政府及其工作人员转变观念、端正认识。要在各级政府部门开展政府管理和服务标准化工作相关知识和实务的教育培训，采取多种方式使政府部门工作人员认识到推进政府管理和服务标准化的必要性、可行性和重要意义，使之树立行政标准化理念，自觉、积极地推动政府管理和服务标准化。同时，要在社会上广泛宣传政府管理和服务标准化工作的意义，营造有利的舆论氛围和社会环境。

二是加强政府管理和服务标准化的理论研究和实践创新。近年来，不少地方开展了政府管理和服务的标准化试点，要在继续扩大试点范围的同时，对已有的试点项目和地方开展深入调查研究，全面评估已取得的进展和成效，总结有益经验，分析存在问题，对试点探索的实践成果进行研究、提升，以丰富和发展有关理论。积极探索标准化工作创新，包括在全国范围内推广普及行政审批标准化。加快建立政府部门、事业单位等公共机构的信息标准、数据标准和统计标准体系，推进共性关键标准的制定和实施。还要注意研究和借鉴其他国家政府管理和服务标准化方面的最新理论和实践成果。从我国经济社会发展大势和全面深化改革、全面推行法治的大局出发，开展前瞻性研究，努力推进具有中国特色的政府管理和服务标准化理论创新和实践创新，以提升政府管理和服务标准化工作水平。

三是研究制定推进政府管理和服务标准化的工作规划。一方面，我们必须适应推进政府治理现代化的需要，加快推进政府管理和服务标准化；另一方面，我们又不能指望在短时间内全面建立起政府管理和服务的标准体系。因此，必须坚持总体设计和鼓励探索相结合，在总结各地试点经验的基础上，对政府管理和服务事项进行系统梳理、科学分类，按照改革发展的需要和国家标准化工作总体部署、根据企业和人民群众的要求，分清轻重缓急、主次先后，研究制定推进政府管理和服务标准化工作规划，明确近期、中期、远期工作的总体方向、主要目标、基本原则、重点任务和政策措施，为推进政府管理和服务标准化提供合理可行的总体设计。

四是完善标准化的协调推进机制。为加大推进政府管理和服务标准化工作的力度，保证推进成效，需要进一步完善推进机制。今年3月国务院发布的《深化标准化工作改革方案》明确提出，要建立由国务院领导同志为召集人、各有关部门负责同志组成的国务院标准化协调推进机制，统筹标准化重大改革，研究标准化重大政策。我认为，省以下地方各级政府也应建立这种协调推进机制，充分发挥这种协调机制的作用，切实加强对跨部门跨领域标准制定和实施的统筹协调，更加有效地推进政府管理和服务标准化。

五是加强政务服务标准化工作经验交流，学习借鉴国外的先进经验。1987年我去德国考察社会市场经济时，我问慕尼黑市长如何管理投资项目，他回答道："我们没有审批，我们制定相关标准，投资项目能否通过，关键在于其环保、质量及投资规模等是否符合城市提出的标准？我们让所有投资者和社会公众都知道：只有各方面符合规定的标准才能进行投资。"这给我留下了深刻印象。还有一点也令我十分惊奇：在德国，自家门前种的树不能随意砍伐，哪些能砍哪些不能砍，政府都有相关的标准及明确的规定。发达国家经过长期的探索，形成了一套完善的管理市场经济的方法，很值得我们学习与借鉴。

当前，全国许多地方和部门开展了政府管理和服务标准化方面的实践探索，这些探索多姿多彩、各具特色，形成了不少富有成效的好做法，也遇到了一些困难和问题。要更多地组织这些试点探索的地区和部门开展经验交流，以相互学习借鉴好的做法和经验，共同探讨解决困难和问题的办法，从而更好地推进政府管理和服务标准化工作。

**记者问：** 目前一些发达国家非常重视标准化教育，比如日本和韩国，在中小学阶段就把标准化知识纳入教学里面。上个世纪60年代中国人民大学曾开设过几年标准化研究生专业，最近我国有的院校开设了标准化本科和研究生课程和学历教育。您是如何看待标准化教育的？对此您有什么建议？

**魏礼群：** 标准化教育是标准化建设的基础性工程。世界发达国家一般都比较重视标准化教育。20世纪90年代以后，世界上一些国家不仅为专业人员、政府官员、商界人士、标准化协会成员提供标准化教育，而且越来越重视在学校开展标准化教育。不少发达国家从小学开始就在相关活动中进行标准化宣传，培育标准化意识；中学的技术类课程中将标准作为基本学习内容；大学的专业技术课程都把相关标准作为必修课，使受教育者从一开始就能够形成强烈的标准化意识。

与发达国家相比，中国标准化教育存在一些差距，无论在教育体系构建、专业建设、课程设置、教材开发，还是师资队伍等方面，标准化知识尚没有进入国民教育体系，普通群众缺少对标准化的了解。目前，我国仅有为数不多的几所高校开展了标准化教育课程，而面向中小学生的标准化教育还基本处于缺失状态。在社会层面，也没有开展针对社会各界尤其消费者的有针对性的标准化教育和培训。此外，与发达国家比较，我国在专门标准化学术网站建设、标准化教育数据库建设等方面滞后，标准化教育资源和教育环境还很不完善。

为提高中国标准化教育水平，我有这样几点建议：

第一，完善学校标准化教育体系。要加快制定标准化教育总体规划，完善针对不同受众的教学体系。在中小学开设标准化教育课程，加强中小学标准化知识普及，将标准化内容纳入中小学教育课程体系。进一步扩大高校标准化教育范围，鼓励更多高校开设标准化课程和专业；支持有条件的高校和研究机构设立标准化硕士、博士学位授予点和博士后流动工作站，努力形成由本科教育、研究生教育、继续教育等多个教育层次构成的人才培养体系。

第二，加快标准化教材建设和师资队伍建设。要加快编写针对不同受众的标准化教材和读物，开发一套针对小学、中学、大学等不同人群的通用教材及教学方法。要加强标准化师资队伍建设，拓宽标准化教师队伍的来源渠道，吸收有标准化工作经验的专家学者参与标准化教学。

第三，加强标准化学科建设。要明确标准化学科的学科归属，加快推进标准化基础理论研究、标准化国际比较研究、标准化与相关学科关联性研究等，尽快形成标准化学科体系。

第四，把标准化教育纳入社会教育范畴。要在社会范围内，通过各种媒体广泛传播标准化知识和理念，深入开展标准化专题宣传活动。要针对不同的教育对象，尽快建立专门的标准化教育互联网数据库和电子学习平台，使社会各界都能学习到标准化知识，形成人人重视标准、人人遵守标准，违反标准可耻、违反标准追究责任的社会氛围。

第五，开展标准化教育国际交流与合作。要建立和完善标准化对外信息沟通交流机制，借鉴国外先进的标准化教育经验。进一步加强与国际标准化组织的合作，加强对国际标准化教育资源的利用，支持引进和聘用海外标准化高层次人才。

**记者问**：随着中国越来越开放地步入国际市场竞争，标准的重要性被更多的人所认识，标准化人才的缺乏也日益凸显。您如何看待标准化人才培养问题？如何在行政管理人员和公务员的继续教育中推动标准化教育？

**魏礼群**：上面谈到的标准化教育的最主要目的，是面向大众普及标准化意识和理念。一个人接受了标准化教育，并不一定就是标准化人才。所谓标准化人才，就是经过教育、培训和实践锻炼成长起来的标准化高级专门人才，他们可能是标准化工程师、标准化学科带头人，也可能是标准制定者和管理者。标准化人才是国家标准化教育水平的重要体现，是参与制定国际标准的主力军，对于国家的标准化发展具有引领作用。由于长期以来我国标准化教育相对落后，标准化意识欠缺，目前我国标准化人才缺乏，尤其缺乏能够直接参与国际标准制定、修订工作的国际性人才。

标准化人才所具有的知识综合性、学科交叉性特点，决定了对标准化人才培养不能仅仅是学校的任务，而必须是通过产、学合作和注重实践的途径来完成。为此，除加强学校教育之外，国家要鼓励高校、标准化研究机构、各级标准化中介服务机构和企业共建标准化实习基地，邀请企业的标准化高层管理者开展标准化方面的培训或讲座，探索理论联系实际的标准化人才培养模式。要让具有标准化工作经验的工程师加入到标准化人才培养工作之中。

为了全面推进标准化工作，普遍提升标准化水平，加强对广大公务员特别是各级领导干部进行标准化教育，尤其重要。为此，我有两方面建议：

一方面，要将标准化理论知识和实践方法作为党政领导干部和公务员培训的重要内容。要开发针对各级领导干部和广大公务员的标准化培训教材，开设相应的课程。另一方面，要把标准化知识和运用能力作为干部考核的一项内容，作为干部技术职称和职务职级晋升的重要依据。

**记者问：**作为政务标准化工作小组的组长，政务标准化工作小组下一步的工作计划有哪些？

**魏礼群：**政务标准化工作小组成立之后，我们制定了一个五年规划和 2016 年工作计划，现在正在征求有关部门、地方的意见。

我们要按照国家标准委员会下达的任务，总结各个地方的实际做法和经验。明年要组织专家深入各地方政务大厅进行考察，总结经验，发现问题，研究制定标准，提升政务服务大厅的服务水平。在此基础上，我们还要开展专题论坛，深入研究标准化问题，把推进政务服务标准化纳入行政服务改革之中。

# 提高社会治理水平　决胜全面小康社会 *

## ——全面建成小康社会之时中国社会的景象特征及实现目标任务与路径选择

（2016 年 7 月 17 日）

今天，"第六届中国社会治理论坛"在这里隆重举行。本届论坛以"创新社会治理，决胜全面小康"为主题，集中研讨社会治理与全面建成小康社会的理论和实践问题，这对于深入贯彻党的十八大和十八大以来中央全会以及国家"十三五"规划纲要精神，落实习近平总书记提出的"四个全面"战略布局，实现全面建成小康社会历史重任，具有重要的意义。到 2020 年全面建成小康社会，是我们党向人民、向历史作出的庄严承诺，是实现中华民族伟大复兴中国梦的关键一步，也是"十三五"时期我国各族人民的光荣使命。加强和创新社会治理，全面推进社会建设，是实现全面建成小康社会目标的重要任务和内在要求，决胜全面小康社会必须加强和创新社会治理，提高社会治理水平，加快社会建设，推进社会治理科学化、精细化、现代化。

## 一、决胜全面小康社会对社会治理提出的目标要求

"小康"是一个中国特色的概念，是指中华民族自古以来追求的理想社会状态。古代哲人在《礼记·礼运》中对这种社会状态作了形

* 本文系 2016 年 7 月 17 日在第六届中国社会治理论坛上的主旨演讲；全文发表在《社会治理》2016 年第 5 期。

象描述。"小康"概念之用诸现代,是中国改革开放总设计师邓小平对传统中国小康思想作出的全新阐释,使用"小康""小康社会"来描述"中国式的现代化"。改革开放以来,我们党把建设和建成小康社会作为中国现代化发展战略和阶段性目标,几次党的代表大会都提出并不断完善、充实小康社会的丰富内涵和目标要求。作为我国古代人们不懈追求、当代人民美好愿景的"小康社会",即将在我国全面建成。那么,全面建成小康社会的目标实现之时,我国的社会治理及其社会状态应是什么样的情景呢?对此有一个清晰的认识,有助于进一步明确决胜全面小康期间社会治理的目标任务。而要看清这样的情景,需要综合考虑几个方面因素,包括古代先人对小康社会的美好憧憬,当代人民群众在新的历史条件下的新期待,我们党和国家已经多次设计的宏伟蓝图和作出的庄严承诺,以及经济社会发展的现实情况包括存在的矛盾和问题。我们根据这些因素综合研判,总体看来,全面建成小康社会之时的中国社会治理及其社会状态,将会呈现以下七个方面"更加显著"的景象特征。

——"和谐社会"建设成效更加显著。就是进一步实现国家大治,政通人和;社会全面进步,民主更加完善、公平正义更多体现,全体社会成员各尽所能、各得其所,共建共享发展成果;区域城乡发展差距和居民收入财富差距缩小,消除绝对贫困现象;各项社会事业全面发展,社会保障制度实现全覆盖,更好实现古代先人们追求的"使老有所终,壮有所用,幼有所长,鳏寡孤独废疾者皆有所养",进一步实现我们党多次重申的使广大人民群众"学有所教、业有所就、劳有所得、病有所医、老有所养、住有所居";社会普遍崇德尚礼,笃亲兴仁,修身律己,尊长爱幼;更好实现政治清明、社会和谐、家庭和睦、人际和顺、心态和善、人与自然和谐相处;社会主义和谐社会建设迈出重大步伐。

——"平安社会"建设成效更加显著。就是人民群众安全感明显增强,普遍过上更为平安祥和的生活;人民安居乐业,社会安宁稳定;正气普遍得到伸张,邪恶坚决受到惩治,"盗窃乱贼"现象大为减少;立体化公共安全体系健全,维护公共安全能力提升,公共安全工作系统性、整体性、协同性显著增强，食品安全、交通安全、居住安全、环境安全等公共安全状况不断改善，整个社会秩序明显好转。

——"信用社会"建设成效更加显著。就是全社会诚信意识和信用水平普遍提高，自觉"讲信修睦"，诚实重诺，"欺骗诡异"现象减少；覆盖全社会征信系统基本建成，社会信用法律和标准体系逐步建立，信用基础设施和服务市场比较完善，信用监管体制不断健全，守信激励和失信惩戒机制全面发挥作用；政务诚信、商务诚信、社会诚信和司法公信建设取得显著进展；社会信用环境明显改善，信用文化和诚信社会蔚然兴起。

——"法治社会"建设成效更加显著。就是社会全面强化法治，社会生活进一步纳入法治化、规范化的轨道，社会活力不断迸发又依规有序运行；全社会法治观念和法治信仰普遍增强，宪法和法律得到更好实施和遵从；社会依法治理能力不断加强，社会公共法律服务体系和服务保障逐步完备，全社会进一步形成尊法、学法、信法、守法、用法和守法光荣、违法可耻的社会风尚。

——"健康社会"建设成效更加显著。就是全民健康水平进一步提升，国民整体素质普遍增强，人均预期寿命提高；覆盖城乡居民的基本医疗卫生制度逐步健全，比较完善的公共卫生和医疗服务体系普遍建立，人人享有基本医疗卫生服务，城乡卫生环境普遍改善，脏乱差现象明显减少；全民健身型社会基本建成。体魄健康的主要指标达到中等发达国家水平；社会道德建设全面推进，全社会成员心理素质和精神健康全面增强，社会风气明显净化，整个社会全面健康向前发展。

——"幸福社会"建设成效更加显著。就是发展更好造福人民，增进社会温馨，幸福指数全面提升；人民生活更加殷实，生活质量明显提高，家庭财产普遍增加，民主权利广泛享有，各项合法权益得到切实保障，精神生活丰富充实；人的尊严普遍受到尊重、不断全面发展；可以有更多获得感、成就感，生命价值得以更好实现；幸福环境全面营造，生活、劳动、生态环境不断改善，家庭美满安康，幸福诸要素生成机制不断扩大；"幸福快乐"变为人民群众的普遍追求，幸福体验感、满意度普遍增强。

——"社会治理现代化"建设成效更加显著。就是社会治理体系和社会治理能力现代化取得更大进展；社会体制改革不断深化，社会治理体系趋于完善，政府社会管理能力明显提高，多元社会主体参与治理格局进一步形成，中国特色社会治理基础制度更加完备、更加成熟、更加定型。

总之，到2020年全面建成小康社会之时，我国社会结构、社会形态将呈现更大的进步，社会治理科学化、精细化、现代化将有明显提升，社会建设和社会文明将达到更高的水平，并进一步探索出一条符合我国国情、体现时代要求、顺应人民期待的中国特色社会治理之路。实现这样的目标要求，我们这个历史悠久的文明古国和发展中社会主义大国将以更加辉煌的成就和更加崭新的面貌展现在世界人们面前，不仅成为政治文明更大进步、综合国力显著增强的国家，而且成为社会治理全面提升，社会文明更大发展、更加充满活力而又安定团结的国家，成为更加具有吸引力影响力亲和力、为人类社会文明进步作出更大贡献的国家。

当然，实现以上社会进步的美好愿景，不仅要靠加强和创新社会治理，努力实现社会善治，还需要统筹推进经济建设、政治建设、文化建设、社会建设、生态文明建设"五位一体"的总体布局和协调推进"四个全面"战略布局，全方位加快推进社会主义现代化事业。

这里需要指出，决胜全面小康社会，中国的社会治理和社会发展进步无疑会是巨大的。同时要看到，加强和创新社会治理必须充分考虑中国现阶段基本国情和社会经济发展水平，可以预见，全面小康社会建成之时，我国仍处于并将长期处于社会主义初级阶段的基本国情不会改变，我国还是发展中国家的国际经济地位不会改变，特别是当前国内仍然处于经济社会转型期、矛盾凸显期，国外环境错综复杂、不稳定不确定因素增加，我们面临的社会风险和挑战前所未有。这就决定了推进社会治理和社会建设，既要积极进取，又不能急于求成，不能脱离现阶段基本国情和当前的实际情况，去追求过高的目标要求。全面实现中国社会主义现代化，还有很长的路要走，还需要全体中国人民作长期艰苦奋斗。

# 二、决胜全面小康社会的社会治理主要任务

加强和创新社会治理，提高社会治理水平，实现全面建成小康社会的社会治理目标，必须完成多方面的任务，按照国家"十三五"规划的部署要求，特别需要着力抓好五大体系建设，即着力构建民生保障体系，着力完善社会治理体系，着力强化社会信用体系，着力健全公共安全体系，着力加强国家安全体系，要在这些方面取得实质性进展和明显成效，以更好地服务、推进和保障全面小康社会发展目标的实现。

（一）着力构建民生保障体系。更好保障和改善民生，是决胜全面小康社会的首要任务，也是加强和创新社会治理、提高社会治理水平的根本大计。创新社会治理必须从源头上预防和减少社会矛盾。古人云："仓廪实而知礼节，衣食足而知荣辱"；"天下顺治在民富，天下和静在民乐。"这也告诉我们，更好实现天下大治，建设和谐社会、平安社会、诚信社会和健康社会，从根本上说，是要提高保障和改善民生水平，并要以增进人民福祉、促进社会公平正义为出发点和落脚点，推动发展成果更多更公平惠及全体人民。因此，应切实做好保障和改善民生工作。一要随着经济持续发展，逐步增加居民收入，确保到 2020 年城乡居民人均收入比 2010 年翻一番，特别要更多增加低收入人群的收入，使全国人民生活水平和质量普遍提高。二要守住底线、突出重点，着重解决好教育、就业、收入分配、社会保障、医疗卫生、住房、食品安全等直接关系人民群众根本利益和现实利益的问题，让人民有更好的教育、更稳定的工作、更满意的收入、更可靠的社会保障、更高水平的医疗服务、更舒适的居住条件、更优越的环境。三要大力增加公共服务供给，尤其要着力促进基本公共服务均等化。目前，公共产品短缺，公共服务薄弱，供给模式落后，已成为民生的突出问题。要坚持普惠性、保基本、均等化、可持续的方向，提高公共产品和公共服务的供给能力，并根据民生的需求变化，特别是针对老弱病残群体和贫困人口的公共服务需求，调整公共政策，实行差别化社会政策，深化公共服务体制改革，创新公共服务方式，丰富公共产品，改善供给结构，提高供给质量，努力满足广大人民群众多样化、多层

次公共服务需求。四要完善社会保障体系，构筑全民最低生活水平的安全网。坚持全民覆盖、保障适度、权责清晰、运行高效，稳步提高社会保障等层次和水平。完善社会保障体系，实施全民参保计划，基本实现法定人员全覆盖。健全社会救助体系和公益慈善体系，积极推进城乡社会救助体系建设。特别要更加关注、关爱鳏寡孤独和老弱病残人员，健全以扶老、助残、爱幼、济困为重点的社会福利制度。这既是促进社会和谐稳定、建设平安社会的必然要求，也是提高我国社会文明程度的重要标志。一些发达国家对社会弱势群体和贫困人口的关照做法值得研究借鉴。我最近在英国见到社会各方面对残疾人和老人在公共服务方面的人文关怀相当完备周到，所有路口建筑物的出口和入口，都有无障碍通道，公共汽车门口都装置可以与路面平行直接对接的活动踏板；所有公共停车场、厕所都有残疾人停车区位、洗手间，并在明显位置；对残疾人、老年人、贫困人口都有各种各样的福利补贴。之所以这样做，就是使他们能够最大限度地融入主流社会，享受正常人的正常生活，从而全面促进社会和谐稳定和社会文明建设。重视解决好农村中的留守儿童、留守妇女、留守老年人生活问题，是我国推进工业化、现代化建设中特殊的社会治理任务，要加快农村民生保障和改善工作，提供更好的公共服务，使农村"三留守"人员生活得踏实、安全、无忧，这是各级政府的重大责任。

（二）着力完善社会治理体系。完善社会治理体系是决胜全面小康社会的重要任务，也是加强和创新社会治理、提高社会治理水平的重要关键。要进一步加强社会治理基础制度建设，构建全民共建共享的社会治理格局，关键是要按照完善党委领导、政府主导、社会协同、公众参与、法治保障的社会治理体制的要求，积极创新社会体制机制，特别要更加注重多方参与，在党委的统一领导下，更好发挥政府主导作用，更充分调动企事业单位、社会组织、人民群众参与社会治理的积极性和主动性，实现政府治理和社会调节、居民自治良性互动，促进社会公共事务全面发展。一要提高政府社会治理能力和水平。各级政府应更加重视履行社会治理的职能职责，把改进和加强社会治理放到更加突出的地位，尽快改变目前政府社会治理功能不健全、职权范围不到位和协调机制不完善的状况。同时，要更新政府社会治理理念，创新政府社会治理方式，提升政府社会治理能力，尤其要强化政府法治意识和服务意识，善于更多地运用经济手段、技术手段和法治手段实施科学治理、精细治理、效能治理，寓管理于服务，以服务促管理。要加强源头治理、动态治理、应急处置和标本兼治。健全政府社会治理基本制度、推进社会治理标准化、规范化、程序化。二要增强社区服务和管理能力。社会治理的重心在城乡社区，社区服务和管理能力增强了，社会治理的基础就坚实了。要加快城乡社区综合设施建设，充实服务和管理体系，提高社区工作者的素质和能力。同时，要完善城乡社区治理体制，依法厘清基层政府和社区组织权责边界，充分发挥社区功能作用，更好为群众提供周到、方便、精准有效的服务和管理。三要重视发挥社会组织作用。据有关材料研究表明，经济发展程度与社会组织发展水平呈高度的相关性，发达国家的社会组织相当发达，它反映了现代社会治理结构对社会组织和社会部门的认知。总起来看，目前我国社会组织发育不足，发展无序现象比较严重，近来民政部清理了不少山寨社会组织；同时，社会组织管理体制不合理、治理结构不规范，严重制约着社会组织功能作用的有效发挥。应当在加强监管和规范的基础上，支持社会组织特别是非营利性公益社会组织的发展，大力培育发展社区社会组织。要深化社会组织管理体制改革，健全社会组织管理制度，正确处理政府、市场、社会三者关系，加快形成政社分开、权责明确、依法自治的现代社会组织体制和科学管理制度，激发社会组织内在活力和发展动力，促进社会组织真正成为提供服务、反映诉求、规范行为、促进和谐的重要力量。全面实施政社分开，如期实现行业协会商会与行政机关脱钩，健全法人治理结构；推进社会组织明确职责、依法自治、发挥作用。要在国家、政府、社会、社会组织、公众之间建立一种广泛平等的合作关系，构建开放型现代社会组织生态系统。积极引导、支持、推动社会组织参与社会治理，管理社会事务、提高公共服务、化解社会矛盾、维护社会秩序，为实现社会治理的目标任务发挥积极作用。要完善扶持社会组织发展的政策措施，支持社会组织提供公共服务，完善财政税收支持政策等。

发达国家的社会企业比较发达，我们也要规范发展社会企业，发挥它们服务社会的功能和作用。四要健全基层社会自治调节系统。基层社会组织的自我组织和自我管理，是维持社会和谐稳定和社会正常秩序的自动调节机制。要坚持扩大基层民主、自治权力，打造社会治理人人有责、人人尽责的命运共同体。要规范和提升居民自治和村民自治水平，夯实基层民主自治制度建设，使之更好地适应社会治理创新的发展趋势和要求。积极探索基层社会治理新途径、新形式，形成社会治理人人参与、人人共享的生动局面。要丰富基层自治内容和形式，努力实现民事民议、民事民办、民事民管，实现政府治理与基层群众自治的有效衔接和良性互动。五要完善公众参与机制。鼓励和支持社会各方面参与，包括各类社会组织、企事业单位和公民个人参与社会治理，充分发挥多元主体各自应有的功能和作用，使多元主体良性互动，形成社会治理整体合力。完善公众参与治理的制度化渠道，依法保障公民知情权、参与权、决策权和监督权。六要统筹各方面利益关系，妥善处理社会矛盾。适应我国社会结构和利益格局的发展变化，形成科学有效的权益保障和矛盾化解机制。健全利益表达、协调机制，引导群众依法行使权利、表达诉求、解决纠纷。完善行政复议、仲裁、诉讼等法定诉求表达机制，发挥人大代表、政协委员、人民团体、社会组织等的诉求表达功能。全面推行阳光信访，落实及时就地化解责任，完善涉法涉诉信访依法终结制度，切实维护群众利益和社会稳定。

（三）着力强化社会信用体系。强化社会信用体系，是实现全面建成小康社会的基础性任务，也是加强和创新社会治理、提高社会治理水平的重大举措。在许多发达国家，健全的社会信息体系发挥着重要作用，人们之所以不愿失信，不敢失信，是因为读书、就业、创业、信贷、保险、税务、租车、出入境等都会受到影响，从而使人们必须守信的倒逼机制，有力维护了社会秩序和市场秩序。我们要学习借鉴经验，就必须加快建立健全一套符合我国国情，与国际惯例接轨，适应现代社会经济发展的社会信用体系。在决胜全面小康时期，特别要全面加快推进政务诚信、商务诚信、社会诚信和司法公信等重点领域建设，提高全社会诚信水平，大力建设诚信社会。一要健全信用信息管理制度。全面实施自然人、法人和各类组织统一社会信用代码制度；制定全国统一的信用信息采集和管理标准；依法推进信用信息在采集、共享、使用、公开等环节的分类管理，确保信用信息主体的权益。健全用户信用信息保护制度，加强对用户个人隐私、商业秘密的保护。二要强化社会信用信息共建共享机制。当前，我国信用数据库不足，更为关键的是信息孤岛现象严重。要加快部门、行业和地方信用信息整合，建立企业信用信息归集机制，完善全国信用信息共享平台，建设国家企业信用信息公示系统。依法推进全社会信用信息资源开放共享。建立健全覆盖全社会的以社会成员和组织信用信息的记录、整合和应用为重点的征集系统，面向全社会服务的征集机构体系及信用服务市场体系。三要实施和健全守信激励和失信惩戒机制。目前，我国的社会信用体系发育程度比较低，信用秩序比较混乱，在重点领域的信用缺失现象还时有发生。要健全多部门、跨地区、跨行业联动响应和联合惩戒机制，建立各行业失信黑名单制度和市场退出机制，强化对守法诚信者的鼓励和对失信者的惩戒。这有利于让信用成为市场资源配置的重要考量因素，形成守信受益失信受限的局面，特别要构建"一处失信、处处受限""一时失信、长期受限"的信用惩戒大格局，让失信者寸步难行，付出巨大代价。四要培育规范信用服务市场。建立公共信用服务机构和社会信用服务机构互为补充、信用信息基础服务和增值服务相辅相成的多层次信用服务组织体系。支持征信、信用评级机构规范发展，提高服务质量和国际竞争力，健全征信和信用服务市场监管体系。近些年，党中央、国务院连续出台一系列相关政策和措施，包括党的十八届三中、四中、五中全会都明确要求，加强社会诚信体系建设；习近平总书记近日又主持中央全面深化改革领导小组会议制定有关文件，国务院发布了《社会信用体系建设规划纲要》和《关于社会诚信建设的指导意见》。这些都表明党和国家已把加快社会信用建设放到重要地位，加大了工作力度。只要认真贯彻落实这些决策部署，就一定会大大加快诚信社会、和谐社会、平安社会、健康社会建设步伐。

（四）着力健全公共安全体系。健全公共安全体系、提高维护公共安全能力，是全面决胜全面小康社会的紧迫任务，也是加强和创新社会治理、提高社会治理水平的重要方面。要牢固树立安全发展观，坚持人民利益至上，健全公共安全体系，为人民安居乐业、社会安定有序、国家长治久安编织全方位、立体化的公共安全网，打造公共安全人人有责、人人尽责的命运共同体，建设平安中国、平安社会，增强人民群众安全感。一要全面提高安全生产水平。安全生产一头连着千家万户，一头连着经济社会发展，是人民安居乐业的重要保障。要建立"责任全覆盖、管理全方位、监管全过程"的安全生产综合治理体系，构建安全生产长效机制。坚持健全生产、运输、存储、销售、使用等全过程、无缝隙监管体系，把先进的理念、制度转化为程序上的硬约束，实现对各类安全生产风险自动识别、预警，预防和减少安全生产尤其是重特大事故的发生。二要提升防灾减灾救灾能力。坚持以防为主、防抗救相结合的方针，坚持常态减灾和非常态救灾相统一，全面提高全社会抵御各种自然灾害的综合防范能力，健全防灾、减灾和救灾体制，完善灾害监测预警和防治应急体系。三要创新社会治安防控体系。完善社会治安综合治理体制机制，加快建设社会治安防控体系，建设基础综合服务管理平台；构建群防群治、联防联治的社会治安防护网；健全网上网下综合防控管理体系，维护公共利益和国家网络信息安全。四要完善应急安全管理体系。加强应急管理知识技能等方面的系统培训，提高社会各方面包括志愿者参与应急管理的能力，着力构建与公共安全风险相匹配、覆盖应急管理全过程和全社会共同参与的突发事件应急体系，提高对各类自然灾害和社会风险联动处置能力，确保应急治理体系有效运行。在人类社会各类风险高度集聚的今天，预警是维护公共安全的首要环节。要积极探索"人力＋科技"、"传统＋现代"的风险预警模式，提高对风险动态监测、实时预警能力，及时有效防范、化解管控各类风险。这方面要积极学习借鉴发达国家的有益做法和经验。

（五）着力加强国家安全体系。加强国家安全体系，是决胜全面小康社会的内在要求，也是确保国家安全的战略举措，必须作为加强和创新社会治理的重大任务。最重要的，是要深入贯彻总体国家安全观，实施国家安全战略，不断提高国家安全能力，保障国家稳定安全。

一要健全国家安全体系，实施国家全方位安全战略。制定和实施国家安全战略，既要重视国家外部安全，又要重视国家内部安全；既要重视国土安全，又要重视国民安全；既要重视传统安全，又要重视非传统安全；既要重视发展问题，又要重视安全问题；既要重视国家自身安全，又要重视国际共同安全。也就是要做到全面、全方位加强安全治理。二要健全国家安全保障体制机制。坚持集中统一、高效权威的国家安全工作领导体制，发挥好国家安全委员会作为党中央领导下国家安全事务决策、协调"神经中枢"功能，研究制定、指导实施国家安全战略和有关重大方针政策，统筹协调国家安全重大事项和重要工作。制定实施政治、国土、经济、社会、资源、网络等重点领域国家安全政策，明确中长期重点领域安全目标和政策措施。对重要领域、重大改革、重大工程、重大项目、重大政策等都要进行安全风险评估，切实预防和化解国家安全风险。建立健全跨部门跨地区联合工作机制，依法严密防范和打击敌对势力渗透颠覆破坏活动。

实现决胜全面小康的社会治理目标，还需要完成其他多方面的重要任务，包括大力推进社会治理精细化、标准化、现代化建设，加强新型城镇化、信息化进程中流动人口增加、新业态发展、新媒体兴起条件下的社会治理创新等等。这些都迫切需要深入研究，提出对策。我们还应系统研究决胜全面小康的社会治理各项目标、任务的具体标准体系、指标体系、考核体系、评价体系，并积极推动对决胜全面小康的社会治理进展状况的评估，以更加有力有效地推进中国特色社会治理和社会文明建设。

## 三、实现决胜全面小康社会治理目标任务的关键路径

实现决胜全面小康社会治理的目标任务，需要抓住关键，选好路径，特别应当把握以下几个环节。

（一）坚持贯彻新的发展理念。党的十八届五中全会和国家"十三五"规划纲要都要求：实现全面建成小康社会，必须牢固树立和贯彻落实创新发展、协调发展、绿色发展、开放发展、共享发展的五

大新发展理念。这集中体现了"十三五"期间决胜全面小康乃至更长时期我国的发展思路、发展方向、发展着力点，也是加强和创新社会治理的根本方向和要求。社会治理贯彻落实五大新发展理念，既要服务、推动、保障科学发展，促进实现更高质量的发展，又要体现全面提升社会治理自身能力和水平，努力实现社会善治、良治。

贯彻创新发展理念，就要注重用创新引领和推进社会治理，着力提升社会治理创新的能力和水平。要不断推进社会治理理念创新、体制创新、制度创新、方式创新和科技运用创新，运用创新思维、创新路径、创新方法、创新手段，全面推进社会治理科学化、精细化、现代化。按照以人为本和建设现代化社会的理念与要求，综合运用多种手段、多样形式引导、服务、组织、协调社会活动，彻底改变那种认为社会治理就是单纯用行政力量管控民众的传统理念和粗放做法。贯彻协调发展理念，就要注重解决突出问题和薄弱环节，加强和补齐短板，着力全面提升加强社会治理和社会发展的能力和水平。多年来，发展不协调特别是社会发展滞后、基层社会治理落后和公共安全问题突出。社会治理应更好地服务于促进社会与经济协调发展、区域城乡协调发展、物质文明与精神文明协调发展，更好加强城乡基层社会治理和公共安全建设，着力增强社会治理的基础建设和提升治理整体效能。贯彻绿色发展理念，就要注重推进人与自然和谐相处，着力提升社会治理对加强环境治理和保护的能力和水平。一些地方由于环境污染和破坏造成的社会矛盾有加剧之势，影响社会安定和群众身心健康，应切实以解决损害群众健康的突出环境问题为重点，依法加强生态环境和城乡环境的保护与治理，助力实现"既要金山银山，又要绿水青山"的发展方式和发展目标，使生态环境在群众生活中的幸福指数不断提升。贯彻开放发展理念，就要注重把握全球治理与各国社会治理发展趋势，加强同外国开展社会治理研究合作交流，更好促进我国社会治理创新和社会文明进步；同时，运用求同存异、和而不同、和谐相处的智慧，彰显出"和谐、和睦、和平"的中国风范，助推"人类命运共同体"的形成。贯彻共享发展理念，就要注重解决人民群众最关心最直接最现实的利益问题，着力提升社会治理全民共建共享的能力和水平。加强和创新社会治理必须以人民为中心，一切发展为了人民，一切发展依靠人民，发展成果由全体人民共享。国内外许多事实都表明，贫富差距过大，是最大的社会不安定、不稳定因素。目前，社会关注的一个突出问题是分配不公。如果财富分配悬殊，两极分化严重，势必会导致社会动荡，就不可能建设平安社会，更谈不上建设和谐社会。必须调整生产关系，完善收入分配制度，规范收入分配秩序，在经济发展的基础上，更加注重社会公平，着力提高低收入者收入水平，逐步扩大中等收入者比重，有效调节过高收入。我们看到，党和国家已经高度重视这个问题，特别是近年来出台了一系列坚决和有力的政策措施，包括突出加强农村和欠发达地区发展，特别是集中力量打好脱贫攻坚战，积极缩小居民收入差距和区域城乡发展差距。应进一步加大这方面的工作力度和制度安排，以更好促进社会公平正义，推进实现共同富裕目标。

（二）坚持深化改革攻坚。改革开放是决定当代中国命运的关键一招，也是实现我国"两个一百年"奋斗目标的关键一招。决胜全面小康，实现社会治理目标任务，必须继续全面深化和推进改革。要依靠深化改革，提供强大推动力，扫除社会治理和社会发展中体制机制障碍；要依靠深化改革，激发全社会创造活力，调动社会各方面参与社会治理积极性，加快社会发展；要依靠深化改革，加强各方共治合力，统筹使用相关资源、力量、手段，及时有效解决问题；要依靠深化改革，增添万众创新力，推动社会治理体制创新、制度创新、管理创新，促进社会治理体系高效运行。总之，只有全面深化改革和推进社会领域改革，才能显著提高社会治理水平，推动社会全面发展进步。在社会治理领域深化和推进改革更为复杂，难度也更大。例如，事业单位改革关乎社会治理改革全局，涉及利益关系调整，是有社会风险的改革。党中央、国务院在五年前就对这方面改革作出了全面部署，尽管这些年改革取得了不少成果，但总体看来，进展并不顺利，遇到的困难超乎预料，面临一系列亟待深入研究解决的新情况新问题。在深化和推进改革中，必须注重体制机制创新，致力于使中国特色社会治理制度更加成熟定型；必须注重增进人民福祉、促进深化公平正义，让人民群众有更多的获得感；必须注重问题导向，直面矛盾，敢于啃硬骨头，敢于涉险滩，敢于向顽瘴痼疾开刀。要更好深化和推进改革，必须提倡和支持新的历史条件下的思想解放，在全社会形成想改革、敢改革、善改革的良好氛围。这样，才能真正打好社会治理领域改革的攻坚战。

（三）坚持法治德治并举。法律是治国之重器，也是治理社会之法宝。实现决胜全面小康社会的治理目标任务，必须注重依法治理，充分发挥法治引领、推动和保障作用，注重运用法治思维构建社会治理规则体系、标准体系，善于运用法治方式解决社会矛盾和问题。坚持法治国家、法治政府、法治社会一体建设。要进一步加强社会领域立法工作，着力提高立法质量。虽然我国近些年社会领域法律法规建设取得较大进展，但仍不适应改革和发展新形势新任务的需要，应该深入开展调查研究，加快社会领域特别是社会治理方面的立法步伐，尤其要加大维护公共安全、净化社会风气、促进社会公平正义、规范社会组织发展、创新基层社会治理、保护优良民俗传统、优化网络社会治理的立法力度。建议抓紧研究制定《禁止奢侈法》《社会组织法》《家庭法》《民俗保护法》等。同时，要强化严格执法、公正司法、提高法律执行力、司法公信力，大力推动立法、执法、司法、遵法和守法的普遍提升。特别要更好地促进保障人权、保护产权、规范公权。深化和完善执法、司法体制改革，包括推进执法、司法公开，提高执法司法透明度，推进严格、规范、公正、文明执法，加快建设公正、高效、权威的司法制度，切实维护和保障人民权益。要深入开展法治和法治文化的宣传教育，不断增强全社会法治观念和法治意识，在全社会树立法律至上的基本信念和行为准则，显著提高全社会法治水平。

全面建成小康社会，提升社会治理水平，既要靠法治，也要靠德治。推进社会治理现代化需要法律和道德共同发挥作用。高度文明的社会，必然是社会成员道德高尚的社会，和谐、公正、爱国、敬业、诚信、友善，都是一种道德境界、道德风范。中国特色社会治理建设，应该占领社会道德文明建设制高点。要一手抓法治，一手抓德治。大力加强社会主义精神文明建设，坚持培育和弘扬社会主义核心价值观，弘扬以爱国主义为核心的民族精神和以改革创新为核心的时代精神，形成全民族奋发向上的精神力量和团结和谐的精神纽带。特别要尊重和传承中华文明，善于从中华民族独特的世世代代形成和积累的优秀传统文明，包括思想、价值、审美、社情、民俗中汲取营养和智慧，延续文化基因，萃取思想精华和道德精髓。要深入挖掘和阐发中华优秀传统文明中讲仁爱、重民本、守诚信、崇正义、尚和合、求大同的时代价值，以及注重家庭、注重家教、注重家风的社会价值，弘扬我国传统文化中有利于社会和谐、有利于社会文明进步的道德精神。要更加重视继承和弘扬规范、激励、制约社会行为的"礼"文化。孔子说过，"不学礼，无以立"；荀子认为，"礼"是"道德之极"、"治辨之极"、"人道之极"，"人无礼不生，事无礼不成，国家无礼不宁"。"礼"文化的要义，就是特别强调道德建设。"礼"的核心思想，是绝恶于未萌，起教于微渺。在新的历史条件下，我们应继承"礼"文化的核心内核，丰富时代内涵，发扬光大"礼"文化，进一步彰显当代中国社会治理的鲜明特色。当然，要处理好继承与创造性发展的关系，重点做好创造性转化和创新性发展。我们应把加强法治建设和加强道德建设更好地结合起来，使法治和德治相得益彰，共同促进中国特色现代社会治理和现代社会文明的提升。

（四）坚持运用现代科技手段。当今世界，以互联网为代表的信息技术日新月异，引领了社会生产新变革，创造了人类生活新空间，拓展了社会活动新领域，提供了治国理政的新手段，极大地提高了人类认识世界、改造世界的能力。在这种新的历史背景和社会发展情势下，加强和创新社会治理，提高社会治理水平，必须创造性运用现代科技最新成果，特别是运用信息技术，提升社会治理智能化水平。无论是社会治理的宏观指导、决策部署、方案设计，还是微观活动、服务和管理，都要注重运用云计算、物联网、互联网、大数据等信息技术，对社会治理的构成要素、目标任务、重要措施和效能评估进行数字化、精细化、科学化的预测、研究。要深入开展基层信息采集、分析、处理工作，努力从多源、分散、碎片化的数据中发现趋势、找出规律，以及时采取有针对性的对策和措施。在善于学习借鉴国外先进信息技术的同时，积极提升社会治理信息技术自主开发能力和水平，高度重视维护我国社会信息安全。要加快制定社会治理领域信息技术系统和平台的行业标准，完善社会治理规则体系，坚持科学、理性、精细，推动社会治理与信息化特别是大数据技术高度融合，按照精、准、细、严的要求，把社会治理概念转化为标准、原则转化为程序，使各项工作都有章可循。近些年来，我国许多地方社会治理中运用网络技术、大数据技术，取得了明显社会效果，也积累了不少经验，需要认真总结和推广。

（五）坚持加强和改善党的领导。共产党的领导是中国特色社会主义最本质的特征，也是中国特色社会主义制度的最大优势。加强和创新社会治理，必须始终坚持党的领导。这就要求，在社会治理领域各个方面，包括社会治理体系建设、体制改革、管理制度创新等，都要全面贯彻党中央的决策部署和大政方针，以确保中国特色社会治理发展的社会主义方向。这就要求，在构建社会治理主体多元化、治理形式多样化的格局中，都要坚持党的统一领导，充分发挥各级党委总揽全局、协调各方的核心作用，以形成社会治理的合力。这就要求，各级党组织要更加重视社会建设和社会治理，从各方面支持加强和创新社会治理，包括选派高素质干部充实社会治理领域，协调相关资源支持社会治理建设。坚持党的领导，还必须改善党的领导，不断顺应时代发展大势和人民群众新期待，不断提高党领导社会建设和社会治理的能力和水平，包括营造创新、向上、友善、包容、宽松的社会环境，为加强和创新社会治理提供空间。党的十八大以来，以习近平同志为总书记的党中央全面推进从严治党，扶正祛邪，正风肃纪，反腐惩恶，党的建设开创了新局面，党风呈现新气象，带动了政风、民风和社会风气的好转。要坚持用制度治党、管权、治吏，严明纪律和规矩，从源头上预防和治理"四风"，进一步解决形式主义、官僚主义、享乐主义和奢靡之风，进一步加强反腐败体制机制创新和制度保障，进一步治理党内作风和深层次问题，用党风的根本好转，更好推动政风、民风和整个社会风气进一步好转，为提高社会治理水平，逐步实现社会治理科学化、精细化、现代化，提供坚强的政治保证和组织保证。

# 中国行政体制改革的历程和经验 <sup>*</sup>

（2016 年 9 月）

行政体制改革是政治体制改革的重要内容，是中国改革发展事业的重要组成部分。行政体制改革包括行政权力结构变革、行政组织机构调整、行政管理制度以及行政手段方式创新等。中国改革开放近 40 年来，行政体制改革取得重大进展。回顾中国行政体制改革的伟大历程和宝贵经验，研究探讨继续推进改革需要解决的重点问题，对于深刻认识改革开放的伟大成就，继续深化行政体制改革，协调推进"四个全面"战略布局，具有重要意义。

## 一、中国行政体制改革的背景

行政体制是国家政治上层建筑的重要组成部分。一个国家的社会经济制度及其发展阶段，决定着一定的行政体制。中国行政体制改革离不开中国特定的行政框架、经济社会改革不断深化以及国际行政理论与实践的发展。

（一）新中国成立后 30 年行政体制的演变。1949 年 10 月 1 日，中华人民共和国宣告成立，社会主义制度的确立为探索建立新型的行政管理体制创造了条件。1951 年政务院作出《关于调整机构紧缩编制的决定（草案）》，进行了新中国成立后第一次精兵简政工作。1954 年，第一届全国人民代表大会颁布了中国第一部《宪法》，选举了国家主

---

　　* 本文系为 2016 年 9 月召开的国际行政院校联合会学术交流会议上提交的论文；发表在《全球化》2017 年第 5 期，《新华文摘》2017 年第 16 期转载。

席，成立了国务院，形成了新中国基本的行政体制框架。从 1954 年年底，用了一年多的时间，对中央和地方各级机关进行了一次较大规模的精简。1956 年重新调整中央与地方的权限关系，同年国务院召开的全国体制会议提出：改进国家行政体制的首要步骤，是先划分中央和各省、自治区、直辖市的行政管理职权，并且对地方的行政管理权予以适当扩大，然后再逐步划分省和县、县和乡的行政管理职权。这次改革一直持续到 1960 年。20 世纪 60 年代初期，为适应国民经济调整的需要，进行了"精简加集中"的行政体制改革。20 世纪六七十年代，行政体制在中央和地方分权以及政府部门增减方面多次调整。总的来看，新中国成立后，中国行政体制建设取得了重要进展：一是初步构建了与社会主义国家性质要求相适应的行政管理模式；二是创建了与计划经济体制相适应的行政体制；三是积累了中国行政体制建设的正反两方面经验。可以说，这一历史时期的行政体制发展历程尽管有不少曲折，但探索了中央与地方的权限关系，实施了精兵简政，调整了政府机构设置，建立了社会主义行政体制基本框架，促进了经济社会发展。这一历史时期的行政体制建设，为改革开放后的行政体制改革提供了基本前提和重要借鉴，其中最根本的教训就是不能超越经济社会发展水平及相应的客观条件，而一定要从本国国情和实际情况出发，着眼于适应生产力发展需要，稳步加以调整和变革。

（二）改革开放以来行政体制的变革。1978 年底，中国拉开了伟大的改革开放历史序幕。此后，从农村到城市、从经济领域到其他各个领域，全面改革的进程势不可挡。开放从对内到对外、从沿海到沿江沿边、从东部到中西部，对外开放的进程波澜壮阔。这场历史上从未有过的大改革、大开放，有效地调动了全国人民的积极性，极大地解放和发展了社会生产力，推动了经济社会的全面进步，使中国成功实现了从高度集中的计划经济体制到充满活力的社会主义市场经济体制、从封闭半封闭到全方位开放的伟大历史转折。中国人民的面貌、社会主义中国的面貌、中国共产党的面貌发生了历史性变化，综合国力大幅度提升，国际地位和影响显著提高。特别是中国经济以世界上少有的速度持续快速发展，从一度濒于崩溃的边缘发展到总量跃居世界第二，人民生活从温饱不足发展到全面小康，为世界经济发展和人类文明进步作出了重大贡献。持续快速的经济社会发展和不断深化的改革开放事业，为中国行政改革提供了强大动力和基础支撑。

（三）国际行政改革理论与实践。自20世纪70年代以来，随着国际形势的变化，国际行政改革理论与实践取得了积极进展，相继出现了以新公共管理运动、公共选择理论和治理理论为代表的政府行政改革理论，并在美国、英国、法国、澳大利亚、新西兰等国家取得了很大成功。国际行政改革理论和实践的主要内容与措施有：一是政府职能的优化。重新界定政府职能是当代西方发达市场经济国家政府改革的重点之一。在新公共管理运动视野中，政府从大量社会事务中解脱出来，将这些职能交给或归还社会，由社会经济组织或中介组织去承担，政府则制定法律和规章制度，监督和执行法律法规。二是公共服务的市场化和社会化。即政府充分利用市场和社会的力量，推行公共服务市场化和社会化。三是分权。当代西方国家行政改革的目标之一在于分散政府管理职能，缩小政府行政范围，因而必然要求实行分权与权力下放。四是引入现代化管理技术。"重塑政府"，实现政府管理的现代化，建立一个"市场化""企业化"政府。中国行政改革理论与实践，在借鉴国际最新行政改革理论与实践的基础上进行。虽然国家与国家之间的行政体制，由于政治、历史、文化等原因，其改革路径不可能相同，不可能照抄、照搬国际行政改革的模式，但国际行政改革的理论与实践，对于中国开阔眼界、打开思路，具有积极的启迪意义。实际上，中国行政体制改革正是在借鉴国际行政改革理论与实践有益做法的基础上，不断探索、不断深化，走出了一条中国特色行政改革之路。

## 二、中国行政体制改革的历程

1978年底召开的党的十一届三中全会，开启了中国改革开放和社会主义现代化建设的历史新时期。近40年的大改革大开放，使经济和社会发展取得了举世瞩目的巨大成就。在这个过程中，按照建设和发展中国特色社会主义的总目标，根据解放和发展生产力、上层建筑适应经济基础的根本要求，坚持不懈地推进行政体制改革，并不断取得新突破和重大进展，中国特色社会主义行政体制不断变革与完善。近40年来中国行政体制变革大体经历了三个阶段。

（一）冲破高度集中的计划经济体制模式（1978—1992）。从党的十一届三中全会召开到党的十四大之前，主要是冲破高度集中的计划经济体制和行政管理模式，对完善中国特色社会主义行政体制进行积极探索。1982年和1988年实施了两次集中的行政体制改革。1982年进行的国务院机构改革，重点是适应工作重点转移，提高政府工作效率，精简调整机构。国务院部门机构改革完成后，进行了地方机构改革，重点是精简庞大臃肿的机构，克服官僚主义，提高工作效能。1988年实施了新一轮行政体制改革，进一步转变职能，理顺关系，精简机构和人员，提高行政效率。总体上看，通过这一阶段的改革，初步摆脱了与高度集中的计划经济体制相适应的行政管理模式的羁绊，激发了经济社会活力，促进了社会生产力的解放和发展。

（二）探索适应社会主义市场经济的行政体制（1993—2012）。从党的十四大召开到党的十八大之前，主要是按照发展社会主义市场经济的要求不断深化改革，中国特色社会主义行政体制改革取得重大进展。1993年和1998年实施了两次集中的行政体制改革。1993年国务院机构改革方案的主要内容：一是转变职能，推进政企分开。二是明确部门职权，理顺权责关系。着力理顺国务院部门之间尤其是综合经济部门之间以及综合经济部门与专业经济部门之间的权责关系，调整中央与地方权限。三是精简机构，压缩人员编制。1998年改革的主要内容：一是进一步调整部门职能。二是进一步精简机构编制。

2002年党的十六大以来，行政体制改革的主要任务是推进服务型政府和法治政府建设，中国特色社会主义行政体制改革全方位深化。重点围绕构建有利于推动科学发展、促进社会和谐的体制机制，着力进行制度机制创新和管理方式创新。主要包括：注重以人为本，促进经济社会全面协调可持续发展和人的全面发展；注重发展社会主义民主政治，大力推进科学民主决策，完善决策信息和智力支持系统，增强决策透明度和公众参与度；注重全面履行政府职能，强化社会管理和公共服务职能，加快以改善民生和公共服务为重点的社会建设，增强社会创造活力；注重规范政府行为，全面推进依法行政，加快建设法治政府；注重改进管理方式，推进政务公开和电子政务，探索实行行政绩效管理制度。党的十七届二中全会提出到 2020 年建立起中国特色社会主义行政管理体制的改革目标后，行政改革取得了新突破。政府职能转变取得积极进展，在探索实行职能有机统一的大部门体制方面迈出新步伐，集中解决了在宏观调控、资源环境、市场监管、文化卫生等方面 70 余项部门职责交叉和关系不顺问题。

（三）推进政府治理现代化（2013 年之后）。这一阶段行政体制改革的主要任务，是推进简政放权、放管结合、优化服务等改革，行政体制改革向纵深推进。党的十八大以后，中国进入全面建成小康社会的决胜阶段，党的十八届三中全会提出了全面深化改革的总目标：完善和发展中国特色社会主义制度，推进国家治理体系和治理能力现代化。行政体制改革围绕这一总目标，加快建立中国特色社会主义行政体制。党的十八届三中全会提出："必须切实转变政府职能，深化行政体制改革，创新行政管理方式，增强政府公信力和执行力，建设法治政府和服务型政府。"主要是深入推进政企分开、政资分开、政事分开、政社分开，持续推进简政放权、放管结合、优化服务等改革，建设职能科学、结构优化、廉洁高效、人民满意的服务型政府。

## 三、中国行政体制改革的主要内容

改革开放以来进行的中国行政体制改革，是在推进经济体制改革、政治体制改革、文化体制改革、社会体制改革的情况下，对行政体制的性质、特点、规律、关系、目标和任务不断深化认识和逐步推进的探索过程，也是对建设中国特色社会主义的重大探索过程。实践证明，这个时期的改革和探索取得了很大成功，从根本上摒弃了高度集中的计划经济体制和行政管理模式，基本上建立了与社会主义市场经济相适应的行政体制。其主要内容是：

（一）转变政府职能。从实行传统的计划经济转向发展社会主义市场经济，必然要求转变政府职能，这不仅是贯穿于改革开放以来中国行政体制改革历程中的一条主线，也是中国行政体制改革的核心。党的十四大提出，转变政府职能的根本途径是政企分开；党的十六大明确提出，政府职能主要是经济调节、市场监管、社会管理和公共服务；党的十八大以来，中国行政体制改革更是紧紧扭住政府职能转变这个"牛鼻子"，以简政放权为突破口，加快转变政府职能，使市场在资源配置中起决定性作用和更好发挥政府作用，切实推动政府职能向创造良好发展环境、提供优质公共服务、维护社会公平正义转变。通过近40年的行政体制改革，中国政府对微观经济运行的干预明显减少，企业作为市场竞争主体地位得到确立，市场配置资源的决定性作用明显增强，新型宏观调控体系逐步健全，社会管理和公共服务职能不断加强。

（二）调整行政区划。行政区划的调整与优化，是中国行政体制改革的重要内容。改革开放以来，中国行政体制改革不断适应经济社会发展、城镇化进程和生产关系的变革，先后进行了包括建立特区、新建省（直辖市）、撤地建市、县改市、市领导县、县改区等一系列行政区划改革，极大地丰富了中国行政区划的实践内涵。受城镇化进程、中心城市空间拓展、人口集聚与增长、交通和通信条件改善以及政策因素，中国行政区划调整主要有五种模式：建制变更、行政区拆分、行政区合并、建制升格以及新设立行政区。其中，撤县设市的行政区划调整，是中国改革开放以来最重要的一种行政区划调整模式。从1979年开始到1997年暂时结束，这一时期中央两次设市标准的调整，极大地影响了区划变更的进程和周期。

（三）改革政府组织结构。机构是职能的载体，职能配置需要科学的机构设置来履行。改革政府组织机构，是中国行政体制改革的重要内容。改革开放以来，已经先后进行了7次大的政府组织机构改革，总的趋势是根据经济社会发展变化和全面履行政府职能的需要，明确划分、合理界定政府各部门职能，不断理顺行政组织纵向、横向以及部门之间的关系，健全部门间协调配合机制。通过合理调整机构设置，优化人员结构，既解决有些部门机构臃肿、人浮于事的问题，又解决有些部门因职能加强而出现的编制过少、人员不足问题，做到职能与机构相匹配、任务与人员编制相匹配。2008年政府机构改革的一个重要特点，是积极推进大部门制改革。这次改革对职能相近、管理分散的机构进行合并，对职责交叉重复、相互扯皮、长期难以协调解决的机构进行合并调整。同时，对职能范围过宽、权力过分集中的机构进行适当分设，以改变部门结构失衡和运行中顾此失彼的现象。2013年进行的政府机构改革，进一步优化了部门设置，协调了部门关系，不断完善决策权、执行权、监督权既相互统一又相互协调的行政运行机制，建立了以宏观调控部门、市场监管部门、社会管理和公共服务部门为主体的政府机构框架，机构设置和职责体系趋于合理。可以说，每次政府组织机构改革都是由经济体制改革推动，以适应发展和完善社会主义市场经济需要为目标，对行政管理体制进行调整与改革。

（四）创新政府管理方式。改革开放以来，中国政府主动适应国内外环境变化和经济社会发展要求，不断创造行政管理方式，坚持以人为本原则，利用市场机制，采用现代科技成果，简化行政程序，调整管理流程，将政府规划、政策引导、法规制定、经济激励、信息服务等多种管理方式和手段相结合，使行政管理方式向更加科学化、规范化、简便化、效能化转变。一是创新宏观调控方式。例如，近几年面对经济下行压力较大的情况，积极创新宏观调控方式，明确稳增长、保就业和防通胀，保障经济运行在合理区间；集中精力转方式、调结构，适时适度进行预调和微调，提高宏观调控的针对性和协调性。二是将政府管理由事前审批更多地转为事中事后监管，堵塞监管缝隙和漏洞，加大对违法违规者的处罚力度，努力做到"宽进严管"，着力营造公平竞争的市场环境。三是推广政府购买服务，创新政府职能方式。四是加强电子政务建设，着力推进"互联网＋政务服务"，利用电子政务平台实施管理和服务，增强了对公众诉求的回应性，提高了行政效率，降低了管理成本，方便了人民群众。

（五）推进法治政府建设。建设法治政府是改革开放以来中国行政体制改革的重大成就，突出标志是政府逐步实现从全能政府向有限政府，从管制政府向服务政府、法治政府转变。公民的权利意识和法治观念不断增强，法治政府建设取得了显著进步。法治政府的核心是依法行政，1989 年通过的《行政诉讼法》被认为是中国法治建设历程中的里程碑。2004 年 3 月，中国政府发布《全面推进依法行政实施纲要》，明确提出用 10 年左右的时间，基本实现建设法治政府的目标。此后，法治政府建设步伐加快，《行政许可法》《行政诉讼法》《行政复议法实施条例》等一系列法律法规颁布实施。中国法治政府的法律制度框架已基本建立，依法行政的法律法规体系不断完善，行政立法、执法和监督工作进一步加强，政府建设和行政工作法治化、制度化加快推进，着力用制度管权、管事、管人。法治政府基本建成，行政法规不断健全，行政执法体制改革不断深化，行政执法组织体系更加健全，行政执法程序化、规范化水平明显提高，行政监督制度建设加强，行政权力运行和行政行为实施的法制化、规范化、公开化程度大幅提高。

（六）加强公务员队伍建设。公务员队伍是政府管理的主体，其素质和能力直接影响政府的执行力和公信力。改革开放以来，中国逐步建立现代国家公务员制度。1993 年 4 月，国务院通过并颁布了《国家公务员暂行条例》，并于同年 10 月起施行，这标志着中国公务员制度的初步形成。此后，全国各地自上而下逐步建立和推行国家公务员制度，加强公务员队伍建设。公务员管理法律法规体系逐步健全，包括准入、激励、退出等机制在内的具有中国特色的国家公务员制度基本建立；政风建设和廉政建设不断推进，公务员队伍整体素质和能力明显提高，形成了一支爱岗敬业、忠于职守、素质优良、作风过硬、勤政廉政的公务员队伍，为进一步完善中国特色社会主义行政体制奠定了坚实基础。

（七）推进反腐倡廉，建设廉洁政府。廉洁是从政道德的底线，也是政府公信力的基石。改革开放近 40 年尤其是近些年来，中国政府坚持不懈地推进廉洁政府建设，在查办大案要案、惩处腐败分子、加强制度建设、强化对领导干部的监督、治理商业贿赂、纠正损害群众利益的不正之风等方面，取得了很大进展。国务院每年召开廉政工作会议，对政府系统的反腐败和廉政建设作出部署。全国各地区、各部门都把反腐败和廉政建设纳入经济社会发展总体规划，寓于各项改革和重要政策措施之中。通过制定建设廉洁政府的一系列法律制度，包括制定《中华人民共和国政府采购法》《中华人民共和国反垄断法》《中华人民共和国招标投标法》，规范行政自由裁量权，发挥市场在资源配置中的决定性作用，着力防止腐败行为的发生。通过体制机制创新，建设廉洁政府。推进行政审批制度改革，推进干部人事制度改革，推进司法体制和工作机制改革，推进财政、投资、金融、资源等体制改革；依法查处腐败案件，大力建设廉洁文化；积极开展反腐败国际交流与合作。反对腐败、建设廉洁政治，是全人类的共同愿望，也是世界各国政府和政党面临的共同课题。中国将在国际和地区性反腐败交流与合作中发挥积极作用，为建设一个公正廉洁、和谐美好的世界而努力奋斗。

## 四、中国行政体制改革的基本经验

改革开放以来，中国行政体制改革不仅取得了显著成效，而且在实践中积累了宝贵经验，主要有以下六个方面。

（一）坚持顶层设计，统筹规划。这既是中国行政体制改革的重要经验，也是今后深化行政体制改革的基本遵循。深化行政体制改革，需要放到党和国家发展的大局中统筹谋划，在中央统一领导下与其他方面的改革统筹规划部署，整体协调推进。邓小平在《党和国家领导制度的改革》中指出："改革党和国家领导制度及其他制度，是为了充分发挥社会主义制度的优越性，加速现代化建设事业的发展。""我们要不断总结历史经验，深入调查研究，集中正确意见，从中央到地方，积极地、有步骤地继续进行改革。"中国行政体制改革正是在中国共产党的领导下统筹协调推进。党的十八大报告指出：要"完善体制改革协调机制，统筹规划和协调重大改革。"这对加强行政体制改革的顶层设计，统筹规划、协调推进各方面改革有着重要意义。中国政府始终把行政改革作为全面深化改革的关键环节，深入研究行政改革与经济改革、政治改革、文化改革、社会改革的相互关系，把握好各方面改革相互适应、相互支撑的规律性和相互制约、相互影响的复杂性，正确处理好改革发展稳定的关系，提高体制改革决策的科学性、权威性，增强各方面改革措施的协调性、配套性、实效性，确保社会主义改革的正确方向和顺利推进。

（二）坚持积极稳妥，渐进深化。行政体制改革是深化整个改革的重要环节，是建立和完善社会主义市场经济体制、发展社会主义民主政治的必然要求，在近 40 年的改革开放中，中国走出了一条开拓性创新、渐进式改革的成功道路。这一改革道路的基本特点，是在坚持中国特色社会主义基本制度框架的前提下，进行的一场有领导、有秩序、有创新的社会主义行政制度的自我完善和革命。有领导，是指行政体制改革与其他方面改革一样，坚持在党的坚强领导下进行，坚定社会主义改革的方向，有组织分步骤推进。有秩序，是指行政改革正确处理了改革、发展、稳定的关系，协调改革力度、发展速度和社会承受度，是在保持社会主义基本政治制度和政体基础上，对行政体制进行的改革。有创新，是指既对原有行政权力结构和利益格局的重大调整，也是一场深刻的观念变革和思想革命，必须把创新精神贯穿于改革的全过程和每个环节。实践证明，中国行政体制改革在理论和实践上的每一个进步，都是坚持解放思想、实事求是、与时俱进的结果。推进行政体制改革，要有长远目标和总体规划，明确改革的路径与方向，确定每个时期的重点任务，改革不可能毕其功于一役。既要充分利用各方面的有利条件，正确把握有利时机，坚决果断地推进改革，在一些重要领域迈出较大步伐，又要全面分析面临的矛盾和风险，充分考虑各方面的承受能力，积极稳妥实施。

（三）坚持服务人民，依靠群众。全心全意为人民服务是中国共产党和中国政府的根本宗旨，一切为了人民、一切依靠人民，是推进各项改革的根本出发点和动力所在。推进行政体制改革始终以人民为中心，坚持为了人民、服务人民、依靠人民，着眼于适应推进经济和社会发展，不断提高人民群众物质文化生活水平，促进人的全面发展；坚持尊重人民群众的主体地位，维护人民群众的各项权益；充分体现广大人民群众的利益和诉求，使全体人民共享改革发展成果。从行政体制改革的动力机制看，高度重视发挥人民群众的积极性、主动性和参与性，增强社会经济活力和创造力。实践证明，中国行政改革只有符合人民利益，反映人民呼声，紧紧依靠人民，建设人民满意的政府，才能得到广大人民群众的真心拥护和有力支持。

（四）坚持围绕中心，协调推进。经济建设是中心任务，围绕经济发展，服务经济发展，适应经济发展，始终是中国行政体制改革的内在驱动力。行政体制是国家治理体制的基本框架，是上层建筑的重要组成部分，是经济体制、政治体制、文化体制、社会体制以及其他体制的关键结合点，并且有着密切的联系。行政体制改革尤其是政府机构设置和职能调整，涉及国家经济、政治、文化和社会生活的各个方面，涉及中央与地方、政府与社会、政府与企业、整体利益与局部利益等一系列重要关系。因此，行政体制改革必须放到中国经济社会发展的大局中统筹谋划，服从并服务于促进经济社会发展的需要，做到与完善社会主义市场经济体制进程相适应，与建设社会主义民主政治、完善国家治理体系相协调。

（五）坚持鼓励创新，勇于实践。在推进行政体制改革中，始终鼓励和支持地方、部门从实际出发，因地制宜，大胆探索，推进创新，为深化改革积累经验。近些年来许多地方和部门围绕政府组织结构、层级体系、管理体制、运行机制、服务方式等进行了积极探索，包括推进大部门制改革、探索省直接管理县（市）改革、创新行政管理方式、政务服务标准化、综合执法体制改革等。有关部门和地方深入调查研究和客观评估这些改革效果，认真研究解决改革过程中出现的问题，使那些在实践中被证明行之有效的改革措施得到完善和推广，并体现在顶层统筹和决策部署中。

（六）坚持立足国情，善于借鉴。改革开放以来，中国以开放的胸襟，宽广的视角，大力开展中外行政文化交流，在相互学习借鉴中，为推动人类文明进步做出了应有努力。行政改革涉及行政权力关系的调整和政府组织结构的变动，中国行政改革既善于研究借鉴国际上公共治理方面的有益成果，顺应时代发展和变革潮流，又不盲目照抄照搬国外模式。中国地域辽阔、各地情况差异性很大、发展很不平衡，在推进改革中，充分考虑各地特点，分类指导，坚持做到借鉴国际经验与中国特殊国情相结合。

# 四、开放篇

# 扩大对外开放的广度和深度 *

（1987 年 12 月）

对外开放是我国经济发展新战略的重要组成部分，是建设有中国特色的社会主义的必由之路。党的十三大报告根据我国现在处于社会主义初级阶段这个科学论断，深刻阐述了实行对外开放的必要性，明确提出要进一步扩大对外开放的广度和深度，不断发展对外经济技术交流与合作。这不仅为我们提供了实行对外开放方针的强大思想武器，而且指明了继续前进的方向。

1978 年底，党的十一届三中全会在确定全国工作重点转移到社会主义现代化建设上来的同时，把实行对外开放作为我国的一项基本国策。9 年来，我们的对外开放工作迈出了有力的步伐，取得了举世瞩目的巨大成就。这集中地表现在：对外经济贸易长足扩展。1986 年全国进出口贸易总额达到 378.5 亿美元，比 1978 年增长 2.6 倍，平均每年递增 17.3%，大大超过前 26 年平均每年递增 9.5% 的速度。对外开放的正确国策，给我国社会经济注入了新的旺盛活力，产生了多方面的巨大成果。它促进了经济结构合理调整，开拓了新的生产领域，加快了生产建设步伐，提高了科学技术水平和管理水平，活跃和丰富了国内市场，使我国经济在世界经济舞台上的地位和作用日益增大。实践有力地证明，我国实行对外开放政策是行之有效的，完全正确的，得到了全国人民的广泛支持和拥护。

邓小平指出："开放政策是中国的希望"。前几年对外开放工作虽然迈出了重大步子，但是从实现社会主义现代化，赶超世界经济发达

---

　＊ 本文原载于《学习党的十三大报告文集》，经济日报出版社 1987 年 12 月版。

国家这个远大目标来看，我们已经进行的对外开放工作，正好比历史长剧刚刚拉开序幕。今后，对外开放的道路更长，任务更艰巨、更伟大。我们必须以更加勇敢的姿态进入世界经济舞台，进一步扩展同世界各国包括发达国家和发展中国家的经济技术合作与贸易交流，为加快我国科技进步和提高经济效益创造更好的条件。

那么，为什么要作出这种判断和提出这种要求呢？这是因为：

第一，世界经济关系发展的大趋势，要求我们必须进一步扩大对外开放。早在一百多年前，马克思和恩格斯在《共产党宣言》中就指出："资产阶级由于开拓了世界市场，使一切国家的生产和消费都成了世界性的了。""过去那种地方的和民族的自给自足和闭关自守状态，被各民族的各方面的互相往来和各方面的互相依赖所代替了。"世界经济发展的历史证实了这个科学预见。特别是第二次世界大战以后，国际上的经济技术交流越来越密切，世界经济贸易的增长超过了物质生产的增长。进入 20 世纪 80 年代，国际资本的增长更远远超过国际贸易的增长，金融业务在许多国家已打破国界，难分国内市场和国际市场。这些说明，世界市场的迅速扩大和经济上相互依存日益紧密。当然，这种相互依存伴随着剧烈的竞争，在竞争的基础上得到发展。尤其是在世界范围内蓬勃兴起的新技术革命，势必使人类生存的这个世界更加千姿百态，丰富多彩，各国在经济技术上的相互联系和依存程度进一步扩大。很明显，当今世界是一个开放的世界，国际经济关系已经发展到一个新阶段，以至一个国家经济发展的成败得失，在很大程度上取决于能否利用世界经济形势的变化以及面向世界市场和参与世界经济的水平。因此，扩大对外开放，是适应世界经济和国际经济关系变化的客观要求。我们不仅要发展贸易和引进资金技术，更重要的是争取我国经济在世界经济舞台中的适当地位和积极参加国际竞争，从而更好地跻身于世界现代化之林。

第二，许多国家快速发展的经验，启迪我们必须进一步扩大对外开放。由于实行对外开放，发展国际交换和国际分工，不仅可以较好地互通有无，取长补短，而且有利于扬长避短，节约社会劳动，提高劳动生产率和社会经济效益；同时，还可以广泛吸收世界文明成果，并借助外力，促进经济迅速成长。所以，世界上许多国家都采取对外开放的发展战略。统观已经进入经济发达行列的国家，无一不是实行对外开放的。我们国家经济技术落后，在落后基础上建设社会主义，尤其要发展对外经济技术交流和合作，努力吸收世界文明成果；闭关自守只能越来越落后。

第三，我国现代化建设的宏伟任务，需要我们进一步扩大对外开放。党的十三大作出我国经济建设分三步走的战略部署，并确定了到本世纪末的第二步和到下个世纪中叶的第三步奋斗目标。这些目标是宏伟壮丽的，也是十分艰巨的。为了实现既定的发展目标，我们必须加紧经济建设。然而，在我们前进的征途上面临着不少矛盾和困难：建设资金短缺，科学技术水平低，劳动者素质不高，现代化大生产的组织管理经验不足，尤其是经济活动的效率和效益太差。这些问题，严重地制约着经济发展。不很好地解决这些问题，已经确定的到本世纪末的目标难以实现，更宏伟的长远发展任务也会落空。而要妥善地解决这些问题，一个重要途径是进一步实行对外开放，扩展对外经济贸易和技术交流。只有这样，才能更多更好地利用国外资金，以补充国内资金的不足；才能更多更好地引进先进技术、人才和管理经验，以提高我国生产技术水平和管理水平；才能更多更好地吸收世界文明的成果，在比较高的水平上起步，并赢得时间。也只有这样，才能促使我国经济在参与国际竞争中增强各方面的素质，以提高生产要素使用的效率和效益。

总之，进一步扩大对外开放的广度和深度，这是我们党正确把握当今世界经济关系发展的大趋势，深刻总结国内外实践经验，并根据我国国情作出的重大决策，必将对我国社会主义现代化建设产生伟大而深远的影响。

进一步扩大对外开放的广度和深度，不仅是必要的，也是可能的。总的看来，国际环境对我们很有利。尽管世界经济处于持续低速增长状态，国际市场竞争日益加剧，给我们进一步走向世界增加了困难。但是，由于目前世界经济正处于大调整、大转折时期，有不少闲置资本、设备、技术寻找出路，这使我们有可能得到较多地利用外资和引进技术的机会。一些发达国家正大幅度地调整产业结构，逐渐限制以至削弱某些传统产业的发展，把它们部分地转移到发展中国家，我们可以利用这个机会，与发展中国家竞争，填补国际市场中的空缺。同时，世界经济向开放化、多极化发展，亚太地区经济日趋活跃，我们可以把握时机增加出口。世界新技术革命的迅猛发展也给予我们在某些方面迎头赶上的机会。从国内条件看，我国经济技术基础比较雄厚，各个方面都蕴藏着巨大的潜力，特别是近几年对外开放的实践，积累了比较丰富的经验，培养和锻炼了一批进行对外经济联系的人才。也就是说，我们在物质技术基础和知识经验方面具备了进一步从广度和深度上扩大对外开放的条件。

最近，邓小平在接待外宾时强调说："中国执行的开放政策是正确的，得到了很大的好处。如果说有什么不足之处，就是开放得还不够。我们要继续开放，更加开放。"党的十三大作出进一步扩大对外开放的广度和深度的重大决策，必将更加坚定全国上下坚持实行对外开放这个基本国策的决心，以更加勇敢、坚实的步子迈向对外开放的新领域、新境界，有力地推动我国对外经济联系朝着更广泛、更深入的方向迅速发展。

进一步扩大对外开放广度和深度的首要课题，是不断发展进出口贸易。这是因为，进出口贸易是一个国家对外经济技术交流的主要方面。我们要从广度深度上扩展进出口贸易，不仅要从规模、数量上，而且要从质量、效益上把对外贸易提高到一个新的水平。

采取正确的利用外资战略，是进一步扩大对外开放广度和深度的又一个重要方面。合理利用外资，可以促进国内经济的更好发展。

进一步扩大对外开放广度和深度还有一个重要方面，就是在开放地区布局上采取逐步推进的战略，即必须继续巩固和发展已初步形成的经济特区—沿海开放城市—沿海经济开放区—内地，这样一个逐步推进的开放格局。

# 进一步扩大对外开放<sup>*</sup>

（1992 年 10 月）

## 一、进一步扩大开放的重要意义

我国从 70 年代末期实行对外开放政策以后，对外开放的步伐不断加大，领域不断拓宽，取得了举世瞩目的重大成就。主要表现是：（1）对外贸易有了长足发展。1979 年到 1991 年，我国进出口贸易总额以年均 12.9% 的速度增长，其中出口年均增长 15.1%。1991 年进出口总额达到 1357 亿美元，出口额为 719 亿美元，都比 1978 年增长 5 倍以上。我国出口在世界出口国家和地区中所占的位次，已由 1978 年的第 32 位，上升到 1991 年的第 16 位。出口商品结构也逐步优化。进口了大批国内经济建设所需的重要物资、设备和部分生活资料。（2）利用外资取得了较大的进展。到 1991 年底，我国批准兴办的外商投资企业达到 42000 多家，外商投资协议金额 523 亿美元，实际投入资金额 233 亿美元，借用国外贷款协议额 638 亿美元，实际使用额 523 亿美元。利用外资的水平也越来越高，外商投资逐渐由兴办旅游项目扩大到生产性项目，外商投资企业中出口型和技术先进型企业不断增加。（3）引进技术不断增加，技术出口扩大。十几年来，我国共引进技术 4200 多项，同期共出口技术 860 多项。（4）对外承包劳务和海外投资已初具规模。1979—1991 年，对外签订承包工程和对外劳务合同 21000 多项，累计合同金额达 190 亿美元，完成营业额 119 亿美元。先后在 140 多个国家和地区开展业务，派出劳务人员达 42 万人。此

---

* 本文发表在《迈向 21 世纪的行动纲领》一书，新华出版社 1992 年 10 月第 1 版。

644

外，对外援助、国际多边经贸合作也有了新的发展。

十多年来对外开放对促进我国现代化建设的快速发展，起到了重要的作用。我国的出口贸易额已占国民生产总值的 19.5%，每年实际使用国外资金额约占当年固定资产总投资的 10% 左右。对外经济贸易的扩大，不仅带动了经济总量的增长，而且推动了经济结构的调整。国外资金的利用，弥补了国内建设资金的不足，加强了重点项目和国民经济薄弱环节的建设，包括建设煤矿、电站、油田、冶金、化工、铁路、机场、公路、港口等 1000 多个大中型项目。由于引进国外的先进技术和经营管理经验，使一些重要产品的生产技术日益现代化，许多企业提高了经营管理水平。对外贸易和经济技术合作的发展，也增加了财政收入和外汇收入，提供了更多的就业机会。更加有深远意义的是，对外开放还开阔了人们的眼界，增加了现代化和商品经济的知识，激发了走向世界经济舞台的积极性，开辟了我国经济发展的广阔道路；同时，增进了我国与各国各地区之间的了解，为我国现代化建设争取了一个良好的和平环境。

实践充分证明，我国实行对外开放的方针是完全正确的。对外开放是我们振兴中华的基本国策，是强国富民的必由之路。坚持对外开放，是我们党建设有中国特色社会主义理论的主要内容之一，是党的基本路线的重要组成部分。对外开放受到了全国人民的衷心拥护。当今世界是开放的世界，封闭只能导致落后。国际经济相互联系的一体化趋势迅速发展。我国面临的加快经济发展、调整和优化经济结构的任务，也要求我们必须更加加快对外开放步伐，进一步提高国民经济的整体开放度，通过更广泛、深入地参与国际合作和交换，把国外先进的生产力转变为本国的经济发展能力，促进传统产业的调整、改造和发展，加速新兴产业的开拓和建设，更快更好地发展社会主义现代化事业。

进一步扩大对外开放，不仅是必要的，而且是可能做到的。从国际环境看，既有挑战，更有机遇。目前西方国家经济不景气，发展中国家债务沉重，国际资金缺口增大，这会影响国际贸易的发展，不利于我国外贸出口和借用国外贷款，但对我国引进先进技术和吸收外商直接投资带来机遇。1992年以来，西方国家企业家争相向我国投资办企业，就是有力的证明。发达国家正进行产业结构调整，亚太地区特别是西太平洋沿岸地区经济活力增强，发展势头强劲，有利于我国扩展经济贸易与经济技术合作和交流。世界经济区域集团化发展的步伐加快，虽然会制约我们对集团区域内的出口，但是世界经济技术发展到今天这样的水平，各国之间的经济联系日趋紧密，难以分割，只要我们做好工作，会增进我们对区域集团市场的开拓和双方联系的扩大。目前世界正处于大变动时期，两极格局已经终结，各种力量重新分化组合，国际上的竞争愈来愈成为经济和科技实力的竞争，我们可以利用自己的优势，争取同更多的国家扩展贸易和经济技术合作。一些国家政局不稳，经济困难严重，影响着外贸的进入和经济贸易的扩大，我们可以抓住时机，吸引更多的国外资金、资源和技术。总之，国际环境是对我们有利的。从国内看，我国对外扩展经济贸易和技术合作有着固有的优势，人口众多，市场广阔，资源比较丰富，劳动力充足，在国际事务中又居于重要战略地位。特别是我国政治稳定，社会安定，经济持续快速发展，改革开放的深入进行，具有很大的吸引力。以上这些，综合地形成了我国进一步扩大对外开放的有利条件。只要我们采取正确的战略和策略，充分发挥自己的优势，趋利避害，加快对外贸易和经济技术合作的发展是完全可能的。

进一步扩大对外开放，关键在于进一步解放思想，特别是大胆向资本主义国家学习和借鉴有用的东西，利用资本主义积累的文明成果为发展社会主义经济服务。资本主义经过几百年的发展，在经济、科技、教育、文化和社会管理方面，积累了丰富的经验，取得了许多历史的文明成果。特别是现在西方发达国家拥有资本的优势、科学技术的优势、产业结构应变能力强的优势、对外贸易和技术合作的优势，有许多可供我们学习、借鉴和利用的东西。社会主义要赢得同资本主义相比较的优势，必须大胆吸收和借鉴世界各国包括资本主义发达国家的一切反映现代社会化生产和商品经济一般规律的先进经营方式和管理方法。国外的资金、技术、人才以及作为有益补充的外资经济、私营经济，都应当而且能够为社会主义所利用。政权在人民手中，又有强大的公有制经济，这样做不会损害社会主义，只会有利于社会主义的发展。对此，我们必须有正确的认识。

## 二、继续扩大对外开放的地域

逐步扩大对外开放的地域范围，形成多层次、多渠道、全方位开放的格局，这是十四大确定的一条重要方针和战略部署。

80 年代，我国对外开放的地区主要在东部沿海一带。先后成功地创办了深圳、珠海、汕头、厦门、海南五个经济特区，开放了大连、天津、青岛、上海、宁波、广州等 14 个港口城市，开放了长江、珠江三角洲、闽南三角、环渤海地区，形成南北连片，包括 290 个市县、2 亿多人口、30 万平方公里的沿海开放地带。这个对外开放的格局，取得了显著成效，不仅使这些地方和城市大大加快了现代化进程，迅速地改变着面貌，还有力地带动了其他地区的对外经济贸易和技术合作与交流，同时也积累了对外开放的丰富经验，为进一步在全国范围内推进对外开放创造了条件。

90 年代，我们必须在已开辟的对外开放地区的基础上，加快其他地区对外开放的步伐，形成经济特区—沿海开放城市—沿海经济开放区—内地，这样一个包括不同层次，具有不同开放特点和功能，全方位开放的新格局。

继续办好经济特区、沿海开放城市和沿海经济开放区。这些沿海地区，有着对外开放的综合优势，并取得了重大进展和成功经验。大力巩固和发展这些地区对外开放的成果，在已有的基础上继续向前推进，无论对于更好地加速这些地区现代化建设的进程，增强经济实力支持全国的经济发展，还是对深化改革、扩大开放的探索和试验，为全国改革开放提供经验，都有着十分重要的意义。因此，必须对这些地区保持对外开放政策的连续性和稳定性，并根据实践经验，完善和采取更加有利于对外开放的政策和措施。党中央、国务院已给予这些地方的特殊政策和措施，必须认真贯彻落实。这些地方特别是经济特区还应当根据进一步扩大对外开放的思想，大胆地闯，大胆地试验，使开放的路子越走越宽广,成果越来越显著,并为全国对外开放的健康推进提供更多更好的经验。

实施沿大陆边境开放战略。我国地域广阔,有长达 2.2 万公里与接壤国家的边境线。随着国际格局的变化和我国与周边国家友好关系的增进,为沿边地区提供了良好机遇。同时,沿边地区和城市也有着丰富的资源和地缘条件等优势,便于同周边国家开展经济贸易和技术合作与交流。东北三省、内蒙古自治区与俄罗斯的西伯利亚、远东地区和蒙古国之间,新疆维吾尔自治区与原苏联的中亚地区五国之间,西藏自治区与印度、尼泊尔之间,云南与缅甸、泰国、老挝、越南之间,广西壮族自治区与越南之间,都要积极发展贸易和多种形式的经济技术合作与交流,并逐步建立若干个边境开放城市或自由贸易区,扩大边境地区的对外开放。1992 年以来,国务院已相继批准东北、西北、西南 13 个边境市、县和这些市、县所在地的省、自治区省会(首府)城市实行对外开放的特殊政策,使之作为沿边地区扩大开放的窗口和基地。这是实施沿边对外开放战略的重大决策和步骤。今后,随着进一步扩大对外开放的需要和条件的可能,国家还将采取多渠道、多形式的政策和措施,推进沿边对外开放向广度和深度发展。

加快内陆省、自治区对外开放的步伐。内陆省、自治区是我国辽阔的腹地,资源丰富,市场广阔,也是我国 21 世纪经济发展的战略重点地区。但由于地理环境和历史的原因,经济发展水平低,与沿海地区有明显的差距。中西部地区还是少数民族聚集的地区,需要加快发展经济,以逐步实现各民族共同发展、共同富裕。而要加快中西部地区经济发展,缩小与东部地区之间的差距,一个重要方面,是加快内地的对外开放。最近,中央批准内陆合肥、南昌、长沙、成都、郑州、太原、西安、兰州、西宁、贵阳、银川、哈尔滨、长春、呼和浩特、石家庄等省会(省府)城市实行优惠政策。这些优惠政策主要包括四个方面:(1)对外经济合作权限,包括外商投资项目审批权、外贸自营权、商务人员出国审批权进一步扩大。(2)享有引进国外先进技术和管理经验改造老企业和开发现代农业的优惠政策。到 1995 年底,计划内技术改造项目所需进口仪器、设备,国内一时不能生产或不能保证供应的，一定期限内不分外汇来源，免征进口关税和产品税（或增值税），为发展出口农业而进口的加工设备免征关税和产品税（或增值税）。（3）鼓励吸收外资，对外商投资企业实行优惠政策，力求在较高起点上，多办一些有一定规模、有较高技术水平和经济效益的带头项目。（4）具备条件的，经国务院批准可以兴办一个经济技术开发区。这些决策和政策，是扩大内陆省、自治区对外开放的重大步骤，必将产生深远的影响。从长远看，广大内陆城市和地区，只要条件具备，都应当实行对外开放。这样做，对于逐步缩小沿海与内陆地区发展的差距，顺利实现社会主义现代化建设第二步乃至第三步战略目标，必将有着重大的意义。

实施沿边和内陆对外开放战略，既要有紧迫感，又要从实际出发，积极稳妥地进行。应当看到，广大沿边和内陆对外开放的程度，有赖于全国范围内经济发展和投资环境的改善，建立全国统一的、开放的社会主义大市场；同时，对外开放应当在国家制定的政策和规划下进行。如果不是这样，就难以收到对外开放所应当收到的效果，甚至会造成某些不必要的损失。目前，边境和内陆地区对外开放的劲头很大，热情很高，这是值得提倡和支持的，但有的地方出现了追求过多兴办以减免税为优惠条件的经济技术开发区的现象，这是应当引起各方面重视的。

在实行多层次、多渠道、全方位开放战略中，还应当突出抓好以下地区的扩大对外开放。

一是长江三角洲和长江沿江地区。要以上海浦东开发开放为龙头，进一步开放长江沿岸城市，尽快把上海建成国际经济、金融、贸易中心之一，带动长江三角洲和整个长江流域地区经济的新飞跃。加快上海浦东、长江三角洲以及长江沿江地区的开放开发，不仅是客观形势发展的要求，而且有着良好的基础和条件，上海和长江三角洲地区，是我国经济、科技、文化最发达的地区之一，1990年国民生产总值2270亿元，占全国的12.9%；人均国民生产总值3160元，是全国平均数的2倍。长江沿江地区是沟通我国东西南北经济联系的纽带和桥梁，具有广阔的腹地和国内市场。上海浦东、长江三角洲和长江沿江地区有得天独厚的通江达海的区位条件和港口优势，水能和水资源丰富，水运潜力巨大，工业基础雄厚，科技机构和人才众多，商品农业和乡镇企业发达，旅游资源丰富，城市化水平高。这些方面综合地构成了这一地区加快开放和发展步伐的有利条件。搞好这一地区的改革开放和发展，关系到我国整个改革开放和现代化建设的全局，不仅使上海和长江三角洲率先早日成为我国基本实现现代化的地区之一，进而带动整个长江流域地区经济的迅速发展，而且对于推动我国全方位对外开放格局的形成，加快社会主义市场经济体制的建立，胜利实现三步走的战略目标，都有着极为重要的意义。中央对加快这一地区的开发开放要实行某些支持、鼓励政策，这一地区自己也要进一步解放思想，大胆地推进改革开放。

二是加速广东、福建、海南和环渤海地区的开发开放。广东、福建是我国最先实行特殊政策和经济体制综合改革试验区，这两个省毗邻香港、台湾地区，与东南亚诸国接近，有着对外开放的优越条件。海南省是我国最大的经济特区。这三个省前些年走在改革开放的前列，不仅使经济有了长足发展，迅速改变了面貌，而且形成了对外开放的良好格局，积累了许多成功经验。环渤海地区经济基础较好，靠近朝鲜、韩国和日本，加快对外开放条件具备，进一步搞好这些地区的对外开放，不仅使这些地区率先成为我国基本实现现代化的地区之一，赶上以至超过亚洲"四小龙"，将起到重要作用，而且对于更好地带动全国的改革开放和经济发展也将有着重大意义。这些地区应当充分利用自己的优越条件和国家的政策，在对外开放中迈出更大的步子，继续敢闯敢试；开拓前进。国家对这些地区的开放将会继续给予支持和鼓励。前不久，国务院决定给海南六条新政策，包括下放总投资 2 亿元以下项目审批权，二、三类出口商品试行放开经营，每年给 5000 万美元外汇贷款，1993 年继续支持 3 亿元开发资金等，就是支持海南进一步扩大对外开放的重大措施。

此外，还要努力研究加快实施大陆桥路线开放战略。从连云港经陇海铁路、兰新铁路衔接哈萨克斯坦的阿拉木图，通过原苏联境内，经波兰、德国到达荷兰的阿姆斯特丹港（或鹿特丹港），全长约 1.08

万公里。大陆桥在中国境内 4200 公里，经过 6 个省区，为西北、西南地区通向欧洲和中亚、西亚提供了最短的陆上通道，也为中原和西北地区提供了较近的出海口。搞好铁路沿线的开放，可以促进这一地带外向型经济的发展，带动整个经济的繁荣。

## 三、努力拓宽利用外资领域

我国是发展中的社会主义国家，经济技术水平低，建设资金不足，加快现代化建设步伐，除了主要靠在国内吸引和筹集建设资金外，必须积极利用国外资金，包括利用政府间贷款和国际组织贷款，以及外商直接投资。为此，十多年来，我国在争取利用国外资金方面，不断解放思想，路子越走越广，形式多种多样，成绩是显著的。

为了吸收外商投资，我国已经采取的主要政策措施是：给予开放地区利用外资的更大自主权，80 年代中对实行开放地区的地方政策赋予自行审批总投资在 3000 万美元以下的外商投资项目；努力改善外商投资环境，国家在建设资金比较紧张的情况下，仍然抽出相当规模的资金用于能源、交通、通信等基础设施和办公、生活等服务设施建设；先后颁布有关涉外经济法规近 400 部，其中有关外商直接投资的法律、法规 60 余部，还同意大利、荷兰、德国等 24 个国家签订了投资保护协定；对外商在华正常投资给予优惠政策，其中在税收上享受税种少、税率低、税负轻等多方面政策。1992 年以来，我国进一步扩大对外开放区域，给予新开放地区更多的利用外资的自主权，采取了更加灵活的措施吸引外资。在更加开放的政策下，外国企业家蜂拥而至。1992 年 1—9 月，全国新批准外商直接投资项目 27800 多项，比上年同期增加 19500 多个，协议外资 307 亿美元，比上年同期增加 236 亿美元，实际进来外资 61 亿美元，比上年同期增加 35 亿美元。

根据当前国际和国内的实际情况，以及总结实践经验，今后我国利用外资的重点，是更多地吸收外商直接投资。目前，由于世界经济特别是西方发达国家经济不景气，有些国家陷入困境，能够对我提供的低息贷款减少。如果继续使用政府贷款，商业贷款的比重会越来越大，这种贷款利率高，我们不能利用很多。只能在一些偿还能力高、经济效益好的项目上使用。而利用外商直接投资，可以带来多方面的好处，不仅可以弥补我国建设资金的不足，还可以更好吸收外资的技术、人才和管理经验，同时对我风险较少。现在，许多国外企业家纷纷要求来我国投资，一方面看中了我国广大的市场和廉价的劳动力，另一方面被我国政治稳定、经济繁荣的形势所吸引。我们应当抓住当前有利时机，在吸收外商投资方面胆子要更大一些，步子更快一些。

党的十四大，在深刻总结经验和全面分析世界经济走势的基础上，强调进一步积极利用外商投资，拓宽利用外资的领域，并明确提出以下部署和要求。

第一，采取更加灵活的方式，继续完善投资环境。这是进一步吸收外商投资的重要前提。一方面，要继续改善投资的硬环境，加强能源、交通、通信等基础设施和办公、生活等服务设施的建设，为外商创造良好的环境。另一方面，继续改善投资的软环境，特别是要为外商投资提供更加便利的条件和更加充分的法律保障。要简化外商投资的审批手续，提高办事效率。目前，不少地方建立了一个窗口对外办公或集中办公的制度，减少了审批环节，受到外商的欢迎，值得提倡。进一步制定和完善外商投资的法律法规，使外商能够按照国际惯例在我国投资经营。要下功夫办好现有外商投资企业，使其发挥示范作用。现在，不少国外企业家对我国吸收外资的体制、法规、政策和办法不清楚，有一些疑虑，应当大力开展这方面的宣传工作。

第二，开放更多的产业领域，加强对外资投向的产业政策引导。在过去十多年里，我们利用外资主要是通过区域倾斜政策，发展沿海地区的外向型经济，外资投向也大多是一些劳动密集的产业和一般加工工业。今后，要增加开放产业部门和领域，引导外资主要投向基础设施、基础产业和现有企业的技术改造，投向资金、技术密集型产业，适当投向金融、商业、旅游、房地产领域。对外商投资规模大、技术新的项目的产品，开放国内市场，以增强对外商投资的吸收力。要按照地区倾斜和产业倾斜相结合的政策，赋予内地省区同沿海省市区同样的外商投资项目审批权限，对在内地国家重点发展产业投资，可以考虑给予更优惠的待遇，引导外商投资向内地延伸。国家要抓紧完善吸收外商投资的产业政策，根据国家的产业政策，区别不同情况，分别采取鼓励、允许、限制等政策。扩大产业领域的开放，不仅有利于国民经济的发展和结构的优化，而且有利于对外开放向深入发展，增强开放能力和辐射效应。

第三，继续办好经济技术开发区和高新技术产业开发区。经济技术开发区和高新技术产业开发区，是采取更为优惠政策吸收外商投资经营的一种形式。继续办好这两类开发区，既可以利用更多的外资，又可以显著提高生产技术水平。目前，在沿海开放城市和内地一些城市已建立一批经济技术开发区，国家批准兴办了 27 个高新技术产业开发区，取得了较好效果，要认真总结经验。但是，各地不能盲目追求数量的扩张，要从实际出发，合理布局，切实办好。

此外，为了更好地吸收外资，经过批准，可以允许外商进行成片开发土地、租用土地；还可以有计划挑选若干已实行股份制的国有企业在海外发行 B 种股票。

## 四、积极扩展对外经济贸易和深化外贸体制改革

90 年代，我国进一步扩大对外开放的一个重要方面，是继续实行正确的进出口战略，把发展对外经济贸易提高到一个新高度、新水平。

积极开拓国际市场，促进对外贸易多元化，发展外向型经济。这是我们必须坚持执行的正确方针。10 多年来，我国出口市场不断扩大，对增加出口，发展外向型经济，起了重要作用。当今世界政治经济形势复杂多变，不同形式的贸易保护主义在抬头，经济集团化、区域化在发展。在这种情况下，我们要稳定地扩大出口，必须实行全方位、多元化的对外贸易战略。不仅千方百计地巩固已有的国外市场，包括日本、美国、欧洲等市场，还要大力开拓原苏联一些国家的市场、中亚和西亚市场，以及非洲、美洲市场。这些国家和地区的市场潜力很大，只要做好工作，前景是可观的。这样做，既可以进一步扩大出口，扩大对外经济技术交流，也有利于在国际风云多变的形势下，始终处

于主动地位，避免受制于人。

更多参加多边贸易体系活动。这是我们跻身国际经济舞台的重要途径，对于减少消极因素的影响，加强我国在国际经济贸易中的地位有着十分重要的意义。要争取尽早恢复我国在关贸总协定的缔约国地位。关税及贸易总协定是目前国际上调整各缔约国之间经济贸易关系中有关关税和贸易政策的政府间的多边协定。总协定制定的一整套有关国际贸易的原则和规章，已得到世界大多数国家的承认，成为国际贸易的规范。我国恢复在总协定的缔约国地位后，可以享有多边的、稳定的无条件最惠国待遇，享受其他成员国提供的关税优惠，西方一些国家不再能任意对我国出口产品以种种借口或强加给的所谓政治条件进行限制，我国产品能够更多地打入西方国家市场；可以在当今世界贸易保护主义严重的情况下，借助总协定解决贸易争端的程序和原则，在与贸易伙伴解决贸易纠纷中，加强我国的谈判地位，改善我国的贸易待遇，维护我国的合法权益；可以参与制定对国际贸易起着重要作用的法规，使我国受益于总协定的多边贸易体制，改善我国对外经济贸易发展的外部环境；可以利用总协定成员国的地位，获得其他成员国有关贸易政策、贸易法规、贸易统计资料，便于及时了解各国贸易政策的新动向，以适时调整我国的外贸政策。可以说，争取尽早恢复我国在关贸总协定中缔约国的地位，好处是多方面的。当然，我国参加总协定也应当承担相应的义务。同时，我们要积极发展同联合国发展系统的合作。对于区域经济合作，特别是亚太地区的经济合作，要采取积极和建设性的立场，促进我国经济与区域经济的交流与合作。还要加强大陆同台湾、香港、澳门地区的经济贸易合作，以增强我国在多边贸易体系中的地位。

努力扩大出口，适当增加进口。我国对外经济技术交流与合作发展的程度，在很大程度上取决于我们出口创汇能力的大小。必须在近10多年来出口持续大幅度增长的基础上，争取有更多的产品出口，换取更多的外汇。根据实践经验和当前国际市场的变化，要进一步扩大出口贸易，关键在于继续改善出口商品结构，提高出口商品的质量、档次和附加值。这样，才能巩固原有的国外市场，开拓更多的新市场，也才能增进出口效益，提高换汇率。多年来，我国出口商品数量增长速度不算低，但创造的外汇额不够理想。所以，必须坚持以质取胜的战略，从各个方面、各个环节加强质量管理，并努力增加加工制成品特别是高档产品的出口，提高深加工商品在出口总量中的比重。在扩大出口的同时，要在国家保有必要外汇储备的条件下，按照进出口基本平衡的原则，适度增加进口，更多利用国外的资源和先进技术。要注意合理调整进口结构，节约和合理使用有限的外汇资源，使之发挥更大的作用。

进一步深化外贸体制改革。总的要求是，尽快建立适应社会主义市场经济发展的、符合国际贸易规范的新型外贸体制。在企业内部经营机制方面，要通过改革，加快建立适应国际市场竞争的、科学的、严格的经营机制。要赋予有条件的工业企业、商业物资企业、农业企业和科技单位以外贸自营权，使他们密切与国际市场的联系，提高参与国际竞争的意识和本领。进一步加强工贸、贸工（农、技、商）结合，走实业化和集团化的道路，组成供产销一条龙的外向型联合经济实体。要积极扩大我国企业的对外投资和跨国经营。随着世界经济的国际化和区域集团化，跨国公司的地位和作用日益提高。我国企业跨国经营、走向世界的主客观条件已初步具备，不少已闯出去办的企业效果也较好，要继续鼓励和支持更多的大中型企业走向世界，参与国际分工协作与竞争。

继续改革外贸宏观管理体制。要逐步实现以运用经济手段、法律手段为主和必要的行政手段，对外贸实行宏观指导与调控。外贸行政管理机关必须转变职能，减少具体事务，重点搞好统筹规划，掌握政策，信息引导，组织协调，提供服务和检查监督。要从我国国情出发，吸取各国有益的经验，推动外贸企业发展各种联合，搞好行业指导管理。重视运用汇率和关税手段调节进出口贸易。

加快改革进口管理体制。首先是大幅度缩小指令性计划范围，尽量扩大市场调节的范围。改革经营管理体制，除少数关系国计民生、国际市场垄断性强的进口商品实行指定公司经营外，其他的放开经营。

逐步取消对某些商品的进口补贴，使国内外产品在同等条件下竞争。改变对进口商品的行政性审批办法，缩小进口许可证管理商品的范围，努力做到在两三年内，将现有进口许可证管理商品减少 2/3，以增强进口管理制度的透明度和政策的统一性。

# 努力提高对外开放水平 *

（1997 年 11 月）

实行对外开放，是邓小平理论的重要组成部分，是实现我国社会主义现代化的一项基本国策。邓小平指出："对外开放具有重要意义，任何一个国家要发展，孤立起来，闭关自守是不可能的，不加强国际交往，不引进发达国家的先进经验、先进科学技术和资金，是不可能的。"历史的经验一再告诉我们，中国要谋求发展，摆脱贫穷和落后，就必须开放。只有实行对外开放，才能充分利用国内国外两个市场、两种资源，优化资源配置，推动科技进步，加快我国经济发展；才能积极参与国际经济合作与竞争，发挥我国经济的比较优势，不断提高综合国力和国际竞争能力；也才能更好地运用国际国内有利条件，抓住机遇，争取时间，缩小与发达国家的差距，发挥社会主义制度的优越性。这些重要论断，已为我国伟大的开放实践所充分证实。

从我国进入社会主义现代化建设新的历史时期以来，对外开放逐步扩大，不断向广度和深度发展。我们的对外开放是全方位的开放，既对发达国家开放，也对发展中国家开放，对世界所有国家开放；既在经济领域开放，也在科技、教育、文化等领域开放；既在沿海、沿边、沿江地带开放，也在内陆城市和地区开放。对外开放，不仅打开国门，引进国外资金、资源、技术和管理经验，而且走向世界经济舞台，开拓国际市场。现在，我国基本形成全方位、多层次、多形式的对外开放格局。我国对外开放事业取得了举世瞩目的重大进展和历史性伟大成就。18 年来，对外贸易以高于国民生产总值增长速度迅速

---

　* 本文原载于《十五大报告辅导读本》一书，人民出版社 1997 年 11 月版。

扩展，成为促进经济长期持续快速增长的重要因素。进出口贸易额由1978 年的 206 亿美元增加到 1996 年的 2890 多亿美元，在世界贸易中的排序从第 32 位升到第 11 位。借用外资和国外直接投资累计已达到3200 多亿美元，有效地弥补了国内建设资金不足的矛盾。全国已批准近 30 万家外商投资企业，近 15 万家企业已开业投产，不仅引进了大量资金、技术、管理经验，增加了财政收入，而且在三资企业中就业的人员达 1700 多万人，缓解了就业压力。沿海地区开放型经济迅速发展，沿江开放地带有力地带动着长江流域经济起飞，内陆开放城市促进着内地经济发展，沿边开放城镇经济发展明显加快。在我国广袤的大地上，对外开放硕果累累。实践充分证明，对外开放有力地推动了我国社会生产力的发展，增强了我们社会主义国家的综合国力，提高了人民生活水平。对外开放还同国内改革相互促进，相得益彰，有力地推动了我国建立社会主义市场经济体制的进程。全国人民还从对外开放中深切感受到视野的开阔、观念的更新、思想的活跃、文明的提高，这些较之有形的物质财富，更是一笔珍贵的精神财富，而且将用之久远，泽惠后人。所有这一切都昭示，对外开放是实现中华民族振兴、加速我国现代化建设的正确抉择，必须坚定不移、长期坚持。

我们不仅要坚持对外开放，而且要努力提高对外开放的水平。这是我国改革开放和现代化建设面临新形势的要求。首先，经过 40 多年特别是近 20 年的建设，我国经济规模和总量已达到相当水平，面临着全面提高经济素质和对经济结构进行战略性调整的重大任务。我们能不能实现这样的任务，直接关系到我国经济发展的进程和国际竞争力的大小。而要实现这些重大任务，除了主要依靠国内的资金、资源和技术力量之外，还需要更多更好地利用国外资金、资源、技术和管理经验。第二，我国对外开放虽然取得了巨大成就，但无论从广度和深度看还有许多工作要做，在发展对外贸易和利用外资中也存在着一些需要解决的矛盾和问题，特别是进出口结构不够合理、效益不高，利用外资中也存在一些偏重数量、忽视质量等问题。我们还将加入世贸组织，进一步开放国内市场是大势所趋。前些年来我国的多是一些中小投资者，近年来许多实力雄厚和技术占优势的跨国公司纷至沓来。

这既是扩大引资的机遇，也加剧对国内市场的争夺，国内企业面临严峻挑战。第三，世界经济、科技全球化趋势急速发展。随着各国对外开放的扩大，对世界市场、资源和国际资本的争夺也将日趋激烈。特别是国际贸易自由化进程加快，全球跨国直接投资迅猛增长。据联合国贸易和发展会议最近提供的数字，全球跨国直接投资的总流量连续5年猛增，截至1996年底跨国直接投资额累计已达3.2万亿美元。近年来跨国直接投资呈现两大倾向，一是跨国公司兼并和收购公司的资金流量大，1996年投资量达到创纪录的2750亿美元，占跨国直接投资总流量的79%；二是发展中国家在跨国投资总流量中占有的比重越来越大，流入发展中国家的外资量创新纪录，1996年比1995年增加了1/3，达到1290亿美元，占全球跨国投资流量的比重，也由1995年的30%上升到37%。这样的世界经济、科技发展大势和竞争局面，需要有新的战略眼光和战略部署。以上这些，都要求我们认真总结实践经验，适应新的形势，采取新的战略决策，把对外开放提高到新的水平。我国对外开放的初创阶段已经过去，如果满足于已有的成绩，或者对外开放的方式和做法停留在以前的水平上，就会影响我国的对外开放事业，以至会贻误整个现代化建设大业。

新的形势必须采取新的对外开放战略。这种开放战略的核心，就是不断提高开放的质量和水平。它的基本要求是：第一，着眼于增强综合国力和提高国际竞争力，充分发挥我国经济的比较优势和后发优势，以更加积极的姿态走向世界，完善全方位、多层次、宽领域的对外开放格局，进一步发展外向型经济，从广度和深度上扩大对外开放。这里应当正确认识"提高"与"扩大"的关系。要求提高开放水平，决非意味着不要扩大开放规模，而是要在进一步扩大开放的基础上，向更广的领域、更高的层次、更深的方向发展，以获取更多的资金、技术、管理经验和比较利益。第二，着眼于提高对外开放的质量和效益。无论是对外贸易还是利用国外资金、兴办三资企业，都不能单纯追求总量和规模的扩大，而要注重优化进出口结构，提高质量，增进效益。前些年在扩大对外开放中，为了引进资金、技术，采取一些优惠让利的政策是必要的，但在对外开放已具有相当规模以后，不能再单纯靠优惠政策，更不能允许一些地方只图局部利益和眼前利益，从事那些有损于国家和民族根本利益的活动，而要靠扎实、艰苦地工作，靠开拓市场，讲求质量和效益，这样的对外开放才靠得住、有后劲。第三，着眼于促进经济结构优化和国民经济素质提高。调整和优化经济结构，显著提高国民经济素质，是我国跨世纪经济建设中一项重大而紧迫的任务。只有在这些方面实现新的突破和进展，才能从根本上提高经济现代化水平。因此，今后对外开放特别是进出口和利用外资中，应当紧紧围绕优化经济结构和提高国民经济素质服务，而不能偏离，特别要注重引进先进技术。宏观经济决策和调控是这样，各地方、各部门对外开放的出发点也应是这样。第四，着眼于从战略上发展国际经济循环。既坚持打开国门，开放国内市场，允许外商进来，又勇敢地走向世界经济舞台，开拓国际市场，参加国际经济合作与竞争，发展具有我国比较优势的对外投资，更好地利用国内国外两个市场、两种资源。这是适应国际经济、科技发展潮流的需要，也是我国现代化建设长远发展的重要选择。第五，着眼于继续改善对外开放的条件和环境。要根据我国社会主义市场经济改革和现代化建设的需要，按照国际经济通行规则，通过深化改革，逐步建立与发展开放型经济相适应的合理、有效的体制和机制，不断完善对外经济贸易和利用外资的法律法规和政策体系。既要进一步改善对外开放的硬环境，加强基础设施建设，又要不断完善对外开放的软环境，提供方便、规范、优质的服务，以利于我国对外开放事业更富活力、更有成效。总之，提出努力提高对外开放水平的要求，具有丰富的内涵，我们必须全面把握、深刻领会和正确贯彻。应当看到，我们不仅需要提高对外开放的质量和水平，而且完全有可能做得到。这主要是因为，我们已走过近20年对外开放的里程，在取得巨大成就的同时，也积累了相当丰富的经验，特别是党的十五大，在全面估量国内外形势的基础上，对包括提高对外开放水平在内的经济体制改革和经济发展作出了正确部署，只要各方面的思想和行动统一到我们党的决策和部署上来，我国的对外开放事业一定会开创新的局面。

我们要把对外开放提高到新水平，应当从多方面努力，而抓好以下几个方面是至关重要的。

第一，优化进出口结构，实行以质取胜和市场多元化战略。增加出口创汇，始终是我国对外开放的重要方面。我国现在出口规模已不算小，但总体上仍处于以数量扩张为主的粗放型经营阶段，出口多为劳动密集型商品，加工程度低，附加值不高，商品档次上不去，缺乏能在国际市场上立足、竞争力强的拳头商品。今后应坚持以提高经济效益为中心，着力优化出口商品结构，特别是增加机电产品、成套设备、轻纺产品和高新技术产品的出口，增加服务贸易，提高出口商品质量和附加值，增强出口竞争力。根据国内经济建设的需要扩大进口，要进一步降低关税总水平，调整关税结构，鼓励引进先进技术和关键设备。特别要注意把引进和开发、创新结合起来，以利于提高我国生产技术水平，避免不必要的重复引进。要大力推进对外经济贸易体制和经济增长方式的两个根本性转变。按照"统一政策，放开经营，平等竞争，自负盈亏，工贸结合，推行代理制"的方向，完善外贸体制，扩大企业外贸经营权，形成平等竞争的政策环境。发展贸易、生产、金融、科技、服务相结合的具有国际竞争力的外贸企业集团，促进规模经营。加快外贸企业改革、改组步伐。通过改革和完善政策，形成出口增长主要依靠质量、效益的机制，建立有利于改善进口结构、促进技术引进消化、创新的机制。在当今复杂的国际关系中，像我国这样的发展中大国，必须实行对外贸易的市场多元化，才能增加回旋余地，保持主动地位。要发挥我国优势，在巩固和发展美国、日本、欧洲等市场的同时，多方面地开拓新的市场，包括独联体国家、东欧地区以及拉美、中东、非洲等地区的市场。只要注重进出口贸易质量和效益，积极开拓国际市场，我国的对外贸易规模就会逐步扩大，对外贸易水平也会不断提高。

第二，继续积极合理有效地利用外资。这是必须十分明确的重要方针。尽管我们利用外资已有相当规模，但与我国现代化建设对巨额资金需求相比，还不能说足够了，特别是利用外资更在于引进先进技术和管理经验，这方面我国还十分迫切。面对国际资本加速流动和一些发展中国家加大引进外资力度的新形势，我们必须继续抓住机遇，以积极的态度扩大利用外资规模，包括吸收外商直接投资和国外贷款。同时，必须优化利用外资结构，合理引导外资投向，重点是农业综合开发和能源、交通、重要原材料的重点建设项目，拥有先进技术、能够改进产品性能、节能降耗和提高企业技术经济效益的技改项目，能够提高产品档次、扩大出口创汇的项目，能够综合利用资源、防治环境污染的项目，以及支柱产业和高新技术产业。同时，注意鼓励外商投资于中西部地区，以利于逐步缩小地区发展差距。国家将适时完善引进外资的产业政策，逐步拓宽利用外资的领域，包括有步骤有重点地推进金融、保险、贸易、通信等服务业的开放。当然，服务业的开放较之其他产业的开放有较大的风险，必须坚持积极而稳妥的方针。引进外资不能单纯追求数量，而要把重点转到提高成效和水平上来。吸引外资主要靠有吸引力的市场，靠优越的投资环境，靠健全的法制和高效的管理。坚持以市场换技术的方针，进一步改善投资环境，采取国际通行的多种利用外资方式，包括认真做好外商投资特许权项目等新的投资方式的试点，加强国内资金配套，提供有效的服务。要依法保护外商投资企业的权益，逐步实行国民待遇，并加强对他们的引导和监督。借用国外贷款要根据我国经济发展需要、国家产业政策和偿还能力，做到适度、高效。积极拓宽筹资渠道，引入竞争机制，降低借款成本。加强和改善对外借款的宏观调控和项目管理，建立责权利统一的借、用、还管理体系。切实抓好项目建设管理，及时产生效益。

第三，鼓励能够发挥我国比较优势的对外投资。我国是一个人均资源相对短缺的国家。在向新世纪迈进、工业化加快进程的新阶段，随着人口的进一步增加，重要资源短缺的矛盾将会更加突出。因此，必须从国家长远发展的战略需要出发，重视对国外资源的合作开发与利用。经过近20年来的实践与探索，我国也初步具备了参与国际资源合作开发和跨国经营的能力与条件，我国在不少领域也拥有比较优势。因此，我国已经进入可以有计划、有重点、有步骤地到境外合作开发重要资源和到发展中国家投资加工工业的阶段。要着眼于在国外建立某些短缺重要资源供给的战略基地，坚持互惠互利、共同发展的原则，积极参与国际资源市场的合作与竞争，开辟利用国外资源的新途径。为此，要正确制定国家发展对外投资的方向、重点，鼓励我国具有优势的企业跨国经营；以国内较成熟技术和成套设备作为出资条件，有选择地到一些发展中国家投资加工工业，与境外投资相结合，有计划地进行资源开发性劳务输出。抓紧建立有效的配套服务和支持体系，包括在资金、金融、技术、人员和对外经济合作体制等方面实行鼓励政策与措施。这方面走向世界的对外开放，大有文章可作，是提高我国对外开放水平的重要方面。我们要积极探索，开拓前进，不断总结经验，力求取得扎实进展。

第四，进一步办好经济特区和上海浦东新区。举办经济特区，是社会主义的新生事物，是我国改革开放的伟大创举。近一二十年来、深圳、珠海、汕头、厦门和海南五个经济特区的实践充分证明，建立经济特区的思想和政策是完全正确的、成功的。实行经济特区某些政策的上海浦东新区开发开放，时间虽然不长，但也显示了无限的生机。五个经济特区和浦东新区不仅经济得到迅猛发展，建立起开放型经济，初步形成社会主义市场经济体制，而且很好地发挥了技术、管理、知识、对外政策的"窗口"作用，在全国改革开放和现代化建设中产生了重要的示范、辐射和带动作用。在跨世纪的改革开放和现代化建设的新形势下，这些地区要再接再厉，更上一层楼。国家也要鼓励这些地区在体制创新、产业升级、扩大开放等方面继续走在前面。经济特区要取得更大发展，必须争创新优势，立足于进一步解放思想，积极进取，不懈努力。在整个社会主义市场经济发展和现代化建设中，经济特区都要坚持办下去，发挥其重要作用。

第五，正确处理对外开放同自力更生的关系，维护国家经济安全。既要扩大对外开放的广度和深度，又要坚持独立自主、自力更生的方针，这是新形势下提高开放水平的必然要求。邓小平曾强调指出："独立自主，自力更生，无论过去、现在和将来，都是我们的立足点。"我们这样的社会主义大国，不能依靠别人进行建设。我们要大力发展对外贸易，也要继续利用国外的资金和技术，但是必须以自力更生为主。必须清醒地认识到，"从发达国家取得资金和先进技术不是容易的事情。有那么一些人还是老殖民主义的头脑，他们企图卡住我们穷国的脖子，不愿意我们得到发展。"所以，我们必须一方面实行对外开放政策，另一方面要坚持自力更生为主的方针。在对外开放、经济合作、利用外资和借鉴国外经验的同时，应当保持清醒的头脑，决不可忘掉把国家的主权和安全放在第一位，决不可放弃国家和人民的权益。从当前实际情况看，尤其需要注意的是，在外商直接投资中，既要欢迎跨国经营、实力雄厚的大公司来华投资，又要防止国民经济命脉和盈利丰厚的行业被它们控制，避免受制于人；既要按国际惯例的要求开放服务业领域，但这方面的开放又要注意积极、稳妥，有区别、有步骤、有控制地进行，决不可贸然行事；既要鼓励外商参与重点经济建设项目和现有骨干企业技术改造，又要加强对知识产权（包括著名商标、品牌）的保护，防止国有资产流失；既要继续借用外债，又要充分考虑我国的配套能力、偿还能力。显然，现在强调自力更生、维护国家经济安全，不是要放慢更不是停止对外开放，而是要把对外开放搞得更好、更有成效，更好地发展和壮大自己。

历史经验表明，一个强盛的国度必定是一个开放的国度。开放是民族振兴的快捷途径，是与世界平等对话的坚固桥梁。开放之路也有风险，但只要我们大胆而稳健地走下去，跨世纪的中国必将以生机勃勃、蒸蒸日上、更加开放的崭新形象屹立于世界。

# 新形势下的对外开放战略 [*]

（1997 年 12 月）

## 一、我国对外开放的现状和基本经验

实行对外开放，是党中央在总结国内外经验和正确把握当今世界发展趋势基础上作出的的重大战略决策。近 20 年的伟大实践充分证明，抓住机遇对外开放，使我国经济日益广泛地加入了世界经济合作与竞争，经济社会面貌发生了巨大而深刻的变化。对外开放已经成为建设中国特色社会主义理论和实践的重要组成部分，对我国现代化建设发挥了积极的促进作用，并将继续产生深远的影响。

近 20 年来，全方位、多层次、多形式的对外开放格局基本形成。对外开放领域逐步拓展，我国向外商投资开放的领域已由初期的一般加工业扩展到基础工业、基础设施和服务贸易的一些领域。外商直接投资、借用外资和国际证券投资等多种方式广泛采用。对外贸易迅速发展，进出口额已由 1978 年的 206 亿美元上升到 1996 年的 2900 多亿美元。

——实行对外开放，利用国内外两个市场、两种资源，在更大范围内促进了生产要素的优化配置，为国民经济快速增长注入了巨大动力。近 20 年来进出口贸易以高于国民生产总值的速度增长，使我国跻身于世界贸易大国的行列，为工农业生产扩大了市场，提供了资源，创造了大量的就业机会。引来外资不仅弥补了国内建设资金的缺口，

---

[*] 本文系中央财经领导小组办公室委托课题《新形势下的对外开放战略研究》研究主报告摘要，与张松涛同志合作。

665

而且带进先进技术、管理经验和营销渠道。

——通过对外开放，我国传统体制下的产业结构得以加速改善，机械、电子、石油化工、建筑等行业正在成为国民经济发展的支柱产业。

——逐步对外开放，为东部沿海地区率先实现现代化奠定了基础，也为带动内陆地区的发展创造了有利条件。

——多种形式的对外开放，引入了市场竞争机制。试办经济特区的创举、兴办外商投资企业、沿海地区的综合试点改革、浦东新区的建立，为确立社会主义市场经济体制的改革目标，起到了示范和推动作用。

——全方位的对外开放，为经济发展创造了良好的国际环境。同周边国家经济贸易合作的发展，改善了国家间的关系。坚定不移地实行改革开放政策，使我们在国际风云变幻中巍然屹立。双边和多边经贸关系的发展，使我国在国际政治斗争中掌握了更多的主动权。

可以肯定地说，没有对外开放，国民经济就不可能在近20年来保持年平均近10%的增长速度，就不可能提前实现国民生产总值翻两番的战略任务，就不可能这样快地缩小我国与发达国家的差距。对外开放增强了我国的综合国力和国际竞争力，为迎接跨世纪的挑战奠定了基础。

近20年来，我们对外开放在取得巨大成绩的同时，还积累了许多宝贵的经验。最重要的是以下几个方面：

（一）坚持解放思想、实事求是，大胆实行对外开放。在中国这样一个经济落后、长期封闭和实行高度集中计划经济的国家实行对外开放，是前无古人的创举。从我国对外开放政策的提出，到其后的每一个关键时刻，邓小平都发挥了巨大作用。他坚持解放思想、实事求是，以非凡的政治勇气，拨乱反正，把对外开放确定为我国的一项基本国策，并始终把握全局，积极探索，不断推进。邓小平对外开放思想是制定新时期对外开放战略的理论基础。

（二）抓住机遇，审时度势，不断将对外开放向广度和深度推进。我国对外开放取得成功的重要经验之一，是抓住了80年代和90年代初期世界经济快速增长的有利时机，积极开拓国际市场，大力吸引外资，使对外开放和经济发展迈上了新台阶。对于中国来说，大发展的机遇并不多，机遇稍纵即逝。因此，我们应当正确估量国内外形势，以高度的历史责任感和时代紧迫感，抓住机遇，扩大开放，促进发展。

（三）正确处理开放、改革、发展三者之间的关系。开放也是改革。开放不能脱离经济发展要求和改革的进程。否则，就可能走弯路甚至失误。这些年我们之所以取得开放的成功，就是因为较好地处理了开放、改革和发展三者之间的辩证关系，没有出现大的反复和曲折。

（四）独立自主、自力更生是对外开放的立足点。中国这样的社会主义大国，不能依赖别人搞现代化建设。扩大对外开放首先是要吸收人类文明的一切有益成果，加快现代化建设。对外开放，必须始终保持清醒的头脑，牢牢把握主动权。独立自主、自力更生，既是过去的基本经验，也是未来对外开放必须遵循的基本原则。

## 二、对外开放的新形势和主要任务

先看国际形势。

冷战结束以后，世界经济正向多极化发展。在今后很长的时间内，世界经济将可能由多个经济中心组成。世界经济发展和新格局的形成，呈现着以下趋势：（1）经济全球化。世界贸易正以两倍于 GDP 的增长速度发展，自由贸易成为国际贸易的发展方向，金融全球化使国际资本流动加速，跨国公司将经济活动扩展到全球各个角落，"信息高速公路"正把世界联成一体，使生产要素在全球范围内优化配置。（2）区域经济一体化。区域经济合作加强，正加速生产要素的自由流动，促进区域经济的共同发展。（3）经济信息化。信息网络的建设及信息在全球范围内加速传递，各国信息产业的飞速发展，不仅可以提高经济管理的水平和效益，而且极大地改变着人们的工作和生活方式。（4）经济市场化，市场经济已在世界范围迅速发展，一些发达的市场经济国家（如日本和欧盟）也在不断地改革和完善本国的经济体制，调整政府对经济干预的范围和方式。

90 年代以来，世界经济再次进入经济结构的重大调整时期。发达国家面临新一轮产业结构调整和升级，开始把相当一部分成熟技术和产业转移到新兴市场和有关国家（地区）。同时，科技进步加速，产品生命周期缩短。这对包括我国在内的广大发展中国家来说，既是机遇，也是挑战。

再看国内形势。

今天的对外开放面临的形势与改革开放之初相比，已经发生了翻天覆地的变化。我国的综合国力和国际竞争力明显增强，经济体制改革取得了突破性进展，社会生活和人们的观念发生了深刻的变化。更为重要的是，在邓小平理论的指引下，我们积累和总结了近20年经济发展和改革开放的丰富经验，为今后的现代化建设提供了坚实的基础。因此，今天的对外开放正处于承前启后的历史关头。

当前，我国对外开放面临的挑战是：进出口贸易规模扩大后，开拓国际市场的难度增加，开放国内市场的压力加大。开放新的投资领域缺乏经验，知识不够，准备不足。在体制转轨和扩大开放过程中，要维护市场秩序，保证公平竞争，防范经济风险，保持社会稳定，任务十分艰巨。

概括起来说，今后时期对外开放的主要任务，大体有以下几个方面：

——加快实现工业化，积极推进国民经济现代化。通过扩大开放，大量增加农村和城镇劳动力就业，充分发挥经济发展的潜力，加快经济发展。积极为新兴产业发展创造有利的市场环境，大力开拓国际市场。

——实现经济增长方式转变，调整不合理的经济结构，推动产业结构升级。更充分地利用国际国内两个市场、两种资源，更好地解决农业基础薄弱、工业素质不高和第三产业发展滞后的问题，提高经济效益。

——深化对外经济体制改革，破除一切阻碍企业参与国际竞争的体制因素。国有外经贸企业应加快建立现代企业制度，转变经营方式，提高经营水平，把提高经济效益和开拓国际市场作为重要任务。

——建立和健全涉外经济法律体系，依法管理涉外经济活动。运用货币政策、财政政策等宏观调控手段，调节对外经济活动，维护国家利益和经济安全。

——采取有力措施，支持内陆地区的开发开放，逐步朝着缩小地区差距的方向努力。内陆地区的开放不可能照搬沿海地区对外开放的模式，需要发挥资源、市场、产业优势，因地制宜，调动一切积极因素，探索新的道路，创造新鲜经验。

——充分利用国外先进技术，加强对引进来技术的消化创新，加大引进国外智力的工作力度，吸收优秀的科技、经营和管理人才，促进我国的科技进步和管理现代化。

## 三、新形势下的对外开放战略

（一）进一步发展全方位、多层次、宽领域的对外开放格局。经济特区、上海浦东新区以及沿海其他地区必须抓住我国加快整体开放的有利时机，加快产业升级步伐，大力发展高新技术产业和支柱产业，在发展开放型经济方面率先取得突破，增创新优势，更好地发挥对内地经济的示范、辐射、带动作用。

实行扶持中西部地区发展的区域倾斜政策。鼓励沿边地区积极参与同周边国家的区域经济合作，建立边境自由贸易区或跨国经济合作开发区。加快中西部地区的开发开放步伐。

进一步扩大对外开放领域。加快农业、能源、交通、原材料等基础产业和基础设施领域以及高新技术产业开放。扩大开放微电子、生物工程、新材料等新兴产业，以缩短与世界先进水平的差距。在本世纪末，基本形成与我国经济发展水平相适应，有利于促进产业升级、结构优化的对外开放格局。到 2010 年，形成健全的对外开放法律体系，除少数关系国家安全和生态环境保护的领域外，实现包括服务贸易领域在内的比较完整地对外开放格局。

服务贸易开放是我国跨世纪对外开放的一个重要内容。面临世界服务贸易飞速发展和高新技术成果加快应用于服务业的态势，我国服务贸易开放，应有新的突破。服务贸易开放的基本原则是：有步骤、有重点，积极稳妥；维护国家安全，提高国际竞争力。在金融、外贸、内贸、电信等领域，应不断总结经验，逐步地、有控制地扩大开放。旅游、会计和法律服务等其他服务贸易领域，要进一步扩大开放范围。

（二）深化外经贸体制改革，提高发展水平和质量效益。坚持"统一政策，放开经营，平等竞争，自负盈亏，工贸结合，推行代理制"的改革方向，建立和完善适应社会主义市场经济体制和开放型经济发展要求，与国际经济通行规则相协调的对外经济体制，使对外经济贸易更好地为实现经济工作两大转变服务。

加大国有外贸企业改革力度。按照建立现代企业制度的要求，对国有外经贸企业加快重组步伐，推动企业向集团化、国际化、实业化和综合化的方向发展，尽快形成以少量大型企业集团为主体，以广大中小企业为辅助的现代经营格局。转变企业经营方式，发展多元化的资本经营。深化企业内部机制改革，建立科学规范的激励机制和约束机制。

进一步转变政府职能。有步骤地降低关税总水平，理顺关税结构，建立健全主要运用经济和法律手段的外经贸间接调控体系。进一步减少和规范行政性审批，对少数实行数量有限的进出口商品的管理，按照效益、公正和公开的原则，实行配额招标、拍卖或规范化分配。按照国际通行规则，对少数关系国民经济发展全局的幼稚产业，实行适度和有效的保护。

调整外经贸发展政策，实施"大经贸"战略。坚持贯彻以质取胜和市场多元化战略，加快实现对外贸易、利用外资、对外承包工程和劳务合作、对外投资等各项外经贸活动的相互融合，促进工、农、技、贸紧密结合，商品、技术和服务贸易协调发展。按照国际通则和我国国情，加快建立征、免、抵、退一体化的出口退税体系。运用政策性金融和信用保险手段，鼓励高技术含量、高附加值产品出口，支持大型国有企业集团跨国经营。推进援外体制改革，实施政府贴息优惠贷款援助方式和援外项目与企业经营相结合的方式，探索混合贷款、BOT等方式，巩固援外成果。

加快放开外经贸经营权，推动实现平等竞争。继续加快赋予有条件的国有生产企业、商业企业、科研院所外经贸经营权。总结经验，逐步扩大中外合资外经贸企业试点。实现外经贸经营权由许可制向依法登记制过渡。

强化协调服务机制。充分发挥进出口商会和行业协会在外经贸经营活动中的协调指导、咨询服务的功能。建立和完善外经贸行业的律师、会计和审计及其他咨询服务机构，形成完整的外经贸中介服务体系。加快外经贸管理部门、海关、商检、银行及税务机构的现代化信息网络建设，对企业进出口活动实施有效监管。

积极、稳妥推进外汇体制改革。保持国际收支基本平衡，稳定人民币汇率，为最终实现资本项下的人民币可兑换创造条件。保持合理的外汇储备，提高外汇资源的使用效益。

（三）继续扩大利用外资，提高利用外资水平。坚持以吸收外商直接投资为重点，继续扩大利用外资。努力争取我国吸收外商投资在全球跨国直接投资中占有相应份额，使利用外资在全社会固定资产投资中保持合理比例。严格控制外债规模，使对外借款与配套建设能力和偿还能力相适应。

完善利用外资政策。逐步对外商投资实行国民待遇。鼓励外商向农业、能源、交通、原材料等基础设施、基础产业和高新技术产业领域投资。对外商在中西部特定区域内的投资，可以考虑实行定期税收减免和投资优惠，适当放宽投资限制。对外开放资本市场需要特别慎重，并且必须先制定相应的法律法规，先试验、再开放。

着力提高利用外资质量。积极吸收跨国公司投资，促进新兴产业和支柱产业发展，推动技术开发和企业管理当地化。坚持以市场换技术的方针。吸收国外资金要同引进先进技术、管理方式、营销经验相结合，增强消化、创新能力。继续吸收面向国际市场的投资，增加使用国产原材料、零部件，带动国内相关产业技术进步，提高出口产品附加值。要提高借用外资的使用效益，支持基础产业、支柱产业和内陆地区的经济发展。扩大国有大型企业集团在境外的直接融资。

利用外资与国有企业改革相结合。积极探索国有企业与外资合作的方式。在健全有关政策的前提下，允许外资以兼并、收购、租赁、联合、承包经营、股份合作等方式，参与国有小企业的改组改造。

加强对利用外资的监督管理，依法维护国家和投资者的权益。加强对利用外资的宏观指导和协调管理。改变对外商投资按投资规模划分审批权限的管理方式，主要审核限制类项目和享受优惠政策的鼓励类项目。规范投资评估。依法加强对外商投资企业产品销售、进出口、纳税、用工等方面的监督管理。建立科学有效的对外贷款管理机制，完善国外贷款项目的转贷方法和担保机制，择优选择国外优惠贷款转贷机构，规范转贷行为。改进国际商业贷款管理方法。建立科学、规范的利用外资统计分析和检测体系，及时、有效防范外资和外债风险。

（四）加大技术引进力度。为了加快缩小我国与发达国家经济技术上的差距，在某些重点领域尽快赶上或接近发达国家的技术水平，我国的技术引进战略必须要有新突破。技术引进应面向主导产业，进一步扩大规模，提高在进口中的比重，大力推动主导产业的技术进步。

企业是技术引进和技术进步的主体。应采取多种方式引进国外的软件技术、专利技术、关键设备和先进制造技术等。加快建立技术引进的消化创新机制，增强我国的技术开发能力。为此，国家应制定长期、分阶段、指导性技术引进政策和规划。注重技术引进与货物贸易、服务贸易和资本流动的结合，在投资、税收和金融政策上积极支持。建立大型的工业技术开发中心和重点实验室，为技术引进的消化创新创造条件。

（五）加强对国外资源的利用，积极探索跨国经营。有步骤、有重点地开发海外重要自然资源。对于国内短缺的重要战略资源，如石油、天然气、木材和重要矿产品，可通过境外投资获得长期来源，减少国内开采量。与境外投资相结合，实行有计划、有选择的资源开发性劳务输出政策，将我国的境外投资项目特别是农业开发项目与适量的劳务输出结合起来，开辟利用国外资源的新途径。同时，以国内成熟技术和成套设备作为出资，有选择地到发展中国家投资加工工业。为此，要制定国家开展境外投资的发展战略，加强对境外投资方向的政策指导。确定对重点国别（地区）和不同类型自然资源投资开发的政策。对于重大资源开发项目，制定如产品进口优先等孤立政策，国家在项目资本金和融资等方面给予支持。推动国际竞争能力较强、经营状况良好的大型企业集团开展跨国经营，有重点、有目的地开拓新兴市场。国家应在投资决策、境外融资和担保、出口信贷、人员管理等多方面赋予跨国企业集团以自主权。清理、整顿现有海外企业，加强对跨国经营企业的指导和协调。建立和完善跨国经营的政策法律体系，建立投资主体自我约束和国家监督检查相结合的机制，注重国有资产保值增值。在投资企业按东道国法律和国际惯例运作的同时，实行对境外企业和资产的国内登记制度改革和定期监督检查制度，建立统一政策、责任明确的对外投资管理体制。

（六）完善涉外经济法制，加大执法检查力度。健全涉外经济法律制度。抓紧制定对外贸易代理、国际服务贸易、技术进出口、进出口商品管理和反倾销等法规。进一步完善利用外资法律，尽快完善《合资企业法》《合作企业法》《外资企业法》；制定适应外商投资新形势的法律规范，如BOT投资、外商购买境内企业股权（资产、经营权），以及由外商承包境内企业等。加快制定有关海外投资、对外援助、对外承包工程和劳务输出等对外经济技术合作方面的法律法规。

加强国家涉外经济法律体系的统一性、规范性和透明度。严格立法体制和立法程序，消除多头立法和相互冲突现象。妥善处理体制转轨和法律建设中涉外经济立法的不规范现象。

强化涉外经济法律的实施。提高依法行政、依法管理的水平。进一步建立健全严格的执法监督检查机制，及时有效地纠正有法不依、执法不严、违法不究等现象。

# 中国加入 WTO：对外开放进入新阶段 *

（2002 年 5 月）

伴随新世纪帷幕的拉开，我国社会主义现代化建设进入了新的发展阶段，振兴中华的伟业掀开新的壮丽画卷。在全国人民高举邓小平理论伟大旗帜，按照"三个代表"重要思想要求昂首阔步的胜利进军中，新世纪开端之年，我国正式加入了 WTO。这是我国现代化进程中具有历史意义的一件大事，标志着我国对外开放进入新的阶段。加入WTO 后，既有机遇，也有挑战。正确认识加入 WTO 问题，切实抓住和用好新机遇，积极迎接和应对新挑战，对于在新世纪里顺利实现国家现代化和民族振兴的宏伟目标，有着极为重要的意义。

## 一、全面认识和因应加入 WTO

中国加入 WTO，是适应当今世界经济发展潮流的必然选择，也是加快改革开放和现代化建设的重大战略决策，完全符合实践"三个代表"重要思想的要求和我国人民的根本利益。我们认为，加入 WTO有利有弊，总起来看利大于弊，同时只有做好工作，才能真正实现利大于弊。面对加入 WTO 的新形势，我们的基本方略应当是：既要紧紧抓住新机遇，又要积极迎接新挑战；既要充分享受加入世界贸易组织的权利，又要认真履行加入世界贸易组织的义务；既要敢于开放国内市场，又要善于保护自己；既要更加向世界开放，又要更加向世界

---

* 本文载于《国务院部委领导论中国加入 WTO：机遇 · 挑战 · 对策》一书，中国言实出版社 2002 年 5 月版。

走去。

适应加入 WTO 以后的新形势、新任务，最为重要的是，必须提高认识，统一思想，正确因应。从当前一些人们的精神状态看，迫切需要端正以下几种思想认识。

一种是，只看到加入 WTO 是大好事，盲目乐观。确实，加入 WTO，有利于我们按照国际通行规则办事，改善我国经济发展的外部环境。我们可以和 WTO 成员平起平坐，按照 WTO "游戏规则" 和成员做出的承诺，给予我国永久性最惠国待遇等。这有利于我们扩大出口，有利于实施 "走出去" 战略，也有利于利用国外市场、资源、资金、先进技术和管理经验，加快我国经济结构调整和提高经济效益。简而言之，有利于我国更好地发展社会生产力特别是先进生产力，更好地发展社会主义先进文化，更好地提高全体人民的生活水平。但世界上从来就没有免费的午餐，加入 WTO 也是一把 "双刃剑"。权利和义务是对等的，市场开放是双向的。我们享有权利得到好处，就必须付出一定代价。加入 WTO 后的短时期内，我们有些竞争力不强的行业和企业难免会受到一定冲击，有些企业可能还会倒闭，下岗和失业人员有可能增多，农民增收难度也可能加大，人才竞争会更加激烈。还可能会出现其他一些意想不到的困难。因此，对于加入 WTO 可能带来的矛盾和问题，应当有足够的估计，任何盲目乐观、麻木不仁的情绪，都是要不得的。

另一种是，认为加入 WTO 对我们的冲击太大，消极悲观。这也是不对的。应当指出，加入 WTO 对我国的冲击并不是那么不得了。我们不仅具备各种条件，而且做了充分准备，完全有信心、有能力加以应对。我们加入 WTO 的谈判之所以进行了 15 年，就是始终确保我国权利和义务的平衡，坚持以发展中国家的身份加入 WTO。我们在很多方面争取到了优惠和差别待遇。例如，对农业方面支持和其他一些领域市场开放的过渡期等。无论从关税减让，还是从非关税措施，以及在敏感的服务贸易领域市场准入等方面，我们都没有做出超出发展中国家水平的承诺。我国实行改革开放政策 20 多年了，开放的领域逐步扩大，许多行业的竞争力明显提高，我们已经积累了比较丰富的参与国际经济合作与竞争的经验。我国经济实力显著增强，外汇储备充足，完全能够应对进一步扩大开放带来的矛盾和问题。同时，加入WTO后，有的地区、有的行业、有的企业、有的产品，受到的冲击会大一些，而有的则是直接受益。我们要做具体分析，也就是说，影响不都是负面的。对于已经出现和可以预见的问题，我们也有办法加以解决。更为重要的是，加入WTO后，主动权仍然掌握在我们手里。对外开放的广度、深度是有步骤进行的，而不会由别人牵着鼻子走。加入WTO后，某些方面会产生短期的、局部的阵痛，但这可以换来长远的、全局的发展。从已经加入WTO的一百多个发展中国家来看，还没有一个国家因加入WTO而导致经济崩溃的，相反，不少国家由此逐步发展和壮大起来。

还有一种是，认为中央会拿出所有的应对办法，等待观望。这种态度也是要不得的。我国加入WTO后享有的权利，履行的义务和承诺，中央确定的方针政策，都是明确的，关键是要结合本地区、本单位的实际，加以贯彻落实，有的需要进一步具体化。加入WTO后面临许多新情况、新问题，无论是用好机遇，还是迎接挑战，都需要靠全国上下同心协力，充分发挥各个方面的智慧和积极性。任何消极等待的态度和做法，都是不对的，有害的。

现在，摆在各地区、各方面的任务，就是一心一意地用好新机遇，一心一意地迎接新挑战，使我国国民经济的整体素质、国际竞争力和综合国力都迈上一个新台阶。这是最基本的工作，也是最重要的工作。

一是务必打好时间差。加入WTO，是我国对外开放的新起点。2002年是我国加入WTO后的第一年，各行业扩大开放的时间表已经启动。我们在谈判中花了很大气力赢得了过渡期，还必须花更大气力用好过渡期。机不可失，时不我待。各地区、各部门、各企业都应以只争朝夕、奋发有为的精神状态，紧张地行动起来，扎扎实实地抓紧做好工作，一天都不能耽误。否则，就要陷入被动。

二是着力提高国际竞争力。这是一项艰巨而紧迫的任务。最重要的是，要大力提高产品质量和服务质量。产品质量和服务质量问题，是关乎企业生死存亡的大问题。过去如此，现在更是如此。商品和服务质量差，是我国目前普遍存在的突出问题。这个问题不下大力气解决，不仅实施扩大内需的方针会受到严重影响，而且参与国际竞争更是无从谈起。要大力调整产业结构，千万不能再搞重复建设。要坚持依靠科技进步，推进产业优化升级，发展规模经营，实现集约型增长。尤其重要的是，必须坚持走可持续发展之路。我们要提高综合竞争力，需要经济社会协调发展，发展经济绝不能浪费资源、破坏环境。这方面我们付出过代价，务必牢牢记取。最根本的，还是要靠深化经济体制改革。通过改革，使经济体制、机制、管理等各个方面，适应日趋激烈竞争形势的要求。在改革方面，我们还有许多深层次问题没有解决，还要打若干个攻坚战。只有坚持改革，并不断取得新的突破，才能显著提高各方面适应市场经济发展和参与国际竞争的能力。特别是国有企业要加快建立现代企业制度，转换经营机制，决不能还躺在国家身上"等、靠、要"。

三是深入研究重点领域和敏感行业的应对之策。加入 WTO 后，受到冲击和影响较大的是农业。我国人口 80% 是农民，主要是从事粮食生产，目前粮食的生产成本高于国际市场价格。而调整农业结构是一个较长时期的过程，不是一朝一夕就能见效的。我们面对的是国外劳动生产率很高的现代化大农业，国外粮食等一些农产品具有明显的竞争优势。2002 年我国农产品平均关税降到 18.5%，小麦、玉米、大米和棉花四种产品的进口关税配额 1700 多万吨，植物油和食糖的配额也不小，矛盾相当突出，应当加紧研究采取相应措施。当然，加入WTO 对各地区农业和不同类型农产品的影响也是不一样的。由于受到农业自然禀赋和生产规模等条件的限制，我国一些农产品如粮食等，在国际竞争中处于弱势地位，而一些劳动密集型的农产品如水果、蔬菜、花卉、畜产品等，则具有明显的价格优势。我们需要从实际出发，因地制宜，发挥优势，扬长避短，采取有力措施，妥善应对加入 WTO给我国农业带来的挑战；同时，千方百计抓住机遇，为我国有优势的农产品进入国际市场创造条件。银行、保险、证券、电信、分销等服务贸易领域，都是国外企业家觊觎已久的。我们已承诺了开放时间表。

总体上看，这些领域扩大开放对我们是有利的，这样可以加快引进管理经验和人才。但这些都是重要的敏感领域，必须审慎对待，加紧研究制定有效的应对措施。工业领域特别是汽车、石化、钢铁、电子等行业也会受到较大冲击，同样要深入研究因应之策。有些企业必须以加入 WTO 为契机，进行脱胎换骨的改造和重组。当然，在具体工作中，要做好充分准备，特别要做好职工安置工作，十分注意维护社会稳定，尽量减少负面影响。

总之，对加入 WTO 带来的利和弊、机遇和挑战，一定要有全面的、正确的认识，既不要缩小，也不能夸大；既不要盲目乐观，也不要消极悲观；既要看到严峻的挑战，更要看到历史性机遇。关键是要振奋精神，自强不息，应对得当，扎实工作。工作做得好，应对得好，就完全可以趋利避害，化挑战为机遇，变压力为动力，把改革开放和现代化事业顺利推向前进。

## 二、更加勇敢地扩大对外开放

加入 WTO，是我国对外开放的一个里程碑。我们在这个新的起点上，既要更加积极地进一步打开国门，向世界开放，也要更加勇敢地走向世界，继续推进全方位、多层次、宽领域的对外开放，更好地实施"引进来"战略和"走出去"战略。

根据 WTO 规则要求和我国现实的情况，在"引进来"和"走出去"方面，应着力抓好以下四个方面：

一是遵守规则，履行承诺。WTO 要求所有成员共同遵守基本规则和履行义务，主要包括实行非歧视原则，统一实施贸易制度、确保贸易政策透明度、逐步取消非关税措施、实施与贸易有关的投资协议等。这些是 WTO 的基本游戏规则。加入 WTO，信守这些规则就是履行基本义务。同时，我们要恪守开放国内市场的承诺，做到"言必信，行必果"。包括：逐步降低关税，到 2005 年我国进口关税总水平降低到10% 左右；减少非关税措施，到 2005 年取消现行的一些对进口配额许可证措施；逐步放开允许外资进入的领域，特别是涉及电信、银行、保险、证券、音像、分销等部门的服务贸易。这些方面，我们既然允诺扩大开放，就要义无反顾，直面挑战。

二是着力提高利用外资质量和水平。我国是在世界经济不景气、国际资本急于寻找出路的时候加入 WTO 的。这是争取更多利用外资的良好机遇。目前，属于全球 500 强的企业已有 400 多家进入我国，其中 250 家在我国有直接投资，很多企业把研发中心和地区总部移到我国，还有更多的企业准备进入。我们要紧紧抓住这一历史机遇，使利用外资再上一个新台阶。要着重优化利用外资结构，吸引外资要着眼于改造和提升传统产业，引进先进技术、现代化管理经验和各类人才。但是，对于那些危害国家安全、破坏生态环境的外资项目，必须坚决加以拒绝。现在，一些地方利用外资搞重复建设的不少，要坚决加以制止。有人说，外资是境外人的钱，搞重复建设不要紧；有人说，利用外资项目比已有的企业技术水平高，不算重复建设。这些看法是不全面的，失之偏颇，如果付诸实践，将会为害不浅，必须坚决加以纠正。同时，一定要规范招商引资行为。招商引资不能搞"大跃进"、"大呼隆"；政府不能为企业越俎代庖，不能层层加码下硬指标，更不能越权减免税收。这些错误做法，表面上看热热闹闹，实际上吸引不了好的境外投资者，还会损害自己和国家的利益与形象。吸引外资的关键，是要在改善投资环境，特别是软环境上下大功夫。要坚决清理和取缔对外商企业的各种乱收费行为。要大力改善服务，提高办事效率。对外商逐步实行国民待遇。

三是千方百计扩大外贸出口。我国加入 WTO 带来最直接的好处之一，就是可以享受所有世贸成员无条件的、永久性的最惠国待遇和国民待遇，一些国家对我国向其出口的歧视性限制被取消。要不失时机，努力扩大出口。要积极实施市场多元化战略，绝不能"把鸡蛋放在一个篮子里。"确保现有市场，开拓新兴市场，特别要向俄罗斯、印度等国家的市场进军。大力调整和优化出口产品结构，注重提高产品质量和服务水平。

加入 WTO，并不意味着我们取得了直入国际市场的"通行证"。开拓世界市场，必须坚持以质取胜。一定要使我们的产品质量有明显的提高。产品质量是企业的生命，只有产品质量好，才能长期稳固地占领和扩大国际市场。我们既要充分发挥劳动力便宜等比较优势，也要十分注意讲究质量，重视信誉，改善售后服务，努力增加产品的附加值。

必须尽快学会利用 WTO 打官司，保护我国的正当利益。我们要利用 WTO 的争端解决机制，应对好外国对我国出口的不合理制裁行为。只要有 WTO 成员违反非歧视性、国民待遇、最惠国待遇等原则，不利于我国出口和企业走出去的，就要及时起诉。对我国的各种反倾销和反补贴起诉，一定要迅速应诉，有力回应。要高度注意外国对我国采取贸易保护的新动向。近来一些国家针对我国加入 WTO，已经开始设置一些新的贸易壁垒，通过提高技术标准等办法，抵消我国加入WTO 后得到的权益，限制我国产品进口。对于这些，都要采取有针对性的应对措施。

四是大力实施"走出去"战略。要鼓励有条件的各类企业到境外，特别是周边国家和地区投资兴业，带动国内技术、设备、材料和劳务出口，就地开发利用资源。对外投资要采取灵活多样的方式，可以是境外加工贸易、承包工程、劳务合作；可以独资或合资合作；可以建新厂，也可以收购当地企业；可以办生产型企业，也可以办营销型企业。各部门、各方面都要为各类企业"走出去"提供必要的支持，包括抓紧解决对境外项目行政审批手续繁琐、用外汇难问题，加快与一些国家签订双边投资保护协定和避免双重征税协定等。

## 三、善于在扩大开放中维护国家权益

加入 WTO 后，我们无疑要进一步扩大开放，但绝不是不要保护自己。世界各国实践表明，越是开放，越是要注意保护自己。我们主张实行"开放式保护"，就是要在进一步发展开放型经济的同时，从我国实际情况出发，借鉴国际经验，在 WTO 规则允许的框架内，以各种合法的、符合国际惯例的手段，保护国内产业特别是幼稚行业，正确把握市场开放的程度、步骤，以维护国家利益和安全。显然，这里讲的"开放式保护"，绝不是保护落后，也不是排斥开放和竞争，更不是要回到过去的封闭状态。

必须正确认识和处理对外开放与维护国家利益的关系。既要扩大开放，又要加强保护。加入 WTO 确实意味着我国将更加向世界和各国开放，更加向外国企业家和投资者开放，但并不是要"全面地融入世界经济"，也绝不是允许外商无条件地长驱直入。加入 WTO 绝不是要放弃国家利益和安全，WTO 也没有这样的要求。进一步扩大开放必须充分考虑我们的国情和利益。我们在强大的国际经济竞争对手面前，必须善于实行自我保护。在这个问题上，决不能太天真了。过分天真，就会吃大亏。

实行"开放式保护"，是国际上通行的做法。可以说，所有 WTO 成员都不例外。有些国家高喊反对保护，实际上是为了打入别国的市场，而对自己则是保护得紧紧的。最近，美国总统布什宣布对进口钢材提高关税水平，就是明显地保护美国钢铁工业的措施。这一举动尽管受到欧盟、日本、韩国和我国的强烈反对，但美国仍然一意孤行。欧盟近日也随之制定钢铁进口限额，保护自己的利益。日本早就加入WTO，但长期以来对农业、林业、渔业实行保护措施，至今对大米市场仍施加保护，就是为了维护日本农民利益。印度采取了多种措施保护国内市场和产业，至今只允许政府官员坐国产车。韩国也明确提出实行开放式保护，并对国民进行"身土不二"的教育，即韩国人的吃、穿、用、行等都应该用韩国的产品；2001 年韩国国内销售汽车 100 多万辆，进口车仅有几千辆。正因为各国都在开放市场的同时，也在千方百计地保护自己，所以即使在 WTO 成员之间，贸易摩擦和贸易战也接连不断。我们一定要借鉴别国的经验和做法，善于进一步在扩大开放中，积极采取合理措施维护国家利益和安全。

我们要学会在 WTO 规则的框架内保护自己。有人认为，加入WTO 后，我国就完全丧失了自我保护的能力。这是一个认识上的误区。应当指出，WTO 规则中规定了在很多情况下允许自我保护，遵守规则有很大的弹性。各方面要认真研究 WTO 的规则，充分行使我们作为发展中国家的各项权利。我们已争取到的保护权利还有很多没有用起来，有一些权利还不会用。比如对农业的补贴，在"黄箱"政策中，允许我国补贴额可以达到农产品总价值的 8.5%，而我们现在还不到 2%，仍有很大的空间可以利用。还要看到，WTO 有些规则和协议存在着各种例外，有些甚至还是新一轮谈判的内容，有很大的余地。

要运用多种方式保护自己。无论是 WTO 规则允许的情况，还是国际的通行做法，实行自我保护的方式和手段是很多的。包括：运用反倾销、补贴、保障措施；建立市场和产业安全保护体系，以及进口敏感商品的预警机制；运用技术手段，主要是加强进口商品检验检疫和疫情监控；建立产品认证认可制度，采取质量、安全卫生和环保标准等非关税措施；在政府不便干预的情况下，还可以发挥行业协会的作用等。就拿对农业的保护来说，WTO 规则允许的手段就起码有四种：一是关税配额；二是进口专营；三是运用技术手段；四是对转基因产品实行标识制度。把这些条款和手段用好了，就可以把对我国农业冲击减小到最低限度。实行"开放式保护"，对各方面工作提出了更高要求，每一项工作都必须做深做细，落到实处。

## 四、关键在于进一步转变政府职能

我国加入 WTO，对政府的经济管理提出了新的要求。尽快实现管理经济工作方式的转变，是应对加入 WTO 后新形势的迫切需要，也是完善社会主义市场经济体制的重要内容。我国加入 WTO 签订的 25 个主要协议中，有 23 个是对政府行为的约束和规范。我们能不能抓住新机遇，迎接新挑战，实现新发展，关键在于提高管理经济工作的水平，切实转变政府职能，转变工作方式。

一是进一步转变思想观念。目前，一些领导干部的思想观念还没有完全摆脱传统计划经济模式的羁绊，往往还习惯于用行政手段和指标管理经济；有些思想观念和做法与 WTO 规则的要求不相适应。加入 WTO 以后，面对新形势、新要求、新任务，一定要进一步解放思想，坚持与时俱进，自觉地跳出陈旧、落后的思维模式，增强按市场经济规律和 WTO 规则要求管理经济的观念意识。要转变思想观念就必须加强学习，全面了解 WTO 规则、知识和我们的入世承诺。领导干部一定要带头学习，带头转变观念。"以其昏昏，使人昭昭"，是不行的。

二是改进政府管理经济的方式和行为。按照发展社会主义市场经济和 WTO 规则的要求，转变政府职能和工作方式，规范政府行为，是我们面临的一项重要任务。WTO 规则要求，所有成员的法律、政策必须遵守非歧视性原则、市场开放原则、公平竞争原则和透明度原则。目前，我们的一些政府职能和行为，不符合这些原则的要求。比如，一些地方仍然存在政企不分、政事不分的问题。一方面，有些政府部门和领导干部直接干预企业生产经营活动，热衷于行政审批事项，忙于直接进行招商引资等，管了许多不该管也管不好的事；另一方面，政府该管的事情，如市场监管、严格执法、社会保障体系建设和公共服务等，却没有管或者没有管好。地方保护、行业垄断问题仍然较为严重，对各类市场主体没有做到一视同仁。政策法规不透明、行政审批多、办事效率低、服务质量差现象较为普遍。一些地方和部门滥用权力，随意发号施令。所有这些，都妨碍着公平竞争和市场开放，也容易滋生腐败，必须切实加以改变。

三是加强市场监管，建立和维护市场经济新秩序。这是社会主义市场经济条件下政府的重要职能，也是我国加入 WTO 承诺的重要内容。经过近两年的努力，整顿和规范市场经济秩序工作取得了初步成效。但是，经济秩序混乱问题仍然相当严重，这是当前政府管理经济工作中的一个薄弱环节。加入 WTO 以后，在这方面的要求更高了。要继续大力整顿和规范市场经济秩序，狠狠打击制售假冒伪劣商品的违法犯罪行为；切实依法加强对知识产权的保护；加紧建立和完善信用体系，在全社会形成诚信为本、操守为重的良好风气；坚决打破地方保护和行业垄断，建立统一、开放、公平竞争的国内市场。

四是善于运用法律手段管理经济。目前，有一些法律、法规和部门规章尚待修订，必须继续加紧做好这方面工作。经过修订，有关法律、法规和部门规章要尽早颁布实施；有些涉及 WTO 规则和我国对外承诺的法律、法规，国内还存在空白，要加紧研究制订；对不符合

WTO 运行规则的,要抓紧清理、废止。各地区、各部门制定的有关涉外经济法规、规章,必须与国家的法律法规要求保持一致,自觉维护国家法律、政策的权威性、统一性。同时,有些现行的法律法规,还存在操作性差的问题,缺乏实施细则,没有办法跟别人打官司。这方面的工作也要跟上,避免以后吃大亏。

五是大力提高领导干部和公务员队伍素质。这是应对入世挑战最紧迫的任务。从中央到地方,都应高度重视学习,分期分批对各级领导干部和全体公务员进行培训,使所有政府工作人员都做明白人,熟悉和掌握 WTO 规则。要大力培养各类专业人才,特别是大力培养熟悉 WTO 规则和精通国际经贸的人才,包括国际贸易专家、法律专家、谈判专家、反倾销调查专家。同时,要加紧进一步研究制定政策措施,留住和用好各类人才。要坚持不拘一格用人才,包括吸引海外留学人员回国,从境外招聘高水平的专业人才。

# 在双向开放中推动和引导新全球化 *

（2017 年 2 月 26）

当前，部分国家"逆全球化"思潮明显上扬，贸易保护主义抬头，多边贸易发展面临障碍，经济全球化面临着巨大的不确定性和挑战。经济全球化究竟向何处去？这个关乎我国发展乃至世界发展的重大问题，引起国内外各界人们的普遍关注。在这个背景下，2016 年 12 月的中央经济工作会议提出，要"推进更深层次更高水平的双向开放，赢得国内发展和国际竞争的主动"。习近平总书记在达沃斯论坛上也明确指出，"经济全球化是社会生产力发展的客观要求和科技进步的必然结果"，"面对经济全球化带来的机遇和挑战，正确的选择是，充分利用一切机遇，合作应对一切挑战，引导好经济全球化走向"。这向全世界表达了中国坚定开放不动摇、引领经济全球化方向不动摇的决心。

在经济全球化处于十字路口的新形势下，需要深入研究如何推进新阶段的对外开放。这也是我近来一直思考的问题，并形成两个基本观点：第一，中国应该坚定不移对外开放，继续推动经济全球化。这是因为，实行对外开放是我国的基本国策，是决定中国发展前途命运的关键一招；改革开放近 40 年来，我国经济社会发展取得举世瞩目的巨大成就，是以开放促改革促发展的结果；中华文明的历史经验表明，越是开放越是强大，越是强大越是开放，唐朝鼎盛时代也是最为开放的时代；当今中国的世界第二经济体地位和时代责任，推进"人类命运共同体"建设，也需要推进全球共同发展。第二，中国应该坚定不

---

* 本文系在中国（海南）改革发展研究院与中国工人出版社等机构合作主办"经济全球化十字路口的中国选择"高峰论坛暨《二次开放》一书发布会上的演讲。

移参与经济全球化，着力引领新型全球化方向。这是因为，经济全球化是社会生产力发展的客观要求和科技进步的必然结果，历史已经证明，经济全球化为世界经济增长提供了强劲动力，促进了生产要素流动和各国人民交往；经济全球化是历史潮流，任何力量都不可阻挡。黄河九曲十八弯，终归奔腾不息入大海，"青山遮不住，毕竟东流去"；同时，也要看到，经济全球化是一把"双刃剑"，特别是近几十年来西方国家主导的经济全球化，加剧了世界经济发展的矛盾，出现了不少需要解决的问题，经济全球化转型势在必行。我们要审时度势，充分利用一切机遇，合作应对各种挑战，引导好经济全球化走向。关键是要确立新全球化理念，推进全球经济治理整体化、科学化、均衡化。

因此，当我拿到中改院撰写的"2017中国改革研究报告"《二次开放——全球化十字路口的中国选择》时，就很有兴趣，一睹为快。

通览全书后，我认为本书作者在如何推进双向开放的研究方面下了很大功夫，不仅提出了开放转型的大思路，而且提出了务实的新举措，读后颇为解渴。本书有几个突出特点：一是从当前人们最为关注的问题出发，回答经济全球化究竟怎么了？本书认为，全球化面临逆潮流，但大趋势难以逆转，主张树立开放、包容、共享、均衡的新型全球化观，主张用全球结构性改革破解全球层面的结构性矛盾。这些分析很有新意，值得反复琢磨。二是提出了比较完整的开放转型的分析框架。2016年中改院撰写的《转型闯关》，已经提出了"二次开放"的命题。在去年研究基础上，此书又进一步丰富了"二次开放"的内涵，提出了开放转型的战略思路，主张"十三五"重点推进三大战略，即自由贸易区战略、"一带一路"战略、服务贸易战略。从目标到思路再到重点，形成了一个比较完善的分析思路和建议框架。三是在开放转型中突出强调了转型因素。不仅分析我国的对外开放，而且用了相当多的笔墨分析我国的经济转型，这是此书的一个特色所在。从双向开放角度分析经济转型的迫切性以及重大任务，反映了我国经济社会发展的新趋势。

总的看，我认为这本书有新思路、新见解、新对策，既富有新意又比较务实。其中的具体分析，不同的读者未必完全都赞同，甚至可能会有相反的意见。但我认为，这份高质量的报告可以引起各方的思考和讨论，值得每一位关注我国发展、开放以及经济全球化重大问题的读者研读和参考。这也是我推荐此书的重要原因。

无论外部环境如何变化，挑战如何变化，关键在于我们把自己的事情做好，在于加快推进经济转型，理顺各种体制关系。其中最为重要的，就是理顺政府与市场关系。因此，我更关注的是，这场新形势下开放变革对体制机制改革提出的现实需求和倒逼压力。在理顺政府和市场关系这个"牛鼻子"上，我认为以下三点很重要：

第一，抓住双向开放中市场决定有效资源配置的难点，集中发力。更深层次、更高水平的双向开放，实质是市场在更大程度上发挥作用。我们通常说的产能全球布局，就是在全球市场配置资源。要实现对外开放的新突破，需要国内市场更加开放。否则，我们很难在对外开放中把握主动权。这几年我国在市场化改革上加大了力度，出台了不少举措，有比较大的进展。但有些领域还有不少尾巴，甚至有一些机制性堡垒没有攻破。由此对我国发展带来了某些掣肘。因此，新阶段理顺政府与市场关系的重点、攻坚点，应当放在市场开放上，着力打破各类垄断。这是稳定并增强国际社会对我国开放预期的一项重大举措。

第二，抓住双向开放中政府合理有为发挥作用的支点，精准发力。新形势下的对外开放，对政府更好发挥作用提出更高要求。比如，随着我国双向开放程度的不断提高，如何防范国际经济金融波动的传导，成为摆在我们面前的现实挑战。这几年各级政府简政放权力度比较大，同时也暴露了市场监管不到位的问题，由此加大了某些领域的风险隐患。因此，双向开放中政府更要合理有效发挥作用，包括按照引领新型经济全球化方向要求，来调整完善宏观经济政策、规划、准则，特别要尽快完善市场监管体系，尤其是推进金融、反垄断、食品药品等重点领域的监管变革，这是当前转变政府职能重大而迫切的课题。同时，还要主动推动世界经济治理创新，让经济全球化的正面积极效应更多更好地释放出来。

第三，在双向开放中真正形成政府和市场的合力。在新的历史条件下，如何更好发挥政府和市场"两只手"各自应有的作用，形成既加快双向开放又完善监管的新格局，这不仅考验各级领导的认知和智慧，而且也考验魄力和本领。这就要严格规范两者的职能边界。切实做到：该由市场发挥作用的，要坚决放开放活，决不留尾巴、不搞变通；该由政府发挥作用的，要坚决管住管好，不松懈、不敷衍。要充分利用双向开放带来的新动力，努力实现灵活有效市场和正确有为政府的有机结合与协调统一。

# 五、智库篇

# 大力弘扬理论联系实际的优良学风 *

（2001 年 10 月）

党的十五届六中全会《决定》指出："理论联系实际，是党一贯坚持的马克思主义学风，是党具有旺盛创造力的关键所在。大力弘扬这一学风，提高全党的马克思主义理论水平和解决实际问题的能力，是加强和改进党的作风建设的一项基础性工作。"全会要求全党同志联系实际刻苦学习，做到理论与实际、学习与运用、言论与行动相统一，创造性地开展工作。认真学习领会和贯彻落实六中全会这一重要精神，大力弘扬理论联系实际的优良学风，对于在新的形势下把党的作风建设提高到一个新水平，胜利推进党和国家的各项事业，具有全局性和关键性意义。

## 一、理论联系实际是党 80 年奋斗的一条基本经验

我们党历来特别强调学风建设，这是对马克思主义建党学说的独创性贡献。学风问题，是对待马克思主义的根本态度问题，即究竟是从本本出发，还是用马克思主义的立场观点方法来研究和解决中国的现实问题。坚持马克思主义基本原理与中国具体实际相结合，是我们党对待马克思主义的科学态度，是党一贯倡导的理论联系实际的优良学风。毛泽东早在延安时期就明确说过，学风问题是一个非常重要的问题，是第一重要的问题。他指出："应确立以研究中国革命实际问题

---

* 本文原载《〈中共中央关于加强和改进党的作风建设的决定〉学习辅导读本》，学习出版社 2001 年 10 月版。

690

为中心，以马克思列宁主义基本原则为指导的方针，废除静止地孤立地研究马克思列宁主义的方法。"（《毛泽东选集》第 3 卷，第 802 页。）并批评"从本本出发"的教条主义是不正派的学风，是反科学的反马克思列宁主义的主观主义的方法，是共产党的大敌，是工人阶级的大敌，是人民的大敌，是民族的大敌，是党性不纯的一种表现。在历经"文化大革命"教训之后的 20 世纪 70 年代末，邓小平再次强调学风问题，并上升到关系"亡党亡国"的高度来论述，反复强调要坚持解放思想，实事求是，理论联系实际。他指出："我们坚信马克思主义，但马克思主义必须与中国实际相结合。只有结合中国实际的马克思主义，才是我们所需要的真正的马克思主义。"（《邓小平文选》第 3 卷，第 213 页。）20 世纪 90 年代以来，党的第三代中央领导集体在新时期党风建设中，也极为重视学风问题。江泽民在许多重要讲话中，都要求全党同志一定要理论联系实际，端正学风。他在党的十五大报告中指出："离开本国实际和时代发展来谈马克思主义，没有意义。静止地、孤立地研究马克思主义，把马克思主义同它在现实生活中的生动发展割裂开来、对立起来，没有出路。"江泽民在庆祝建党 80 周年大会上的重要讲话中，把"始终坚持马克思主义基本原理同中国具体实际相结合"，作为我们党 80 年奋斗历程的第一基本经验，并且进一步深刻论述了理论联系实际与理论创新的极端重要性和必要性。

我们党为什么如此高度重视坚持和发扬理论联系实际的学风呢？这个问题可以从以下几个方面来认识。

（一）只有坚持理论联系实际，马克思主义才能不断发展。马克思主义来源于实践，始终严格地以客观事实为根据。世界是物质的，物质是运动的，运动是有规律的。随着实践的发展，作为现实世界运动变化规律的反映，理论也必须随之发展变化。任何理论包括科学的理论，都必须随着实践的发展而发展。马克思主义理论的这种与时俱进的品质，决定了它必然随着实践的发展而发展，是不断发展的科学。江泽民在党的十五大报告中指出，马克思主义必定随着时代、实践和科学的发展而不断发展，不可能一成不变。只有坚持理论联系实际，根据实践中的新情况、新变化，提出新思想、新观点，才能把马克思主义不断推向前进。一部马克思主义发展史，就是一代一代马克思主义者坚持理论与实际紧密结合，不断进行理论创新，赋予马克思主义以新的时代内涵的历史。

还要指出的是，马克思主义是普遍真理，是对事物共性的认识。而共性寓于个性之中，没有脱离个性而存在的共性。世界上各个民族和国家都有自己独特的社会、经济、历史、文化背景，有不同的国情，有自己的"个性"。列宁曾经指出："一切民族都将走向社会主义，这是不可避免的"，"但是一切民族的走法却不会完全一样，每个民族都会有自己的特点。"（《列宁选集》第3版，第2卷，第777页）这就要求共产党人必须把马克思主义理论与本国的实际很好结合起来，把马克思主义所揭示的"共性"与本国的"个性"很好结合起来，提出既符合"共性"，又具有"个性"特点的理论观点，推动马克思主义理论的发展，并成功地指导本国的革命和建设事业。

（二）只有坚持理论联系实际，才能正确地运用马克思主义理论指导实践。"没有革命的理论，就不会有革命的运动。"（《列宁选集》新版第1卷，第311页）马克思主义是人类社会发展规律的科学反映，这种科学理论一旦与实践结合起来，变成广大群众的自觉行动，就会转化成巨大的物质力量。正因为如此，我们党不但注重实践，也注重理论，是高度重视理论指导的党。重视理论建设和理论指导，是我们党的一个根本特点。运用马克思主义理论指导实践，决不能不顾具体情况照抄照搬，必须把它与不同国家和民族的实际结合起来，加以运用，并有所创新和发展。

中国革命和社会主义建设、改革取得的伟大胜利，都是马克思主义理论与中国实际相结合的结果。在民主革命时期，毛泽东把马克思主义的基本原理与中国革命的具体实际相结合，提出中国必须走农村包围城市、武装夺取政权的道路，并同党内出现的右倾和"左"倾错误进行斗争，确立了毛泽东思想的指导地位，使中国新民主主义革命取得了节节胜利。20世纪70年代末，"文化大革命"结束后，邓小平同志全面总结国际共产主义运动和新中国成立以后社会主义革命和建设的经验教训，从中国的实际出发，领导我们党坚决停止"以阶级斗争为纲"，果断地把党的工作重心转移到经济建设上来，并决定实行改革开放的新政策，同时坚持四项基本原则，创立了建设有中国特色社会主义的理论。在邓小平理论指导下，短短 20 多年，我国生产力和综合国力上了一个大台阶，人民生活总体上达到了小康水平，使我国现代化建设进入新世纪，站在一个新的伟大起点上，社会主义制度得到了进一步巩固和发展。20 世纪 90 年代以来，以江泽民为核心的党的第三代中央领导集体，高举邓小平理论伟大旗帜，正确回答了我国在改革开放和现代化建设中面临的一系列新课题，根据实践发展，作出了许多重要的新结论、新概括和理论创新，指导我们在新的历史条件下把建设有中国特色社会主义伟大事业不断推向前进。

当然也不能忘记，我们党历史上曾经发生过偏离理论联系实际原则，出现过教条主义和"左"的严重错误。在第二次国内革命战争时期，以王明为代表的教条主义者，不顾中国的具体实际，把马克思主义教条化，把共产国际决议和苏联经验神圣化，差一点断送了中国革命。从 20 世纪 50 年代后期滋长的、特别是在"文化大革命"中出现的全局性的"左"的指导错误，使党的事业遭受了严重损失。这里很重要的原因，就是偏离马克思主义基本原理，指导思想脱离中国的实际。

历史的经验和教训告诉我们，我们党什么时候坚持理论联系实际的学风，革命和建设事业就顺利前进，就不断取得新的胜利；什么时候教条主义、本本主义盛行，我们党的事业就会受到挫折。因此，坚持理论联系实际的学风，确实是关系党和国家前途与命运的大问题。江泽民在 2001 年"七一"重要讲话中指出："马克思主义的基本原理任何时候都要坚持，否则我们的事业就会因为没有正确的理论基础和思想灵魂而迷失方向，就会归于失败。"同时，"马克思主义具有与时俱进的理论品质。如果不顾历史条件和现实情况的变化，拘泥于马克思主义经典作家在特定历史条件下、针对具体情况作出的某些个别论断和具体行动纲领，我们就会因为思想脱离实际而不能顺利前进，甚至发生失误。"这是对我们党历史经验的深刻总结，我们必须牢牢记取。一定要正确认识在党的基本理论指导下，从实际出发，推进理论创新的重要意义。坚持科学态度，大胆进行探索，使我们的思想和行动更加符合客观实际，更加符合社会主义初级阶段的国情和时代发展的要求。

（三）只有坚持理论联系实际，才能坚定对马克思主义的信仰。马克思主义之所以是科学，不仅因为马克思主义理论涵有丰富的科学观点和科学论断，更重要的是马克思主义提供了认识世界的科学方法，体现了彻底的科学精神。我们只有把马克思主义理论与实践紧密联系起来，不断创新发展，才能指导我们的事业不断前进，马克思主义才具有生命力，才能显示出认识世界、改造世界的巨大作用，才能使我们对马克思主义的信仰更加坚定。如果用教条主义的态度对待马克思主义，不考虑社会历史条件已经发生变化，照抄照搬马克思主义针对某些具体问题的个别结论和词句，必然会在实践中碰壁，造成严重损失。这种不良学风必然严重败坏马克思主义的声誉，从而使人们对马克思主义产生怀疑，动摇对马克思主义的信仰。"文化大革命"结束后，社会上之所以出现过一些认为马克思主义"过时论""危机论"等错误思潮，一个重要原因，就是在"文化大革命"中"左"的一套和教条主义式的假马克思主义，把马克思主义糟蹋得不成样子，国家和人民吃了苦头，严重损害了马克思主义的形象。从这个意义上说，共产党人要捍卫马克思主义，坚定对马克思主义的信仰，关键是要坚持理论联系实际的作风，坚持马克思主义的科学精神，正确运用它，发展它。

## 二、必须加强马克思主义理论学习

要做到理论联系实际，学习和掌握理论是前提。我们党一贯重视全党的理论学习。党的十五届六中全会再次强调："加强马克思主义理论学习，努力掌握和运用马克思主义的立场、观点、方法，始终是全党一项重要的政治任务。"这是理论联系实际，坚持和发展马克思主义的首要问题。如果不认真学懂弄通理论，不全面、系统地掌握马克思主义经典作家的理论体系和深刻内涵，对科学理论不甚了了，就无法做到理论联系实际，就不能自觉坚持和运用马克思主义理论，更难以认识和进行理论创新。因此，我们必须按照六中全会的要求，坚持不懈地学习马克思列宁主义、毛泽东思想、邓小平理论，深入学习"三个代表"重要思想，不断深化对共产党执政规律、社会主义建设规律、人类社会发展规律的认识，在改造客观世界的同时不断改造主观世界。要把学习马克思主义理论与总结实践经验结合起来，与学习党的历史、中国历史和世界历史结合起来，与学习当代经济、科技、文化等知识结合起来。领导干部特别是走上新岗位的领导干部，还要认真学习、掌握同本职工作相关的方针政策和法律法规。领导干部特别是党的高级干部要做学习的表率，打牢马克思主义理论功底，坚定理想信念，提高政治敏锐性和政治鉴别力，增强工作的原则性、系统性、预见性和创造性，要通过贯彻六中全会精神，在全党形成学习理论的新高潮，进一步提高全党同志的马克思主义理论水平。

首先，要增强学习的自觉性，坚决纠正轻视理论、忽视学习的错误倾向。目前，一些党员干部其中包括领导干部，存在轻视理论、忽视学习的倾向。有的在工作中单纯凭经验办事，陷入忙忙碌碌的事务主义，甚至以"不懂理论的实干家"为荣；有的盲目骄傲自满，往往在学习中粗枝大叶，不求甚解；有的则为了应付考试，死记硬背个别词句和结论，甚至搞形式主义，作表面文章。这些错误倾向都是十分有害的，必须坚决纠正。

这里的关键，是要充分认识重视理论和加强学习的重要性。学习理论和其他知识，是适应改革开放和现代化建设迅速发展变化形势的需要。毛泽东曾指出："有工作经验的人，要向理论方面学习，要认真读书，然后才可以使经验带上条理性、综合性，上升成为理论，然后才可以不把局部经验误认为即是普遍真理，才可不犯经验主义的错误。教条主义、经验主义，两者都是主观主义"。（《毛泽东选集》第3卷，第818—819页）我国改革处于攻坚阶段，发展进入关键时期。目前世界格局正在走向多极化，经济全球化进程加快，科技革命突飞猛进，我们既面临着良好机遇，也存在着严峻挑战。在这种情况下，无论是系统学习过还是没有很好学习马克思主义理论的人们，理论知识和其他知识都不够，不能与新形势、新任务相适应。如果放松学习，对马克思主义一知半解，对现代经济、科技、文化知识一问三不知，只凭工作热情和老经验、老办法办事，就必然如同"盲人骑瞎马，夜半临深池"，必然会碰钉子。理论和实践都证明，政治上的清醒和坚定，来源于思想理论上的清醒和坚定；政治上的糊涂和摇摆，都是由于思想理论上的动摇和混乱。不学习和掌握科学理论，在错综复杂的情况下，就难以辨明政治方向和是非界限，也难以全面贯彻执行中央的路线、方针、政策。要通过学习，用马克思主义理论和其他现代知识把自己武装起来。否则，就要落后于时代，落后于实践，就不能很好地完成我们所承担的历史使命，甚至会迷失前进方向，犯这种或那种的政治错误。同时，也只有学好理论，掌握党的路线方针政策，才能结合本地区、本部门的具体实际创造性地开展工作。否则，思想和行动就会出现偏差。

学习理论也是加强党性、陶冶情操的需要。江泽民曾经指出："加强学习，对提高人的精神境界很有益处"，"学习搞好了，掌握的理论知识和科学文化知识多了，政治认识和精神境界提高了，讲政治、讲正气才讲得起来。"（《十五大以来重要文献选编》（中），第1560页）必须认识到，良好的政治素质、高尚的人格、洁美的操守、刚直不阿的凛然正气，都不是与生俱来的，而是长期学习和实践的结果。学习是增强党性、陶冶情操的重要环节和途径。只有学好理论，才能通晓人类社会历史的进程，感悟党的事业的伟大；只有学好理论，才能坚定信念，增强政治敏锐性和政治鉴别力；只有学好理论，才能懂得"高山仰止，景行行止"，牢固树立正确的世界观、人生观、价值观。因此，我们要把学习看作是一种政治责任，一种精神追求，做到学习、学习、再学习，活到老，学到老，永不懈怠。

其次，要发扬"钉子"精神，挤时间保证学习。有的同志常常借口工作忙、任务重，没有时间学习，为自己轻视理论开脱。确实，现在改革和发展的任务十分繁重，各级领导干部工作都很忙，但关键还在于对学习是否真正重视。如果不必要的应酬活动少一点，就可以有大量时间用来学习。中央领导同志日理万机，仍然坚持学习理论、历史、法律和现代经济科技文化知识，经常把专家请来，举办各种专题讲座，为全党同志作出了表率。我们要认识到，面对世界日新月异的变化和艰巨复杂的工作任务，不学习就不能肩负起承担的责任，就容易犯错误。近几年揭露出来的一些走上犯罪道路的领导干部，除了别的原因之外，一个重要方面就是长期不学习、假学习，放松了世界观的改造。结果逐渐丧失了理想信念，成了金钱和私欲的俘虏，最终堕落为犯罪分子。因此，作为一个领导干部，无论工作怎么繁忙，都应该坚持挤时间学习理论，学习党的方针政策和国家法律法规，学习现代经济科技文化知识。要切实改变一些干部存在的"学风不浓、玩风太盛"的现象。

再次，要坚持学习制度，加强督促检查。六中全会《决定》指出："学习制度化是加强学习的有力保证。"要建立健全理论学习的领导责任制，坚持一级抓一级，对学习情况经常监督检查。要建立健全党委中心组学习制度、领导干部在职自学制度和干部理论学习考核制度，认真落实县以上党政领导干部定期脱产进修和新进领导班子成员到党校、行政学院和其他干部培训机构学习的制度。许多地方和单位的实践证明，健全和坚持实行这些学习制度，是完全必要的，取得了好的效果。同时，要加强监督检查，使学习制度落到实处，讲求实效，防止流于形式。既要从制度上保证有一定的学习时间，又要正确安排学习内容，结合实际需要，学好理论和现代经济、科学、文化知识。要通过加强学习，达到提高理论素质、树立世界眼光、培养战略思维、加强党性修养、增强解决实际问题能力的效果。要把理论学习情况和理论联系实际、解决实际问题的能力，作为评议和考核干部的重要内容，并把考核结果作为选拔使用干部的重要依据。

## 三、学习和掌握理论的目的全在于应用

我们党在加强学风建设中历来强调：学习和掌握理论的目的在于应用。要以我国改革开放、现代化建设和我们正在做的事情为中心，着眼于马克思主义理论的运用，着眼于对现实问题的理论思考，着眼于新的实践和新的发展，开动脑筋，勤于思考，勇于探索，敢于创新。

坚持有的放矢，确立以解决实际问题为中心学习和研究马克思主义，是我们党一贯倡导的科学方法。解决的实际问题越多，就说明学习和运用理论越好。

为此，最重要的是坚持解放思想，实事求是。应该看到，由于我国过去长期实行计划经济，必然给人们留下根深蒂固的思想烙印；由于教条主义、本本主义在我们党内曾经一度盛行，搞乱了人们的思想，主观主义、形而上学的思想方法仍然禁锢着一些人的思想。这些都是理论联系实际的大敌。我们一定要坚持党的基本理论和基本路线，按照实践是检验真理的唯一标准，一切从实际出发，自觉地把思想认识从那些不合时宜的观念、做法和体制中解放出来，从对马克思主义的错误的教条式的理解中解放出来，从主观主义和形而上学的桎梏中解放出来，正确地运用马克思主义研究新情况，解决新问题。坚持理论联系实际的学风，就要打破陈旧的思想观念的束缚，研究改革开放和现代化建设过程中出现的新情况、新问题，提出新思想、新观点、新政策，使我们的思想随着实践的发展而发展，使我们的思想和行动更加符合客观实际。要时刻防止思想僵化，在一个拥有十几亿人口的大国，推进改革开放和现代化建设是一项全新的事业。"马克思没有讲过，我们的前人没有做过，其他社会主义国家也没有干过，所以，没有现成的经验可学。我们只能在干中学，在实践中摸索。"（《邓小平文选》第3卷，第258—259页）这就要求我们破除迷信，反对僵化，既要打破框框，大胆探索，勇于创新；又要反对"九斤老太"式的做法，正确认识和对待新事物、新思想、新创造。只有这样，才能在理论上有所创新，有所发展，使我们的事业生机勃勃，兴旺发达。要正确做到理论联系实际，还要把握以下四个方面：

一要紧密联系当今世界的实际。邓小平曾经告诫全党，要用世界的眼光看问题。和平和发展是时代的主题，但这两大课题至今一个也没有解决。现在，世界格局日益走向多极化，经济全球化趋势不断增强，科技革命迅猛发展，国际竞争十分激烈。我们必须运用马克思列宁主义、毛泽东思想和邓小平理论，科学地、敏锐地观察分析国际形势，把握当今世界的大背景、大格局、大趋势，正确认识这些新变化、新情况、新问题，给予科学的回答，并能及时提出应对措施，以利于我们抓住机遇，迎接挑战，掌握主动。无疑，这方面的学习和研究任务是多方面的，而且是非常重要和紧迫的。

二要紧密联系当代中国的实际。我国改革开放和现代化建设取得了伟大成就，现在已进入新的发展阶段。在我们党面前，有许多重大理论问题和实践问题亟待研究解决。包括：如何正确认识和处理所有制结构调整和发展社会主义市场经济出现的新情况、新变化；如何正确认识和推进深层次经济体制改革和全方位、宽领域对外开放；如何正确认识和处理既要积极参与国际经济合作与竞争，又要善于维护国家的主权、独立与国家安全；如何正确认识和理解在新的情况下，不断增强党的阶级基础和扩大党的群众基础；如何按照"三个代表"的要求，加强党的建设、经济建设和各项社会事业建设，等等。我们应该按照党中央的要求，坚持发扬理论联系实际的学风，在实践中进行深入的思考和探索，寻求解决问题的正确答案，以利推动改革开放和现代化建设事业更好地向前发展。

三要紧密联系个人的思想实际。这里主要是指联系个人主观世界的实际，在马克思主义理论指导下，加强对世界观、人生观、价值观的改造。比如，要在学习和掌握马克思主义世界观、方法论的基础上，结合实践"三个代表"的要求，根据党的历史使命和根本宗旨，经常想一想"参加革命是为什么？现在当干部应该做什么？将来身后应该留点什么"（见《十五大以来重要文献选编》（中），第1559页）；对照自己的思想实际和所作所为，看自己在发展社会主义市场经济的情况下，在对外开放各种思想文化相互激荡的情况下，能否坚定共产党人的理想信念和宗旨，能否坚持人民的利益高于一切，能否自觉抵制个人主义、"一切向钱看"的思想行为，能否保持思想的警醒和行为的廉洁。要通过学习和运用理论，提高个人的思想政治素质，坚定理想信念，弘扬浩然正气，经受住金钱、权力和美色的考验，永葆共产党人的本色。

四要紧密联系具体工作实际。对于一个地区、部门和单位的领导干部来说，学习掌握马克思主义理论，根本目的是要以科学理论为指导，做好本地区、本部门、本单位的工作。在实际工作中，对党的理论、路线、方针、政策、上级的决定和工作部署，必须坚决贯彻执行，不能违背，不能盲目蛮干。同时，我国经济社会发展不平衡，每个地区、部门和一个单位都有自己的具体情况。要正确运用马克思列宁主义、毛泽东思想、邓小平理论的基本观点和科学方法，深入分析研究自己面对的实际情况，针对工作中存在的具体矛盾和问题，正确提出解决的方法和措施，创造性地开展工作。照抄照搬上级指示，当"收发室""传声筒"，必然会给一个地区、部门和一个单位的工作造成损失，是对党的事业不负责任、也是党性不纯的表现，必须克服。各地方、各部门要在大局下行动，防止和纠正各种形式的分散主义现象。不能有令不行、有禁不止，搞"上有政策、下有对策"，搞地方和部门保护主义；不能制定与中央政策和国家法律法规相抵触的规定。

## 四、切实加强和改进调查研究工作

党的十五届六中全会号召，要大力加强调查研究工作。这是弘扬理论联系实际优良学风的必然要求。各地方、各部门要建立健全调查研究制度，改进调查研究方法，提高调查研究的质量。为此，必须进一步提高认识，真正把大兴调查研究之风作为改进学风、理论联系实际的关键措施和重要途径。

我们党之所以历来十分重视深入调查研究，是因为人们对事物运动变化的正确认识只能来自于实践，并经过实践的反复检验，不断丰富发展，逐渐向真理接近。这就是认识的规律。毛泽东曾经指出："共产党的正确而不动摇的斗争策略，决不是少数人坐在房子里能够产生的，它是要在群众的斗争过程中才能产生的，这就是说，要在实际经验中才产生。因此，我们需要时时了解社会情况，时时进行实际调查。"（《毛泽东选集》第1卷，第115页）改革开放以来，我们党的一系列重大正确决策，都是通过深入调查研究，总结群众在实践中的创造和经验，加以理论和政策升华而作出的。邓小平曾经说过，改革开放以来在农村实行土地联产承包责任制、发展乡镇企业等重大政策，都是从基层干部和广大群众具体实践中概括出来的。江泽民关于"三个代表"的重要思想，也是经过深入农村、企业进行大量调查研究和反复思考提出来的。新世纪已经拉开帷幕，我们国家要在21世纪中叶基本实现社会主义现代化，任务非常艰巨。前进中要解决许多复杂问题，克服各种困难，全面、正确地实践"三个代表"的要求，顺利实现我国现代化的宏伟目标，就必须坚持理论联系实际，深入调查研究，向群众学习，向实践学习，发现事物运动的规律，找出解决问题的办法。

加强调查研究，要建立制度，改进方法，提高质量。各级党政领导机关都要健全调研制度，制定和落实调研计划。按照中央的要求，省部级领导干部每年应至少抽出一个月时间，市（地）县党政领导干部每年要有两个月以上时间，深入基层调研，总结经验，探索规律，指导工作，解决问题。建立了制度，就要执行；制定了计划，就要落实。各地方各部门要定期对调查研究制度和调研计划的执行、落实情况进行检查，经常督促，把调查研究情况和成果作为党政干部特别是各级领导干部考核的重要指标，把考核结果作为干部任用的重要标准。要坚决反对和纠正调查研究走过场、做样子，真正深入实际，深入基层，深入群众，了解真实情况，掌握第一手材料。中央领导同志经常深入到基层单位和群众中作调查，倾听基层干部和群众的意见和建议，了解基层单位工作情况和群众生产生活中的实际困难，这种求真务实的工作作风值得各级干部学习。现在，有的地方领导干部只要求下级干部调查研究，自己则官僚主义、高高在上、脱离群众；有的虽然下去作调查，但走马观花，浮光掠影，名曰调查研究，实则劳民伤财；有的听赞颂奉承之词格外顺耳，对批评意见则芒刺在背；有的只看先进典型，不看落后单位。这样做，结果必然是"情况不明决心大，脑筋不动办法多"，造成决策失误，给事业带来损失，必须坚决纠正。只要全党切实加强和改进调查研究工作，党的理论联系实际的优良学风和作风就一定会得到发扬光大，我们党的各项事业也就一定会更好地向前发展。

# 提高调查研究水平　做好决策咨询工作 *

（2004 年 9 月）

2003 年，是我国发展进程中重要而非同寻常的一年。面对复杂多变的国际形势、突如其来的非典疫情和频繁发生的自然灾害，在以胡锦涛同志为总书记的党中央领导下，全国人民同心协力，顽强拼搏，取得了令人瞩目的重大成就。各级政府研究部门作为承担综合性政策研究和决策咨询服务的办事机构，无疑是这一非凡历程的重要参与者并做出了积极贡献。

调查研究是政府研究部门的基本职责。2003 年，各级政府研究部门紧紧围绕全国工作大局和本级政府的中心任务，针对经济社会生活中存在的重要问题和突出矛盾，深入调查研究，取得了丰硕成果。许多调研成果不仅质量上乘，而且有很强的使用价值，不少成果受到各级领导同志重视并在决策中起到重要作用；有些直接应用于起草领导讲话及其他文稿，从而对指导和推动工作产生了重要影响。为使这些调研成果能够发挥更广泛的作用，现在从国务院研究室和省级政府研究部门的内部调研报告中选出一部分，汇编成册，公开出版。我相信，广大读者从中肯定会有所裨益，既可以更深刻地认识我们面临的诸多复杂问题和现实矛盾，也可以了解到各级政府作出有关决策的许多背景情况和慎重抉择过程。

这里，我就进一步做好政府研究部门的调查研究工作谈一些看法，与大家共勉。

---

　　* 本文原载于《政策研究与决策咨询——国务院研究室调研成果选》一书，中国言实出版社 2004 年版；《人民日报》于 2004 年 12 月 2 日转载大部分内容。

## 一、充分认识调查研究工作的极端重要性

重视和坚持调查研究，是辩证唯物主义和历史唯物主义认识论的根本所在，是贯彻党的解放思想、实事求是思想路线和从群众中来、到群众中去群众路线的必然要求，也是保证科学决策与实现正确领导的基本前提。我们党历来十分重视调查研究工作。毛泽东提出了"没有调查就没有发言权"的著名论断。他说："我的经验历来如此，凡是忧愁没有办法的时候，就去调查研究，一经调查研究，办法就出来了，问题就解决了。"他形象地说："调查就像'十月怀胎'，解决问题就像'一朝分娩'。调查就是解决问题。"邓小平指出，离开了调查研究，任何天才的领导者也不可能进行正确领导。江泽民强调，"坚持做好调查研究这篇文章，是我们的谋事之基，成事之道。"陈云也曾指出："领导机关制定政策，要用百分之九十以上时间作调查研究工作，最后讨论作决定用不到百分之十的时间就够了。"回顾建党八十多年的历史，什么时候重视调查研究，坚持理论和实际的统一，党的事业就顺利发展；什么时候忽视调查研究，就会导致主观与客观相脱离，造成工作失误，给党的事业带来损失。

在全面建设小康社会的新的历史时期，调查研究工作更加重要。当前，国际形势错综复杂，经济全球化深入发展，科学技术日新月异，综合国力竞争日趋激烈。从国内看，经济市场化程度不断提高，对外经济联系不断扩大，社会经济结构发生着广泛而深刻的变化。经济成分、组织形式、就业方式、利益关系和分配形式等日益多样化、复杂化，改革开放和现代化建设中的各种矛盾相互交织，国内外各种思想文化相互激荡，新事物、新情况层出不穷。我们既面临着加快现代化进程的历史机遇，也面临着一系列前所未有的难题和挑战。与过去相比，影响决策的因素增多了，决策的时效性增强了，决策的风险性增大了，决策所需的信息量也增加了。这些无疑对调查研究工作提出了更高要求，同时也赋予了政策研究和咨询机构更为重要的使命。

政府研究部门是直接为领导机关决策服务的机构，岗位重要，责任重大。我们的工作主要包括两个方面，一是起草领导讲话及其他重

要文稿，二是为领导决策提供情况和建议，而这些都必须建立在大量调查研究基础之上。只有认真调查研究，才能全面深刻地认识客观存在的实际情况，真正把握事物的本质和发展规律；才能对千头万绪的现实生活做出科学分析，对纷繁复杂的社会经济发展形势做出准确判断；才能及时发现问题，掌握新的苗头和动向，抓住关键矛盾；才能充分体察社情，真实了解民意，广泛集中民智；才能发现好的典型，总结好的经验，理出好的思路，想出好的办法。唯有如此，以丰富的调研成果为基础，政府研究部门才能提出分析深刻、观点正确和切实可行的咨询建议；才会起草出符合客观实际、反映时代脉搏和群众愿望的各种文稿；才能真正成为各级政府的眼睛、耳朵和外脑，发挥好参谋助手作用。如果不了解实际情况，不懂得社情民意，无论起草文稿还是其他工作，都难以提高水平。完全可以说，调查研究是政府研究部门的基本功和生命线；它与我们的工作须臾不可分离。离开了调查研究这个基础环节，政府研究部门的工作就会成为无源之水、无本之木。要提高我们的综合性政策研究和决策咨询服务水平，就必须加强和改进调查研究工作。

## 二、政府研究部门调查研究工作的主要特点

各种工作和各类机构都需要调查研究，但具体情况却各不相同。基于工作性质和基本职能的内在要求，政府研究部门的调查研究工作有以下一些重要特点。

一是政策性。政策和策略是党的生命。作为政府的政策研究和决策咨询部门，我们开展调查研究，根本目的就是要为领导作出正确的决策提供服务。与此相联系，衡量政府研究部门调查研究工作质量的高低，关键要看有多少调研成果进入了决策，变成了具体政策，以及这些决策和政策在实际工作中发挥了什么样的作用。可以说，政策性是政府研究部门调研工作的最基本特征。

二是针对性。各级政府的工作千头万绪，有数不尽的问题需要研究探讨，我们的调查研究要围绕中心工作，考虑决策需要，关注重点

热点问题，做到有的放矢。实践表明，政府研究部门的调查研究工作，只有忙在点子上，谋在关键处，才能富有成效，事半功倍。如果脱离中心工作，远离决策需要，其调研效果必然会大打折扣。

三是应用性。政府研究部门的调研工作，既不是纯粹的理论研究，也有别于具体的工作部署，而多是一种理论与实践相结合的对策性应用研究。它离不开正确的理论指导和深刻的理论思维，具有更强烈的实践性特征，尤其强调"研以致用"。具体说，调研选题必须紧扣现实工作需要，出发点是为政府工作提供急需有效的对策建议；调研成果必须有实用价值，落脚点是解决社会经济生活中的具体问题。古人云："文可载道，以用为贵。"我们的调研成果只有被领导者作决策所采纳，直接或间接用于改革开放和现代化建设的实践，才能真正称为上乘之作。

四是超前性。政府的许多决策与未来发展趋势密切相关，特别是一些重大决策更是如此，作出这样的决策首先要预知未来。为此，调查研究必须有战略眼光，既要立足当前，又要面向未来，注意瞻前顾后。这是为决策服务的一个重要方面。只有把视野放得更宽一些，眼光看得更远一些，既能预见潮流所在和大势所趋，又能看到苗头性倾向性问题，才能提出有真知灼见的建议。

五是操作性。政府研究部门提出的对策建议不能笼统含糊和空发议论，务必做到符合实际，思路正确，措施具体。社会经济生活极其复杂，有些对策建议，看似很正确，却因无实际操作办法，只能成为书柜之物。一项好的建议，必须兼顾需要和可能，应有切实可行的具体措施。

六是时效性。对急迫问题以及领导机关关注的重要问题，必须集中力量，及时调查，快速反映，适时提供情况和建议，才能适应和满足决策者的需要。"文当其时，一字千金。"倘若时过境迁，工作重心转移，才慢腾腾拿出调研成果，即使写得全面、正确、深刻，也为时已晚，难有大用。事实上，对多数调研成果而言，时机因素至为重要，"生逢其时"才能"谋当其用"。

毫无疑问，深刻认识和正确把握政府研究部门调查研究工作的特点，从中总结出一些带有规律性的东西，对于我们提高调研成果质量是非常重要的。

## 三、着力提高调查研究工作水平

提高政府研究部门的调研工作水平，涉及诸多因素，需要从多方面努力，特别要做到以下几点。

（一）努力提高政治理论和政策水平。这是提高调研工作水平的根本前提。政府研究部门的调查研究，一般都与制定和实施政策措施相关。必须坚持以马列主义、毛泽东思想、邓小平理论和"三个代表"重要思想为指导，认真贯彻党的路线、方针和政策。这就需要刻苦学习理论，熟悉党的方针政策和国家法律法规，从而提高认识和鉴别事物的能力。这样，也才能提高调研成果的政策水平。创新是社会进步的不竭源泉，也是调查研究工作者的可贵品质和必须遵循的重要准则。缺乏起码的理论功底，不知晓党的路线方针政策，没有创新思维能力，就难以搞好调查研究，也难以提出有分量、有重要价值的调研成果。

（二）紧紧围绕工作大局和中心任务。政府研究部门的调研工作是直接为领导机关决策服务的。如同企业生产必须符合市场需求一样，我们的调研工作也必须适应政府中心工作需要和领导决策需求，做到急政府之所急、想政府之所想、求政府之所求。为此，一定要把握全国的中心任务，了解政府的工作部署，掌握领导同志的工作意图；同时，还要敏于观察形势，勤于思考问题，善于见微知著。只有这样，才能自觉地使我们的调查研究同决策需要紧密联系起来；才能把握好调研工作的重点任务，为决策多出主意、出好主意。总的来说，政府研究部门的调查研究，要想大事、议大事，着重研究解决事关改革、发展、稳定大局的突出问题，着重研究解决全局性、战略性的重大问题，着重研究解决人民群众关心的热点、难点和重点问题。对有关问题要尽量提供决策前、决策中和决策后的全方位咨询服务。对于那些一叶知秋、似小实大、微而见重的倾向性问题和代表性事物，要敏锐观察，抓住不放。在我们的调查研究工作中，既要领会领导者意图，千方百计为领导机关和领导同志服好务，也要坚决防止不顾客观实际和科学规律，而一味迎合、投领导者所好的庸俗行为和错误做法。

（三）务必在全面、深入、求实上下工夫。要捕捉领导机关难以听到、不易看到和意想不到的新情况，要找出解决问题的新视角、新思路和新对策，就必须深入地开展调查研究。调查研究必须走出去，沉下去，钻进去；必须深入实际，深入基层，深入群众；必须认真思考，深刻分析，精心研究。具体来说，搞好调查研究，一要全面把握。努力做到脚勤、眼勤、口勤、脑勤、手勤，多层次、多方位、多渠道地了解情况。既要调查机关，又要调查基层；既要调查干部，又要调查群众；既要看到事物的正面，又要看到事物的反面；既要解剖典型，又要了解全局；既要到工作局面好和先进的地方去总结经验，更要到困难较多、情况复杂、矛盾尖锐的地方去研究问题。同时，还要搜集和阅读大量的相关材料。二要深入研究。无论是深入调查，还是潜心研究，一定要有不获实情不收兵、不得真理不甘心的毅力和追求。在调查中，应本着求深、求细、求准的原则，"一竿子插到底"，深入到问题的所在地和矛盾的症结处，溯本求源，真正掌握第一手材料，深刻了解事物本来面目。要综合运用归纳与演绎、分析与综合、具体与抽象以及比较、分类、统计、想象等手段，对调查中掌握的材料进行一番去粗取精、去伪存真、由此及彼、由表及里的深入思考和研究，透过现象把握本质，找出规律性和普遍性东西，找到解决问题的有效办法。三要注重求实。搞好调查研究，必须坚持实事求是的原则，树立求真务实的作风，具有追求真理的勇气和无私无畏的精神。要全面了解客观情况，善于听取各种意见，勇于反映真实情况。搞调查研究，不能预设框框，先入为主；不能只看好的，不看差的；不能只报喜，不报忧；不能只总结经验，不反映教训。对调查了解到的真实情况和各种问题，要敢于"较真"和"碰硬"，不粉饰太平、不掩盖矛盾、不怕得罪人，有一说一、有二说二，"不唯书、不唯上、只唯实"，做到说老实话、办老实事、当老实人。唯科学是从，唯国运顿首。敢不敢把自己通过深入调研得到的、而与领导者意见不一致甚至相反的观点，秉笔直书，不仅是个水平与胆量的问题，而且是个品德与党性的问题。

实质上，只有客观反映情况，尤其将那些具有倾向性的问题和矛盾，以及民间疾苦、群众意见如实反映到领导机关，才有助于作出正确的决策、制定出有力的政策，使有关问题得到及时解决。如果一味迎合领导者意见，回避矛盾，隐瞒问题，夸喜遮忧，则必然会误导判断，引致决策失误，给国家和人民造成损失。这是需要极力加以避免的。

（四）广泛听取群众意见。"群众是真正的英雄。"人民群众的社会实践，是我们获得正确认识的不竭源泉，也是检验和深化认识的根本所在。我们调查研究成果的质量如何，形成的意见正确与否，最终都要由人民群众的实践来检验。因此，搞好调查研究工作，必须放下架子，扑下身子，深入田间地头和厂矿车间，拜群众为师，和群众交友，"问问家长里短事，听听鸡毛蒜皮言"，同群众一起讨论大家关心的问题，倾听他们的呼声，体察他们的情绪，感受他们的疾苦，总结他们的经验，集中他们的智慧。既要了解群众盼什么，也要了解群众怨什么；既要听群众的顺耳话，也要听群众的逆耳言；既要让群众反映情况，也要请群众提出意见。尤其对群众最盼、最急、最忧、最怨的热点、难点和重点问题，更要主动调研，抓住不放。只有这样的调查研究，才能够真正听到实话、察到实情、获得真知、收到实效。

（五）创新调研工作方法。在实践中，我们积累了许多行之有效的调研方法，如召开调查会、研讨会、走访调查、蹲点调查、典型调查、实地考察等等。这些方法具有感受直接、体验深刻、互动性强、人情味重等优点，应继续坚持。但必须在此基础上，适应社会经济发展变化的新情况，拓展调研渠道，创新调研方式。要积极使用统计调查、问卷调查、抽样调查、网络调查等现代方法，提高调查的效率和质量。要充分利用现代信息技术和手段进行资料的收集、整理和加工，为调研乃至决策提供快捷、全面、翔实的信息资料。要综合运用经济学、社会学、信息论、系统论、控制论，以及规划与优选、预测与评价、计算机仿真等方法，对已掌握的调查材料进行多层面、多角度的系统研究。只有把传统调研方法和现代调研手段结合起来，才能增强调查研究的科学性和时效性，提高调研工作效率和调研成果质量。此外，调查研究既是科学，更是艺术。搞好调研工作，必须在实践中做有心人，不断积累经验、丰富技巧、提高能力。比如，调查的提问方式就有多种，或开门见山，直来直去；或投石问路，先做试探；或竹笋剥皮，层层深入；或枯井打水，一竿到底；或耐心开导，循循善诱；或旁敲侧击，弦外听音。究竟采用何种方式，必须因情而定，随机应变。

（六）精心写好调研报告。撰写报告是调查研究的重要环节，调查再全面，研究再深刻，文章写不好仍达不到预期目的，甚至会前功尽弃。写文章是一门很大的学问，涉及的因素很多，一般说来，需要注意几个方面。一是把握主题，突出主线，抓住重点，善于画龙点睛，给人以启迪。二是文字表达要准确、鲜明、生动。写调研文章不应过多雕饰、过于华丽，不要用词生僻、苦涩难懂，也不要过于平淡或官话套话连篇，而要准确、鲜明、生动、朴实。即使讲道理也要寓理于事实之中，不能搞纯粹的理论推理。要让人看得懂，愿意看，引人入胜，看了以后还津津乐道、回味无穷。三是表现形式要多样化。写文章也要从实际出发，讲究多样性，切忌公式化，不能千人一面。有些文章，形式死板，毫无个性，如同"八股"，给人以似曾相识之感，领导见了烦，读者见了厌。四是从内容上讲，言之要有物，资料要翔实，论证要有力；从形式上讲，结构要严谨，条理要分明，布局要合理。五是要提倡写短文章。领导同志和决策机关日理万机，很难有时间读长篇大作。调研报告要力求短小精悍、言简意赅，应意到言到、意尽言止，千万不要冗长乏味，动辄洋洋万言，让人到沙堆中淘金捡宝。

（七）全面提高自身素质，练好基本功。调查研究是运用科学的理论去探索未知，认识事物发展，寻求解决问题方法的一种复杂的脑力劳动，是一项高度依赖调研人员素质的工作。提高调研工作水平必须提高调研人员的思想、业务和写作素质。政府研究部门调研工作的重要性对人员素质提出了极高的要求。概括起来说，要有较高的马克思主义理论水平和全面准确把握党的路线方针政策的本领，要有较高的政治洞察能力和鉴别能力，要有解放思想和敢于创新的意识，要有实事求是的精神和严格的科学态度，要有较强的分析研究和文字表达功底，要有比较广博的政治、经济、法律、历史和科技等各种知识，要有较好的电脑、网络等现代化办公技能。调查研究工作者一定要博学厚积，自强不息，秉要执本，常勤精进，做到站得高、看得远、想得深、写得好，努力使自己成为政治合格、业务精良、作风过硬、善打硬仗的高素质全面发展人才，更好地提高调查研究工作水平，以更好地适应党和国家事业发展的需要。

# 调查研究要多出精品力作<sup>*</sup>

（2006 年 9 月）

重视和坚持调查研究，是辩证唯物主义和历史唯物主义世界观、方法论的必然要求，是我党的一项基本工作方法和领导制度，也是我们政府研究部门全面履行职责的基本功和生命线。做好调查研究工作，不仅要多出成果，更要努力提高调研质量，多出优秀成果、多出一流成果。政府研究部门的调研工作是直接为政府领导决策和起草重要文稿服务的。调研成果质量高低，直接关系党的路线方针政策的贯彻执行，关系经济社会发展任务和人民群众切身利益的实现，关系政府的工作大局，可谓责任重大、使命光荣。这就要求我们必须具有高度的责任感，无论对什么问题进行研究，特别是一些重大调研课题，都要坚持高标准、高质量、高要求，深入调查，精心研究，努力创造精品力作。

一般来说，一篇调研文章只要做到观点鲜明、思路清晰，内容翔实、重点突出，论证有力、分析透彻，见解新颖、思想深刻，文字准确、语言流畅等，就应属于上乘之作。但从政府研究部门的调研特点看，仅此是不够的，还必须满足政策性、针对性、应用性和操作性等方面要求。"文可载道，以用为贵。"衡量政府研究部门调研成果质量的高低，归根结底是要看这些成果有无使用价值，能否进入决策、变成政策，以及在实际工作中发挥多大作用、解决多少问题。一项调研，无论功夫下得多深、文章写得多好，做不到"语当其时，策当其用"，

---

　　* 本文原载于《国务院研究室优秀研究成果选》一书，中国言实出版社 2006 年 9 月版，此次收入有删节。

无助于领导决策和实际工作，就很难称之为精品力作。当然，也确有一些调研建议，因种种原因没能引起重视、付诸应用，但以后的实践证明是正确的甚至很有见地，这样的文章往往富有先见之明，自然仍不失为优秀成果。其实，调研精品并无明确而统一的判定标准，表现形式也多种多样。有的妙在选题，有的贵在见解；有的小题大做而分析深透，有的大题小做却要害清晰；有的注重直接调研、深入实际、情况真实可靠，有的借重间接调研、浏览广泛、资料全面系统；有的洋洋万言、体大思精、茹古涵今、堪称集大成之作，有的短小精悍、言简意赅、对症下药、却为实用之良方；凡此不一而足。如果一定要寻求调研精品的共同特征，最根本的就是要有所发现、有所创新，能提供别人想知而未知甚至出人意料的新问题、新情况、新观点和新对策，从而给人以深刻启迪和重要参考。有人说过，在通往真理的大道上，每向前迈进一步的价值，比在前人已开辟道路上重复千百步的价值还要高出千百倍。这一说法不无道理，也同样适用于调研工作。此外，调研精品还必须经得起实践检验和历史考验，既要适合应用，又能开花结果；不仅有较高的即时实践价值，从未来看也要站得住、立得稳、走得远。

观念先于行，万事端于思。如同搞好企业生产经营必须树立质量意识、品牌意识一样，做好调查研究，多出精品力作，首先要树立强烈的精品意识。或者说，要追求精品、打造精品，必先崇尚精品。事实上，同为一篇文章或研究成果，良莠殊异，价值悬殊，或有霄壤之别。比如，马克思、恩格斯的《共产党宣言》，虽篇幅仅为二万言左右，却揭示了人类社会发展的客观规律，为全世界无产者指明了前进方向；爱因斯坦提出的相对论，也不过是由几篇论文组成，却奠定了现代物理学的重要基础，开辟出人类社会物质文明的崭新时代。这样的振聋发聩之作，无疑具有造福人类、推动历史的巨大力量。与此相反，无论古今中外总有一些粗制滥造的文章或所谓研究成果，不仅了无新意、几无价值，甚至还会混淆社会视听，造成信息混乱和判断困难。伟大的精品可以功在当代、利在千秋，而许多庸文劣作不仅有害无益，还会浪费纸张、污染耳目。追求精品既是一种意识，更是一种责任。我国明清之际的杰出思想家、史学家顾炎武，为完成《日知录》这部传世精品，以"经世致用、资政育人"为追求目标，四十年如一日，埋头于汗牛充栋的史料之中披沙拣金、孜孜钻研，在完稿之后还"存之箧中"，不肯轻易示人，"以待后之君子斟酌去取"。这种对待著述精益求精、慎之又慎和高度负责的治学态度，是何等可贵！我们的调研工作，虽然不能与经典作家、科学巨匠们相提并论，但却不能不向他们追求完美、打造杰作的严谨态度和精品意识看齐。在我们的调查研究中，只有强化责任意识、精品意识，树立"为天地立心、为国家立策、为民众立言"的崇高追求，努力做到"调查不深不言停、研究不透不收兵、文章不精不放行"，才能打造出无愧于时代的精品力作。

精品是艰苦劳动的结果，靠汗水浇灌，由心血凝成。马克思为写作《资本论》这部鸿篇巨著，在长达 25 年的时间里，几乎每天都到大英博物馆废寝忘食地查阅资料，阅读的各种书籍和文献超过 1500 多种，以致在他座位下面的水泥地上留下了两道深深的脚印，也为无产阶级和全人类留下了最宝贵的财富。"十年磨一剑"是我国古人打造精品的形象写照。他们为了创造传世佳作，往往呕心沥血、默默钻研，不惜历经千辛万苦，甚至穷其毕生精力。王充《论衡》用时 31 年，班固《汉书》用时 28 年，许慎《说文解字》用时 21 年，陈寿《三国志》用时 23 年，李时珍《本草纲目》用时 30 年，司马迁终其一生写《史记》。而宋代的郑樵为了完成名著《通志》，竟然谢绝人事、隐居山林，结茅苦读 30 年。这样的事例还可以举出很多。基于工作性质和基本职能的要求，政府研究部门的调查研究没有必要、也不可能做到"十年磨一剑"，但这种追求真理的态度、吃苦耐劳的精神和坚忍不拔的毅力，于我们的工作却是断不可少的。提高调研质量，打造调研精品，无疑需要做出方方面面的努力，既要提高综合素质，也要增强调研能力，但归根结底要靠勤奋工作、埋头苦干。一言以蔽之，精品佳作是精心调研的产物。这里，我想就调查研究怎样才能出精品力作，谈几点看法。

——精心选题。"好题一半成"，选好题目是打造精品的首要环节。如同企业生产必须符合市场需求一样，政府研究部门的调研选题也必须贴近中心任务、围绕决策需要。我们的调研只有忙在点子上、谋在关键处，才能富有成效。如果选题脱离中心任务，远离决策需要，其调研质量必然大打折扣。总的来说，政府研究部门的调查研究，要围绕中心工作，服务领导决策，紧紧抓住当务之急、当务之重，着重研究解决改革、发展、稳定中的突出问题，事关经济社会发展全局性、战略性的重大问题，以及人民群众关心的热点、难点和重点问题。

——精心调查。深入调查是发现问题和解决问题的重要途径，要拿出情况真实、见解独到的调研精品，就必须深入实际，精心调查。一要全面系统，做到脚勤、眼勤、口勤、手勤、脑勤，多层次、多方位、多渠道地了解情况。二要深刻准确，应本着求深、求细、求准的原则，深入到问题的所在地和矛盾的症结处，努力溯本求源，真正掌握第一手材料，深刻了解现实生活的本来面目。三要密切联系群众，应深入了解群众的意见，倾听群众的呼声，感受群众的疾苦，总结群众的经验，集中群众的智慧。只有这样的调查，才能听到实话、察到实情、获得真知、收到实效，为多出精品打下基础。

——精心研究。调研工作是一项根植于实践基础上的创造性思维活动，要打造精品，就必须在深入调查的基础上，认真思考，精心研究。具体地说，就是要综合运用归纳与演绎、分析与综合、具体与抽象，以及比较、分类、统计、想象等手段，对调查中掌握的材料进行去粗取精、去伪存真、由此及彼、由表及里的深入思考和推理，透过现象把握本质，找出规律性和普遍性东西，找到解决问题的有效办法。精心研究，重在深刻，贵在创新。古今中外，大凡精品之作，必为创新之作。因此，要敢于想别人之未想，善于谋别人之未谋，大胆提出新观点、新思路。

——精心撰写。调研报告是调研成果的最终载体，撰写好调研报告是提高调研质量的关键环节。调查再深入，研究再精心，如果调研报告写得不好，仍然达不到预期目的，拿不出精品成果。这里，应注意以下几点：一是做好内容和形式的总体把握。从内容上讲，观点要鲜明，重点要突出，事实要准确，论证要有力；从形式上讲，结构要严谨，条理要分明，布局要合理，要善于画龙点睛。二是表现形式要多样化。调研报告的表现形式应由内容决定，并随着内容的不同而变化，切忌公式化和千人一面，要不拘一格、丰富多彩。三是文字表达要准确生动。写调研文章既不应过多雕饰，更不应追求深奥，当然也不能过于平淡或官话套话连篇，而要准确、鲜明、生动、朴实。

——精心修改。文不厌改，反复修改的过程实质上就是思路不断清晰、分析不断深入、认识不断升华和对策不断完善的过程，也是文字精雕细刻而臻于完美的过程。要想打造精品，千万不要急于出手，而要不厌其烦地加以修改。观点应仔细推敲，条理应认真梳理，文字应恰当取舍。"删繁就简三秋树，领异标新二月花。"要竭力将一些赘言套话删掉，努力做到"丰而不余一言，约而不失一辞"，使文章主题和新观点、新思想更加突出、更加引人。

时势造英雄，沃土结硕果。我们正处在一个伟大的时代，波澜壮阔的改革开放大潮，飞快发展的现代化建设大业，为调查研究工作提供了极好的舞台和机遇。只要我们勇于创新，精心调研，就一定能打造出更多的精品力作。

# 搞好调查研究贵在深入 <sup>*</sup>

（2007 年 9 月）

调查研究是发现和解决问题的有效方法，是制定和执行政策的重要基础，也是进行政策研究和决策咨询服务的主要手段。因此，提高调查研究工作的质量和水平，有着重要的意义。而要搞好调查研究，贵在深入。

调查研究是一个求实、求是、求解的过程，是一项严谨、缜密、科学的活动。世界是复杂的，各种事物和矛盾错综交织；世界也是变动的，大千万物相互联系又互相转化。认识世界，不是一件容易的事情。"千淘万漉虽辛苦，吹尽狂沙始见金。"要从纷繁复杂而又千变万化的事物中透过现象认清本质，发现客观规律，并科学地说明和解决问题，必须作深入的调查、研究和谋策。

一是深入调查。这是调查研究的客观性原则决定的。客观性原则是任何调查研究活动都必须遵循的。它的基本要求，就是做到全面、真实、准确地认识客观事物和社会现象，不能主观、片面、肤浅地认识客观事物和社会现象。调查是研究的基础，是发现问题、解决问题的首要环节。毛泽东说过："没有调查，就没有发言权"（《毛泽东农村调查文集》，人民出版社 1982 年版，第 1 页）；他还说过："不做正确的调查同样没有发言权。"（《毛泽东农村调查文集》，人民出版社 1982年版，第 13 页）调查，最根本的在于求实、求真，了解真实情况。这就必须"沉下去"，深入基层、深入实际、深入群众，正所谓"不入虎

---

　＊ 本文原载于《政策研究与决策咨询——国务院研究室调研成果选》一书，中国言实出版社 2007 年 9 月版。

穴，焉得虎子。"调查贵在深入、翔实和缜密；只有从现状表面入手，深入进去弄清真实情况，才能找到正确解决问题的办法；要以大量的事实为基础，形成对情况的整体把握；要把情况摸准，从无数细节中发现问题，用心寻找解决问题的办法。为此，要深入到社会基层、到人们实践活动中去进行调查研究活动。各种材料和数据的获得，不能只通过下级的汇报，而应是通过深入基层、了解实际情况得到。要深入到工厂、矿山、农村、学校、医院、社区去进行调查，只有真正走到基层单位进行调查，才是真正意义上的调查研究。这样，才能掌握第一手材料，了解真实情况。应当说，在某种情况下，了解情况难，了解真实情况更难。只有深入基层，才能了解鲜活真实的情况。调查，就是观察事物，了解情况，不仅要搞清事物的现状，还要了解事物的过去，要掌握事物发展的轨迹和演变过程，搞清楚来龙去脉。调查工作应力避蜻蜓点水、浮光掠影的做法，也要力戒道听途说就信以为真。人民群众是真正的英雄，是智慧的源泉。搞好调查就必须深入群众，虚心向群众学习，倾听群众的呼声，反映群众的意愿，集中群众的智慧。毛泽东说过，调查研究"没有满腔的热忱，没有眼睛向下的决心，没有求知的渴望，没有放下臭架子、甘当小学生的精神，是一定不能做，也一定做不好的。"（见《毛泽东农村调查文集》，人民出版社 1982 年版，第 16 页）甘当小学生，"主要的一是要和群众做朋友，而不是去做侦探，使人家讨厌。群众不讲真话，是因为他们不知道你的来意究竟是否于他们有利。要在谈话过程中和做朋友的过程中，给他们一些时间摸索你的心，逐渐地让他们能够了解你的真意，把你当作好朋友看，然后才能调查出真情况来。"（见《毛泽东农村调查文集》人民出版社 1982 年版，第 27 页）我们要把人民群众的利益作为一切工作的出发点和归宿，不仅要虚心而且要善于向人民群众学习和请教。

二是深入研究。调查的目的，是要从客观存在的实际事物出发，从中引出规律，作为行动的指南和制定政策的依据。因此，就要对调查的材料，加以科学的分析和综合的研究。观察、分析与综合，是认识客观事物的一般过程和步骤。观察是调查的第一步，这是感性认识阶段，必须对掌握的材料进行加工，才能上升到理性认识；分析是进行加工的重要一步，就是把复杂的事物分解为几个组成部分，然后分别加以研究。研究是调查的升华，是由感性认识上升为理性认识的过程。不调查而研究，是无米之炊；只调查不研究，则是食而不化。调查以"求实"，研究以"求是"，只有把调查与研究、"求实"与"求是"有机结合，在"求实"的基础上"求是"，在"求是"的思维中"求实"，才能正确认识事物的本质和规律性，把握事物的发展趋势。调查要"沉下去"，研究要"浮上来"。具体而言，在调查环节要深入，要掌握丰富、真实的材料，在研究阶段要吃透材料又不拘泥于材料，要尊重实践又不囿于实践，真正做到源于生活而高于生活。感觉材料固然是客观外界某些真实性的反映，但它们又是片面的和表面的东西。要完全地反映整个事物，反映内部的规律性，就必须深入思考。要综合运用分析与综合、归纳与演绎、具体与抽象的办法，以及比较、分类、统计、想象等手段，对调查中掌握的丰富材料加以科学分析，去粗取精、去伪存真、由此及彼、由表及里的思考，把握事物的本质，找出规律性和普遍性的东西。深入研究，还要注意对事物质和量的分析。任何事物的质都表现为相应的量的规定性。要坚持质和量相结合，要先对调查研究对象进行量的分析，再进行质的分析。只有具体了解事物的量，特别是规定着物质的数量界限，才能更深刻地把握事物的质，也才能对调查对象作出科学和正确的认识。深入研究，不仅要注意对社会现象和客观事物的历史和现状的研究，还要把握事物发展中的未来因素，善于发现新事物、新因素，高度重视新事物、新因素的发展趋势，支持新事物、新因素的发展。

三是深入谋策。谋策，就是寻求解决问题的对策和办法。从事政策研究和决策咨询的调查研究，是应用性研究，目的是要解决经济社会发展中的问题，调查研究的成果是为领导机关作出工作部署和制定政策服务的。因此，在调查研究的基础上，提出正确、可行的政策建议，显得尤其重要。这就要求做到，必须熟悉党的路线方针政策，深刻认识客观问题的实质和趋势，准确领会决策的需要，善于从指导实际工作的角度，从全局和战略的高度加以思考。要多谋良策，出好主意，对症下药，注重实用，具有可操作性，千万不能笼统含糊、空发议论。否则，就会使研究成果成为"空中楼阁"，中看不中用。深入谋策，提出指导工作的政策主张和建议，最重要的是坚持实事求是。这就要求在调查研究中反对各种各样的主观主义，真正做到不唯上，不唯书，只唯实，依据客观实际情况和客观规律提出正确的政策、措施或工作方案，供领导决策参考。

调查、研究和谋策是相互联系的统一过程。在这个过程中，每个阶段虽各有侧重，但不可分割，三者都不可偏废。作为政策研究和决策咨询机构，只有深入调查、深入研究、深入谋策，才能在调查研究工作中拿出精品力作，真正当好领导者的参谋和助手。

# 公共政策与智库建设 *

（2015 年 8 月 13 日）

当前，我国公共管理领域面临着前所未有、极为复杂的新形势新任务。从国际看，世界政治经济局势处于持续的大变动大调整之中，可谓是风云变幻、跌宕起伏，全球治理的新风险、新问题不断出现。这些正在并会继续直接或间接地影响着我国的改革发展和现代化建设。从国内看，随着经济发展转入新常态，工业化、信息化、城镇化、市场化、国际化深入发展，现代化建设面临许多新机遇和新挑战；随着全面建成小康社会进入决战期，"四个全面"战略布局加快实施，"五位一体"建设全方位推进，激发着一系列新的深刻社会变革；随着人类社会互联网时代的到来，经济社会活动错综复杂、瞬息万变，新情况和新事物层出不穷。所有这些，对治国理政和公共决策都提出了可以预见和难以预见的新课题、新任务、新要求。

面对国际国内的新形势新任务新要求，公共管理理论工作者必须着力推进公共管理创新研究，以更好地服务公共决策。无论是从世界智库发展的历程看，还是从发达国家智库作用的发挥看，智库都是决策者的"外脑""智商"。要服务好公共决策，必须加强公共管理新型智库建设，更好发挥智库对公共决策的重要作用。

我认为，建设新型高质量智库，特别是在高校办高质量的新型智库，需要从多方面下大工夫，敢于改革创新。这里简要谈以下十个观点。

---

* 本文系 2015 年 8 月 13 日在山东公共管理论坛上的专题报告，刊载于《中国行政管理》2015 年第 11 期;《新华文摘》2015 年第 24 期转载。

# 一、全面发挥智库功能

无论办什么样类型的智库，首先必须明确智库的性质、定位和功能。中央文件明确提出："中国特色新型智库是以战略问题和公共政策为主要研究对象、以服务党和政府科学民主依法决策为宗旨的非营利性研究咨询机构。"一般说来，各类智库都应重视发挥六个方面的重要功能：一是服务党政决策。根据党和政府的决策需求，开展前瞻性、战略性、应用性、储备性政策研究，进行决策评估，提出高水平、建设性、切实管用的政策建议，积极建言献策，为决策提供依据和智力支撑。这是各类智库的首要职责。二是推进理论创新。围绕改革发展稳定、治国理政面临的难点、重点问题，提出有价值、有影响的新概念、新判断、新概括、新观点、新思想，为研判形势、谋划战略、制定决策提供科学理论或方法，推动理论创新、学术创新、方法创新。三是引导社会舆论。阐释党的科学理论，解读党和国家的大政方针、决策部署和公共政策，研判社会舆情，正确引导社会舆论，凝聚社会共识。四是提供社会服务。接受社会有关方面委托的咨询任务，承担各类咨询项目，开展第三方评估，提供智力服务。五是参与公共外交。开展多种形式的对外交流活动，加强与国外智库和有关研究机构的合作交流，在国际舞台上发出中国声音，讲好中国故事。六是培养输送人才。智库是知识密集、人才密集的机构，汇聚了大量的高端人才，也可以说智库是人才库。智库出思想、出成果与出人才密不可分，相互促进、相辅相成，智库是培养、造就治国理政人才的重要阵地，可以通过交流轮岗，为党政部门、企事业单位输送优秀人才。这六个方面都做到，很不容易，但这些是建成高质量和高端智库不可偏废的，应当全面和正确地发挥应有作用。

# 二、突出服务公共决策

积极服务决策需求，主要是搞好对策研究，咨政建言。这是智库研究的根本特征。各类智库都要适应党和政府的决策需求，主动开展前瞻性、针对性、储备性政策研究，着力聚焦经济社会热点、难点问题研究，多建睿智之言、多献务实之策，真正发挥"外脑"和"参谋"的作用。当前和"十三五"期间公共决策中有许多理论和实践中问题需要深入研究。例如：第一，如何正确认识、主动适应和引领经济发展新常态，坚持发展第一要务，保持战略定力，坚定地走调整结构、提高质量的新路子，促进经济由超高速和粗放式扩张到实现中高速增长和迈向中高端水平；第二，如何协调推进"四个全面"的战略布局，解决好全面建设小康社会中的难点和"短板"问题，确保如期全面建成小康社会，解决好全面深化改革中的深层次问题，确保完成既定改革任务；第三，如何完善中国特色社会主义制度，有效推进国家治理体系和治理能力现代化，创新治理模式，提高国家治理水平；第四，如何深入研究我国权力结构的合理配置，使各种决策权力相协调，并使权力、责任、义务相统一；第五，如何深化行政体制改革，推进简政放权、创新政府监管、优化服务三者并举，正确处理政府与市场、社会、企业和公众的关系，以及各级政府之间的关系，充分发挥市场、社会、企业和个人的积极性；第六，如何创新和加强社会治理，更加注重民生工作、更加注重生态建设和环境治理、更加注重扩大公共服务、保障公民安全、社会安全等公共安全；第七，如何走共同富裕道路，促进区域城乡协调发展，缩小收入差距，打好扶贫攻坚战；第八，如何顺应互联网迅猛发展的新形势，创新公共决策的模式、方法和手段，促进决策科学化、民主化、法治化；第九，如何提高对外开放水平，既要更加对外开放，又要重视维护国家权益和安全；等等。要围绕决策需要，提出真知灼见和切实管用的建议。当然，不同层级、不同类型的智库，可以对研究问题的范围、角度、内容提出不同的方案或建议。

# 三、着力提高研究成果质量

研究成果的质量是智库生存发展的根本。如何提高研究成果的质量？我认为要抓住五个重要环节：一是把握方向性，主动服务党和国家工作大局，在大局下思考、谋划、行动，这样拿出的成果才可能是建设性的、管用的。二是站高望远，顺应时代进步潮流，把握国内外发展大势，正确把握和运用发展规律，敢于出主意、早出主意、出大主意，做到先见、先知、先谋。三是以问题为导向，从实际问题出发，要善于观察问题，特别是要重视倾向性、苗头性、潜在性问题的研究；四是深入调查研究，了解真实情况，掌握第一手材料，做到求真务实。既要调查，又要研究，善于分析，去伪存真，去粗取精。五是运用创新思维、辩证思维、底线思维，独立思考，揭示问题的本质，提出创新性、可操作的方案或见解。

## 四、充分展现自身优势

要找准各个智库的定位，最大限度地发挥自身优势和长处。每个智库都有自己的性质定位、专业领域、机构状况、队伍组成等方面特点。这就要从自己的实际情况出发，善于对自己智库研究的领域作全面研究、系统研究、跟踪研究、长期研究，不断拓宽研究的广度和深度，努力形成自己的特色和品牌。切不可盲目追求大而全，或者对问题研究浅尝辄止。例如，在高校中办智库，就要充分发挥高校学科门类齐全、基础研究实力雄厚，人才培养和对外交流广泛的优势，着力推动理论创新和跨学科研究，着力推进研究方法、政策分析工具和技术手段创新，为决策咨询提供学理支撑和方法支撑，并要积极开展人文交流，服务公共外交。

## 五、注重成果多样性和转化应用

智库研究成果要注重应用性、对策性和时效性，不强求全面性、系统性，突出提供服务决策咨询的成果。研究成果的价值，不仅要体现在高水平的质量上，还要体现在研究成果提供的时效性上。一项颇有价值的研究成果，如果不能适时地为决策者提供参考，其价值作用就会大打折扣；或者由于时过境迁，派不上用场。在实际工作中，可以就研究领域的一些重点、热点和难点问题，分期分批、多种形式、及时地提交有关研究成果。要拓展成果应用渠道，有些研究成果可以通过内部刊物直接向党政领导和有关部门报送，不涉及国家秘密的，可以在媒体公开发表，可以通过举办论坛、召开研讨会等方式，发布、推介研究成果，还可以出版系列研究报告。总之，研究成果不能只是束之高阁的厚本子，要有阶段性、时效性强的研究成果。要从各个智库实际情况出发，建立灵活有效的成果转化工作机制。现在，社会智库研究成果上报决策机关的渠道不够畅通，应积极帮助解决这方面问题。最好搭建供需双方的"直通车"。

# 六、创新组织机构形式

一般的科研机构、学校院系单位不是新型智库的组织形式。智库以生产和输出思想产品和政策建议为主要任务，智库组织具有自身的特点和规律。高校新型智库组织的形式，既不能盲目地比附体制内官方智库，也不能简单地沿袭传统的高校院系机构。在高校中建设新型智库机构必须去行政化。智库的职能任务决定了其组织形式多样化，需要更加多元、自主、灵活、宽松的研究方式。在机构设置上，要推进不同类型智库发展由分散向集聚转变、从封闭向开放转变、从各自为战向联合攻关转变、从固定不变向流动组合转变。既要重视智库的形态建设，创建多形式的咨询研究机构体系，搭建多层次、高规格的研究平台，更要重视智库的多种功能的发挥。应把智库作为单独实体设立，团队负责人和首席专家不受级别的限制，可以不占学校编制，采取智库职称晋升序列。在组织形式上，要最大程度地有利于思想火花的迸发，最大程度地有利于创新精神的培育。要围绕智库的主攻方向和研究优势，设置相应的多元孵化平台，并有利于与党和政府的政策需求进行有效对接。在高等院校办新型智库，还应与学科建设相结合，特别要注意创新学科和发展交叉学科。因此，智库组织体制和结构更需要创新。

# 七、搭建开放合作平台

传统的智库活动方式，偏重于独自、封闭运行。建设新型智库，必须创新活动方式，实行开放型、合作型研究。项目和课题是智库运作的主要载体和平台，也是跨学院、跨学校、跨部门合作最为有效的纽带。要鼓励智库开展跨学科、跨学校、跨部门、跨地区开展合作，共同研究改革发展中全局性、综合性、战略性的重大问题。特别要鼓励高校智库与实际工作部门开展合作研究，以提高研究工作的针对性、实效性和成果转化的及时性。高校智库要突出运用多种实证科学调查方法，建设基础数据库和信息库，收集和储存全面真实、详尽数据，形成决策层信得过、用得上的研究成果。各类智库还要积极广泛开展与国外智库的合作交流，拓宽"请进来""走出去"的渠道。

# 八、改革评价标准和评价办法

建设新型高校智库，关键在于推进评价标准和评价办法改革。评价标准是智库的方向标和指挥棒。应该按照有利于发挥智库功能的要求改进相应的评价标准体系。要积极探索建立学术研究与智库成果之间有效的对接机制，有效处理学术、教学、科研与咨政之间的关系。要加快改革传统的单纯以学术论文、著作等为核心的评价指标体系，逐步建立健全以应用研究为主和"咨政服务"为核心导向的资源分配、科研评价、职称晋升、业绩考核体系。这项改革的进程及其效果，直接决定智库建设的能力与水平。要把解决国家重大需求的实际贡献作为研究成果评价的主要标准。要建立以党政、企业、社会等用户为主的评价机制，并以此来协调推进高校科研体制机制综合改革，构建有利于智库创新发展的长效机制。要根据新型智库特点和发展需求，建立第三方遴选、后期资助、奖励淘汰机制。高校智库建设还有一个亟待解决的问题，就是要加快创新和畅通高校智库成果报送决策部门的渠道。否则，高校办新型智库就会遇到极大的困难。

# 九、加强人才队伍建设

人才是智库建设的第一资源，一流智库的基础就是一流的人才。随着建设新型智库的兴起，智库人才的竞争将更为激烈。建设新型高校智库更应加快创新人才选拔、培养、使用体制，要建立智库人才引进和聘用柔性流动机制，同时建立良好的人才集成机制，把个体人才的智慧凝聚成智库整体优势。必须赋予高校智库机构更加灵活的人事自主权。一是建立灵活的选人进人机制。对于急需、紧缺型专门人才，要实行绿色通道制度；对于高端拔尖创新型人才，要建立快速直通车制度。二是建立有效的用人机制。探索多样化、多层级、富有战斗力的岗位设置体系，比如特聘岗位、兼职岗位、临时岗位等；建立健全有利于充分发挥领军人物和团队力量的纵横交叉的工作机制和平台；培育和发展智库生态文化和制度环境，让智库人员能够充满热情地、持续健康地、既富有合作精神又体现个性化地成长和发展。三是建立"旋转门"机制。健全高校内部智库机构、院系、校直职能部门之间的人才流动机制；探索高校智库与各级党委、政府、企业、社会组织之间的流动换岗机制。四是建立咨政研究骨干人才库。既要不断吸引和延揽一批又一批优秀的研究型、专家型的高素质人才，又要不断培养和输送一批又一批优秀的智库专门人才。

# 十、注重打好智库研究的根底

打好智库研究的根底，就是要使研究人员练好智库研究的基本功。做好智库工作，需要从多方面提高素质和本领，而打牢基础性根底至关重要。包括：打好基本理论和政治立场的根底；打好把握国家法律法规和方针政策的根底；打好专业知识和业务能力的根底；打好撰写智库报告建议的技巧功底。这些根底是产生出高质量研究成果的基础性条件。如果智库研究人员不懂得中国特色社会主义理论、不坚定中国特色社会主义道路、制度，不熟悉国家的法律法规和方针政策，就很难提出科学、正确的决策建议；如果智库研究人员不了解相关领域的专业知识和业务工作现状，也不可能提出有针对性、创新性和管用性的政策建议。智库研究报告与一般学术论文和学术成果的体例、范式和文字表达用语也不相同，不仅应当立论正确、观点鲜明，还应当文字明快、引人入胜、一目了然。

# 全面建成小康社会决胜阶段的历史重任与新型智库的使命担当<sup>*</sup>

（2015 年 12 月 12 日）

## 一、制定和实施五年计划（规划），是中国道路成功的一个重要元素

新中国成立以来，我们党和国家领导、组织、推动经济社会发展的一种重要方式，是制定和实施五年计划（规划）。60 多年来，我国制定和实施过 12 个五年计划（规划）。当然，各个时期五年计划（规划）的历史背景、指导思想、体制机制、工作方法不同，实施效果也各有差异。由于"文化大革命"，第三、四、五这三个"五年计划"虽然也进行编制工作，但没有形成完整计划文本和认真执行。改革开放以后经历的七个五年计划时期，由于经济体制和其他体制处于深刻变革中，计划（规划）体制本身也经历了重大变革，五年计划（规划）的内涵、功能与作用方式也发生了很大变化。除第六个五年计划之外，每个五年计划（规划）的制定，都是由党中央通过制定规划的建议，明确提出制定规划的指导思想、主要目标、基本任务和大政方针，然后由国务院组织制定规划（草案），并提请全国人民代表大会审议批准。实践证明，在发展社会主义市场经济的条件下，既要发挥市场对资源配置的决定性作用，又要发挥好政府的职能作用，而中长期规划有着不可替代的重要功能和作用。包括：通过制定体现客观规律和发

---

　　* 本文系在 2015 年 12 日 12 日召开的"第十一届中国软科学学术年会"上的主题报告；发表在《社会治理》2016 年第 1 期，此次收入有删节。

展趋势的经济社会发展五年规划，有利于明确国家未来发展的总体方向、目标任务、大政方针，合理引导社会共识和市场预期；有利于发挥集中力量办大事社会主义制度的优势，提前谋划重大项目建设和突出加强发展的薄弱环节；有利于凝心聚力，抓住用好国家战略机遇，应对重大风险挑战，等等。当今世界，除了我国，还没有任何国家能在 60 多年时间连续制定并实施 12 个五年计划（规划）。应当说，制定和实施中长期计划（规划），引领和推进国家经济社会发展，是中国道路成功的一个重要元素，也是我国社会主义制度的一个独特优势。

不久前召开的党的十八届五中全会，审议通过了《中共中央关于制定国民经济和社会发展第十三个五年规划的建议》（以下简称《建议》）。现在，国务院和各部门、各地方都在根据《建议》制定"十三五"规划。"十三五"时期，将是我国全面建成小康社会的决胜阶段，也是实现"第一个百年"目标的最后一个五年规划时期。中央的《建议》站在历史和时代的制高点，着眼于党和国家事业发展全局，对未来五年我国经济社会发展作出全面部署，描绘了到 2020 年我国全面建成小康社会的宏伟蓝图和美好前景，充分体现了习近平总书记提出的一系列治国理政新理念新思想新战略，集中体现了"全面建成小康社会、全面深化改革、全面依法治国、全面从严治党"四个全面的战略布局，为我国"十三五"时期改革发展指明了方向。按照中央《建议》制定的"十三五"规划，将是协调推进"四个全面"战略布局，科学谋划中国到 2020 年发展的行动纲领。

## 二、从 2016 到 2020 年五年，是中国发展历史上极为重要的时期

这是因为：第一，这五年是我国两大发展战略阶段承上启下的关键时期，既是实现我们党确定的第一个百年奋斗目标、全面建成小康社会的最后冲刺阶段，又是为实现第二个百年目标、全面建设社会主义现代化国家奠定基础的关键时期。今后五年搞得好不好，直接决定着能否顺利实现全面建成小康社会的目标，也决定着能否为实现第二

个百年目标打下更加坚实的基础。第二，这五年是协调推进"四个全面"战略布局的关键时期。"四个全面"战略布局是党的十八大以来以习近平同志为总书记的党中央治国理政的创造性战略思想和总体方略。全面建成小康社会是核心目标，全面深化改革是根本动力，全面依法治国是制度保障，全面从严治党是政治保证。这"四个全面"有机联系、相辅相成、相互促进。近两年，"四个全面"战略布局已经展开，都有了系统的设计和周密的部署。今后五年搞得好不好，直接关系"四个全面"战略布局能否协调、顺利推进，这对完善和发展中国特色社会主义将产生重大影响。第三，这五年还是我国社会主义现代化建设爬坡过坎、跨越"中等收入陷阱"的关键时期。目前，中国已处于中高等收入发展阶段，既面临前所未有的向高收入国家行列跃升的发展机遇，也面临落入"中等收入陷阱"的危险。在我国经济发展进入新常态的情况下，能否成功转换动力机制、转变发展方式，推进经济转型升级，很大程度上决定着我国现代化建设的进程。经过今后五年的努力，顺利实现《建议》提出的目标任务，我们就可以成功地跨越"中等收入陷阱"，这是中华民族伟大复兴进程中的又一个里程碑。迄今为止，全球还没有一个10亿以上人口的国家成为高收入国家，所以也将是具有世界历史意义的大事。

## 三、"十三五"这段历史时期，既定的目标任务非常繁重艰巨

从面临的环境看，我国发展仍处于可以大有作为的重要战略机遇期，有很多有利条件，包括和平与发展的时代主题没有变，我国物质基础雄厚、人力资本丰富、市场空间广阔、发展潜力巨大；同时，也面临诸多矛盾叠加、风险隐患增多的严峻挑战。国际金融危机深层次影响在相当长时期仍然存在，外部环境中不稳定不确定因素增多。国内未来五年发展也存在不少制约因素，主要是：发展不平衡、不协调、不可持续的问题仍然突出，发展方式粗放、创新能力不强、重大结构失衡、资源约束趋紧、生态环境形势严峻、收入差距较大、社会治理

体系和治理能力建设滞后、社会治安问题比较多。所有这些，都直接或间接地影响着、制约着我国的持续发展。因此，必须全面把握机遇，有效应对风险挑战。从目标要求看，中央《建议》根据我国经济社会发展的趋势，与时俱进地提出了"十三五"时期实现全面建成小康社会决胜阶段新的奋斗目标要求。这就是：经济保持中高速增长、产业迈向中高端水平；人民生活水平和质量普遍提高，收入差距缩小，全部实现脱贫；国民素质和社会文明程度显著提高，中华文化影响持续扩大；生态环境质量总体改善，生产方式和生活方式绿色、低碳水平上升；各方面制度更加成熟更加定型，国家治理体系和治理能力现代化取得重大进展。实现这些目标要求，既要大力发展经济，又要推进社会进步；既要持续发展社会生产力，又要不断完善生产关系和上层建筑；既要推进物质文明建设，又要加强精神文明建设；既要全方位推进各领域建设，又要着力补齐短板；既要充实薄弱环节，又要增加发展后劲。也就是说，必须全方位高质量推进国民经济和社会发展，全面协调推进经济、政治、文化、社会、生态文明领域的建设和改革。特别是要补齐多年造成的发展短板，包括消除贫困、治理生态环境、加快社会事业发展等方面，都需要打好攻坚战、持久战。这些是我们党已经向人民、向历史作出的庄严承诺，没有退路，时间紧，任务重。同时，调整和优化结构，推动经济转型升级，又是一个难以完全回避的充满阵痛、十分艰难的过程。显然，实现既定的目标任务，需要付出极大的努力。

## 四、实现"十三五"时期奋斗目标任务，必须紧紧抓住新的发展主线

面对经济社会发展新趋势新机遇和新矛盾新挑战，党中央提出要牢固树立和切实贯彻五大新的发展理念，坚持创新发展、协调发展、绿色发展、开放发展、共享发展。这五大新的发展理念，是"十三五"时期乃至更长时期的发展主线。发展理念是发展行动的先导，是管全局、管根本、管长远的，是发展思路、发展方向、发展着力点的集中

体现。创新是引领发展的第一动力，必须切实把发展基点放在创新上，形成大力促进创新的体制机制，打造更加依靠创新驱动、更多发挥先发优势的引领型发展，着力提高发展质量和效益；协调是持续发展的内在要求，必须正确处理发展中的重大关系，重点促进区域城乡协调发展、经济社会协调发展，增强发展的平衡性、整体性，开拓更加广阔的发展空间。绿色是永续发展的必要条件和人民对美好生活追求的重要体现，必须坚定走生产发展、生活富裕、生态良好的文明发展之路，形成人与自然和谐发展的现代化建设新格局。开放是国家繁荣发展的必由之路，必须发展更高层次的开放型经济，积极参与全球经济治理和公共产品供给，构建广泛的利益共同体。共享是中国特色社会主义的本质要求，必须按照人人参与、人人尽力、人人享有的要求，作出更加有效的制度安排，使全体人民共同迈入全面小康社会，朝着共同富裕的方向稳步前进。创新、协调、绿色、开放、共享五大发展理念，相互贯通、相互促进，是内在相连的有机体，反映了时代的要求、人民的意愿，具有极端重要的指导意义。这五大发展理念，是破解发展难题、开辟发展新境界的根本之策，必须贯穿和融入"五位一体"总体布局和"四个全面"战略布局之中。推进这五大发展，是关系我国发展全局的一场深刻变革，包括发展理念的变革、发展体制的变革、发展方式的变革，需要切实增强贯彻落实的自觉性、主动性、创造性，用五大发展理念来规划发展、引领发展、推动发展。这样，才能全面开创我国发展的新局面，也才能完全打赢全面建成小康社会的决胜一战。

## 五、新型智库的重大使命，是为决胜全面小康社会提供智力支撑

在如此特殊重要的五年，完成如此繁重艰巨的历史任务，是对我们党执政能力和领导能力的重大考验，我们也完全有充分的依据，相信我们党一定能够经受住这场重大考验，带领全国人民勇敢战胜各种风险挑战，如期完成既定的目标任务。而同时，实现未来五年的目标，

需要全国上下、各个方面勠力同心，顽强拼搏，积极奋斗。我们软科学研究会和软科学工作者承载着服务国家经济社会发展，促进各级各类决策民主化、科学化、制度化的职责与使命。这就决定了未来时期软科学事业的建设和发展，应该服从和服务于我国"十三五"时期实现全面建成小康社会决胜阶段的目标、任务和要求，为国家协调推进"五位一体"总体布局和"四个全面"战略布局，实现到2020年的奋斗目标提供多方面服务和人才、智力支撑。特别要加强新型智库建设，智库是思想库、决策者的外脑，智库研究本质上是软科学研究，是软科学水平的重要标志和集中体现。党的十八大之后，习近平总书记更加重视智库建设，对加强中国特色新型智库建设作出了一系列重要指示。最近，中央又召开国家高端智库建设试点工作会议，进一步推动我国智库建设。各类智库要抓住机遇，乘势而上，以更大的勇气和智慧，忠于使命，敢于担当，充分发挥智库功能，更好地服务国家战略需求，为2020年如期实现全面建成小康社会的目标任务发挥更大的作用。

（一）这里，最重要的是，善于选择重点研究课题。咨政建言，这是智库研究的根本特征。当前和"十三五"期间公共决策中，有许多重大理论问题、实践问题和政策问题需要作深入研究。要围绕中央"十三五"规划建议、"十三五"规划中的重大决策和战略部署来确定研究的方向和重点，善于发现新课题，寻找新项目。例如：如何从理论与实践的结合上阐释清楚和正确把握我国发展阶段新特征，深刻认识、主动适应和引领经济发展新常态，坚持发展第一要务，保持战略定力，加快转变经济发展方式，实现更高质量、更有效率、更加公平、更可持续的发展；如何深刻领会五大发展新理念的丰富内涵及其基本要求，以及怎样推动创新发展、协调发展、绿色发展、开放发展、共享发展，使我国真正走出一条发展的新路；如何深入实施创新驱动发展战略，发挥科技创新在全面创新中的引领作用，推动科技创新与经济社会发展深度融合；如何增强发展的协调性，推动城乡、区域协调发展，推动经济社会协调发展，改变"一条腿长、一条腿短"的现象；如何引导创新创业适应发展新理念和产业转型升级大势，把生产要素更多地投向核心技术项目、新兴产业、绿色产业、新业态和现代服务业，推进"大众创业、万众创新"持续健康发展；如何切实解决好全面建成小康社会进程中的难点和"短板"问题，特别是打赢扶贫攻坚战、加快农村改革发展、治理生态环境，确保如期全面建成小康社会；如何使改革向全面建成小康社会聚焦，解决好全面深化改革中的深层次问题，抓住关键精准发力，创新体制机制，有效推进国家治理体系和治理能力现代化，全面提高经济社会治理水平；如何深化行政体制改革，进一步转变政府职能，持续推进简政放权、放管结合、优化服务，提高政府效能，激发市场活力和社会创造力；如何调整国民收入分配格局，规范初次分配，加大再分配调节，缩小收入差距，用共享理念引领公共服务发展，朝着共同富裕目标稳步前进；如何加快建设中国特色社会主义法治体系，加快建设法治经济和法治社会，把经济社会发展纳入法治轨道；如何发展更高层次的开放型经济，既要更加对外开放，又要重视维护国家权益和安全；如何加强和创新社会治理，完善党委领导、政府主导、社会协同、公众参与、法治保障的社会治理体制，推进社会治理精细化，构建全民共建共享的社会治理格局；再比如，到 2020 年，我国全面建成小康社会之时，国家面貌、城乡面貌、社会面貌会发生怎样的变化，人民群众的生活质量和社会文明程度会有怎样的提高，需要采用哪些指标和指标体系；等等。要围绕"十三五"时期发展改革难点、重点、热点问题，按照党和政府治国理政的决策需求，围绕人民群众的愿望和关切，提出真知灼见和切实管用的建议。当然，不同层级、不同类型的智库，可以对研究问题的范围、角度、内容、方法提出不同的方案或建议。